Código Administrativo

Lefebvre

 Lefebvre

Décima Edición: Julio de 2025

ISBN: 979-13-87732-30-1
Depósito legal: M-14786-2025
PVP: 9,67 € (IVA incluido)
Imprime: Printing'94

© Lefebvre-El Derecho, S.A.
CIF: A79216651
Monasterios de Suso y Yuso, 34.28049 Madrid. Tfno.: 91 210 80 00
clientes@lefebvre.es
www.efl.es

Accede gratis a este Código Básico en nuestras aplicaciones móviles

1. Apunta y escanea
Abre la cámara de tu smartphone y apúntala al código QR que encontrarás en esta página.

2. Descarga nuestra app (si aún no la tienes)
- Si es la primera vez que escaneas nuestro QR, te llevaremos directamente a la tienda de aplicaciones de tu dispositivo (Google Play o App Store).
- Descarga nuestra app gratuita Códigos Lefebvre con un solo clic.
- Una vez instalada, ábrela y tendrás acceso inmediato al contenido actualizado del Código que acabas de escanear.

3. Para usuarios que ya tienen la app
- Si ya tienes nuestra app instalada pero nunca la has usado, simplemente escanea el código QR desde la pantalla de inicio de sesión.
- ¿Ya has utilizado nuestra app antes? Abre el menú lateral y selecciona "Escanear código QR" para acceder al nuevo Código

Este acceso estará disponible hasta el 1 de septiembre de 2026, fecha en que se publicarán las nuevas ediciones en formato papel.

Todos los ejemplares se entregarán retractilados. No se admitirá ninguna devolución de Códigos sin esta protección.

ÍNDICE

2. LEY DEL PROCEDIMIENTO ADMINISTRATIVO COMÚN DE LAS ADMINISTRACIONES PÚBLICAS

4. REGLAMENTO DE ACTUACIÓN Y FUNCIONAMIENTO DEL SECTOR PÚBLICO POR MEDIOS ELECTRÓNICOS

RELACIÓN DE REFORMAS DE LAS NORMAS PUBLICADAS

Ley 29/1998, de 13 de julio, reguladora de la Jurisdicción Contencioso-administrativa.

Ley 50/1998, de 30 de diciembre, de Medidas Fiscales, Administrativas y del Orden Social.

Ley 41/1999, de 12 de noviembre, sobre sistemas de pagos y de liquidación de valores

Ley 1/2000, de 7 de enero. Ley de Enjuiciamiento Civil.

Ley Orgánica 4/2003, de 21 de mayo, complementaria de la ley de prevención y bloqueo de la financiación del terrorismo, por la que se modifican la Ley Orgánica 6/1985, de 1 de julio, del Poder Judicial, y la Ley 29/1998, de 13 de julio, reguladora de la Jurisdicción Contencioso-Administrativa.

Ley Orgánica 19/2003, de 23 de diciembre, de modificación de la Ley Orgánica 6/1985, de 1 de julio, del Poder Judicial.

Ley 62/2003, de 30 de diciembre, de medidas fiscales, administrativas y del orden social.

Ley Orgánica 7/2006, de 21 de noviembre, de protección de la salud y de lucha contra el dopaje en el deporte.

Ley Orgánica 3/2007, de 22 de marzo, para la igualdad efectiva de mujeres y hombres.

Ley 15/2007, de 3 de julio, de Defensa de la Competencia.

Ley 13/2009, de 3 de noviembre, de reforma de la legislación procesal para la implantación de la nueva Oficina judicial.

Ley Orgánica 1/2010, de 19 de febrero, de modificación de las leyes orgánicas del Tribunal Constitucional y del Poder Judicial.

Ley 34/2010, de 5 de agosto, de modificación de las Leyes 30/2007, de 30 de octubre, de Contratos del Sector Público, 31/2007, de 30 de octubre, sobre procedimientos de contratación en los sectores del agua, la energía, los transportes y los servicios postales, y 29/1998, de 13 de julio, reguladora de la Jurisdicción Contencioso-Administrativa para adaptación a la normativa comunitaria de las dos primeras.

Ley 2/2011, de 4 de marzo, de Economía Sostenible.

Real Decreto-ley 11/2011, de 26 de agosto, por el que se crea la Comisión de Regulación Económica Aeroportuaria, se regula su composición y funciones, y se modifica el régimen jurídico del personal laboral de Aena.

Ley 37/2011, de 10 de octubre, de medidas de agilización procesal.

Real Decreto-ley 24/2012, de 31 de agosto, de reestructuración y resolución de entidades de crédito.

Ley 9/2012, de 14 de noviembre, de reestructuración y resolución de entidades de crédito.

Ley 10/2012, de 20 de noviembre, por la que se regulan determinadas tasas en el ámbito de la Administración de Justicia y del Instituto Nacional de Toxicología y Ciencias Forenses.

Ley 3/2013, de 4 de junio, de creación de la Comisión Nacional de los Mercados y la Competencia.

Ley Orgánica 3/2013, de 20 de junio, de protección de la salud del deportista y lucha contra el dopaje en la actividad deportiva.

Ley 20/2013, de 9 de diciembre, de garantía de la unidad de mercado.

Ley Orgánica 3/2015, de 30 de marzo, de control de la actividad económico-financiera de los Partidos Políticos, por la que se modifican la Ley Orgánica 8/2007, de 4 de julio, sobre financiación de los Partidos Políticos, la Ley Orgánica 6/2002, de 27 de junio, de Partidos Políticos y la Ley Orgánica 2/1982, de 12 de mayo, del Tribunal de Cuentas.

Ley 11/2015, de 18 de junio, de recuperación y resolución de entidades de crédito y empresas de servicios de inversión.

Ley 22/2015, de 20 de julio, de Auditoría de Cuentas.

Ley Orgánica 7/2015, de 21 de julio, por la que se modifica la Ley Orgánica 6/1985, de 1 de julio, del Poder Judicial.

Ley 26/2015, de 28 de julio, de modificación del sistema de protección a la infancia y a la adolescencia.

Ley 34/2015, de 21 de septiembre, de modificación parcial de la Ley 58/2003, de 17 de diciembre, General Tributaria.

Ley 42/2015, de 5 de octubre, de reforma de la Ley 1/2000, de 7 de enero, de Enjuiciamiento Civil.

Sentencia 58/2016 del Tribunal Constitucional, Pleno, de 17 de Marzo de 2016

Ley 9/2017, de 8 de noviembre, de Contratos del Sector Público, por la que se transponen al ordenamiento jurídico español las Directivas del Parlamento Europeo y del Consejo 2014/23/UE y 2014/24/UE, de 26 de febrero de 2014.

Sentencia 55/2018 del Tribunal Constitucional, Pleno, de 24 de Mayo de 2018

Ley 6/2018, de 3 de julio, de Presupuestos Generales del Estado para el año 2018.

Real Decreto-ley 11/2018, de 31 de agosto, de transposición de directivas en materia de protección de los compromisos por pensiones con los trabajadores, prevención del blanqueo de capitales y requisitos de entrada y residencia de nacionales de países terceros y por el que se modifica la Ley 39/2015, de 1 de octubre, del Procedimiento Administrativo Común de las Administraciones Públicas.

Ley Orgánica 3/2018, de 5 de diciembre, de Protección de Datos Personales y garantía de los derechos digitales.

Real Decreto-ley 14/2019, de 31 de octubre, por el que se adoptan medidas urgentes por razones de seguridad pública en materia de administración digital, contratación del sector público y telecomunicaciones.

Real Decreto-ley 3/2020, de 4 de febrero, de medidas urgentes por el que se incorporan al ordenamiento jurídico español diversas directivas de la Unión Europea en el ámbito de la contratación pública en determinados sectores; de seguros privados; de planes y fondos de pensiones; del ámbito tributario y de litigios fiscales.

Real Decreto Legislativo 1/2020, de 5 de mayo, por el que se aprueba el texto refundido de la Ley Concursal.

Real Decreto-ley 17/2020, de 5 de mayo, por el que se aprueban medidas de apoyo al sector cultural y de carácter tributario para hacer frente al impacto económico y social del COVID-2019.

Real Decreto-ley 25/2020, de 3 de julio, de medidas urgentes para apoyar la reactivación económica y el empleo.

Real Decreto-ley 27/2020, de 4 de agosto, de medidas financieras, de carácter extraordinario y urgente, aplicables a las entidades locales.

Resolución de 10 de septiembre de 2020, del Congreso de los Diputados, por la que se ordena la publicación del Acuerdo de derogación del Real Decreto-ley 27/2020, de 4 de agosto, de medidas financieras, de carácter extraordinario y urgente, aplicables a las entidades locales.

Ley 3/2020, de 18 de septiembre, de medidas procesales y organizativas para hacer frente al COVID-19 en el ámbito de la Administración de Justicia.

Real Decreto-ley 28/2020, de 22 de septiembre, de trabajo a distancia.

Ley 11/2020, de 30 de diciembre, de Presupuestos Generales del Estado para el año 2021.

Real Decreto-ley 36/2020, de 30 de diciembre, por el que se aprueban medidas urgentes para la modernización de la Administración Pública y para la ejecución del Plan de Recuperación, Transformación y Resiliencia.

Real Decreto-ley 8/2021, de 4 de mayo, por el que se adoptan medidas urgentes en el orden sanitario, social y jurisdiccional, a aplicar tras la finalización de la vigencia del estado de alarma declarado por el Real Decreto 926/2020, de 25 de octubre, por el que se declara el estado de alarma para contener la propagación de infecciones causadas por el SARS-CoV-2.

Ley 10/2021, de 9 de julio, de trabajo a distancia.

Ley 11/2021, de 9 de julio, de medidas de prevención y lucha contra el fraude fiscal, de transposición de la Directiva (UE) 2016/1164, del Consejo, de 12 de julio de 2016, por la que se establecen normas contra las prácticas de elusión fiscal que inciden directamente en el funcionamiento del mercado interior, de modificación de diversas normas tributarias y en materia de regulación del juego.

Ley 22/2021, de 28 de diciembre, de Presupuestos Generales del Estado para el año 2022.

Real Decreto-ley 6/2022, de 29 de marzo, por el que se adoptan medidas urgentes en el marco del Plan Nacional de respuesta a las consecuencias económicas y sociales de la guerra en Ucrania.

Sentencia 638/2022 del Tribunal Supremo, de 30 de Mayo de 2022

Sentencia 70/2022 del Tribunal Constitucional, Pleno, de 2 de Junio de 2022

Ley 11/2022, de 28 de junio, General de Telecomunicaciones.

Ley 15/2022, de 12 de julio, integral para la igualdad de trato y la no discriminación.

Ley 16/2022, de 5 de septiembre, de reforma del texto refundido de la Ley Concursal, aprobado por el Real Decreto Legislativo 1/2020, de 5 de mayo, para la transposición de la Directiva (UE) 2019/1023 del Parlamento Europeo y del Consejo, de 20 de junio de 2019, sobre marcos de reestructuración preventiva, exoneración de deudas e inhabilitaciones, y sobre medidas para aumentar la eficiencia de los procedimientos de reestructuración, insolvencia y exoneración de deudas, y por la que se modifica la Directiva (UE) 2017/1132 del Parlamento Europeo y del Consejo, sobre determinados aspectos del Derecho de sociedades (Directiva sobre reestructuración e insolvencia).

Ley 18/2022, de 28 de septiembre, de creación y crecimiento de empresas.

Real Decreto-ley 18/2022, de 18 de octubre, por el que se aprueban medidas de refuerzo de la protección de los consumidores de energía y de contribución a la reducción del consumo de gas natural en aplicación del "Plan + seguridad para tu energía (+SE)", así como medidas en materia de retribuciones del personal al servicio del sector público y de protección de las personas trabajadoras agrarias eventuales afectadas por la sequía.

Ley 31/2022, de 23 de diciembre, de Presupuestos Generales del Estado para el año 2023.

Ley 2/2023, de 20 de febrero, reguladora de la protección de las personas que informen sobre infracciones normativas y de lucha contra la corrupción.

Ley 4/2023, de 28 de febrero, para la igualdad real y efectiva de las personas trans y para la garantía de los derechos de las personas LGTBI.

Real Decreto-ley 5/2023, de 28 de junio, por el que se adoptan y prorrogan determinadas medidas de respuesta a las consecuencias económicas y sociales de la Guerra de Ucrania, de apoyo a la reconstrucción de la isla de La Palma y a otras situaciones de vulnerabilidad; de transposición de Directivas de la Unión Europea en materia de modificaciones estructurales de sociedades mercantiles y conciliación de la vida familiar y la vida profesional de los progenitores y los cuidadores; y de ejecución y cumplimiento del Derecho de la Unión Europea.

Real Decreto-ley 6/2023, de 19 de diciembre, por el que se aprueban medidas urgentes para la ejecución del Plan de Recuperación, Transformación y Resiliencia en materia de servicio público de justicia, función pública, régimen local y mecenazgo.

Ley Orgánica 2/2024, de 1 de agosto, de representación paritaria y presencia equilibrada de mujeres y hombres.

Real Decreto-Ley 6/2024, de 5 de noviembre, por el que se adoptan medidas urgentes de respuesta ante los daños causados por la Depresión Aislada en Niveles Altos (DANA) en diferentes municipios entre el 28 de octubre y el 4 de noviembre de 2024.

Ley Orgánica 1/2025, de 2 de enero, de medidas en materia de eficiencia del Servicio Público de Justicia.

Real Decreto 255/2025, de 1 de abril, por el que se regula el Documento Nacional de Identidad.

INDICE DE PRECEPTOS AFECTADOS POR LAS REFORMAS

1. LEY REGULADORA DE LA JURISDICCIÓN CONTENCIOSO-ADMINISTRATIVA

I. Ley 29/1998, de 13 de julio, reguladora de la Jurisdicción Contencioso-administrativa.

Última reforma de la presente disposición realizada por LO 1/2025, de 2 de enero, de medidas en materia de eficiencia del Servicio Público de Justicia

Téngase en cuenta que, desde el 1 de octubre de 2015, todas las referencias a «Secretarios judiciales» deberán entenderse hechas a «Letrados de la Administración de Justicia», conforme a la disp. adic. 1.ª LO 7/2015 de 21 julio

[1]

EXPOSICIÓN DE MOTIVOS

I. Justificación de la reforma

La Jurisdicción Contencioso-administrativa es una pieza capital de nuestro Estado de Derecho. Desde que fue instaurada en nuestro suelo por las Leyes de 2 de abril y 6 de julio de 1845, y a lo largo de muchas vicisitudes, ha dado sobrada muestra de sus virtualidades. Sobre todo desde que la Ley de 27 de diciembre de 1956 la dotó de las características que hoy tiene y de las atribuciones imprescindibles para asumir la misión que le corresponde de controlar la legalidad de la actividad

---

[1] Téngase en cuenta que: - Desde el 14 marzo 2020, fecha de declaración del estado de alarma, se suspenden términos y se suspenden e interrumpen los plazos procesales previstos en esta ley, conforme a la disp. adic. 2.ª RD 463/2020, de 14 marzo, con la salvedad establecida en su apartado 3.a) (procedimiento para la protección de los derechos fundamentales de la persona previsto en los artículos 114 y siguientes; tramitación de las autorizaciones o ratificaciones judiciales previstas en el artículo 8.6). - A partir del 4 junio 2020 se alza la suspensión de los plazos procesales, conforme al art. 8 RD 537/2020 de 22 mayo de 2020

administrativa, garantizando los derechos e intereses legítimos de los ciudadanos frente a las extralimitaciones de la Administración.

Dicha Ley, en efecto, universalmente apreciada por los principios en los que se inspira y por la excelencia de su técnica, que combina a la perfección rigor y sencillez, acertó a generalizar el control judicial de la actuación administrativa, aunque con algunas excepciones notorias que imponía el régimen político bajo el que fue aprobada. Ratificó con énfasis el carácter judicial del orden contencioso-administrativo, ya establecido por la legislación precedente, preocupándose por la especialización de sus Magistrados. Y dio luz a un procedimiento simple y en teoría ágil, coherente con su propósito de lograr una justicia eficaz y ajena a interpretaciones y prácticas formalistas que pudieran enervar su buen fin. De esta manera, la Ley de la Jurisdicción Contencioso-administrativa de 1956 abrió una vía necesaria, aunque no suficiente, para colmar las numerosas lagunas y limitaciones históricas de nuestro Estado de Derecho, oportunidad que fue adecuadamente aprovechada por una jurisprudencia innovadora, alentada por el espectacular desarrollo que ha experimentado la doctrina española del Derecho Administrativo.

Sin embargo, las cuatro décadas transcurridas desde que aquella Ley se aprobó han traído consigo numerosos y trascendentales cambios, en el ordenamiento jurídico, en las instituciones político-administrativas y en la sociedad. Estos cambios exigen, para alcanzar los mismos fines institucionales, soluciones necesariamente nuevas, pues, no obstante la versatilidad de buena parte de su articulado, la Ley de 1956 no está ajustada a la evolución del ordenamiento y a las demandas que la sociedad dirige a la Administración de Justicia.

Ante todo, hay que tener en cuenta el impacto producido por la Constitución de 1978. Si bien algunos de los principios en que ésta se funda son los mismos que inspiraron la reforma jurisdiccional de 1956 y que fue deduciendo la jurisprudencia elaborada a su amparo, es evidente que las consecuencias que el texto constitucional depara en punto al control judicial de la actividad administrativa son muy superiores. Sólo a raíz de la Constitución de 1978 se garantizan en nuestro país plenamente los postulados del Estado de Derecho y, entre ellos, el derecho de toda persona a la tutela judicial efectiva de sus derechos e intereses legítimos, el sometimiento de la Administración pública a la ley y al derecho y el control de la potestad reglamentaria y de la legalidad de la actuación administrativa por los Tribunales.

La proclamación de estos derechos y principios en la Constitución y su eficacia jurídica directa han producido la derogación implícita de aquellos preceptos de la Ley Jurisdiccional que establecían limitaciones en el acceso a los recursos o en su eficacia carentes de justificación en un sistema democrático. Pero el alcance de este efecto derogatorio en relación a algunos extremos de la Ley de 1956 ha seguido siendo objeto de polémica, lo que hacía muy conveniente una clarificación legal. Además, la jurisprudencia, tanto constitucional como contencioso-administrativa, ha extraído de los principios y preceptos constitucionales otras muchas reglas, que imponen determinadas interpretaciones de dicha Ley, o incluso sostienen potestades y actuaciones judiciales no contempladas expresamente en su texto. Por último, la influencia de la Constitución en el régimen de la Jurisdicción Contencioso-administrativa no se reduce a lo que disponen los arts. 9.1, 24, 103.1 y 106.1. De manera más o menos mediata, la organización, el ámbito y extensión material y el funcionamiento de este orden jurisdiccional se ve afectado por otras muchas disposiciones constitucionales, tanto las que regulan principios sustantivos y derechos fundamentales, como las que diseñan la estructura de nuestra Monarquía parlamentaria y la organización territorial del Estado. Como en el resto del ordenamiento, también el régimen legal de la Jurisdicción Contencioso-administrativa debe adecuarse por entero a la letra y al espíritu de la Constitución.

Por otra parte, durante los últimos lustros la sociedad y la Administración españolas han experimentado enormes transformaciones. La primera es hoy incomparablemente más desarrollada, más libre y plural, emancipada y consciente de sus derechos que hace cuarenta años. Mientras, la Administración reducida, centralizada y jerarquizada de antaño se ha convertido en una organización extensa y compleja, dotada de funciones múltiples y considerables recursos, descentralizada territorial y funcionalmente. Al hilo de estas transformaciones han variado en buena medida y se han diversificado las formas jurídicas de la organización administrativa, los fines, el contenido y las formas de la actividad de la Administración, los derechos que las personas y los grupos sociales ostentan frente a ella y, en definitiva, el sistema de relaciones regido por el Derecho Administrativo.

Todos estos cambios repercuten de una u otra forma sobre la Jurisdicción Contencioso-administrativa. Concebida en origen como jurisdicción especializada en la resolución de un limitado número de conflictos jurídicos, ha sufrido hasta la saturación el extraordinario incremento de la litigiosidad entre ciudadanos y Administraciones y de éstas entre sí que se ha producido en los últimos tiempos. En este aspecto los problemas son comunes a los que los sistemas de control judicial de la Administración están soportando en otros muchos países. Pero además, el instrumental jurídico que en el nuestro se otorga a la Jurisdicción para el cumplimiento de sus fines ha quedado relativamente desfasado. En particular, para someter a control jurídico las actividades materiales y la inactividad de la Administración, pero también para hacer ejecutar con prontitud las propias decisiones judiciales y para adoptar medidas cautelares que aseguren la eficacia del proceso. De ahí que, pese al aumento de los efectivos de la Jurisdicción, pese al esfuerzo creativo de la jurisprudencia, pese al desarrollo de la justicia cautelar y a otros remedios parciales, la Jurisdicción Contencioso-administrativa esté atravesando un período crítico ante el que es preciso reaccionar mediante las oportunas reformas.

Algunas de ellas, ciertamente, ya han venido afrontándose por el legislador en diferentes textos, más lejanos o recientes. De hecho, las normas que han modificado o que complementan en algún aspecto el régimen de la Jurisdicción son ya tan numerosas y dispersas que justificarían de por sí una refundición.

La reforma que ahora se aborda, que toma como base los trabajos parlamentarios realizados durante la anterior Legislatura -en los que se alcanzó un estimable grado de consenso en muchos aspectos-, va bastante más allá. De un lado tiene en cuenta esas modificaciones parciales o indirectas, pero no sólo para incorporarlas a un texto único, sino también para corregir aquellos de sus elementos que la práctica judicial o la crítica doctrinal han revelado inapropiados o susceptibles de mejora. De otro lado, pretende completar la adecuación del régimen jurídico del recurso contencioso-administrativo a los valores y principios constitucionales, tomando en consideración las aportaciones de la jurisprudencia del Tribunal Constitucional y del Tribunal Supremo, la nueva organización del Estado y la evolución de la doctrina jurídica. Por último, persigue dotar a la Jurisdicción Contencioso-administrativa de los instrumentos necesarios para el ejercicio de su función, a la vista de las circunstancias en que hoy en día se enmarca.

Desde este último punto de vista, la reforma compagina las medidas que garantizan la plenitud material de la tutela judicial en el orden contencioso-administrativo y el criterio favorable al ejercicio de las acciones y recursos y a la defensa de las partes, sin concesión alguna a tentaciones formalistas, con las que tienen por finalidad agilizar la resolución de los litigios. La preocupación por conseguir un equilibrio entre las garantías, tanto de los derechos e intereses públicos y privados en juego como del acierto y calidad de las decisiones judiciales, con la celeridad de los procesos y la efectividad de lo juzgado constituye uno de los ejes de la reforma. Pues es evidente que una justicia tardía o la meramente cautelar no satisfacen el derecho que reconoce el art. 24.1 de la Constitución.

Bien es verdad que lograr una justicia ágil y de calidad no depende solamente de una reforma legal. También es cierto que el control de la legalidad de las actividades administrativas puede y debe ejercerse asimismo por otras vías complementarias de la judicial, que sería necesario perfeccionar para evitar la proliferación de recursos innecesarios y para ofrecer fórmulas poco costosas y rápidas de resolución de numerosos conflictos. Pero, en cualquier caso, el régimen legal de la Jurisdicción Contencioso-administrativa, insustituible en su doble función garantizadora y creadora de jurisprudencia, debe adaptarse a las condiciones del momento para hacer posible aquel objetivo.

En virtud de estas premisas, la reforma es a la vez continuista y profundamente renovadora. Continuista porque mantiene la naturaleza estrictamente judicial que la Jurisdicción Contencioso-administrativa ya tenía en la legislación anterior y que la Constitución ha venido a consolidar definitivamente; porque mantiene asimismo el carácter de juicio entre partes que el recurso contencioso-administrativo tiene y su doble finalidad de garantía individual y control del sometimiento de la Administración al derecho, y porque se ha querido conservar, conscientemente, todo aquello que en la práctica ha funcionado bien, de conformidad con los imperativos constitucionales.

No obstante, la trascendencia y amplitud de las transformaciones a las que la institución debe acomodarse hacían inevitable una revisión general de su régimen jurídico, imposible de abordar mediante simples retoques de la legislación anterior. Además, la reforma no sólo pretende responder a los retos de nuestro tiempo, sino que, en la medida de lo posible y con la necesaria prudencia, mira al futuro e introduce aquí y allá preceptos y cláusulas generales que a la doctrina y a la jurisprudencia corresponde dotar de contenido preciso, con el fin de perfeccionar el funcionamiento de la Jurisdicción.

II. Ámbito y extensión de la Jurisdicción Contencioso-administrativa

Fiel al propósito de no alterar más de lo necesario la sistemática de la Ley anterior, el nuevo texto legal comienza definiendo el ámbito propio, el alcance y los límites de la Jurisdicción Contencioso-administrativa. Respetando la tradición y de conformidad con el art. 106.1 de la Constitución, se le asigna el control de la potestad reglamentaria y de la legalidad de la actuación administrativa sujeta a Derecho Administrativo. Sin embargo, la Ley incorpora a la definición del ámbito de la Jurisdicción ciertas novedades, en parte obligadas y todas ellas trascendentales.

En primer lugar, era necesario actualizar el concepto de Administración pública válido a los efectos de la Ley, en atención a los cambios organizativos que se han venido produciendo y en conexión con lo que disponen otras Leyes. También era imprescindible confirmar en ésta la sujeción al enjuiciamiento de la Jurisdicción Contencioso-administrativa de actos y disposiciones emanados de otros órganos públicos que no forman parte de la Administración, cuando dichos actos y disposiciones tienen, por su contenido y efectos, una naturaleza materialmente administrativa. Sin intención de inmiscuirse en ningún debate dogmático, que no es tarea del legislador, la Ley atiende a un problema práctico, consistente en asegurar la tutela judicial de quienes resulten afectados en sus derechos o intereses por dichos actos y disposiciones, en casi todo semejantes a los que emanan de las Administraciones públicas.

En segundo término, es evidente que a la altura de nuestro tiempo histórico el ámbito material de la Jurisdicción quedaría muy incompleto si aquélla se limitara a enjuiciar las pretensiones que se deduzcan en relación con las disposiciones de rango inferior a la Ley y con los actos y contratos administrativos en sentido estricto. Lo que realmente importa y lo que justifica la existencia de la propia Jurisdicción Contencioso-administrativa es asegurar, en beneficio de los interesados y del interés general, el exacto sometimiento de la Administración al derecho en todas las actuaciones que realiza en su condición de poder público y en uso de las prerrogativas que como tal le corresponde. No toda la actuación administrativa, como es notorio, se expresa a través de reglamentos, actos administrativos o contratos públicos, sino que la actividad prestacional, las actividades negociables de diverso tipo, las actuaciones materiales, las inactividades u omisiones de actuaciones debidas expresan también la voluntad de la Administración, que ha de estar sometida en todo caso al imperio de la ley. La imposibilidad legal de controlar mediante los recursos contencioso-administrativos estas otras manifestaciones de la acción administrativa, desde hace tiempo criticada, resulta ya injustificable, tanto a la luz de los principios constitucionales como en virtud de la crecida importancia cuantitativa y cualitativa de tales manifestaciones. Por eso la nueva Ley somete a control de la Jurisdicción la actividad de la Administración pública de cualquier clase que esté sujeta al Derecho Administrativo, articulando para ello las acciones procesales oportunas.

En esta línea, la Ley precisa la competencia del orden jurisdiccional contencioso-administrativo para conocer de las cuestiones que se susciten en relación no sólo con los contratos administrativos, sino también con los actos separables de preparación y adjudicación de los demás contratos sujetos a la legislación de contratos de las Administraciones públicas. Se trata, en definitiva, de adecuar la vía contencioso-administrativa a la legislación de contratos, evitando que la pura y simple aplicación del Derecho privado en actuaciones directamente conectadas a fines de utilidad pública se realice, cualquiera que sean las razones que la determinen, en infracción de los principios generales que han de regir, por imperativo constitucional y del Derecho comunitario europeo, el comportamiento contractual de los sujetos públicos. La garantía de la necesaria observancia de tales principios, muy distintos de los que rigen la contratación puramente privada, debe corresponder, como es natural, a la Jurisdicción Contencioso-administrativa.

Algo parecido debe decirse de las cuestiones que se susciten en relación con la responsabilidad patrimonial de la Administración pública. Los principios de su peculiar régimen jurídico, que tiene cobertura constitucional, son de naturaleza pública y hoy en día la Ley impone que en todo caso la responsabilidad se exija a través de un mismo tipo de procedimiento administrativo. Por eso parece muy conveniente unificar la competencia para conocer de este tipo de asuntos en la Jurisdicción Contencioso-administrativa, evitando la dispersión de acciones que actualmente existe y garantizando la uniformidad jurisprudencial, salvo, como es lógico, en aquellos casos en que la responsabilidad derive de la comisión de una infracción penal.

La delimitación del ámbito material de la Jurisdicción lleva también a precisar algunas exclusiones. La nueva Ley respeta en tal sentido la atribución de ciertas competencias relacionadas con la actividad administrativa a otros órdenes jurisdiccionales que establecen otras Leyes, en su mayor parte por razones pragmáticas, y tiene en cuenta lo dispuesto por la más reciente legislación sobre los conflictos jurisdiccionales y de atribuciones. En cambio, la Ley no recoge ya, entre estas exclusiones, la relativa a los llamados actos políticos del Gobierno, a que se refería la Ley de 1956.

Sobre este último aspecto conviene hacer alguna precisión. La Ley parte del principio de sometimiento pleno de los poderes públicos al ordenamiento jurídico, verdadera cláusula regia del Estado de Derecho. Semejante principio es incompatible con el reconocimiento de cualquier categoría genérica de actos de autoridad -llámense actos políticos, de Gobierno, o de dirección política- excluida «per se» del control jurisdiccional. Sería ciertamente un contrasentido que una Ley que pretende adecuar el régimen legal de la Jurisdicción Contencioso-administrativa a la letra y al espíritu de la Constitución, llevase a cabo la introducción de toda una esfera de actuación gubernamental inmune al derecho. En realidad, el propio concepto de «acto político» se halla hoy en franca retirada en el Derecho público europeo. Los intentos encaminados a mantenerlo, ya sea delimitando genéricamente un ámbito en la actuación del poder ejecutivo regido sólo por el Derecho Constitucional, y exento del control de la Jurisdicción Contencioso-administrativa, ya sea estableciendo una lista de supuestos excluidos del control judicial, resultan inadmisibles en un Estado de Derecho.

Por el contrario, y por si alguna duda pudiera caber al respecto, la Ley señala -en términos positivos- una serie de aspectos sobre los que en todo caso siempre será posible el control judicial, por amplia que sea la discrecionalidad de la resolución gubernamental: los derechos fundamentales, los elementos reglados del acto y la determinación de las indemnizaciones procedentes.

III. Los órganos de la Jurisdicción y sus competencias

Dado que, como se ha expuesto, la Jurisdicción Contencioso-administrativa se enfrenta a un gravísimo problema por la avalancha creciente de recursos, es obvio que la reforma de sus aspectos organizativos debía considerarse prioritaria.

La novedad más importante en este capítulo consiste en la regulación de las competencias de los Juzgados de lo Contencioso-administrativo. La creación de estos órganos judiciales, que previó la Ley Orgánica del Poder Judicial, fue recibida en su día con división de opiniones. Si, por un lado, parecía imprescindible descongestionar a los Tribunales de lo Contencioso-administrativo de un buen número de asuntos, por otro surgieron dudas acerca de la idoneidad de los Juzgados, órganos unipersonales, para afrontar el ejercicio de las competencias que habrían de corresponderles en virtud de la cláusula general establecida en la citada Ley Orgánica.

Ciertamente, la complejidad técnica de muchos de los asuntos y la trascendencia política de otros que habrían de enjuiciar a tenor de dicha cláusula ha dado origen a una larga controversia, que era necesario resolver para implantar definitivamente los Juzgados.

La presente reforma aborda el problema con decisión y con cautela a la vez. Define la competencia de los Juzgados mediante un sistema de lista tasada. En la elaboración de esta lista se ha tenido en cuenta la conveniencia de atribuir a estos órganos unipersonales un conjunto de competencias relativamente uniformes y de menor trascendencia económica y social, pero que cubren un elevado porcentaje de los recursos que cotidianamente se interponen ante los órganos de la Jurisdicción. De esta manera es posible aportar remedio a la saturación que soportan los Tribunales Superiores de Justicia, que se verán descargados de buen número de pleitos, aunque conservan la competencia para juzgar en primera instancia los más importantes «a priori» y toda la variedad de los que se incluyen en la cláusula residual, que ahora se traslada a su ámbito competencial. Por su parte, los Juzgados obtienen un conjunto de competencias que pueden razonablemente ejercer y que parecen suficientes para consolidar la experiencia. Nada impide, antes al contrario, que tras un primer período de rodaje la lista de competencias se revise a la vista de esa experiencia. De todas formas, es evidente que el éxito de la reforma depende más que nada de la pronta y adecuada selección y formación de los titulares de los Juzgados.

No termina aquí la reforma en cuanto a órganos unipersonales. Se regulan también las competencias de los Juzgados Centrales de lo Contencioso-administrativo, con jurisdicción en toda España, para contribuir a paliar la sobrecarga de trabajo de órganos jurisdiccionales actualmente muy saturados.

IV. Las partes

La regulación de las partes que se contenía en la Ley de 27 de diciembre de 1956, fundada en un criterio sustancialmente individualista con ciertos ribetes corporativos, ha quedado hace tiempo superada y ha venido siendo corregida por otras normas posteriores, además de reinterpretada por la jurisprudencia en un sentido muy distinto al que originariamente tenía. La nueva Ley se limita a recoger las sucesivas modificaciones, clarificando algunos puntos todavía oscuros y sistematizando los preceptos de la manera más sencilla posible. Lo que se pretende es que nadie, persona física o jurídica, privada o pública, que tenga capacidad jurídica suficiente y sea titular de un interés legítimo que tutelar, concepto comprensivo de los derechos subjetivos pero más amplio, pueda verse privado del acceso a la justicia.

Sobre esta base, que ya se deduce de la Constitución, las novedades de la Ley tienen un carácter esencialmente técnico. Las más significativas se incorporan en los preceptos que regulan la legitimación. En cuanto a la activa, se han reducido a sistema todas las normas generales o especiales que pueden considerarse vigentes y conformes con el criterio elegido. El enunciado de supuestos da idea, en cualquier caso, de la evolución que ha experimentado el recurso contencioso-administrativo, hoy en día instrumento útil para una pluralidad de fines: la defensa del interés personal, la de los intereses colectivos y cualesquiera otros legítimos, incluidos los de naturaleza política, mecanismo de control de legalidad de las Administraciones inferiores, instrumento de defensa de su autonomía, cauce para la defensa de derechos y libertades encomendados a ciertas instituciones públicas y para la del interés objetivo de la ley en los supuestos legales de acción popular, entre otros.

Por lo que se refiere a la legitimación pasiva, el criterio de fondo es el mismo y conduce a simplificar las reglas anteriores. En particular, carece de sentido mantener la figura del coadyuvante, cuando ninguna diferencia hay ya entre la legitimación por derecho subjetivo y por interés legítimo. En cambio, ha parecido necesario precisar un poco más qué Administración tiene carácter de demandada en caso de impugnación de actos sujetos a fiscalización previa y, sobre todo, atribuir también este carácter, en caso de impugnación indirecta de una disposición general, a la Administración autora de la misma, aunque no lo sea de la actuación directamente recurrida. Esta previsión viene a dar cauce procesal al interés de cada Administración en defender en todo caso la legalidad de las normas que aprueba y constituye una de las especialidades de los recursos que versan sobre la conformidad a derecho de disposiciones generales, que se desgranan a lo largo de todo el articulado.

En cuanto a la representación y defensa, se distingue entre órganos colegiados y unipersonales. En los primeros, procurador y abogado son obligatorios; en los segundos, el procurador es potestativo y el abogado obligatorio. Los funcionarios públicos podrán comparecer por sí mismos en cuestiones de personal que no impliquen separación de empleados públicos inamovibles.

Por lo que atañe a la representación y defensa de las Administraciones públicas y órganos constitucionales, la Ley se remite a lo que disponen la Ley Orgánica del Poder Judicial y la Ley de Asistencia Jurídica al Estado e Instituciones Públicas para todo tipo de procesos, así como a las normas que sobre la materia y en el marco de sus competencias hayan dictado las Comunidades Autónomas, pues no hay en los contencioso-administrativos ninguna peculiaridad que merezca recogerse en norma con rango de ley.

V. Objeto del recurso

Los escasos preceptos incluidos en los dos primeros capítulos del Título III contienen algunas de las innovaciones más importantes que la Ley introduce en nuestro sistema de control judicial de la Administración. Se trata nada menos que de superar la tradicional y restringida concepción del recurso contencioso-administrativo como una revisión judicial de actos administrativos previos, es decir, como un recurso al acto, y de abrir definitivamente las puertas para obtener justicia frente a cualquier comportamiento ilícito de la Administración. Pero al mismo tiempo, es necesario diferenciar las pretensiones que pueden deducirse en cada caso, pues es evidente que la diversidad de actuaciones y omisiones que pueden ser objeto del recurso no permiten seguir configurando éste como una acción procesal uniforme. Sin merma de sus características comunes, empezando por el «nomen iuris», el recurso admite modulaciones de relieve en función del objeto sobre el que recae. Cohonestar los elementos comunes y los diferenciales en un esquema simple y flexible es otro de los objetivos de la reforma.

Por razón de su objeto se establecen cuatro modalidades de recurso: el tradicional dirigido contra actos administrativos, ya sean expresos o presuntos; el que, de manera directa o indirecta, versa sobre la legalidad de alguna disposición general, que precisa de algunas reglas especiales; el recurso contra la inactividad de la Administración y el que se interpone contra actuaciones materiales constitutivas de vía de hecho.

Del recurso contra actos, el mejor modelado en el período precedente, poco hay que renovar. La Ley, no obstante, depura el ordenamiento anterior de algunas normas limitativas que carecen de justificación, aunque mantiene la inadmisibilidad del recurso contra actos confirmatorios de otros firmes y consentidos. Esta última regla se apoya en elementales razones de seguridad jurídica, que no sólo deben tenerse en cuenta en favor del perjudicado por un acto administrativo, sino también en favor del interés general y de quienes puedan resultar individual o colectivamente beneficiados o amparados por él. Por lo demás, el relativo sacrificio del acceso a la tutela judicial que se mantiene por dicha causa resulta hoy menos gravoso que antaño, si se tiene en cuenta la reciente ampliación de los plazos del recurso administrativo ordinario, la falta de eficacia que la legislación en vigor atribuye, sin límite temporal alguno, a las notificaciones defectuosas e inclusive la ampliación de las facultades de revisión de oficio. Conservar esa excepción es una opción razonable y equilibrada.

En cambio, ha parecido necesario destacar en el texto de la Ley las peculiaridades de los recursos en que se enjuicia la conformidad a derecho de las disposiciones generales, hasta ahora no suficientemente consideradas. En realidad, los efectos que tienen estos tipos de recurso y, en particular, la declaración de ilegalidad de una disposición general por cualquier vía que se produzca, no pueden compararse, en términos generales, con los del recurso contra actos. La diferencia asume cada vez mayor relieve en la práctica, si se tiene en cuenta la extensión y relevancia que en el polifacético Estado moderno ha asumido la producción reglamentaria.

La nueva Ley asegura las más amplias posibilidades de someter a control judicial la legalidad de las disposiciones generales, preservando los que se han dado en llamar recursos directo e indirecto y eliminando todo rastro de las limitaciones para recurrir que estableció la legislación anterior. Ahora bien, al mismo tiempo procura que la impugnación de las disposiciones generales se tramite con celeridad y que aboque siempre a una decisión judicial clara y única, de efectos generales, con el fin de evitar innecesarios vacíos normativos y situaciones de inseguridad o interinidad en torno a la validez y vigencia de las normas. Este criterio se plasma, entre otras muchas reglas de detalle, en el tratamiento procesal que se da al denominado recurso indirecto.

Hasta ahora ha existido una cierta confusión en la teoría jurídica y en la práctica judicial sobre los efectos de esta clase de recurso, cuando la norma que aplica el acto impugnado es considerada contraria a derecho. Y, lo que es más grave, el carácter difuso de este tipo de control ha generado situaciones de inseguridad jurídica y desigualdad manifiesta, pues según el criterio de cada órgano judicial y a falta de una instancia unificadora, que no siempre existe, determinadas disposiciones se aplican en unos casos o ámbitos y se inaplican en otros. La solución pasa por unificar la decisión judicial sobre la legalidad de las disposiciones generales en un solo órgano, el que en cada caso es competente para conocer del recurso directo contra ellas, dotando siempre a esa decisión de efectos «erga omnes». De ahí que, cuando sea ese mismo órgano el que conoce de un recurso indirecto, la Ley disponga que declarará la validez o nulidad de la disposición general. Para cuando el órgano competente en un recurso de este tipo sea otro distinto del que puede conocer del recurso directo contra la disposición de que se trate, la Ley introduce la cuestión de ilegalidad.

La regulación de este procedimiento ha tenido en cuenta la experiencia de la cuestión de inconstitucionalidad prevista por el art. 163 de la Constitución y se inspira parcialmente en su mecánica; las analogías acaban aquí. La cuestión de ilegalidad no tiene otro significado que el de un remedio técnico tendente a reforzar la seguridad jurídica, que no impide el enjuiciamiento de las normas por el Juez o Tribunal competente para decidir sobre la legalidad del acto aplicativo del reglamento cuya ilegalidad se aduce, pero que pretende alcanzar una decisión unitaria a todo eventual pronunciamiento indirecto sobre su validez.

Largamente reclamado por la doctrina jurídica, la Ley crea un recurso contra la inactividad de la Administración, que tiene precedentes en otros ordenamientos europeos. El recurso se dirige a obtener de la Administración, mediante la correspondiente sentencia de condena, una prestación material debida o la adopción de un acto expreso en procedimientos iniciados de oficio, allí donde no juega el mecanismo del silencio administrativo. De esta manera se otorga un instrumento jurídico al ciudadano para combatir la pasividad y las dilaciones administrativas. Claro está que este remedio no permite a los órganos judiciales sustituir a la Administración en aspectos de su actividad

no prefigurados por el derecho, incluida la discrecionalidad en el
«quando» de una decisión o de una actuación material, ni les faculta
para traducir en mandatos precisos las genéricas e indeterminadas
habilitaciones u obligaciones legales de creación de servicios o realización de actividades, pues en tal caso estarían invadiendo las funciones
propias de aquélla. De ahí que la Ley se refiera siempre a prestaciones
concretas y actos que tengan un plazo legal para su adopción y de ahí
que la eventual sentencia de condena haya de ordenar estrictamente
el cumplimiento de las obligaciones administrativas en los concretos
términos en que estén establecidas. El recurso contencioso-administrativo, por su naturaleza, no puede poner remedio a todos los casos de
indolencia, lentitud e ineficacia administrativas, sino tan sólo garantizar el exacto cumplimiento de la legalidad.

Otra novedad destacable es el recurso contra las actuaciones materiales en vía de hecho. Mediante este recurso se pueden combatir
aquellas actuaciones materiales de la Administración que carecen de la
necesaria cobertura jurídica y lesionan derechos e intereses legítimos
de cualquier clase. La acción tiene una naturaleza declarativa y de
condena y a la vez, en cierto modo, interdictal, a cuyo efecto no
puede dejar de relacionarse con la regulación de las medidas cautelares. Por razón de la materia, la competencia del orden jurisdiccional
contencioso-administrativo para conocer de estos recursos se explica
sobradamente.

En el caso del recurso contra la inactividad de la Administración,
la Ley establece una reclamación previa en sede administrativa; en el
del recurso contra la vía de hecho, un requerimiento previo de carácter
potestativo, asimismo en sede administrativa. Pero eso no convierte
a estos recursos en procesos contra la desestimación, en su caso por
silencio, de tales reclamaciones o requerimientos. Ni, como se ha dicho, estas nuevas acciones se atienen al tradicional carácter revisor del
recurso contencioso-administrativo, ni puede considerarse que la falta
de estimación, total o parcial, de la reclamación o el requerimiento
constituyan auténticos actos administrativos, expresos o presuntos. Lo
que se persigue es sencillamente dar a la Administración la oportunidad de resolver el conflicto y de evitar la intervención judicial. En
caso contrario, lo que se impugna sin más trámites es, directamente, la
inactividad o actuación material correspondiente, cuyas circunstancias
delimitan el objeto material del proceso.

El resto de los preceptos del Título III se ciñe a introducir algunas
mejoras técnicas. La preocupación por agilizar la tramitación de las

causas es dominante y, en particular, explica la regla que permite al Juez o Tribunal suspender la tramitación de los recursos masivos que tengan idéntico objeto y resolver con carácter preferente uno o varios de ellos. De esta manera se puede eludir la reiteración de trámites, pues los efectos de la primera o primeras sentencias resultantes podrían aplicarse a los demás casos en vía de ejecución o, eventualmente, podrían inducir al desistimiento de otros recursos.

VI. El procedimiento

1. La regulación del procedimiento contencioso-administrativo ordinario se basa en el esquema de la legislación anterior. Sin embargo, las modificaciones son muy numerosas, pues, por una parte, se han tenido muy en cuenta la experiencia práctica y las aportaciones doctrinales y, por otra, se han establecido normas especiales para diferentes tipos de recursos, que no precisan de un procedimiento especial. Basado en principios comunes y en un mismo esquema procesal, la Ley arbitra un procedimiento dúctil, que ofrece respuestas parcialmente distintas para cada supuesto. En todo momento se ha buscado conciliar las garantías de eficacia y celeridad del proceso con las de defensa de las partes.

Constituye una novedad importante la introducción de un procedimiento abreviado para determinadas materias de cuantía determinada limitada, basado en el principio de oralidad.

Las garantías que la Ley establece para lograr la pronta y completa remisión del expediente administrativo al órgano judicial han sido reformadas con la intención de poner definitivamente coto a prácticas administrativas injustificables y demasiado extendidas, que alargan la tramitación de muchas causas. Incompatibles con los deberes que la Administración tiene para con los ciudadanos y con el de colaboración con la Administración de Justicia, es necesario que dichas prácticas queden desterradas para siempre.

En la línea de procurar la rápida resolución de los procesos, la Ley arbitra varias facultades en manos de las partes o del órgano judicial, tales como la posibilidad de iniciar el recurso mediante demanda en algunos casos, la de solicitar que se falle sin necesidad de prueba, vista o conclusiones o la de llevar a cabo un intento de conciliación. Del criterio de los Jueces y Magistrados y de la colaboración de las partes dependerá que estas medidas alcancen sus fines.

Por lo que se refiere a la sentencia, la Ley sigue de cerca la regulación anterior. En particular, se mantiene la referencia de la conformidad o disconformidad de la disposición, actuación o acto genéricamente al derecho, al ordenamiento jurídico, por entender -en frase de la exposición de motivos de la Ley de 1956- que reconducirla simplemente a las leyes equivale a olvidar que lo jurídico no se encierra y circunscribe a las disposiciones escritas, sino que se extiende a los principios y a la normatividad inmanente en la naturaleza de las instituciones. Añade, no obstante, algunas prescripciones sobre el contenido y efectos de algunos fallos estimatorios: los que condenen a la Administración a hacer algo, los que estimen pretensiones de resarcimiento de daños y perjuicios, los que anulen disposiciones generales y los que versen sobre actuaciones discrecionales. En relación con estos últimos, la Ley recuerda la naturaleza de control en derecho que tiene el recurso contencioso-administrativo y de ahí que precise que no pueden los Jueces y Tribunales determinar el contenido discrecional de los actos que anulen. Como es lógico, esta regla no pretende coartar en absoluto la potestad de los órganos judiciales para extender su control de los actos discrecionales hasta donde lo exija el sometimiento de la Administración al derecho, es decir mediante el enjuiciamiento de los elementos reglados de dichos actos y la garantía de los límites jurídicos de la discrecionalidad.

2. Por lo que se refiere a los recursos contra las resoluciones judiciales, la Ley se atiene en general a los que dispuso la reciente Ley 10/1992, de 30 de abril, de Medidas Urgentes de Reforma Procesal. Pero introduce algunos cambios necesarios, motivados unos por la creación de los Juzgados de lo Contencioso-administrativo, que conduce a reimplantar los recursos de apelación contra sus resoluciones, y otros por la experiencia, breve pero significativa, derivada de aquella última reforma procesal.

El nuevo recurso de apelación ordinario contra las sentencias de los Juzgados no tiene, sin embargo, carácter universal. No siendo la doble instancia en todo tipo de procesos una exigencia constitucional, ha parecido conveniente descargar a los Tribunales Superiores de Justicia de conocer también en segunda instancia de los asuntos de menor entidad, para resolver el agobio que hoy padecen. Sin embargo, la apelación procede siempre que el asunto no ha sido resuelto en cuanto al fondo, en garantía del contenido normal del derecho a la tutela judicial efectiva, así como en el procedimiento para la protección de los derechos fundamentales, en los litigios entre Administraciones y cuando se resuelve la impugnación indirecta de disposiciones generales, por la mayor trascendencia que «a priori» tienen todos estos asuntos.

La Ley eleva sustancialmente la cuantía de los que tienen acceso a la casación ordinaria y en menor medida la de los que pueden acceder a la casación para unificación de doctrina. Aunque rigurosa, la medida es necesaria a la vista de la experiencia de los últimos años, pues las cuantías fijadas por la Ley 10/1992 no han permitido reducir la abrumadora carga de trabajo que pesa sobre la Sala de lo Contencioso-administrativo del Tribunal Supremo. Si bien las nuevas reglas eliminan la posibilidad de doble instancia en muchos supuestos, la alternativa sería consentir el agravamiento progresivo de aquella carga, ya hoy muy superior a lo que sería razonable. Los efectos de tal situación son mucho más perniciosos, pues se corre el riesgo de alargar la resolución de los recursos pendientes ante el Tribunal Supremo hasta extremos totalmente incompatibles con el derecho a una justicia efectiva. Por otro lado, no es posible aumentar sustancialmente el número de Secciones y Magistrados del Alto Tribunal, que ha de poder atender a su importantísima función objetiva de fijar la doctrina jurisprudencial.

Se regulan dos modalidades de recurso para la unificación de doctrina, cuyo conocimiento corresponderá, respectivamente, al Tribunal Supremo y a los Tribunales Superiores de Justicia.

Se ha considerado oportuno mantener el recurso de casación en interés de la Ley, que se adapta a la creación de los Juzgados de lo Contencioso-administrativo y que, junto al tradicional recurso de revisión, cierra el sistema de impugnaciones en este orden jurisdiccional.

3. La Ley ha realizado un importante esfuerzo para incrementar las garantías de ejecución de las sentencias, desde siempre una de las zonas grises de nuestro sistema contencioso-administrativo. El punto de partida reside en la imperiosa obligación de cumplir las resoluciones judiciales y colaborar en la ejecución de lo resuelto, que la Constitución prescribe, y en la potestad de los órganos judiciales de hacer ejecutar lo juzgado, que la propia Constitución les atribuye. Prescripciones que entroncan directamente con el derecho a la tutela judicial efectiva, ya que, como viene señalando la jurisprudencia, ese derecho no se satisface mediante una justicia meramente teórica, sino que conlleva el derecho a la ejecución puntual de lo fallado en sus propios términos. La negativa, expresa o implícita, a cumplir una

resolución judicial constituye un atentado a la Constitución frente al que no caben excusas.

La Ley Orgánica del Poder Judicial, que eliminó la potestad gubernativa de suspensión e inejecución de sentencias, abrió paso, en cambio, a la expropiación de los derechos reconocidos por éstas frente a la Administración. Sin embargo, no especificó las causas de utilidad pública e interés social que habrían de legitimar el ejercicio de esta potestad expropiatoria. La Ley atiende a esta necesidad, concretando tres supuestos muy determinados, entre los que debe destacarse el de la preservación del libre ejercicio de los derechos fundamentales y libertades públicas.

A salvo lo anterior, la Ley regula la forma de ejecutar las sentencias que condenan a la Administración al pago de cantidad, sin eliminar la prerrogativa de inembargabilidad de los bienes y derechos de la Hacienda Pública, ya que dicha modificación no puede abordarse aisladamente en la Ley Jurisdiccional, sino -en su caso- a través de una nueva regulación, completa y sistemática, del estatuto jurídico de los bienes públicos. Pero compensa al interesado económicamente frente a cualquier retraso injustificado; previene frente a las ejecuciones aparentes, declarando la nulidad de pleno derecho de los actos contrarios a los pronunciamientos y estableciendo una forma rápida para anularlos, y especifica las formas posibles de ejecución forzosa de las sentencias que condenan a la Administración a realizar una actividad o dictar un acto y otorga a los órganos judiciales potestades sancionadoras para lograr la efectividad de lo mandado, aparte las consecuencias que se deduzcan en el ámbito penal.

Dos novedades importantes completan este capítulo de la Ley. La primera se refiere a la posibilidad de extender los efectos de una sentencia firme en materia de personal y en materia tributaria a personas distintas de las partes que se encuentren en situación idéntica. Aun regulada con la necesaria cautela, la apertura puede ahorrar la reiteración de múltiples procesos innecesarios contra los llamados actos en masa. La segunda consiste en otorgar al acuerdo de conciliación judicial la misma fuerza que a la sentencia a efectos de ejecución forzosa, lo que refuerza el interés de la Ley por esta forma de terminación del procedimiento.

4. De los recursos especiales se ha suprimido el de personal, aunque subsisten algunas especialidades relativas a esta materia a lo largo del articulado. Se trae al texto de la Ley Jurisdiccional la regulación del

proceso especial en materia de derechos fundamentales, con el mismo carácter preferente y urgente que ya tiene y con importantes variaciones sobre la normativa vigente, cuyo carácter restrictivo ha conducido, en la práctica, a un importante deterioro de esta vía procesal. La más relevante novedad es el tratamiento del objeto del recurso -y, por tanto, de la sentencia- de acuerdo con el fundamento común de los procesos contencioso-administrativos, esto es, contemplando la lesión de los derechos susceptibles de amparo desde la perspectiva de la conformidad de la actuación administrativa con el ordenamiento jurídico. La Ley pretende superar, por tanto, la rígida distinción entre legalidad ordinaria y derechos fundamentales, por entender que la protección del derecho fundamental o libertad pública no será factible, en muchos casos, si no se tiene en cuenta el desarrollo legal de los mismos.

El procedimiento de la cuestión de ilegalidad, que se inicia de oficio, aúna la garantía de defensa de las partes con la celeridad que le es inherente.

Por último, el procedimiento en caso de suspensión administrativa previa de acuerdos se adapta a los supuestos legales de suspensión previstos en la legislación vigente, al tiempo que establece las reglas que permiten su rápida tramitación.

5. De las disposiciones comunes sobresale la regulación de las medidas cautelares. El espectacular desarrollo de estas medidas en la jurisprudencia y la práctica procesal de los últimos años ha llegado a desbordar las moderadas previsiones de la legislación anterior, certificando su antigüedad en este punto. La nueva Ley actualiza considerablemente la regulación de la materia, amplía los tipos de medidas cautelares posibles y determina los criterios que han de servir de guía a su adopción.

Se parte de la base de que la justicia cautelar forma parte del derecho a la tutela efectiva, tal como tiene declarado la jurisprudencia más reciente, por lo que la adopción de medidas provisionales que permitan asegurar el resultado del proceso no debe contemplarse como una excepción, sino como facultad que el órgano judicial puede ejercitar siempre que resulte necesario.

La Ley aborda esta cuestión mediante una regulación común a todas las medidas cautelares, cualquiera que sea su naturaleza. El criterio para su adopción consiste en que la ejecución del acto o la aplicación de la disposición pueden hacer perder la finalidad del recurso, pero siempre sobre la base de una ponderación suficientemente motivada de todos los intereses en conflicto.

Además, teniendo en cuenta la experiencia de los últimos años y la mayor amplitud que hoy tiene el objeto del recurso contencioso-administrativo, la suspensión de la disposición o acto recurrido no puede constituir ya la única medida cautelar posible. La Ley introduce en consecuencia la posibilidad de adoptar cualquier medida cautelar, incluso las de carácter positivo. No existen para ello especiales restricciones, dado el fundamento común a todas las medidas cautelares. Corresponderá al Juez o Tribunal determinar las que, según las circunstancias, fuesen necesarias. Se regulan medidas «inaudita parte debitoris» -con comparecencia posterior sobre el levantamiento, mantenimiento o modificación de la medida adoptada-, así como medidas previas a la interposición del recurso en los supuestos de inactividad o vía de hecho.

TÍTULO PRIMERO
Del orden jurisdiccional contencioso-administrativo

CAPÍTULO PRIMERO
Ámbito

1. 1. Los Juzgados y Tribunales del orden contencioso-administrativo conocerán de las pretensiones que se deduzcan en relación con la actuación de las Administraciones públicas sujeta al Derecho Administrativo, con las disposiciones generales de rango inferior a la Ley y con los Decretos legislativos cuando excedan los límites de la delegación [2] .

2. Se entenderá a estos efectos por Administraciones públicas:

a) La Administración General del Estado.

b) Las Administraciones de las Comunidades Autónomas.

c) Las Entidades que integran la Administración local.

---

[2] Véanse arts. 9.4 y 24 LOPJ y 25 a 30 de la presente Ley

d) Las Entidades de Derecho público que sean dependientes o estén vinculadas al Estado, las Comunidades Autónomas o las Entidades locales [3].

3. Conocerán también de las pretensiones que se deduzcan en relación con:

a) Los actos y disposiciones en materia de personal, administración y gestión patrimonial sujetos al derecho público adoptados por los órganos competentes del Congreso de los Diputados, del Senado, del Tribunal Constitucional, del Tribunal de Cuentas y del Defensor del Pueblo, así como de las Asambleas Legislativas de las Comunidades Autónomas y de las instituciones autonómicas análogas al Tribunal de Cuentas y al Defensor del Pueblo [4].

b) Los actos y disposiciones del Consejo General del Poder Judicial y la actividad administrativa de los órganos de gobierno de los Juzgados y Tribunales, en los términos de la Ley Orgánica del Poder Judicial [5].

c) La actuación de la Administración electoral, en los términos previstos en la Ley Orgánica del Régimen Electoral General.

2. El orden jurisdiccional contencioso-administrativo conocerá de las cuestiones que se susciten en relación con:

a) La protección jurisdiccional de los derechos fundamentales, los elementos reglados y la determinación de las indemnizaciones que fueran procedentes, todo ello en relación con los actos del Gobierno o de los Consejos de Gobierno de las Comunidades Autónomas, cualquiera que fuese la naturaleza de dichos actos [6].

b) Los contratos administrativos y los actos de preparación y adjudicación de los demás contratos sujetos a la legislación de contratación de las Administraciones públicas [7].

---

[3] Véanse arts. 2 LRJAP y PAC y 52.1 y 60.1 LOFAGE

[4] Véanse arts. 57.4 del Acuerdo de 27 de marzo de 2006, por el que se aprueba el Estatuto del Personal de las Cortes Generales, 99.3 LOTC y disposición adicional 1 Ley 7/1988, de Funcionamiento del Tribunal de Cuentas

[5] Véanse arts. 143.2 LOPJ y 5 RD 437/1983, sobre Constitución y Funcionamiento del Consejo Fiscal

[6] Véase art. 26.3 Ley 50/1997, del Gobierno

[7] Véanse arts. 6 a 11, 18 y 19 LCSP

c) Los actos y disposiciones de las Corporaciones de Derecho público, adoptados en el ejercicio de funciones públicas.

d) Los actos administrativos de control o fiscalización dictados por la Administración concedente, respecto de los dictados por los concesionarios de los servicios públicos que impliquen el ejercicio de potestades administrativas conferidas a los mismos, así como los actos de los propios concesionarios cuando puedan ser recurridos directamente ante este orden jurisdiccional de conformidad con la legislación sectorial correspondiente [8].

e) La responsabilidad patrimonial de las Administraciones públicas, cualquiera que sea la naturaleza de la actividad o el tipo de relación de que derive, no pudiendo ser demandadas aquellas por este motivo ante los órdenes jurisdiccionales civil o social, aun cuando en la producción del daño concurran con particulares o cuenten con un seguro de responsabilidad [9]. [10]

f) Las restantes materias que le atribuya expresamente una Ley.

3. No corresponden al orden jurisdiccional contencioso-administrativo:

a) Las cuestiones expresamente atribuidas a los órdenes jurisdiccionales civil, penal y social, aunque estén relacionadas con la actividad de la Administración pública [11].

b) El recurso contencioso-disciplinario militar [12].

c) Los conflictos de jurisdicción entre los Juzgados y Tribunales y la Administración pública y los conflictos de atribuciones entre órganos de una misma Administración [13].

d) Los recursos directos o indirectos que se interpongan contra las Normas Forales fiscales de las Juntas Generales de los Territorios Históricos de Álava, Guipúzcoa y Vizcaya, que corresponderán, en

---

[8] Véase art. 123 LEF

[9] Véanse arts. 9.4 LOPJ y 139 y 144 LRJAP Y PAC

[10] Dada nueva redacción letra e por disposición adicional 14 apartado 1 de Ley Orgánica 19/2003 de 23 de diciembre de 2003, con vigencia desde 15/01/2004

[11] Véanse arts. 2 y 3 LPL

[12] Véase art. 448 LO 2/1989, de 13 abril, Procesal Militar

[13] Véase art. 1 LO 2/1987, de 18 mayo, de Conflictos Jurisdiccionales

exclusiva, al Tribunal Constitucional. en los términos establecidos por la disposición adicional quinta de su Ley Orgánica [14] . [15]

4. 1. La competencia del orden jurisdiccional contencioso-administrativo se extiende al conocimiento y decisión de las cuestiones prejudiciales e incidentales no pertenecientes al orden administrativo, directamente relacionadas con un recurso contencioso-administrativo, salvo las de carácter constitucional y penal y lo dispuesto en los Tratados internacionales.

2. La decisión que se pronuncie no producirá efectos fuera del proceso en que se dicte y no vinculará al orden jurisdiccional correspondiente [16] .

5. [17]
1. La Jurisdicción Contencioso-administrativa es improrrogable.

2. Los órganos de este orden jurisdiccional apreciarán de oficio la falta de jurisdicción y resolverán sobre la misma, previa audiencia de las partes y del Ministerio Fiscal por plazo común de diez días.

3. En el supuesto previsto en el apartado anterior, si la nueva demanda que se formule ante el juzgado o tribunal competente del orden jurisdiccional indicado en la referida resolución se presenta en el plazo de un mes desde que fuera notificada, se entenderá presentada en la fecha en que se inició el plazo para interponer el recurso contencioso-administrativo, si se hubiere formulado éste siguiendo las indicaciones de la notificación del acto o ésta fuese defectuosa. Al objeto de acreditar tales extremos la parte interesada podrá solicitar testimonio de los particulares necesarios al órgano judicial que haya dictado la resolución a que se refiere el apartado anterior. [18]

---

[14] Declarada la constitucionalidad de esta letra d), desde el 28 julio 2016, conforme a la STC Pleno de 23 junio 2016, interpretada en los términos de su f.j. 3º d)

[15] Añadida letra d por art. 3 de Ley Orgánica 1/2010 de 19 de febrero de 2010, con vigencia desde 12/03/2010

[16] Véase art. 10 LOPJ

[17] Véanse arts. 58.1 y 69.a) de la presente Ley y 9.6 LOPJ

[18] Dada nueva redacción apartado 3 por art. 102 apartado 1 de Real Decreto-Ley 6/2023 de 19 de diciembre de 2023, con vigencia desde 20/03/2024

CAPÍTULO II
Órganos y competencias

6. [19]

El orden jurisdiccional contencioso-administrativo se halla integrado por los siguientes órganos:

a) Juzgados de lo Contencioso-administrativo.

b) Juzgados Centrales de lo Contencioso-administrativo.

c) Salas de lo Contencioso-administrativo de los Tribunales Superiores de Justicia.

d) Sala de lo Contencioso-administrativo de la Audiencia Nacional.

e) Sala de lo Contencioso-administrativo del Tribunal Supremo.

7. 1. Los órganos del orden jurisdiccional contencioso-administrativo que fueren competentes para conocer de un asunto lo serán también para todas sus incidencias y para hacer ejecutar las sentencias que dictaren en los términos señalados en el art. 103.1.

2. La competencia de los Juzgados y Salas de lo Contencioso-administrativo no será prorrogable y deberá ser apreciada por los mismos, incluso de oficio, previa audiencia de las partes y del Ministerio Fiscal por plazo común de diez días.

3. La declaración de incompetencia adoptará la forma de auto y deberá efectuarse antes de la sentencia, remitiéndose las actuaciones al órgano de la jurisdicción que se estime competente para que ante él siga el curso del proceso, con emplazamiento a las partes para que en el plazo de diez días comparezcan ante el mismo. Si la competencia pudiera corresponder a un tribunal superior en grado, se acompañará una exposición razonada, estándose a lo que resuelva éste [20] . [21]

---

[19] Véanse arts. 58, 66, 74, 93 LOPJ y 8 a 12 LJCA

[20] Véase art. 58.1 LJCA

[21] Dada nueva redacción apartado 3 por art. 102 apartado 2 de Real Decreto-Ley 6/2023 de 19 de diciembre de 2023, con vigencia desde 20/03/2024

8. [22] 1. Los Juzgados de lo Contencioso-administrativo conocerán, en única o primera instancia según lo dispuesto en esta ley, de los recursos que se deduzcan frente a los actos de las entidades locales o de las entidades y corporaciones dependientes o vinculadas a las mismas, excluidas las impugnaciones de cualquier clase de instrumentos de planeamiento urbanístico.

2. Conocerán, asimismo, en única o primera instancia de los recursos que se deduzcan frente a los actos administrativos de la Administración de las comunidades autónomas, salvo cuando procedan del respectivo Consejo de Gobierno, cuando tengan por objeto:

a) Cuestiones de personal, salvo que se refieran al nacimiento o extinción de la relación de servicio de funcionarios públicos de carrera [23].

b) Las sanciones administrativas que consistan en multas no superiores a 60.000 euros y en ceses de actividades o privación de ejercicio de derechos que no excedan de seis meses.

c) Las reclamaciones por responsabilidad patrimonial cuya cuantía no exceda de 30.050 euros.

3. Conocerán en única o primera instancia de los recursos que se deduzcan frente a disposiciones y actos de la Administración periférica del Estado y de las comunidades autónomas, contra los actos de los organismos, entes, entidades o corporaciones de derecho público, cuya competencia no se extienda a todo el territorio nacional y contra las resoluciones de los órganos superiores cuando confirmen íntegramente los dictados por aquéllos en vía de recurso, fiscalización o tutela.

Se exceptúan los actos de cuantía superior a 60.000 euros dictados por la Administración periférica del Estado y los organismos públicos estatales cuya competencia no se extienda a todo el territorio nacional, o cuando se dicten en ejercicio de sus competencias sobre dominio público, obras públicas del Estado, expropiación forzosa y propiedades especiales [24].

---

[22] Dada nueva redacción por disposición adicional 14 apartado 2 de Ley Orgánica 19/2003 de 23 de diciembre de 2003, con vigencia desde 15/01/2004

[23] Véase art. 78.1 de la presente Ley

[24] Véase disposición adicional 4 de la presente Ley

4. Conocerán, igualmente, de todas las resoluciones que se dicten en materia de extranjería por la Administración periférica del Estado o por los órganos competentes de las Comunidades Autónomas. [25]

5. Corresponde conocer a los Juzgados de las impugnaciones contra actos de las Juntas Electorales de Zona y de las formuladas en materia de proclamación de candidaturas y candidatos efectuada por cualquiera de las Juntas Electorales, en los términos previstos en la legislación electoral [26].

6. Conocerán también los Juzgados de lo Contencioso-administrativo de las autorizaciones para la entrada en domicilios y restantes lugares cuyo acceso requiera el consentimiento de su titular, siempre que ello proceda para la ejecución forzosa de actos de la administración pública, salvo que se trate de la ejecución de medidas de protección de menores acordadas por la Entidad Pública competente en la materia. [27]

Asimismo, corresponderá a los Juzgados de lo Contencioso-administrativo la autorización o ratificación judicial de las medidas adoptadas con arreglo a la legislación sanitaria que las autoridades sanitarias consideren urgentes y necesarias para la salud pública e impliquen limitación o restricción de derechos fundamentales cuando dichas medidas estén plasmadas en actos administrativos singulares que afecten únicamente a uno o varios particulares concretos e identificados de manera individualizada.

Además, los Juzgados de lo Contencioso-administrativo conocerán de las autorizaciones para la entrada e inspección de domicilios, locales, terrenos y medios de transporte que haya sido acordada por la Comisión Nacional de los Mercados y la Competencia, cuando, requiriendo dicho acceso e inspección el consentimiento de su titular, este se oponga a ello o exista riesgo de tal oposición.

Los Juzgados de lo Contencioso-administrativo conocerán también de las autorizaciones para la entrada en domicilios y otros lugares constitucionalmente protegidos, que haya sido acordada por la Administración Tributaria en el marco de una actuación o procedimiento de

---

[25] Dada nueva redacción apartado 4 por art. 3 apartado 1 de Ley 37/2011 de 10 de octubre de 2011, con vigencia desde 31/10/2011

[26] Véanse arts. 49 y 109 LOREG y 81.1 de la presente Ley

[27] Véase art. 80.1 d) de la presente Ley

aplicación de los tributos aún con carácter previo a su inicio formal cuando, requiriendo dicho acceso el consentimiento de su titular, este se oponga a ello o exista riesgo de tal oposición. [28]

9. [29] 1. Los Juzgados Centrales de lo Contencioso-administrativo conocerán de los recursos que se deduzcan frente a los actos administrativos que tengan por objeto:

a) En primera o única instancia en las materias de personal cuando se trate de actos dictados por Ministros y Secretarios de Estado, salvo que confirmen en vía de recurso, fiscalización o tutela, actos dictados por órganos inferiores, o se refieran al nacimiento o extinción de la relación de servicio de funcionarios de carrera, o a las materias recogidas en el art. 11.1.a) sobre personal militar.

b) En única o primera instancia contra los actos de los órganos centrales de la Administración General del Estado en los supuestos previstos en el apartado 2.b) del art. 8 .

c) En primera o única instancia de los recursos contencioso-administrativos que se interpongan contra las disposiciones generales y contra los actos emanados de los organismos públicos con personalidad jurídica propia y entidades pertenecientes al sector público estatal con competencia en todo el territorio nacional, sin perjuicio de lo dispuesto en el párrafo i) del apartado 1 del art. 10 .

d) En primera o única instancia, de los recursos contra las resoluciones dictadas por los Ministros y Secretarios de Estado en materia de responsabilidad patrimonial cuando lo reclamado no exceda de 30.050 euros.

e) En primera instancia, de las resoluciones que acuerden la inadmisión de las peticiones de asilo político.

f) En única o primera instancia, de las resoluciones que, en vía de fiscalización, sean dictadas por el Comité Español de Disciplina Deportiva en materia de disciplina deportiva.

2. Corresponderá a los Juzgados Centrales de lo Contencioso-Administrativo, la autorización a que se refiere el art. 8.2 de la Ley 34/2002 así como autorizar la ejecución de los actos adoptados por la

---

[28] Dada nueva redacción apartado 6 por art. 12 de Ley 11/2021 de 9 de julio de 2021, con vigencia desde 11/07/2021

[29] Dada nueva redacción por disposición final 2 apartado 1 de Ley Orgánica 3/2015 de 30 de marzo de 2015, con vigencia desde 01/04/2015

Sección Segunda de la Comisión de Propiedad Intelectual para que se interrumpa la prestación de servicios de la sociedad de la información o para que se retiren contenidos que vulneren la propiedad intelectual, en aplicación de la Ley 34/2002, de 11 de julio, de Servicios de la Sociedad de la información y de Comercio Electrónico.

3. Igualmente conocerán los Juzgados Centrales de lo Contencioso Administrativo del procedimiento previsto en el art. 12 bis de la Ley Orgánica 6/2002, de 27 de junio, de Partidos Políticos.

10. *Competencias de las Salas de lo Contencioso-Administrativo de los Tribunales Superiores de Justicia.* [30] 1. Las Salas de lo Contencioso-Administrativo de los Tribunales Superiores de Justicia conocerán en única instancia de los recursos que se deduzcan en relación con:

a) Los actos de las Entidades locales y de las Administraciones de las Comunidades Autónomas, cuyo conocimiento no esté atribuido a los Juzgados de lo Contencioso-Administrativo. [31]

b) Las disposiciones generales emanadas de las Comunidades Autónomas y de las Entidades locales.

c) Los actos y disposiciones de los órganos de gobierno de las asambleas legislativas de las Comunidades Autónomas, y de las instituciones autonómicas análogas al Tribunal de Cuentas y al Defensor del Pueblo, en materia de personal, administración y gestión patrimonial.

d) Los actos y resoluciones dictados por los Tribunales Económico-Administrativos Regionales y Locales que pongan fin a la vía económico-administrativa.

e) Las resoluciones dictadas por el Tribunal Económico-Administrativo Central en materia de tributos cedidos. [32]

f) Los actos y disposiciones de las Juntas Electorales Provinciales y de Comunidades Autónomas, así como los recursos contencioso-electorales contra acuerdos de las Juntas Electorales sobre proclamación de electos y elección y proclamación de Presidentes de Corporaciones locales, en los términos de la legislación electoral. [33]

---

[30] Dada nueva redacción por disposición final 2 apartado 2 de Ley 3/2020 de 18 de septiembre de 2020, con vigencia desde 20/09/2020

[31] Véase art. 8.1 y 2 de la presente Ley

[32] Véase art. 11.1.d) de la presente Ley

[33] Véase art. 109 LOREG

g) Los convenios entre Administraciones públicas cuyas competencias se ejerzan en el ámbito territorial de la correspondiente Comunidad Autónoma. [34]

h) La prohibición o la propuesta de modificación de reuniones previstas en la Ley Orgánica 9/1983, de 15 de julio, Reguladora del Derecho de Reunión. [35]

i) Los actos y resoluciones dictados por órganos de la Administración General del Estado cuya competencia se extienda a todo el territorio nacional y cuyo nivel orgánico sea inferior al de Ministro o Secretario de Estado en materias de personal, propiedades especiales y expropiación forzosa. [36]

j) Los actos y resoluciones de los órganos de las Comunidades Autónomas competentes para la aplicación de la Ley de Defensa de la Competencia.

k) Las resoluciones dictadas por el órgano competente para la resolución de recursos en materia de contratación previsto en el artículo 311 de la Ley 30/2007, de 30 de octubre, de Contratos del Sector Público, en relación con los contratos incluidos en el ámbito competencial de las Comunidades Autónomas o de las Corporaciones locales.

l) Las resoluciones dictadas por los Tribunales Administrativos Territoriales de Recursos Contractuales.

m) Los actos y disposiciones dictados por las autoridades independientes autonómicas u órganos competentes de las comunidades autónomas referidos en la Ley reguladora de la protección de las personas que informen sobre infracciones normativas y de lucha contra la corrupción. [37]

n) Cualesquiera otras actuaciones administrativas no atribuidas expresamente a la competencia de otros órganos de este orden jurisdiccional. [38]

---

[34] Véanse arts. 6, 7 y 8 LRJAP y PAC

[35] Véase art. 122 de la presente Ley

[36] Véase art. 11.1.a) y b) de la presente Ley

[37] Dada nueva redacción apartado 1 letra m por disposición final 2 apartado 1 de Ley 2/2023 de 20 de febrero de 2023, con vigencia desde 13/03/2023

[38] Añadida apartado 1 letra n por disposición final 2 apartado 1 de Ley 2/2023 de 20 de febrero de 2023, con vigencia desde 13/03/2023

2. Conocerán, en segunda instancia, de las apelaciones promovidas contra sentencias y autos dictados por los Juzgados de lo Contencioso-administrativo, y de los correspondientes recursos de queja. [39]

3. También les corresponde, con arreglo a lo establecido en esta Ley, el conocimiento de los recursos de revisión contra las sentencias firmes de los Juzgados de lo Contencioso-administrativo. [40]

4. Conocerán de las cuestiones de competencia entre los Juzgados de lo Contencioso-administrativo con sede en la Comunidad Autónoma. [41]

5. Conocerán del recurso de casación para la unificación de doctrina previsto en el artículo 99. [42]

6. Conocerán del recurso de casación en interés de la ley previsto en el artículo 101.

7. Conocerán de la solicitud de autorización al amparo del artículo 122 ter, cuando sea formulada por la autoridad de protección de datos de la Comunidad Autónoma respectiva.

Apartado 8 (Derogado) [43]

11. 1. La Sala de lo Contencioso-administrativo de la Audiencia Nacional conocerá en única instancia:

a) De los recursos que se deduzcan en relación con las disposiciones generales y los actos de los Ministros, aun cuando se adopten previo informe o acuerdo del Consejo de Ministros o de las Comisiones Delegadas del Gobierno, y de los Secretarios de Estado, en general y en materia de personal cuando se refieran al nacimiento o extinción de la relación de servicio de funcionarios de carrera. Asimismo, conocerá de los recursos contra los actos de cualesquiera órganos centrales del

---

[39] Véase art. 81 de la presente Ley

[40] Véase art. 102 de la presente Ley

[41] Véanse arts. 51 y 52 LOPJ

[42] Véase art. 96 de la presente Ley

[43] Anulado, en la redacción dada por la Ley 3/2020 de 18 septiembre apartado 8 por sentencia 70/2022 del Tribunal Constitucional de 2 de junio de 2022, con vigencia desde 04/07/2022

Ministerio de Defensa referidos a ascensos, orden y antigüedad en el escalafón y destinos [44] . [45]

b) De los recursos contra los actos de los Ministros y Secretarios de Estado cuando rectifiquen en vía de recurso o en procedimiento de fiscalización o de tutela los dictados por órganos o entes distintos con competencia en todo el territorio nacional.

c) De los recursos en relación con los convenios entre Administraciones públicas no atribuidos a los Tribunales Superiores de Justicia. [46]

d) De los actos de naturaleza económico-administrativa dictados por el Ministro de Economía y Hacienda y por el Tribunal Económico-Administrativo Central, con excepción de lo dispuesto en el artículo 10.1.e).

e) De los recursos contra los actos dictados por la Comisión de Vigilancia de Actividades de Financiación del Terrorismo, y de la autorización de prórroga de los plazos de las medidas de dicha Comisión, conforme a lo previsto en la Ley de Prevención y Bloqueo de la Financiación del Terrorismo.

f) Las resoluciones dictadas por el Tribunal Administrativo Central de Recursos Contractuales, con excepción de lo dispuesto en el artículo 10.1.k).

g) De los recursos contra los actos del Banco de España, de la Comisión Nacional del Mercado de Valores y del FROB adoptados conforme a lo previsto en la Ley 11/2015, de 18 de junio, de recuperación y resolución de entidades de crédito y empresas de servicios de inversión.

h) De los recursos interpuestos por la Comisión Nacional de los Mercados y de la Competencia en defensa de la unidad de mercado. [47]

---

[44] Téngase en cuenta que la presente redacción de esta letra a) será de aplicación a los recursos contencioso-administrativos que se interpongan a partir del 3 de abril de 2024, fecha de entrada en vigor de la LO 1/2025 de 2 enero, conforme al apartado 5 de su disp. trans. 9.ª

[45] Dada nueva redacción apartado 1 letra a por art. 21 apartado 1 de Ley Orgánica 1/2025 de 2 de enero de 2025, con vigencia desde 03/04/2025

[46] Véase art. 10.1.g) de la presente Ley

[47] Dada nueva redacción apartado 1 por disposición final 2 apartado 3 de Ley 3/2020 de 18 de septiembre de 2020, con vigencia desde 20/09/2020

Apartado 1 letra i (Derogada) [48]

2. Conocerá, en segunda instancia, de las apelaciones contra autos y sentencias dictados por los Juzgados Centrales de lo Contencioso-administrativo y de los correspondientes recursos de queja [49].

3. Conocerá de los recursos de revisión contra sentencias firmes dictadas por los Juzgados Centrales de lo Contencioso-administrativo [50].

4. También conocerá de las cuestiones de competencia que se puedan plantear entre los Juzgados Centrales de lo Contencioso-administrativo [51].

5. Conocerá de la solicitud de autorización al amparo del artículo 122 ter, cuando sea formulada por la Agencia Española de Protección de Datos. [52]

12. 1. La Sala de lo Contencioso-administrativo del Tribunal Supremo conocerá en única instancia de los recursos que se deduzcan en relación con:

a) Los actos y disposiciones del Consejo de Ministros y de las Comisiones Delegadas del Gobierno [53]

b) Los actos y disposiciones del Consejo General del Poder Judicial y del Fiscal General del Estado. [54] [55]

c) Los actos y disposiciones en materia de personal, administración y gestión patrimonial adoptados por los órganos competentes del Con-

---

[48] Anulada, en la redacción dada por la Ley 3/2020 de 18 septiembre apartado 1 letra i por sentencia 70/2022 del Tribunal Constitucional de 2 de junio de 2022, con vigencia desde 04/07/2022

[49] Véanse arts. 80 y 81 de la presente Ley

[50] Véase art. 102 de la presente Ley

[51] Véanse arts. 51 y 52 LOPJ

[52] Añadido apartado 5 por disposición final 6 apartado 2 de Ley Orgánica 3/2018 de 5 de diciembre de 2018, con vigencia desde 07/12/2018

[53] Véanse arts. 5 y 6 Ley 50/1997, de 27 noviembre, del Gobierno

[54] Véase art. 1.3.b) de la presente Ley

[55] Dada nueva redacción apartado 1 letra b por disposición final 4 de Ley 16/2022 de 5 de septiembre de 2022, con vigencia desde 26/09/2022

greso de los Diputados, del Senado, del Tribunal Constitucional, del Tribunal de Cuentas y del Defensor del Pueblo [56].

2. Conocerá también de:

a) Los recursos de casación de cualquier modalidad, en los términos establecidos por esta Ley, y los correspondientes recursos de queja [57].

b) Los recursos de casación y revisión contra las resoluciones dictadas por el Tribunal de Cuentas, con arreglo a lo establecido en su Ley de Funcionamiento.

c) Los recursos de revisión contra sentencias firmes dictadas por las Salas de lo Contencioso-administrativo de los Tribunales Superiores de Justicia, de la Audiencia Nacional y del Tribunal Supremo, salvo lo dispuesto en el art. 61.1.1.º de la Ley Orgánica del Poder Judicial [58].

3. Asimismo conocerá de:

a) Los recursos que se deduzcan en relación con los actos y disposiciones de la Junta Electoral Central, así como los recursos contencioso-electorales que se deduzcan contra los acuerdos sobre proclamación de electos en los términos previstos en la legislación electoral [59].

b) Los recursos deducidos contra actos de las Juntas Electorales adoptados en el procedimiento para elección de miembros de las Salas de Gobierno de los Tribunales, en los términos de la Ley Orgánica del Poder Judicial.

4. Conocerá de la solicitud de autorización al amparo del artículo 122 ter, cuando sea formulada por el Consejo General del Poder Judicial. [60]

13. Para aplicar las reglas de distribución de competencia contenidas en los artículos anteriores, se tendrán en cuenta los siguientes criterios:

---

[56] Véase art. 1.3.a) de la presente Ley
[57] Véase art. 86 de la presente Ley
[58] Véase art. 102 de la presente Ley
[59] Véanse arts. 112.2 y 225.1 LOREG
[60] Añadido apartado 4 por disposición final 6 apartado 3 de Ley Orgánica 3/2018 de 5 de diciembre de 2018, con vigencia desde 07/12/2018

a) Las referencias que se hacen a la Administración del Estado, Comunidades Autónomas y Entidades locales comprenden a las Entidades y Corporaciones dependientes o vinculadas a cada una de ellas.

b) La competencia atribuida a los Juzgados y Tribunales para el conocimiento de recursos contra actos administrativos incluye la relativa a la inactividad y a las actuaciones constitutivas de vía de hecho.

c) Salvo disposición expresa en contrario, la atribución de competencia por razón de la materia prevalece sobre la efectuada en razón del órgano administrativo autor del acto.

CAPÍTULO III
Competencia territorial de los Juzgados y Tribunales

14. 1. La competencia territorial de los Juzgados y de los Tribunales Superiores de Justicia se determinará conforme a las siguientes reglas:

Primera. Con carácter general, será competente el órgano jurisdiccional en cuya circunscripción tenga su sede el órgano que hubiere dictado la disposición o el acto originario impugnado.

Segunda. Cuando el recurso tenga por objeto actos de las Administraciones públicas en materia de responsabilidad patrimonial, personal, propiedades especiales y sanciones será competente, a elección del demandante, el juzgado o el tribunal en cuya circunscripción tenga aquél su domicilio o se halle la sede del órgano autor del acto originario impugnado.

Cuando el recurso tenga por objeto actos de las Administraciones de las Comunidades Autónomas o de las entidades de la Administración Local, la elección a que se refiere esta regla segunda se entenderá limitada a la circunscripción del Tribunal Superior de Justicia en que tenga su sede el órgano que hubiere dictado el acto originario impugnado. [61]

Tercera. La competencia corresponderá al órgano jurisdiccional en cuya circunscripción radiquen los inmuebles afectados cuando se impugnen planes de ordenación urbana y actuaciones urbanísticas,

[61] Dada nueva redacción apartado 1 regla 2 por art. 3 apartado 2 de Ley 37/2011 de 10 de octubre de 2011, con vigencia desde 31/10/2011

expropiatorias y, en general, las que comporten intervención administrativa en la propiedad privada.

2. Cuando el acto originario impugnado afectase a una pluralidad de destinatarios y fueran diversos los Juzgados o Tribunales competentes según las reglas anteriores, la competencia vendrá atribuida al órgano jurisdiccional en cuya circunscripción tenga su sede el órgano que hubiere dictado el acto originario impugnado.

CAPÍTULO IV
Constitución y actuación de las Salas de lo Contencioso-administrativo

15. 1. La Sala de lo Contencioso-administrativo del Tribunal Supremo actuará dividida en Secciones, cuyo Presidente será el que lo fuere de la Sala o el Magistrado más antiguo de los que integren la Sección, salvo en el supuesto previsto en el art. 96.6 en el que la Sección a que se refiere será presidida por el Presidente del Tribunal Supremo [62].

2. Para la vista o deliberación y fallo será necesaria la concurrencia del que presida y de los Magistrados siguientes:

a) Todos los que componen la Sección para decidir los recursos de casación y revisión.

b) Cuatro en los demás casos.

3. Para el despacho ordinario será suficiente la concurrencia del que presida y dos Magistrados.

16. 1. La Sala de lo Contencioso-administrativo de la Audiencia Nacional se compondrá de las Secciones que aconseje el número de asuntos, cuyo Presidente será el que lo fuere de la Sala o el Magistrado más antiguo de los integrantes de la Sección [63].

2. Las Salas de lo Contencioso-administrativo de los Tribunales Superiores de Justicia, cuando el número de sus miembros exceda de cinco, actuarán divididas en Secciones, cuyo Presidente será el que lo

---

[62] Véase art. 198 LOPJ
[63] Véase art. 198 LOPJ

fuere de la Sala o el Magistrado más antiguo de los que integren la Sección.

3. Para la vista o deliberación y fallo, y despacho ordinario, será suficiente la concurrencia del que presida y dos Magistrados.

4. La resolución de los recursos de casación en interés de la ley, de casación para la unificación de doctrina y de revisión se encomendará a una Sección de la Sala de lo Contencioso-administrativo que tenga su sede en el Tribunal Superior de Justicia compuesta por el Presidente de dicha Sala que la presidirá, por el Presidente o Presidentes de las demás Salas de lo Contencioso administrativo y, en su caso, de las Secciones de las mismas, en número no superior a dos; y por los Magistrados de la referida Sala o Salas que fueran necesarios para completar un total de cinco miembros.

Si la Sala o Salas de lo Contencioso-administrativo tuviesen más de una Sección, la Sala de Gobierno del Tribunal Superior de Justicia establecerá para cada año judicial el turno con arreglo al cual los Presidentes de Sección ocuparán los puestos de la regulada en este apartado. También lo establecerá entre todos los Magistrados que presten servicio en la Sala o Salas.

CAPÍTULO V
Distribución de asuntos

17. 1. La distribución de asuntos entre las diversas Salas de un mismo Tribunal, o entre las diversas Secciones de una misma Sala, será acordada por la Sala de Gobierno del respectivo Tribunal, teniendo en cuenta la naturaleza y homogeneidad de la materia a que se refieren los recursos [64].

2. Idéntico criterio se tendrá en cuenta para la distribución de asuntos entre los diversos Juzgados de lo Contencioso-administrativo de una misma población. La aprobación corresponderá a la Sala de Gobierno del Tribunal Superior de Justicia, a propuesta de la Junta de Jueces de este orden jurisdiccional.

3. Los acuerdos sobre distribución de asuntos se adoptarán cada dos años y se comunicarán al Consejo General del Poder Judicial al

---

[64] Véase art. 152.1.1 LOPJ

solo efecto de su publicación, antes de la apertura de Tribunales, en el «Boletín Oficial del Estado» o en el de la Comunidad Autónoma, según corresponda.

En caso de resultar alterada la competencia de los distintos Juzgados con sede en un mismo partido judicial, de las diversas Salas de un mismo Tribunal o de las diversas Secciones de una Sala por razón de una nueva distribución de asuntos, de los procesos en tramitación continuará conociendo y fallará el órgano jurisdiccional que resultare competente al tiempo de la interposición del recurso, según los acuerdos entonces vigentes.

TÍTULO II
Las partes

CAPÍTULO PRIMERO
Capacidad procesal

18. Tienen capacidad procesal ante el orden jurisdiccional contencioso-administrativo, además de las personas que la ostenten con arreglo a la Ley de Enjuiciamiento Civil, los menores de edad para la defensa de aquellos de sus derechos e intereses legítimos cuya actuación les esté permitida por el ordenamiento jurídico sin necesidad de asistencia de la persona que ejerza la patria potestad, tutela o curatela [65].

Los grupos de afectados, uniones sin personalidad o patrimonios independientes o autónomos, entidades todas ellas aptas para ser titulares de derechos y obligaciones al margen de su integración en las estructuras formales de las personas jurídicas, también tendrán capacidad procesal ante el orden jurisdiccional contencioso-administrativo cuando la Ley así lo declare expresamente. [66]

---

[65] Véanse arts. 58.1 y 69.b) de la presente Ley, 7 y 8 LEC, 7.3 LOPJ, 162,163 y 267 CC y 44 LGT.

[66] Véanse arts. 6 a 9 LEC

CAPÍTULO II
Legitimación

19. 1. Están legitimados ante el orden jurisdiccional contencioso-administrativo:

a) Las personas físicas o jurídicas que ostenten un derecho o interés legítimo [67].

b) Las corporaciones, asociaciones, sindicatos y grupos y entidades a que se refiere el art. 18 que resulten afectados o estén legalmente habilitados para la defensa de los derechos e intereses legítimos colectivos.

c) La Administración del Estado, cuando ostente un derecho o interés legítimo, para impugnar los actos y disposiciones de la Administración de las Comunidades Autónomas y de los Organismos públicos vinculados a éstas, así como los de las Entidades locales, de conformidad con lo dispuesto en la legislación de régimen local, y los de cualquier otra entidad pública no sometida a su fiscalización [68].

d) La Administración de las Comunidades Autónomas, para impugnar los actos y disposiciones que afecten al ámbito de su autonomía, emanados de la Administración del Estado y de cualquier otra Administración u Organismo público, así como los de las Entidades locales, de conformidad con lo dispuesto en la legislación de régimen local.

e) Las Entidades locales territoriales, para impugnar los actos y disposiciones que afecten al ámbito de su autonomía, emanados de las Administraciones del Estado y de las Comunidades Autónomas, así como los de Organismos públicos con personalidad jurídica propia vinculados a una y otras o los de otras Entidades locales [69].

f) El Ministerio Fiscal para intervenir en los procesos que determine la Ley [70].

---

[67] Véanse arts. 24.1 CE y 7.3 LOPJ

[68] Véanse la Ley 34/1981, de 5 octubre, por la que se dictan normas complementarias sobre Legitimación en el Recurso contencioso-administrativo, y el art. 44 de la presente Ley

[69] Véanse arts. 63.2 LBRL y 44 de la presente Ley

[70] Téngase en cuenta, por ejemplo, la disposición adicional 8 Ley 26/2007, de 23 octubre, de Responsabilidad Medioambiental

g) Las Entidades de Derecho público con personalidad jurídica propia vinculadas o dependientes de cualquiera de las Administraciones públicas para impugnar los actos o disposiciones que afecten al ámbito de sus fines [71].

h) Cualquier ciudadano, en ejercicio de la acción popular, en los casos expresamente previstos por las Leyes [72].

i) Para la defensa del derecho a la igualdad de trato y no discriminación e intolerancia, además de las personas afectadas y siempre con su autorización, estará también legitimada la Autoridad Independiente para la Igualdad de Trato y la No Discriminación, así como, en relación con las personas afiliadas o asociadas a los mismos, los partidos políticos, los sindicatos, las asociaciones profesionales de trabajadores autónomos, las organizaciones de personas consumidoras y usuarias y las asociaciones y organizaciones legalmente constituidas que tengan entre sus fines la defensa y promoción de los derechos humanos, de acuerdo con lo establecido en la Ley integral para la igualdad de trato y la no discriminación.

Cuando las personas afectadas sean una pluralidad indeterminada o de difícil determinación, la legitimación para instar acciones judiciales en defensa de derechos o intereses difusos corresponderá a la Autoridad Independiente para la Igualdad de Trato y la No Discriminación, a los partidos políticos, los sindicatos y las asociaciones profesionales de trabajadores autónomos más representativos, así como a las organizaciones de personas consumidoras y usuarias de ámbito estatal, y a las organizaciones, de ámbito estatal o del ámbito territorial en el que se produce la situación de discriminación, que tengan entre sus fines la defensa y promoción de los derechos humanos, de acuerdo con lo establecido en la Ley integral para la igualdad de trato y la no discriminación, sin perjuicio en todo caso de la legitimación individual de aquellas personas afectadas que estuviesen determinadas.

---

[71] Véase art. 2.2 LRJAP y PAC

[72] Véanse arts. 125 CE, 20.3 y 460 LOPJ, 62 RDLeg. 7/2015 de 30 octubre, por el que se aprueba el texto refundido de la Ley de Suelo y Rehabilitación Urbana, 109 Ley 22/1988, de 28 julio, de Costas, 151.2 LOREG, 8.2 Ley 16/1985, de 25 junio, del patrimonio Histórico Español, y 3.3, 22 y 23 Ley 27/2006, de 18 julio, por la que se regulan los derechos de acceso a la información, de participación pública y de acceso a la justicia en materia de medio ambiente

La persona acosada será la única legitimada en los litigios sobre acoso sexual y acoso discriminatorio. [73]

j) Para la defensa de los derechos e intereses de las personas víctimas de discriminación por orientación e identidad sexual, expresión de género o características sexuales, además de las personas afectadas y siempre que cuenten con su autorización expresa, estarán también legitimados los partidos políticos, las organizaciones sindicales, las organizaciones empresariales, las asociaciones profesionales de personas trabajadoras autónomas, las asociaciones de personas consumidoras y usuarias y las asociaciones y organizaciones legalmente constituidas que tengan entre sus fines la defensa y promoción de los derechos de las personas lesbianas, gais, bisexuales, trans e intersexuales o de sus familias, de acuerdo con lo establecido en la Ley para la igualdad real y efectiva de las personas trans y para la garantía de los derechos de las personas LGTBI.

Cuando las personas afectadas sean una pluralidad indeterminada o de difícil determinación, la legitimación para demandar en juicio la defensa de estos intereses difusos corresponderá exclusivamente a los organismos públicos con competencia en la materia, a los partidos políticos, las organizaciones sindicales, las organizaciones empresariales, las asociaciones profesionales de personas trabajadoras autónomas, las asociaciones de personas consumidoras y usuarias y las asociaciones y organizaciones legalmente constituidas que tengan entre sus fines la defensa y promoción de los derechos de las personas lesbianas, gais, bisexuales, trans e intersexuales o de sus familias.

La persona acosada será la única legitimada en los litigios sobre acoso discriminatorio por razón de orientación e identidad sexual, expresión de género o características sexuales. [74]

k) Los sindicatos estarán también legitimados para actuar, en nombre interés del personal funcionario y estatutario afiliado a ellos que así lo autorice, en defensa de sus derechos individuales, recayendo sobre dichos afiliados los efectos de aquella actuación. [75]

---

[73] Dada nueva redacción apartado 1 letra i por disposición final 3 apartado 1 de Ley 15/2022 de 12 de julio de 2022, con vigencia desde 14/07/2022

[74] Añadida apartado 1 letra j por disposición final 4 apartado 1 de Ley 4/2023 de 28 de febrero de 2023, con vigencia desde 02/03/2023

[75] Añadida apartado 1 letra k por art. 21 apartado 2 de Ley Orgánica 1/2025 de 2 de enero de 2025, con vigencia desde 03/04/2025

2. La Administración autora de un acto está legitimada para impugnarlo ante este orden jurisdiccional, previa su declaración de lesividad para el interés público en los términos establecidos por la Ley [76] .

3. El ejercicio de acciones por los vecinos en nombre e interés de las Entidades locales se rige por lo dispuesto en la legislación de régimen local [77] .

4. Las Administraciones públicas y los particulares podrán interponer recurso contencioso-administrativo contra las decisiones adoptadas por los órganos administrativos a los que corresponde resolver los recursos especiales y las reclamaciones en materia de contratación a que se refiere la legislación de Contratos del Sector Público sin necesidad, en el primer caso, de declaración de lesividad. [78]

5. Tendrán legitimación para recurrir ante el orden jurisdiccional contencioso-administrativo las resoluciones del Tribunal Administrativo del Deporte que se dicten en asuntos de disciplina deportiva en materia de dopaje, todas las personas mencionadas en el art. 40.4 de la Ley Orgánica de Protección de la Salud del Deportista y Lucha contra el Dopaje en la Actividad Deportiva. [79]

20. No pueden interponer recurso contencioso-administrativo contra la actividad de una Administración pública:

a) Los órganos de la misma y los miembros de sus órganos colegiados, salvo que una Ley lo autorice expresamente.

b) Los particulares cuando obren por delegación o como meros agentes o mandatarios de ella.

c) Las Entidades de Derecho público que sean dependientes o estén vinculadas al Estado, las Comunidades Autónomas o las Entidades locales, respecto de la actividad de la Administración de la que dependan. Se exceptúan aquellos a los que por Ley se haya dotado de un estatuto específico de autonomía respecto de dicha Administración.

21. 1. Se considera parte demandada:

---

[76] Véanse arts. 103 LRJAP y PAC y 43 de la presente Ley

[77] Véanse arts. 18.1 y 68 LBRL

[78] Añadido apartado 4 por art. 3 apartado 3 de Ley 34/2010 de 5 de agosto de 2010, con vigencia desde 09/09/2010

[79] Añadido apartado 5 por disposición final 5 de Ley Orgánica 3/2013 de 20 de junio de 2013, con vigencia desde 11/07/2013

a) Las Administraciones públicas o cualesquiera de los órganos mencionados en el art. 1.3 contra cuya actividad se dirija el recurso.

b) Las personas o entidades cuyos derechos o intereses legítimos pudieran quedar afectados por la estimación de las pretensiones del demandante.

c) Las aseguradoras de las Administraciones públicas, que siempre serán parte codemandada junto con la Administración a quien aseguren. [80]

2. A efectos de lo dispuesto en el párrafo a) del apartado anterior, cuando se trate de Organismos o Corporaciones públicos sujetos a fiscalización de una Administración territorial, se entiende por Administración demandada:

a) El Organismo o Corporación autores del acto o disposición fiscalizados, si el resultado de la fiscalización es aprobatorio.

b) La que ejerza la fiscalización, si mediante ella no se aprueba íntegramente el acto o disposición.

3. En los recursos contra las decisiones adoptadas por los órganos administrativos a los que corresponde resolver los recursos especiales y las reclamaciones en materia de contratación a que se refiere la legislación de Contratos del Sector Público los citados órganos no tendrán la consideración de parte demandada, siéndolo las personas o Administraciones favorecidas por el acto objeto del recurso, o que se personen en tal concepto, conforme a lo dispuesto en el artículo 49. [81]

4. Si el demandante fundara sus pretensiones en la ilegalidad de una disposición general, se considerará también parte demandada a la Administración autora de la misma, aunque no proceda de ella la actuación recurrida. [82]

22. Si la legitimación de las partes derivare de alguna relación jurídica transmisible, el causahabiente podrá suceder en cualquier es-

---

[80] Dada nueva redacción apartado 1 por disposición adicional 14 apartado 4 de Ley Orgánica 19/2003 de 23 de diciembre de 2003, con vigencia desde 15/01/2004

[81] Añadido apartado 3 por art. 3 apartado 4 de Ley 34/2010 de 5 de agosto de 2010, con vigencia desde 09/09/2010

[82] Renumerado apartado 3 por art. 3 apartado 4 de Ley 34/2010 de 5 de agosto de 2010 como apartado 4, con vigencia desde 09/09/2010

tado del proceso a la persona que inicialmente hubiere actuado como parte [83].

CAPÍTULO III
Representación y defensa de las partes

23. 1. En sus actuaciones ante órganos unipersonales, las partes podrán conferir su representación a un Procurador y serán asistidas, en todo caso, por Abogado. Cuando las partes confieran su representación al Abogado, será a éste a quien se notifiquen las actuaciones [84].

2. En sus actuaciones ante órganos colegiados, las partes deberán conferir su representación a un Procurador y ser asistidas por Abogado.

3. Podrán, no obstante, comparecer por sí mismos los funcionarios públicos en defensa de sus derechos estatutarios, cuando se refieran a cuestiones de personal que no impliquen separación de empleados públicos inamovibles.

En este caso, estarán obligados al empleo de los sistemas electrónicos existentes, tanto para la remisión de escritos, iniciadores o no, y demás documentos, como para la recepción de notificaciones, de forma tal que esté garantizada su autenticidad y quede constancia fehaciente de la remisión y la recepción íntegras, así como de la fecha en que éstas se hicieren. [85]

4. En todo caso, la representación prevista en este artículo podrá conferirse electrónicamente a través de los medios establecidos para ello. [86]

24. La representación y defensa de las Administraciones públicas y de los órganos constitucionales se rige por lo dispuesto en la Ley

---

[83] Véanse arts. 45.2.b) de la presente Ley y 31.3 LRJAP y PAC

[84] Véanse arts. 45.2.a), 58.1 y 69.b) de la presente Ley

[85] Dada nueva redacción apartado 3 por art. 102 apartado 3 de Real Decreto-Ley 6/2023 de 19 de diciembre de 2023, con vigencia desde 20/03/2024

[86] Añadido apartado 4 por art. 102 apartado 3 de Real Decreto-Ley 6/2023 de 19 de diciembre de 2023, con vigencia desde 20/03/2024

Orgánica del Poder Judicial y en la Ley de Asistencia Jurídica al Estado e Instituciones Públicas, así como en las normas que sobre la materia y en el marco de sus competencias hayan dictado las Comunidades Autónomas [87].

TÍTULO III
Objeto del recurso contencioso-administrativo

CAPÍTULO PRIMERO
Actividad administrativa impugnable

25. 1. El recurso contencioso-administrativo es admisible en relación con las disposiciones de carácter general y con los actos expresos y presuntos de la Administración pública que pongan fin a la vía administrativa, ya sean definitivos o de trámite, si estos últimos deciden directa o indirectamente el fondo del asunto, determinan la imposibilidad de continuar el procedimiento, producen indefensión o perjuicio irreparable a derechos o intereses legítimos [88].

2. También es admisible el recurso contra la inactividad de la Administración y contra sus actuaciones materiales que constituyan vía de hecho, en los términos establecidos en esta Ley [89].

26. 1. Además de la impugnación directa de las disposiciones de carácter general, también es admisible la de los actos que se produzcan en aplicación de las mismas, fundada en que tales disposiciones no son conformes a Derecho [90].

2. La falta de impugnación directa de una disposición general o la desestimación del recurso que frente a ella se hubiera interpuesto no

---

[87] Véanse art. 551 LOPJ, Ley 52/1997, de 27 noviembre, de Asistencia Jurídica al Estado e Instituciones públicas y RD 1057/2024, de 15 de octubre, por el que se aprueba el Reglamento de la Abogacía General del Estado

[88] Véanse arts. 1.1, 45.2.c), 51.1.c), 58.1 y 69.c) de la presente Ley y 53 LRJAP y PAC

[89] Véanse arts. 26, 29, 30, 32, 45.5 y 136 de la presente Ley

[90] Véanse arts. 27, 81.2.d) y 123 a 126 de la presente Ley y 6 LOPJ

impiden la impugnación de los actos de aplicación con fundamento en lo dispuesto en el apartado anterior.

27. 1. Cuando un Juez o Tribunal de lo Contencioso administrativo hubiere dictado sentencia firme estimatoria por considerar ilegal el contenido de la disposición general aplicada, deberá plantear la cuestión de ilegalidad ante el Tribunal competente para conocer del recurso directo contra la disposición, salvo lo dispuesto en los dos apartados siguientes [91].

2. Cuando el Juez o Tribunal competente para conocer de un recurso contra un acto fundado en la invalidez de una disposición general lo fuere también para conocer del recurso directo contra ésta, la sentencia declarará la validez o nulidad de la disposición general.

3. Sin necesidad de plantear cuestión de ilegalidad, el Tribunal Supremo anulará cualquier disposición general cuando, en cualquier grado, conozca de un recurso contra un acto fundado en la ilegalidad de aquella norma.

28. No es admisible el recurso contencioso-administrativo respecto de los actos que sean reproducción de otros anteriores definitivos y firmes y los confirmatorios de actos consentidos por no haber sido recurridos en tiempo y forma.

29. 1. Cuando la Administración, en virtud de una disposición general que no precise de actos de aplicación o en virtud de un acto, contrato o convenio administrativo, esté obligada a realizar una prestación concreta en favor de una o varias personas determinadas, quienes tuvieran derecho a ella pueden reclamar de la Administración el cumplimiento de dicha obligación. Si en el plazo de tres meses desde la fecha de la reclamación, la Administración no hubiera dado cumplimiento a lo solicitado o no hubiera llegado a un acuerdo con los interesados, éstos pueden deducir recurso contencioso-administrativo contra la inactividad de la Administración [92].

2. Cuando la Administración no ejecute sus actos firmes podrán los afectados solicitar su ejecución, y si ésta no se produce en el plazo

---

[91] Véanse arts. 123 a 126 de la presente Ley y 6 LOPJ
[92] Véanse arts. 32.1, 46.2, 71.1.c) y 136 de la presente Ley

de un mes desde tal petición, podrán los solicitantes formular recurso contencioso-administrativo, que se tramitará por el procedimiento abreviado regulado en el art. 78 .

30. En caso de vía de hecho, el interesado podrá formular requerimiento a la Administración actuante, intimando su cesación. Si dicha intimación no hubiere sido formulada o no fuere atendida dentro de los diez días siguientes a la presentación del requerimiento, podrá deducir directamente recurso contencioso-administrativo [93] .

CAPÍTULO II
Pretensiones de las partes

31. 1. El demandante podrá pretender la declaración de no ser conformes a Derecho y, en su caso, la anulación de los actos y disposiciones susceptibles de impugnación según el capítulo precedente [94] .

2. También podrá pretender el reconocimiento de una situación jurídica individualizada y la adopción de las medidas adecuadas para el pleno restablecimiento de la misma, entre ellas la indemnización de los daños y perjuicios, cuando proceda [95] .

32. 1. Cuando el recurso se dirija contra la inactividad de la Administración pública, conforme a lo dispuesto en el art. 29 , el demandante podrá pretender del órgano jurisdiccional que condene a la Administración al cumplimiento de sus obligaciones en los concretos términos en que estén establecidas [96] .

2. Si el recurso tiene por objeto una actuación material constitutiva de vía de hecho, el demandante podrá pretender que se declare con-

---

[93] Véanse arts. 46.3 y 136 de la presente Ley
[94] Véanse arts. 71.1.a) y 73 de la presente Ley
[95] Véanse arts. 65.3 y 71.1.b y d) de la presente Ley
[96] Véanse arts. 29, 71.1.c) y 136 de la presente Ley

traria a Derecho, que se ordene el cese de dicha actuación y que se adopten, en su caso, las demás medidas previstas en el art. 31.2 [97].

33. 1. Los órganos del orden jurisdiccional contencioso-administrativo juzgarán dentro del límite de las pretensiones formuladas por las partes y de los motivos que fundamenten el recurso y la oposición [98].

2. Si el Juez o Tribunal, al dictar sentencia, estimare que la cuestión sometida a su conocimiento pudiera no haber sido apreciada debidamente por las partes, por existir en apariencia otros motivos susceptibles de fundar el recurso o la oposición, lo someterá a aquéllas mediante providencia en que, advirtiendo que no se prejuzga el fallo definitivo, los expondrá y concederá a los interesados un plazo común de diez días para que formulen las alegaciones que estimen oportunas, con suspensión del plazo para pronunciar el fallo. Contra la expresada providencia no cabrá recurso alguno.

3. Esto mismo se observará si, impugnados directamente determinados preceptos de una disposición general, el Tribunal entendiera necesario extender el enjuiciamiento a otros de la misma disposición por razones de conexión o consecuencia con los preceptos recurridos.

CAPÍTULO III
Acumulación

34. 1. Serán acumulables en un proceso las pretensiones que se deduzcan en relación con un mismo acto, disposición o actuación.

2. Lo serán también las que se refieran a varios actos, disposiciones o actuaciones cuando unos sean reproducción, confirmación o ejecución de otros o exista entre ellos cualquier otra conexión directa.

---

[97] Véanse arts. 30, 31.2, 71.1.b), 72.3 y 136 de la presente Ley
[98] Véanse arts. 67 de la presente Ley y 24.1 CE

35. 1. El actor podrá acumular en su demanda cuantas pretensiones reúnan los requisitos señalados en el artículo anterior [99].

2. Si el Secretario judicial no estimare pertinente la acumulación, dará cuenta al Tribunal, quien, en su caso, ordenará a la parte que interponga por separado los recursos en el plazo de treinta días. Si no lo efectuare, el Juez tendrá por caducado aquel recurso respecto del cual no se hubiere dado cumplimiento a lo ordenado. [100]

36. 1. Si antes de la sentencia se dictare o se tuviere conocimiento de la existencia de algún acto, disposición o actuación que guarde con el que sea objeto del recurso en tramitación la relación prevista en el art. 34 , el demandante podrá solicitar, dentro del plazo que señala el art. 46 , la ampliación del recurso a aquel acto administrativo, disposición o actuación.

2. De esta petición, que producirá la suspensión del curso del procedimiento, el letrado o letrada de la Administración de Justicia dará traslado a las partes para que presenten alegaciones en el plazo común de cinco días. No obstante lo anterior, se mantendrán los señalamientos ya acordados, siempre que la decisión sobre la ampliación se produzca antes de la celebración de aquellos actos y no interfiera en los derechos de las partes ni en el interés de terceros. [101]

3. Si el órgano jurisdiccional accediere a la ampliación, continuará la suspensión de la tramitación del proceso en tanto no se alcance respecto de aquélla el mismo estado que tuviere el procedimiento inicial.

4. Será asimismo aplicable lo dispuesto en el apartado 1 de este artículo cuando en los recursos contencioso-administrativos interpuestos contra actos presuntos la Administración dictare durante su tramitación resolución expresa respecto de la pretensión inicialmente deducida. En tal caso podrá el recurrente desistir del recurso interpuesto con fundamento en la aceptación de la resolución expresa que se hubiere dictado o solicitar la ampliación a la resolución expresa. Una vez pro-

---

[99] Véanse arts. 71 a 73 de la presente Ley

[100] Dada nueva redacción apartado 2 por art. 14 apartado 2 de Ley 13/2009 de 3 de noviembre de 2009, con vigencia desde 04/05/2010

[101] Dada nueva redacción apartado 2 por art. 102 apartado 4 de Real Decreto-Ley 6/2023 de 19 de diciembre de 2023, con vigencia desde 20/03/2024

ducido el desistimiento del recurso inicialmente interpuesto, el plazo para recurrir la resolución expresa, que será de dos meses, se contará desde el día siguiente al de la notificación de la misma.

37. [102] 1. Interpuestos varios recursos contencioso-administrativos con ocasión de actos, disposiciones o actuaciones en los que concurra alguna de las circunstancias señaladas en el art. 34 , el órgano jurisdiccional podrá en cualquier momento procesal, previa audiencia de las partes por plazo común de cinco días, acordar la acumulación de oficio o a instancia de alguna de ellas.

2. Cuando ante un juez o tribunal estuviera pendiente una pluralidad de recursos con idéntico objeto, el órgano jurisdiccional, si no se hubiesen acumulado, tramitará uno o varios con carácter preferente previa audiencia de las partes por plazo común de cinco días, suspendiendo el curso de los demás, en el estado en que se encuentren, hasta que se dicte sentencia en los primeros.

En caso de que esa pluralidad de recursos con idéntico objeto pudiera, a su vez, agruparse por categorías o grupos que planteen una controversia sustancialmente análoga, el órgano jurisdiccional, si no se hubieran acumulado, tramitará uno o varios de cada grupo o categoría con carácter preferente, previa audiencia de las partes por plazo común de cinco días, suspendiendo el curso de los demás en el estado en que se encuentren hasta que se dicte sentencia en los tramitados preferentemente para cada grupo o categoría. [103]

3. Una vez firme, el Secretario judicial llevará testimonio de la sentencia a los recursos suspendidos y la notificará a los recurrentes afectados por la suspensión a fin de que en el plazo de cinco días puedan interesar la extensión de sus efectos en los términos previstos en el art. 111, la continuación del procedimiento o bien desistir del recurso. [104]

38. 1. La Administración comunicará al Tribunal, al remitirle el expediente administrativo, si tiene conocimiento de la existencia de otros

[102] Dada nueva redacción por disposición adicional 14 apartado 5 de Ley Orgánica 19/2003 de 23 de diciembre de 2003, con vigencia desde 15/01/2004

[103] Dada nueva redacción apartado 2 por art. 224 apartado 1 de Real Decreto-Ley 5/2023 de 28 de junio de 2023, con vigencia desde 29/07/2023

[104] Dada nueva redacción apartado 3 por art. 14 apartado 4 de Ley 13/2009 de 3 de noviembre de 2009 , con vigencia desde 04/05/2010

recursos contencioso-administrativos en los que puedan concurrir los supuestos de acumulación que previene el presente capítulo.

2. El Secretario judicial pondrá en conocimiento del Juez o Tribunal los procesos que se tramiten en la Oficina judicial en los que puedan concurrir los supuestos de acumulación que previene el presente Capítulo. [105]

39. [106] Contra las resoluciones sobre acumulación, ampliación y tramitación preferente solo se dará recurso de reposición [107].

CAPÍTULO IV
Cuantía del recurso

40. [108] 1. El Secretario judicial fijará la cuantía del recurso contencioso-administrativo una vez formulados los escritos de demanda y contestación, en los que las partes podrán exponer, por medio de otrosí, su parecer al respecto [109].

2. Cuando así no se hiciere, el Secretario judicial requerirá al demandante para que fije la cuantía, concediéndole al efecto un plazo no superior a diez días, transcurrido el cual sin haberlo realizado se estará a la que fije el Secretario judicial, previa audiencia del demandado.

3. Cuando el demandado no estuviere de acuerdo con la cuantía fijada por el demandante, lo expondrá por escrito dentro del término de diez días, resolviendo el Secretario judicial lo procedente. En este caso el Juez o Tribunal, en la sentencia, resolverá definitivamente la cuestión [110].

---

[105] Dada nueva redacción apartado 2 por art. 14 apartado 5 de Ley 13/2009 de 3 de noviembre de 2009, con vigencia desde 04/05/2010

[106] Dada nueva redacción por art. 102 apartado 5 de Real Decreto-Ley 6/2023 de 19 de diciembre de 2023, con vigencia desde 20/03/2024

[107] Véase art. 79 de la presente Ley

[108] Dada nueva redacción por art. 14 apartado 6 de Ley 13/2009 de 3 de noviembre de 2009, con vigencia desde 04/05/2010

[109] Véase art. 56.1 de la presente Ley

[110] Véanse art. 255, 387 a 393 y 422 LEC

4. La parte perjudicada por la resolución prevista en el apartado anterior podrá fundar el recurso de queja en la indebida determinación de la cuantía si por causa de ésta no se tuviere por preparado el recurso de casación o no se admitiera el recurso de casación para la unificación de doctrina o el de apelación [111].

41. 1. La cuantía del recurso contencioso-administrativo vendrá determinada por el valor económico de la pretensión objeto del mismo.

2. Cuando existan varios demandantes, se atenderá al valor económico de la pretensión deducida por cada uno de ellos, y no a la suma de todos.

3. En los supuestos de acumulación o de ampliación, la cuantía vendrá determinada por la suma del valor económico de las pretensiones objeto de aquéllas, pero no comunicará a las de cuantía inferior la posibilidad de casación o apelación.

42. 1. Para fijar el valor económico de la pretensión se tendrán en cuenta las normas de la legislación procesal civil, con las especialidades siguientes [112]:

a) Cuando el demandante solicite solamente la anulación del acto, se atenderá al contenido económico del mismo, para lo cual se tendrá en cuenta el débito principal, pero no los recargos, las costas ni cualquier otra clase de responsabilidad, salvo que cualquiera de éstos fuera de importe superior a aquél.

b) Cuando el demandante solicite, además de la anulación, el reconocimiento de una situación jurídica individualizada, o cuando solicite el cumplimiento de una obligación administrativa, la cuantía vendrá determinada:

Primero. Por el valor económico total del objeto de la reclamación, si la Administración pública hubiere denegado totalmente, en vía administrativa, las pretensiones del demandante.

Segundo. Por la diferencia de la cuantía entre el objeto de la reclamación y el del acto que motivó el recurso, si la Administración hubie-

---

[111] Véanse arts. 85.2, 90.2 y 97.4 de la presente Ley
[112] Véanse arts. 251 y 252 LEC

ra reconocido parcialmente, en vía administrativa, las pretensiones del demandante.

2. Se reputarán de cuantía indeterminada los recursos dirigidos a impugnar directamente las disposiciones generales, incluidos los instrumentos normativos de planeamiento urbanístico, los que se refieran a los funcionarios públicos cuando no versen sobre derechos o sanciones susceptibles de valoración económica, así como aquéllos en los que junto a pretensiones evaluables económicamente se acumulen otras no susceptibles de tal valoración.

También se reputarán de cuantía indeterminada los recursos interpuestos contra actos, en materia de Seguridad Social, que tengan por objeto la inscripción de empresas, formalización de la protección frente a riesgos profesionales, tarifación, cobertura de la prestación de incapacidad temporal, afiliación, alta, baja y variaciones de datos de trabajadores. [113]

TÍTULO IV
Procedimiento contencioso-administrativo

CAPÍTULO PRIMERO
Procedimiento en primera o única instancia

SECCIÓN PRIMERA
Diligencias preliminares

43. Cuando la propia Administración autora de algún acto pretenda demandar su anulación ante la Jurisdicción Contencioso-administrativa deberá, previamente, declararlo lesivo para el interés público [114].

---

[113] Añadido apartado 2 párrafo 2 por art. 14 apartado 7 de Ley 13/2009 de 3 de noviembre de 2009, con vigencia desde 04/05/2010

[114] Véanse arts. 103 LRJAP y PAC, 13.11 LOFAGE, 110 LBRL y 218 LGT

44. 1. En los litigios entre Administraciones públicas no cabrá interponer recurso en vía administrativa. No obstante, cuando una Administración interponga recurso contencioso-administrativo contra otra, podrá requerirla previamente para que derogue la disposición, anule o revoque el acto, haga cesar o modifique la actuación material, o inicie la actividad a que esté obligada [115].

Cuando la Administración contratante, el contratista o terceros pretendan recurrir las decisiones adoptadas por los órganos administrativos a los que corresponde resolver los recursos especiales y las reclamaciones en materia de contratación a que se refiere la legislación de Contratos del Sector Público interpondrán el recurso directamente y sin necesidad de previo requerimiento o recurso administrativo. [116]

2. El requerimiento deberá dirigirse al órgano competente mediante escrito razonado que concretará la disposición, acto, actuación o inactividad, y deberá producirse en el plazo de dos meses contados desde la publicación de la norma o desde que la Administración requirente hubiera conocido o podido conocer el acto, actuación o inactividad.

3. El requerimiento se entenderá rechazado si, dentro del mes siguiente a su recepción, el requerido no lo contestara.

4. Queda a salvo lo dispuesto sobre esta materia en la legislación de régimen local [117].

SECCIÓN SEGUNDA
Interposición del recurso y reclamación del expediente

45. 1. El recurso contencioso-administrativo se iniciará por un escrito reducido a citar la disposición, acto, inactividad o actuación constitutiva de vía de hecho que se impugne y a solicitar que se tenga por interpuesto el recurso, salvo cuando esta Ley disponga otra cosa [118].

---

[115] Véase art. 46.6 de la presente Ley

[116] Añadido apartado 1 párrafo 2 por art. 3 apartado 5 de Ley 34/2010 de 5 de agosto de 2010, con vigencia desde 09/09/2010

[117] Véanse arts. 65 y 66 LBRL y 214, 215 y 216 ROF

[118] Véanse arts. 78.1 y 127.2 de la presente Ley

2. A este escrito se acompañará [119] :

a) El documento que acredite la representación del compareciente, salvo si figurase unido a las actuaciones de otro recurso pendiente ante el mismo Juzgado o Tribunal, en cuyo caso podrá solicitarse que se expida certificación para su unión a los autos [120] .

b) El documento o documentos que acrediten la legitimación del actor cuando la ostente por habérsela transmitido otro por herencia o por cualquier otro título [121] .

c) La copia o traslado de la disposición o del acto expreso que se recurran, o indicación del expediente en que haya recaído el acto o el periódico oficial en que la disposición se haya publicado. Si el objeto del recurso fuera la inactividad de la Administración o una vía de hecho, se mencionará el órgano o dependencia al que se atribuya una u otra, en su caso, el expediente en que tuvieran origen, o cualesquiera otros datos que sirvan para identificar suficientemente el objeto del recurso.

d) El documento o documentos que acrediten el cumplimiento de los requisitos exigidos para entablar acciones las personas jurídicas con arreglo a las normas o estatutos que les sean de aplicación, salvo que se hubieran incorporado o insertado en lo pertinente dentro del cuerpo del documento mencionado en la letra a) de este mismo apartado [122] .

e) En los casos en que el recurso se haya interpuesto por un sindicato que actúe en nombre e interés del personal funcionario y estatutario conforme dispone la letra k) del artículo 19.1, el documento o documentos que acrediten la afiliación de dicho personal y la existencia de comunicación por el sindicato al afiliado de la voluntad de iniciar el

---

[119] Téngase en cuenta, junto con los documentos a los que se refiere el precepto, el art. 35 Ley 53/2002, de 30 diciembre, de Medidas Fiscales, Administrativas y del Orden Social, que regula la tasa por el ejercicio de la potestad jurisdicciones en los órdenes civil y contencioso-administrativo, y la Orden HAC/661/2003, de 24 marzo, que aprueba el modelo de autoliquidación de la tasa, y determina el lugar, la forma y los plazos para su presentación

[120] Véanse arts. 23 y 24 de la presente Ley

[121] Véase art. 22 de la presente Ley

[122] Véanse arts. 54.3 TRLRL y 221.1 ROF

proceso, así como la autorización expresa del afiliado al sindicato para dicha iniciación. [123]

3. El Secretario judicial examinará de oficio la validez de la comparecencia tan pronto como se haya presentado el escrito de interposición. Si estima que es válida, admitirá a trámite el recurso. Si con el escrito de interposición no se acompañan los documentos expresados en el apartado anterior o los presentados son incompletos y, en general, siempre que el Secretario judicial estime que no concurren los requisitos exigidos por esta Ley para la validez de la comparecencia, requerirá inmediatamente la subsanación de los mismos, señalando un plazo de diez días para que el recurrente pueda llevarla a efecto y, si no lo hiciere, el Juez o Tribunal se pronunciará sobre el archivo de las actuaciones. [124]

4. El recurso de lesividad se iniciará por demanda formulada con arreglo al art. 56.1, que fijará con precisión la persona o personas demandadas y su sede o domicilio si constara. A esta demanda se acompañarán en todo caso la declaración de lesividad, el expediente administrativo y, si procede, los documentos de las letras a) y d) del apartado 2 de este artículo [125].

5. El recurso dirigido contra una disposición general, acto, inactividad o vía de hecho en que no existan terceros interesados podrá iniciarse también mediante demanda en que se concretará la disposición, acto o conducta impugnados y se razonará su disconformidad a Derecho. Con la demanda se acompañarán los documentos que procedan de los previstos en el apartado 2 de este artículo.

46. 1. El plazo para interponer el recurso contencioso- administrativo será de dos meses contados desde el día siguiente al de la publicación de la disposición impugnada o al de la notificación o publicación del acto que ponga fin a la vía administrativa, si fuera expreso. Si no lo fuera, el plazo será de seis meses y se contará, para el solicitante y otros posibles interesados, a partir del día siguiente a

---

[123] Añadida apartado 2 letra e por art. 21 apartado 3 de Ley Orgánica 1/2025 de 2 de enero de 2025, con vigencia desde 03/04/2025

[124] Dada nueva redacción apartado 3 por art. 14 apartado 8 de Ley 13/2009 de 3 de noviembre de 2009, con vigencia desde 04/05/2010

[125] Véase art. 43 de la presente Ley

aquél en que, de acuerdo con su normativa específica, se produzca el acto presunto [126].

2. En los supuestos previstos en el art. 29 , los dos meses se contarán a partir del día siguiente al vencimiento de los plazos señalados en dicho artículo.

3. Si el recurso contencioso-administrativo se dirigiera contra una actuación en vía de hecho, el plazo para interponer el recurso será de diez días a contar desde el día siguiente a la terminación del plazo establecido en el art. 30 . Si no hubiere requerimiento, el plazo será de veinte días desde el día en que se inició la actuación administrativa en vía de hecho.

4. El plazo para interponer el recurso contencioso-administrativo se contará desde el día siguiente a aquel en que se notifique la resolución expresa del recurso potestativo de reposición o en que éste deba entenderse presuntamente desestimado.

5. El plazo para interponer recurso de lesividad será de dos meses a contar desde el día siguiente a la fecha de la declaración de lesividad [127].

6. En los litigios entre Administraciones, el plazo para interponer recurso contencioso-administrativo será de dos meses, salvo que por Ley se establezca otra cosa. Cuando hubiera precedido el requerimiento regulado en los tres primeros apartados del art. 44 , el plazo se contará desde el día siguiente a aquel en que se reciba la comunicación del acuerdo expreso o se entienda presuntamente rechazado [128].

47. [129] 1. Una vez cumplido lo dispuesto en el artículo 45.3, el letrado de la Administración de Justicia en el siguiente día hábil acordará, si lo solicita el recurrente, que se anuncie la interposición del recurso y remitirá el oficio electrónicamente para su publicación por el órgano competente, sin perjuicio de que sea costeada por el recurrente, en el periódico oficial que proceda atendiendo al ámbito territorial de competencia del órgano autor de la actividad administrativa recurrida.

---

[126] Véanse arts. 115.1, 127.2 y 128.2 de la presente Ley y 58, 59 y 60 LRJAP y PAC

[127] Véanse arts. 43 y 45.4 de la presente Ley y 103 LRJAP y PAC

[128] Véase art. 44 de la presente Ley

[129] Dada nueva redacción por art. 14 apartado 9 de Ley 13/2009 de 3 de noviembre de 2009, con vigencia desde 04/05/2010

El letrado de la Administración de Justicia podrá también acordar de oficio la publicación, si lo estima conveniente. [130]

2. Si se hubiera iniciado el recurso mediante demanda en los supuestos previstos por el art. 45.5 y éste se dirige contra una disposición general, deberá procederse a la publicación del anuncio de interposición de aquél, en el que se concederán quince días para la personación de quienes tengan interés legítimo en sostener la conformidad a Derecho de la disposición, acto o conducta impugnados. Transcurrido este plazo, el Secretario judicial procederá a dar traslado de la demanda y de los documentos que la acompañen para que sea contestada primero por la Administración y luego por los demás demandados que se hubieran personado.

48. 1. El letrado o letrada de la Administración de Justicia, al acordar lo previsto en el apartado 1 del artículo anterior, o mediante diligencia si la publicación no fuere necesaria, requerirá a la Administración que le remita el expediente administrativo, ordenándole que practique los emplazamientos previstos en el artículo 49. El expediente se reclamará al órgano autor de la disposición o acto impugnado o a aquél al que se impute la inactividad o vía de hecho [131] . [132]

2. No se reclamará el expediente en el caso del apartado 2 del artículo anterior, sin perjuicio de la facultad otorgada por el apartado 5 de este art. 48 .

3. El expediente deberá ser remitido en el plazo improrrogable de veinte días, a contar desde que la comunicación judicial tenga entrada en el registro general del órgano requerido. La entrada se pondrá en conocimiento del órgano jurisdiccional [133] .

4. El expediente se enviará completo, en soporte electrónico, foliado, autentificado y acompañado de un índice, asimismo autentificado, de los documentos que contenga. Al remitir el expediente, la Administración deberá identificar al órgano responsable del cumplimiento de la resolución judicial.

---

[130] Dada nueva redacción apartado 1 por art. 102 apartado 6 de Real Decreto-Ley 6/2023 de 19 de diciembre de 2023, con vigencia desde 20/03/2024

[131] Véanse arts. 53, 55, 78.3, 116, 127.3 de la presente Ley

[132] Dada nueva redacción apartado 1 por art. 102 apartado 7 de Real Decreto-Ley 6/2023 de 19 de diciembre de 2023, con vigencia desde 20/03/2024

[133] Véase art. 53.1 de la presente Ley

Si el expediente fuera reclamado por varios juzgados o tribunales, la Administración enviará copias en soporte electrónico del mismo, que deberán reunir los requisitos anteriormente expresados. [134]

5. Cuando el recurso contra la disposición se hubiere iniciado por demanda, el tribunal podrá recabar de oficio o a petición del actor el expediente de elaboración, que se remitirá en soporte electrónico. Recibido el expediente, el letrado o letrada de la Administración de Justicia lo entregará a las partes por cinco días para que formulen alegaciones. [135]

6. Se excluirán del expediente, mediante resolución motivada, los documentos clasificados como secreto oficial, haciéndolo constar así en el índice de documentos y en el lugar del expediente donde se encontraran los documentos excluidos.

7. Transcurrido el plazo de remisión del expediente sin haberse recibido completo, se reiterará la reclamación y, si no se enviara en el término de diez días contados como dispone el apartado 3, tras constatarse su responsabilidad, previo apercibimiento del letrado o letrada de la Administración de Justicia notificado personalmente para formulación de alegaciones, el juez, la jueza o el tribunal impondrán una multa coercitiva de trescientos a mil doscientos euros a la autoridad o empleado responsable. La multa será reiterada cada veinte días, hasta el cumplimiento de lo requerido.

De darse la causa de imposibilidad de determinación individualizada de la autoridad o empleado responsable, la Administración será la responsable del pago de la multa sin perjuicio de que se repercuta contra el responsable. [136]

8. Contra los autos en los que se acuerde la imposición de multas a las que se refiere el apartado anterior podrá interponerse recurso de reposición en los términos previstos en el artículo 79. [137]

9. Si no se hubieran satisfecho voluntariamente, las multas firmes se harán efectivas por vía judicial de apremio.

---

[134] Dada nueva redacción apartado 4 por art. 102 apartado 7 de Real Decreto-Ley 6/2023 de 19 de diciembre de 2023, con vigencia desde 20/03/2024

[135] Dada nueva redacción apartado 5 por art. 102 apartado 7 de Real Decreto-Ley 6/2023 de 19 de diciembre de 2023, con vigencia desde 20/03/2024

[136] Dada nueva redacción apartado 7 por art. 102 apartado 7 de Real Decreto-Ley 6/2023 de 19 de diciembre de 2023, con vigencia desde 20/03/2024

[137] Dada nueva redacción apartado 8 por art. 102 apartado 7 de Real Decreto-Ley 6/2023 de 19 de diciembre de 2023, con vigencia desde 20/03/2024

10. Impuestas las tres primeras multas coercitivas sin lograr que se remita el expediente completo, el Juez o Tribunal pondrá los hechos en conocimiento del Ministerio Fiscal, sin perjuicio de seguir imponiendo nuevas multas. El requerimiento cuya desatención pueda dar lugar a la tercera multa coercitiva contendrá el oportuno apercibimiento [138].

11. La Administración remitirá el expediente electrónicamente, utilizando, a tal efecto, los sistemas de interoperabilidad que resulten aplicables, al objeto de que el expediente administrativo en soporte electrónico así remitido quede automáticamente integrado en los sistemas de gestión procesal correspondientes. [139]

SECCIÓN TERCERA
Emplazamiento de los demandados y admisión del recurso

49. 1. La resolución por la que se acuerde remitir el expediente se notificará en los cinco días siguientes a su adopción, a cuantos aparezcan como interesados en él, emplazándoles para que puedan personarse como demandados en el plazo de nueve días. La notificación se practicará con arreglo a lo dispuesto en la Ley que regule el procedimiento administrativo común [140].

En los recursos contra las decisiones adoptadas por los órganos administrativos a los que corresponde resolver los recursos especiales y las reclamaciones en materia de contratación a que se refiere la legislación de Contratos del Sector Público se emplazará como parte demandada a las personas, distintas del recurrente, que hubieren comparecido en el recurso administrativo, para que puedan personarse como demandados en el plazo de nueve días. [141]

2. Hechas las notificaciones, se enviará el expediente al Juzgado o Tribunal, incorporando la justificación del emplazamiento o emplazamientos efectuados, salvo que no hubieran podido practicarse dentro

---

[138] Véase art. 410 CP
[139] Añadido apartado 11 por art. 102 apartado 7 de Real Decreto-Ley 6/2023 de 19 de diciembre de 2023, con vigencia desde 20/03/2024
[140] Véanse arts. 48.1 de la presente Ley y 58 y 59 LRJAP y PAC
[141] Añadido apartado 1 párrafo 2 por art. 3 apartado 6 de Ley 34/2010 de 5 de agosto de 2010, con vigencia desde 09/09/2010

del plazo fijado para la remisión del expediente, en cuyo caso éste se enviará sin demora, y la justificación de los emplazamientos una vez se ultimen.

3. Recibido el expediente, el letrado o letrada de la Administración de Justicia, a la vista del resultado de las actuaciones administrativas y del contenido del escrito de interposición y documentos anejos, comprobará que se han efectuado las debidas notificaciones para emplazamiento y, si advirtiere que son incompletas, ordenará a la Administración que se practiquen las necesarias para asegurar la defensa de los interesados que sean identificables. [142]

4. Cuando no hubiera sido posible emplazar a algún interesado en el domicilio que conste, el letrado o letrada de la Administración de Justicia mandará insertar el correspondiente edicto en el Tablón Edictal Judicial Único. Los emplazados por edictos podrán personarse hasta el momento en que hubiere de dárseles traslado para contestar a la demanda. [143]

5. En el supuesto previsto en el art. 47.2 se estará a lo que en él se dispone.

6. El emplazamiento de los demandados en el recurso de lesividad se efectuará personalmente por plazo de nueve días [144].

50. 1. El emplazamiento de la Administración se entenderá efectuado por la reclamación del expediente.

2. Las Administraciones públicas se entenderán personadas por el envío del expediente [145].

3. Los demandados legalmente emplazados podrán personarse en autos dentro del plazo concedido. Si lo hicieren posteriormente, se les tendrá por parte para los trámites no precluidos. Si no se personaren oportunamente continuará el procedimiento por sus trámites, sin que haya lugar a practicarles, en estrados o en cualquier otra forma, notificaciones de clase alguna.

---

[142] Dada nueva redacción apartado 3 por art. 102 apartado 8 de Real Decreto-Ley 6/2023 de 19 de diciembre de 2023, con vigencia desde 20/03/2024

[143] Dada nueva redacción apartado 4 por art. 102 apartado 8 de Real Decreto-Ley 6/2023 de 19 de diciembre de 2023, con vigencia desde 20/03/2024

[144] Véanse arts. 149 a 168 LEC

[145] Véase art. 49.2 de la presente Ley

51. 1. El Juzgado o Sala, tras el examen del expediente administrativo, declarará no haber lugar a la admisión del recurso cuando constare de modo inequívoco y manifiesto: [146]

a) La falta de jurisdicción o la incompetencia del Juzgado o Tribunal [147].

b) La falta de legitimación del recurrente [148].

c) Haberse interpuesto el recurso contra actividad no susceptible de impugnación [149].

d) Haber caducado el plazo de interposición del recurso [150].

2. El Juzgado o Sala podrá inadmitir el recurso cuando se hubieran desestimado en el fondo otros recursos sustancialmente iguales por sentencia firme, mencionando, en este último caso, la resolución o resoluciones desestimatorias.

3. Cuando se impugne una actuación material constitutiva de vía de hecho, el Juzgado o Sala podrá también inadmitir el recurso si fuera evidente que la actuación administrativa se ha producido dentro de la competencia y en conformidad con las reglas del procedimiento legalmente establecido [151].

Asimismo, cuando se impugne la no realización por la Administración de las obligaciones a que se refiere el art. 29 , el recurso se inadmitirá si fuera evidente la ausencia de obligación concreta de la Administración respecto de los recurrentes.

4. El Juzgado o la Sala, antes de pronunciarse sobre la inadmisión del recurso, hará saber a las partes el motivo en que pudiera fundarse para que, en el plazo común de diez días, aleguen lo que estimen procedente y acompañen los documentos a que hubiera lugar [152].

5. Contra el auto que declare la inadmisión podrán interponerse los recursos previstos en esta Ley. El auto de admisión no será recurrible

[146] Dada nueva redacción apartado 1 párrafo 1 por art. 14 apartado 12 de Ley 13/2009 de 3 de noviembre de 2009, con vigencia desde 04/05/2010
[147] Véanse arts. 5 y 7 de la presente Ley
[148] Véanse arts. 19 y 20 de la presente Ley
[149] Véase art. 25 de la presente Ley
[150] Véase art. 46 de la presente Ley
[151] Véase art. 25.2 de la presente Ley
[152] Véase art. 138 de la presente Ley

pero no impedirá oponer cualquier motivo de inadmisibilidad en momento procesal posterior [153].

6. Declarada la inadmisión al amparo de lo establecido en el párrafo a) del apartado 1 de este artículo, se estará a lo que determinan los arts. 5.3 y 7.3.

SECCIÓN CUARTA
Demanda y contestación

52. 1. Recibido el expediente administrativo en soporte electrónico en el juzgado o tribunal y comprobados, y en su caso completados, los emplazamientos, por el letrado o letrada de la Administración de Justicia se acordará su incorporación a los autos en ese mismo soporte y su entrega al recurrente para que se deduzca la demanda en el plazo de veinte días, salvo que concurra alguno de los supuestos del artículo 51, en cuyo caso dará cuenta al tribunal para que resuelva lo que proceda. Cuando los recurrentes fuesen varios, y aunque no actuasen bajo una misma dirección, la demanda se formulará simultáneamente por todos ellos. La entrega del expediente a las partes se efectuará mediante su remisión por vía telemática al tiempo de notificar la resolución en que así se disponga o a través del punto de acceso electrónico al expediente judicial. [154]

2. Si la demanda no se hubiere presentado dentro del plazo, el Juzgado o Sala, de oficio, declarará por auto la caducidad del recurso. No obstante, se admitirá el escrito de demanda, y producirá sus efectos legales, si se presentare dentro del día en que se notifique el auto [155].

53. [156] 1. Transcurrido el término para la remisión del expediente administrativo sin que éste hubiera sido enviado, la parte recurrente

---

[153] Véanse arts. 80.1.c) y 87.1.a) de la presente Ley

[154] Dada nueva redacción apartado 1 por art. 102 apartado 9 de Real Decreto-Ley 6/2023 de 19 de diciembre de 2023, con vigencia desde 20/03/2024

[155] Véase art. 128.1 de la presente Ley

[156] Dada nueva redacción por art. 14 apartado 14 de Ley 13/2009 de 3 de noviembre de 2009, con vigencia desde 04/05/2010

podrá pedir, por sí o a iniciativa del Secretario judicial, que se le conceda plazo para formalizar la demanda.

2. Si después de que la parte demandante hubiera usado del derecho establecido en el apartado anterior se recibiera el expediente, el Secretario judicial pondrá éste de manifiesto a las partes demandantes y, en su caso, demandadas por plazo común de diez días para que puedan efectuar las alegaciones complementarias que estimen oportunas.

54. [157] 1. Presentada la demanda, el Secretario judicial dará traslado de la misma, con entrega del expediente administrativo, a las partes demandadas que hubieran comparecido, para que la contesten en el plazo de veinte días. Si la demanda se hubiere formalizado sin haberse recibido el expediente administrativo, emplazará a la Administración demandada para contestar, apercibiéndola de que no se admitirá la contestación si no va acompañada de dicho expediente.

2. Si el defensor de la Administración demandada estima que la disposición o actuación administrativa recurrida pudiera no ajustarse a Derecho, podrá solicitar la suspensión del procedimiento por un plazo de veinte días para comunicar su parecer razonado a aquélla. El Secretario judicial, previa audiencia del demandante, acordará lo procedente.

3. La contestación se formulará primero por la Administración demandada. Cuando hubieren de hacerlo, además de la Administración, otros demandados, y aunque no actuaren bajo una misma dirección, la contestación se formulará simultáneamente por todos ellos. En todos los casos la entrega del expediente se efectuará mediante su remisión por vía telemática al tiempo de notificar la resolución en que así se disponga o a través del punto de acceso electrónico al expediente judicial. [158]

4. Si la Administración demandada fuere una entidad local y no se hubiere personado en el proceso pese a haber sido emplazada, se le dará no obstante traslado de la demanda para que, en el plazo de veinte días, pueda designar representante en juicio o comunicar

---

[157] Dada nueva redacción por art. 14 apartado 15 de Ley 13/2009 de 3 de noviembre de 2009, con vigencia desde 04/05/2010

[158] Dada nueva redacción apartado 3 por art. 102 apartado 10 de Real Decreto-Ley 6/2023 de 19 de diciembre de 2023, con vigencia desde 20/03/2024

al órgano judicial, por escrito, los fundamentos por los que estimare improcedente la pretensión del actor.

55. 1. Si las partes estimasen que el expediente administrativo no está completo, podrán solicitar, dentro del plazo para formular la demanda o la contestación, que se reclamen los antecedentes para completarlo. A estos efectos se entenderá que el expediente administrativo está integrado por los documentos y demás actuaciones que lo conforman según lo dispuesto en el artículo 70 de la Ley 39/2015, de 1 de octubre. Los documentos o elementos de prueba que formen parte de un expediente administrativo distinto no podrán solicitarse a través del trámite previsto en el presente artículo. [159]

2. La solicitud a que se refiere el apartado anterior suspenderá el curso del plazo correspondiente.

3. El letrado o letrada de la Administración de Justicia resolverá lo pertinente en el plazo de tres días.

Si acepta la solicitud y esta se hubiera formulado dentro de los diez primeros días del plazo para formular la demanda o la contestación, el plazo se reiniciará una vez el expediente completo remitido por la Administración se haya puesto a disposición de la parte solicitante. Si rechazara la solicitud o si, aun aceptándola, esta se hubiera presentado una vez transcurridos los diez primeros días antes referidos, el cómputo del plazo simplemente se reanudará, salvo que, en este último caso, el letrado o letrada de la Administración de Justicia considere oportuno que el plazo se reinicie atendido el volumen o la importancia para la causa de los documentos añadidos.

En ningún caso el plazo se reiniciará cuando la solicitud de complemento la hubiera formulado la Administración demandada.

La Administración, al remitir de nuevo el expediente, deberá indicar en el índice a que se refiere el artículo 48.4 los documentos que se han adicionado. [160]

56. 1. En los escritos de demanda y de contestación se consignarán con la debida separación los hechos, los fundamentos de Derecho y

---

[159] Dada nueva redacción apartado 1 por art. 102 apartado 11 de Real Decreto-Ley 6/2023 de 19 de diciembre de 2023, con vigencia desde 20/03/2024

[160] Dada nueva redacción apartado 3 por art. 102 apartado 11 de Real Decreto-Ley 6/2023 de 19 de diciembre de 2023, con vigencia desde 20/03/2024

las pretensiones que se deduzcan, en justificación de las cuales podrán alegarse cuantos motivos procedan, hayan sido o no planteados ante la Administración.

2. El Secretario judicial examinará de oficio la demanda y requerirá que se subsanen las faltas de que adolezca en plazo no superior a diez días. Realizada la subsanación, admitirá la demanda. En otro caso, dará cuenta al Juez para que resuelva lo que proceda sobre su admisión. [161]

3. Con la demanda y la contestación las partes acompañarán los documentos en que directamente funden su derecho, y si no obraren en su poder, designarán el archivo, oficina, protocolo o persona en cuyo poder se encuentren [162].

4. Después de la demanda y contestación no se admitirán a las partes más documentos que los que se hallen en alguno de los casos previstos para el proceso civil. No obstante, el demandante podrá aportar, además, los documentos que tengan por objeto desvirtuar alegaciones contenidas en las contestaciones a la demanda y que pongan de manifiesto disconformidad en los hechos, antes de la citación de vista o conclusiones [163].

5. Presentados los escritos de demanda y contestación, si un juzgado o tribunal, en cualquier momento anterior a dictar sentencia, tuviese conocimiento, por cualquier medio, de que la Sala de lo Contencioso-administrativo del Tribunal Supremo ha admitido un recurso de casación que presenta una identidad jurídica sustancial con la cuestión debatida en el recurso del que está conociendo, oirá a las partes personadas por el plazo común de diez días sobre su posible suspensión, adjuntándoles copia del referido auto.

Una vez presentadas las alegaciones o transcurrido el plazo, si el juzgado o tribunal apreciase una identidad jurídica sustancial y que la resolución que se dicte en casación puede resultar relevante para resolver el procedimiento, acordará la suspensión hasta que se dicte resolución firme en el recurso de casación. Contra el auto que resuelva sobre la suspensión no cabrá recurso alguno.

---

[161] Dada nueva redacción apartado 2 por art. 14 apartado 17 de Ley 13/2009 de 3 de noviembre de 2009, con vigencia desde 04/05/2010

[162] Véanse arts. 265 y 266 LEC

[163] Véanse arts. 270 y 271 LEC

El auto que acuerde la suspensión se remitirá a la Sección de Enjuiciamiento de la Sala de lo Contencioso-administrativo del Tribunal Supremo indicada en el auto de admisión, que, a su vez, remitirá testimonio de la sentencia que recaiga en el recurso de casación al juzgado o tribunal remitente.

Recibido el testimonio de la sentencia del recurso de casación, el juzgado o tribunal alzará la suspensión y dará un nuevo trámite de audiencia a las partes personadas, por plazo común de diez días, a fin de que aleguen sobre la incidencia que dicho pronunciamiento tiene para resolver el recurso. Evacuado el traslado o transcurrido el plazo conferido, se continuará la tramitación del procedimiento en el momento en que se encontrare antes de la suspensión, salvo que las partes desistan del recurso o se allanen, en cuyo caso el juzgado o tribunal resolverá lo procedente. [164]

57. [165] El Secretario judicial declarará concluso el pleito, sin más trámite, para sentencia una vez contestada la demanda, salvo que el Juez o Tribunal haga uso de la facultad que le atribuye el art. 61 en los siguientes supuestos:

1º Si el actor pide por otrosí en su demanda que el recurso se falle sin necesidad de recibimiento a prueba ni tampoco de vista o conclusiones y la parte demandada no se opone.

2º Si en los escritos de demanda y contestación no se solicita el recibimiento a prueba ni los trámites de vista o conclusiones, salvo que el Juez o Tribunal, excepcionalmente, atendida la índole del asunto, acuerde la celebración de vista o la formulación de conclusiones escritas.

En los dos supuestos anteriores, si el demandado solicita la inadmisión del recurso, se dará traslado al demandante para que en el plazo de cinco días formule las alegaciones que estime procedentes sobre la posible causa de inadmisión, y seguidamente se declarará concluso el pleito.

---

[164] Añadido apartado 5 por art. 224 apartado 2 de Real Decreto-Ley 5/2023 de 28 de junio de 2023, con vigencia desde 29/07/2023
[165] Dada nueva redacción por art. 14 apartado 18 de Ley 13/2009 de 3 de noviembre de 2009, con vigencia desde 04/05/2010

SECCIÓN QUINTA
Alegaciones previas

58. 1. Las partes demandadas podrán alegar, dentro de los primeros cinco días del plazo para contestar la demanda, los motivos que pudieren determinar la incompetencia del órgano jurisdiccional o la inadmisibilidad del recurso con arreglo a lo dispuesto en el art. 69 , sin perjuicio de que tales motivos, salvo la incompetencia del órgano jurisdiccional, puedan ser alegados en la contestación, incluso si hubiesen sido desestimados como alegación previa.

2. Para hacer uso de este trámite la Administración demandada habrá de acompañar el expediente administrativo si no lo hubiera remitido antes.

59. 1. Del escrito formulando alegaciones previas el Secretario judicial dará traslado por cinco días al actor, el cual podrá subsanar el defecto, si procediera, en el plazo de diez días. [166]

2. Evacuado el traslado, se seguirá la tramitación prevista para los incidentes [167] .

3. El auto desestimatorio de las alegaciones previas no será susceptible de recurso y dispondrá que se conteste la demanda en el plazo que reste [168] .

4. El auto estimatorio de las alegaciones previas declarará la inadmisibilidad del recurso. Si se hubiere declarado la falta de jurisdicción o de competencia, se estará a lo que determinan los artículos 5.3 y 7.3. [169]

---

[166] Dada nueva redacción apartado 1 por art. 14 apartado 19 de Ley 13/2009 de 3 de noviembre de 2009, con vigencia desde 04/05/2010

[167] Véanse arts. 137 de la presente Ley y 387 a 393 LEC.

[168] Véanse arts. 80.1.c) y 87.1.a) de la presente Ley

[169] Dada nueva redacción apartado 4 por art. 102 apartado 12 de Real Decreto-Ley 6/2023 de 19 de diciembre de 2023, con vigencia desde 20/03/2024

SECCIÓN SEXTA
Prueba

60. 1. Solamente se podrá pedir el recibimiento del proceso a prueba por medio de otrosí, en los escritos de demanda y contestación y en los de alegaciones complementarias. En dichos escritos deberán expresarse en forma ordenada los puntos de hecho sobre los que haya de versar la prueba y los medios de prueba que se propongan. [170]

2. Si de la contestación a la demanda resultaran nuevos hechos de trascendencia para la resolución del pleito, el recurrente podrá pedir el recibimiento a prueba y expresar los medios de prueba que se propongan dentro de los cinco días siguientes a aquel en que se haya dado traslado de la misma, sin perjuicio de que pueda hacer uso de su derecho a aportar documentos conforme a lo dispuesto en el apartado 4 del art. 56. [171]

3. Se recibirá el proceso a prueba cuando exista disconformidad en los hechos y éstos fueran de trascendencia, a juicio del órgano jurisdiccional, para la resolución del pleito. Si el objeto del recurso fuera una sanción administrativa o disciplinaria, el proceso se recibirá siempre a prueba cuando exista disconformidad en los hechos.

4. La prueba se desarrollará con arreglo a las normas generales establecidas para el proceso civil, siendo el plazo para practicarla de treinta días. No obstante, se podrán aportar al proceso las pruebas practicadas fuera de este plazo por causas no imputables a la parte que las propuso. [172]

5. Las Salas podrán delegar en uno de sus Magistrados o en un Juzgado de lo Contencioso-administrativo la práctica de todas o algunas de las diligencias probatorias, y el representante en autos de la Administración podrá, a su vez, delegar en un funcionario público de la misma la facultad de intervenir en la práctica de pruebas.

---

[170] Dada nueva redacción apartado 1 por art. 3 apartado 3 de Ley 37/2011 de 10 de octubre de 2011, con vigencia desde 31/10/2011

[171] Dada nueva redacción apartado 2 por art. 3 apartado 3 de Ley 37/2011 de 10 de octubre de 2011 , con vigencia desde 31/10/2011

[172] Dada nueva redacción apartado 4 por art. 3 apartado 3 de Ley 37/2011 de 10 de octubre de 2011, con vigencia desde 31/10/2011

6. En el acto de emisión de la prueba pericial, el Juez otorgará, a petición de cualquiera de las partes, un plazo no superior a cinco días para que las partes puedan solicitar aclaraciones al dictamen emitido. [173]

7. De acuerdo con las leyes procesales, en aquellos procedimientos en los que las alegaciones de la parte actora se fundamenten en actuaciones discriminatorias por razón de sexo, orientación e identidad sexual, expresión de género o características sexuales y aporte indicios fundados sobre su existencia, corresponderá a la parte demandada la aportación de una justificación objetiva y razonable, suficientemente probada, de las medidas adoptadas y de su proporcionalidad.

A los efectos de lo dispuesto en el párrafo anterior, el órgano judicial, de oficio o a instancia de parte, podrá recabar informe o dictamen de los organismos públicos competentes. [174]

8. La presentación de documentos en el curso de actos judiciales o procesales celebrados por videoconferencia se ajustará a lo establecido por la Ley que regule el uso de las tecnologías en la Administración de Justicia. [175]

61. 1. El Juez o Tribunal podrá acordar de oficio el recibimiento a prueba y disponer la práctica de cuantas estime pertinentes para la más acertada decisión del asunto [176].

2. Finalizado el período de prueba, y hasta que el pleito sea declarado concluso para sentencia, el órgano jurisdiccional podrá también acordar la práctica de cualquier diligencia de prueba que estimare necesaria.

3. Las partes tendrán intervención en las pruebas que se practiquen al amparo de lo previsto en los dos apartados anteriores.

4. Si el Juez o Tribunal hiciere uso de su facultad de acordar de oficio la práctica de una prueba, y las partes carecieran de oportunidad

---

[173] Dada nueva redacción apartado 6 por art. 14 apartado 20 de Ley 13/2009 de 3 de noviembre de 2009, con vigencia desde 04/05/2010

[174] Dada nueva redacción apartado 7 por disposición final 4 apartado 2 de Ley 4/2023 de 28 de febrero de 2023, con vigencia desde 02/03/2023

[175] Añadido apartado 8 por art. 102 apartado 13 de Real Decreto-Ley 6/2023 de 19 de diciembre de 2023, con vigencia desde 20/03/2024

[176] Véanse arts. 78.10 y 11, 120, 125.3 y 127.5 de la presente Ley

para alegar sobre ello en la vista o en el escrito de conclusiones, el Secretario judicial pondrá de manifiesto el resultado de la prueba a las partes, las cuales podrán, en el plazo de cinco días, alegar cuanto estimen conveniente acerca de su alcance e importancia. [177]

5. El Juez podrá acordar de oficio, previa audiencia a las partes, o bien a instancia de las mismas la extensión de los efectos de las pruebas periciales a los procedimientos conexos. A los efectos de la aplicación de las normas sobre costas procesales en relación al coste de estas pruebas se entenderá que son partes todos los intervinientes en los procesos sobre los cuales se haya acordado la extensión de sus efectos, prorrateándose su coste entre los obligados en dichos procesos al pago de las costas.

SECCIÓN SÉPTIMA
Vista y conclusiones

62. 1. Salvo que en esta Ley se disponga otra cosa, las partes podrán solicitar que se celebre vista, que se presenten conclusiones o que el pleito sea declarado concluso, sin más trámites, para sentencia.

2. Dicha solicitud habrá de formularse por medio de otrosí en los escritos de demanda o contestación o por escrito presentado en el plazo de cinco días contados desde que se notifique la diligencia de ordenación declarando concluso el período de prueba [178]. [179]

3. El Secretario judicial proveerá según lo que coincidentemente hayan solicitado las partes. En otro caso, sólo acordará la celebración de vista o la formulación de conclusiones escritas cuando lo solicite el demandante o cuando, habiéndose practicado prueba, lo solicite cualquiera de las partes; todo ello sin perjuicio de lo dispuesto en el apartado 4 del art. 61. [180]

---

[177] Dada nueva redacción apartado 4 por art. 14 apartado 21 de Ley 13/2009 de 3 de noviembre de 2009, con vigencia desde 04/05/2010

[178] Véase art. 57 de la presente Ley

[179] Dada nueva redacción apartado 2 por art. 14 apartado 22 de Ley 13/2009 de 3 de noviembre de 2009, con vigencia desde 04/05/2010

[180] Dada nueva redacción apartado 3 por art. 14 apartado 22 de Ley 13/2009 de 3 de noviembre de 2009 , con vigencia desde 04/05/2010

4. Si las partes no hubieran formulado solicitud alguna el Juez o Tribunal, excepcionalmente, atendida la índole del asunto, podrá acordar la celebración de vista o la formulación de conclusiones escritas.

63. [181] 1. Si se acordara la celebración de vista, el Secretario judicial señalará la fecha de la audiencia por riguroso orden de antigüedad de los asuntos, excepto los referentes a materias que por prescripción de la Ley o por acuerdo motivado del órgano jurisdiccional, fundado en circunstancias excepcionales, deban tener preferencia, los cuales, estando conclusos, podrán ser antepuestos a los demás cuyo señalamiento aún no se hubiera hecho. En el señalamiento de las vistas el Secretario judicial atenderá asimismo a los criterios establecidos en el art. 182 de la Ley de Enjuiciamiento Civil [182].

2. En el acto de la vista, se dará la palabra a las partes por su orden para que de forma sucinta expongan sus alegaciones. El Juez o el Presidente de la Sala, por sí o a través del Magistrado ponente, podrá invitar a los defensores de las partes, antes o después de los informes orales, a que concreten los hechos y puntualicen, aclaren o rectifiquen cuanto sea preciso para delimitar el objeto de debate.

3. El desarrollo de las sesiones del juicio oral y resto de actuaciones orales se documentarán conforme a lo preceptuado en los artículos 146 y 147 de la Ley de Enjuiciamiento Civil. La oficina judicial deberá asegurar la correcta incorporación de la grabación al expediente judicial electrónico. Si los sistemas no proveen expediente judicial electrónico, el letrado de la Administración de Justicia deberá custodiar el documento electrónico que sirva de soporte a la grabación. Las partes podrán pedir a su costa copia o, en su caso, acceso electrónico de las grabaciones originales. [183]

4. Siempre que se cuente con los medios tecnológicos necesarios, estos garantizarán la autenticidad e integridad de lo grabado o reproducido. A tal efecto, el letrado de la Administración de Justicia hará uso de la firma electrónica u otro sistema de seguridad que conforme

---

[181] Dada nueva redacción por art. 14 apartado 23 de Ley 13/2009 de 3 de noviembre de 2009, con vigencia desde 04/05/2010

[182] Véanse arts. 37.2 y 114 de la presente Ley

[183] Dada nueva redacción apartado 3 por art. 102 apartado 14 de Real Decreto-Ley 6/2023 de 19 de diciembre de 2023, con vigencia desde 20/03/2024

a la ley ofrezca tales garantías. En este caso, la celebración del acto no requerirá la presencia en la sala del letrado de la Administración de Justicia salvo que lo hubieran solicitado las partes, al menos dos días antes de la celebración de la vista, o que excepcionalmente lo considere necesario el letrado de la Administración de Justicia atendiendo a la complejidad del asunto, al número y naturaleza de las pruebas a practicar, al número de intervinientes, a la posibilidad de que se produzcan incidencias que no pudieran registrarse, o a la concurrencia de otras circunstancias igualmente excepcionales que lo justifiquen. En estos casos, el letrado de la Administración de Justicia extenderá acta sucinta en los términos previstos en el apartado siguiente. [184]

5. Si los mecanismos de garantía previstos en el apartado anterior no se pudiesen utilizar, el Secretario judicial deberá consignar en el acta los siguientes extremos: número y clase de procedimiento; lugar y fecha de celebración; tiempo de duración, asistentes al acto; alegaciones de las partes; resoluciones que adopte el Juez o Tribunal; así como las circunstancias e incidencias que no pudieran constar en aquel soporte. A este acta se incorporarán los soportes de la grabación de las sesiones.

6. Cuando los medios de registro previstos en este artículo no se pudiesen utilizar por cualquier causa, el Secretario judicial extenderá acta de cada sesión, recogiendo en ella, con la extensión y detalle necesarios, las alegaciones de las partes, las incidencias y reclamaciones producidas y las resoluciones adoptadas.

7. El acta prevista en los apartados 5 y 6 de este artículo, se extenderá por procedimientos informáticos, sin que pueda ser manuscrita más que en las ocasiones en que la sala en que se esté celebrando la actuación careciera de medios informáticos. En estos casos, al terminar la sesión el Secretario judicial leerá el acta, haciendo en ella las rectificaciones que las partes reclamen, si las estima procedentes. Este acta se firmará por el Secretario judicial tras el Juez o Presidente, las partes, sus representantes o defensores y los peritos, en su caso.

64. 1. Cuando se acuerde el trámite de conclusiones, las partes presentarán unas alegaciones sucintas acerca de los hechos, la prueba

---

[184] Dada nueva redacción apartado 4 por art. 102 apartado 14 de Real Decreto-Ley 6/2023 de 19 de diciembre de 2023, con vigencia desde 20/03/2024

practicada y los fundamentos jurídicos en que apoyen sus pretensiones.

2. El plazo para formular el escrito será de diez días sucesivos para los demandantes y demandados, siendo simultáneo para cada uno de estos grupos de partes si en alguno de ellos hubiere comparecido más de una persona y no actuaran unidos bajo una misma representación.

3. El señalamiento de día para votación y fallo se ajustará al orden expresado en el apartado 1 del artículo anterior.

4. Celebrada la vista o presentadas las conclusiones, el Juez o Tribunal declarará que el pleito ha quedado concluso para sentencia, salvo que haga uso de la facultad a que se refiere el apartado 2 del art. 61 , en cuyo caso dicha declaración se hará inmediatamente después de que finalice la práctica de la diligencia o diligencias de prueba acordadas.

65. 1. En el acto de la vista o en el escrito de conclusiones no podrán plantearse cuestiones que no hayan sido suscitadas en los escritos de demanda y contestación [185] .

2. Cuando el Juez o Tribunal juzgue oportuno que en el acto de la vista o en las conclusiones se traten motivos relevantes para el fallo y distintos de los alegados, lo pondrá en conocimiento de las partes mediante providencia, dándoles plazo de diez días para ser oídas sobre ello. Contra esta providencia no cabrá recurso alguno.

3. En el acto de la vista, o en el escrito de conclusiones, el demandante podrá solicitar que la sentencia formule pronunciamiento concreto sobre la existencia y cuantía de los daños y perjuicios de cuyo resarcimiento se trate, si constasen ya probados en autos [186] .

66. Los recursos directos contra disposiciones generales gozarán de preferencia y, una vez conclusos, serán antepuestos para su votación y fallo a cualquier otro recurso contencioso-administrativo, sea cual fuere su instancia o grado, salvo el proceso especial de protección de derechos fundamentales [187] .

---

[185] Véase art. 56.1 de la presente Ley
[186] Véanse arts. 31.2 y 71.1.d) de la presente Ley
[187] Véanse arts. 63.1 y 114.3 de la presente Ley

SECCIÓN OCTAVA
Sentencia

67. 1. La sentencia se dictará en el plazo de diez días desde que el pleito haya sido declarado concluso y decidirá todas las cuestiones controvertidas en el proceso.

2. Cuando el Juez o Tribunal apreciase que la sentencia no podrá dictarse dentro del plazo indicado, lo razonará debidamente y señalará una fecha posterior concreta en la que se dictará la misma, notificándolo a las partes [188].

68. 1. La sentencia pronunciará alguno de los fallos siguientes:

a) Inadmisibilidad del recurso contencioso-administrativo [189].

b) Estimación o desestimación del recurso contencioso-administrativo [190].

2. La sentencia contendrá además el pronunciamiento que corresponda respecto de las costas [191].

69. La sentencia declarará la inadmisibilidad del recurso o de alguna de las pretensiones en los casos siguientes [192]:

a) Que el Juzgado o Tribunal Contencioso-administrativo carezca de jurisdicción [193].

b) Que se hubiera interpuesto por persona incapaz, no debidamente representada o no legitimada [194].

c) Que tuviera por objeto disposiciones, actos o actuaciones no susceptibles de impugnación [195].

---

[188] Véanse arts. 113 de la presente Ley y 253 a 267 LOPJ
[189] Véase art. 69 de la presente Ley
[190] Véase art. 70 de la presente Ley
[191] Véase art. 139 de la presente Ley
[192] Véanse arts. 72.1 y 126.1 de la presente Ley
[193] Véanse arts. 5 y 88.1de la presente Ley y 9.4 y 6 y 24 LOPJ
[194] Véanse arts. 18, 19 y 20 de la presente Ley
[195] Véase art. 25 de la presente Ley

d) Que recayera sobre cosa juzgada o existiera litispendencia [196].

e) Que se hubiera presentado el escrito inicial del recurso fuera del plazo establecido [197].

70. 1. La sentencia desestimará el recurso cuando se ajusten a Derecho la disposición, acto o actuación impugnados [198].

2. La sentencia estimará el recurso contencioso administrativo cuando la disposición, la actuación o el acto incurrieran en cualquier infracción del ordenamiento jurídico, incluso la desviación de poder [199].

Se entiende por desviación de poder el ejercicio de potestades administrativas para fines distintos de los fijados por el ordenamiento jurídico.

71. 1. Cuando la sentencia estimase el recurso contencioso-administrativo [200]:

a) Declarará no ser conforme a Derecho y, en su caso, anulará total o parcialmente la disposición o acto recurrido o dispondrá que cese o se modifique la actuación impugnada [201].

b) Si se hubiese pretendido el reconocimiento y restablecimiento de una situación jurídica individualizada, reconocerá dicha situación jurídica y adoptará cuantas medidas sean necesarias para el pleno restablecimiento de la misma [202].

c) Si la medida consistiera en la emisión de un acto o en la práctica de una actuación jurídicamente obligatoria, la sentencia podrá establecer plazo para que se cumpla el fallo [203].

---

[196] Véase art. 222 LEC
[197] Véase art. 46 de la presente Ley
[198] Véanse arts. 53, 54, 55, 62 y 63 LRJAP y PAC y 72 de la presente Ley
[199] Véanse arts. 53, 54, 55, 62 y 63 LRJAP y PAC y 71 y 72, 2 y 3 de la presente Ley
[200] Véase art. 72.2 y 3 de la presente Ley
[201] Véanse arts. 31.1 y 72.2 de la presente Ley
[202] Véanse arts. 31.2 y 72.3 de la presente Ley
[203] Véanse arts. 29 y 32.1 de la presente Ley

d) Si fuera estimada una pretensión de resarcir daños y perjuicios, se declarará en todo caso el derecho a la reparación, señalando asimismo quién viene obligado a indemnizar. La sentencia fijará también la cuantía de la indemnización cuando lo pida expresamente el demandante y consten probados en autos elementos suficientes para ello. En otro caso, se establecerán las bases para la determinación de la cuantía, cuya definitiva concreción quedará diferida al período de ejecución de sentencia [204].

2. Los órganos jurisdiccionales no podrán determinar la forma en que han de quedar redactados los preceptos de una disposición general en sustitución de los que anularen ni podrán determinar el contenido discrecional de los actos anulados.

72. 1. La sentencia que declare la inadmisibilidad o desestimación del recurso contencioso-administrativo sólo producirá efectos entre las partes [205].

2. La anulación de una disposición o acto producirá efectos para todas las personas afectadas. Las sentencias firmes que anulen una disposición general tendrán efectos generales desde el día en que sea publicado su fallo y preceptos anulados en el mismo periódico oficial en que lo hubiera sido la disposición anulada. También se publicarán las sentencias firmes que anulen un acto administrativo que afecte a una pluralidad indeterminada de personas [206].

3. La estimación de pretensiones de reconocimiento o restablecimiento de una situación jurídica individualizada sólo producirá efectos entre las partes. No obstante, tales efectos podrán extenderse a terceros en los términos previstos en los arts. 110 y 111.

73. Las sentencias firmes que anulen un precepto de una disposición general no afectarán por sí mismas a la eficacia de las sentencias o actos administrativos firmes que lo hayan aplicado antes de que la anulación alcanzara efectos generales, salvo en el caso de que la

---

[204] Véanse arts. 31.2 y 65.3 de la presente Ley
[205] Véanse arts. 69 y 70.1 de la presente Ley
[206] Véase art. 73 de la presente Ley

anulación del precepto supusiera la exclusión o la reducción de las sanciones aún no ejecutadas completamente [207].

SECCIÓN NOVENA
Otros modos de terminación del procedimiento

74. 1. El recurrente podrá desistir del recurso en cualquier momento anterior a la sentencia.

2. Para que el desistimiento del representante en juicio produzca efectos será necesario que lo ratifique el recurrente o que esté autorizado para ello. Si desistiere la Administración pública, habrá de presentarse testimonio del acuerdo adoptado por el órgano competente con arreglo a los requisitos exigidos por las leyes o reglamentos respectivos [208].

3. El letrado o letrada de la Administración de Justicia dará traslado a las demás partes, y en los supuestos de acción popular al Ministerio Fiscal, por plazo común de cinco días. Si prestaren su conformidad al desistimiento o no se opusieren a él, dictará decreto en el que declarará terminado el procedimiento, ordenando el archivo de los autos [209]. [210]

4. En otro caso, o cuando apreciare daño para el interés público, dará cuenta al Juez o Tribunal para que resuelva lo que proceda. [211]

5. Si fueren varios los recurrentes, el procedimiento continuará respecto de aquellos que no hubieren desistido.

6. El desistimiento no implicará necesariamente la condena en costas [212].

---

[207] Véanse arts. 71.1.a) y 72.2 de la presente Ley

[208] Véanse arts. 23 y 24 de la presente Ley

[209] Véase art.80.1.c) de la presente Ley

[210] Dada nueva redacción apartado 3 por art. 102 apartado 15 de Real Decreto-Ley 6/2023 de 19 de diciembre de 2023, con vigencia desde 20/03/2024

[211] Dada nueva redacción apartado 4 por art. 14 apartado 24 de Ley 13/2009 de 3 de noviembre de 2009, con vigencia desde 04/05/2010

[212] Véase art. 139.1 de la presente Ley

7. Cuando se hubiera desistido del recurso porque la Administración demandada hubiera reconocido totalmente en vía administrativa las pretensiones del demandante, y después la Administración dictase un nuevo acto total o parcialmente revocatorio del reconocimiento, el actor podrá pedir que continúe el procedimiento en el estado en que se encontrase, extendiéndose al acto revocatorio. Si el Juez o Tribunal lo estimase conveniente, concederá a las partes un plazo común de diez días para que formulen por escrito alegaciones complementarias sobre la revocación [213].

8. Desistido un recurso de apelación o de casación, el letrado o la letrada de la Administración de Justicia sin más trámites declarará terminado el procedimiento por decreto, ordenando el archivo de los autos y la devolución de las actuaciones recibidas al órgano jurisdiccional de procedencia. [214]

75. 1. Los demandados podrán allanarse cumpliendo los requisitos exigidos en el apartado 2 del artículo anterior.

2. Producido el allanamiento, el Juez o Tribunal, sin más trámites, dictará sentencia de conformidad con las pretensiones del demandante, salvo si ello supusiere infracción manifiesta del ordenamiento jurídico, en cuyo caso el órgano jurisdiccional comunicará a las partes los motivos que pudieran oponerse a la estimación de las pretensiones y las oirá por plazo común de diez días, dictando luego la sentencia que estime ajustada a Derecho.

3. Si fueren varios los demandados, el procedimiento seguirá respecto de aquellos que no se hubiesen allanado.

76. 1. Si interpuesto recurso contencioso-administrativo la Administración demandada reconociese totalmente en vía administrativa las pretensiones del demandante, cualquiera de las partes podrá ponerlo en conocimiento del Juez o Tribunal, cuando la Administración no lo hiciera [215].

---

[213] Véanse arts. 36.4 y 76 de la presente Ley

[214] Dada nueva redacción apartado 8 por art. 21 apartado 4 de Ley Orgánica 1/2025 de 2 de enero de 2025, con vigencia desde 03/04/2025

[215] Véanse arts. 102, 105 y 106 LRJAP Y PAC y 74.7 y 80.1.C) de la presente Ley

2. El letrado o letrada de la Administración de Justicia mandará oír a las partes por plazo común de cinco días y, previa comprobación de lo alegado, el juez, la jueza o el tribunal dictarán auto en el que declarará terminado el procedimiento y ordenará el archivo del recurso, si el reconocimiento no infringiera manifiestamente el ordenamiento jurídico. En este último caso dictará sentencia ajustada a Derecho. [216]

77. 1. En los procedimientos en primera o única instancia, el Juez o Tribunal, de oficio o a solicitud de parte, una vez formuladas la demanda y la contestación, podrá someter a la consideración de las partes el reconocimiento de hechos o documentos, así como la posibilidad de alcanzar un acuerdo que ponga fin a la controversia, cuando el juicio se promueva sobre materias susceptibles de transacción y, en particular, cuando verse sobre estimación de cantidad [217].

Los representantes de las Administraciones públicas demandadas necesitarán la autorización oportuna para llevar a efecto la transacción, con arreglo a las normas que regulan la disposición de la acción por parte de los mismos.

2. El intento de conciliación no suspenderá el curso de las actuaciones salvo que todas las partes personadas lo solicitasen y podrá producirse en cualquier momento anterior al día en que el pleito haya sido declarado concluso para sentencia.

3. Si las partes llegaran a un acuerdo que implique la desaparición de la controversia, el Juez o Tribunal dictará auto declarando terminado el procedimiento, siempre que lo acordado no fuera manifiestamente contrario al ordenamiento jurídico ni lesivo del interés público o de terceros [218].

4. En todo caso, las actuaciones previstas en este artículo podrán llevarse a cabo por medios electrónicos. [219]

---

[216] Dada nueva redacción apartado 2 por art. 102 apartado 16 de Real Decreto-Ley 6/2023 de 19 de diciembre de 2023, con vigencia desde 20/03/2024

[217] Véanse arts. 1809 y 1819 CC, 7.3 y 10.2 LGP, 31 Ley 33/2003, de 3 noviembre, del Patrimonio de las Administraciones Públicas, 88 LRJAP y PAC, 25 LCSP y 111 LRL

[218] Véase art. 113 de la presente Ley.

[219] Añadido apartado 4 por art. 102 apartado 17 de Real Decreto-Ley 6/2023 de 19 de diciembre de 2023, con vigencia desde 20/03/2024

CAPÍTULO II
Procedimiento abreviado

78. 1. Los Juzgados de lo Contencioso-Administrativo y, en su caso, los Juzgados Centrales de lo Contencioso-Administrativo de este Orden Jurisdiccional conocen, por el procedimiento abreviado, de los asuntos de su competencia que se susciten sobre cuestiones de personal al servicio de las Administraciones Públicas, sobre extranjería y sobre inadmisión de peticiones de asilo político, asuntos de disciplina deportiva en materia de dopaje, así como todas aquellas cuya cuantía no supere los 30.000 euros [220]. [221]

2. El recurso se iniciará por demanda, a la que se acompañará el documento o documentos en que el actor funde su derecho y aquellos previstos en el art. 45.2.

3. Presentada la demanda, el letrado o la letrada de la Administración de Justicia, apreciada la jurisdicción y competencia objetiva del Tribunal, admitirá la demanda. En otro caso, dará cuenta a éste para que resuelva lo que proceda.

Admitida la demanda, el letrado o la letrada de la Administración de Justicia acordará su traslado a la persona demandada, citando a las partes para la celebración de vista, con indicación de día y hora, y requerirá a la Administración demandada que remita el expediente administrativo en soporte electrónico, con al menos quince días de antelación del término señalado para la vista. Si en la demanda se solicitasen diligencias de preparación de la prueba a practicar en juicio, el letrado o la letrada de la Administración de Justicia acordará lo que corresponda para posibilitar su práctica, sin perjuicio de lo que el juez o tribunal decida sobre su admisión o inadmisión en el acto del juicio. En el señalamiento de las vistas atenderá a los criterios establecidos en el artículo 182 de la Ley 1/2000, de 7 de enero, de Enjuiciamiento Civil.

No obstante, si el actor pide por otrosí en su demanda que el recurso se falle sin necesidad de recibimiento a prueba ni tampoco de vista, el letrado o la letrada de la Administración de Justicia dará traslado de la misma a las partes demandadas para que la contesten en el plazo de veinte días, con el apercibimiento a que se refiere el

[220] Véanse arts. 8 y 29.2 de la presente Ley

[221] Dada nueva redacción apartado 1 por art. 3 apartado 4 de Ley 37/2011 de 10 de octubre de 2011, con vigencia desde 31/10/2011

apartado 1 del artículo 54. Una vez contestada la demanda, el letrado o la letrada de la Administración de Justicia procederán de acuerdo con lo dispuesto en el artículo 57, declarando concluso el pleito, salvo que el juez o la jueza hagan uso de la facultad que le atribuye el artículo 61.

Dentro de los diez primeros días del plazo para contestar la demanda, las partes demandadas podrán solicitar que se celebre la vista, argumentando a tal fin en qué hechos existe disconformidad y qué medios de prueba, distintos de los ya obrantes en actuaciones, habrían de ser practicados para despejar esa disconformidad. El juez o la jueza decidirá sobre dicha solicitud mediante auto.

El auto que acuerde la celebración de vista no será recurrible y, tras su notificación, el letrado o la letrada de la Administración de Justicia citarán a las partes al acto conforme a lo previsto en el párrafo segundo de este apartado.

El auto que rechace la celebración de vista dispondrá, además, que se conteste la demanda en el plazo que reste y contra el mismo podrá interponerse recurso de reposición. Presentada la contestación se abrirá un trámite de conclusiones, por plazo de cinco días sucesivos, si la parte actora lo hubiese solicitado en su demanda. [222]

4. Recibido el expediente administrativo, el letrado o la letrada de la Administración de Justicia lo entregarán al actor y a las personas interesadas que se hubieren personado para que puedan hacer alegaciones en el acto de la vista. [223]

5. Comparecidas las partes, o alguna de ellas, el Juez declarará abierta la vista.

Si las partes no comparecieren o lo hiciere sólo el demandado, el Juez o Tribunal tendrá al actor por desistido del recurso y le condenará en costas, y si compareciere sólo el actor, acordará que prosiga la vista en ausencia del demandado. [224]

6. La vista comenzará con exposición por el demandante de los fundamentos de lo que pida o ratificación de los expuestos en la demanda.

7. Acto seguido, el demandado podrá formular las alegaciones que a su derecho convengan, comenzando, en su caso, por las cuestiones

---

[222] Dada nueva redacción apartado 3 por art. 21 apartado 5 de Ley Orgánica 1/2025 de 2 de enero de 2025, con vigencia desde 03/04/2025

[223] Dada nueva redacción apartado 4 por art. 21 apartado 5 de Ley Orgánica 1/2025 de 2 de enero de 2025, con vigencia desde 03/04/2025

[224] Dada nueva redacción apartado 5 por art. 14 apartado 26 de Ley 13/2009 de 3 de noviembre de 2009, con vigencia desde 04/05/2010

relativas a la jurisdicción, a la competencia objetiva y territorial y a cualquier otro hecho o circunstancia que pueda obstar a la válida prosecución y término del proceso mediante sentencia sobre el fondo.

8. Oído el demandante sobre estas cuestiones, el Juez resolverá lo que proceda, y si mandase proseguir el juicio, el demandado podrá pedir que conste en acta su disconformidad. Lo mismo podrá hacer el demandante si el Juez, al resolver sobre alguna de dichas cuestiones, declinara el conocimiento del asunto en favor de otro Juzgado o Tribunal o entendiese que debe declarar la inadmisibilidad del recurso.

9. Si en sus alegaciones el demandado hubiese impugnado la adecuación del procedimiento por razón de la cuantía, el Juez, antes de practicarse la prueba o, en su caso, las conclusiones, exhortará a las partes a ponerse de acuerdo sobre tal extremo. Si no se alcanzare el acuerdo, decidirá el Juez, que dará al proceso el curso procedimental que corresponda según la cuantía que él determine. Frente a la decisión del Juez no se dará recurso alguno.

10. Si no se suscitasen las cuestiones procesales a que se refieren los apartados anteriores o si, habiéndose suscitado, se resolviese por el Juez la continuación del juicio, se dará la palabra a las partes para fijar con claridad los hechos en que fundamenten sus pretensiones. Si no hubiere conformidad sobre ellos, se propondrán las pruebas y, una vez admitidas las que no sean impertinentes o inútiles, se practicarán seguidamente.

11. Cuando de las alegaciones de las partes se desprenda la conformidad de todos los demandados con las pretensiones del actor, el carácter meramente jurídico de la controversia, la ausencia de proposición de la prueba o la inadmisibilidad de toda la prueba propuesta, y las partes no deseasen formular conclusiones, el Juez apreciará tal circunstancia en el acto y, si ninguna parte se opusiere, dictará sentencia sin más dilación.

Formulada oposición, el Juez resolverá estimándola, en cuyo caso proseguirá la vista conforme a lo reglado en los apartados siguientes, o desestimándola en la misma sentencia que dicte conforme a lo previsto en el párrafo anterior, antes de resolver sobre el fondo, como especial pronunciamiento.

12. Los medios de prueba se practicarán en los juicios abreviados, en cuanto no sea incompatible con sus trámites, del modo previsto para el juicio ordinario.

13. Las preguntas para la prueba de interrogatorio de parte se propondrán verbalmente, sin admisión de pliegos. [225]

14. No se admitirán escritos de preguntas y repreguntas para la prueba testifical. Cuando el número de testigos fuese excesivo y, a criterio del órgano judicial, sus manifestaciones pudieran constituir inútil reiteración del testimonio sobre hechos suficientemente esclarecidos, aquél podrá limitarlos discrecionalmente.

15. Los testigos no podrán ser tachados y, únicamente en conclusiones, las partes podrán hacer las observaciones que sean oportunas respecto de sus circunstancias personales y de la veracidad de sus manifestaciones.

16. En la práctica de la prueba pericial no serán de aplicación las reglas generales sobre insaculación de peritos.

17. Contra las resoluciones del Juez sobre denegación de pruebas o sobre admisión de las que se denunciaran como obtenidas con violación de derechos fundamentales, las partes podrán interponer en el acto recurso de reposición, que se sustanciará y resolverá seguidamente. [226]

18. Si el juez o la jueza estimase que alguna prueba relevante no puede practicarse en la vista, sin mala fe por parte de quien tuviera la carga de aportarla, la suspenderá, señalando el letrado o la letrada de la Administración de Justicia competente, en el acto y sin necesidad de nueva notificación, el lugar, día y hora en que deba reanudarse. Si no hubiera asistido a la vista, el letrado o la letrada de la Administración de Justicia efectuarán nuevo señalamiento en el día hábil siguiente a aquel en que se hubiera acordado la suspensión. [227]

19. Tras la práctica de la prueba, si la hubiere, y, en su caso, de las conclusiones, oídos los Letrados, las personas que sean parte en los asuntos podrán, con la venia del Juez, exponer de palabra lo que crean oportuno para su defensa a la conclusión de la vista, antes de darla por terminada.

---

[225] Dada nueva redacción apartado 13 por art. 14 apartado 26 de Ley 13/2009 de 3 de noviembre de 2009, con vigencia desde 04/05/2010

[226] Dada nueva redacción apartado 17 por disposición adicional 8 de Ley 29/1998 de 13 de julio de 1998 sustituyendo la referencia a «recurso de súplica» por «recurso de reposición», con vigencia desde 04/05/2010

[227] Dada nueva redacción apartado 18 por art. 21 apartado 5 de Ley Orgánica 1/2025 de 2 de enero de 2025, con vigencia desde 03/04/2025

20. El juez o la jueza dictarán sentencia en el plazo de diez días desde la celebración de la vista. No obstante, la sentencia se podrá dictar oralmente al concluir dicho acto con los requisitos de forma y consecuencias previstas en los apartados 3 y 4 del artículo 210 de la Ley 1/2000, de 7 de enero, de Enjuiciamiento Civil, y pronunciando su fallo de acuerdo con lo dispuesto en los artículos 68 a 71 de la presente ley [228] . [229]

21. La vista se documentará en la forma establecida en los apartados 3 y 4 del art. 63. [230]

22. Si los mecanismos de garantía previstos en el apartado anterior no se pudiesen utilizar deberán consignarse en el acta los siguientes extremos: número y clase de procedimiento; lugar y fecha de celebración; tiempo de duración, asistentes al acto; alegaciones de las partes; resoluciones que adopte el juez, la jueza o el tribunal; así como las circunstancias e incidencias que no pudieran constar en aquel soporte. A esta acta se incorporarán los soportes de la grabación de las sesiones.

Cuando no se pudiesen utilizar los medios de registro por cualquier causa, el letrado o letrada de la Administración de Justicia extenderá acta de cada sesión, en la que se hará constar:

a) Lugar, fecha, juez o jueza que preside el acto, partes comparecientes, representantes, en su caso, y defensores que las asisten.

b) Breve resumen de las alegaciones de las partes, medios de prueba propuestos por ellas, declaración expresa de su pertinencia o impertinencia, razones de la denegación y protesta, en su caso.

c) En cuanto a las pruebas admitidas y practicadas:

1.º Resumen suficiente de las de interrogatorio de parte y testifical.

2.º Relación circunstanciada de los documentos presentados, o datos suficientes que permitan identificarlos, en el caso de que su excesivo número haga desaconsejable la citada relación.

3.º Relación de las incidencias planteadas en el juicio respecto a la prueba documental.

---

[228] Téngase en cuenta que la presente redacción de este apartado 20 será de aplicación a los recursos contencioso-administrativos tramitados por el procedimiento abreviado en los que no se haya celebrado vista a 3 de abril de 2024, fecha de entrada en vigor de la LO 1/2025 de 2 enero, conforme al apartado 6 de su disp. trans. 9.ª

[229] Dada nueva redacción apartado 20 por art. 21 apartado 5 de Ley Orgánica 1/2025 de 2 de enero de 2025, con vigencia desde 03/04/2025

[230] Dada nueva redacción apartado 21 por art. 14 apartado 26 de Ley 13/2009 de 3 de noviembre de 2009 , con vigencia desde 04/05/2010

4.º Resumen suficiente de los informes periciales, así como también de la resolución del juez o la jueza en torno a las propuestas de recusación de los peritos.

5.º Resumen de las declaraciones realizadas en la vista.

d) Conclusiones y peticiones concretas formuladas por las partes; en caso de que fueran de condena a cantidad, ésta deberá recogerse en el acta.

e) Declaración hecha por el juez o la jueza de conclusión de los autos, mandando traerlos a la vista para sentencia.

Las actas previstas en este apartado se extenderán por procedimientos informáticos, sin que puedan ser manuscritas más que en las ocasiones en que la sala en que se esté celebrando la actuación careciera de medios informáticos. En estos casos, al terminar la sesión el letrado o letrada de la Administración de Justicia leerá el acta, haciendo en ella las rectificaciones que las partes reclamen, si las estima procedentes. Esta acta se firmará por el letrado o letrada de la Administración de Justicia tras el juez, la jueza o el presidente o la presidenta, las partes, sus representantes o defensores y los peritos, en su caso. [231]

23. El procedimiento abreviado, en lo no dispuesto en este capítulo, se regirá por las normas generales de la presente Ley.

CAPÍTULO III
Recursos contra resoluciones procesales [232]

SECCIÓN PRIMERA
Recursos contra providencias y autos

79. 1. Contra las providencias y los autos no susceptibles de apelación o casación podrá interponerse recurso de reposición, sin perjuicio del cual se llevará a efecto la resolución impugnada, salvo que

---

[231] Dada nueva redacción apartado 22 por art. 21 apartado 5 de Ley Orgánica 1/2025 de 2 de enero de 2025, con vigencia desde 03/04/2025

[232] Dada nueva redacción por art. 14 apartado 27 de Ley 13/2009 de 3 de noviembre de 2009, con vigencia desde 04/05/2010

el órgano jurisdiccional, de oficio o a instancia de parte, acuerde lo contrario [233] . [234]

2. No es admisible el recurso de reposición contra las resoluciones expresamente exceptuadas del mismo en esta Ley, ni contra los autos que resuelvan los recursos de reposición y los de aclaración [235] . [236]

3. El recurso de reposición se interpondrá en el plazo de cinco días a contar desde el siguiente al de la notificación de la resolución impugnada. [237]

4. Interpuesto el recurso en tiempo y forma, el Secretario judicial dará traslado de las copias del escrito a las demás partes, por término común de cinco días, a fin de que puedan impugnarlo si lo estiman conveniente. Transcurrido dicho plazo, el órgano jurisdiccional resolverá por auto dentro del tercer día. [238]

Apartado 5 (Derogado) [239]

80. 1. Son apelables en un solo efecto los autos dictados por los Juzgados de lo Contencioso-administrativo y los Juzgados Centrales de lo Contencioso-administrativo, en procesos de los que conozcan en primera instancia, en los siguientes casos:

a) Los que pongan término a la pieza separada de medidas cautelares [240] .

b) Los recaídos en ejecución de sentencia [241] .

[233] Véanse arts. 80 y 87 de la presente Ley

[234] Dada nueva redacción apartado 1 por art. 102 apartado 18 de Real Decreto-Ley 6/2023 de 19 de diciembre de 2023, con vigencia desde 20/03/2024

[235] Véanse arts. 40.4, 51.5, 59.3, 65.2, 90.3, 93.6, 122.2 y 123.1 de la presente Ley y 228.3 y 267.7 LOPJ

[236] Dada nueva redacción apartado 2 por art. 14 apartado 28 de Ley 13/2009 de 3 de noviembre de 2009, con vigencia desde 04/05/2010

[237] Dada nueva redacción apartado 3 por art. 102 apartado 18 de Real Decreto-Ley 6/2023 de 19 de diciembre de 2023, con vigencia desde 20/03/2024

[238] Dada nueva redacción apartado 4 por art. 14 apartado 28 de Ley 13/2009 de 3 de noviembre de 2009, con vigencia desde 04/05/2010

[239] Derogado apartado 5 por art. 14 apartado 28 de Ley 13/2009 de 3 de noviembre de 2009, con vigencia desde 04/05/2010

[240] Véanse arts. 87.1.b) y 134 de la presente Ley

[241] Véase art. 87.1.c) de la presente Ley

c) Los que declaren la inadmisión del recurso contencioso-administrativo o hagan imposible su continuación [242] .

d) Los recaídos sobre las autorizaciones previstas en el art. 8.6 y en los arts. 9.2 y 122 bis. [243]

e) Los recaídos en aplicación de los arts. 83 y 84.

2. La apelación de los autos dictados por los Juzgados de lo Contencioso-Administrativo y los Juzgados Centrales de lo Contencioso-Administrativo en los supuestos de los arts. 110 y 111, se regirá por el mismo régimen de admisión de la apelación que corresponda a la sentencia cuya extensión se pretende. [244]

3. La tramitación de los recursos de apelación interpuestos contra los autos de los Juzgados de lo Contencioso-administrativo y los Juzgados Centrales de lo Contencioso-administrativo se ajustará a lo establecido en la sección 2.ª de este capítulo.

SECCIÓN SEGUNDA
Recurso ordinario de apelación

81. 1. Las sentencias de los Juzgados de lo Contencioso-administrativo y de los Juzgados Centrales de lo Contencioso-administrativo serán susceptibles de recurso de apelación, salvo que se hubieran dictado en los asuntos siguientes [245] :

a) Aquellos cuya cuantía no exceda de 30.000 euros. [246]

b) Los relativos a materia electoral comprendidos en el art. 8.4 [247] . [248]

---

[242] Véase art. 87.1.a) de la presente Ley

[243] Dada nueva redacción apartado 1 letra d por disposición final 43 apartado 6 de Ley 2/2011 de 4 de marzo de 2011, con vigencia desde 06/03/2011

[244] Dada nueva redacción apartado 2 por disposición adicional 14 apartado 7 de Ley Orgánica 19/2003 de 23 de diciembre de 2003, con vigencia desde 15/01/2004

[245] Véanse arts. 10.2 y 11.2 de la presente Ley y 18.1, 66 y 74.2 LOPJ

[246] Dada nueva redacción apartado 1 letra a por art. 3 apartado 5 de Ley 37/2011 de 10 de octubre de 2011, con vigencia desde 31/10/2011

[247] Téngase en cuenta que actualmente se regula en el art. 8.5 de la presente Ley

[248] Dada nueva redacción apartado 1 por art. 14 apartado 29 de Ley 13/2009 de 3 de noviembre de 2009 , con vigencia desde 04/05/2010

2. Serán siempre susceptibles de apelación las sentencias siguientes:
a) Las que declaren la inadmisibilidad del recurso en el caso de la letra a) del apartado anterior.
b) Las dictadas en el procedimiento para la protección de los derechos fundamentales de la persona [249].
c) Las que resuelvan litigios entre Administraciones públicas [250].
d) Las que resuelvan impugnaciones indirectas de disposiciones generales [251].
e) Las que, con independencia de la cuantía del procedimiento, sean susceptibles de extensión de efectos. [252]

82. El recurso de apelación podrá interponerse por quienes, según esta Ley, se hallen legitimados como parte demandante o demandada [253].

83. 1. El recurso de apelación contra las sentencias es admisible en ambos efectos, salvo en los casos en que la presente Ley disponga otra cosa [254].
2. No obstante lo dispuesto en el apartado anterior, el Juez, en cualquier momento, a instancia de la parte interesada, podrá adoptar las medidas cautelares que sean pertinentes para asegurar, en su caso, la ejecución de la sentencia atendiendo a los criterios establecidos en el capítulo II del Título VI [255].

84. 1. La interposición de un recurso de apelación no impedirá la ejecución provisional de la sentencia recurrida.
Las partes favorecidas por la sentencia podrán instar su ejecución provisional. Cuando de ésta pudieran derivarse perjuicios de cualquier

[249] Véase art.121.3 de la presente Ley
[250] Véase art. 44 de la presente Ley
[251] Véase art. 26 de la presente Ley
[252] Dada nueva redacción apartado 2 por art. 102 apartado 19 de Real Decreto-Ley 6/2023 de 19 de diciembre de 2023, con vigencia desde 20/03/2024
[253] Véanse arts. 19 y 21 de la presente Ley
[254] Véase art. 121.3 de la presente Ley
[255] Véanse arts. 129 a 136 de la presente Ley

naturaleza, podrán acordarse las medidas que sean adecuadas para evitar o paliar dichos perjuicios. Igualmente podrá exigirse la prestación de caución o garantía para responder de aquéllos. En este caso no podrá llevarse a cabo la ejecución provisional hasta que la caución o la medida acordada esté constituida y acreditada en autos.

2. La constitución de la caución se ajustará a lo establecido en el art. 133.2.

3. No se acordará la ejecución provisional cuando la misma sea susceptible de producir situaciones irreversibles o perjuicios de imposible reparación.

4. Previa audiencia de las demás partes por plazo común de cinco días, el Juez resolverá sobre la ejecución provisional en el término de los cinco días siguientes. [256]

5. Cuando quien inste la ejecución provisional sea una Administración pública, quedará exenta de la prestación de caución.

85. 1. El recurso de apelación se interpondrá ante el Juzgado que hubiere dictado la sentencia que se apele, dentro de los quince días siguientes al de su notificación, mediante escrito razonado que deberá contener las alegaciones en que se fundamente el recurso. Transcurrido el plazo de quince días sin haberse interpuesto el recurso de apelación, el Secretario judicial declarará la firmeza de la sentencia. [257]

2. Si el escrito presentado cumple los requisitos previstos en el apartado anterior y se refiere a una sentencia susceptible de apelación, el Secretario judicial dictará resolución admitiendo el recurso, contra la que no cabrá recurso alguno, y dará traslado del mismo a las demás partes para que, en el plazo común de quince días, puedan formalizar su oposición. En otro caso, lo pondrá en conocimiento del Juez que, si lo estima oportuno, denegará la admisión por medio de auto, contra

---

[256] Dada nueva redacción apartado 4 por art. 14 apartado 30 de Ley 13/2009 de 3 de noviembre de 2009, con vigencia desde 04/05/2010
[257] Dada nueva redacción apartado 1 por art. 14 apartado 31 de Ley 13/2009 de 3 de noviembre de 2009, con vigencia desde 04/05/2010

el que podrá interponerse recurso de queja, que se sustanciará en la forma establecida en la Ley de Enjuiciamiento Civil [258] . [259]

3. En los escritos de interposición del recurso y de oposición al mismo las partes podrán pedir el recibimiento a prueba para la práctica de las que hubieran sido denegadas o no hubieran sido debidamente practicadas en primera instancia por causas que no les sean imputables [260] . [261]

4. En el escrito de oposición, la parte apelada, si entendiera admitida indebidamente la apelación, deberá hacerlo constar, en cuyo caso el letrado o letrada de la Administración de Justicia dará vista a la apelante, por cinco días, de esta alegación. También podrá el apelado, en el mismo escrito, impugnar la sentencia apelada en lo que le resulte desfavorable, razonando los puntos en que crea que le es perjudicial la sentencia, y en este caso el letrado o letrada de la Administración de Justicia dará traslado al apelante del escrito de oposición por plazo de diez días, al solo efecto de que pueda oponerse a la impugnación. [262]

5. Transcurridos los plazos a que se refieren los apartados 2 y 4 anteriores, el Juzgado elevará los autos y el expediente administrativo, en unión de los escritos presentados, ordenándose el emplazamiento de las partes para su comparecencia en el plazo de treinta días ante la Sala de lo Contencioso-administrativo competente, que resolverá, en su caso, lo que proceda sobre la discutida admisión del recurso o sobre el recibimiento a prueba. [263]

6. Cuando la Sala estime procedente la prueba solicitada, su práctica tendrá lugar con citación de las partes [264] .

7. Las partes, en los escritos de interposición y de oposición al recurso, podrán solicitar que se celebre vista, que se presenten conclu-

---

[258] Véanse arts. 494 y 495 LEC

[259] Dada nueva redacción apartado 2 por art. 14 apartado 31 de Ley 13/2009 de 3 de noviembre de 2009, con vigencia desde 04/05/2010

[260] Véase art. 60 de la presente Ley

[261] Dada nueva redacción apartado 3 por art. 102 apartado 20 de Real Decreto-Ley 6/2023 de 19 de diciembre de 2023, con vigencia desde 20/03/2024

[262] Dada nueva redacción apartado 4 por art. 102 apartado 20 de Real Decreto-Ley 6/2023 de 19 de diciembre de 2023, con vigencia desde 20/03/2024

[263] Dada nueva redacción apartado 5 por art. 14 apartado 31 de Ley 13/2009 de 3 de noviembre de 2009, con vigencia desde 04/05/2010

[264] Véase art. 61.3 de la presente Ley

siones o que el pleito sea declarado concluso, sin más trámites, para sentencia.

8. El Secretario judicial acordará la celebración de vista, en cuyo caso hará el oportuno señalamiento, o la presentación de conclusiones si lo hubieren solicitado todas las partes o si se hubiere practicado prueba. La Sala también podrá acordar que se celebre vista, que señalará el secretario, o que se presenten conclusiones escritas cuando lo estimare necesario, atendida la índole del asunto. Será de aplicación a estos trámites lo dispuesto en los arts. 63 a 65.

Celebrada la vista o presentadas las conclusiones, el Secretario judicial declarará que el pleito ha quedado concluso para sentencia. [265]

9. La Sala dictará sentencia en el plazo de diez días desde la declaración de que el pleito está concluso para sentencia [266].

10. Cuando la Sala revoque en apelación la sentencia impugnada que hubiere declarado la inadmisibilidad del recurso contencioso-administrativo, resolverá al mismo tiempo sobre el fondo del asunto.

SECCIÓN TERCERA
Recurso de casación [267]

86. [268] 1. Las sentencias dictadas en única instancia por los Juzgados de lo Contencioso-administrativo y las dictadas en única instancia o en apelación por la Sala de lo Contencioso-administrativo de la Audiencia Nacional y por las Salas de lo Contencioso-administrativo de los Tribunales Superiores de Justicia serán susceptibles de recurso de casación ante la Sala de lo Contencioso-administrativo del Tribunal Supremo.

En el caso de las sentencias dictadas en única instancia por los Juzgados de lo Contencioso-administrativo, únicamente serán suscep-

[265] Dada nueva redacción apartado 8 por art. 14 apartado 31 de Ley 13/2009 de 3 de noviembre de 2009, con vigencia desde 04/05/2010

[266] Véanse arts. 67.2 y 139 de la presente Ley

[267] Dada nueva redacción por disposición final 3 apartado 1 de Ley Orgánica 7/2015 de 21 de julio de 2015, con vigencia desde 22/07/2016

[268] Dada nueva redacción por disposición final 3 apartado 1 de Ley Orgánica 7/2015 de 21 de julio de 2015, con vigencia desde 22/07/2016

tibles de recurso las sentencias que contengan doctrina que se reputa gravemente dañosa para los intereses generales y sean susceptibles de extensión de efectos.

2. Se exceptúan de lo establecido en el apartado anterior las sentencias dictadas en el procedimiento para la protección del derecho fundamental de reunión y en los procesos contencioso-electorales.

3. Las sentencias que, siendo susceptibles de casación, hayan sido dictadas por las Salas de lo Contencioso-administrativo de los Tribunales Superiores de Justicia sólo serán recurribles ante la Sala de lo Contencioso-administrativo del Tribunal Supremo si el recurso pretende fundarse en infracción de normas de Derecho estatal o de la Unión Europea que sea relevante y determinante del fallo impugnado, siempre que hubieran sido invocadas oportunamente en el proceso o consideradas por la Sala sentenciadora.

Cuando el recurso se fundare en infracción de normas emanadas de la Comunidad Autónoma será competente una Sección de la Sala de lo Contencioso-administrativo que tenga su sede en el Tribunal Superior de Justicia compuesta por el Presidente de dicha Sala, que la presidirá, por el Presidente o Presidentes de las demás Salas de lo Contencioso-administrativo y, en su caso, de las Secciones de las mismas, en número no superior a dos, y por los Magistrados de la referida Sala o Salas que fueran necesarios para completar un total de cinco miembros.

Si la Sala o Salas de lo Contencioso-administrativo tuviesen más de una Sección, la Sala de Gobierno del Tribunal Superior de Justicia establecerá para cada año judicial el turno con arreglo al cual los Presidentes de Sección ocuparán los puestos de la regulada en este apartado. También lo establecerá entre todos los Magistrados que presten servicio en la Sala o Salas.

4. Las resoluciones del Tribunal de Cuentas en materia de responsabilidad contable serán susceptibles de recurso de casación en los casos establecidos en su Ley de Funcionamiento.

87. [269] 1. También son susceptibles de recurso de casación los siguientes autos dictados por la Sala de lo Contencioso-administrativo de la Audiencia Nacional y por las Salas de lo Contencioso-administra-

---

[269] Dada nueva redacción por disposición final 3 apartado 1 de Ley Orgánica 7/2015 de 21 de julio de 2015, con vigencia desde 22/07/2016

tivo de los Tribunales Superiores de Justicia, con la misma excepción e igual límite dispuestos en los apartados 2 y 3 del artículo anterior:

a) Los que declaren la inadmisión del recurso contencioso-administrativo o hagan imposible su continuación.

b) Los que pongan término a la pieza separada de suspensión o de otras medidas cautelares.

c) Los recaídos en ejecución de sentencia, siempre que resuelvan cuestiones no decididas, directa o indirectamente, en aquélla o que contradigan los términos del fallo que se ejecuta.

d) Los dictados en el caso previsto en el artículo 91.

e) Los dictados en aplicación de los artículos 110 y 111.

1 bis. Serán susceptibles de recurso de casación, en todo caso, los autos dictados en aplicación del artículo 10.8 y del artículo 11.1.i) de esta ley. [270]

2. Para que pueda prepararse el recurso de casación en los casos previstos en el apartado 1, es requisito necesario interponer previamente el recurso de reposición. Sin embargo, no será requisito necesario interponer previamente recurso de reposición en los recursos de casación contra los autos a que se refiere el apartado 1 bis. [271]

87 bis. [272] 1. Sin perjuicio de lo dispuesto en el artículo 93.3, el recurso de casación ante la Sala de lo Contencioso-administrativo del Tribunal Supremo se limitará a las cuestiones de derecho, con exclusión de las cuestiones de hecho.

2. Las pretensiones del recurso de casación deberán tener por objeto la anulación, total o parcial, de la sentencia o auto impugnado y, en su caso, la devolución de los autos al Tribunal de instancia o la resolución del litigio por la Sala de lo Contencioso-administrativo del Tribunal Supremo dentro de los términos en que apareciese planteado el debate.

3. La Sala de Gobierno del Tribunal Supremo podrá determinar, mediante acuerdo que se publicará en el «Boletín Oficial del Estado», la extensión máxima y otras condiciones extrínsecas, incluidas las

---

[270] Añadido apartado 1 bis por art. 15 apartado 1 de Real Decreto-Ley 8/2021 de 4 de mayo de 2021, con vigencia desde 09/05/2021

[271] Dada nueva redacción apartado 2 por art. 15 apartado 2 de Real Decreto-Ley 8/2021 de 4 de mayo de 2021, con vigencia desde 09/05/2021

[272] Añadido por disposición final 3 apartado 1 de Ley Orgánica 7/2015 de 21 de julio de 2015, con vigencia desde 22/07/2016

relativas a su presentación por medios telemáticos, de los escritos de interposición y de oposición de los recursos de casación.

87 ter. [273] 1. El recurso de casación contra autos dictados en aplicación del artículo 10.8 y del artículo 11.1.i) de esta ley, se iniciará mediante escrito presentado ante la Sala de lo Contencioso-Administrativo del Tribunal Supremo en el que las partes comparecerán e interpondrán directamente el recurso de casación.

2. La parte recurrente, el mismo día en que interponga el recurso, habrá de presentar escrito ante la Sala de instancia poniendo en su conocimiento el hecho de la interposición, debiendo dicha Sala, en el día siguiente hábil a esa comunicación, remitir el testimonio de las actuaciones seguidas en el procedimiento en que se dictó el auto recurrido a la Sala de lo Contencioso-administrativo del Tribunal Supremo.

3. El escrito de comparecencia e interposición habrá de presentarse en el plazo de tres días hábiles contados desde la fecha de notificación del auto impugnado y, con acompañamiento de testimonio de dicho auto, expondrá los requisitos de procedimiento, señalando la cuestión de interés casacional sobre la que se interesa se fije doctrina y las pretensiones relativas al enjuiciamiento del auto recurrido.

4. Si el objeto de la autorización o ratificación hubiera sido una medida adoptada por una autoridad sanitaria de ámbito distinto al estatal en cumplimiento de actuaciones coordinadas en salud pública declaradas por el Ministerio de Sanidad, en su caso previo acuerdo del Consejo Interterritorial del Sistema Nacional de Salud, también ostentará legitimación activa en el presente recurso la Administración General del Estado.

5. Cuando las circunstancias del caso lo hagan necesario y, en todo caso, cuando la demora en la resolución pueda causar perjuicios irreversibles, las partes podrán solicitar en el escrito de interposición que se habiliten los días inhábiles para la tramitación y resolución del recurso de casación. Contra la decisión que deniegue la habilitación solicitada no cabrá recurso.

6. Presentado el escrito será turnado de inmediato a la Sección competente para la tramitación y decisión, que lo tramitará preferen-

---

[273] Añadido por art. 15 apartado 3 de Real Decreto-Ley 8/2021 de 4 de mayo de 2021, con vigencia desde 09/05/2021

temente, dando traslado al Ministerio Fiscal y a las partes para que comparezcan y formulen alegaciones por plazo común de tres días.

7. Transcurrido el plazo de alegaciones, y sin que resulte de aplicación lo previsto en el artículo 128.1 de la presente ley sobre la declaración de caducidad, la Sección competente para la tramitación y decisión fijará doctrina y resolverá sobre las cuestiones y pretensiones planteadas, en el plazo de los cinco días siguientes.

8. Se aplicarán a todos los escritos los requisitos de extensión máxima y normas de estilo establecidas por la Sala en cumplimiento de lo dispuesto en el artículo 87 bis.3 de la presente ley.

88. [274] 1. El recurso de casación podrá ser admitido a trámite cuando, invocada una concreta infracción del ordenamiento jurídico, tanto procesal como sustantiva, o de la jurisprudencia, la Sala de lo Contencioso-Administrativo del Tribunal Supremo estime que el recurso presenta interés casacional objetivo para la formación de jurisprudencia.

2. El Tribunal de casación podrá apreciar que existe interés casacional objetivo, motivándolo expresamente en el auto de admisión, cuando, entre otras circunstancias, la resolución que se impugna:

a) Fije, ante cuestiones sustancialmente iguales, una interpretación de las normas de Derecho estatal o de la Unión Europea en las que se fundamenta el fallo contradictoria con la que otros órganos jurisdiccionales hayan establecido.

b) Siente una doctrina sobre dichas normas que pueda ser gravemente dañosa para los intereses generales.

c) Afecte a un gran número de situaciones, bien en sí misma o por trascender del caso objeto del proceso.

d) Resuelva un debate que haya versado sobre la validez constitucional de una norma con rango de ley, sin que la improcedencia de plantear la pertinente cuestión de inconstitucionalidad aparezca suficientemente esclarecida.

e) Interprete y aplique aparentemente con error y como fundamento de su decisión una doctrina constitucional.

f) Interprete y aplique el Derecho de la Unión Europea en contradicción aparente con la jurisprudencia del Tribunal de Justicia o en

---

[274] Dada nueva redacción por disposición final 3 apartado 1 de Ley Orgánica 7/2015 de 21 de julio de 2015, con vigencia desde 22/07/2016

supuestos en que aun pueda ser exigible la intervención de éste a título prejudicial.

g) Resuelva un proceso en que se impugnó, directa o indirectamente, una disposición de carácter general.

h) Resuelva un proceso en que lo impugnado fue un convenio celebrado entre Administraciones públicas.

i) Haya sido dictada en el procedimiento especial de protección de derechos fundamentales.

3. Se presumirá que existe interés casacional objetivo:

a) Cuando en la resolución impugnada se hayan aplicado normas en las que se sustente la razón de decidir sobre las que no exista jurisprudencia.

b) Cuando dicha resolución se aparte de la jurisprudencia existente de modo deliberado por considerarla errónea o de modo inmotivado pese a haber sido citada en el debate o ser doctrina asentada. [275]

c) Cuando la sentencia recurrida declare nula una disposición de carácter general, salvo que esta, con toda evidencia, carezca de trascendencia suficiente.

d) Cuando resuelva recursos contra actos o disposiciones de los organismos reguladores o de supervisión o agencias estatales cuyo enjuiciamiento corresponde a la Sala de lo Contencioso-administrativo de la Audiencia Nacional.

e) Cuando resuelva recursos contra actos o disposiciones de los Gobiernos o Consejos de Gobierno de las Comunidades Autónomas.

No obstante, en los supuestos referidos en las letras a), d) y e) el recurso podrá inadmitirse por auto motivado cuando el Tribunal aprecie que el asunto carece manifiestamente de interés casacional objetivo para la formación de jurisprudencia.

89. [276] 1. El recurso de casación se preparará ante la Sala de instancia en el plazo de treinta días, contados desde el siguiente al de la notificación de la resolución que se recurre, estando legitimados para ello quienes hayan sido parte en el proceso, o debieran haberlo sido.

---

[275] Dada nueva redacción apartado 3 letra b por art. 224 apartado 3 de Real Decreto-Ley 5/2023 de 28 de junio de 2023, con vigencia desde 29/07/2023

[276] Dada nueva redacción por disposición final 3 apartado 1 de Ley Orgánica 7/2015 de 21 de julio de 2015, con vigencia desde 22/07/2016

2. El escrito de preparación deberá, en apartados separados que se encabezarán con un epígrafe expresivo de aquello de lo que tratan:

a) Acreditar el cumplimiento de los requisitos reglados en orden al plazo, la legitimación y la recurribilidad de la resolución que se impugna.

b) Identificar con precisión las normas o la jurisprudencia que se consideran infringidas, justificando que fueron alegadas en el proceso, o tomadas en consideración por la Sala de instancia, o que ésta hubiera debido observarlas aun sin ser alegadas.

c) Acreditar, si la infracción imputada lo es de normas o de jurisprudencia relativas a los actos o garantías procesales que produjo indefensión, que se pidió la subsanación de la falta o transgresión en la instancia, de haber existido momento procesal oportuno para ello.

d) Justificar que la o las infracciones imputadas han sido relevantes y determinantes de la decisión adoptada en la resolución que se pretende recurrir.

e) Justificar, en el caso de que ésta hubiera sido dictada por la Sala de lo Contencioso-administrativo de un Tribunal Superior de Justicia, que la norma supuestamente infringida forma parte del Derecho estatal o del de la Unión Europea.

f) Especialmente, fundamentar con singular referencia al caso, que concurren alguno o algunos de los supuestos que, con arreglo a los apartados 2 y 3 del artículo anterior, permiten apreciar el interés casacional objetivo y la conveniencia de un pronunciamiento de la Sala de lo Contencioso-administrativo del Tribunal Supremo.

3. Si el escrito de preparación no se presentara en el plazo de treinta días, la sentencia o auto quedará firme, declarándolo así el Letrado de la Administración de Justicia mediante decreto. Contra esta decisión sólo cabrá el recurso directo de revisión regulado en el artículo 102 bis de esta Ley.

4. Si, aun presentado en plazo, no cumpliera los requisitos que impone el apartado 2 de este artículo, la Sala de instancia, mediante auto motivado, tendrá por no preparado el recurso de casación, denegando el emplazamiento de las partes y la remisión de las actuaciones al Tribunal Supremo. Contra este auto únicamente podrá interponerse recurso de queja, que se sustanciará en la forma establecida por la Ley de Enjuiciamiento Civil.

5. Si se cumplieran los requisitos exigidos por el apartado 2, dicha Sala, mediante auto en el que se motivará suficientemente su concurrencia, tendrá por preparado el recurso de casación, ordenando el emplazamiento de las partes para su comparecencia dentro del plazo de quince días ante la Sala de lo Contencioso-administrativo del Tribunal Supremo, así como la remisión a ésta de los autos originales y del expediente administrativo. Y, si lo entiende oportuno, emitirá opinión sucinta y fundada sobre el interés objetivo del recurso para la formación de jurisprudencia, que unirá al oficio de remisión. [277]

6. Contra el auto en que se tenga por preparado el recurso de casación, la parte recurrida no podrá interponer recurso alguno, pero podrá oponerse a su admisión al tiempo de comparecer ante el Tribunal Supremo, si lo hiciere dentro del término del emplazamiento.

90. [278] 1. Recibidos los autos originales y el expediente administrativo, la Sección de la Sala de lo Contencioso-administrativo del Tribunal Supremo a que se refiere el apartado siguiente podrá acordar, excepcionalmente y sólo si las características del asunto lo aconsejan, oír a las partes personadas por plazo común de veinte días acerca de si el recurso presenta interés casacional objetivo para la formación de jurisprudencia. [279]

2. La admisión o inadmisión a trámite del recurso será decidida por una Sección de la Sala de lo Contencioso-administrativo del Tribunal Supremo integrada por el Presidente de la Sala y por al menos un Magistrado de cada una de sus restantes Secciones. Con excepción del Presidente de la Sala, dicha composición se renovará por mitad transcurrido un año desde la fecha de su primera constitución y en lo sucesivo cada seis meses, mediante acuerdo de la Sala de Gobierno del Tribunal Supremo que determinará sus integrantes para cada uno de los citados periodos y que se publicará en la página web del Poder Judicial.

---

[277] Dada nueva redacción apartado 5 por art. 224 apartado 4 de Real Decreto-Ley 5/2023 de 28 de junio de 2023, con vigencia desde 29/07/2023

[278] Dada nueva redacción por disposición final 3 apartado 1 de Ley Orgánica 7/2015 de 21 de julio de 2015, con vigencia desde 22/07/2016

[279] Dada nueva redacción apartado 1 por art. 224 apartado 5 de Real Decreto-Ley 5/2023 de 28 de junio de 2023, con vigencia desde 29/07/2023

3. La resolución sobre la admisión o inadmisión del recurso adoptará la siguiente forma:

a) En los supuestos del apartado 2 del artículo 88, en los que ha de apreciarse la existencia de interés casacional objetivo para la formación de jurisprudencia, la resolución adoptará la forma de providencia sucintamente motivada, si decide la inadmisión, y de auto, si acuerda la admisión a trámite. No obstante, si el órgano que dictó la resolución recurrida hubiera emitido en el trámite que prevé el artículo 89.5 opinión que, además de fundada, sea favorable a la admisión del recurso, la inadmisión se acordará por auto motivado. [280]

b) En los supuestos del apartado 3 del artículo 88, en los que se presume la existencia de interés casacional objetivo, la inadmisión se acordará por auto motivado en el que se justificará que concurren las salvedades que en aquél se establecen.

4. Los autos de admisión precisarán la cuestión o cuestiones en las que se entiende que existe interés casacional objetivo e identificarán la norma o normas jurídicas que en principio serán objeto de interpretación, sin perjuicio de que la sentencia haya de extenderse a otras si así lo exigiere el debate finalmente trabado en el recurso. Las providencias de inadmisión únicamente indicarán si en el recurso de casación concurre una de estas circunstancias:

a) ausencia de los requisitos reglados de plazo, legitimación o recurribilidad de la resolución impugnada;

b) incumplimiento de cualquiera de las exigencias que el artículo 89.2 impone para el escrito de preparación;

c) no ser relevante y determinante del fallo ninguna de las infracciones denunciadas; o

d) carencia en el recurso de interés casacional objetivo para la formación de jurisprudencia.

5. Contra las providencias y los autos de admisión o inadmisión no cabrá recurso alguno.

6. El Letrado de la Administración de Justicia de Sala comunicará inmediatamente a la Sala de instancia la decisión adoptada y, si es de inadmisión, le devolverá las actuaciones procesales y el expediente administrativo recibidos.

7. Los autos de admisión del recurso de casación se publicarán en la página web del Tribunal Supremo. Con periodicidad semestral, su

---

[280] Dada nueva redacción apartado 3 letra a por art. 224 apartado 5 de Real Decreto-Ley 5/2023 de 28 de junio de 2023, con vigencia desde 29/07/2023

Sala de lo Contencioso-administrativo hará público, en la mencionada página web y en el «Boletín Oficial del Estado», el listado de recursos de casación admitidos a trámite, con mención sucinta de la norma o normas que serán objeto de interpretación y de la programación para su resolución.

8. La inadmisión a trámite del recurso de casación comportará la imposición de las costas a la parte recurrente, pudiendo tal imposición ser limitada a una parte de ellas o hasta una cifra máxima.

91. [281] 1. La preparación del recurso de casación no impedirá la ejecución provisional de la sentencia recurrida.

Las partes favorecidas por la sentencia podrán instar su ejecución provisional. Cuando de ésta pudieran derivarse perjuicios de cualquier naturaleza, podrán acordarse las medidas que sean adecuadas para evitar o paliar dichos perjuicios. Igualmente podrá exigirse la presentación de caución o garantía para responder de aquéllos. No podrá llevarse a efecto la ejecución provisional hasta que la caución o la medida acordada esté constituida y acreditada en autos.

2. La constitución de la caución se ajustará a lo establecido en el artículo 133.2 de esta Ley.

3. El Tribunal de instancia denegará la ejecución provisional cuando pueda crear situaciones irreversibles o causar perjuicios de difícil reparación.

4. Cuando se tenga por preparado un recurso de casación, el Letrado de la Administración de Justicia dejara testimonio bastante de los autos y de la resolución recurrida a los efectos previstos en este artículo.

92. [282] 1. Admitido el recurso, el letrado de la Administración de Justicia de la Sección de Admisión de la Sala de lo Contencioso-administrativo del Tribunal Supremo dictará diligencia de ordenación en la que dispondrá remitir las actuaciones a la Sección de dicha Sala competente para su tramitación y decisión y en la que hará saber a

---

[281] Dada nueva redacción por disposición final 3 apartado 1 de Ley Orgánica 7/2015 de 21 de julio de 2015, con vigencia desde 22/07/2016

[282] Dada nueva redacción por disposición final 3 apartado 1 de Ley Orgánica 7/2015 de 21 de julio de 2015, con vigencia desde 22/07/2016

la parte recurrente que dispone de un plazo de treinta días, a contar desde la notificación de aquélla, para presentar en la Secretaría de esa Sección competente el escrito de interposición del recurso de casación. Durante este plazo, las actuaciones procesales y el expediente administrativo estarán de manifiesto en la Oficina judicial o por medios electrónicos. [283]

2. Transcurrido dicho plazo sin presentar el escrito de interposición, el Letrado de la Administración de Justicia declarará desierto el recurso, ordenando la devolución de las actuaciones recibidas a la Sala de que procedieran. Contra tal declaración sólo podrán interponerse los recursos que prevé el artículo 102 bis de esta Ley.

3. El escrito de interposición deberá, en apartados separados que se encabezarán con un epígrafe expresivo de aquello de lo que tratan:

a) Exponer razonadamente por qué han sido infringidas las normas o la jurisprudencia que como tales se identificaron en el escrito de preparación, sin poder extenderse a otra u otras no consideradas entonces, debiendo analizar, y no sólo citar, las sentencias del Tribunal Supremo que a juicio de la parte son expresivas de aquella jurisprudencia, para justificar su aplicabilidad al caso; y

b) Precisar el sentido de las pretensiones que la parte deduce y de los pronunciamientos que solicita.

4. Si el escrito de interposición no cumpliera lo exigido en el apartado anterior, la Sección de la Sala de lo Contencioso-administrativo del Tribunal Supremo competente para la resolución del recurso acordará oír a la parte recurrente sobre el incumplimiento detectado y, sin más trámites, dictará sentencia inadmitiéndolo si entendiera tras la audiencia que el incumplimiento fue cierto. En ella, impondrá a dicha parte las costas causadas, pudiendo tal imposición ser limitada a una parte de ellas o hasta una cifra máxima.

5. En otro caso, acordará dar traslado del escrito de interposición a la parte o partes recurridas y personadas para que puedan oponerse al recurso en el plazo común de treinta días. Durante este plazo estarán de manifiesto las actuaciones procesales y el expediente administrativo

---

[283] Dada nueva redacción apartado 1 por art. 102 apartado 21 de Real Decreto-Ley 6/2023 de 19 de diciembre de 2023, con vigencia desde 20/03/2024

en la Oficina judicial o por medios electrónicos. En el escrito de oposición no podrá pretenderse la inadmisión del recurso. [284]

6. Transcurrido dicho plazo, háyanse presentado o no los escritos de oposición, la Sección competente para la decisión del recurso, de oficio o a petición de cualquiera de las partes formulada por otrosí en los escritos de interposición u oposición, acordará la celebración de vista pública salvo que entendiera que la índole del asunto la hace innecesaria, en cuyo caso declarará que el recurso queda concluso y pendiente de votación y fallo. El señalamiento del día en que haya de celebrarse la vista o en que haya de tener lugar el acto de votación y fallo respetará la programación que, atendiendo prioritariamente al criterio de mayor antigüedad del recurso, se haya podido establecer.

7. Cuando la índole del asunto lo aconsejara, el Presidente de la Sala de lo Contencioso-administrativo del Tribunal Supremo, de oficio o a petición de la mayoría de los Magistrados de la Sección antes indicada, podrá acordar que los actos de vista pública o de votación y fallo tengan lugar ante el Pleno de la Sala.

8. La Sección competente, o el Pleno de la Sala en el caso previsto en el apartado anterior, dictará sentencia en el plazo de diez días desde que termine la deliberación para votación y fallo.

93. [285] 1. La sentencia fijará la interpretación de aquellas normas estatales o la que tenga por establecida o clara de las de la Unión Europea sobre las que, en el auto de admisión a trámite, se consideró necesario el pronunciamiento del Tribunal Supremo. Y, con arreglo a ella y a las restantes normas que fueran aplicables, resolverá las cuestiones y pretensiones deducidas en el proceso, anulando la sentencia o auto recurrido, en todo o en parte, o confirmándolos. Podrá asimismo, cuando justifique su necesidad, ordenar la retroacción de actuaciones a un momento determinado del procedimiento de instancia para que siga el curso ordenado por la ley hasta su culminación.

2. Si apreciara que el orden jurisdiccional contencioso-administrativo no es competente para el conocimiento de aquellas pretensiones, o que no lo era el órgano judicial de instancia, anulará la resolución

---

[284] Dada nueva redacción apartado 5 por art. 102 apartado 21 de Real Decreto-Ley 6/2023 de 19 de diciembre de 2023, con vigencia desde 20/03/2024

[285] Dada nueva redacción por disposición final 3 apartado 1 de Ley Orgánica 7/2015 de 21 de julio de 2015, con vigencia desde 22/07/2016

recurrida e indicará, en el primer caso, el concreto orden jurisdiccional que se estima competente, con los efectos que prevé el artículo 5.3 de esta Ley, o remitirá, en el segundo, las actuaciones al órgano judicial que hubiera debido conocer de ellas.

3. En la resolución de la concreta controversia jurídica que es objeto del proceso, el Tribunal Supremo podrá integrar en los hechos admitidos como probados por la Sala de instancia aquellos que, habiendo sido omitidos por ésta, estén suficientemente justificados según las actuaciones y cuya toma en consideración resulte necesaria para apreciar la infracción alegada de las normas del ordenamiento jurídico o de la jurisprudencia, incluso la desviación de poder.

4. La sentencia que se dicte en el momento procesal a que se refiere el apartado 8 del artículo anterior, resolverá sobre las costas de la instancia conforme a lo establecido en el artículo 139.1 de esta ley y dispondrá, en cuanto a las del recurso de casación, que cada parte abone las causadas a su instancia y las comunes por mitad. No obstante, podrá imponer las del recurso de casación a una sola de ellas cuando la sentencia aprecie, y así lo motive, que ha actuado con mala fe o temeridad; imposición que podrá limitar a una parte de ellas o hasta una cifra máxima.

94. [286] 1. Cuando por la Sección de admisión de la Sala de lo Contencioso-administrativo del Tribunal Supremo se constate la existencia de un gran número de recursos que susciten una cuestión jurídica sustancialmente igual, podrá acordar la admisión de uno o varios de ellos, cuando cumplan las exigencias impuestas en el artículo 89.2 y presenten interés casacional objetivo, para su tramitación y resolución preferente, suspendiendo el trámite de admisión de los demás hasta que se dicte sentencia en el primero o primeros.

2. Una vez dictada sentencia de fondo se llevará testimonio de esta a los recursos suspendidos y se notificará a los interesados afectados por la suspensión, dándoles un plazo de alegaciones de diez días a fin de que puedan interesar la continuación del trámite de su recurso de casación, o bien desistir del mismo. En caso de que interesen la continuación valorarán la incidencia que la sentencia de fondo dictada por el Tribunal Supremo tiene sobre su recurso.

---

[286] Añadido por art. 224 apartado 6 de Real Decreto-Ley 5/2023 de 28 de junio de 2023, con vigencia desde 29/07/2023

3. Efectuadas dichas alegaciones y cuando no se hubiera producido el desistimiento, si la sentencia impugnada en casación resulta coincidente, en su fallo y razón de decidir, con lo resuelto por la sentencia o sentencias del Tribunal Supremo, se inadmitirán por providencia los recursos de casación pendientes.

Por el contrario, si la sentencia impugnada en casación no resulta coincidente, en su fallo y razón de decidir, con lo resuelto por la sentencia o sentencias del Tribunal Supremo, se dictará auto de admisión y se remitirá el conocimiento del asunto a la Sección correspondiente, siempre que el escrito de preparación cumpla las exigencias impuestas en el artículo 89.2 y presente interés casacional objetivo.

4. Remitidas las actuaciones, la Sección resolverá si continua con la tramitación prevista en el artículo 92 o si dicta sentencia sin más trámite, remitiéndose a lo acordado en la sentencia de referencia y adoptando los demás pronunciamientos que considere necesarios.

95. [287] (Derogado)

SECCIÓN CUARTA
Recursos de casación para la unificación de doctrina (Derogada) [288]

96 a 99. [289] (Derogados)

---

[287] Derogado por disposición final 3 apartado 1 de Ley Orgánica 7/2015 de 21 de julio de 2015, con vigencia desde 22/07/2016

[288] Derogada por disposición final 3 apartado 2 de Ley Orgánica 7/2015 de 21 de julio de 2015, con vigencia desde 22/07/2016

[289] Derogado por disposición final 3 apartado 2 de Ley Orgánica 7/2015 de 21 de julio de 2015, con vigencia desde 22/07/2016

SECCIÓN QUINTA
Recursos de casación en interés de la Ley (Derogada) [290]

100 y 101. [291] (Derogados)

SECCIÓN SEXTA
De la revisión de sentencias [292]

102. [293] 1. Habrá lugar a la revisión de una sentencia firme:

a) Si después de pronunciada se recobraren documentos decisivos, no aportados por causa de fuerza mayor o por obra de la parte en cuyo favor se hubiere dictado.

b) Si hubiere recaído en virtud de documentos que, al tiempo de dictarse aquélla, ignoraba una de las partes haber sido reconocidos y declarados falsos o cuya falsedad se reconociese o declarase después.

c) Si habiéndose dictado en virtud de prueba testifical, los testigos hubieren sido condenados por falso testimonio dado en las declaraciones que sirvieron de fundamento a la sentencia.

d) Si se hubiere dictado sentencia en virtud de cohecho, prevaricación, violencia u otra maquinación fraudulenta.

2. Asimismo se podrá interponer recurso de revisión contra una resolución judicial firme cuando el Tribunal Europeo de Derechos Humanos haya declarado que dicha resolución ha sido dictada en violación de alguno de los derechos reconocidos en el Convenio Europeo para la Protección de los Derechos Humanos y Libertades Fundamentales y sus Protocolos, siempre que la violación, por su naturaleza y gravedad, entrañe efectos que persistan y no puedan cesar de ningún otro modo que no sea mediante esta revisión, sin que la misma pueda perjudicar los derechos adquiridos de buena fe por terceras personas.

---

[290] Derogada por disposición final 3 apartado 2 de Ley Orgánica 7/2015 de 21 de julio de 2015, con vigencia desde 22/07/2016

[291] Derogado por disposición final 3 apartado 2 de Ley Orgánica 7/2015 de 21 de julio de 2015, con vigencia desde 22/07/2016

[292] Dada nueva redacción por art. 14 apartado 43 de Ley 13/2009 de 3 de noviembre de 2009, con vigencia desde 04/05/2010

[293] Dada nueva redacción por disposición final 3 apartado 3 de Ley Orgánica 7/2015 de 21 de julio de 2015, con vigencia desde 01/10/2015

3. En lo referente a legitimación, plazos, procedimiento y efectos de las sentencias dictadas en este procedimiento de revisión, regirán las disposiciones de la Ley de Enjuiciamiento Civil. No obstante, sólo habrá lugar a la celebración de vista cuando lo pidan todas las partes o la Sala lo estime necesario. [294]

4. La revisión en materia de responsabilidad contable procederá en los casos establecidos en la Ley de Funcionamiento del Tribunal de Cuentas. [295]

SECCIÓN SÉPTIMA
Recursos contra las resoluciones del Secretario Judicial [296]

102 bis. [297] 1. Contra las diligencias de ordenación y decretos no definitivos del Secretario judicial cabrá recurso de reposición ante el Secretario que dictó la resolución recurrida, excepto en los casos en que la Ley prevea recurso directo de revisión.

El recurso de reposición se interpondrá en el plazo de cinco días a contar desde el siguiente al de la notificación de la resolución impugnada.

Si no se cumplieran los requisitos establecidos en el párrafo anterior, se inadmitirá mediante decreto directamente recurrible en revisión.

Interpuesto el recurso en tiempo y forma, el Secretario judicial dará traslado de las copias del escrito a las demás partes, por término común de tres días, a fin de que puedan impugnarlo si lo estiman conveniente. Transcurrido dicho plazo, el Secretario judicial resolverá mediante decreto dentro del tercer día.

2. Cabrá recurso de revisión ante el juez, la jueza o el tribunal contra el decreto resolutivo de la reposición y recurso directo de revisión

---

[294] Véanse arts. 10.3, 11.3 y 12.2.c) de la presente Ley, 18.1, 58.2, 61.1 y 74.3 LOPJ y 512 a 516 LEC

[295] Véanse arts. 12.2.b) de la presente Ley y 83 Ley 7/1988, de 5 abril, de Funcionamiento del Tribunal de Cuentas

[296] Añadida por art. 14 apartado 45 de Ley 13/2009 de 3 de noviembre de 2009, con vigencia desde 04/05/2010

[297] Añadido por art. 14 apartado 45 de Ley 13/2009 de 3 de noviembre de 2009, con vigencia desde 04/05/2010

contra los decretos por los que se ponga fin al procedimiento o impidan su continuación. Dichos recursos carecerán de efectos suspensivos sin que, en ningún caso, proceda actuar en sentido contrario a lo que se hubiese resuelto.

Cabrá interponer igualmente recurso directo de revisión contra los decretos en aquellos casos en que expresamente se prevea. [298]

3. El recurso de revisión deberá interponerse en el plazo de cinco días mediante escrito en el que deberá citarse la infracción en que la resolución hubiera incurrido.

Cumplidos los anteriores requisitos, el Secretario judicial, mediante diligencia de ordenación, admitirá el recurso, concediendo a las demás partes personadas un plazo común de cinco días para impugnarlo, si lo estiman conveniente.

Si no se cumplieran los requisitos de admisibilidad del recurso, el Juzgado o Tribunal lo inadmitirá mediante providencia.

Transcurrido el plazo para impugnación, háyanse presentado o no escritos, el Juzgado o Tribunal resolverá sin más trámites, mediante auto, en un plazo de cinco días.

Contra las resoluciones sobre admisión o inadmisión no cabrá recurso alguno.

4. Contra el auto dictado resolviendo el recurso de revisión únicamente cabrá recurso de apelación y de casación en los supuestos previstos en los arts. 80 y 87 de esta Ley, respectivamente.

CAPÍTULO IV
Ejecución de sentencias y demás títulos ejecutivos [299]

103. 1. La potestad de hacer ejecutar las sentencias y demás títulos ejecutivos adoptados en el proceso corresponde exclusivamente a los juzgados y tribunales de este orden jurisdiccional, y su ejercicio

---

[298] Dada nueva redacción apartado 2 por art. 102 apartado 22 de Real Decreto-Ley 6/2023 de 19 de diciembre de 2023, con vigencia desde 20/03/2024

[299] Dada nueva redacción por art. 102 apartado 23 de Real Decreto-Ley 6/2023 de 19 de diciembre de 2023 a la leyenda, con vigencia desde 20/03/2024

compete al que haya conocido del asunto en primera o única instancia [300] . [301]

2. Las partes están obligadas a cumplir las sentencias en la forma y términos que en éstas se consignen [302] .

3. Todas las personas y entidades públicas y privadas están obligadas a prestar la colaboración requerida por los Jueces y Tribunales de lo Contencioso-administrativo para la debida y completa ejecución de lo resuelto [303] .

4. Serán nulos de pleno derecho los actos y disposiciones contrarios a los pronunciamientos de las sentencias, que se dicten con la finalidad de eludir su cumplimiento.

5. El órgano jurisdiccional a quien corresponda la ejecución de la sentencia declarará, a instancia de parte, la nulidad de los actos y disposiciones a que se refiere el apartado anterior, por los trámites previstos en los apartados 2 y 3 del art. 109 , salvo que careciese de competencia para ello conforme a lo dispuesto en esta Ley [304] .

104. [305] 1. Luego que sea firme una sentencia, el letrado o letrada de la Administración de Justicia lo comunicará en el plazo de diez días al órgano previamente identificado como responsable de su cumplimiento, a fin de que, recibida la comunicación, la lleve a puro y debido efecto y practique lo que exija el cumplimiento de las declaraciones contenidas en el fallo. [306]

2. Transcurridos dos meses a partir de la comunicación de la sentencia o el plazo fijado en ésta para el cumplimiento del fallo conforme

---

[300] Véase art. 117.3 CE

[301] Dada nueva redacción apartado 1 por art. 102 apartado 24 de Real Decreto-Ley 6/2023 de 19 de diciembre de 2023, con vigencia desde 20/03/2024

[302] Véase art. 118 CE

[303] Véanse arts. 118 CE y 17 LOPJ

[304] Véase art. 7.1 de la presente Ley

[305] Dada nueva redacción por art. 3 apartado 9 de Ley 37/2011 de 10 de octubre de 2011, con vigencia desde 31/10/2011

[306] Dada nueva redacción apartado 1 por art. 102 apartado 25 de Real Decreto-Ley 6/2023 de 19 de diciembre de 2023, con vigencia desde 20/03/2024

al art. 71.1.c), cualquiera de las partes y personas afectadas podrá instar su ejecución forzosa [307].

3. Atendiendo a la naturaleza de lo reclamado y a la efectividad de la sentencia, ésta podrá fijar un plazo inferior para el cumplimiento, cuando lo dispuesto en el apartado anterior lo haga ineficaz o cause grave perjuicio.

105. 1. No podrá suspenderse el cumplimiento ni declararse la inejecución total o parcial del fallo.

2. Si concurriesen causas de imposibilidad material o legal de ejecutar una sentencia, el órgano obligado a su cumplimiento lo manifestará a la autoridad judicial a través del representante procesal de la Administración, dentro del plazo previsto en el apartado segundo del artículo anterior, a fin de que, con audiencia de las partes y de quienes considere interesados, el Juez o Tribunal aprecie la concurrencia o no de dichas causas y adopte las medidas necesarias que aseguren la mayor efectividad de la ejecutoria, fijando en su caso la indemnización que proceda por la parte en que no pueda ser objeto de cumplimiento pleno [308].

3. Son causas de utilidad pública o de interés social para expropiar los derechos o intereses legítimos reconocidos frente a la Administración en una sentencia firme el peligro cierto de alteración grave del libre ejercicio de los derechos y libertades de los ciudadanos, el temor fundado de guerra o el quebranto de la integridad del territorio nacional. La declaración de la concurrencia de alguna de las causas citadas se hará por el Gobierno de la Nación; podrá también efectuarse por el Consejo de Gobierno de la Comunidad Autónoma cuando se trate de peligro cierto de alteración grave del libre ejercicio de los derechos y libertades de los ciudadanos y el acto, actividad o disposición impugnados proviniera de los órganos de la Administración de dicha Comunidad o de las Entidades locales de su territorio, así como de las Entidades de Derecho público y Corporaciones dependientes de una y otras.

La declaración de concurrencia de alguna de las causas mencionadas en el párrafo anterior habrá de efectuarse dentro de los dos meses

---

[307] Véase art. 106.3 de la presente Ley
[308] Véase art. 18.2 LOPJ

siguientes a la comunicación de la sentencia. El Juez o Tribunal a quien competa la ejecución señalará, por el trámite de los incidentes, la correspondiente indemnización y, si la causa alegada fuera la de peligro cierto de alteración grave del libre ejercicio de los derechos y libertades de los ciudadanos, apreciará, además, la concurrencia de dicho motivo [309].

106. 1. Cuando la Administración fuere condenada al pago de cantidad líquida, el órgano encargado de su cumplimiento acordará el pago con cargo al crédito correspondiente de su presupuesto que tendrá siempre la consideración de ampliable. Si para el pago fuese necesario realizar una modificación presupuestaria, deberá concluirse el procedimiento correspondiente dentro de los tres meses siguientes al día de notificación de la resolución judicial [310].

2. A la cantidad a que se refiere el apartado anterior se añadirá el interés legal del dinero, calculado desde la fecha de notificación de la sentencia dictada en única o primera instancia [311].

3. No obstante lo dispuesto en el art. 104.2, transcurridos tres meses desde que la sentencia firme sea comunicada al órgano que deba cumplirla, se podrá instar la ejecución forzosa. En este supuesto, la autoridad judicial, oído el órgano encargado de hacerla efectiva, podrá incrementar en dos puntos el interés legal a devengar, siempre que apreciase falta de diligencia en el cumplimiento.

4. Si la Administración condenada al pago de cantidad estimase que el cumplimiento de la sentencia habría de producir trastorno grave a su Hacienda, lo pondrá en conocimiento del Juez o Tribunal acompañado de una propuesta razonada para que, oídas las partes, se resuelva sobre el modo de ejecutar la sentencia en la forma que sea menos gravosa para aquélla.

5. Lo dispuesto en los apartados anteriores será de aplicación asimismo a los supuestos en que se lleve a efecto la ejecución provisional de las sentencias conforme a esta Ley [312].

---

[309] Véanse arts. 387 a 393 LEC
[310] Véanse arts. 21, 23, 54, 62 y 63 LGP y 4.1.b) LBRL
[311] Véanse arts. 17 y 24 LGP
[312] Véanse arts. 84 y 91 de la presente Ley

6. Cualquiera de las partes podrá solicitar que la cantidad a satisfacer se compense con créditos que la Administración ostente contra el recurrente [313].

107. [314] 1. Si la sentencia firme anulase total o parcialmente el acto impugnado, el Secretario judicial dispondrá, a instancia de parte, la inscripción del fallo en los registros públicos a que hubiere tenido acceso el acto anulado, así como su publicación en los periódicos oficiales o privados, si concurriere causa bastante para ello, a costa de la parte ejecutada. Cuando la publicación sea en periódicos privados, se deberá acreditar ante el órgano jurisdiccional un interés público que lo justifique [315].

2. Si la sentencia anulara total o parcialmente una disposición general o un acto administrativo que afecte a una pluralidad indeterminada de personas, el Secretario del órgano judicial ordenará su publicación en diario oficial en el plazo de diez días a contar desde la firmeza de la sentencia.

108. 1. Si la sentencia condenare a la Administración a realizar una determinada actividad o a dictar un acto, el Juez o Tribunal podrá, en caso de incumplimiento [316]:

a) Ejecutar la sentencia a través de sus propios medios o requiriendo la colaboración de las autoridades y agentes de la Administración condenada o, en su defecto, de otras Administraciones públicas, con observancia de los procedimientos establecidos al efecto.

b) Adoptar las medidas necesarias para que el fallo adquiera la eficacia que, en su caso, sería inherente al acto omitido, entre las que se incluye la ejecución subsidiaria con cargo a la Administración condenada.

2. Si la Administración realizare alguna actividad que contraviniera los pronunciamientos del fallo, el Juez o Tribunal, a instancia de los interesados, procederá a reponer la situación al estado exigido por el

---

[313] Véanse arts. 1195 y 1196 CC

[314] Dada nueva redacción por art. 14 apartado 47 de Ley 13/2009 de 3 de noviembre de 2009, con vigencia desde 04/05/2010

[315] Véase art. 71.1.a) de la presente Ley

[316] Véase art. 71.1.c) de la presente Ley

fallo y determinará los daños y perjuicios que ocasionare el incumplimiento.

3. El Juez o Tribunal, en los casos en que, además de declarar contraria a la normativa la construcción de un inmueble, ordene motivadamente la demolición del mismo y la reposición a su estado originario de la realidad física alterada, exigirá, como condición previa a la demolición, y salvo que una situación de peligro inminente lo impidiera, la prestación de garantías suficientes para responder del pago de las indemnizaciones debidas a terceros de buena fe. [317]

109. 1. La Administración pública, las demás partes procesales y las personas afectadas por el fallo, mientras no conste en autos la total ejecución de la sentencia, podrán promover incidente para decidir, sin contrariar el contenido del fallo, cuantas cuestiones se planteen en la ejecución y especialmente las siguientes:

a) Organo administrativo que ha de responsabilizarse de realizar las actuaciones.

b) Plazo máximo para su cumplimiento, en atención a las circunstancias que concurran.

c) Medios con que ha de llevarse a efecto y procedimiento a seguir.

2. Del escrito planteando la cuestión incidental el Secretario judicial dará traslado a las partes para que, en plazo común que no excederá de veinte días, aleguen lo que estimen procedente. [318]

3. Evacuado el traslado o transcurrido el plazo a que se refiere el apartado anterior, el Juez o Tribunal dictará auto, en el plazo de diez días, decidiendo la cuestión planteada.

110. [319] 1. En materia tributaria, de personal al servicio de la Administración pública y de unidad de mercado, los efectos de una sentencia firme que hubiera reconocido una situación jurídica individualizada a favor de una o varias personas podrán extenderse a otras,

---

[317] Añadido apartado 3 por disposición final 3 apartado 4 de Ley Orgánica 7/2015 de 21 de julio de 2015, con vigencia desde 01/10/2015

[318] Dada nueva redacción apartado 2 por art. 14 apartado 48 de Ley 13/2009 de 3 de noviembre de 2009, con vigencia desde 04/05/2010

[319] Dada nueva redacción por disposición adicional 14 apartado 8 de Ley Orgánica 19/2003 de 23 de diciembre de 2003, con vigencia desde 15/01/2004

en ejecución de la sentencia, cuando concurran las siguientes circunstancias:

a) Que los interesados se encuentren en idéntica situación jurídica que los favorecidos por el fallo.

b) Que el juez o tribunal sentenciador fuera también competente, por razón del territorio, para conocer de sus pretensiones de reconocimiento de dicha situación individualizada.

c) Que soliciten la extensión de los efectos de la sentencia en el plazo de un año desde la última notificación de ésta a quienes fueron parte en el proceso. Si se hubiere interpuesto recurso en interés de ley o de revisión, este plazo se contará desde la última notificación de la resolución que ponga fin a éste. [320]

2. La solicitud deberá dirigirse directamente al órgano jurisdiccional competente que hubiera dictado la resolución de la que se pretende que se extiendan los efectos.

3. La petición al órgano jurisdiccional se formulará en escrito razonado al que deberá acompañarse el documento o documentos que acrediten la identidad de situaciones o la no concurrencia de alguna de las circunstancias del apartado 5 de este artículo.

4. Antes de resolver, en los veinte días siguientes, el Secretario judicial recabará de la Administración los antecedentes que estime oportunos y, en todo caso, un informe detallado sobre la viabilidad de la extensión solicitada, poniendo de manifiesto el resultado de esas actuaciones a las partes para que aleguen por plazo común de cinco días, con emplazamiento en su caso de los interesados directamente afectados por los efectos de la extensión. Una vez evacuado el trámite, el Juez o Tribunal resolverá sin más por medio de auto, en el que no podrá reconocerse una situación jurídica distinta a la definida en la sentencia firme de que se trate. [321]

5. El incidente se desestimará, en todo caso, cuando concurra alguna de las siguientes circunstancias:

a) Si existiera cosa juzgada.

b) Cuando la doctrina determinante del fallo cuya extensión se postule fuere contraria a la jurisprudencia del Tribunal Supremo o a la

---

[320] Dada nueva redacción apartado 1 por disposición final 1 apartado 2 de Ley 20/2013 de 9 de diciembre de 2013, con vigencia desde 11/12/2013

[321] Dada nueva redacción apartado 4 por art. 14 apartado 49 de Ley 13/2009 de 3 de noviembre de 2009, con vigencia desde 04/05/2010

doctrina sentada por los Tribunales Superiores de Justicia en el recurso a que se refiere el art. 99 .

c) Si para el interesado se hubiere dictado resolución que, habiendo causado estado en vía administrativa, fuere consentida y firme por no haber promovido recurso contencioso-administrativo.

6. Si se encuentra pendiente un recurso de revisión o un recurso de casación en interés de la ley, quedará en suspenso la decisión del incidente hasta que se resuelva el citado recurso.

7. El régimen de recurso del auto dictado se ajustará a las reglas generales previstas en el art. 80 .

111. [322] Cuando se hubiere acordado suspender la tramitación de uno o más recursos con arreglo a lo previsto en el art. 37.2, una vez declarada la firmeza de la sentencia dictada en el pleito que se hubiere tramitado con carácter preferente, el Secretario judicial requerirá a los recurrentes afectados por la suspensión para que en el plazo de cinco días interesen la extensión de los efectos de la sentencia o la continuación del pleito suspendido, o bien manifiesten si desisten del recurso [323] .

Si se solicitase la extensión de los efectos de aquella sentencia, el Juez o Tribunal la acordará, salvo que concurra la circunstancia prevista en el art. 110.5.b) o alguna de las causas de inadmisibilidad del recurso contempladas en el art. 69 de esta Ley.

112. [324] Transcurridos los plazos señalados para el total cumplimiento del fallo, el juez o tribunal adoptará, previa audiencia de las partes, las medidas necesarias para lograr la efectividad de lo mandado.

---

[322] Dada nueva redacción por art. 14 apartado 50 de Ley 13/2009 de 3 de noviembre de 2009, con vigencia desde 04/05/2010

[323] Véase art. 72.3 de la presente Ley

[324] Dada nueva redacción por art. 86 apartado 2 de Ley 62/2003 de 30 de diciembre de 2003, con vigencia desde 01/01/2004

Singularmente, acreditada su responsabilidad, previo apercibimiento del Secretario judicial notificado personalmente para formulación de alegaciones, el Juez o la Sala podrán: [325]

a) Imponer multas coercitivas de ciento cincuenta a mil quinientos euros a las autoridades, funcionarios o agentes que incumplan los requerimientos del Juzgado o de la Sala, así como reiterar estas multas hasta la completa ejecución del fallo judicial, sin perjuicio de otras responsabilidades patrimoniales a que hubiere lugar. A la imposición de estas multas les será aplicable lo previsto en el art. 48. [326]

b) Deducir el oportuno testimonio de particulares para exigir la responsabilidad penal que pudiera corresponder. [327]

113. 1. Transcurrido el plazo de ejecución que se hubiere fijado en el acuerdo a que se refiere el art. 77.3, cualquiera de las partes podrá instar su ejecución forzosa.

2. Si no se hubiere fijado plazo para el cumplimiento de las obligaciones derivadas del acuerdo, la parte perjudicada podrá requerir a la otra su cumplimiento y transcurridos dos meses podrá proceder a instar su ejecución forzosa.

---

[325] Dada nueva redacción párrafo 2 por art. 14 apartado 51 de Ley 13/2009 de 3 de noviembre de 2009, con vigencia desde 04/05/2010

[326] Dada nueva redacción letra a por art. 14 apartado 51 de Ley 13/2009 de 3 de noviembre de 2009 , con vigencia desde 04/05/2010

[327] Dada nueva redacción letra b por art. 14 apartado 51 de Ley 13/2009 de 3 de noviembre de 2009, con vigencia desde 04/05/2010

TÍTULO V
Procedimientos especiales

CAPÍTULO PRIMERO
Procedimiento para la protección de los derechos fundamentales de la persona

114. 1. El procedimiento de amparo judicial de las libertades y derechos, previsto en el art. 53.2 de la Constitución española, se regirá, en el orden contencioso-administrativo, por lo dispuesto en este capítulo y, en lo no previsto en él, por las normas generales de la presente Ley [328].

2. Podrán hacerse valer en este proceso las pretensiones a que se refieren los arts. 31 y 32, siempre que tengan como finalidad la de restablecer o preservar los derechos o libertades por razón de los cuales el recurso hubiere sido formulado.

3. A todos los efectos, la tramitación de estos recursos tendrá carácter preferente [329].

115. 1. El plazo para interponer este recurso será de diez días, que se computarán, según los casos, desde el día siguiente al de notificación del acto, publicación de la disposición impugnada, requerimiento para el cese de la vía de hecho, o transcurso del plazo fijado para la resolución, sin más trámites. Cuando la lesión del derecho fundamental tuviera su origen en la inactividad administrativa, o se hubiera interpuesto potestativamente un recurso administrativo, o, tratándose de una actuación en vía de hecho, no se hubiera formulado requerimiento, el plazo de diez días se iniciará transcurridos veinte días desde la reclamación, la presentación del recurso o el inicio de la actuación administrativa en vía de hecho, respectivamente [330].

---

[328] Véase disposición transitoria 5 de la presente Ley
[329] Véanse arts. 63.1 y 126.4 de la presente Ley
[330] Véase art. 46.4 de la presente Ley

2. En el escrito de interposición se expresará con precisión y claridad el derecho o derechos cuya tutela se pretende y, de manera concisa, los argumentos sustanciales que den fundamento al recurso [331].

116. 1. En el mismo día de la presentación del recurso o en el siguiente, el letrado o letrada de la Administración de Justicia requerirá con carácter urgente al órgano administrativo correspondiente, acompañando copia del escrito de interposición, para que en el plazo máximo de cinco días a contar desde la recepción del requerimiento remita el expediente administrativo en soporte electrónico, acompañado de los informes y datos que estime procedentes, que también se enviarán en soporte electrónico, y con apercibimiento de cuanto se establece en el artículo 48. [332]

2. Al remitir el expediente, el órgano administrativo lo comunicará a todos los que aparezcan como interesados en el mismo, acompañando copia del escrito de interposición y emplazándoles para que puedan comparecer como demandados ante el Juzgado o Sala en el plazo de cinco días [333].

3. La Administración, con el envío del expediente, y los demás demandados, al comparecer, podrán solicitar razonadamente la inadmisión del recurso y la celebración de la comparecencia a que se refiere el art. 117.2.

4. La falta de envío del expediente administrativo dentro del plazo previsto en el apartado anterior no suspenderá el curso de los autos.

5. Cuando el expediente administrativo se recibiese en el juzgado o Sala una vez transcurrido el plazo establecido en el apartado 1, el letrado o letrada de la Administración de Justicia lo entregará a las partes por plazo de cuarenta y ocho horas, en el que podrán hacer alegaciones, y sin alteración del curso del procedimiento [334] . [335]

---

[331] Véase art. 45 de la presente Ley

[332] Dada nueva redacción apartado 1 por art. 102 apartado 26 de Real Decreto-Ley 6/2023 de 19 de diciembre de 2023, con vigencia desde 20/03/2024

[333] Véase art. 49 de la presente Ley

[334] Véase art. 53.2 de la presente Ley

[335] Dada nueva redacción apartado 5 por art. 102 apartado 26 de Real Decreto-Ley 6/2023 de 19 de diciembre de 2023, con vigencia desde 20/03/2024

117. 1. Recibido el expediente o transcurrido el plazo para su remisión y, en su caso, el del emplazamiento a los demás interesados, el Secretario judicial, dentro del siguiente día, dictará decreto mandando seguir las actuaciones. Si estima que no procede la admisión, dará cuenta al Tribunal quien, en su caso, comunicará a las partes el motivo en que pudiera fundarse la inadmisión del procedimiento. [336]

2. En el supuesto de posibles motivos de inadmisión del procedimiento, el Secretario judicial convocará a las partes y al Ministerio Fiscal a una comparecencia, que habrá de tener lugar antes de transcurrir cinco días, en la que se les oirá sobre la procedencia de dar al recurso la tramitación prevista en este capítulo. [337]

3. En el siguiente día, el órgano jurisdiccional dictará auto mandando proseguir las actuaciones por este trámite o acordando su inadmisión por inadecuación del procedimiento.

118. [338] Acordada la prosecución del procedimiento especial de este capítulo, el Secretario judicial pondrá de manifiesto al recurrente el expediente y demás actuaciones para que en el plazo improrrogable de ocho días pueda formalizar la demanda y acompañar los documentos [339].

119. [340] Formalizada la demanda, el letrado o letrada de la Administración de Justicia dará traslado de la misma, con entrega del expediente administrativo, al Ministerio Fiscal y a las partes demandadas para que presenten sus alegaciones en el plazo común e improrrogable de ocho días y acompañen los documentos que estimen oportunos [341].

---

[336] Dada nueva redacción apartado 1 por art. 14 apartado 53 de Ley 13/2009 de 3 de noviembre de 2009, con vigencia desde 04/05/2010

[337] Dada nueva redacción apartado 2 por art. 14 apartado 53 de Ley 13/2009 de 3 de noviembre de 2009, con vigencia desde 04/05/2010

[338] Dada nueva redacción por art. 14 apartado 54 de Ley 13/2009 de 3 de noviembre de 2009, con vigencia desde 04/05/2010

[339] Véanse arts. 52 y 56 de la presente Ley

[340] Dada nueva redacción por art. 102 apartado 27 de Real Decreto-Ley 6/2023 de 19 de diciembre de 2023, con vigencia desde 20/03/2024

[341] Véanse arts. 54 y 56 de la presente Ley

120. Evacuado el trámite de alegaciones o transcurrido el plazo para efectuarlas, el órgano jurisdiccional decidirá en el siguiente día sobre el recibimiento a prueba, con arreglo a las normas generales establecidas en la presente Ley, y sin perjuicio de lo dispuesto en el art. 57 . El período probatorio no será en ningún caso superior a veinte días comunes para su proposición y práctica [342] .

121. 1. Conclusas las actuaciones, el órgano jurisdiccional dictará sentencia en el plazo de cinco días [343] .
2. La sentencia estimará el recurso cuando la disposición, la actuación o el acto incurran en cualquier infracción del ordenamiento jurídico, incluso la desviación de poder, y como consecuencia de la misma vulneren un derecho de los susceptibles de amparo [344] .
3. Contra las sentencias de los Juzgados de lo Contencioso-administrativo procederá siempre la apelación en un solo efecto [345] .

122. 1. En el caso de prohibición o de propuesta de modificación de reuniones previstas en la Ley Orgánica Reguladora del Derecho de Reunión que no sean aceptadas por los promotores, éstos podrán interponer recurso contencioso-administrativo ante el Tribunal competente. El recurso se interpondrá dentro de las cuarenta y ocho horas siguientes a la notificación de la prohibición o modificación, trasladándose por los promotores copia debidamente registrada del escrito del recurso a la autoridad gubernativa, con el objeto de que ésta remita inmediatamente el expediente [346] .
2. El letrado o letrada de la Administración de Justicia, en el plazo improrrogable de cuatro días, y haciendo entrega del expediente si se hubiera recibido, convocará al representante legal de la Administración, al Ministerio Fiscal y a los recurrentes o a la persona que éstos designen como representante a una audiencia en la que el tribunal,

---

[342] Véanse arts. 60 y 61 de la presente Ley
[343] Véase art. 67 de la presente Ley
[344] Véanse arts. 70.2 y 139.1 de la presente Ley
[345] Véase art. 81.2.b) de la presente Ley
[346] Véase art. 11 LO 9/1983, de 15 julio, reguladora del Derecho de Reunión

de manera contradictoria, oirá a todos los personados y resolverá sin ulterior recurso.

En cuanto se refiere a la grabación de la audiencia y a su documentación, serán aplicables las disposiciones contenidas en el artículo 63. [347]

3. La decisión que se adopte únicamente podrá mantener o revocar la prohibición o las modificaciones propuestas [348].

122 bis. [349] 1. El procedimiento para obtener la autorización judicial a que se refiere el art. 8.2 de la Ley 34/2002, de 11 de julio, de Servicios de la Sociedad de la Información y del Comercio Electrónico, se iniciará con la solicitud de los órganos competentes en la que se expondrán las razones que justifican la petición acompañada de los documentos que sean procedentes a estos efectos. El Juzgado, en el plazo de 24 horas siguientes a la petición y, previa audiencia del Ministerio Fiscal, dictará resolución autorizando la solicitud efectuada siempre que no resulte afectado el art. 18 apartados 1 y 3 de la Constitución.

2. La ejecución de las medidas para que se interrumpa la prestación de servicios de la sociedad de la información o para que se retiren contenidos que vulneren la propiedad intelectual, adoptadas por la Sección Segunda de la Comisión de Propiedad Intelectual en aplicación de la Ley 34/2002, de 11 de julio, de Servicios de la Sociedad de la información y de Comercio Electrónico, requerirá de autorización judicial previa de conformidad con lo establecido en los párrafos siguientes.

Acordada la medida por la Comisión, solicitará del Juzgado competente la autorización para su ejecución, referida a la posible afectación a los derechos y libertades garantizados en el artículo 20 de la Constitución. La solicitud habrá de ir acompañada del expediente administrativo.

En el plazo improrrogable de dos días siguientes a la recepción de la notificación de la resolución de la Comisión y poniendo de manifiesto

---

[347] Dada nueva redacción apartado 2 por art. 102 apartado 28 de Real Decreto-Ley 6/2023 de 19 de diciembre de 2023, con vigencia desde 20/03/2024

[348] Véase art. 86.2.c) de la presente Ley

[349] Añadido por disposición final 43 apartado 7 de Ley 2/2011 de 4 de marzo de 2011, con vigencia desde 06/03/2011

el expediente, el Juzgado dará traslado de la resolución de la Comisión al representante legal de la Administración, al del Ministerio Fiscal y a los titulares de los derechos y libertades afectados o a la persona que éstos designen como representante para que puedan efectuar alegaciones escritas por plazo común de cinco días.

Si de las alegaciones escritas efectuadas resultaran nuevos hechos de trascendencia para la resolución, el Juez, atendida la índole del asunto, podrá acordar la celebración de vista oral o, en caso contrario, si de las alegaciones escritas efectuadas no resultaran nuevos hechos de trascendencia para la resolución, el Juez resolverá en el plazo improrrogable de dos días mediante auto. La decisión que se adopte únicamente podrá autorizar o denegar la ejecución de la medida. [350]

122 ter. *Procedimiento de autorización judicial de conformidad de una decisión de la Comisión Europea en materia de transferencia internacional de datos.* [351] 1. El procedimiento para obtener la autorización judicial a que se refiere la disposición adicional quinta de la Ley Orgánica de Protección de Datos Personales y Garantía de los Derechos Digitales, se iniciará con la solicitud de la autoridad de protección de datos dirigida al Tribunal competente para que se pronuncie acerca de la conformidad de una decisión de la Comisión Europea en materia de transferencia internacional de datos con el Derecho de la Unión Europea. La solicitud irá acompañada de copia del expediente que se encontrase pendiente de resolución ante la autoridad de protección de datos.

2. Serán partes en el procedimiento, además de la autoridad de protección de datos, quienes lo fueran en el procedimiento tramitado ante ella y, en todo caso, la Comisión Europea.

3. El acuerdo de admisión o inadmisión a trámite del procedimiento confirmará, modificará o levantará la suspensión del procedimiento por posible vulneración de la normativa de protección de datos tramitado ante la autoridad de protección de datos, del que trae causa este procedimiento de autorización judicial.

---

[350] Dada nueva redacción apartado 2 por disposición final 10 de Real Decreto-Ley 17/2020 de 5 de mayo de 2020, tras modificación introducida por el art. 11.9 Ley 14/2021 de 11 octubre, con vigencia desde 13/10/2021

[351] Añadido por disposición final 6 apartado 4 de Ley Orgánica 3/2018 de 5 de diciembre de 2018, con vigencia desde 07/12/2018

4. Admitida a trámite la solicitud, el Tribunal competente lo notificará a la autoridad de protección de datos a fin de que dé traslado a quienes interviniesen en el procedimiento tramitado ante la misma para que se personen en el plazo de tres días. Igualmente, se dará traslado a la Comisión Europea a los mismos efectos.

5. Concluido el plazo mencionado en la letra anterior, se dará traslado de la solicitud de autorización a las partes personadas a fin de que en el plazo de diez días aleguen lo que estimen procedente, pudiendo solicitar en ese momento la práctica de las pruebas que estimen necesarias.

6. Transcurrido el período de prueba, si alguna de las partes lo hubiese solicitado y el órgano jurisdiccional lo estimase pertinente, se celebrará una vista. El Tribunal podrá decidir el alcance de las cuestiones sobre las que las partes deberán centrar sus alegaciones en dicha vista.

7. Finalizados los trámites mencionados en los tres apartados anteriores, el Tribunal competente adoptará en el plazo de diez días una de estas decisiones:

a) Si considerase que la decisión de la Comisión Europea es conforme al Derecho de la Unión Europea, dictará sentencia declarándolo así y denegando la autorización solicitada.

b) En caso de considerar que la decisión es contraria al Derecho de la Unión Europea, dictará auto de planteamiento de cuestión prejudicial de validez de la citada decisión ante el Tribunal de Justicia de la Unión Europea, en los términos del artículo 267 del Tratado de Funcionamiento de la Unión Europea.

La autorización solamente podrá ser concedida si la decisión de la Comisión Europea cuestionada fuera declarada inválida por el Tribunal de Justicia de la Unión Europea.

8. El régimen de recursos será el previsto en esta ley.

122 quater. *Autorización o ratificación judicial de las medidas que las autoridades sanitarias consideren urgentes y necesarias para la salud pública e impliquen limitación o restricción de derechos fundamentales.* [352] En la tramitación de las autorizaciones o ratifica-

---

[352] Dada nueva redacción por art. 15 apartado 4 de Real Decreto-Ley 8/2021 de 4 de mayo de 2021, con vigencia desde 09/05/2021

ciones a que se refieren los artículos 8.6, segundo párrafo, *10.8 y 11.1.i)* de la presente ley será parte el Ministerio fiscal [353]. Esta tramitación tendrá siempre carácter preferente y deberá resolverse por auto en un plazo máximo de tres días naturales.

CAPÍTULO II
Cuestión de ilegalidad

123. 1. El Juez o Tribunal planteará, mediante auto, la cuestión de ilegalidad prevista en el art. 27.1 dentro de los cinco días siguientes a que conste en las actuaciones la firmeza de la sentencia. La cuestión habrá de ceñirse exclusivamente a aquel o aquellos preceptos reglamentarios cuya declaración de ilegalidad haya servido de base para la estimación de la demanda. Contra el auto de planteamiento no se dará recurso alguno [354].

2. En este auto se acordará emplazar a las partes para que, en el plazo de quince días, puedan comparecer y formular alegaciones ante el Tribunal competente para fallar la cuestión. Transcurrido este plazo, no se admitirá la personación.

124. [355] 1. Planteada la cuestión, el Secretario judicial remitirá urgentemente, junto con la certificación del auto de planteamiento, copia testimoniada de los autos principales y del expediente administrativo.

2. Acordará igualmente la publicación del auto de planteamiento de la cuestión en el mismo periódico oficial en que lo hubiera sido la disposición cuestionada [356].

---

[353] Téngase en cuenta que el inciso «10.8 y 11.1 i)», en la redacción dada por la Ley 3/2020 de 18 septiembre, fue anulado, desde el 4 de julio 2022, por STC (Pleno) 70/2022, de 2 de junio de 2022

[354] Véanse art. 27 y disposición transitoria 6 de la presente Ley

[355] Dada nueva redacción por art. 14 apartado 57 de Ley 13/2009 de 3 de noviembre de 2009, con vigencia desde 04/05/2010

[356] Véase art. 47.1 de la presente Ley

125. 1. Con el escrito de personación y alegaciones podrá acompañarse la documentación que se estime oportuna para enjuiciar la legalidad de la disposición cuestionada.

2. Terminado el plazo de personación y alegaciones, el Secretario judicial declarará concluso el procedimiento. La sentencia se dictará en los diez días siguientes a dicha declaración. No obstante, podrá el Tribunal rechazar, en trámite de admisión, mediante auto y sin necesidad de audiencia de las partes, la cuestión de ilegalidad cuando faltaren las condiciones procesales [357] . [358]

3. El plazo para dictar sentencia quedará interrumpido si, para mejor proveer, el Tribunal acordara reclamar el expediente de elaboración de la disposición cuestionada o practicar alguna prueba de oficio. En estos casos el Secretario judicial acordará oír a las partes por plazo común de cinco días sobre el expediente o el resultado de la prueba [359] . [360]

126. 1. La sentencia estimará o desestimará parcial o totalmente la cuestión, salvo que faltare algún requisito procesal insubsanable, caso en que la declarará inadmisible [361] .

2. Se aplicará a la cuestión de ilegalidad lo dispuesto para el recurso directo contra disposiciones generales en los arts. 33.3, 66, 70, 71.1.a), 71.2, 72.2 y 73. Se publicarán también las sentencias firmes que desestimen la cuestión.

3. Firme la sentencia que resuelva la cuestión de ilegalidad, por el Secretario judicial se comunicará al Juez o Tribunal que la planteó. [362]

---

[357] Véase art. 67 de la presente Ley

[358] Dada nueva redacción apartado 2 por art. 14 apartado 58 de Ley 13/2009 de 3 de noviembre de 2009, con vigencia desde 04/05/2010

[359] Véase art. 61 de la presente Ley

[360] Dada nueva redacción apartado 3 por art. 14 apartado 58 de Ley 13/2009 de 3 de noviembre de 2009, con vigencia desde 04/05/2010

[361] Véanse arts. 68, 69 y 70 de la presente Ley

[362] Dada nueva redacción apartado 3 por art. 14 apartado 59 de Ley 13/2009 de 3 de noviembre de 2009, con vigencia desde 04/05/2010

4. Cuando la cuestión de ilegalidad sea de especial trascendencia para el desarrollo de otros procedimientos, será objeto de tramitación y resolución preferente [363].

5. La sentencia que resuelva la cuestión de ilegalidad no afectará a la situación jurídica concreta derivada de la sentencia dictada por el Juez o Tribunal que planteó aquélla.

CAPÍTULO III
Procedimiento en los casos de suspensión administrativa previa de acuerdos

127. 1. En los casos en que, conforme a las Leyes, la suspensión administrativa de actos o acuerdos de Corporaciones o Entidades públicas deba ir seguida de la impugnación o traslado de aquéllos ante la Jurisdicción Contencioso-administrativa, se procederá conforme a lo dispuesto en este precepto [364].

2. En el plazo de los diez días siguientes a la fecha en que se hubiera dictado el acto de suspensión o en el que la Ley establezca, deberá interponerse el recurso contencioso-administrativo mediante escrito fundado, o darse traslado directo del acuerdo suspendido al órgano jurisdiccional, según proceda, acompañando en todo caso copia del citado acto de suspensión [365].

3. Interpuesto el recurso o trasladado el acuerdo suspendido, el letrado o letrada de la Administración de Justicia requerirá a la corporación o entidad que lo hubiera dictado para que en el plazo de diez días remita el expediente administrativo en soporte electrónico, alegue lo que estime conveniente en defensa de aquél y notifique a cuantos tuvieran interés legítimo en su mantenimiento o anulación la

---

[363] Véanse arts. 63.1 y114.3 de la presente Ley
[364] Véanse arts. 67 LBRL y 30.2 TRLA
[365] Véase art. 45 de la presente Ley

existencia del procedimiento, a efectos de su comparecencia ante el órgano jurisdiccional en el plazo de diez días [366] . [367]

4. Recibido el expediente administrativo, el letrado o letrada de la Administración de Justicia lo entregará junto con las actuaciones a los comparecidos en el procedimiento, convocándolos para la celebración de la vista, que se celebrará como mínimo a los diez días de la entrega del expediente [368] . [369]

5. El órgano jurisdiccional podrá, motivadamente, sustituir el trámite de vista por el de alegaciones escritas, que se presentarán en el plazo común de los diez días siguientes a la notificación del auto en que así se acuerde. Podrá también abrir un período de prueba, para mejor proveer, por plazo no superior a quince días [370] .

6. Celebrada la vista o deducidas las alegaciones a que se refieren los apartados anteriores, se dictará sentencia por la que se anule o confirme el acto o acuerdo objeto del recurso, disponiendo lo que proceda en cuanto a la suspensión [371] .

CAPÍTULO IV
Procedimiento para la garantía de la unidad de mercado [372]

127 bis. [373] 1. Cuando la Comisión Nacional de los Mercados y la Competencia considere que una disposición, acto, actuación, inactividad o vía de hecho procedente de cualquier Administración pública sea contraria a la libertad de establecimiento o de circulación en los

---

[366] Véase art. 48 de la presente Ley

[367] Dada nueva redacción apartado 3 por art. 102 apartado 29 de Real Decreto-Ley 6/2023 de 19 de diciembre de 2023, con vigencia desde 20/03/2024

[368] Véase art.63 de la presente Ley

[369] Dada nueva redacción apartado 4 por art. 102 apartado 29 de Real Decreto-Ley 6/2023 de 19 de diciembre de 2023, con vigencia desde 20/03/2024

[370] Véase art. 61 de la presente Ley

[371] Véase art. 67 de la presente Ley

[372] Añadido por disposición final 1 apartado 3 de Ley 20/2013 de 9 de diciembre de 2013, con vigencia desde 11/12/2013

[373] Añadido por disposición final 1 apartado 3 de Ley 20/2013 de 9 de diciembre de 2013, con vigencia desde 11/12/2013

términos previstos en la Ley 20/2013, de 9 de diciembre, de garantía de la unidad de mercado, podrá presentar el recurso contencioso-administrativo regulado en este Capítulo.

2. El plazo para interponer el recurso contencioso-administrativo para la garantía de la unidad de mercado será de dos meses conforme a lo previsto en los apartados 1 a 3 del art. 46. Cuando el recurso se interponga a solicitud de un operador económico el plazo de dos meses se computará desde la presentación de la solicitud ante la Comisión Nacional de los Mercados y la Competencia.

127 ter. [374] 1. En el mismo día de la interposición del recurso por la Comisión Nacional de los Mercados y la Competencia en garantía de la unidad de mercado o en el siguiente, el Secretario judicial requerirá con carácter urgente al órgano administrativo correspondiente, acompañando copia del escrito de interposición, para que en el plazo máximo de cinco días a contar desde la recepción del requerimiento remita el expediente acompañado de los informes y datos que se soliciten en el recurso, con apercibimiento de cuanto se establece en el art. 48.

2. La falta de envío del expediente administrativo dentro del plazo previsto en el apartado anterior no suspenderá el curso de los autos.

3. El Secretario judicial pondrá de manifiesto al recurrente el expediente y demás actuaciones para que en el plazo improrrogable de diez días pueda formalizar la demanda y acompañar los documentos oportunos. Si el expediente administrativo se recibiese una vez formalizada la demanda, se concederá un trámite adicional de alegaciones a las partes.

4. Formalizada la demanda, el Secretario judicial dará traslado de la misma a las partes demandadas para que, a la vista del expediente, presenten contestación en el plazo común e improrrogable de diez días y acompañen los documentos que estimen oportunos.

5. Evacuado el trámite de contestación, el órgano jurisdiccional decidirá en el siguiente día sobre el recibimiento a prueba, con arreglo a las normas generales establecidas en la presente Ley, y sin perjuicio de lo dispuesto en el art. 57. El período de práctica de prueba no será en ningún caso superior a veinte días.

---

[374] Añadido por disposición final 1 apartado 3 de Ley 20/2013 de 9 de diciembre de 2013, con vigencia desde 11/12/2013

6. Conclusas las actuaciones, el órgano jurisdiccional dictará sentencia en el plazo de cinco días. La sentencia estimará el recurso cuando la disposición, la actuación o el acto incurrieran en cualquier infracción del ordenamiento jurídico que afecte a la libertad de establecimiento o de circulación, incluida la desviación de poder.

Conforme a lo dispuesto en el artículo 71, la sentencia que estime el recurso implicará la corrección de la conducta infractora, así como el resarcimiento de los daños y perjuicios, incluido el lucro cesante, que dicha conducta haya causado.

El órgano jurisdiccional podrá convocar a las partes a una comparecencia con la finalidad de dictar su sentencia de viva voz, exponiendo verbalmente los razonamientos en que sustente su decisión, resolviendo sobre los motivos que fundamenten el recurso y la oposición y pronunciando su fallo, de acuerdo con lo dispuesto en los artículos 68 a 71.

La no comparecencia de todas o alguna de las partes no impedirá el dictado de la sentencia de viva voz.

En cuanto se refiere a la grabación de la comparecencia y a su documentación, serán aplicables las disposiciones contenidas en el artículo 63.

Caso de haberse dictado la Sentencia de forma oral, el Secretario judicial expedirá certificación que recoja todos los pronunciamientos del fallo, con expresa indicación de su firmeza y de la actuación administrativa a que se refiera. Dicha certificación será expedida en el plazo máximo de cinco días, notificándose a las partes.

La anterior certificación se registrará e incorporará al Libro de Sentencias del órgano judicial. El soporte videográfico de la comparecencia quedará unido al procedimiento. [375]

7. Durante la tramitación del procedimiento, podrá solicitar su intervención, como parte recurrente, cualquier operador económico que tuviere interés directo en la anulación del acto, actuación o disposición impugnada y no la hubiera recurrido de forma independiente.

La solicitud del operador se resolverá por medio de auto, previa audiencia de las partes personadas, en el plazo común de cinco días.

Admitida la intervención, no se retrotraerán las actuaciones, pero el interviniente será considerado parte en el proceso a todos los efectos

---

[375] Dada nueva redacción apartado 6 por art. 7 apartado 1 de Ley 18/2022 de 28 de septiembre de 2022, con vigencia desde 19/10/2022

y podrá defender las pretensiones formuladas o las que el propio interviniente formule, si tuviere oportunidad procesal para ello.

El interviniente podrá utilizar los recursos que procedan contra las resoluciones que estime perjudiciales para su interés, aunque las consienta la Comisión Nacional de los Mercados y la Competencia o las demás partes personadas.

8. La Sala de lo Contencioso-Administrativo de la Audiencia Nacional acordará la acumulación al promovido por la Comisión Nacional de los Mercados y la Competencia de todo procedimiento que, iniciado por un operador económico ante el mismo u otro órgano jurisdiccional, se dirija frente a la misma disposición o actuación y se funde en la vulneración de la libertad de establecimiento o de circulación conforme a lo previsto en esta Ley.

9. A todos los efectos, la tramitación de estos recursos tendrá carácter preferente.

10. El procedimiento para la garantía de la unidad de mercado, en lo no dispuesto en este Capítulo, se regirá por las normas generales de la presente Ley.

127 quater. [376] 1. La Comisión Nacional de los Mercados y la Competencia podrá solicitar en su escrito de interposición la suspensión de la disposición, acto o resolución impugnados, así como cualquier otra medida cautelar que asegure la efectividad de la sentencia. La solicitud de esta suspensión tendrá carácter excepcional y solo será solicitada en caso de entender que es imprescindible por la especial relevancia del supuesto para la libertad de establecimiento y circulación. [377]

2. Solicitada la suspensión de la disposición, acto o resolución impugnados, la misma se tramitará en la forma prevista en el capítulo II del título VI, una vez admitido el recurso y sin exigencia de afianzamiento de los posibles perjuicios de cualquiera naturaleza que pudieran derivarse. La Administración cuya actuación se haya recurrido podrá solicitar el levantamiento de la suspensión durante

[376] Añadido por disposición final 1 apartado 3 de Ley 20/2013 de 9 de diciembre de 2013, con vigencia desde 11/12/2013

[377] Dada nueva redacción apartado 1 por art. 7 apartado 2 de Ley 18/2022 de 28 de septiembre de 2022, con vigencia desde 19/10/2022

el plazo de tres meses desde su adopción, siempre que acredite que de su mantenimiento pudiera seguirse una perturbación grave de los intereses generales o de tercero que el tribunal ponderará en forma circunstanciada. [378]

3. La solicitud de cualquier otra medida cautelar se tramitará en la forma prevista en el Capítulo II del Título VI.

CAPÍTULO V
Procedimiento para la declaración judicial de extinción de partidos políticos [379]

127 quinquies. [380] 1. El procedimiento para la declaración judicial de extinción de un partido político se regirá por lo dispuesto en el art. 78 , con las siguientes especialidades:

a) En la demanda, deberá especificarse en cuál o cuáles de los motivos recogidos en el art. 12 bis.1 de la Ley Orgánica 6/2002, de 27 de junio, de Partidos Políticos, se fundamenta la petición de declaración judicial de extinción.

b) El plazo de dos meses para la presentación de la demanda se contará a partir del día siguiente al vencimiento del plazo señalado en el art. 12 bis.2 de la misma ley.

c) Cuando la sentencia declare la extinción del partido, será notificada al registro para que éste proceda a la cancelación de la inscripción.

2. El Ministerio Fiscal será parte del proceso.

---

[378] Dada nueva redacción apartado 2 por art. 7 apartado 2 de Ley 18/2022 de 28 de septiembre de 2022, con vigencia desde 19/10/2022

[379] Añadido por disposición final 2 apartado 2 de Ley Orgánica 3/2015 de 30 de marzo de 2015, con vigencia desde 01/04/2015

[380] Añadido por disposición final 2 apartado 2 de Ley Orgánica 3/2015 de 30 de marzo de 2015, con vigencia desde 01/04/2015

TÍTULO VI
Disposiciones comunes a los Títulos IV y V

CAPÍTULO PRIMERO
Plazos

128. 1. Los plazos son improrrogables, y una vez transcurridos el Secretario judicial correspondiente tendrá por caducado el derecho y por perdido el trámite que hubiere dejado de utilizarse. No obstante, se admitirá el escrito que proceda, y producirá sus efectos legales, si se presentare dentro del día en que se notifique la resolución, salvo cuando se trate de plazos para preparar o interponer recursos [381] . [382]

2. Durante el mes de agosto no correrá el plazo para interponer el recurso contencioso-administrativo ni ningún otro plazo de los previstos en esta Ley salvo para el procedimiento para la protección de los derechos fundamentales en el que el mes de agosto tendrá carácter de hábil.

3. En casos de urgencia, o cuando las circunstancias del caso lo hagan necesario, las partes podrán solicitar al órgano jurisdiccional que habilite los días inhábiles en el procedimiento para la protección de los derechos fundamentales o en el incidente de suspensión o de adopción de otras medidas cautelares. El Juez o Tribunal oirá a las demás partes y resolverá por auto en el plazo de tres días, acordando en todo caso la habilitación cuando su denegación pudiera causar perjuicios irreversibles [383] .

---

[381] Véanse arts. 179, 180, 182, 183, 184.2, 185 y 242 LOPJ y 52.2 de la presente Ley
[382] Dada nueva redacción apartado 1 por art. 14 apartado 61 de Ley 13/2009 de 3 de noviembre de 2009, con vigencia desde 04/05/2010
[383] Véanse arts. 114.3 y 126.4 de la presente Ley

CAPÍTULO II
Medidas cautelares

129. 1. Los interesados podrán solicitar en cualquier estado del proceso la adopción de cuantas medidas aseguren la efectividad de la sentencia [384].

2. Si se impugnare una disposición general, y se solicitare la suspensión de la vigencia de los preceptos impugnados, la petición deberá efectuarse en el escrito de interposición o en el de demanda. [385]

130. 1. Previa valoración circunstanciada de todos los intereses en conflicto, la medida cautelar podrá acordarse únicamente cuando la ejecución del acto o la aplicación de la disposición pudieran hacer perder su finalidad legítima al recurso.

2. La medida cautelar podrá denegarse cuando de ésta pudiera seguirse perturbación grave de los intereses generales o de tercero que el Juez o Tribunal ponderará en forma circunstanciada.

131. [386] El incidente cautelar se sustanciará en pieza separada, con audiencia de la parte contraria, que ordenará el Secretario judicial por plazo que no excederá de diez días, y será resuelto por auto dentro de los cinco días siguientes. Si la Administración demandada no hubiere aún comparecido, la audiencia se entenderá con el órgano autor de la actividad impugnada [387].

132. 1. Las medidas cautelares estarán en vigor hasta que recaiga sentencia firme que ponga fin al procedimiento en el que se hayan acordado, o hasta que éste finalice por cualquiera de las causas previstas en esta Ley. No obstante, podrán ser modificadas o revocadas

---

[384] Véanse arts. 56, 57 y 111 LRJAP y PAC y 113.3 LBRL

[385] Véase art. 727 LEC

[386] Dada nueva redacción por art. 14 apartado 62 de Ley 13/2009 de 3 de noviembre de 2009, con vigencia desde 04/05/2010

[387] Véase art. 137 de la presente Ley

durante el curso del procedimiento si cambiaran las circunstancias en virtud de las cuales se hubieran adoptado [388].

2. No podrán modificarse o revocarse las medidas cautelares en razón de los distintos avances que se vayan haciendo durante el proceso respecto al análisis de las cuestiones formales o de fondo que configuran el debate, y, tampoco, en razón de la modificación de los criterios de valoración que el Juez o Tribunal aplicó a los hechos al decidir el incidente cautelar.

133. 1. Cuando de la medida cautelar pudieran derivarse perjuicios de cualquier naturaleza, podrán acordarse las medidas que sean adecuadas para evitar o paliar dichos perjuicios. Igualmente podrá exigirse la presentación de caución o garantía suficiente para responder de aquéllos [389].

2. La caución o garantía podrá constituirse en cualquiera de las formas admitidas en Derecho. La medida cautelar acordada no se llevará a efecto hasta que la caución o garantía esté constituida y acreditada en autos, o hasta que conste el cumplimiento de las medidas acordadas para evitar o paliar los perjuicios a que se refiere el apartado precedente [390].

3. Levantada la medida por sentencia o por cualquier otra causa, la Administración, o la persona que pretendiere tener derecho a indemnización de los daños sufridos, podrá solicitar ésta ante el propio órgano jurisdiccional por el trámite de los incidentes, dentro del año siguiente a la fecha del alzamiento. Si no se formulase la solicitud dentro de dicho plazo, se renunciase a la misma o no se acreditase el derecho, se cancelará la garantía constituida.

134. 1. El auto que acuerde la medida se comunicará al órgano administrativo correspondiente, el cual dispondrá su inmediato cum-

---

[388] Véase art. 133.3 de la presente Ley

[389] Véanse arts. 84.2 y 91.2 de la presente Ley

[390] Véanse RD 467/2006, de 21 abril, por el que se regulan los depósitos y consignaciones judiciales en metálico, de efectos o valores y RD 161/1997, de 7 febrero, por el que se aprueba el Reglamento de la Caja General de Depósitos

Art. 134 CÓDIGO ADMINISTRATIVO 158

plimiento, siendo de aplicación lo dispuesto en el capítulo IV del
Título IV, salvo el art. 104.2 [391] .

2. La suspensión de la vigencia de disposiciones de carácter general
será publicada con arreglo a lo dispuesto en el art. 107.2. Lo mismo se
observará cuando la suspensión se refiera a un acto administrativo que
afecte a una pluralidad indeterminada de personas.

135. [392] 1. Cuando los interesados alegaran la concurrencia de
circunstancias de especial urgencia en el caso, el juez o tribunal sin oír
a la parte contraria, en el plazo de dos días podrá mediante auto:

a) Apreciar las circunstancias de especial urgencia y adoptar o denegar la medida, conforme al art. 130. Contra este auto no se dará
recurso alguno. En la misma resolución el órgano judicial dará audiencia a la parte contraria para que en el plazo de tres días alegue lo que
estime procedente o bien convocará a las partes a una comparecencia
que habrá de celebrarse dentro de los tres días siguientes a la adopción
de la medida. Recibidas las alegaciones o transcurrido el plazo en su
caso o bien celebrada la comparecencia, el juez o tribunal dictará auto
sobre el levantamiento, mantenimiento o modificación de la medida
adoptada, el cual será recurrible conforme a las reglas generales.

En cuanto se refiere a la grabación de la comparecencia y a su
documentación, serán aplicables las disposiciones contenidas en el
art. 63.

b) No apreciar las circunstancias de especial urgencia y ordenar
la tramitación del incidente cautelar conforme al art. 131, durante la
cual los interesados no podrán solicitar nuevamente medida alguna al
amparo del presente artículo.

2. En los supuestos que tengan relación con actuaciones de la Administración en materia de extranjería, asilo político y condición de
refugiado que impliquen retorno y el afectado sea un menor de edad,
el órgano jurisdiccional oirá al Ministerio Fiscal con carácter previo
a dictar el auto al que hace referencia el apartado primero de este
artículo.

136. 1. En los supuestos de los arts. 29 y 30, la medida cautelar
se adoptará salvo que se aprecie con evidencia que no se dan las

[391] Véase art. 80.1.a) de la presente Ley

[392] Dada nueva redacción por art. 3 apartado 10 de Ley 37/2011 de 10 de octubre
de 2011, con vigencia desde 31/10/2011

situaciones previstas en dichos artículos o la medida ocasione una perturbación grave de los intereses generales o de tercero, que el Juez ponderará en forma circunstanciada.

2. En los supuestos del apartado anterior, las medidas también podrán solicitarse antes de la interposición del recurso, tramitándose conforme a lo dispuesto en el artículo precedente. En tal caso el interesado habrá de pedir su ratificación al interponer el recurso, lo que habrá de hacerse inexcusablemente en el plazo de diez días a contar desde la notificación de la adopción de las medidas cautelares. En los tres días siguientes, el Secretario judicial convocará la comparecencia a la que hace referencia el artículo anterior.

De no interponerse el recurso, quedarán automáticamente sin efecto las medidas acordadas, debiendo el solicitante indemnizar de los daños y perjuicios que la medida cautelar haya producido. [393]

CAPÍTULO III
Incidentes e invalidez de actos procesales

137. Todas las cuestiones incidentales que se susciten en el proceso, se sustanciarán en pieza separada y sin suspender el curso de los autos [394].

138. 1. Cuando se alegue que alguno de los actos de las partes no reúne los requisitos establecidos por la presente Ley, la que se halle en tal supuesto podrá subsanar el defecto u oponer lo que estime pertinente dentro de los diez días siguientes al de la notificación del escrito que contenga la alegación [395].

2. Cuando el Juzgado o Tribunal de oficio aprecie la existencia de algún defecto subsanable, el Secretario judicial dictará diligencia de ordenación en que lo reseñe y otorgue el mencionado plazo para la

---

[393] Dada nueva redacción apartado 2 por art. 14 apartado 64 de Ley 13/2009 de 3 de noviembre de 2009, con vigencia desde 04/05/2010

[394] Véanse arts. 240 y 241 LOPJ

[395] Véanse arts. 45.3, 51.3, 56.2, y 93.3 de la presente Ley y 11.3 LOPJ

subsanación, con suspensión, en su caso, del fijado para dictar sentencia. [396]

3. Sólo cuando el defecto sea insubsanable o no se subsane debidamente en plazo, podrá ser decidido el recurso con fundamento en tal defecto.

CAPÍTULO IV
Costas procesales [397]

139. [398] 1 En primera o única instancia, el órgano jurisdiccional, al dictar sentencia o al resolver por auto los recursos o incidentes que ante el mismo se promovieren, impondrá las costas a la parte que haya visto rechazadas todas sus pretensiones, salvo que aprecie y así lo razone, que el caso presentaba serias dudas de hecho o de derecho. [399]

En los supuestos de estimación o desestimación parcial de las pretensiones, cada parte abonará las costas causadas a su instancia y las comunes por mitad, salvo que el órgano jurisdiccional, razonándolo debidamente, las imponga a una de ellas por haber sostenido su acción o interpuesto el recurso con mala fe o temeridad.

2. En los recursos se impondrán las costas al recurrente si se desestima totalmente el recurso, salvo que el órgano jurisdiccional, razonándolo debidamente, aprecie la concurrencia de circunstancias que justifiquen su no imposición.

3. En el recurso de casación se impondrán las costas de conformidad con lo previsto en el artículo 93.4.

4. En primera o única instancia, la parte condenada en costas estará obligada a pagar una cantidad total que no exceda de la tercera parte de la cuantía del proceso, por cada uno de los favorecidos por esa condena; a estos solos efectos, las pretensiones de cuantía indeterminada se valorarán en 18.000 euros, salvo que, por razón de la complejidad del asunto, el tribunal disponga razonadamente otra cosa.

---

[396] Dada nueva redacción apartado 2 por art. 14 apartado 65 de Ley 13/2009 de 3 de noviembre de 2009, con vigencia desde 04/05/2010

[397] Véase disposición transitoria 9 a la presente Ley

[398] Dada nueva redacción por disposición final 3 apartado 5 de Ley Orgánica 7/2015 de 21 de julio de 2015, con vigencia desde 22/07/2016

[399] Véanse arts. 61.5, 68.2 y 74.6 de la presente Ley

En los recursos, y sin perjuicio de lo previsto en el apartado anterior, la imposición de costas podrá ser a la totalidad, a una parte de éstas o hasta una cifra máxima. [400]

5. Para la exacción de las costas impuestas a particulares, la Administración acreedora utilizará el procedimiento de apremio, en defecto de pago voluntario.

6. En ningún caso se impondrán las costas al Ministerio Fiscal.

7. Las costas causadas en los autos serán reguladas y tasadas según lo dispuesto en la Ley de Enjuiciamiento Civil. [401]

DISPOSICIONES ADICIONALES

Disposición Adicional Primera. *Territorios Históricos y Comisión Arbitral del País Vasco.* 1. En la Comunidad Autónoma del País Vasco, la referencia del apartado 2 del art. 1 de esta Ley incluye las Diputaciones Forales y la Administración Institucional de ellas dependiente. Asimismo, la referencia del apartado 3, letra a), del art. 1 incluye los actos y disposiciones en materia de personal y gestión patrimonial sujetos al derecho público adoptados por los órganos competentes de las Juntas Generales de los Territorios Históricos [402].

2. No corresponde a la Jurisdicción Contencioso administrativa el conocimiento de las decisiones o resoluciones dictadas por la Comisión Arbitral a que se refiere el art. 39 del Estatuto de Autonomía del País Vasco [403].

Disposición Adicional Segunda. *Actualización de cuantías.* El Gobierno queda autorizado para actualizar cada cinco años las cuantías señaladas en esta Ley, previo informe del Consejo General del Poder Judicial y del Consejo de Estado.

Disposición Adicional Tercera. *Registro de sentencias.* 1. Las Salas de lo Contencioso-administrativo de los Tribunales Superiores de Jus-

---

[400] Dada nueva redacción apartado 4 por art. 102 apartado 30 de Real Decreto-Ley 6/2023 de 19 de diciembre de 2023, con vigencia desde 20/03/2024

[401] Véanse arts. 241 a 246 LEC

[402] Véase art. 1.2.b) de la presente Ley

[403] Véase Ley 13/1994, de 30 junio, por la que se regula la Comisión Arbitral

ticia, de la Audiencia Nacional y del Tribunal Supremo remitirán al Consejo General del Poder Judicial, dentro de los diez días siguientes a su firma, testimonio de las sentencias dictadas en los procesos de que conozcan.

2. El Consejo General del Poder Judicial constituirá, con dichas sentencias, un Registro, cuyas certificaciones harán fe en todo tipo de procesos.

Disposición Adicional Cuarta. *Recursos contra determinados actos, resoluciones y disposiciones.* Serán recurribles:

1. Los actos administrativos no susceptibles de recurso ordinario dictados por el Banco de España y las resoluciones del Ministro de Economía y Hacienda que resuelvan recursos ordinarios contra actos dictados por el Banco de España, así como las disposiciones dictadas por la citada entidad, directamente, en única instancia, ante la Sala de lo Contencioso-administrativo de la Audiencia Nacional de conformidad con lo dispuesto en la Ley 13/1994, de 1 de junio, de Autonomía del Banco de España [404].

2. Los actos administrativos no susceptibles de recurso ordinario dictados por la Comisión Nacional del Mercado de Valores y las resoluciones del Ministro de Economía y Hacienda que resuelvan recursos ordinarios contra actos dictados por la Comisión Nacional del Mercado de Valores, así como las disposiciones dictadas por la citada entidad, directamente, en única instancia, ante la Sala de lo Contencioso-administrativo de la Audiencia Nacional [405].

3. Las resoluciones y actos del Presidente y del Consejo de la Comisión Nacional de la Competencia, directamente, en única instancia, ante la Sala de lo Contencioso-administrativo de la Audiencia Nacional. [406]

4. Las resoluciones de la Junta Arbitral regulada por la Ley Orgánica 3/1996, de 27 de diciembre, de Modificación parcial de la Ley Orgánica 8/1980, de 22 de septiembre, de Financiación de las Comunidades

---

[404] Véanse arts. 2 y 15 Ley 13/1994, de 1 junio, de Autonomía del Banco de España

[405] Véanse arts. 16 y 83 Ley 6/2023 de 17 marzo, de los Mercados de Valores y de los Servicios de Inversión

[406] Dada nueva redacción apartado 3 por disposición adicional 7 apartado 3 de Ley 15/2007 de 3 de julio de 2007, con vigencia desde 01/09/2007

Autónomas, directamente, en única instancia, ante la Sala de lo Contencioso-administrativo de la Audiencia Nacional.

5. Los actos y disposiciones dictados por la Agencia Española de Protección de Datos, Comisión Nacional de los Mercados y la Competencia, Consejo de Transparencia y Buen Gobierno, Consejo Económico y Social, Instituto Cervantes, Consejo de Seguridad Nuclear, Consejo de Universidades, Autoridad Independiente de Protección del Informante, A.A.I., y Secciones Primera y Segunda de la Comisión de Propiedad Intelectual, directamente, ante la Sala de lo Contencioso-Administrativo de la Audiencia Nacional. [407]

6. Las resoluciones del Ministro de Economía y Competitividad que resuelvan recursos de alzada contra actos dictados por el Instituto de Contabilidad y Auditoría de Cuentas, así como las resoluciones de carácter normativo dictadas por el Instituto de Contabilidad y Auditoría de Cuentas directamente, en única instancia, ante la Sala de lo Contencioso-Administrativo de la Audiencia Nacional. [408]

7. Las resoluciones del Consejo Gestor del Fondo de apoyo a la solvencia de empresas estratégicas directamente, en única instancia, ante la Sala de lo Contencioso-administrativo de la Audiencia Nacional. [409]

Disposición Adicional Quinta. *Modificación del texto refundido de la Ley de Procedimiento Laboral.* [410] El art. 3 del texto refundido de la Ley de Procedimiento Laboral, aprobado mediante Real Decreto legislativo 2/1995, de 7 de abril, queda redactado como sigue:

«1. No conocerán los órganos jurisdiccionales del orden social:

a) De la tutela de los derechos de libertad sindical y del derecho a huelga relativa a los funcionarios públicos y al personal al que se refiere el art. 1.3.a) del texto refundido de la Ley del Estatuto de los Trabajadores.

---

[407] Dada nueva redacción apartado 5 por art. 102 apartado 31 de Real Decreto-Ley 6/2023 de 19 de diciembre de 2023, con vigencia desde 20/03/2024

[408] Añadido apartado 6 por disposición final 3 de Ley 22/2015 de 20 de julio de 2015, con vigencia desde 17/06/2016

[409] Añadido apartado 7 por disposición final 2 de Real Decreto-Ley 25/2020 de 3 de julio de 2020, con vigencia desde 07/07/2020

[410] Dada nueva redacción por disposición adicional 24 apartado 2 de Ley 50/1998 de 30 de diciembre de 1998, con vigencia desde 01/01/1999

b) De las resoluciones dictadas por la Tesorería General de la Seguridad Social en materia de gestión recaudatoria o, en su caso, por las Entidades Gestoras en el supuesto de cuotas de recaudación conjunta, así como de las relativas a las actas de liquidación y de infracción.

c) De las pretensiones que versen sobre la impugnación de las disposiciones generales y actos de las Administraciones Públicas sujetos al Derecho Administrativo en materia laboral, salvo los que se expresan en el apartado siguiente.

2. Los órganos jurisdiccionales del orden social conocerán de las pretensiones sobre:

a) Las resoluciones administrativas relativas a la imposición de cualesquiera sanciones por todo tipo de infracciones de orden social, con las excepciones previstas en la letra b) del apartado 1 de este artículo.

b) Las resoluciones administrativas relativas a regulación de empleo y actuación administrativa en materia de traslados colectivos.

3. En el plazo de nueve meses desde la entrada en vigor de esta Ley, el Gobierno remitirá a las Cortes Generales un Proyecto de Ley para incorporar a la Ley de Procedimiento Laboral las modalidades y especialidades procesales correspondientes a los supuestos del anterior número 2. Dicha Ley determinará la fecha de entrada en vigor de la atribución a la Jurisdicción del Orden Social de las materias comprendidas en el número 2 de este artículo.»

Disposición Adicional Sexta. *Modificación del texto articulado de la Ley de Bases sobre el procedimiento económico-administrativo.* El art. 40 del texto articulado de la Ley de Bases 39/1980, de 5 de julio, sobre el procedimiento económico-administrativo , aprobado por Real Decreto legislativo 2795/1980, de 12 de diciembre, queda redactado como sigue:

«1. Las resoluciones del Ministro de Economía y Hacienda y del Tribunal Económico-Administrativo Central serán recurribles por vía contencioso-administrativa ante la Audiencia Nacional, salvo las resoluciones dictadas por el Tribunal Económico-Administrativo Central en materia de tributos cedidos, que serán recurribles ante el Tribunal Superior de Justicia competente.

2. Las resoluciones dictadas por los Tribunales Económico-Administrativos Regionales y Locales que pongan fin a la vía econó-

mico-administrativa serán recurribles ante el Tribunal Superior de Justicia competente.»

Disposición Adicional Séptima. [411] Los juzgados y tribunales del orden contencioso-administrativo también conocerán de las cuestiones que se promuevan entre Sociedad Estatal Correos y Telégrafos, S.A., y los empleados de ésta que conserven la condición de funcionarios y presten servicios en la misma, en los mismos términos en que conocen las cuestiones que se plantean entre los organismos públicos y su personal funcionario, atendiendo a la naturaleza específica de esta relación.

Disposición Adicional Octava. *Referencias al recurso de súplica.* [412] Las referencias en el articulado de esta Ley al recurso de súplica se entenderán hechas al recurso de reposición.

Disposición Adicional Novena. *Incidencia de las competencias de la Unión Europea en el proceso contencioso-administrativo tributario.* [413] 1. De conformidad con lo dispuesto en el artículo 1 de esta Ley, cuando el recurso contencioso-administrativo tenga por objeto un acto administrativo que, relativo a una deuda aduanera, esté vinculado a una decisión adoptada por las instituciones de la Unión Europea, la revisión no podrá extenderse al contenido de dicha decisión.

De no proceder la anulación del acto administrativo recurrido en base al resto de alegaciones del demandante, en el supuesto de que la normativa de la Unión Europea haga depender la no contracción a posteriori, la condonación o la devolución de la deuda aduanera de una Decisión de la Comisión Europea, y el acto objeto de recurso haya sido dictado sin someter dicha cuestión a la Comisión, el órgano jurisdiccional deberá pronunciarse sobre si, conforme a lo dispuesto en la normativa de la Unión Europea, procede tal sometimiento. Si el

---

[411] Añadida por disposición final 14 apartado 9 de Ley Orgánica 19/2003 de 23 de diciembre de 2003, con vigencia desde 15/01/2004

[412] Añadida por art. 14 apartado 67 de Ley 13/2009 de 3 de noviembre de 2009, con vigencia desde 04/05/2010

[413] Añadida por disposición final 3 apartado 1 de Ley 34/2015 de 21 de septiembre de 2015, con vigencia desde 12/10/2015

órgano jurisdiccional entiende que dicho sometimiento es procedente, suspenderá el procedimiento e instará a la Administración Tributaria para que someta el asunto a la Comisión en el plazo máximo de dos meses.

2. Cuando el acto relativo a la liquidación de una deuda aduanera objeto de recurso, haya sido sometido a una decisión de las instituciones de la Unión Europea que haya de pronunciarse sobre la no contracción a posteriori, la devolución o la condonación de dicha deuda, se suspenderá el curso de los autos desde que esa circunstancia se ponga en conocimiento del órgano jurisdiccional y hasta que sea firme la resolución adoptada por dichas instituciones.

Igualmente procederá la suspensión del curso de los autos, exclusivamente respecto de los elementos de la obligación tributaria que sean objeto del procedimiento amistoso, desde que se inicie el procedimiento amistoso en materia de imposición directa a que se refiere la disposición adicional primera del texto refundido de la Ley del Impuesto sobre la Renta de no Residentes, aprobado por Real Decreto Legislativo 5/2004, de 5 de marzo, hasta que finalice dicho procedimiento amistoso.

En los procedimientos tramitados al amparo del Convenio 90/436/CEE y en los casos en los que la existencia de sanciones excluya el acceso a la fase arbitral del procedimiento amistoso, lo establecido en el párrafo anterior no será de aplicación cuando se haya interpuesto cualquier recurso en vía contencioso-administrativa contra las sanciones. [414] [415]

Disposición Adicional Décima. *Delitos contra la Hacienda Pública.* [416] De conformidad con lo dispuesto en el artículo 3.a) de esta Ley, no corresponde al orden jurisdiccional contencioso-administrativo conocer de las pretensiones que se deduzcan respecto de las actuaciones tributarias vinculadas a delitos contra la Hacienda Pública

[414] Téngase en cuenta que la presente redacción de este tercer párrafo del apartado 2 será de aplicación a los procedimientos amistosos iniciados a partir del 12 octubre 2015, conforme al apartado 5 disp. trans. 3.ª de la Ley del Impuesto sobre la Renta de no Residentes

[415] Dada nueva redacción apartado 2 por art. 218 de Real Decreto-Ley 3/2020 de 4 de febrero de 2020, con vigencia desde 06/02/2020

[416] Añadida por disposición final 3 apartado 2 de Ley 34/2015 de 21 de septiembre de 2015, con vigencia desde 12/10/2015

que se dicten al amparo del Título VI de la Ley 58/2003, de17 de diciembre, General Tributaria, salvo lo previsto en los artículos 256 y 258.3 de la misma.

Una vez iniciado el correspondiente proceso penal por delito contra la Hacienda Pública, tampoco corresponderá al orden jurisdiccional contencioso-administrativo conocer de las pretensiones que se deduzcan respecto de las medidas cautelares adoptadas al amparo del artículo 81 de la Ley 58/2003, de 17 de diciembre, General Tributaria.

Disposición Adicional Decimoprimera. *Referencias al expediente administrativo contenidas en la Ley 29/1998, de 13 de julio, reguladora de la Jurisdicción Contencioso-administrativa.* [417] Todas las referencias al expediente administrativo contenidas en la Ley 29/1998, de 13 de julio, reguladora de la Jurisdicción Contencioso-administrativa, se entenderán hechas al expediente administrativo en soporte electrónico.

DISPOSICIONES TRANSITORIAS

Disposición Transitoria Primera. *Asuntos de la competencia de los Juzgados de lo Contencioso-administrativo.* 1. Los procesos pendientes ante las Salas de lo Contencioso-Administrativo de los Tribunales Superiores de Justicia cuya competencia corresponda, conforme a esta Ley, a los Juzgados de lo Contencioso-administrativo, continuarán tramitándose ante dichas Salas hasta su conclusión.

2. En tanto no entren en funcionamiento los Juzgados de lo Contencioso-administrativo, las Salas de lo Contencioso-administrativo de los Tribunales Superiores de Justicia ejercerán competencia para conocer de los procesos que, conforme a esta Ley, se hayan atribuido a los Juzgados. En estos casos, el régimen de recursos será el establecido en esta Ley para las sentencias dictadas en segunda instancia por las Salas de lo Contencioso-administrativo de los Tribunales Superiores de Justicia [418] .

---

[417] Añadida por art. 102 apartado 32 de Real Decreto-Ley 6/2023 de 19 de diciembre de 2023, con vigencia desde 20/03/2024
[418] Véanse arts. 21 CC y 8 de la presente Ley

Disposición Transitoria Segunda. *Procedimiento ordinario.* 1. Los recursos contencioso-administrativos interpuestos con anterioridad a la entrada en vigor de esta Ley continuarán sustanciándose conforme a las normas que regían a la fecha de su iniciación.

2. No obstante, cuando el plazo para dictar sentencia en tales procesos se hubiere iniciado con posterioridad a la entrada en vigor de esta Ley, se hará aplicación en la sentencia de lo dispuesto en la sección 8.ª del capítulo I del Título IV. Si hubiera de aplicarse un precepto que supusiera innovación, se otorgará a las partes un plazo común extraordinario de diez días para oírlas sobre ello.

3. Serán asimismo aplicables las reglas de la sección 9.ª del capítulo I del Título IV a todos los recursos contencioso-administrativos en que no se hubiese dictado sentencia a la entrada en vigor de esta Ley.

Disposición Transitoria Tercera. *Recursos de casación.* 1. El régimen de los distintos recursos de casación regulados en esta Ley será de plena aplicación a las resoluciones de las Salas de lo Contencioso-administrativo de la Audiencia Nacional y de los Tribunales Superiores de Justicia que se dicten con posterioridad a su entrada en vigor y a las de fecha anterior cuando al producirse aquélla no hubieren transcurrido los plazos establecidos en la normativa precedente para preparar o interponer el recurso de casación que procediera. En este último caso, el plazo para preparar o interponer el recurso de casación que corresponda con arreglo a esta Ley se contará desde la fecha de su entrada en vigor.

2. Los recursos de casación preparados con anterioridad a la entrada en vigor de esta Ley se regirán por la legislación anterior.

Disposición Transitoria Cuarta. *Ejecución de sentencias.* La ejecución de las sentencias firmes dictadas después de la entrada en vigor de esta Ley se llevará a cabo según lo dispuesto en ella. Las dictadas con anterioridad de las que no constare en autos su total ejecución se ejecutarán en lo pendiente con arreglo a la misma.

Disposición Transitoria Quinta. *Procedimiento especial para la protección de los derechos fundamentales de la persona.* Los recursos interpuestos en materia de protección de los derechos fundamentales de la persona con anterioridad a la entrada en vigor de esta Ley continuarán sustanciándose por las normas que regían a la fecha de su iniciación.

Disposición Transitoria Sexta. *Cuestión de ilegalidad.* La cuestión de ilegalidad sólo podrá plantearse en todos los procedimientos cuya sentencia adquiera firmeza desde la entrada en vigor de esta Ley.

Disposición Transitoria Séptima. *Procedimiento especial en materia de suspensión administrativa de acuerdos.* El régimen del procedimiento especial en los casos de suspensión administrativa de acuerdos regulado en el art. 127 será de aplicación a las impugnaciones y traslados de actos suspendidos que tengan lugar con posterioridad a su entrada en vigor, aunque dichos actos hubieran sido dictados antes de esa fecha.

Disposición Transitoria Octava. *Medidas cautelares.* En los procedimientos pendientes a la entrada en vigor de esta Ley podrán solicitarse y acordarse las medidas cautelares previstas en el capítulo II del Título VI.

Disposición Transitoria Novena. *Costas procesales.* El régimen de costas procesales establecido en esta Ley será aplicable a los procesos y a los recursos que se inicien o promuevan con posterioridad a su entrada en vigor.

DISPOSICIONES DEROGATORIAS

Disposición Derogatoria Primera. *Cláusula general de derogación.* Quedan derogadas todas las normas de igual o inferior rango en lo que se opongan a la presente Ley.

Disposición Derogatoria Segunda. *Derogación de normas.* Quedan derogadas las siguientes disposiciones:
a) La Ley reguladora de la Jurisdicción Contencioso-administrativa, de 27 de diciembre de 1956.
b) Los arts. 114 y 249 de la Ley 118/1973, de 12 de enero, texto refundido de la Ley de Reforma y Desarrollo Agrario.

c) Los arts. 6, 7, 8, 9 y 10 de la Ley 62/1978, de 26 de diciembre, de Protección Jurisdiccional de los Derechos Fundamentales de la Persona.

d) El apartado 3 del art. 110 de la Ley 30/1992, de 26 de noviembre, de Régimen Jurídico de las Administraciones Públicas y del Procedimiento Administrativo Común.

DISPOSICIONES FINALES

Disposición Final Primera. *Supletoriedad de la Ley de Enjuiciamiento Civil.* En lo no previsto por esta Ley, regirá como supletoria la de Enjuiciamiento Civil [419] .

Disposición Final Segunda. *Desarrollo de la Ley.* Se autoriza al Gobierno a dictar cuantas disposiciones de aplicación y desarrollo de la presente Ley sean necesarias. En concreto, en el plazo de un año a partir de la entrada en vigor de esta Ley, el Gobierno, a propuesta del Consejo General del Poder Judicial, regulará la organización y régimen de acceso al Registro previsto en la disposición adicional tercera. Al mismo tiempo, el Gobierno elaborará los programas necesarios para la instauración de los órganos unipersonales de lo contencioso-administrativo en el período comprendido entre 1998 y 2000, correspondiendo al Consejo General del Poder Judicial y al Ministerio de Justicia o, en su caso, al órgano competente de la Comunidad Autónoma el desarrollo y ejecución, dentro del ámbito de sus respectivas competencias.

Disposición Final Tercera. *Entrada en vigor.* [420] La presente Ley entrará en vigor a los cinco meses de su publicación en el «Boletín Oficial del Estado», sin perjuicio de lo establecido en la disposición adicional 5ª.

---

[419] Véase art. 4 LEC

[420] Dada nueva redacción por disposición adicional 24 apartado 3 de Ley 50/1998 de 30 de diciembre de 1998, con vigencia desde 01/01/1999

2. LEY DEL PROCEDIMIENTO ADMINISTRATIVO COMÚN DE LAS ADMINISTRACIONES PÚBLICAS

I. Ley 39/2015, de 1 de octubre, del Procedimiento Administrativo Común de las Administraciones Públicas.

Última reforma de la presente disposición realizada por RDLey 6/2024, de 5 de noviembre, por el que se adoptan medidas urgentes de respuesta ante los daños causados por la Depresión Aislada en Niveles Altos (DANA) en diferentes municipios entre el 28 de octubre y el 4 de noviembre de 2024

PREÁMBULO

I

La esfera jurídica de derechos de los ciudadanos frente a la actuación de las Administraciones Públicas se encuentra protegida a través de una serie de instrumentos tanto de carácter reactivo, entre los que destaca el sistema de recursos administrativos o el control realizado por jueces y tribunales, como preventivo, a través del procedimiento administrativo, que es la expresión clara de que la Administración Pública actúa con sometimiento pleno a la Ley y al Derecho, como reza el artículo 103 de la Constitución.

El informe elaborado por la Comisión para la Reforma de las Administraciones Públicas en junio de 2013 parte del convencimiento de que una economía competitiva exige unas Administraciones Públicas eficientes, transparentes y ágiles.

En esta misma línea, el Programa nacional de reformas de España para 2014 recoge expresamente la aprobación de nuevas leyes administrativas como una de las medidas a impulsar para racionalizar la actuación de las instituciones y entidades del poder ejecutivo, mejorar la eficiencia en el uso de los recursos públicos y aumentar su productividad.

Los defectos que tradicionalmente se han venido atribuyendo a las Administraciones españolas obedecen a varias causas, pero el ordenamiento vigente no es ajeno a ellas, puesto que el marco normativo en el que se ha desenvuelto la actuación pública ha propiciado la aparición de duplicidades e ineficiencias, con procedimientos administrativos demasiado complejos que, en ocasiones, han generado problemas de inseguridad jurídica. Para superar estas deficiencias es necesaria una reforma integral y estructural que permita ordenar y clarificar cómo se organizan y relacionan las Administraciones tanto externamente, con los ciudadanos y empresas, como internamente con el resto de Administraciones e instituciones del Estado.

En coherencia con este contexto, se propone una reforma del ordenamiento jurídico público articulada en dos ejes fundamentales: las relaciones «ad extra» y «ad intra» de las Administraciones Públicas. Para ello se impulsan simultáneamente dos nuevas leyes que constituirán los pilares sobre los que se asentará el Derecho administrativo español: la Ley del Procedimiento Administrativo Común de las Administraciones Públicas, y la Ley de Régimen Jurídico del Sector Público.

Esta Ley constituye el primero de estos ejes, al establecer una regulación completa y sistemática de las relaciones «ad extra» entre las Administraciones y los administrados, tanto en lo referente al ejercicio de la potestad de autotutela y en cuya virtud se dictan actos administrativos que inciden directamente en la esfera jurídica de los interesados, como en lo relativo al ejercicio de la potestad reglamentaria y la iniciativa legislativa. Queda así reunido en cuerpo legislativo único la regulación de las relaciones «ad extra» de las Administraciones con los ciudadanos como ley administrativa de referencia que se ha de complementar con todo lo previsto en la normativa presupuestaria respecto de las actuaciones de las Administraciones Públicas, destacando especialmente lo previsto en la Ley Orgánica 2/2012, de 27 de abril, de Estabilidad Presupuestaria y Sostenibilidad Financiera; la Ley 47/2003, de 26 de noviembre, General Presupuestaria, y la Ley de Presupuestos Generales del Estado.

II

La Constitución recoge en su título IV, bajo la rúbrica «Del Gobierno y la Administración», los rasgos propios que diferencian al Gobierno de la Nación de la Administración, definiendo al primero como un órgano eminentemente político al que se reserva la función de gobernar, el ejercicio de la potestad reglamentaria y la dirección de la Administración y estableciendo la subordinación de ésta a la dirección de aquel.

En el mencionado título constitucional el artículo 103 establece los principios que deben regir la actuación de las Administraciones Públicas, entre los que destacan el de eficacia y el de legalidad, al imponer el sometimiento pleno de la actividad administrativa a la Ley y al Derecho. La materialización de estos principios se produce en el procedimiento, constituido por una serie de cauces formales que han de garantizar el adecuado equilibrio entre la eficacia de la actuación administrativa y la imprescindible salvaguarda de los derechos de los ciudadanos y las empresas, que deben ejercerse en condiciones básicas de igualdad en cualquier parte del territorio, con independencia de la Administración con la que se relacionen sus titulares.

Estas actuaciones «ad extra» de las Administraciones cuentan con mención expresa en el artículo 105 del texto constitucional, que establece que la Ley regulará la audiencia de los ciudadanos, directamente o a través de las organizaciones y asociaciones reconocidas por la Ley, en el procedimiento de elaboración de las disposiciones administrativas que les afecten, así como el procedimiento a través del cual deben producirse los actos administrativos, garantizando, cuando proceda, la audiencia a los interesados.

A ello cabe añadir que el artículo 149.1.18.ª de la Constitución Española atribuye al Estado, entre otros aspectos, la competencia para regular el procedimiento administrativo común, sin perjuicio de las especialidades derivadas de la organización propia de las Comunidades Autónomas, así como el sistema de responsabilidad de todas las Administraciones Públicas.

De acuerdo con el marco constitucional descrito, la presente Ley regula los derechos y garantías mínimas que corresponden a todos los ciudadanos respecto de la actividad administrativa, tanto en su vertiente del ejercicio de la potestad de autotutela, como de la potestad reglamentaria e iniciativa legislativa.

Por lo que se refiere al procedimiento administrativo, entendido como el conjunto ordenado de trámites y actuaciones formalmente realizadas, según el cauce legalmente previsto, para dictar un acto administrativo o expresar la voluntad de la Administración, con esta nueva regulación no se agotan las competencias estatales y autonómicas para establecer especialidades «ratione materiae» o para concretar ciertos extremos, como el órgano competente para resolver, sino que su carácter de común resulta de su aplicación a todas las Administraciones Públicas y respecto a todas sus actuaciones. Así lo ha venido reconociendo el Tribunal Constitucional en su jurisprudencia, al considerar que la regulación del procedimiento administrativo común por el Estado no obsta a que las Comunidades Autónomas dicten las normas de procedimiento necesarias para la aplicación de su Derecho sustantivo, siempre que se respeten las reglas que, por ser competencia exclusiva del Estado, integran el concepto de Procedimiento Administrativo Común con carácter básico.

III

Son varios los antecedentes legislativos relevantes en esta materia. El legislador ha hecho evolucionar el concepto de procedimiento administrativo y adaptando la forma de actuación de las Administraciones al contexto histórico y la realidad social de cada momento. Al margen de la conocida como Ley de Azcárate, de 19 de octubre de 1889, la primera regulación completa del procedimiento administrativo en nuestro ordenamiento jurídico es la contenida en la Ley de Procedimiento Administrativo de 17 de julio de 1958.

La Constitución de 1978 alumbra un nuevo concepto de Administración, expresa y plenamente sometida a la Ley y al Derecho, como expresión democrática de la voluntad popular, y consagra su carácter instrumental, al ponerla al servicio objetivo de los intereses generales bajo la dirección del Gobierno, que responde políticamente por su gestión. En este sentido, la Ley 30/1992, de 26 de noviembre, de Régimen Jurídico de las Administraciones Públicas y del Procedimiento Administrativo Común, supuso un hito clave de la evolución del Derecho administrativo en el nuevo marco constitucional. Para ello, incorporó avances significativos en las relaciones de las Administraciones con los administrados mediante la mejora del funcionamiento de aquellas y, sobre todo, a través de una mayor garantía de los derechos de los ciudadanos frente a la potestad de autotutela de la Administración, cuyo elemento de cierre se encuentra en la revisión judicial de su actuación por ministerio del artículo 106 del texto fundamental.

La Ley 4/1999, de 13 de enero, de modificación de la Ley 30/1992, de 26 de noviembre, de Régimen Jurídico de las Administraciones

Públicas y del Procedimiento Administrativo Común, reformuló varios aspectos sustanciales del procedimiento administrativo, como el silencio administrativo, el sistema de revisión de actos administrativos o el régimen de responsabilidad patrimonial de las Administraciones, lo que permitió incrementar la seguridad jurídica de los interesados.

El desarrollo de las tecnologías de la información y comunicación también ha venido afectando profundamente a la forma y al contenido de las relaciones de la Administración con los ciudadanos y las empresas.

Si bien la Ley 30/1992, de 26 de noviembre, ya fue consciente del impacto de las nuevas tecnologías en las relaciones administrativas, fue la Ley 11/2007, de 22 de junio, de acceso electrónico de los ciudadanos a los Servicios Públicos, la que les dio carta de naturaleza legal, al establecer el derecho de los ciudadanos a relacionarse electrónicamente con las Administraciones Públicas, así como la obligación de éstas de dotarse de los medios y sistemas necesarios para que ese derecho pudiera ejercerse. Sin embargo, en el entorno actual, la tramitación electrónica no puede ser todavía una forma especial de gestión de los procedimientos sino que debe constituir la actuación habitual de las Administraciones. Porque una Administración sin papel basada en un funcionamiento íntegramente electrónico no sólo sirve mejor a los principios de eficacia y eficiencia, al ahorrar costes a ciudadanos y empresas, sino que también refuerza las garantías de los interesados. En efecto, la constancia de documentos y actuaciones en un archivo electrónico facilita el cumplimiento de las obligaciones de transparencia, pues permite ofrecer información puntual, ágil y actualizada a los interesados.

Por otra parte, la regulación de esta materia venía adoleciendo de un problema de dispersión normativa y superposición de distintos regímenes jurídicos no siempre coherentes entre sí, de lo que es muestra la sucesiva aprobación de normas con incidencia en la materia, entre las que cabe citar: la Ley 17/2009, de 23 de noviembre, sobre libre acceso a las actividades de servicios y su ejercicio; la Ley 2/2011, de 4 de marzo, de Economía Sostenible; la Ley 19/2013, de 9 de diciembre, de transparencia, acceso a la información pública y buen gobierno, o la Ley 20/1013, de 9 de diciembre, de garantía de la unidad de mercado.

Ante este escenario legislativo, resulta clave contar con una nueva Ley que sistematice toda la regulación relativa al procedimiento administrativo, que clarifique e integre el contenido de las citadas Ley

30/1992, de 26 de noviembre y Ley 11/2007, de 22 de junio, y profundice en la agilización de los procedimientos con un pleno funcionamiento electrónico. Todo ello revertirá en un mejor cumplimiento de los principios constitucionales de eficacia y seguridad jurídica que deben regir la actuación de las Administraciones Públicas.

IV

Durante los más de veinte años de vigencia de la Ley 30/1992, de 26 de noviembre, en el seno de la Comisión Europea y de la Organización para la Cooperación y el Desarrollo Económicos se ha ido avanzando en la mejora de la producción normativa («Better regulation» y «Smart regulation»). Los diversos informes internacionales sobre la materia definen la regulación inteligente como un marco jurídico de calidad, que permite el cumplimiento de un objetivo regulatorio a la vez que ofrece los incentivos adecuados para dinamizar la actividad económica, permite simplificar procesos y reducir cargas administrativas. Para ello, resulta esencial un adecuado análisis de impacto de las normas de forma continua, tanto ex ante como ex post, así como la participación de los ciudadanos y empresas en los procesos de elaboración normativa, pues sobre ellos recae el cumplimiento de las leyes.

En la última década, la Ley 17/2009, de 23 de noviembre, y la Ley 2/2011, de 4 de marzo, supusieron un avance en la implantación de los principios de buena regulación, especialmente en lo referido al ejercicio de las actividades económicas. Ya en esta legislatura, la Ley 20/2013, de 9 de diciembre, ha dado importantes pasos adicionales, al poner a disposición de los ciudadanos la información con relevancia jurídica propia del procedimiento de elaboración de normas.

Sin embargo, es necesario contar con una nueva regulación que, terminando con la dispersión normativa existente, refuerce la participación ciudadana, la seguridad jurídica y la revisión del ordenamiento. Con estos objetivos, se establecen por primera vez en una ley las bases con arreglo a las cuales se ha de desenvolver la iniciativa legislativa y la potestad reglamentaria de las Administraciones Públicas con el objeto de asegurar su ejercicio de acuerdo con los principios de buena regulación, garantizar de modo adecuado la audiencia y participación de los ciudadanos en la elaboración de las normas y lograr la predictibilidad y evaluación pública del ordenamiento, como corolario imprescindible del derecho constitucional a la seguridad jurídica. Esta novedad deviene crucial especialmente en un Estado territorialmente descentralizado en el que coexisten tres niveles de Administración territorial que proyectan su actividad normativa sobre espacios subjetivos y geográficos en muchas ocasiones coincidentes. Con esta regulación se siguen las recomendaciones que en esta materia ha formulado la Organización para la Cooperación y el Desarrollo Económicos (OCDE) en su informe emitido en 2014 «Spain: From Administrative Reform to Continous Improvement».

V

La Ley se estructura en 133 artículos, distribuidos en siete títulos, cinco disposiciones adicionales, cinco disposiciones transitorias, una disposición derogatoria y siete disposiciones finales.

El título preliminar, de disposiciones generales, aborda el ámbito objetivo y subjetivo de la Ley. Entre sus principales novedades, cabe señalar, la inclusión en el objeto de la Ley, con carácter básico, de los principios que informan el ejercicio de la iniciativa legislativa y la potestad reglamentaria de las Administraciones. Se prevé la aplicación de lo previsto en esta Ley a todos los sujetos comprendidos en el concepto de Sector Público, si bien las Corporaciones de Derecho Público se regirán por su normativa específica en el ejercicio de las funciones públicas que les hayan sido atribuidas y supletoriamente por la presente Ley.

Asimismo, destaca la previsión de que sólo mediante Ley puedan establecerse trámites adicionales o distintos a los contemplados en esta norma, pudiéndose concretar reglamentariamente ciertas especialidades del procedimiento referidas a la identificación de los órganos competentes, plazos, formas de iniciación y terminación, publicación e informes a recabar. Esta previsión no afecta a los trámites adicionales o distintos ya recogidos en las leyes especiales vigentes, ni a la concreción que, en normas reglamentarias, se haya producido de los órganos competentes, los plazos propios del concreto procedimiento por razón de la materia, las formas de iniciación y terminación, la publicación de los actos o los informes a recabar, que mantendrán sus efectos. Así, entre otros casos, cabe señalar la vigencia del anexo 2 al que se refiere la disposición adicional vigésima novena de la Ley 14/2000, de 29 de diciembre, de medidas fiscales, administrativas y del orden social, que establece una serie de procedimientos que quedan excepcionados de la regla general del silencio administrativo positivo.

El título I, de los interesados en el procedimiento, regula entre otras cuestiones, las especialidades de la capacidad de obrar en el ámbito del Derecho administrativo, haciéndola extensiva por primera vez a los grupos de afectados, las uniones y entidades sin personalidad jurídica y los patrimonios independientes o autónomos cuando la Ley así lo declare expresamente. En materia de representación, se incluyen nuevos medios para acreditarla en el ámbito exclusivo de las Administraciones Públicas, como son el apoderamiento «apud acta», presencial o electrónico, o la acreditación de su inscripción en el registro electrónico de apoderamientos de la Administración Pública u Organismo competente. Igualmente, se dispone la obligación de cada Administración Pública de contar con un registro electrónico de apoderamientos, pudiendo las Administraciones territoriales adherirse al del Estado, en aplicación del principio de eficiencia, reconocido en el artículo 7 de la Ley Orgánica 2/2012, de 27 de abril, de Estabilidad Presupuestaria y Sostenibilidad Financiera.

Por otro lado, este título dedica parte de su articulado a una de las novedades más importantes de la Ley: la separación entre identificación y firma electrónica y la simplificación de los medios para acreditar una u otra, de modo que, con carácter general, sólo será necesaria la primera, y se exigirá la segunda cuando deba acreditarse la voluntad y consentimiento del interesado. Se establece, con carácter básico, un conjunto mínimo de categorías de medios de identificación y firma a utilizar por todas las Administraciones. En particular, se admitirán como sistemas de firma: los sistemas de firma electrónica reconocida o cualificada y avanzada basados en certificados electrónicos cualificados de firma electrónica, que comprenden tanto los certificados electrónicos de persona jurídica como los de entidad sin personalidad jurídica; los sistemas de sello electrónico reconocido o cualificado y de sello electrónico avanzado basados en certificados cualificados de sello electrónico; así como cualquier otro sistema que las Administraciones Públicas consideren válido, en los términos y condiciones que se establezcan. Se admitirán como sistemas de identificación cualquiera de los sistemas de firma admitidos, así como sistemas de clave concertada y cualquier otro que establezcan las Administraciones Públicas.

Tanto los sistemas de identificación como los de firma previstos en esta Ley son plenamente coherentes con lo dispuesto en el Reglamento (UE) n.º 910/2014 del Parlamento Europeo y del Consejo, de 23 de julio de 2014, relativo a la identificación electrónica y los servicios de confianza para las transacciones electrónicas en el mercado interior y por la que se deroga la Directiva 1999/93/CE. Debe recordarse la obligación de los Estados miembros de admitir los sistemas de identificación electrónica notificados a la Comisión Europea por el resto de Estados miembros, así como los sistemas de firma y sello electrónicos basados en certificados electrónicos cualificados emitidos por prestadores de servicios que figuren en las listas de confianza de otros Estados miembros de la Unión Europea, en los términos que prevea dicha norma comunitaria.

El título II, de la actividad de las Administraciones Públicas, se estructura en dos capítulos. El capítulo I sobre normas generales de actuación identifica como novedad, los sujetos obligados a relacionarse electrónicamente con las Administraciones Públicas.

Asimismo, en el citado Capítulo se dispone la obligación de todas las Administraciones Públicas de contar con un registro electrónico general, o, en su caso, adherirse al de la Administración General del Estado. Estos registros estarán asistidos a su vez por la actual red de oficinas en materia de registros, que pasarán a denominarse oficinas de asistencia en materia de registros, y que permitirán a los interesados, en el caso que así lo deseen, presentar sus solicitudes en papel, las cuales se convertirán a formato electrónico.

En materia de archivos se introduce como novedad la obligación de cada Administración Pública de mantener un archivo electrónico único de los documentos que correspondan a procedimientos finalizados, así como la obligación de que estos expedientes sean conservados en un formato que permita garantizar la autenticidad, integridad y conservación del documento.

A este respecto, cabe señalar que la creación de este archivo electrónico único resultará compatible con los diversos sistemas y redes de archivos en los términos previstos en la legislación vigente, y respetará el reparto de responsabilidades sobre la custodia o traspaso correspondiente. Asimismo, el archivo electrónico único resultará compatible con la continuidad del Archivo Histórico Nacional de acuerdo con lo previsto en la Ley 16/1985, de 25 de junio, del Patrimonio Histórico Español y su normativa de desarrollo.

Igualmente, en el capítulo I se regula el régimen de validez y eficacia de las copias, en donde se aclara y simplifica el actual régimen y se definen los requisitos necesarios para que una copia sea auténtica, las características que deben reunir los documentos emitidos por las

Administraciones Públicas para ser considerados válidos, así como los que deben aportar los interesados al procedimiento, estableciendo con carácter general la obligación de las Administraciones Públicas de no requerir documentos ya aportados por los interesados, elaborados por las Administraciones Públicas o documentos originales, salvo las excepciones contempladas en la Ley. Por tanto, el interesado podrá presentar con carácter general copias de documentos, ya sean digitalizadas por el propio interesado o presentadas en soporte papel.

Destaca asimismo, la obligación de las Administraciones Públicas de contar con un registro u otro sistema equivalente que permita dejar constancia de los funcionarios habilitados para la realización de copias auténticas, de forma que se garantice que las mismas han sido expedidas adecuadamente, y en el que, si así decide organizarlo cada Administración, podrán constar también conjuntamente los funcionarios dedicados a asistir a los interesados en el uso de medios electrónicos, no existiendo impedimento a que un mismo funcionario tenga reconocida ambas funciones o sólo una de ellas.

El capítulo II, de términos y plazos, establece las reglas para su cómputo, ampliación o la tramitación de urgencia. Como principal novedad destaca la introducción del cómputo de plazos por horas y la declaración de los sábados como días inhábiles, unificando de este modo el cómputo de plazos en el ámbito judicial y el administrativo.

El título III, de los actos administrativos, se estructura en tres capítulos y se centra en la regulación de los requisitos de los actos administrativos, su eficacia y las reglas sobre nulidad y anulabilidad, manteniendo en su gran mayoría las reglas generales ya establecidas por la Ley 30/1992, de 26 de noviembre.

Merecen una mención especial las novedades introducidas en materia de notificaciones electrónicas, que serán preferentes y se realizarán en la sede electrónica o en la dirección electrónica habilitada única, según corresponda. Asimismo, se incrementa la seguridad jurídica de los interesados estableciendo nuevas medidas que garanticen el conocimiento de la puesta a disposición de las notificaciones como: el envío de avisos de notificación, siempre que esto sea posible, a los dispositivos electrónicos y/o a la dirección de correo electrónico que el interesado haya comunicado, así como el acceso a sus notificaciones a través del Punto de Acceso General Electrónico de la Administración que funcionará como un portal de entrada.

El título IV, de disposiciones sobre el procedimiento administrativo común, se estructura en siete capítulos y entre sus principales novedades destaca que los anteriores procedimientos especiales sobre potestad sancionadora y responsabilidad patrimonial que la Ley 30/1992, de 26 de noviembre, regulaba en títulos separados, ahora se han integrado como especialidades del procedimiento administrativo común. Este planteamiento responde a uno de los objetivos que persigue esta Ley, la simplificación de los procedimientos administrativos y su integración como especialidades en el procedimiento administrativo común, contribuyendo así a aumentar la seguridad jurídica. De acuerdo con la sistemática seguida, los principios generales de la potestad sancionadora y de la responsabilidad patrimonial de las Administraciones Públicas, en cuanto que atañen a aspectos más orgánicos que procedimentales, se regulan en la Ley de Régimen Jurídico del Sector Público.

Asimismo, este título incorpora a las fases de iniciación, ordenación, instrucción y finalización del procedimiento el uso generalizado y obligatorio de medios electrónicos. Igualmente, se incorpora la regulación del expediente administrativo estableciendo su formato electrónico y los documentos que deben integrarlo.

Como novedad dentro de este título, se incorpora un nuevo Capítulo relativo a la tramitación simplificada del procedimiento administrativo común, donde se establece su ámbito objetivo de aplicación, el plazo máximo de resolución que será de treinta días y los trámites de que constará. Si en un procedimiento fuera necesario realizar cualquier otro trámite adicional, deberá seguirse entonces la tramitación ordinaria. Asimismo, cuando en un procedimiento tramitado de manera simplificada fuera preceptiva la emisión del Dictamen del Consejo de Estado, u órgano consultivo equivalente, y éste manifestara un criterio contrario al fondo de la propuesta de resolución, para mayor garantía de los interesados se deberá continuar el procedimiento pero siguiendo la tramitación ordinaria, no ya la abreviada, pudiéndose en este caso realizar otros trámites no previstos en el caso de la tramitación simplificada, como la realización de pruebas a solicitud de los interesados. Todo ello, sin perjuicio de la posibilidad de acordar la tramitación de urgencia del procedimiento en los mismos términos que ya contemplaba la Ley 30/1992, de 26 de noviembre.

El título V, de la revisión de los actos en vía administrativa, mantiene las mismas vías previstas en la Ley 30/1992, de 26 de noviembre, permaneciendo por tanto la revisión de oficio y la tipología de recursos administrativos existentes hasta la fecha (alzada, potestativo de reposición y extraordinario de revisión). No obstante, cabe destacar como novedad la posibilidad de que cuando una Administración deba resolver una pluralidad de recursos administrativos que traigan causa de un mismo acto administrativo y se hubiera interpuesto un recurso judicial contra una resolución administrativa o contra el correspondiente acto presunto desestimatorio, el órgano administrativo podrá acordar la suspensión del plazo para resolver hasta que recaiga pronunciamiento judicial.

De acuerdo con la voluntad de suprimir trámites que, lejos de constituir una ventaja para los administrados, suponían una carga que dificultaba el ejercicio de sus derechos, la Ley no contempla ya las reclamaciones previas en vía civil y laboral, debido a la escasa utilidad práctica que han demostrado hasta la fecha y que, de este modo, quedan suprimidas.

El título VI, sobre la iniciativa legislativa y potestad normativa de las Administraciones Públicas, recoge los principios a los que ha de ajustar su ejercicio la Administración titular, haciendo efectivos los derechos constitucionales en este ámbito.

Junto con algunas mejoras en la regulación vigente sobre jerarquía, publicidad de las normas y principios de buena regulación, se incluyen varias novedades para incrementar la participación de los ciudadanos en el procedimiento de elaboración de normas, entre las que destaca, la necesidad de recabar, con carácter previo a la elaboración de la norma, la opinión de ciudadanos y empresas acerca de los problemas que se pretenden solucionar con la iniciativa, la necesidad y oportunidad de su aprobación, los objetivos de la norma y las posibles soluciones alternativas regulatorias y no regulatorias.

Por otra parte, en aras de una mayor seguridad jurídica, y la predictibilidad del ordenamiento, se apuesta por mejorar la planificación normativa ex ante. Para ello, todas las Administraciones divulgarán un Plan Anual Normativo en el que se recogerán todas las propuestas con rango de ley o de reglamento que vayan a ser elevadas para su aprobación el año siguiente. Al mismo tiempo, se fortalece la evaluación ex post, puesto que junto con el deber de revisar de forma continua la adaptación de la normativa a los principios de buena regulación, se impone la obligación de evaluar periódicamente la aplicación de las normas en vigor, con el objeto de comprobar si han cumplido los objetivos perseguidos y si el coste y cargas derivados de ellas estaba justificado y adecuadamente valorado.

Por lo que respecta a las disposiciones adicionales, transitorias, derogatorias y finales, cabe aludir a la relativa a la adhesión por parte de las Comunidades Autónomas y Entidades Locales a los registros y sistemas establecidos por la Administración General del Estado en aplicación del principio de eficiencia reconocido en la Ley Orgánica 2/2012, de 27 de abril.

Destaca igualmente, la disposición sobre las especialidades por razón de la materia donde se establece una serie de actuaciones y procedimientos que se regirán por su normativa específica y supletoriamente por lo previsto en esta Ley, entre las que cabe destacar las de aplicación de los tributos y revisión en materia tributaria y aduanera, las de gestión, inspección, liquidación, recaudación, impugnación y revisión en materia de Seguridad Social y Desempleo, en donde se entienden comprendidos, entre otros, los actos de encuadramiento y afiliación de la Seguridad Social y las aportaciones económicas por despidos que afecten a trabajadores de cincuenta o más años en empresas con beneficios, así como las actuaciones y procedimientos sancionadores en materia tributaria y aduanera, en el orden social, en materia de tráfico y seguridad vial y en materia de extranjería.

Por último, la Ley contiene las disposiciones de derecho transitorio aplicables a los procedimientos en curso, a su entrada en vigor, a archivos y registros y al Punto de Acceso General electrónico, así como las que habilitan para el desarrollo de lo previsto en la Ley.

TÍTULO PRELIMINAR
Disposiciones generales

1. *Objeto de la Ley.* 1. La presente Ley tiene por objeto regular los requisitos de validez y eficacia de los actos administrativos, el procedimiento administrativo común a todas las Administraciones Públicas, incluyendo el sancionador y el de reclamación de responsabilidad de las Administraciones Públicas, así como los principios a los que se ha de ajustar el ejercicio de la iniciativa legislativa y la potestad reglamentaria [421].

2. Solo mediante ley, cuando resulte eficaz, proporcionado y necesario para la consecución de los fines propios del procedimiento, y de manera motivada, podrán incluirse trámites adicionales o distintos a

---

[421] Véanse arts. 103, 105.c) y 149.1.18 CE

los contemplados en esta Ley. Reglamentariamente podrán establecerse especialidades del procedimiento referidas a los órganos competentes, plazos propios del concreto procedimiento por razón de la materia, formas de iniciación y terminación, publicación e informes a recabar.

2. *Ámbito subjetivo de aplicación.* 1. La presente Ley se aplica al sector público, que comprende [422] :
a) La Administración General del Estado.
b) Las Administraciones de las Comunidades Autónomas.
c) Las Entidades que integran la Administración Local.
d) El sector público institucional.
2. El sector público institucional se integra por:
a) Cualesquiera organismos públicos y entidades de derecho público vinculados o dependientes de las Administraciones Públicas.
b) Las entidades de derecho privado vinculadas o dependientes de las Administraciones Públicas, que quedarán sujetas a lo dispuesto en las normas de esta Ley que específicamente se refieran a las mismas, y en todo caso, cuando ejerzan potestades administrativas.
c) Las Universidades públicas, que se regirán por su normativa específica y supletoriamente por las previsiones de esta Ley.
3. Tienen la consideración de Administraciones Públicas la Administración General del Estado, las Administraciones de las Comunidades Autónomas, las Entidades que integran la Administración Local, así como los organismos públicos y entidades de derecho público previstos en la letra a) del apartado 2 anterior.
4. Las Corporaciones de Derecho Público se regirán por su normativa específica en el ejercicio de las funciones públicas que les hayan sido atribuidas por Ley o delegadas por una Administración Pública, y supletoriamente por la presente Ley [423] .

---

[422] Véase art. 16.4.a) de la presente Ley
[423] Véanse arts. 3 LBRL y 1.2 LJCA

TÍTULO I
De los interesados en el procedimiento

CAPÍTULO I
La capacidad de obrar y el concepto de interesado

3. *Capacidad de obrar.* [424]

A los efectos previstos en esta Ley, tendrán capacidad de obrar ante las Administraciones Públicas:

a) Las personas físicas o jurídicas que ostenten capacidad de obrar con arreglo a las normas civiles.

b) Los menores de edad para el ejercicio y defensa de aquellos de sus derechos e intereses cuya actuación esté permitida por el ordenamiento jurídico sin la asistencia de la persona que ejerza la patria potestad, tutela o curatela. Se exceptúa el supuesto de los menores incapacitados, cuando la extensión de la incapacitación afecte al ejercicio y defensa de los derechos o intereses de que se trate.

c) Cuando la Ley así lo declare expresamente, los grupos de afectados, las uniones y entidades sin personalidad jurídica y los patrimonios independientes o autónomos.

4. *Concepto de interesado.* 1. Se consideran interesados en el procedimiento administrativo:

a) Quienes lo promuevan como titulares de derechos o intereses legítimos individuales o colectivos.

b) Los que, sin haber iniciado el procedimiento, tengan derechos que puedan resultar afectados por la decisión que en el mismo se adopte.

c) Aquellos cuyos intereses legítimos, individuales o colectivos, puedan resultar afectados por la resolución y se personen en el procedimiento en tanto no haya recaído resolución definitiva.

---

[424] Véase art. 13 de la presente Ley

2. Las asociaciones y organizaciones representativas de intereses económicos y sociales serán titulares de intereses legítimos colectivos en los términos que la Ley reconozca [425].

3. Cuando la condición de interesado derivase de alguna relación jurídica transmisible, el derecho-habiente sucederá en tal condición cualquiera que sea el estado del procedimiento [426].

5. *Representación.* 1. Los interesados con capacidad de obrar podrán actuar por medio de representante, entendiéndose con éste las actuaciones administrativas, salvo manifestación expresa en contra del interesado.

2. Las personas físicas con capacidad de obrar y las personas jurídicas, siempre que ello esté previsto en sus Estatutos, podrán actuar en representación de otras ante las Administraciones Públicas [427].

3. Para formular solicitudes, presentar declaraciones responsables o comunicaciones, interponer recursos, desistir de acciones y renunciar a derechos en nombre de otra persona, deberá acreditarse la representación. Para los actos y gestiones de mero trámite se presumirá aquella representación [428].

4. La representación podrá acreditarse mediante cualquier medio válido en Derecho que deje constancia fidedigna de su existencia.

A estos efectos, se entenderá acreditada la representación realizada mediante apoderamiento apud acta efectuado por comparecencia personal o comparecencia electrónica en la correspondiente sede electrónica, o a través de la acreditación de su inscripción en el registro electrónico de apoderamientos de la Administración Pública competente.

5. El órgano competente para la tramitación del procedimiento deberá incorporar al expediente administrativo acreditación de la con-

---

[425] Véanse arts. 19, 100 y 101 LJCA, 22 a 26 LGDCU, 17.2 y 154 LRJS, 5.g) L 2/1974 y 150 LPI

[426] Véase art. 22 LJCA. Además, ténganse en cuenta los casos en que el ordenamiento jurídico atribuye una acción pública para incoar o intervenir en procedimientos administrativos, como los arts. 5 y 62 LS/15, 22 L 27/2006, 8.2 LPHE, 109 LC, 219 RC

[427] Véase art. 53.1.g) de la presente Ley

[428] Véanse arts. 1216 CC y 27.1 de la presente Ley

dición de representante y de los poderes que tiene reconocidos en dicho momento. El documento electrónico que acredite el resultado de la consulta al registro electrónico de apoderamientos correspondiente tendrá la condición de acreditación a estos efectos [429].

6. La falta o insuficiente acreditación de la representación no impedirá que se tenga por realizado el acto de que se trate, siempre que se aporte aquélla o se subsane el defecto dentro del plazo de diez días que deberá conceder al efecto el órgano administrativo, o de un plazo superior cuando las circunstancias del caso así lo requieran.

7. Las Administraciones Públicas podrán habilitar con carácter general o específico a personas físicas o jurídicas autorizadas para la realización de determinadas transacciones electrónicas en representación de los interesados. Dicha habilitación deberá especificar las condiciones y obligaciones a las que se comprometen los que así adquieran la condición de representantes, y determinará la presunción de validez de la representación salvo que la normativa de aplicación prevea otra cosa. Las Administraciones Públicas podrán requerir, en cualquier momento, la acreditación de dicha representación. No obstante, siempre podrá comparecer el interesado por sí mismo en el procedimiento.

6. *Registros electrónicos de apoderamientos.* [430]

1. La Administración General del Estado, las Comunidades Autónomas y las Entidades Locales dispondrán de un registro electrónico general de apoderamientos, en el que deberán inscribirse, al menos, los de carácter general otorgados apud acta, presencial o electrónicamente, por quien ostente la condición de interesado en un procedimiento administrativo a favor de representante, para actuar en su nombre ante las Administraciones Públicas. También deberá constar el bastanteo realizado del poder.

En el ámbito estatal, este registro será el Registro Electrónico de Apoderamientos de la Administración General del Estado.

Los registros generales de apoderamientos no impedirán la existencia de registros particulares en cada Organismo donde se inscriban los poderes otorgados para la realización de trámites específicos en el mis-

---

[429] Téngase en cuenta el último párrafo de la disp. final 7ª, en relación con la disp. trans. 4ª, de esta ley

[430] Téngase en cuenta el último párrafo de la disp. final 7ª, en relación con la disp. trans. 4ª, de esta ley

mo. Cada Organismo podrá disponer de su propio registro electrónico de apoderamientos.

2. Los registros electrónicos generales y particulares de apoderamientos pertenecientes a todas y cada una de las Administraciones, deberán ser plenamente interoperables entre sí, de modo que se garantice su interconexión, compatibilidad informática, así como la transmisión telemática de las solicitudes, escritos y comunicaciones que se incorporen a los mismos.

Los registros electrónicos generales y particulares de apoderamientos permitirán comprobar válidamente la representación de quienes actúen ante las Administraciones Públicas en nombre de un tercero, mediante la consulta a otros registros administrativos similares, al registro mercantil, de la propiedad, y a los protocolos notariales.

Los registros mercantiles, de la propiedad, y de los protocolos notariales serán interoperables con los registros electrónicos generales y particulares de apoderamientos.

3. Los asientos que se realicen en los registros electrónicos generales y particulares de apoderamientos deberán contener, al menos, la siguiente información:

a) Nombre y apellidos o la denominación o razón social, documento nacional de identidad, número de identificación fiscal o documento equivalente del poderdante.

b) Nombre y apellidos o la denominación o razón social, documento nacional de identidad, número de identificación fiscal o documento equivalente del apoderado.

c) Fecha de inscripción.

d) Período de tiempo por el cual se otorga el poder.

e) Tipo de poder según las facultades que otorgue.

4. Los poderes que se inscriban en los registros electrónicos generales y particulares de apoderamientos deberán corresponder a alguna de las siguientes tipologías:

a) Un poder general para que el apoderado pueda actuar en nombre del poderdante en cualquier actuación administrativa y ante cualquier Administración.

b) Un poder para que el apoderado pueda actuar en nombre del poderdante en cualquier actuación administrativa ante una Administración u Organismo concreto.

c) Un poder para que el apoderado pueda actuar en nombre del poderdante únicamente para la realización de determinados trámites especificados en el poder.

Apartado 4 párrafo 2 (Derogado) [431]

Cada Comunidad Autónoma aprobará los modelos de poderes inscribibles en el registro cuando se circunscriba a actuaciones ante su respectiva Administración.

5. El apoderamiento «apudacta» se otorgará mediante comparecencia electrónica en la correspondiente sede electrónica haciendo uso de los sistemas de firma electrónica previstos en esta Ley, o bien mediante comparecencia personal en las oficinas de asistencia en materia de registros.

6. Los poderes inscritos en el registro tendrán una validez determinada máxima de cinco años a contar desde la fecha de inscripción. En todo caso, en cualquier momento antes de la finalización de dicho plazo el poderdante podrá revocar o prorrogar el poder. Las prórrogas otorgadas por el poderdante al registro tendrán una validez determinada máxima de cinco años a contar desde la fecha de inscripción.

7. Las solicitudes de inscripción del poder, de revocación, de prórroga o de denuncia del mismo podrán dirigirse a cualquier registro, debiendo quedar inscrita esta circunstancia en el registro de la Administración u Organismo ante la que tenga efectos el poder y surtiendo efectos desde la fecha en la que se produzca dicha inscripción.

7. *Pluralidad de interesados.* Cuando en una solicitud, escrito o comunicación figuren varios interesados, las actuaciones a que den lugar se efectuarán con el representante o el interesado que expresamente hayan señalado, y, en su defecto, con el que figure en primer término [432].

8. *Nuevos interesados en el procedimiento.* Si durante la instrucción de un procedimiento que no haya tenido publicidad, se advierte la existencia de personas que sean titulares de derechos o intereses legítimos y directos cuya identificación resulte del expediente y que puedan

---

[431] Anulado apartado 4 párrafo 2 por sentencia 55/2018 del Tribunal Constitucional de 24 de mayo de 2018, con vigencia desde 22/06/2018

[432] Véase art. 66.2 de la presente Ley

resultar afectados por la resolución que se dicte, se comunicará a dichas personas la tramitación del procedimiento [433].

CAPÍTULO II
Identificación y firma de los interesados en el procedimiento administrativo [434]

9. *Sistemas de identificación de los interesados en el procedimiento.* 1. Las Administraciones Públicas están obligadas a verificar la identidad de los interesados en el procedimiento administrativo, mediante la comprobación de su nombre y apellidos o denominación o razón social, según corresponda, que consten en el Documento Nacional de Identidad o documento identificativo equivalente.

2. Los interesados podrán identificarse electrónicamente ante las Administraciones Públicas a través de los sistemas siguientes:

a) Sistemas basados en certificados electrónicos cualificados de firma electrónica expedidos por prestadores incluidos en la «Lista de confianza de prestadores de servicios de certificación».

b) Sistemas basados en certificados electrónicos cualificados de sello electrónico expedidos por prestadores incluidos en la «Lista de confianza de prestadores de servicios de certificación».

c) Cualquier otro sistema que las Administraciones públicas consideren válido en los términos y condiciones que se establezca, siempre que cuenten con un registro previo como usuario que permita garantizar su identidad y previa comunicación a la Secretaría General de Administración Digital del Ministerio de Asuntos Económicos y Transformación Digital. Esta comunicación vendrá acompañada de una declaración responsable de que se cumple con todos los requisitos establecidos en la normativa vigente. De forma previa a la eficacia jurídica del sistema, habrán de transcurrir dos meses desde dicha comunicación, durante los cuales el órgano estatal competente por motivos de seguridad pública podrá acudir a la vía jurisdiccional,

---

[433] Véase art. 18.2 de la presente Ley
[434] Véanse las secciones 3.ª y 4.ª del cap. II del tít. II RD 203/2021 de 30 marzo, por el que se aprueba el Rgto. de actuación y funcionamiento del sector público por medios electrónicos

previo informe vinculante de la Secretaría de Estado de Seguridad, que deberá emitir en el plazo de diez días desde su solicitud. [435]

Las Administraciones Públicas deberán garantizar que la utilización de uno de los sistemas previstos en las letras a) y b) sea posible para todo procedimiento, aun cuando se admita para ese mismo procedimiento alguno de los previstos en la letra c). [436]

3. En relación con los sistemas de identificación previstos en la letra c) del apartado anterior, se establece la obligatoriedad de que los recursos técnicos necesarios para la recogida, almacenamiento, tratamiento y gestión de dichos sistemas se encuentren situados en territorio de la Unión Europea, y en caso de tratarse de categorías especiales de datos a los que se refiere el artículo 9 del Reglamento (UE) 2016/679, del Parlamento Europeo y del Consejo, de 27 de abril de 2016, relativo a la protección de las personas físicas en lo que respecta al tratamiento de datos personales y a la libre circulación de estos datos y por el que se deroga la Directiva 95/46/CE, en territorio español. En cualquier caso, los datos se encontrarán disponibles para su acceso por parte de las autoridades judiciales y administrativas competentes.

Los datos a que se refiere el párrafo anterior no podrán ser objeto de transferencia a un tercer país u organización internacional, con excepción de los que hayan sido objeto de una decisión de adecuación de la Comisión Europea o cuando así lo exija el cumplimiento de las obligaciones internacionales asumidas por el Reino de España. [437]

4. En todo caso, la aceptación de alguno de estos sistemas por la Administración General del Estado servirá para acreditar frente a todas las Administraciones Públicas, salvo prueba en contrario, la identificación electrónica de los interesados en el procedimiento administrativo. [438]

10. *Sistemas de firma admitidos por las Administraciones Públicas.* 1. Los interesados podrán firmar a través de cualquier medio

---

[435] Dada nueva redacción apartado 2 apartado c por disposición final 1 apartado 1 de Ley 11/2022 de 28 de junio de 2022, con vigencia desde 30/06/2022

[436] Dada nueva redacción apartado 2 por art. 3 apartado 1 de Real Decreto-Ley 14/2019 de 31 de octubre de 2019, con vigencia desde 06/11/2019

[437] Añadido apartado 3 por art. 3 apartado 1 de Real Decreto-Ley 14/2019 de 31 de octubre de 2019, con vigencia desde 06/11/2019

[438] Renumerado apartado 3 por art. 3 apartado 1 de Real Decreto-Ley 14/2019 de 31 de octubre de 2019 como apartado 4, con vigencia desde 06/11/2019

que permita acreditar la autenticidad de la expresión de su voluntad y consentimiento, así como la integridad e inalterabilidad del documento.

2. En el caso de que los interesados optaran por relacionarse con las Administraciones Públicas a través de medios electrónicos, se considerarán válidos a efectos de firma:

a) Sistemas de firma electrónica cualificada y avanzada basados en certificados electrónicos cualificados de firma electrónica expedidos por prestadores incluidos en la «Lista de confianza de prestadores de servicios de certificación».

b) Sistemas de sello electrónico cualificado y de sello electrónico avanzado basados en certificados electrónicos cualificados de sello electrónico expedidos por prestador incluido en la «Lista de confianza de prestadores de servicios de certificación».

c) Cualquier otro sistema que las Administraciones públicas consideren válido en los términos y condiciones que se establezca, siempre que cuenten con un registro previo como usuario que permita garantizar su identidad y previa comunicación a la Secretaría General de Administración Digital del Ministerio de Asuntos Económicos y Transformación Digital. Esta comunicación vendrá acompañada de una declaración responsable de que se cumple con todos los requisitos establecidos en la normativa vigente. De forma previa a la eficacia jurídica del sistema, habrán de transcurrir dos meses desde dicha comunicación, durante los cuales el órgano estatal competente por motivos de seguridad pública podrá acudir a la vía jurisdiccional, previo informe vinculante de la Secretaría de Estado de Seguridad, que deberá emitir en el plazo de diez días desde su solicitud. [439]

Las Administraciones Públicas deberán garantizar que la utilización de uno de los sistemas previstos en las letras a) y b) sea posible para todos los procedimientos en todos sus trámites, aun cuando adicionalmente se permita alguno de los previstos al amparo de lo dispuesto en la letra c). [440]

3. En relación con los sistemas de firma previstos en la letra c) del apartado anterior, se establece la obligatoriedad de que los recursos

---

[439] Dada nueva redacción apartado 2 apartado c por disposición final 1 apartado 2 de Ley 11/2022 de 28 de junio de 2022, con vigencia desde 30/06/2022

[440] Dada nueva redacción apartado 2 por art. 3 apartado 2 de Real Decreto-Ley 14/2019 de 31 de octubre de 2019, con vigencia desde 06/11/2019

técnicos necesarios para la recogida, almacenamiento, tratamiento y gestión de dichos sistemas se encuentren situados en territorio de la Unión Europea, y en caso de tratarse de categorías especiales de datos a los que se refiere el artículo 9 del Reglamento (UE) 2016/679, del Parlamento Europeo y del Consejo, de 27 de abril de 2016, en territorio español. En cualquier caso, los datos se encontrarán disponibles para su acceso por parte de las autoridades judiciales y administrativas competentes.

Los datos a que se refiere el párrafo anterior no podrán ser objeto de transferencia a un tercer país u organización internacional, con excepción de los que hayan sido objeto de una decisión de adecuación de la Comisión Europea o cuando así lo exija el cumplimiento de las obligaciones internacionales asumidas por el Reino de España. [441]

4. Cuando así lo disponga expresamente la normativa reguladora aplicable, las Administraciones Públicas podrán admitir los sistemas de identificación contemplados en esta Ley como sistema de firma cuando permitan acreditar la autenticidad de la expresión de la voluntad y consentimiento de los interesados. [442]

5. Cuando los interesados utilicen un sistema de firma de los previstos en este artículo, su identidad se entenderá ya acreditada mediante el propio acto de la firma. [443]

11. *Uso de medios de identificación y firma en el procedimiento administrativo.* 1. Con carácter general, para realizar cualquier actuación prevista en el procedimiento administrativo, será suficiente con que los interesados acrediten previamente su identidad a través de cualquiera de los medios de identificación previstos en esta Ley.

2. Las Administraciones Públicas sólo requerirán a los interesados el uso obligatorio de firma para:

a) Formular solicitudes.

b) Presentar declaraciones responsables o comunicaciones.

c) Interponer recursos.

---

[441] Añadido apartado 3 por art. 3 apartado 2 de Real Decreto-Ley 14/2019 de 31 de octubre de 2019, con vigencia desde 06/11/2019

[442] Renumerado apartado 3 por art. 3 apartado 2 de Real Decreto-Ley 14/2019 de 31 de octubre de 2019 como apartado 4, con vigencia desde 06/11/2019

[443] Renumerado apartado 4 por art. 3 apartado 2 de Real Decreto-Ley 14/2019 de 31 de octubre de 2019 como apartado 5, con vigencia desde 06/11/2019

d) Desistir de acciones.

e) Renunciar a derechos.

12. *Asistencia en el uso de medios electrónicos a los interesados.* 1. Las Administraciones Públicas deberán garantizar que los interesados pueden relacionarse con la Administración a través de medios electrónicos, para lo que pondrán a su disposición los canales de acceso que sean necesarios así como los sistemas y aplicaciones que en cada caso se determinen.

2. Las Administraciones Públicas asistirán en el uso de medios electrónicos a los interesados no incluidos en los apartados 2 y 3 del artículo 14 que así lo soliciten, especialmente en lo referente a la identificación y firma electrónica, presentación de solicitudes a través del registro electrónico general y obtención de copias auténticas [444].

Asimismo, si alguno de estos interesados no dispone de los medios electrónicos necesarios, su identificación o firma electrónica en el procedimiento administrativo podrá ser válidamente realizada por un funcionario público mediante el uso del sistema de firma electrónica del que esté dotado para ello. En este caso, será necesario que el interesado que carezca de los medios electrónicos necesarios se identifique ante el funcionario y preste su consentimiento expreso para esta actuación, de lo que deberá quedar constancia para los casos de discrepancia o litigio.

3. La Administración General del Estado, las Comunidades Autónomas y las Entidades Locales mantendrán actualizado un registro, u otro sistema equivalente, donde constarán los funcionarios habilitados para la identificación o firma regulada en este artículo. Estos registros o sistemas deberán ser plenamente interoperables y estar interconectados con los de las restantes Administraciones Públicas, a los efectos de comprobar la validez de las citadas habilitaciones [445].

En este registro o sistema equivalente, al menos, constarán los funcionarios que presten servicios en las oficinas de asistencia en materia de registros.

[444] Téngase en cuenta el último párrafo de la disp. final 7ª, en relación con la disp. trans. 4ª, de esta ley

[445] Téngase en cuenta el último párrafo de la disp. final 7ª de esta ley

TÍTULO II
De la actividad de las Administraciones Públicas

CAPÍTULO I
Normas generales de actuación

13. *Derechos de las personas en sus relaciones con las Administraciones Públicas.* Quienes de conformidad con el artículo 3, tienen capacidad de obrar ante las Administraciones Públicas, son titulares, en sus relaciones con ellas, de los siguientes derechos:

a) A comunicarse con las Administraciones Públicas a través de un Punto de Acceso General electrónico de la Administración [446].

b) A ser asistidos en el uso de medios electrónicos en sus relaciones con las Administraciones Públicas.

c) A utilizar las lenguas oficiales en el territorio de su Comunidad Autónoma, de acuerdo con lo previsto en esta Ley y en el resto del ordenamiento jurídico [447].

d) Al acceso a la información pública, archivos y registros, de acuerdo con lo previsto en la Ley 19/2013, de 9 de diciembre, de transparencia, acceso a la información pública y buen gobierno y el resto del Ordenamiento Jurídico [448].

e) A ser tratados con respeto y deferencia por las autoridades y empleados públicos, que habrán de facilitarles el ejercicio de sus derechos y el cumplimiento de sus obligaciones.

f) A exigir las responsabilidades de las Administraciones Públicas y autoridades, cuando así corresponda legalmente [449].

g) A la obtención y utilización de los medios de identificación y firma electrónica contemplados en esta Ley.

---

[446] Téngase en cuenta el último párrafo de la disp. final 7ª, en relación con la disp. trans. 4ª, de esta ley

[447] Véanse arts. 3 CE, 6 EAPV, 6 EAC, 5 EAG, 6 EACV, 9.2 LO 13/1982 Navarra, 4 EAIB y 15 de la presente Ley. Téngase en cuenta que el RD 1111/1979, regula el empleo de las lenguas españolas en las Corporaciones Locales y la O de 17 junio 1987 el uso de las lenguas oficiales de las Comunidades Autónomas en la Administración Militar

[448] Véanse arts. 105 b) CE y Cap. III, disp. final 1, 3 y 6 L 19/2013

[449] Véanse arts. 32 a 37 LRJSP y 64, 67 y 96.4 de la presente Ley

h) A la protección de datos de carácter personal, y en particular a la seguridad y confidencialidad de los datos que figuren en los ficheros, sistemas y aplicaciones de las Administraciones Públicas.

i) Cualesquiera otros que les reconozcan la Constitución y las leyes [450].

Estos derechos se entienden sin perjuicio de los reconocidos en el artículo 53 referidos a los interesados en el procedimiento administrativo.

14. *Derecho y obligación de relacionarse electrónicamente con las Administraciones Públicas.* [451]

1. Las personas físicas podrán elegir en todo momento si se comunican con las Administraciones Públicas para el ejercicio de sus derechos y obligaciones a través de medios electrónicos o no, salvo que estén obligadas a relacionarse a través de medios electrónicos con las Administraciones Públicas. El medio elegido por la persona para comunicarse con las Administraciones Públicas podrá ser modificado por aquella en cualquier momento.

2. En todo caso, estarán obligados a relacionarse a través de medios electrónicos con las Administraciones Públicas para la realización de cualquier trámite de un procedimiento administrativo, al menos, los siguientes sujetos [452] :

a) Las personas jurídicas.

b) Las entidades sin personalidad jurídica.

c) Quienes ejerzan una actividad profesional para la que se requiera colegiación obligatoria, para los trámites y actuaciones que realicen con las Administraciones Públicas en ejercicio de dicha actividad profesional. En todo caso, dentro de este colectivo se entenderán incluidos los notarios y registradores de la propiedad y mercantiles.

d) Quienes representen a un interesado que esté obligado a relacionarse electrónicamente con la Administración.

e) Los empleados de las Administraciones Públicas para los trámites y actuaciones que realicen con ellas por razón de su condición de em-

---

[450] Téngase en cuenta que el art. 34 LGT determina los derechos y garantías de los obligados tributarios

[451] Véase el título preliminar RD 203/2021 de 30 marzo, por el que se aprueba el Rgto. de actuación y funcionamiento del sector público por medios electrónicos

[452] Véanse arts. 12.2 y 64.8 de la presente Ley

pleado público, en la forma en que se determine reglamentariamente por cada Administración.

3. Reglamentariamente, las Administraciones podrán establecer la obligación de relacionarse con ellas a través de medios electrónicos para determinados procedimientos y para ciertos colectivos de personas físicas que por razón de su capacidad económica, técnica, dedicación profesional u otros motivos quede acreditado que tienen acceso y disponibilidad de los medios electrónicos necesarios [453].

15. *Lengua de los procedimientos.* 1. La lengua de los procedimientos tramitados por la Administración General del Estado será el castellano. No obstante lo anterior, los interesados que se dirijan a los órganos de la Administración General del Estado con sede en el territorio de una Comunidad Autónoma podrán utilizar también la lengua que sea cooficial en ella.

En este caso, el procedimiento se tramitará en la lengua elegida por el interesado. Si concurrieran varios interesados en el procedimiento, y existiera discrepancia en cuanto a la lengua, el procedimiento se tramitará en castellano, si bien los documentos o testimonios que requieran los interesados se expedirán en la lengua elegida por los mismos.

2. En los procedimientos tramitados por las Administraciones de las Comunidades Autónomas y de las Entidades Locales, el uso de la lengua se ajustará a lo previsto en la legislación autonómica correspondiente [454].

3. La Administración Pública instructora deberá traducir al castellano los documentos, expedientes o partes de los mismos que deban surtir efecto fuera del territorio de la Comunidad Autónoma y los documentos dirigidos a los interesados que así lo soliciten expresamente. Si debieran surtir efectos en el territorio de una Comunidad Autónoma donde sea cooficial esa misma lengua distinta del castellano, no será precisa su traducción [455].

---

[453] Véanse arts. 12.2 y 64.8 de la presente Ley
[454] Véanse arts. 13.c) de la presente Ley, 25 L 12/1983, 56.2 EBEP y 84.4 LGS
[455] Véanse arts. 3.2 CE, 6 EAPV, L 10/1982, del PV, 3 EAC, L 1/1998 de Cataluña, 5 EAG, L 3/1983 de Galicia, 3 EAIB, 7 EACV, 9 LORAFNA, LF 18/1986

16. *Registros.* [456]

1. Cada Administración dispondrá de un Registro Electrónico General, en el que se hará el correspondiente asiento de todo documento que sea presentado o que se reciba en cualquier órgano administrativo, Organismo público o Entidad vinculado o dependiente a éstos. También se podrán anotar en el mismo, la salida de los documentos oficiales dirigidos a otros órganos o particulares.

Los Organismos públicos vinculados o dependientes de cada Administración podrán disponer de su propio registro electrónico plenamente interoperable e interconectado con el Registro Electrónico General de la Administración de la que depende.

El Registro Electrónico General de cada Administración funcionará como un portal que facilitará el acceso a los registros electrónicos de cada Organismo. Tanto el Registro Electrónico General de cada Administración como los registros electrónicos de cada Organismo cumplirán con las garantías y medidas de seguridad previstas en la legislación en materia de protección de datos de carácter personal.

Las disposiciones de creación de los registros electrónicos se publicarán en el diario oficial correspondiente y su texto íntegro deberá estar disponible para consulta en la sede electrónica de acceso al registro. En todo caso, las disposiciones de creación de registros electrónicos especificarán el órgano o unidad responsable de su gestión, así como la fecha y hora oficial y los días declarados como inhábiles.

En la sede electrónica de acceso a cada registro figurará la relación actualizada de trámites que pueden iniciarse en el mismo [457].

2. Los asientos se anotarán respetando el orden temporal de recepción o salida de los documentos, e indicarán la fecha del día en que se produzcan. Concluido el trámite de registro, los documentos serán cursados sin dilación a sus destinatarios y a las unidades administrativas correspondientes desde el registro en que hubieran sido recibidas.

3. El registro electrónico de cada Administración u Organismo garantizará la constancia, en cada asiento que se practique, de un

---

[456] Téngase en cuenta el último párrafo de la disp. final 7ª, en relación con la disp. trans. 4ª, de esta ley. Véanse el tít. I y el cap. III del tít. II RD 203/2021 de 30 marzo, por el que se aprueba el Rgto. de actuación y funcionamiento del sector público por medios electrónicos

[457] Véase el cap. I del tít. IV RD 203/2021 de 30 marzo, por el que se aprueba el Rgto. de actuación y funcionamiento del sector público por medios electrónicos

número, epígrafe expresivo de su naturaleza, fecha y hora de su presentación, identificación del interesado, órgano administrativo remitente, si procede, y persona u órgano administrativo al que se envía, y, en su caso, referencia al contenido del documento que se registra. Para ello, se emitirá automáticamente un recibo consistente en una copia autenticada del documento de que se trate, incluyendo la fecha y hora de presentación y el número de entrada de registro, así como un recibo acreditativo de otros documentos que, en su caso, lo acompañen, que garantice la integridad y el no repudio de los mismos [458].

4. Los documentos que los interesados dirijan a los órganos de las Administraciones Públicas podrán presentarse:

a) En el registro electrónico de la Administración u Organismo al que se dirijan, así como en los restantes registros electrónicos de cualquiera de los sujetos a los que se refiere el artículo 2.1.

b) En las oficinas de Correos, en la forma que reglamentariamente se establezca [459].

c) En las representaciones diplomáticas u oficinas consulares de España en el extranjero.

d) En las oficinas de asistencia en materia de registros.

e) En cualquier otro que establezcan las disposiciones vigentes.

Los registros electrónicos de todas y cada una de las Administraciones, deberán ser plenamente interoperables, de modo que se garantice su compatibilidad informática e interconexión, así como la transmisión telemática de los asientos registrales y de los documentos que se presenten en cualquiera de los registros.

5. Los documentos presentados de manera presencial ante las Administraciones Públicas, deberán ser digitalizados, de acuerdo con lo previsto en el artículo 27 y demás normativa aplicable, por la oficina de asistencia en materia de registros en la que hayan sido presentados para su incorporación al expediente administrativo electrónico, devolviéndose los originales al interesado, sin perjuicio de aquellos supuestos en que la norma determine la custodia por la Administración de los documentos presentados o resulte obligatoria la presentación de objetos o de documentos en un soporte específico no susceptible de digitalización.

---

[458] Véanse disp. trans. 2 y 4 de la presente Ley
[459] Véase art. 14 L 43/2010

Reglamentariamente, las Administraciones podrán establecer la obligación de presentar determinados documentos por medios electrónicos para ciertos procedimientos y colectivos de personas físicas que, por razón de su capacidad económica, técnica, dedicación profesional u otros motivos quede acreditado que tienen acceso y disponibilidad de los medios electrónicos necesarios.

6. Podrán hacerse efectivos mediante transferencia dirigida a la oficina pública correspondiente cualesquiera cantidades que haya que satisfacer en el momento de la presentación de documentos a las Administraciones Públicas, sin perjuicio de la posibilidad de su abono por otros medios.

7. Las Administraciones Públicas deberán hacer pública y mantener actualizada una relación de las oficinas en las que se prestará asistencia para la presentación electrónica de documentos [460].

8. No se tendrán por presentados en el registro aquellos documentos e información cuyo régimen especial establezca otra forma de presentación.

17. *Archivo de documentos.* 1. Cada Administración deberá mantener un archivo electrónico único de los documentos electrónicos que correspondan a procedimientos finalizados, en los términos establecidos en la normativa reguladora aplicable [461].

2. Los documentos electrónicos deberán conservarse en un formato que permita garantizar la autenticidad, integridad y conservación del documento, así como su consulta con independencia del tiempo transcurrido desde su emisión. Se asegurará en todo caso la posibilidad de trasladar los datos a otros formatos y soportes que garanticen el acceso

---

[460] Téngase en cuenta que la Res. de 1 septiembre 1997, de la Secretaría de Estado para la Administración Pública, hace pública la relación de las oficinas de registro propias o concertadas con la Administración General del Estado y sus organismos públicos y establece los días y horarios de apertura, y la Res. de 27 noviembre 1997, de la Secretaría de Estado para la Administración Pública, amplía el plazo de adecuación de los días y horarios de apertura de las oficinas de registro de la Administración General del Estado y de sus organismos públicos. Téngase en cuenta que la primera de dichas resoluciones ha sido actualizada por la Res. de 1 diciembre 1998, de la Secretaría de Estado para la Administración Pública

[461] Téngase en cuenta el último párrafo de la disp. final 7ª, en relación con la disp. trans. 4ª, de esta ley. Véase el cap. II del tít. III RD 203/2021 de 30 marzo, por el que se aprueba el Rgto. de actuación y funcionamiento del sector público por medios electrónicos

desde diferentes aplicaciones. La eliminación de dichos documentos deberá ser autorizada de acuerdo a lo dispuesto en la normativa aplicable [462].

3. Los medios o soportes en que se almacenen documentos, deberán contar con medidas de seguridad, de acuerdo con lo previsto en el Esquema Nacional de Seguridad, que garanticen la integridad, autenticidad, confidencialidad, calidad, protección y conservación de los documentos almacenados. En particular, asegurarán la identificación de los usuarios y el control de accesos, así como el cumplimiento de las garantías previstas en la legislación de protección de datos [463].

18. *Colaboración de las personas.* 1. Las personas colaborarán con la Administración en los términos previstos en la Ley que en cada caso resulte aplicable, y a falta de previsión expresa, facilitarán a la Administración los informes, inspecciones y otros actos de investigación que requieran para el ejercicio de sus competencias, salvo que la revelación de la información solicitada por la Administración atentara contra el honor, la intimidad personal o familiar o supusieran la comunicación de datos confidenciales de terceros de los que tengan conocimiento por la prestación de servicios profesionales de diagnóstico, asesoramiento o defensa, sin perjuicio de lo dispuesto en la legislación en materia de blanqueo de capitales y financiación de actividades terroristas [464].

2. Los interesados en un procedimiento que conozcan datos que permitan identificar a otros interesados que no hayan comparecido en él tienen el deber de proporcionárselos a la Administración actuante [465].

3. Cuando las inspecciones requieran la entrada en el domicilio del afectado o en los restantes lugares que requieran autorización del titular, se estará a lo dispuesto en el artículo 100.

19. *Comparecencia de las personas.* 1. La comparecencia de las personas ante las oficinas públicas, ya sea presencialmente o por me-

---

[462] Véanse arts. 18.4 CE, 5 RDL 14/1999, la LO 15/1999 y la O HAP/547/2013
[463] Véanse RD 311/2022 de 3 mayo, O TES/369/2023 y O ESS/775/2014
[464] Véase para el ámbito tributario los arts. 92 a 95 LGT
[465] Véase art. 8 de la presente Ley

dios electrónicos, sólo será obligatoria cuando así esté previsto en una norma con rango de ley.

2. En los casos en que proceda la comparecencia, la correspondiente citación hará constar expresamente el lugar, fecha, hora, los medios disponibles y objeto de la comparecencia, así como los efectos de no atenderla.

3. Las Administraciones Públicas entregarán al interesado certificación acreditativa de la comparecencia cuando así lo solicite.

20. *Responsabilidad de la tramitación.* 1. Los titulares de las unidades administrativas y el personal al servicio de las Administraciones Públicas que tuviesen a su cargo la resolución o el despacho de los asuntos, serán responsables directos de su tramitación y adoptarán las medidas oportunas para remover los obstáculos que impidan, dificulten o retrasen el ejercicio pleno de los derechos de los interesados o el respeto a sus intereses legítimos, disponiendo lo necesario para evitar y eliminar toda anormalidad en la tramitación de procedimientos.

2. Los interesados podrán solicitar la exigencia de esa responsabilidad a la Administración Pública de que dependa el personal afectado [466].

21. *Obligación de resolver.* [467]

1. La Administración está obligada a dictar resolución expresa y a notificarla en todos los procedimientos cualquiera que sea su forma de iniciación [468].

En los casos de prescripción, renuncia del derecho, caducidad del procedimiento o desistimiento de la solicitud, así como de desaparición sobrevenida del objeto del procedimiento, la resolución consistirá en la declaración de la circunstancia que concurra en cada caso, con indicación de los hechos producidos y las normas aplicables.

Se exceptúan de la obligación a que se refiere el párrafo primero, los supuestos de terminación del procedimiento por pacto o convenio, así como los procedimientos relativos al ejercicio de derechos sometidos

---

[466] Véase art. 76.2 de la presente Ley
[467] Véanse arts. 24.3 y 68.1 de la presente Ley
[468] Véase art. 88.5 de la presente Ley

únicamente al deber de declaración responsable o comunicación a la Administración [469] .

2. El plazo máximo en el que debe notificarse la resolución expresa será el fijado por la norma reguladora del correspondiente procedimiento.

Este plazo no podrá exceder de seis meses salvo que una norma con rango de Ley establezca uno mayor o así venga previsto en el Derecho de la Unión Europea [470] .

3. Cuando las normas reguladoras de los procedimientos no fijen el plazo máximo, éste será de tres meses. Este plazo y los previstos en el apartado anterior se contarán:

a) En los procedimientos iniciados de oficio, desde la fecha del acuerdo de iniciación.

b) En los iniciados a solicitud del interesado, desde la fecha en que la solicitud haya tenido entrada en el registro electrónico de la Administración u Organismo competente para su tramitación [471] .

4. Las Administraciones Públicas deben publicar y mantener actualizadas en el portal web, a efectos informativos, las relaciones de procedimientos de su competencia, con indicación de los plazos máximos de duración de los mismos, así como de los efectos que produzca el silencio administrativo.

En todo caso, las Administraciones Públicas informarán a los interesados del plazo máximo establecido para la resolución de los procedimientos y para la notificación de los actos que les pongan término, así como de los efectos que pueda producir el silencio administrativo. Dicha mención se incluirá en la notificación o publicación del acuerdo de iniciación de oficio, o en la comunicación que se dirigirá al efecto al interesado dentro de los diez días siguientes a la recepción de la solicitud iniciadora del procedimiento en el registro electrónico de la Administración u Organismo competente para su tramitación. En

---

[469] Véanse arts. 93, 94 y 95 de la presente Ley

[470] Véase disp. adic. 29 Ley 14/2000

[471] Téngase en cuenta el último párrafo de la disp. final 7ª, en relación con la disp. trans. 4ª, de esta ley

este último caso, la comunicación indicará además la fecha en que la solicitud ha sido recibida por el órgano competente [472].

5. Cuando el número de las solicitudes formuladas o las personas afectadas pudieran suponer un incumplimiento del plazo máximo de resolución, el órgano competente para resolver, a propuesta razonada del órgano instructor, o el superior jerárquico del órgano competente para resolver, a propuesta de éste, podrán habilitar los medios personales y materiales para cumplir con el despacho adecuado y en plazo [473].

6. El personal al servicio de las Administraciones Públicas que tenga a su cargo el despacho de los asuntos, así como los titulares de los órganos administrativos competentes para instruir y resolver son directamente responsables, en el ámbito de sus competencias del cumplimiento de la obligación legal de dictar resolución expresa en plazo.

El incumplimiento de dicha obligación dará lugar a la exigencia de responsabilidad disciplinaria, sin perjuicio de la que hubiere lugar de acuerdo con la normativa aplicable.

22. *Suspensión del plazo máximo para resolver.* 1. El transcurso del plazo máximo legal para resolver un procedimiento y notificar la resolución se podrá suspender en los siguientes casos:

a) Cuando deba requerirse a cualquier interesado para la subsanación de deficiencias o la aportación de documentos y otros elementos de juicio necesarios, por el tiempo que medie entre la notificación del requerimiento y su efectivo cumplimiento por el destinatario, o, en su defecto, por el del plazo concedido, todo ello sin perjuicio de lo previsto en el artículo 68 de la presente Ley [474].

b) Cuando deba obtenerse un pronunciamiento previo y preceptivo de un órgano de la Unión Europea, por el tiempo que medie entre la petición, que habrá de comunicarse a los interesados, y la notificación

---

[472] Véase art. 117.3 de la presente Ley. Téngase en cuenta el último párrafo de la disp. final 7ª, en relación con la disp. trans. 4ª, de esta ley

[473] Véase art. 23.1 de la presente Ley

[474] Téngase en cuenta que el RD 522/2006, suprime el requisito de aportar fotocopias del DNI en los procedimientos administrativos, y que el RD 523/2006, suprime la exigencia de presentar el certificado de empadronamiento en los procedimientos administrativos

del pronunciamiento a la Administración instructora, que también deberá serles comunicada.

c) Cuando exista un procedimiento no finalizado en el ámbito de la Unión Europea que condicione directamente el contenido de la resolución de que se trate, desde que se tenga constancia de su existencia, lo que deberá ser comunicado a los interesados, hasta que se resuelva, lo que también habrá de ser notificado.

d) Cuando se soliciten informes preceptivos a un órgano de la misma o distinta Administración, por el tiempo que medie entre la petición, que deberá comunicarse a los interesados, y la recepción del informe, que igualmente deberá ser comunicada a los mismos. Este plazo de suspensión no podrá exceder en ningún caso de tres meses. En caso de no recibirse el informe en el plazo indicado, proseguirá el procedimiento [475].

e) Cuando deban realizarse pruebas técnicas o análisis contradictorios o dirimentes propuestos por los interesados, durante el tiempo necesario para la incorporación de los resultados al expediente.

f) Cuando se inicien negociaciones con vistas a la conclusión de un pacto o convenio en los términos previstos en el artículo 86 de esta Ley, desde la declaración formal al respecto y hasta la conclusión sin efecto, en su caso, de las referidas negociaciones, que se constatará mediante declaración formulada por la Administración o los interesados.

g) Cuando para la resolución del procedimiento sea indispensable la obtención de un previo pronunciamiento por parte de un órgano jurisdiccional, desde el momento en que se solicita, lo que habrá de comunicarse a los interesados, hasta que la Administración tenga constancia del mismo, lo que también deberá serles comunicado.

2. El transcurso del plazo máximo legal para resolver un procedimiento y notificar la resolución se suspenderá en los siguientes casos:

a) Cuando una Administración Pública requiera a otra para que anule o revise un acto que entienda que es ilegal y que constituya la base para el que la primera haya de dictar en el ámbito de sus competencias, en el supuesto al que se refiere el apartado 5 del artículo 39 de esta Ley, desde que se realiza el requerimiento hasta que se atienda o, en su caso, se resuelva el recurso interpuesto ante la jurisdicción contencioso administrativa. Deberá ser comunicado a los interesados tanto la realización del requerimiento, como su cumplimiento o, en su

---

[475] Véase art. 80.3 de la presente Ley

caso, la resolución del correspondiente recurso contencioso-administrativo.

b) Cuando el órgano competente para resolver decida realizar alguna actuación complementaria de las previstas en el artículo 87, desde el
momento en que se notifique a los interesados el acuerdo motivado del
inicio de las actuaciones hasta que se produzca su terminación.

c) Cuando los interesados promuevan la recusación en cualquier
momento de la tramitación de un procedimiento, desde que ésta se
plantee hasta que sea resuelta por el superior jerárquico del recusado.

23. *Ampliación del plazo máximo para resolver y notificar.* 1. Excepcionalmente, cuando se hayan agotado los medios personales y
materiales disponibles a los que se refiere el apartado 5 del artículo
21, el órgano competente para resolver, a propuesta, en su caso, del
órgano instructor o el superior jerárquico del órgano competente para
resolver, podrá acordar de manera motivada la ampliación del plazo
máximo de resolución y notificación, no pudiendo ser éste superior al
establecido para la tramitación del procedimiento.

2. Contra el acuerdo que resuelva sobre la ampliación de plazos, que
deberá ser notificado a los interesados, no cabrá recurso alguno.

24. *Silencio administrativo en procedimientos iniciados a solicitud
del interesado.* 1. En los procedimientos iniciados a solicitud del interesado, sin perjuicio de la resolución que la Administración debe
dictar en la forma prevista en el apartado 3 de este artículo, el vencimiento del plazo máximo sin haberse notificado resolución expresa,
legitima al interesado o interesados para entenderla estimada por silencio administrativo, excepto en los supuestos en los que una norma
con rango de ley o una norma de Derecho de la Unión Europea o
de Derecho internacional aplicable en España establezcan lo contrario.
Cuando el procedimiento tenga por objeto el acceso a actividades o
su ejercicio, la ley que disponga el carácter desestimatorio del silencio
deberá fundarse en la concurrencia de razones imperiosas de interés
general.

El silencio tendrá efecto desestimatorio en los procedimientos relativos al ejercicio del derecho de petición, a que se refiere el artículo 29
de la Constitución, aquellos cuya estimación tuviera como consecuencia que se transfirieran al solicitante o a terceros facultades relativas al

dominio público o al servicio público, impliquen el ejercicio de actividades que puedan dañar el medio ambiente y en los procedimientos de responsabilidad patrimonial de las Administraciones Públicas.

El sentido del silencio también será desestimatorio en los procedimientos de impugnación de actos y disposiciones y en los de revisión de oficio iniciados a solicitud de los interesados. No obstante, cuando el recurso de alzada se haya interpuesto contra la desestimación por silencio administrativo de una solicitud por el transcurso del plazo, se entenderá estimado el mismo si, llegado el plazo de resolución, el órgano administrativo competente no dictase y notificase resolución expresa, siempre que no se refiera a las materias enumeradas en el párrafo anterior de este apartado [476].

2. La estimación por silencio administrativo tiene a todos los efectos la consideración de acto administrativo finalizador del procedimiento. La desestimación por silencio administrativo tiene los solos efectos de permitir a los interesados la interposición del recurso administrativo o contencioso-administrativo que resulte procedente.

3. La obligación de dictar resolución expresa a que se refiere el apartado primero del artículo 21 se sujetará al siguiente régimen:

a) En los casos de estimación por silencio administrativo, la resolución expresa posterior a la producción del acto sólo podrá dictarse de ser confirmatoria del mismo.

b) En los casos de desestimación por silencio administrativo, la resolución expresa posterior al vencimiento del plazo se adoptará por la Administración sin vinculación alguna al sentido del silencio.

4. Los actos administrativos producidos por silencio administrativo se podrán hacer valer tanto ante la Administración como ante cualquier persona física o jurídica, pública o privada. Los mismos producen efectos desde el vencimiento del plazo máximo en el que debe dictarse y notificarse la resolución expresa sin que la misma se haya expedido, y su existencia puede ser acreditada por cualquier medio de prueba admitido en Derecho, incluido el certificado acreditativo del silencio producido. Este certificado se expedirá de oficio por el órgano competente para resolver en el plazo de quince días desde que expire el plazo máximo para resolver el procedimiento. Sin perjuicio de lo anterior, el interesado podrá pedirlo en cualquier momento,

[476] Véanse art. 122.2 de la presente Ley y anexo I RDLey 8/2011

computándose el plazo indicado anteriormente desde el día siguiente a aquél en que la petición tuviese entrada en el registro electrónico de la Administración u Organismo competente para resolver [477].

25. *Falta de resolución expresa en procedimientos iniciados de oficio.* 1. En los procedimientos iniciados de oficio, el vencimiento del plazo máximo establecido sin que se haya dictado y notificado resolución expresa no exime a la Administración del cumplimiento de la obligación legal de resolver, produciendo los siguientes efectos:

a) En el caso de procedimientos de los que pudiera derivarse el reconocimiento o, en su caso, la constitución de derechos u otras situaciones jurídicas favorables, los interesados que hubieren comparecido podrán entender desestimadas sus pretensiones por silencio administrativo.

b) En los procedimientos en que la Administración ejercite potestades sancionadoras o, en general, de intervención, susceptibles de producir efectos desfavorables o de gravamen, se producirá la caducidad. En estos casos, la resolución que declare la caducidad ordenará el archivo de las actuaciones, con los efectos previstos en el artículo 95.

2. En los supuestos en los que el procedimiento se hubiera paralizado por causa imputable al interesado, se interrumpirá el cómputo del plazo para resolver y notificar la resolución.

26. *Emisión de documentos por las Administraciones Públicas.* 1. Se entiende por documentos públicos administrativos los válidamente emitidos por los órganos de las Administraciones Públicas. Las Administraciones Públicas emitirán los documentos administrativos por escrito, a través de medios electrónicos, a menos que su naturaleza exija otra forma más adecuada de expresión y constancia.

2. Para ser considerados válidos, los documentos electrónicos administrativos deberán [478]:

---

[477] Téngase en cuenta el último párrafo de la disp. final 7ª, en relación con la disp. trans. 4ª, de esta ley

[478] Véase art. 80.2 de la presente Ley y art. 46 RD 203/2021 de 30 marzo, por el que se aprueba el Rgto. de actuación y funcionamiento del sector público por medios electrónicos

a) Contener información de cualquier naturaleza archivada en un soporte electrónico según un formato determinado susceptible de identificación y tratamiento diferenciado.

b) Disponer de los datos de identificación que permitan su individualización, sin perjuicio de su posible incorporación a un expediente electrónico.

c) Incorporar una referencia temporal del momento en que han sido emitidos.

d) Incorporar los metadatos mínimos exigidos.

e) Incorporar las firmas electrónicas que correspondan de acuerdo con lo previsto en la normativa aplicable.

Se considerarán válidos los documentos electrónicos, que cumpliendo estos requisitos, sean trasladados a un tercero a través de medios electrónicos.

3. No requerirán de firma electrónica, los documentos electrónicos emitidos por las Administraciones Públicas que se publiquen con carácter meramente informativo, así como aquellos que no formen parte de un expediente administrativo. En todo caso, será necesario identificar el origen de estos documentos.

27. *Validez y eficacia de las copias realizadas por las Administraciones Públicas.* 1. Cada Administración Pública determinará los órganos que tengan atribuidas las competencias de expedición de copias auténticas de los documentos públicos administrativos o privados.

Las copias auténticas de documentos privados surten únicamente efectos administrativos. Las copias auténticas realizadas por una Administración Pública tendrán validez en las restantes Administraciones.

A estos efectos, la Administración General del Estado, las Comunidades Autónomas y las Entidades Locales podrán realizar copias auténticas mediante funcionario habilitado o mediante actuación administrativa automatizada.

Se deberá mantener actualizado un registro, u otro sistema equivalente, donde constarán los funcionarios habilitados para la expedición de copias auténticas que deberán ser plenamente interoperables y estar interconectados con los de las restantes Administraciones Públicas, a los efectos de comprobar la validez de la citada habilitación. En este registro o sistema equivalente constarán, al menos, los funcionarios que presten servicios en las oficinas de asistencia en materia de registros [479].

2. Tendrán la consideración de copia auténtica de un documento público administrativo o privado las realizadas, cualquiera que sea su soporte, por los órganos competentes de las Administraciones Públicas en las que quede garantizada la identidad del órgano que ha realizado la copia y su contenido.

Las copias auténticas tendrán la misma validez y eficacia que los documentos originales [480].

3. Para garantizar la identidad y contenido de las copias electrónicas o en papel, y por tanto su carácter de copias auténticas, las Administraciones Públicas deberán ajustarse a lo previsto en el Esquema Nacional de Interoperabilidad, el Esquema Nacional de Seguridad y sus normas técnicas de desarrollo, así como a las siguientes reglas [481]:

a) Las copias electrónicas de un documento electrónico original o de una copia electrónica auténtica, con o sin cambio de formato, deberán incluir los metadatos que acrediten su condición de copia y que se visualicen al consultar el documento.

b) Las copias electrónicas de documentos en soporte papel o en otro soporte no electrónico susceptible de digitalización, requerirán que el documento haya sido digitalizado y deberán incluir los metadatos que acrediten su condición de copia y que se visualicen al consultar el documento.

Se entiende por digitalización, el proceso tecnológico que permite convertir un documento en soporte papel o en otro soporte no electrónico en un fichero electrónico que contiene la imagen codificada, fiel e íntegra del documento.

c) Las copias en soporte papel de documentos electrónicos requerirán que en las mismas figure la condición de copia y contendrán un código generado electrónicamente u otro sistema de verificación, que permitirá contrastar la autenticidad de la copia mediante el acceso a los archivos electrónicos del órgano u Organismo público emisor.

---

[479] Téngase en cuenta el último párrafo de la disp. final 7ª de esta ley

[480] Véanse arts. 1220, 1221, 1225 y 1230 CC y 320 a 322, 326 y 327 LEC

[481] Véanse arts. 16.5 y 28.4 de la presente Ley y cap. I del tít. III RD 203/2021 de 30 marzo, por el que se aprueba el Rgto. de actuación y funcionamiento del sector público por medios electrónicos

d) Las copias en soporte papel de documentos originales emitidos en dicho soporte se proporcionarán mediante una copia auténtica en papel del documento electrónico que se encuentre en poder de la Administración o bien mediante una puesta de manifiesto electrónica conteniendo copia auténtica del documento original.

A estos efectos, las Administraciones harán públicos, a través de la sede electrónica correspondiente, los códigos seguros de verificación u otro sistema de verificación utilizado.

4. Los interesados podrán solicitar, en cualquier momento, la expedición de copias auténticas de los documentos públicos administrativos que hayan sido válidamente emitidos por las Administraciones Públicas. La solicitud se dirigirá al órgano que emitió el documento original, debiendo expedirse, salvo las excepciones derivadas de la aplicación de la Ley 19/2013, de 9 de diciembre, en el plazo de quince días a contar desde la recepción de la solicitud en el registro electrónico de la Administración u Organismo competente [482].

Asimismo, las Administraciones Públicas estarán obligadas a expedir copias auténticas electrónicas de cualquier documento en papel que presenten los interesados y que se vaya a incorporar a un expediente administrativo.

5. Cuando las Administraciones Públicas expidan copias auténticas electrónicas, deberá quedar expresamente así indicado en el documento de la copia.

6. La expedición de copias auténticas de documentos públicos notariales, registrales y judiciales, así como de los diarios oficiales, se regirá por su legislación específica.

28. *Documentos aportados por los interesados al procedimiento administrativo.* 1. Los interesados deberán aportar al procedimiento administrativo los datos y documentos exigidos por las Administraciones Públicas de acuerdo con lo dispuesto en la normativa aplicable. Asimismo, los interesados podrán aportar cualquier otro documento que estimen conveniente.

2. Los interesados tienen derecho a no aportar documentos que ya se encuentren en poder de la Administración actuante o hayan sido elaborados por cualquier otra Administración. La administración

---

[482] Véase art. 18 L 19/2013. Téngase en cuenta el último párrafo de la disp. final 7ª, en relación con la disp. trans. 4ª, de esta ley

actuante podrá consultar o recabar dichos documentos salvo que el interesado se opusiera a ello. No cabrá la oposición cuando la aportación del documento se exigiera en el marco del ejercicio de potestades sancionadoras o de inspección.

Las Administraciones Públicas deberán recabar los documentos electrónicamente a través de sus redes corporativas o mediante consulta a las plataformas de intermediación de datos u otros sistemas electrónicos habilitados al efecto.

Cuando se trate de informes preceptivos ya elaborados por un órgano administrativo distinto al que tramita el procedimiento, estos deberán ser remitidos en el plazo de diez días a contar desde su solicitud. Cumplido este plazo, se informará al interesado de que puede aportar este informe o esperar a su remisión por el órgano competente. [483]

3. Las Administraciones no exigirán a los interesados la presentación de documentos originales, salvo que, con carácter excepcional, la normativa reguladora aplicable establezca lo contrario.

Asimismo, las Administraciones Públicas no requerirán a los interesados datos o documentos no exigidos por la normativa reguladora aplicable o que hayan sido aportados anteriormente por el interesado a cualquier Administración. A estos efectos, el interesado deberá indicar en qué momento y ante qué órgano administrativo presentó los citados documentos, debiendo las Administraciones Públicas recabarlos electrónicamente a través de sus redes corporativas o de una consulta a las plataformas de intermediación de datos u otros sistemas electrónicos habilitados al efecto, salvo que conste en el procedimiento la oposición expresa del interesado o la ley especial aplicable requiera su consentimiento expreso. Excepcionalmente, si las Administraciones Públicas no pudieran recabar los citados documentos, podrán solicitar nuevamente al interesado su aportación. [484]

4. Cuando con carácter excepcional, y de acuerdo con lo previsto en esta Ley, la Administración solicitara al interesado la presentación de un documento original y éste estuviera en formato papel, el interesado deberá obtener una copia auténtica, según los requisitos establecidos en el artículo 27, con carácter previo a su presentación electrónica. La copia electrónica resultante reflejará expresamente esta circunstancia.

---

[483] Dada nueva redacción apartado 2 por disposición final 12 de Ley Orgánica 3/2018 de 5 de diciembre de 2018, con vigencia desde 07/12/2018

[484] Dada nueva redacción apartado 3 por disposición final 12 de Ley Orgánica 3/2018 de 5 de diciembre de 2018, con vigencia desde 07/12/2018

5. Excepcionalmente, cuando la relevancia del documento en el procedimiento lo exija o existan dudas derivadas de la calidad de la copia, las Administraciones podrán solicitar de manera motivada el cotejo de las copias aportadas por el interesado, para lo que podrán requerir la exhibición del documento o de la información original.

6. Las copias que aporten los interesados al procedimiento administrativo tendrán eficacia, exclusivamente en el ámbito de la actividad de las Administraciones Públicas.

7. Los interesados se responsabilizarán de la veracidad de los documentos que presenten.

CAPÍTULO II
Términos y plazos [485]

29. *Obligatoriedad de términos y plazos.* Los términos y plazos establecidos en ésta u otras leyes obligan a las autoridades y personal al servicio de las Administraciones Públicas competentes para la tramitación de los asuntos, así como a los interesados en los mismos [486].

30. *Cómputo de plazos.* [487]

1. Salvo que por Ley o en el Derecho de la Unión Europea se disponga otro cómputo, cuando los plazos se señalen por horas, se entiende que éstas son hábiles. Son hábiles todas las horas del día que formen parte de un día hábil.

Los plazos expresados por horas se contarán de hora en hora y de minuto en minuto desde la hora y minuto en que tenga lugar la notificación o publicación del acto de que se trate y no podrán tener

---

[485] Téngase en cuenta que: - Desde el 14 marzo 2020, fecha de declaración del estado de alarma, quedaron suspendidos los términos e interrumpidos los plazos para la tramitación de los procedimientos de las entidades del sector público, conforme a la disp. adic. 3.ª RD 463/2020, de 14 marzo, con las salvedades establecidas en dicha disposición - A partir del 1 junio 2020 se reanuda el cómputo de plazos suspendidos, o se reinicia, si así se hubiera previsto en una norma con rango de ley aprobada durante la vigencia del estado de alarma, conforme al art. 9 RD 537/2020 de 22 mayo de 2020

[486] Véanse arts. 48.3, 73, 76.2 y 88.5 de la presente Ley

[487] Véase art. 40 de la presente Ley. Téngase en cuenta lo que dispone en materia de plazos la disposición adicional 12 LCSP

una duración superior a veinticuatro horas, en cuyo caso se expresarán en días.

2. Siempre que por Ley o en el Derecho de la Unión Europea no se exprese otro cómputo, cuando los plazos se señalen por días, se entiende que éstos son hábiles, excluyéndose del cómputo los sábados, los domingos y los declarados festivos.

Cuando los plazos se hayan señalado por días naturales por declararlo así una ley o por el Derecho de la Unión Europea, se hará constar esta circunstancia en las correspondientes notificaciones.

3. Los plazos expresados en días se contarán a partir del día siguiente a aquel en que tenga lugar la notificación o publicación del acto de que se trate, o desde el siguiente a aquel en que se produzca la estimación o la desestimación por silencio administrativo.

4. Si el plazo se fija en meses o años, éstos se computarán a partir del día siguiente a aquel en que tenga lugar la notificación o publicación del acto de que se trate, o desde el siguiente a aquel en que se produzca la estimación o desestimación por silencio administrativo.

El plazo concluirá el mismo día en que se produjo la notificación, publicación o silencio administrativo en el mes o el año de vencimiento. Si en el mes de vencimiento no hubiera día equivalente a aquel en que comienza el cómputo, se entenderá que el plazo expira el último día del mes.

5. Cuando el último día del plazo sea inhábil, se entenderá prorrogado al primer día hábil siguiente.

6. Cuando un día fuese hábil en el municipio o Comunidad Autónoma en que residiese el interesado, e inhábil en la sede del órgano administrativo, o a la inversa, se considerará inhábil en todo caso [488].

7. La Administración General del Estado y las Administraciones de las Comunidades Autónomas, con sujeción al calendario laboral oficial, fijarán, en su respectivo ámbito, el calendario de días inhábiles a efectos de cómputos de plazos. El calendario aprobado por las Comunidades Autónomas comprenderá los días inhábiles de las Entidades Locales correspondientes a su ámbito territorial, a las que será de aplicación.

---

[488] Véase art. 31.3 de la presente Ley

Dicho calendario deberá publicarse antes del comienzo de cada año en el diario oficial que corresponda, así como en otros medios de difusión que garanticen su conocimiento generalizado [489].

8. La declaración de un día como hábil o inhábil a efectos de cómputo de plazos no determina por sí sola el funcionamiento de los centros de trabajo de las Administraciones Públicas, la organización del tiempo de trabajo o el régimen de jornada y horarios de las mismas.

31. *Cómputo de plazos en los registros.* [490]

1. Cada Administración Pública publicará los días y el horario en el que deban permanecer abiertas las oficinas que prestarán asistencia para la presentación electrónica de documentos, garantizando el derecho de los interesados a ser asistidos en el uso de medios electrónicos.

2. El registro electrónico de cada Administración u Organismo se regirá a efectos de cómputo de los plazos, por la fecha y hora oficial de la sede electrónica de acceso, que deberá contar con las medidas de seguridad necesarias para garantizar su integridad y figurar de modo accesible y visible.

El funcionamiento del registro electrónico se regirá por las siguientes reglas:

---

[489] Véanse: - en el ámbito de la Administración General del Estado: Res. de 16 diciembre 2024; - en el ámbito de la C.A. Andalucía: Orden de 16 octubre 2024; - en el ámbito de la C.A. Aragón: apartado 2 D 94/2024 de 19 junio; - en el ámbito de la C.A. Principado de Asturias: Res. de 19 noviembre 2024; - en el ámbito de la C.A. Illes Balears: Ac. de 20 de diciembre de 2024; - en el ámbito de la C.A. Canarias: art. 3 D 143/2024 de 16 septiembre; - en el ámbito de la C.A. Cantabria: art.4 O IND/39/2024 de 29 julio; - en el ámbito de la C.A. Castilla-La Mancha: Res. de 14 noviembre 2024; - en el ámbito de la C.A. Castilla y León: O PRE/1002/2024 de 1 octubre; - en el ámbito de la C.A. Cataluña: art. 3 O EMT/85/2024 de 23 abril; - en el ámbito de la C.A. Extremadura: Res. de 3 diciembre 2024; - en el ámbito de la C.A. Galicia: art. 3 D 171/2024, de 8 de julio; - en el ámbito de la C.A. La Rioja: Res. 2596/2024 de 28 noviembre ; - en el ámbito de la C.A. Madrid: Ac. de 26 de diciembre 2024; - en el ámbito de la C.A. Región de Murcia: Res. de 5 noviembre 2024; - en el ámbito de la C.Foral Navarra: DF 112/2024 de 27 diciembre; - en el ámbito de la Diputación Foral Álava Res. de 8 julio 2023. - en el ámbito de la Diputación Foral Guipúzcoa Res. de 2 agosto 2024. - en el ámbito de la Diputación Foral Vizcaya DF 176/2024 de 4 octubre. - en el ámbito de la C. Valenciana D 100/2024 de 2 agosto; - en el ámbito de la C.A. de Ceuta Res. de 18 octubre de 2024; - en el ámbito de la C.A. de Melilla Ac. 27 de septiembre; Véanse además los arts. 37.2 ET y 31.3 de la presente Ley

[490] Téngase en cuenta el último párrafo de la disp. final 7ª, en relación con la disp. trans. 4ª, de esta ley

a) Permitirá la presentación de documentos todos los días del año durante las veinticuatro horas.

b) A los efectos del cómputo de plazo fijado en días hábiles, y en lo que se refiere al cumplimiento de plazos por los interesados, la presentación en un día inhábil se entenderá realizada en la primera hora del primer día hábil siguiente salvo que una norma permita expresamente la recepción en día inhábil.

Los documentos se considerarán presentados por el orden de hora efectiva en el que lo fueron en el día inhábil. Los documentos presentados en el día inhábil se reputarán anteriores, según el mismo orden, a los que lo fueran el primer día hábil posterior.

c) El inicio del cómputo de los plazos que hayan de cumplir las Administraciones Públicas vendrá determinado por la fecha y hora de presentación en el registro electrónico de cada Administración u Organismo. En todo caso, la fecha y hora efectiva de inicio del cómputo de plazos deberá ser comunicada a quien presentó el documento.

3. La sede electrónica del registro de cada Administración Pública u Organismo, determinará, atendiendo al ámbito territorial en el que ejerce sus competencias el titular de aquélla y al calendario previsto en el artículo 30.7, los días que se considerarán inhábiles a los efectos previstos en este artículo. Este será el único calendario de días inhábiles que se aplicará a efectos del cómputo de plazos en los registros electrónicos, sin que resulte de aplicación a los mismos lo dispuesto en el artículo 30.6.

32. *Ampliación.* 1. La Administración, salvo precepto en contrario, podrá conceder de oficio o a petición de los interesados, una ampliación de los plazos establecidos, que no exceda de la mitad de los mismos, si las circunstancias lo aconsejan y con ello no se perjudican derechos de tercero. El acuerdo de ampliación deberá ser notificado a los interesados.

2. La ampliación de los plazos por el tiempo máximo permitido se aplicará en todo caso a los procedimientos tramitados por las misiones diplomáticas y oficinas consulares, así como a aquellos que, sustanciándose en el interior, exijan cumplimentar algún trámite en

el extranjero o en los que intervengan interesados residentes fuera de España [491].

3. Tanto la petición de los interesados como la decisión sobre la ampliación deberán producirse, en todo caso, antes del vencimiento del plazo de que se trate. En ningún caso podrá ser objeto de ampliación un plazo ya vencido. Los acuerdos sobre ampliación de plazos o sobre su denegación no serán susceptibles de recurso, sin perjuicio del procedente contra la resolución que ponga fin al procedimiento [492].

4. Cuando una incidencia técnica haya imposibilitado el funcionamiento ordinario del sistema o aplicación que corresponda, y hasta que se solucione el problema, la Administración podrá determinar una ampliación de los plazos no vencidos, debiendo publicar en la sede electrónica tanto la incidencia técnica acontecida como la ampliación concreta del plazo no vencido.

5. Cuando como consecuencia de un ciberincidente se hayan visto gravemente afectados los servicios y sistemas utilizados para la tramitación de los procedimientos y el ejercicio de los derechos de los interesados que prevé la normativa vigente, la Administración podrá acordar la ampliación general de plazos de los procedimientos administrativos. [493]

33. *Tramitación de urgencia.* 1. Cuando razones de interés público lo aconsejen, se podrá acordar, de oficio o a petición del interesado, la aplicación al procedimiento de la tramitación de urgencia, por la cual se reducirán a la mitad los plazos establecidos para el procedimiento ordinario, salvo los relativos a la presentación de solicitudes y recursos [494].

2. No cabrá recurso alguno contra el acuerdo que declare la aplicación de la tramitación de urgencia al procedimiento, sin perjuicio del procedente contra la resolución que ponga fin al procedimiento.

---

[491] Véase art. 106.4 de la presente Ley
[492] Véase art. 92 de la presente Ley
[493] Añadido apartado 5 por disposición final 21 de Real Decreto-Ley 6/2022 de 29 de marzo de 2022, con vigencia desde 31/03/2022
[494] Véase art. 35.1.e) de la presente Ley

TÍTULO III
De los actos administrativos

CAPÍTULO I
Requisitos de los actos administrativos

34. *Producción y contenido.* 1. Los actos administrativos que dicten las Administraciones Públicas, bien de oficio o a instancia del interesado, se producirán por el órgano competente ajustándose a los requisitos y al procedimiento establecido [495].

2. El contenido de los actos se ajustará a lo dispuesto por el ordenamiento jurídico y será determinado y adecuado a los fines de aquéllos [496].

35. *Motivación.* 1. Serán motivados, con sucinta referencia de hechos y fundamentos de derecho [497]:

a) Los actos que limiten derechos subjetivos o intereses legítimos.

b) Los actos que resuelvan procedimientos de revisión de oficio de disposiciones o actos administrativos, recursos administrativos y procedimientos de arbitraje y los que declaren su inadmisión.

c) Los actos que se separen del criterio seguido en actuaciones precedentes o del dictamen de órganos consultivos.

d) Los acuerdos de suspensión de actos, cualquiera que sea el motivo de ésta, así como la adopción de medidas provisionales previstas en el artículo 56.

e) Los acuerdos de aplicación de la tramitación de urgencia, de ampliación de plazos y de realización de actuaciones complementarias [498].

f) Los actos que rechacen pruebas propuestas por los interesados.

g) Los actos que acuerden la terminación del procedimiento por la imposibilidad material de continuarlo por causas sobrevenidas, así

---

[495] Véanse arts. 47.1.b), 48.2 y 106.4 de la presente Ley, arts. 8 y 14 LRJSP y art. 105.c) CE

[496] Véanse arts. 48.1 de la presente Ley,70.2 y 80 LJCA y 106.1 CE

[497] Véase art. 88.3 de la presente Ley

[498] Véanse arts. 32 y 33 de la presente Ley

como los que acuerden el desistimiento por la Administración en procedimientos iniciados de oficio.

h) Las propuestas de resolución en los procedimientos de carácter sancionador, así como los actos que resuelvan procedimientos de carácter sancionador o de responsabilidad patrimonial.

i) Los actos que se dicten en el ejercicio de potestades discrecionales, así como los que deban serlo en virtud de disposición legal o reglamentaria expresa.

2. La motivación de los actos que pongan fin a los procedimientos selectivos y de concurrencia competitiva se realizará de conformidad con lo que dispongan las normas que regulen sus convocatorias, debiendo, en todo caso, quedar acreditados en el procedimiento los fundamentos de la resolución que se adopte [499].

36. *Forma.* 1. Los actos administrativos se producirán por escrito a través de medios electrónicos, a menos que su naturaleza exija otra forma más adecuada de expresión y constancia.

2. En los casos en que los órganos administrativos ejerzan su competencia de forma verbal, la constancia escrita del acto, cuando sea necesaria, se efectuará y firmará por el titular del órgano inferior o funcionario que la reciba oralmente, expresando en la comunicación del mismo la autoridad de la que procede. Si se tratara de resoluciones, el titular de la competencia deberá autorizar una relación de las que haya dictado de forma verbal, con expresión de su contenido.

3. Cuando deba dictarse una serie de actos administrativos de la misma naturaleza, tales como nombramientos, concesiones o licencias, podrán refundirse en un único acto, acordado por el órgano competente, que especificará las personas u otras circunstancias que individualicen los efectos del acto para cada interesado.

---

[499] Véanse arts. 88.6 y 89.3 de la presente Ley

CAPÍTULO II
Eficacia de los actos

37. *Inderogabilidad singular.* 1. Las resoluciones administrativas de carácter particular no podrán vulnerar lo establecido en una disposición de carácter general, aunque aquéllas procedan de un órgano de igual o superior jerarquía al que dictó la disposición general [500].

2. Son nulas las resoluciones administrativas que vulneren lo establecido en una disposición reglamentaria, así como aquellas que incurran en alguna de las causas recogidas en el artículo 47.

38. *Ejecutividad.* Los actos de las Administraciones Públicas sujetos al Derecho Administrativo serán ejecutivos con arreglo a lo dispuesto en esta Ley [501].

39. *Efectos.* 1. Los actos de las Administraciones Públicas sujetos al Derecho Administrativo se presumirán válidos y producirán efectos desde la fecha en que se dicten, salvo que en ellos se disponga otra cosa.

2. La eficacia quedará demorada cuando así lo exija el contenido del acto o esté supeditada a su notificación, publicación o aprobación superior [502].

3. Excepcionalmente, podrá otorgarse eficacia retroactiva a los actos cuando se dicten en sustitución de actos anulados, así como cuando produzcan efectos favorables al interesado, siempre que los supuestos de hecho necesarios existieran ya en la fecha a que se retrotraiga la eficacia del acto y ésta no lesione derechos o intereses legítimos de otras personas [503].

4. Las normas y actos dictados por los órganos de las Administraciones Públicas en el ejercicio de su propia competencia deberán ser observadas por el resto de los órganos administrativos, aunque no dependan jerárquicamente entre sí o pertenezcan a otra Administración.

---

[500] Véanse arts. 2.1 CC y 23.4 L 50/1997
[501] Véanse arts. 97 y 98 de la presente Ley y 51 LBRL
[502] Véanse arts. 37, 89.3 y 131 de la presente Ley y 208 ROF
[503] Véase art. 52.2 de la presente Ley

5. Cuando una Administración Pública tenga que dictar, en el ámbito de sus competencias, un acto que necesariamente tenga por base otro dictado por una Administración Pública distinta y aquélla entienda que es ilegal, podrá requerir a ésta previamente para que anule o revise el acto de acuerdo con lo dispuesto en el artículo 44 de la Ley 29/1998, de 13 de julio, reguladora de la Jurisdicción Contencioso-Administrativa, y, de rechazar el requerimiento, podrá interponer recurso contencioso-administrativo. En estos casos, quedará suspendido el procedimiento para dictar resolución [504].

40. *Notificación.* 1. El órgano que dicte las resoluciones y actos administrativos los notificará a los interesados cuyos derechos e intereses sean afectados por aquéllos, en los términos previstos en los artículos siguientes [505].

2. Toda notificación deberá ser cursada dentro del plazo de diez días a partir de la fecha en que el acto haya sido dictado, y deberá contener el texto íntegro de la resolución, con indicación de si pone fin o no a la vía administrativa, la expresión de los recursos que procedan, en su caso, en vía administrativa y judicial, el órgano ante el que hubieran de presentarse y el plazo para interponerlos, sin perjuicio de que los interesados puedan ejercitar, en su caso, cualquier otro que estimen procedente [506].

3. Las notificaciones que, conteniendo el texto íntegro del acto, omitiesen alguno de los demás requisitos previstos en el apartado anterior, surtirán efecto a partir de la fecha en que el interesado realice actuaciones que supongan el conocimiento del contenido y alcance de la resolución o acto objeto de la notificación, o interponga cualquier recurso que proceda [507].

4. Sin perjuicio de lo establecido en el apartado anterior, y a los solos efectos de entender cumplida la obligación de notificar dentro del plazo máximo de duración de los procedimientos, será suficiente la

---

[504] Véase art. 22.2.a) de la presente Ley
[505] Véase art. 4.1 de la presente Ley
[506] Véase art. 45.2 de la presente Ley
[507] Véase art. 45.2 de la presente Ley

notificación que contenga, cuando menos, el texto íntegro de la resolución, así como el intento de notificación debidamente acreditado [508].

5. Las Administraciones Públicas podrán adoptar las medidas que consideren necesarias para la protección de los datos personales que consten en las resoluciones y actos administrativos, cuando éstos tengan por destinatarios a más de un interesado.

41. *Condiciones generales para la práctica de las notificaciones.* 1. Las notificaciones se practicarán preferentemente por medios electrónicos y, en todo caso, cuando el interesado resulte obligado a recibirlas por esta vía.

No obstante lo anterior, las Administraciones podrán practicar las notificaciones por medios no electrónicos en los siguientes supuestos:

a) Cuando la notificación se realice con ocasión de la comparecencia espontánea del interesado o su representante en las oficinas de asistencia en materia de registro y solicite la comunicación o notificación personal en ese momento.

b) Cuando para asegurar la eficacia de la actuación administrativa resulte necesario practicar la notificación por entrega directa de un empleado público de la Administración notificante.

Con independencia del medio utilizado, las notificaciones serán válidas siempre que permitan tener constancia de su envío o puesta a disposición, de la recepción o acceso por el interesado o su representante, de sus fechas y horas, del contenido íntegro, y de la identidad fidedigna del remitente y destinatario de la misma. La acreditación de la notificación efectuada se incorporará al expediente.

Los interesados que no estén obligados a recibir notificaciones electrónicas, podrán decidir y comunicar en cualquier momento a la Administración Pública, mediante los modelos normalizados que se establezcan al efecto, que las notificaciones sucesivas se practiquen o dejen de practicarse por medios electrónicos.

Reglamentariamente, las Administraciones podrán establecer la obligación de practicar electrónicamente las notificaciones para determinados procedimientos y para ciertos colectivos de personas físicas que por razón de su capacidad económica, técnica, dedicación profesional u otros motivos quede acreditado que tienen acceso y disponibilidad de los medios electrónicos necesarios.

[508] Véase art. 43.3 de la presente Ley

Adicionalmente, el interesado podrá identificar un dispositivo electrónico y/o una dirección de correo electrónico que servirán para el envío de los avisos regulados en este artículo, pero no para la práctica de notificaciones.

2. En ningún caso se efectuarán por medios electrónicos las siguientes notificaciones:

a) Aquellas en las que el acto a notificar vaya acompañado de elementos que no sean susceptibles de conversión en formato electrónico.

b) Las que contengan medios de pago a favor de los obligados, tales como cheques.

3. En los procedimientos iniciados a solicitud del interesado, la notificación se practicará por el medio señalado al efecto por aquel. Esta notificación será electrónica en los casos en los que exista obligación de relacionarse de esta forma con la Administración.

Cuando no fuera posible realizar la notificación de acuerdo con lo señalado en la solicitud, se practicará en cualquier lugar adecuado a tal fin, y por cualquier medio que permita tener constancia de la recepción por el interesado o su representante, así como de la fecha, la identidad y el contenido del acto notificado.

4. En los procedimientos iniciados de oficio, a los solos efectos de su iniciación, las Administraciones Públicas podrán recabar, mediante consulta a las bases de datos del Instituto Nacional de Estadística, los datos sobre el domicilio del interesado recogidos en el Padrón Municipal, remitidos por las Entidades Locales en aplicación de lo previsto en la Ley 7/1985, de 2 de abril, reguladora de las Bases del Régimen Local [509].

5. Cuando el interesado o su representante rechace la notificación de una actuación administrativa, se hará constar en el expediente, especificándose las circunstancias del intento de notificación y el medio, dando por efectuado el trámite y siguiéndose el procedimiento.

6. Con independencia de que la notificación se realice en papel o por medios electrónicos, las Administraciones Públicas enviarán un aviso al dispositivo electrónico y/o a la dirección de correo electrónico del interesado que éste haya comunicado, informándole de la puesta a disposición de una notificación en la sede electrónica de la Administración u Organismo correspondiente o en la dirección electrónica

---

[509] Véanse arts. 15 a 18 LBRL

habilitada única. La falta de práctica de este aviso no impedirá que la notificación sea considerada plenamente válida.

7. Cuando el interesado fuera notificado por distintos cauces, se tomará como fecha de notificación la de aquélla que se hubiera producido en primer lugar.

42. *Práctica de las notificaciones en papel.* 1. Todas las notificaciones que se practiquen en papel deberán ser puestas a disposición del interesado en la sede electrónica de la Administración u Organismo actuante para que pueda acceder al contenido de las mismas de forma voluntaria.

2. Cuando la notificación se practique en el domicilio del interesado, de no hallarse presente éste en el momento de entregarse la notificación, podrá hacerse cargo de la misma cualquier persona mayor de catorce años que se encuentre en el domicilio y haga constar su identidad. Si nadie se hiciera cargo de la notificación, se hará constar esta circunstancia en el expediente, junto con el día y la hora en que se intentó la notificación, intento que se repetirá por una sola vez y en una hora distinta dentro de los tres días siguientes. En caso de que el primer intento de notificación se haya realizado antes de las quince horas, el segundo intento deberá realizarse después de las quince horas y viceversa, dejando en todo caso al menos un margen de diferencia de tres horas entre ambos intentos de notificación. Si el segundo intento también resultara infructuoso, se procederá en la forma prevista en el artículo 44 [510].

3. Cuando el interesado accediera al contenido de la notificación en sede electrónica, se le ofrecerá la posibilidad de que el resto de notificaciones se puedan realizar a través de medios electrónicos.

43. *Práctica de las notificaciones a través de medios electrónicos.* 1. Las notificaciones por medios electrónicos se practicarán mediante comparecencia en la sede electrónica de la Administración u Organismo actuante, a través de la dirección electrónica habilitada única o mediante ambos sistemas, según disponga cada Administración u Organismo.

---

[510] Véase art. 14 L 43/2010

A los efectos previstos en este artículo, se entiende por comparecencia en la sede electrónica, el acceso por el interesado o su representante debidamente identificado al contenido de la notificación.

2. Las notificaciones por medios electrónicos se entenderán practicadas en el momento en que se produzca el acceso a su contenido.

Cuando la notificación por medios electrónicos sea de carácter obligatorio, o haya sido expresamente elegida por el interesado, se entenderá rechazada cuando hayan transcurrido diez días naturales desde la puesta a disposición de la notificación sin que se acceda a su contenido.

3. Se entenderá cumplida la obligación a la que se refiere el artículo 40.4 con la puesta a disposición de la notificación en la sede electrónica de la Administración u Organismo actuante o en la dirección electrónica habilitada única.

4. Los interesados podrán acceder a las notificaciones desde el Punto de Acceso General electrónico de la Administración, que funcionará como un portal de acceso [511].

44. *Notificación infructuosa.* Cuando los interesados en un procedimiento sean desconocidos, se ignore el lugar de la notificación o bien, intentada ésta, no se hubiese podido practicar, la notificación se hará por medio de un anuncio publicado en el «Boletín Oficial del Estado».

Asimismo, previamente y con carácter facultativo, las Administraciones podrán publicar un anuncio en el boletín oficial de la Comunidad Autónoma o de la Provincia, en el tablón de edictos del Ayuntamiento del último domicilio del interesado o del Consulado o Sección Consular de la Embajada correspondiente.

Las Administraciones Públicas podrán establecer otras formas de notificación complementarias a través de los restantes medios de difusión, que no excluirán la obligación de publicar el correspondiente anuncio en el «Boletín Oficial del Estado» [512].

45. *Publicación.* 1. Los actos administrativos serán objeto de publicación cuando así lo establezcan las normas reguladoras de cada

---

[511] Téngase en cuenta el último párrafo de la disp. final 7ª, en relación con la disp. trans. 4ª, de esta ley

[512] Véanse arts. 42.2, 45.4 y disp. adic. 3 de la presente Ley

procedimiento o cuando lo aconsejen razones de interés público apreciadas por el órgano competente.

En todo caso, los actos administrativos serán objeto de publicación, surtiendo ésta los efectos de la notificación, en los siguientes casos:

a) Cuando el acto tenga por destinatario a una pluralidad indeterminada de personas o cuando la Administración estime que la notificación efectuada a un solo interesado es insuficiente para garantizar la notificación a todos, siendo, en este último caso, adicional a la individualmente realizada.

b) Cuando se trate de actos integrantes de un procedimiento selectivo o de concurrencia competitiva de cualquier tipo. En este caso, la convocatoria del procedimiento deberá indicar el medio donde se efectuarán las sucesivas publicaciones, careciendo de validez las que se lleven a cabo en lugares distintos.

2. La publicación de un acto deberá contener los mismos elementos que el artículo 40.2 exige respecto de las notificaciones. Será también aplicable a la publicación lo establecido en el apartado 3 del mismo artículo.

En los supuestos de publicaciones de actos que contengan elementos comunes, podrán publicarse de forma conjunta los aspectos coincidentes, especificándose solamente los aspectos individuales de cada acto.

3. La publicación de los actos se realizará en el diario oficial que corresponda, según cual sea la Administración de la que proceda el acto a notificar.

4. Sin perjuicio de lo dispuesto en el artículo 44, la publicación de actos y comunicaciones que, por disposición legal o reglamentaria deba practicarse en tablón de anuncios o edictos, se entenderá cumplida por su publicación en el Diario oficial correspondiente.

46. *Indicación de notificaciones y publicaciones.* Si el órgano competente apreciase que la notificación por medio de anuncios o la publicación de un acto lesiona derechos o intereses legítimos, se limitará a publicar en el Diario oficial que corresponda una somera indicación del contenido del acto y del lugar donde los interesados podrán comparecer, en el plazo que se establezca, para conocimiento del contenido íntegro del mencionado acto y constancia de tal conocimiento.

Adicionalmente y de manera facultativa, las Administraciones podrán establecer otras formas de notificación complementarias a través de los restantes medios de difusión que no excluirán la obligación de publicar en el correspondiente Diario oficial.

CAPÍTULO III
Nulidad y anulabilidad

47. *Nulidad de pleno derecho.* [513]

1. Los actos de las Administraciones Públicas son nulos de pleno derecho en los casos siguientes [514] :

a) Los que lesionen los derechos y libertades susceptibles de amparo constitucional [515] .

b) Los dictados por órgano manifiestamente incompetente por razón de la materia o del territorio [516] .

c) Los que tengan un contenido imposible.

d) Los que sean constitutivos de infracción penal o se dicten como consecuencia de ésta.

e) Los dictados prescindiendo total y absolutamente del procedimiento legalmente establecido o de las normas que contienen las reglas esenciales para la formación de la voluntad de los órganos colegiados [517] .

f) Los actos expresos o presuntos contrarios al ordenamiento jurídico por los que se adquieren facultades o derechos cuando se carezca de los requisitos esenciales para su adquisición.

g) Cualquier otro que se establezca expresamente en una disposición con rango de Ley [518] .

2. También serán nulas de pleno derecho las disposiciones administrativas que vulneren la Constitución, las leyes u otras disposiciones administrativas de rango superior, las que regulen materias reservadas

---

[513] Véanse arts. 37.2 y 112.1 de la presente Ley

[514] Véanse arts. 106.1 y 3 y 117.2.b) de la presente Ley

[515] Véanse arts. 14 a 30 y 53.2 CE, 114 a 122 LJCA y 41 LOTC

[516] Véanse arts. 8 a 13 LRJSP y 34.1 de la presente Ley

[517] Véanse arts.15 a 18 LRJSP

[518] Véanse arts. 55 LS/15, 51 y 110 LBRL, 51 y 52 LRL, 46 LGP, 31 a 36 LCSP y 103.4 LJCA

a la Ley, y las que establezcan la retroactividad de disposiciones sancionadoras no favorables o restrictivas de derechos individuales [519].

48. *Anulabilidad.* [520]

1. Son anulables los actos de la Administración que incurran en cualquier infracción del ordenamiento jurídico, incluso la desviación de poder [521].

2. No obstante, el defecto de forma sólo determinará la anulabilidad cuando el acto carezca de los requisitos formales indispensables para alcanzar su fin o dé lugar a la indefensión de los interesados.

3. La realización de actuaciones administrativas fuera del tiempo establecido para ellas sólo implicará la anulabilidad del acto cuando así lo imponga la naturaleza del término o plazo [522].

49. *Límites a la extensión de la nulidad o anulabilidad de los actos.* 1. La nulidad o anulabilidad de un acto no implicará la de los sucesivos en el procedimiento que sean independientes del primero.

2. La nulidad o anulabilidad en parte del acto administrativo no implicará la de las partes del mismo independientes de aquélla, salvo que la parte viciada sea de tal importancia que sin ella el acto administrativo no hubiera sido dictado.

50. *Conversión de actos viciados.* Los actos nulos o anulables que, sin embargo, contengan los elementos constitutivos de otro distinto producirán los efectos de éste.

51. *Conservación de actos y trámites.* El órgano que declare la nulidad o anule las actuaciones dispondrá siempre la conservación de aquellos actos y trámites cuyo contenido se hubiera mantenido igual de no haberse cometido la infracción.

---

[519] Véanse arts. 9.3 CE, 1.2 CC, 106.2, 122 y 128 de la presente Ley, 26 LRJSP y 23.2 y 3 L 50/1997

[520] Véanse arts. 107.1 y 112.1 de la presente Ley

[521] Véanse arts. 34 y 122 de la presente Ley y 70.2 LJCA

[522] Véase art. 29 de la presente Ley

52. *Convalidación.* 1. La Administración podrá convalidar los actos anulables, subsanando los vicios de que adolezcan.

2. El acto de convalidación producirá efecto desde su fecha, salvo lo dispuesto en el artículo 39.3 para la retroactividad de los actos administrativos.

3. Si el vicio consistiera en incompetencia no determinante de nulidad, la convalidación podrá realizarse por el órgano competente cuando sea superior jerárquico del que dictó el acto viciado [523].

4. Si el vicio consistiese en la falta de alguna autorización, podrá ser convalidado el acto mediante el otorgamiento de la misma por el órgano competente [524].

TÍTULO IV
De las disposiciones sobre el procedimiento administrativo común

CAPÍTULO I
Garantías del procedimiento

53. *Derechos del interesado en el procedimiento administrativo.* 1. Además del resto de derechos previstos en esta Ley, los interesados en un procedimiento administrativo, tienen los siguientes derechos [525]:

a) A conocer, en cualquier momento, el estado de la tramitación de los procedimientos en los que tengan la condición de interesados; el sentido del silencio administrativo que corresponda, en caso de que la Administración no dicte ni notifique resolución expresa en plazo; el órgano competente para su instrucción, en su caso, y resolución; y los actos de trámite dictados. Asimismo, también tendrán derecho a acceder y a obtener copia de los documentos contenidos en los citados procedimientos [526].

---

[523] Véase art. 47.1.b) de la presente Ley
[524] Véase art. 119.2 de la presente Ley
[525] Véase art. 13 de la presente Ley
[526] Véase el RD 208/1996

Quienes se relacionen con las Administraciones Públicas a través de medios electrónicos, tendrán derecho a consultar la información a la que se refiere el párrafo anterior, en el Punto de Acceso General electrónico de la Administración que funcionará como un portal de acceso. Se entenderá cumplida la obligación de la Administración de facilitar copias de los documentos contenidos en los procedimientos mediante la puesta a disposición de las mismas en el Punto de Acceso General electrónico de la Administración competente o en las sedes electrónicas que correspondan [527].

b) A identificar a las autoridades y al personal al servicio de las Administraciones Públicas bajo cuya responsabilidad se tramiten los procedimientos.

c) A no presentar documentos originales salvo que, de manera excepcional, la normativa reguladora aplicable establezca lo contrario. En caso de que, excepcionalmente, deban presentar un documento original, tendrán derecho a obtener una copia autenticada de éste [528].

d) A no presentar datos y documentos no exigidos por las normas aplicables al procedimiento de que se trate, que ya se encuentren en poder de las Administraciones Públicas o que hayan sido elaborados por éstas [529].

e) A formular alegaciones, utilizar los medios de defensa admitidos por el Ordenamiento Jurídico, y a aportar documentos en cualquier fase del procedimiento anterior al trámite de audiencia, que deberán ser tenidos en cuenta por el órgano competente al redactar la propuesta de resolución [530].

f) A obtener información y orientación acerca de los requisitos jurídicos o técnicos que las disposiciones vigentes impongan a los proyectos, actuaciones o solicitudes que se propongan realizar [531].

---

[527] Téngase en cuenta el último párrafo de la disp. final 7ª, en relación con la disp. trans. 4ª, de esta ley

[528] Véase art. 66.3 de la presente Ley

[529] Véase art. 104 LGT. Téngase en cuenta la supresión del requisito de aportar fotocopia del DNI en los procedimientos administrativos en virtud del RD 522/2006, así como la supresión de la exigencia de presentación del certificado de empadronamiento en los procedimientos administrativos según determina el RD 523/2006. Véanse la O PRE/4008/2006, y la O PRE/3949/2006

[530] Véanse arts. 76, 77.1 y 117 de la presente Ley

[531] Véanse 85 a 91 LGT, el RD 208/1996, y el RD 951/2005

g) A actuar asistidos de asesor cuando lo consideren conveniente en defensa de sus intereses.

h) A cumplir las obligaciones de pago a través de los medios electrónicos previstos en el artículo 98.2.

i) Cualesquiera otros que les reconozcan la Constitución y las leyes.

2. Además de los derechos previstos en el apartado anterior, en el caso de procedimientos administrativos de naturaleza sancionadora, los presuntos responsables tendrán los siguientes derechos:

a) A ser notificado de los hechos que se le imputen, de las infracciones que tales hechos puedan constituir y de las sanciones que, en su caso, se les pudieran imponer, así como de la identidad del instructor, de la autoridad competente para imponer la sanción y de la norma que atribuya tal competencia.

b) A la presunción de no existencia de responsabilidad administrativa mientras no se demuestre lo contrario [532].

CAPÍTULO II
Iniciación del procedimiento

Sección 1ª
Disposiciones generales

54. *Clases de iniciación.* Los procedimientos podrán iniciarse de oficio o a solicitud del interesado.

55. *Información y actuaciones previas.* 1. Con anterioridad al inicio del procedimiento, el órgano competente podrá abrir un período de información o actuaciones previas con el fin de conocer las circunstancias del caso concreto y la conveniencia o no de iniciar el procedimiento.

2. En el caso de procedimientos de naturaleza sancionadora las actuaciones previas se orientarán a determinar, con la mayor precisión posible, los hechos susceptibles de motivar la incoación del procedi-

---

[532] Véase art. 24.2 CE

miento, la identificación de la persona o personas que pudieran resultar responsables y las circunstancias relevantes que concurran en unos y otros.

Las actuaciones previas serán realizadas por los órganos que tengan atribuidas funciones de investigación, averiguación e inspección en la materia y, en defecto de éstos, por la persona u órgano administrativo que se determine por el órgano competente para la iniciación o resolución del procedimiento.

56. *Medidas provisionales.* 1. Iniciado el procedimiento, el órgano administrativo competente para resolver, podrá adoptar, de oficio o a instancia de parte y de forma motivada, las medidas provisionales que estime oportunas para asegurar la eficacia de la resolución que pudiera recaer, si existiesen elementos de juicio suficientes para ello, de acuerdo con los principios de proporcionalidad, efectividad y menor onerosidad [533].

2. Antes de la iniciación del procedimiento administrativo, el órgano competente para iniciar o instruir el procedimiento, de oficio o a instancia de parte, en los casos de urgencia inaplazable y para la protección provisional de los intereses implicados, podrá adoptar de forma motivada las medidas provisionales que resulten necesarias y proporcionadas. Las medidas provisionales deberán ser confirmadas, modificadas o levantadas en el acuerdo de iniciación del procedimiento, que deberá efectuarse dentro de los quince días siguientes a su adopción, el cual podrá ser objeto del recurso que proceda.

En todo caso, dichas medidas quedarán sin efecto si no se inicia el procedimiento en dicho plazo o cuando el acuerdo de iniciación no contenga un pronunciamiento expreso acerca de las mismas.

3. De acuerdo con lo previsto en los dos apartados anteriores, podrán acordarse las siguientes medidas provisionales, en los términos previstos en la Ley 1/2000, de 7 de enero, de Enjuiciamiento Civil [534]:

a) Suspensión temporal de actividades.

b) Prestación de fianzas.

c) Retirada o intervención de bienes productivos o suspensión temporal de servicios por razones de sanidad, higiene o seguridad, el

[533] Véase arts. 35.1.d) y 64.2.e) de la presente Ley
[534] Véanse arts. 721 a 747 LEC

cierre temporal del establecimiento por estas u otras causas previstas en la normativa reguladora aplicable.

d) Embargo preventivo de bienes, rentas y cosas fungibles computables en metálico por aplicación de precios ciertos.

e) El depósito, retención o inmovilización de cosa mueble.

f) La intervención y depósito de ingresos obtenidos mediante una actividad que se considere ilícita y cuya prohibición o cesación se pretenda.

g) Consignación o constitución de depósito de las cantidades que se reclamen.

h) La retención de ingresos a cuenta que deban abonar las Administraciones Públicas.

i) Aquellas otras medidas que, para la protección de los derechos de los interesados, prevean expresamente las leyes, o que se estimen necesarias para asegurar la efectividad de la resolución.

4. No se podrán adoptar medidas provisionales que puedan causar perjuicio de difícil o imposible reparación a los interesados o que impliquen violación de derechos amparados por las leyes [535] .

5. Las medidas provisionales podrán ser alzadas o modificadas durante la tramitación del procedimiento, de oficio o a instancia de parte, en virtud de circunstancias sobrevenidas o que no pudieron ser tenidas en cuenta en el momento de su adopción.

En todo caso, se extinguirán cuando surta efectos la resolución administrativa que ponga fin al procedimiento correspondiente.

57. *Acumulación.* El órgano administrativo que inicie o tramite un procedimiento, cualquiera que haya sido la forma de su iniciación, podrá disponer, de oficio o a instancia de parte, su acumulación a otros con los que guarde identidad sustancial o íntima conexión, siempre que sea el mismo órgano quien deba tramitar y resolver el procedimiento.

Contra el acuerdo de acumulación no procederá recurso alguno.

---

[535] Véase art. 24 CE

Sección 2ª
Iniciación del procedimiento de oficio por la administración

58. *Iniciación de oficio.* Los procedimientos se iniciarán de oficio por acuerdo del órgano competente, bien por propia iniciativa o como consecuencia de orden superior, a petición razonada de otros órganos o por denuncia.

59. *Inicio del procedimiento a propia iniciativa.* Se entiende por propia iniciativa, la actuación derivada del conocimiento directo o indirecto de las circunstancias, conductas o hechos objeto del procedimiento por el órgano que tiene atribuida la competencia de iniciación.

60. *Inicio del procedimiento como consecuencia de orden superior.* 1. Se entiende por orden superior, la emitida por un órgano administrativo superior jerárquico del competente para la iniciación del procedimiento.
2. En los procedimientos de naturaleza sancionadora, la orden expresará, en la medida de lo posible, la persona o personas presuntamente responsables; las conductas o hechos que pudieran constituir infracción administrativa y su tipificación; así como el lugar, la fecha, fechas o período de tiempo continuado en que los hechos se produjeron.

61. *Inicio del procedimiento por petición razonada de otros órganos.* 1. Se entiende por petición razonada, la propuesta de iniciación del procedimiento formulada por cualquier órgano administrativo que no tiene competencia para iniciar el mismo y que ha tenido conocimiento de las circunstancias, conductas o hechos objeto del procedimiento, bien ocasionalmente o bien por tener atribuidas funciones de inspección, averiguación o investigación.
2. La petición no vincula al órgano competente para iniciar el procedimiento, si bien deberá comunicar al órgano que la hubiera formulado los motivos por los que, en su caso, no procede la iniciación.
3. En los procedimientos de naturaleza sancionadora, las peticiones deberán especificar, en la medida de lo posible, la persona o personas presuntamente responsables; las conductas o hechos que pudieran

constituir infracción administrativa y su tipificación; así como el lugar, la fecha, fechas o período de tiempo continuado en que los hechos se produjeron.

4. En los procedimientos de responsabilidad patrimonial, la petición deberá individualizar la lesión producida en una persona o grupo de personas, su relación de causalidad con el funcionamiento del servicio público, su evaluación económica si fuera posible, y el momento en que la lesión efectivamente se produjo.

62. *Inicio del procedimiento por denuncia.* 1. Se entiende por denuncia, el acto por el que cualquier persona, en cumplimiento o no de una obligación legal, pone en conocimiento de un órgano administrativo la existencia de un determinado hecho que pudiera justificar la iniciación de oficio de un procedimiento administrativo.

2. Las denuncias deberán expresar la identidad de la persona o personas que las presentan y el relato de los hechos que se ponen en conocimiento de la Administración. Cuando dichos hechos pudieran constituir una infracción administrativa, recogerán la fecha de su comisión y, cuando sea posible, la identificación de los presuntos responsables.

3. Cuando la denuncia invocara un perjuicio en el patrimonio de las Administraciones Públicas la no iniciación del procedimiento deberá ser motivada y se notificará a los denunciantes la decisión de si se ha iniciado o no el procedimiento.

4. Cuando el denunciante haya participado en la comisión de una infracción de esta naturaleza y existan otros infractores, el órgano competente para resolver el procedimiento deberá eximir al denunciante del pago de la multa que le correspondería u otro tipo de sanción de carácter no pecuniario, cuando sea el primero en aportar elementos de prueba que permitan iniciar el procedimiento o comprobar la infracción, siempre y cuando en el momento de aportarse aquellos no se disponga de elementos suficientes para ordenar la misma y se repare el perjuicio causado.

Asimismo, el órgano competente para resolver deberá reducir el importe del pago de la multa que le correspondería o, en su caso, la sanción de carácter no pecuniario, cuando no cumpliéndose alguna de las condiciones anteriores, el denunciante facilite elementos de prueba que aporten un valor añadido significativo respecto de aquellos de los que se disponga.

En ambos casos será necesario que el denunciante cese en la participación de la infracción y no haya destruido elementos de prueba relacionados con el objeto de la denuncia.

5. La presentación de una denuncia no confiere, por sí sola, la condición de interesado en el procedimiento.

63. *Especialidades en el inicio de los procedimientos de naturaleza sancionadora.* 1. Los procedimientos de naturaleza sancionadora se iniciarán siempre de oficio por acuerdo del órgano competente y establecerán la debida separación entre la fase instructora y la sancionadora, que se encomendará a órganos distintos.

Se considerará que un órgano es competente para iniciar el procedimiento cuando así lo determinen las normas reguladoras del mismo.

2. En ningún caso se podrá imponer una sanción sin que se haya tramitado el oportuno procedimiento.

3. No se podrán iniciar nuevos procedimientos de carácter sancionador por hechos o conductas tipificadas como infracciones en cuya comisión el infractor persista de forma continuada, en tanto no haya recaído una primera resolución sancionadora, con carácter ejecutivo.

64. *Acuerdo de iniciación en los procedimientos de naturaleza sancionadora.* 1. El acuerdo de iniciación se comunicará al instructor del procedimiento, con traslado de cuantas actuaciones existan al respecto, y se notificará a los interesados, entendiendo en todo caso por tal al inculpado.

Asimismo, la incoación se comunicará al denunciante cuando las normas reguladoras del procedimiento así lo prevean.

2. El acuerdo de iniciación deberá contener al menos:

a) Identificación de la persona o personas presuntamente responsables.

b) Los hechos que motivan la incoación del procedimiento, su posible calificación y las sanciones que pudieran corresponder, sin perjuicio de lo que resulte de la instrucción.

c) Identificación del instructor y, en su caso, Secretario del procedimiento, con expresa indicación del régimen de recusación de los mismos.

d) Órgano competente para la resolución del procedimiento y norma que le atribuya tal competencia, indicando la posibilidad de que el presunto responsable pueda reconocer voluntariamente su responsabilidad, con los efectos previstos en el artículo 85.

e) Medidas de carácter provisional que se hayan acordado por el órgano competente para iniciar el procedimiento sancionador, sin perjuicio de las que se puedan adoptar durante el mismo de conformidad con el artículo 56.

f) Indicación del derecho a formular alegaciones y a la audiencia en el procedimiento y de los plazos para su ejercicio, así como indicación de que, en caso de no efectuar alegaciones en el plazo previsto sobre el contenido del acuerdo de iniciación, éste podrá ser considerado propuesta de resolución cuando contenga un pronunciamiento preciso acerca de la responsabilidad imputada.

3. Excepcionalmente, cuando en el momento de dictar el acuerdo de iniciación no existan elementos suficientes para la calificación inicial de los hechos que motivan la incoación del procedimiento, la citada calificación podrá realizarse en una fase posterior mediante la elaboración de un Pliego de cargos, que deberá ser notificado a los interesados.

65. *Especialidades en el inicio de oficio de los procedimientos de responsabilidad patrimonial.* 1. Cuando las Administraciones Públicas decidan iniciar de oficio un procedimiento de responsabilidad patrimonial será necesario que no haya prescrito el derecho a la reclamación del interesado al que se refiere el artículo 67.

2. El acuerdo de iniciación del procedimiento se notificará a los particulares presuntamente lesionados, concediéndoles un plazo de diez días para que aporten cuantas alegaciones, documentos o información estimen conveniente a su derecho y propongan cuantas pruebas sean pertinentes para el reconocimiento del mismo. El procedimiento iniciado se instruirá aunque los particulares presuntamente lesionados no se personen en el plazo establecido.

Sección 3ª
Inicio del procedimiento a solicitud del interesado

66. *Solicitudes de iniciación.* 1. Las solicitudes que se formulen deberán contener:

a) Nombre y apellidos del interesado y, en su caso, de la persona que lo represente [536].

b) Identificación del medio electrónico, o en su defecto, lugar físico en que desea que se practique la notificación. Adicionalmente, los interesados podrán aportar su dirección de correo electrónico y/o dispositivo electrónico con el fin de que las Administraciones Públicas les avisen del envío o puesta a disposición de la notificación.

c) Hechos, razones y petición en que se concrete, con toda claridad, la solicitud.

d) Lugar y fecha.

e) Firma del solicitante o acreditación de la autenticidad de su voluntad expresada por cualquier medio.

f) Órgano, centro o unidad administrativa a la que se dirige y su correspondiente código de identificación.

Las oficinas de asistencia en materia de registros estarán obligadas a facilitar a los interesados el código de identificación si el interesado lo desconoce. Asimismo, las Administraciones Públicas deberán mantener y actualizar en la sede electrónica correspondiente un listado con los códigos de identificación vigentes [537].

2. Cuando las pretensiones correspondientes a una pluralidad de personas tengan un contenido y fundamento idéntico o sustancialmente similar, podrán ser formuladas en una única solicitud, salvo que las normas reguladoras de los procedimientos específicos dispongan otra cosa.

3. De las solicitudes, comunicaciones y escritos que presenten los interesados electrónicamente o en las oficinas de asistencia en materia de registros de la Administración, podrán éstos exigir el correspondiente recibo que acredite la fecha y hora de presentación [538].

4. Las Administraciones Públicas deberán establecer modelos y sistemas de presentación masiva que permitan a los interesados presentar simultáneamente varias solicitudes. Estos modelos, de uso voluntario, estarán a disposición de los interesados en las correspondientes sedes

---

[536] Véanse el RD 255/2025, de 1 abril, por el que se regula el Documento Nacional de Identidad y el RD 522/2006, de 28 abril, por el que se suprime la aportación de fotocopias de documentos de identidad en los procedimientos administrativos de la Administración General del Estado y de sus organismos públicos vinculados o dependientes

[537] Véase art. 67.2 de la presente Ley

[538] Véase art. 16.3 de la presente Ley

electrónicas y en las oficinas de asistencia en materia de registros de las Administraciones Públicas.

Los solicitantes podrán acompañar los elementos que estimen convenientes para precisar o completar los datos del modelo, los cuales deberán ser admitidos y tenidos en cuenta por el órgano al que se dirijan.

5. Los sistemas normalizados de solicitud podrán incluir comprobaciones automáticas de la información aportada respecto de datos almacenados en sistemas propios o pertenecientes a otras Administraciones u ofrecer el formulario cumplimentado, en todo o en parte, con objeto de que el interesado verifique la información y, en su caso, la modifique y complete.

6. Cuando la Administración en un procedimiento concreto establezca expresamente modelos específicos de presentación de solicitudes, éstos serán de uso obligatorio por los interesados.

67. *Solicitudes   de   iniciación   en   los   procedimientos   de responsabilidad patrimonial.* 1. Los interesados sólo podrán solicitar el inicio de un procedimiento de responsabilidad patrimonial, cuando no haya prescrito su derecho a reclamar. El derecho a reclamar prescribirá al año de producido el hecho o el acto que motive la indemnización o se manifieste su efecto lesivo. En caso de daños de carácter físico o psíquico a las personas, el plazo empezará a computarse desde la curación o la determinación del alcance de las secuelas [539].

En los casos en que proceda reconocer derecho a indemnización por anulación en vía administrativa o contencioso-administrativa de un acto o disposición de carácter general, el derecho a reclamar prescribirá al año de haberse notificado la resolución administrativa o la sentencia definitiva.

En los casos de responsabilidad patrimonial a que se refiere el artículo 32, apartados 4 y 5, de la Ley de Régimen Jurídico del Sector Público, el derecho a reclamar prescribirá al año de la publicación en el «Boletín Oficial del Estado» o en el «Diario Oficial de la Unión Europea», según el caso, de la sentencia que declare la inconstitucionalidad de la norma o su carácter contrario al Derecho de la Unión Europea.

---

[539] Véase art. 65.1 de la presente Ley

2. Además de lo previsto en el artículo 66, en la solicitud que realicen los interesados se deberán especificar las lesiones producidas, la presunta relación de causalidad entre éstas y el funcionamiento del servicio público, la evaluación económica de la responsabilidad patrimonial, si fuera posible, y el momento en que la lesión efectivamente se produjo, e irá acompañada de cuantas alegaciones, documentos e informaciones se estimen oportunos y de la proposición de prueba, concretando los medios de que pretenda valerse el reclamante [540].

68. *Subsanación y mejora de la solicitud.* 1. Si la solicitud de iniciación no reúne los requisitos que señala el artículo 66, y, en su caso, los que señala el artículo 67 u otros exigidos por la legislación específica aplicable, se requerirá al interesado para que, en un plazo de diez días, subsane la falta o acompañe los documentos preceptivos, con indicación de que, si así no lo hiciera, se le tendrá por desistido de su petición, previa resolución que deberá ser dictada en los términos previstos en el artículo 21 [541].

2. Siempre que no se trate de procedimientos selectivos o de concurrencia competitiva, este plazo podrá ser ampliado prudencialmente, hasta cinco días, a petición del interesado o a iniciativa del órgano, cuando la aportación de los documentos requeridos presente dificultades especiales.

3. En los procedimientos iniciados a solicitud de los interesados, el órgano competente podrá recabar del solicitante la modificación o mejora voluntarias de los términos de aquélla. De ello se levantará acta sucinta, que se incorporará al procedimiento.

4. Si alguno de los sujetos a los que hace referencia el artículo 14.2 y 14.3 presenta su solicitud presencialmente, las Administraciones Públicas requerirán al interesado para que la subsane a través de su presentación electrónica. A estos efectos, se considerará como fecha de presentación de la solicitud aquella en la que haya sido realizada la subsanación.

---

[540] Véase art. 22.13 LOCE y art. 68.1 de la presente Ley

[541] Véase art. 22.1.a) de la presente Ley. Téngase en cuenta la supresión del requisito de aportar fotocopias del DNI en los procedimientos administrativos en virtud del RD 522/2006, así como la supresión de la exigencia de aportación del certificado de empadronamientos en los procedimientos administrativos merced al RD 523/2006

69. *Declaración responsable y comunicación.* 1. A los efectos de esta Ley, se entenderá por declaración responsable el documento suscrito por un interesado en el que éste manifiesta, bajo su responsabilidad, que cumple con los requisitos establecidos en la normativa vigente para obtener el reconocimiento de un derecho o facultad o para su ejercicio, que dispone de la documentación que así lo acredita, que la pondrá a disposición de la Administración cuando le sea requerida, y que se compromete a mantener el cumplimiento de las anteriores obligaciones durante el período de tiempo inherente a dicho reconocimiento o ejercicio.

Los requisitos a los que se refiere el párrafo anterior deberán estar recogidos de manera expresa, clara y precisa en la correspondiente declaración responsable. Las Administraciones podrán requerir en cualquier momento que se aporte la documentación que acredite el cumplimiento de los mencionados requisitos y el interesado deberá aportarla.

2. A los efectos de esta Ley, se entenderá por comunicación aquel documento mediante el que los interesados ponen en conocimiento de la Administración Pública competente sus datos identificativos o cualquier otro dato relevante para el inicio de una actividad o el ejercicio de un derecho.

3. Las declaraciones responsables y las comunicaciones permitirán, el reconocimiento o ejercicio de un derecho o bien el inicio de una actividad, desde el día de su presentación, sin perjuicio de las facultades de comprobación, control e inspección que tengan atribuidas las Administraciones Públicas.

No obstante lo dispuesto en el párrafo anterior, la comunicación podrá presentarse dentro de un plazo posterior al inicio de la actividad cuando la legislación correspondiente lo prevea expresamente.

4. La inexactitud, falsedad u omisión, de carácter esencial, de cualquier dato o información que se incorpore a una declaración responsable o a una comunicación, o la no presentación ante la Administración competente de la declaración responsable, la documentación que sea en su caso requerida para acreditar el cumplimiento de lo declarado, o la comunicación, determinará la imposibilidad de continuar con el ejercicio del derecho o actividad afectada desde el momento en que se tenga constancia de tales hechos, sin perjuicio de las responsabilidades penales, civiles o administrativas a que hubiera lugar.

Asimismo, la resolución de la Administración Pública que declare tales circunstancias podrá determinar la obligación del interesado de restituir la situación jurídica al momento previo al reconocimiento o al ejercicio del derecho o al inicio de la actividad correspondiente, así como la imposibilidad de instar un nuevo procedimiento con el mismo objeto durante un período de tiempo determinado por la ley, todo ello conforme a los términos establecidos en las normas sectoriales de aplicación.

5. Las Administraciones Públicas tendrán permanentemente publicados y actualizados modelos de declaración responsable y de comunicación, fácilmente accesibles a los interesados.

6. Únicamente será exigible, bien una declaración responsable, bien una comunicación para iniciar una misma actividad u obtener el reconocimiento de un mismo derecho o facultad para su ejercicio, sin que sea posible la exigencia de ambas acumulativamente.

CAPÍTULO III
Ordenación del procedimiento

70. *Expediente Administrativo.* 1. Se entiende por expediente administrativo el conjunto ordenado de documentos y actuaciones que sirven de antecedente y fundamento a la resolución administrativa, así como las diligencias encaminadas a ejecutarla.

2. Los expedientes tendrán formato electrónico y se formarán mediante la agregación ordenada de cuantos documentos, pruebas, dictámenes, informes, acuerdos, notificaciones y demás diligencias deban integrarlos, así como un índice numerado de todos los documentos que contenga cuando se remita. Asimismo, deberá constar en el expediente copia electrónica certificada de la resolución adoptada.

3. Cuando en virtud de una norma sea preciso remitir el expediente electrónico, se hará de acuerdo con lo previsto en el Esquema Nacional de Interoperabilidad y en las correspondientes Normas Técnicas de Interoperabilidad, y se enviará completo, foliado, autentificado y acompañado de un índice, asimismo autentificado, de los documentos que contenga. La autenticación del citado índice garantizará la integridad e inmutabilidad del expediente electrónico generado desde el momento de su firma y permitirá su recuperación siempre que sea

preciso, siendo admisible que un mismo documento forme parte de distintos expedientes electrónicos.

4. No formará parte del expediente administrativo la información que tenga carácter auxiliar o de apoyo, como la contenida en aplicaciones, ficheros y bases de datos informáticas, notas, borradores, opiniones, resúmenes, comunicaciones e informes internos o entre órganos o entidades administrativas, así como los juicios de valor emitidos por las Administraciones Públicas, salvo que se trate de informes, preceptivos y facultativos, solicitados antes de la resolución administrativa que ponga fin al procedimiento.

71. *Impulso.* 1. El procedimiento, sometido al principio de celeridad, se impulsará de oficio en todos sus trámites y a través de medios electrónicos, respetando los principios de transparencia y publicidad.

2. En el despacho de los expedientes se guardará el orden riguroso de incoación en asuntos de homogénea naturaleza, salvo que por el titular de la unidad administrativa se dé orden motivada en contrario, de la que quede constancia.

El incumplimiento de lo dispuesto en el párrafo anterior dará lugar a la exigencia de responsabilidad disciplinaria del infractor y, en su caso, será causa de remoción del puesto de trabajo.

3. Las personas designadas como órgano instructor o, en su caso, los titulares de las unidades administrativas que tengan atribuida tal función serán responsables directos de la tramitación del procedimiento y, en especial, del cumplimiento de los plazos establecidos.

72. *Concentración de trámites.* 1. De acuerdo con el principio de simplificación administrativa, se acordarán en un solo acto todos los trámites que, por su naturaleza, admitan un impulso simultáneo y no sea obligado su cumplimiento sucesivo.

2. Al solicitar los trámites que deban ser cumplidos por otros órganos, deberá consignarse en la comunicación cursada el plazo legal establecido al efecto [542].

73. *Cumplimiento de trámites.* 1. Los trámites que deban ser cumplimentados por los interesados deberán realizarse en el plazo de diez

---

[542] Véase art. 80.2 de la presente Ley

días a partir del siguiente al de la notificación del correspondiente acto, salvo en el caso de que en la norma correspondiente se fije plazo distinto.

2. En cualquier momento del procedimiento, cuando la Administración considere que alguno de los actos de los interesados no reúne los requisitos necesarios, lo pondrá en conocimiento de su autor, concediéndole un plazo de diez días para cumplimentarlo.

3. A los interesados que no cumplan lo dispuesto en los apartados anteriores, se les podrá declarar decaídos en su derecho al trámite correspondiente. No obstante, se admitirá la actuación del interesado y producirá sus efectos legales, si se produjera antes o dentro del día que se notifique la resolución en la que se tenga por transcurrido el plazo [543].

74. *Cuestiones incidentales.* Las cuestiones incidentales que se susciten en el procedimiento, incluso las que se refieran a la nulidad de actuaciones, no suspenderán la tramitación del mismo, salvo la recusación [544].

CAPÍTULO IV
Instrucción del procedimiento

Sección 1ª
Disposiciones generales

75. *Actos de instrucción.* 1. Los actos de instrucción necesarios para la determinación, conocimiento y comprobación de los hechos en virtud de los cuales deba pronunciarse la resolución, se realizarán de oficio y a través de medios electrónicos, por el órgano que tramite el procedimiento, sin perjuicio del derecho de los interesados a proponer aquellas actuaciones que requieran su intervención o constituyan trámites legal o reglamentariamente establecidos.

---

[543] Véanse arts. 29, 32, 94.4 y 95 de la presente Ley
[544] Véase art. 24 LRJSP

2. Las aplicaciones y sistemas de información utilizados para la instrucción de los procedimientos deberán garantizar el control de los tiempos y plazos, la identificación de los órganos responsables y la tramitación ordenada de los expedientes, así como facilitar la simplificación y la publicidad de los procedimientos.

3. Los actos de instrucción que requieran la intervención de los interesados habrán de practicarse en la forma que resulte más conveniente para ellos y sea compatible, en la medida de lo posible, con sus obligaciones laborales o profesionales.

4. En cualquier caso, el órgano instructor adoptará las medidas necesarias para lograr el pleno respeto a los principios de contradicción y de igualdad de los interesados en el procedimiento.

76. *Alegaciones.* [545]

1. Los interesados podrán, en cualquier momento del procedimiento anterior al trámite de audiencia, aducir alegaciones y aportar documentos u otros elementos de juicio.

Unos y otros serán tenidos en cuenta por el órgano competente al redactar la correspondiente propuesta de resolución.

2. En todo momento podrán los interesados alegar los defectos de tramitación y, en especial, los que supongan paralización, infracción de los plazos preceptivamente señalados o la omisión de trámites que pueden ser subsanados antes de la resolución definitiva del asunto. Dichas alegaciones podrán dar lugar, si hubiere razones para ello, a la exigencia de la correspondiente responsabilidad disciplinaria [546].

Sección 2ª
Prueba

77. *Medios y período de prueba.* [547]

1. Los hechos relevantes para la decisión de un procedimiento podrán acreditarse por cualquier medio de prueba admisible en Derecho,

---

[545] Véase arts. 118 y 53.1.e) de la presente Ley

[546] Véase arts. 20 y 29 de la presente Ley

[547] Véase art. 60.3 LJCA

cuya valoración se realizará de acuerdo con los criterios establecidos en la Ley 1/2000, de 7 de enero, de Enjuiciamiento Civil [548] .

2. Cuando la Administración no tenga por ciertos los hechos alegados por los interesados o la naturaleza del procedimiento lo exija, el instructor del mismo acordará la apertura de un período de prueba por un plazo no superior a treinta días ni inferior a diez, a fin de que puedan practicarse cuantas juzgue pertinentes. Asimismo, cuando lo considere necesario, el instructor, a petición de los interesados, podrá decidir la apertura de un período extraordinario de prueba por un plazo no superior a diez días.

3. El instructor del procedimiento sólo podrá rechazar las pruebas propuestas por los interesados cuando sean manifiestamente improcedentes o innecesarias, mediante resolución motivada.

3 bis. Cuando el interesado alegue discriminación y aporte indicios fundados sobre su existencia, corresponderá a la persona a quien se impute la situación discriminatoria la aportación de una justificación objetiva y razonable, suficientemente probada, de las medidas adoptadas y de su proporcionalidad.

A los efectos de lo dispuesto en el párrafo anterior, el órgano administrativo podrá recabar informe de los organismos públicos competentes en materia de igualdad. [549]

4. En los procedimientos de carácter sancionador, los hechos declarados probados por resoluciones judiciales penales firmes vincularán a las Administraciones Públicas respecto de los procedimientos sancionadores que substancien.

5. Los documentos formalizados por los funcionarios a los que se reconoce la condición de autoridad y en los que, observándose los requisitos legales correspondientes se recojan los hechos constatados por aquéllos harán prueba de éstos salvo que se acredite lo contrario [550] .

6. Cuando la prueba consista en la emisión de un informe de un órgano administrativo, organismo público o Entidad de derecho público, se entenderá que éste tiene carácter preceptivo.

7. Cuando la valoración de las pruebas practicadas pueda constituir el fundamento básico de la decisión que se adopte en el procedimiento,

[548] Véanse arts. 316, 344, 348, 351 y 376 LEC, 1214 a 1253 CC y 60 y 78 LJCA

[549] Añadido apartado 3 bis por disposición final 4 de Ley 15/2022 de 12 de julio de 2022, con vigencia desde 14/07/2022

[550] Véase art. 24.2 CE

por ser pieza imprescindible para la correcta evaluación de los hechos, deberá incluirse en la propuesta de resolución.

78. *Práctica de prueba.* 1. La Administración comunicará a los interesados, con antelación suficiente, el inicio de las actuaciones necesarias para la realización de las pruebas que hayan sido admitidas.

2. En la notificación se consignará el lugar, fecha y hora en que se practicará la prueba, con la advertencia, en su caso, de que el interesado puede nombrar técnicos para que le asistan [551].

3. En los casos en que, a petición del interesado, deban efectuarse pruebas cuya realización implique gastos que no deba soportar la Administración, ésta podrá exigir el anticipo de los mismos, a reserva de la liquidación definitiva, una vez practicada la prueba. La liquidación de los gastos se practicará uniendo los comprobantes que acrediten la realidad y cuantía de los mismos.

Sección 3ª
Informes

79. *Petición.* 1. A efectos de la resolución del procedimiento, se solicitarán aquellos informes que sean preceptivos por las disposiciones legales, y los que se juzguen necesarios para resolver, citándose el precepto que lo exija o fundamentando, en su caso, la conveniencia de reclamarlos [552].

2. En la petición de informe se concretará el extremo o extremos acerca de los que se solicita.

80. *Emisión de informes.* 1. Salvo disposición expresa en contrario, los informes serán facultativos y no vinculantes.

2. Los informes serán emitidos a través de medios electrónicos y de acuerdo con los requisitos que señala el artículo 26 en el plazo de diez días, salvo que una disposición o el cumplimiento del resto de los plazos del procedimiento permita o exija otro plazo mayor o menor.

---

[551] Véase art. 53.1.g) de la presente Ley
[552] Véase art. 72.2 de la presente Ley

3. De no emitirse el informe en el plazo señalado, y sin perjuicio de la responsabilidad en que incurra el responsable de la demora, se podrán proseguir las actuaciones salvo cuando se trate de un informe preceptivo, en cuyo caso se podrá suspender el transcurso del plazo máximo legal para resolver el procedimiento en los términos establecidos en la letra d) del apartado 1 del artículo 22 [553].

4. Si el informe debiera ser emitido por una Administración Pública distinta de la que tramita el procedimiento en orden a expresar el punto de vista correspondiente a sus competencias respectivas, y transcurriera el plazo sin que aquél se hubiera emitido, se podrán proseguir las actuaciones.

El informe emitido fuera de plazo podrá no ser tenido en cuenta al adoptar la correspondiente resolución.

81. *Solicitud de informes y dictámenes en los procedimientos de responsabilidad patrimonial.* 1. En el caso de los procedimientos de responsabilidad patrimonial será preceptivo solicitar informe al servicio cuyo funcionamiento haya ocasionado la presunta lesión indemnizable, no pudiendo exceder de diez días el plazo de su emisión.

2. Cuando las indemnizaciones reclamadas sean de cuantía igual o superior a 50.000 euros o a la que se establezca en la correspondiente legislación autonómica, así como en aquellos casos que disponga la Ley Orgánica 3/1980, de 22 de abril, del Consejo de Estado, será preceptivo solicitar dictamen del Consejo de Estado o, en su caso, del órgano consultivo de la Comunidad Autónoma [554].

A estos efectos, el órgano instructor, en el plazo de diez días a contar desde la finalización del trámite de audiencia, remitirá al órgano competente para solicitar el dictamen una propuesta de resolución, que se ajustará a lo previsto en el artículo 91, o, en su caso, la propuesta de acuerdo por el que se podría terminar convencionalmente el procedimiento.

El dictamen se emitirá en el plazo de dos meses y deberá pronunciarse sobre la existencia o no de relación de causalidad entre el funcionamiento del servicio público y la lesión producida y, en su caso, sobre la valoración del daño causado y la cuantía y modo de la indemnización de acuerdo con los criterios establecidos en esta Ley.

---

[553] Véase art. 36.2 LRJSP
[554] Véanse arts. 91.1 de la presente Ley y 22.13 LOCE

3. En el caso de reclamaciones en materia de responsabilidad patrimonial del Estado por el funcionamiento anormal de la Administración de Justicia, será preceptivo el informe del Consejo General del Poder Judicial que será evacuado en el plazo máximo de dos meses. El plazo para dictar resolución quedará suspendido por el tiempo que medie entre la solicitud, del informe y su recepción, no pudiendo exceder dicho plazo de los citados dos meses.

Sección 4ª
Participación de los interesados

82. *Trámite de audiencia.* 1. Instruidos los procedimientos, e inmediatamente antes de redactar la propuesta de resolución, se pondrán de manifiesto a los interesados o, en su caso, a sus representantes, para lo que se tendrán en cuenta las limitaciones previstas en su caso en la Ley 19/2013, de 9 de diciembre [555].

La audiencia a los interesados será anterior a la solicitud del informe del órgano competente para el asesoramiento jurídico o a la solicitud del Dictamen del Consejo de Estado u órgano consultivo equivalente de la Comunidad Autónoma, en el caso que éstos formaran parte del procedimiento.

2. Los interesados, en un plazo no inferior a diez días ni superior a quince, podrán alegar y presentar los documentos y justificaciones que estimen pertinentes [556].

3. Si antes del vencimiento del plazo los interesados manifiestan su decisión de no efectuar alegaciones ni aportar nuevos documentos o justificaciones, se tendrá por realizado el trámite.

4. Se podrá prescindir del trámite de audiencia cuando no figuren en el procedimiento ni sean tenidos en cuenta en la resolución otros hechos ni otras alegaciones y pruebas que las aducidas por el interesado [557].

5. En los procedimientos de responsabilidad patrimonial a los que se refiere el artículo 32.9 de la Ley de Régimen Jurídico del Sector

---

[555] Véanse arts. 14 y 22.3 L 19/2013 y 107.2 y 119.3 de la presente Ley

[556] Véanse arts. 32.1 y 33 de la presente Ley

[557] Véanse arts. 105.c) CE y 76 y 118 de la presente Ley

Público, será necesario en todo caso dar audiencia al contratista, notificándole cuantas actuaciones se realicen en el procedimiento, al efecto de que se persone en el mismo, exponga lo que a su derecho convenga y proponga cuantos medios de prueba estime necesarios.

83. *Información pública.* 1. El órgano al que corresponda la resolución del procedimiento, cuando la naturaleza de éste lo requiera, podrá acordar un período de información pública.

2. A tal efecto, se publicará un anuncio en el Diario oficial correspondiente a fin de que cualquier persona física o jurídica pueda examinar el expediente, o la parte del mismo que se acuerde.

El anuncio señalará el lugar de exhibición, debiendo estar en todo caso a disposición de las personas que lo soliciten a través de medios electrónicos en la sede electrónica correspondiente, y determinará el plazo para formular alegaciones, que en ningún caso podrá ser inferior a veinte días.

3. La incomparecencia en este trámite no impedirá a los interesados interponer los recursos procedentes contra la resolución definitiva del procedimiento.

La comparecencia en el trámite de información pública no otorga, por sí misma, la condición de interesado. No obstante, quienes presenten alegaciones u observaciones en este trámite tienen derecho a obtener de la Administración una respuesta razonada, que podrá ser común para todas aquellas alegaciones que planteen cuestiones sustancialmente iguales [558].

4. Conforme a lo dispuesto en las leyes, las Administraciones Públicas podrán establecer otras formas, medios y cauces de participación de las personas, directamente o a través de las organizaciones y asociaciones reconocidas por la ley en el procedimiento en el que se dictan los actos administrativos [559].

---

[558] Véase art. 4 de la presente Ley
[559] Véanse arts. 9.2 y 105.a) CE y 24 L 50/1997

CAPÍTULO V
Finalización del procedimiento

Sección 1ª
Disposiciones generales

84. *Terminación.* 1. Pondrán fin al procedimiento la resolución, el desistimiento, la renuncia al derecho en que se funde la solicitud, cuando tal renuncia no esté prohibida por el ordenamiento jurídico, y la declaración de caducidad.

2. También producirá la terminación del procedimiento la imposibilidad material de continuarlo por causas sobrevenidas. La resolución que se dicte deberá ser motivada en todo caso [560] .

85. *Terminación en los procedimientos sancionadores.* [561]

1. Iniciado un procedimiento sancionador, si el infractor reconoce su responsabilidad, se podrá resolver el procedimiento con la imposición de la sanción que proceda.

2. Cuando la sanción tenga únicamente carácter pecuniario o bien quepa imponer una sanción pecuniaria y otra de carácter no pecuniario pero se ha justificado la improcedencia de la segunda, el pago voluntario por el presunto responsable, en cualquier momento anterior a la resolución, implicará la terminación del procedimiento, salvo en lo relativo a la reposición de la situación alterada o a la determinación de la indemnización por los daños y perjuicios causados por la comisión de la infracción.

3. En ambos casos, cuando la sanción tenga únicamente carácter pecuniario, el órgano competente para resolver el procedimiento aplicará reducciones de, al menos, el 20 % sobre el importe de la sanción propuesta, siendo éstos acumulables entre sí. Las citadas reducciones, deberán estar determinadas en la notificación de iniciación del procedimiento y su efectividad estará condicionada al desistimiento o renuncia de cualquier acción o recurso en vía administrativa contra la sanción.

---

[560] Véase art. 35.1 de la presente Ley
[561] Véase art. 64.2.d) de la presente Ley

El porcentaje de reducción previsto en este apartado podrá ser incrementado reglamentariamente.

86. *Terminación convencional.* 1. Las Administraciones Públicas podrán celebrar acuerdos, pactos, convenios o contratos con personas tanto de Derecho público como privado, siempre que no sean contrarios al ordenamiento jurídico ni versen sobre materias no susceptibles de transacción y tengan por objeto satisfacer el interés público que tienen encomendado, con el alcance, efectos y régimen jurídico específico que, en su caso, prevea la disposición que lo regule, pudiendo tales actos tener la consideración de finalizadores de los procedimientos administrativos o insertarse en los mismos con carácter previo, vinculante o no, a la resolución que les ponga fin [562].

2. Los citados instrumentos deberán establecer como contenido mínimo la identificación de las partes intervinientes, el ámbito personal, funcional y territorial, y el plazo de vigencia, debiendo publicarse o no según su naturaleza y las personas a las que estuvieran destinados.

3. Requerirán en todo caso la aprobación expresa del Consejo de Ministros u órgano equivalente de las Comunidades Autónomas, los acuerdos que versen sobre materias de la competencia directa de dicho órgano [563].

4. Los acuerdos que se suscriban no supondrán alteración de las competencias atribuidas a los órganos administrativos, ni de las responsabilidades que correspondan a las autoridades y funcionarios, relativas al funcionamiento de los servicios públicos.

5. En los casos de procedimientos de responsabilidad patrimonial, el acuerdo alcanzado entre las partes deberá fijar la cuantía y modo de indemnización de acuerdo con los criterios que para calcularla y abonarla establece el artículo 34 de la Ley de Régimen Jurídico del Sector Público.

---

[562] Véanse arts. 25 LCSP , 111 LRL y 22.1.f) de la presente Ley
[563] Véase art. 5 L 50/1997

Sección 2ª
Resolución

87. *Actuaciones complementarias.* [564]

Antes de dictar resolución, el órgano competente para resolver podrá decidir, mediante acuerdo motivado, la realización de las actuaciones complementarias indispensables para resolver el procedimiento. No tendrán la consideración de actuaciones complementarias los informes que preceden inmediatamente a la resolución final del procedimiento.

El acuerdo de realización de actuaciones complementarias se notificará a los interesados, concediéndoseles un plazo de siete días para formular las alegaciones que tengan por pertinentes tras la finalización de las mismas. Las actuaciones complementarias deberán practicarse en un plazo no superior a quince días. El plazo para resolver el procedimiento quedará suspendido hasta la terminación de las actuaciones complementarias.

88. *Contenido.* 1. La resolución que ponga fin al procedimiento decidirá todas las cuestiones planteadas por los interesados y aquellas otras derivadas del mismo [565].

Cuando se trate de cuestiones conexas que no hubieran sido planteadas por los interesados, el órgano competente podrá pronunciarse sobre las mismas, poniéndolo antes de manifiesto a aquéllos por un plazo no superior a quince días, para que formulen las alegaciones que estimen pertinentes y aporten, en su caso, los medios de prueba [566].

2. En los procedimientos tramitados a solicitud del interesado, la resolución será congruente con las peticiones formuladas por éste, sin que en ningún caso pueda agravar su situación inicial y sin perjuicio de la potestad de la Administración de incoar de oficio un nuevo procedimiento, si procede [567].

3. Las resoluciones contendrán la decisión, que será motivada en los casos a que se refiere el artículo 35. Expresarán, además, los recursos

[564] Véase art. 22.2.b) de la presente Ley
[565] Véase art. 91.2 de la presente Ley
[566] Véanse arts. 32 y 33 de la presente Ley
[567] Véase art. 119.3 de la presente Ley

que contra la misma procedan, órgano administrativo o judicial ante el que hubieran de presentarse y plazo para interponerlos, sin perjuicio de que los interesados puedan ejercitar cualquier otro que estimen oportuno.

4. Sin perjuicio de la forma y lugar señalados por el interesado para la práctica de las notificaciones, la resolución del procedimiento se dictará electrónicamente y garantizará la identidad del órgano competente, así como la autenticidad e integridad del documento que se formalice mediante el empleo de alguno de los instrumentos previstos en esta Ley.

5. En ningún caso podrá la Administración abstenerse de resolver so pretexto de silencio, oscuridad o insuficiencia de los preceptos legales aplicables al caso, aunque podrá acordarse la inadmisión de las solicitudes de reconocimiento de derechos no previstos en el ordenamiento jurídico o manifiestamente carentes de fundamento, sin perjuicio del derecho de petición previsto por el artículo 29 de la Constitución [568].

6. La aceptación de informes o dictámenes servirá de motivación a la resolución cuando se incorporen al texto de la misma [569].

7. Cuando la competencia para instruir y resolver un procedimiento no recaiga en un mismo órgano, será necesario que el instructor eleve al órgano competente para resolver un propuesta de resolución.

En los procedimientos de carácter sancionador, la propuesta de resolución deberá ser notificada a los interesados en los términos previstos en el artículo siguiente.

89. *Propuesta de resolución en los procedimientos de carácter sancionador.* 1. El órgano instructor resolverá la finalización del procedimiento, con archivo de las actuaciones, sin que sea necesaria la formulación de la propuesta de resolución, cuando en la instrucción procedimiento se ponga de manifiesto que concurre alguna de las siguientes circunstancias:

a) La inexistencia de los hechos que pudieran constituir la infracción.

b) Cuando lo hechos no resulten acreditados.

[568] Véanse arts. 21 a 25 de la presente Ley y LO 4/2001
[569] Véase art. 5 L 50/1997

c) Cuando los hechos probados no constituyan, de modo manifiesto, infracción administrativa.

d) Cuando no exista o no se haya podido identificar a la persona o personas responsables o bien aparezcan exentos de responsabilidad.

e) Cuando se concluyera, en cualquier momento, que ha prescrito la infracción.

2. En el caso de procedimientos de carácter sancionador, una vez concluida la instrucción del procedimiento, el órgano instructor formulará una propuesta de resolución que deberá ser notificada a los interesados. La propuesta de resolución deberá indicar la puesta de manifiesto del procedimiento y el plazo para formular alegaciones y presentar los documentos e informaciones que se estimen pertinentes [570].

3. En la propuesta de resolución se fijarán de forma motivada los hechos que se consideren probados y su exacta calificación jurídica, se determinará la infracción que, en su caso, aquéllos constituyan, la persona o personas responsables y la sanción que se proponga, la valoración de las pruebas practicadas, en especial aquellas que constituyan los fundamentos básicos de la decisión, así como las medidas provisionales que, en su caso, se hubieran adoptado. Cuando la instrucción concluya la inexistencia de infracción o responsabilidad y no se haga uso de la facultad prevista en el apartado primero, la propuesta declarará esa circunstancia.

90. *Especialidades de la resolución en los procedimientos sancionadores.* 1. En el caso de procedimientos de carácter sancionador, además del contenido previsto en los dos artículos anteriores, la resolución incluirá la valoración de las pruebas practicadas, en especial aquellas que constituyan los fundamentos básicos de la decisión, fijarán los hechos y, en su caso, la persona o personas responsables, la infracción o infracciones cometidas y la sanción o sanciones que se imponen, o bien la declaración de no existencia de infracción o responsabilidad.

2. En la resolución no se podrán aceptar hechos distintos de los determinados en el curso del procedimiento, con independencia de su diferente valoración jurídica. No obstante, cuando el órgano compe-

---

[570] Véase art. 88.7 de la presente Ley

tente para resolver considere que la infracción o la sanción revisten mayor gravedad que la determinada en la propuesta de resolución, se notificará al inculpado para que aporte cuantas alegaciones estime convenientes en el plazo de quince días.

3. La resolución que ponga fin al procedimiento será ejecutiva cuando no quepa contra ella ningún recurso ordinario en vía administrativa, pudiendo adoptarse en la misma las disposiciones cautelares precisas para garantizar su eficacia en tanto no sea ejecutiva y que podrán consistir en el mantenimiento de las medidas provisionales que en su caso se hubieran adoptado.

Cuando la resolución sea ejecutiva, se podrá suspender cautelarmente, si el interesado manifiesta a la Administración su intención de interponer recurso contencioso-administrativo contra la resolución firme en vía administrativa. Dicha suspensión cautelar finalizará cuando:

a) Haya transcurrido el plazo legalmente previsto sin que el interesado haya interpuesto recurso contencioso administrativo.

b) Habiendo el interesado interpuesto recurso contencioso-administrativo:

1.º No se haya solicitado en el mismo trámite la suspensión cautelar de la resolución impugnada.

2.º El órgano judicial se pronuncie sobre la suspensión cautelar solicitada, en los términos previstos en ella.

4. Cuando las conductas sancionadas hubieran causado daños o perjuicios a las Administraciones y la cuantía destinada a indemnizar estos daños no hubiera quedado determinada en el expediente, se fijará mediante un procedimiento complementario, cuya resolución será inmediatamente ejecutiva. Este procedimiento será susceptible de terminación convencional, pero ni ésta ni la aceptación por el infractor de la resolución que pudiera recaer implicarán el reconocimiento voluntario de su responsabilidad. La resolución del procedimiento pondrá fin a la vía administrativa [571].

91. *Especialidades de la resolución en los procedimientos en materia de responsabilidad patrimonial.* 1. Una vez recibido, en su caso, el dictamen al que se refiere el artículo 81.2 o, cuando éste no sea precep-

---

[571] Véase art. 114.1.f) de la presente Ley

tivo, una vez finalizado el trámite de audiencia, el órgano competente resolverá o someterá la propuesta de acuerdo para su formalización por el interesado y por el órgano administrativo competente para suscribirlo. Cuando no se estimase procedente formalizar la propuesta de terminación convencional, el órgano competente resolverá en los términos previstos en el apartado siguiente.

2. Además de lo previsto en el artículo 88, en los casos de procedimientos de responsabilidad patrimonial, será necesario que la resolución se pronuncie sobre la existencia o no de la relación de causalidad entre el funcionamiento del servicio público y la lesión producida y, en su caso, sobre la valoración del daño causado, la cuantía y el modo de la indemnización, cuando proceda, de acuerdo con los criterios que para calcularla y abonarla se establecen en el artículo 34 de la Ley de Régimen Jurídico del Sector Público.

3. Transcurridos seis meses desde que se inició el procedimiento sin que haya recaído y se notifique resolución expresa o, en su caso, se haya formalizado el acuerdo, podrá entenderse que la resolución es contraria a la indemnización del particular.

92. *Competencia para la resolución de los procedimientos de responsabilidad patrimonial.* En el ámbito de la Administración General del Estado, los procedimientos de responsabilidad patrimonial se resolverán por el Ministro respectivo o por el Consejo de Ministros en los casos del artículo 32.3 de la Ley de Régimen Jurídico del Sector Público o cuando una ley así lo disponga.

En el ámbito autonómico y local, los procedimientos de responsabilidad patrimonial se resolverán por los órganos correspondientes de las Comunidades Autónomas o de las Entidades que integran la Administración Local.

En el caso de las Entidades de Derecho Público, las normas que determinen su régimen jurídico podrán establecer los órganos a quien corresponde la resolución de los procedimientos de responsabilidad patrimonial. En su defecto, se aplicarán las normas previstas en este artículo.

Sección 3ª
Desistimiento y renuncia

93. *Desistimiento por la Administración.* En los procedimientos iniciados de oficio, la Administración podrá desistir, motivadamente, en los supuestos y con los requisitos previstos en las Leyes.

94. *Desistimiento y renuncia por los interesados.* 1. Todo interesado podrá desistir de su solicitud o, cuando ello no esté prohibido por el ordenamiento jurídico, renunciar a sus derechos [572].

2. Si el escrito de iniciación se hubiera formulado por dos o más interesados, el desistimiento o la renuncia sólo afectará a aquellos que la hubiesen formulado [573].

3. Tanto el desistimiento como la renuncia podrán hacerse por cualquier medio que permita su constancia, siempre que incorpore las firmas que correspondan de acuerdo con lo previsto en la normativa aplicable [574].

4. La Administración aceptará de plano el desistimiento o la renuncia, y declarará concluso el procedimiento salvo que, habiéndose personado en el mismo terceros interesados, instasen éstos su continuación en el plazo de diez días desde que fueron notificados del desistimiento o renuncia.

5. Si la cuestión suscitada por la incoación del procedimiento entrañase interés general o fuera conveniente sustanciarla para su definición y esclarecimiento, la Administración podrá limitar los efectos del desistimiento o la renuncia al interesado y seguirá el procedimiento.

---

[572] Véase art. 6.2 CC
[573] Véase art. 73.3 de la presente Ley
[574] Véase art. 5.3 de la presente Ley

Sección 4ª
Caducidad

95. *Requisitos y efectos.* 1. En los procedimientos iniciados a solicitud del interesado, cuando se produzca su paralización por causa imputable al mismo, la Administración le advertirá que, transcurridos tres meses, se producirá la caducidad del procedimiento. Consumido este plazo sin que el particular requerido realice las actividades necesarias para reanudar la tramitación, la Administración acordará el archivo de las actuaciones, notificándoselo al interesado. Contra la resolución que declare la caducidad procederán los recursos pertinentes [575].

2. No podrá acordarse la caducidad por la simple inactividad del interesado en la cumplimentación de trámites, siempre que no sean indispensables para dictar resolución. Dicha inactividad no tendrá otro efecto que la pérdida de su derecho al referido trámite.

3. La caducidad no producirá por sí sola la prescripción de las acciones del particular o de la Administración, pero los procedimientos caducados no interrumpirán el plazo de prescripción.

En los casos en los que sea posible la iniciación de un nuevo procedimiento por no haberse producido la prescripción, podrán incorporarse a éste los actos y trámites cuyo contenido se hubiera mantenido igual de no haberse producido la caducidad. En todo caso, en el nuevo procedimiento deberán cumplimentarse los trámites de alegaciones, proposición de prueba y audiencia al interesado.

4. Podrá no ser aplicable la caducidad en el supuesto de que la cuestión suscitada afecte al interés general, o fuera conveniente sustanciarla para su definición y esclarecimiento [576].

CAPÍTULO VI
De la tramitación simplificada del procedimiento administrativo común

96. *Tramitación simplificada del procedimiento administrativo común.* 1. Cuando razones de interés público o la falta de compleji-

---

[575] Véase art. 25 de la presente Ley
[576] Véanse arts. 25.1.b) y 73.3 de la presente Ley

dad del procedimiento así lo aconsejen, las Administraciones Públicas podrán acordar, de oficio o a solicitud del interesado, la tramitación simplificada del procedimiento.

En cualquier momento del procedimiento anterior a su resolución, el órgano competente para su tramitación podrá acordar continuar con arreglo a la tramitación ordinaria.

2. Cuando la Administración acuerde de oficio la tramitación simplificada del procedimiento deberá notificarlo a los interesados. Si alguno de ellos manifestara su oposición expresa, la Administración deberá seguir la tramitación ordinaria.

3. Los interesados podrán solicitar la tramitación simplificada del procedimiento. Si el órgano competente para la tramitación aprecia que no concurre alguna de las razones previstas en el apartado 1, podrá desestimar dicha solicitud, en el plazo de cinco días desde su presentación, sin que exista posibilidad de recurso por parte del interesado. Transcurrido el mencionado plazo de cinco días se entenderá desestimada la solicitud.

4. En el caso de procedimientos en materia de responsabilidad patrimonial de las Administraciones Públicas, si una vez iniciado el procedimiento administrativo el órgano competente para su tramitación considera inequívoca la relación de causalidad entre el funcionamiento del servicio público y la lesión, así como la valoración del daño y el cálculo de la cuantía de la indemnización, podrá acordar de oficio la suspensión del procedimiento general y la iniciación de un procedimiento simplificado.

5. En el caso de procedimientos de naturaleza sancionadora, se podrá adoptar la tramitación simplificada del procedimiento cuando el órgano competente para iniciar el procedimiento considere que, de acuerdo con lo previsto en su normativa reguladora, existen elementos de juicio suficientes para calificar la infracción como leve, sin que quepa la oposición expresa por parte del interesado prevista en el apartado 2.

6. Salvo que reste menos para su tramitación ordinaria, los procedimientos administrativos tramitados de manera simplificada deberán ser resueltos en treinta días, a contar desde el siguiente al que se notifique al interesado el acuerdo de tramitación simplificada del procedimiento, y constarán únicamente de los siguientes trámites:

a) Inicio del procedimiento de oficio o a solicitud del interesado.

b) Subsanación de la solicitud presentada, en su caso.

c) Alegaciones formuladas al inicio del procedimiento durante el plazo de cinco días.

d) Trámite de audiencia, únicamente cuando la resolución vaya a ser desfavorable para el interesado.

e) Informe del servicio jurídico, cuando éste sea preceptivo.

f) Informe del Consejo General del Poder Judicial, cuando éste sea preceptivo.

g) Dictamen del Consejo de Estado u órgano consultivo equivalente de la Comunidad Autónoma en los casos en que sea preceptivo. Desde que se solicite el Dictamen al Consejo de Estado, u órgano equivalente, hasta que éste sea emitido, se producirá la suspensión automática del plazo para resolver.

El órgano competente solicitará la emisión del Dictamen en un plazo tal que permita cumplir el plazo de resolución del procedimiento. El Dictamen podrá ser emitido en el plazo de quince días si así lo solicita el órgano competente.

En todo caso, en el expediente que se remita al Consejo de Estado u órgano consultivo equivalente, se incluirá una propuesta de resolución. Cuando el Dictamen sea contrario al fondo de la propuesta de resolución, con independencia de que se atienda o no este criterio, el órgano competente para resolver acordará continuar el procedimiento con arreglo a la tramitación ordinaria, lo que se notificará a los interesados. En este caso, se entenderán convalidadas todas las actuaciones que se hubieran realizado durante la tramitación simplificada del procedimiento, a excepción del Dictamen del Consejo de Estado u órgano consultivo equivalente.

h) Resolución.

7. En el caso que un procedimiento exigiera la realización de un trámite no previsto en el apartado anterior, deberá ser tramitado de manera ordinaria.

CAPÍTULO VII
Ejecución

97. *Título.* 1. Las Administraciones Públicas no iniciarán ninguna actuación material de ejecución de resoluciones que limite derechos de los particulares sin que previamente haya sido adoptada la resolución que le sirva de fundamento jurídico.

2. El órgano que ordene un acto de ejecución material de resoluciones estará obligado a notificar al particular interesado la resolución que autorice la actuación administrativa [577].

98. *Ejecutoriedad.* 1. Los actos de las Administraciones Públicas sujetos al Derecho Administrativo serán inmediatamente ejecutivos, salvo que [578]:

a) Se produzca la suspensión de la ejecución del acto.

b) Se trate de una resolución de un procedimiento de naturaleza sancionadora contra la que quepa algún recurso en vía administrativa, incluido el potestativo de reposición.

c) Una disposición establezca lo contrario.

d) Se necesite aprobación o autorización superior.

2. Cuando de una resolución administrativa, o de cualquier otra forma de finalización del procedimiento administrativo prevista en esta ley, nazca una obligación de pago derivada de una sanción pecuniaria, multa o cualquier otro derecho que haya de abonarse a la Hacienda pública, éste se efectuará preferentemente, salvo que se justifique la imposibilidad de hacerlo, utilizando alguno de los medios electrónicos siguientes [579]:

a) Tarjeta de crédito y débito.

b) Transferencia bancaria.

c) Domiciliación bancaria.

d) Cualesquiera otros que se autoricen por el órgano competente en materia de Hacienda Pública.

99. *Ejecución forzosa.* Las Administraciones Públicas, a través de sus órganos competentes en cada caso, podrán proceder, previo apercibimiento, a la ejecución forzosa de los actos administrativos, salvo en los supuestos en que se suspenda la ejecución de acuerdo con la Ley, o cuando la Constitución o la Ley exijan la intervención de un órgano judicial [580].

---

[577] Véase art. 40.1 de la presente Ley

[578] Véanse arts. 38 y 39 de la presente Ley y 51 y 57 LRBRL

[579] Véase art. 53.1.h) de la presente Ley

[580] Véanse arts. 117 de la presente Ley y 8.5 y 129 LJCA

100. *Medios de ejecución forzosa.* 1. La ejecución forzosa por las Administraciones Públicas se efectuará, respetando siempre el principio de proporcionalidad, por los siguientes medios:
a) Apremio sobre el patrimonio.
b) Ejecución subsidiaria.
c) Multa coercitiva.
d) Compulsión sobre las personas.
2. Si fueran varios los medios de ejecución admisibles se elegirá el menos restrictivo de la libertad individual.
3. Si fuese necesario entrar en el domicilio del afectado o en los restantes lugares que requieran la autorización de su titular, las Administraciones Públicas deberán obtener el consentimiento del mismo o, en su defecto, la oportuna autorización judicial [581].

101. *Apremio sobre el patrimonio.* 1. Si en virtud de acto administrativo hubiera de satisfacerse cantidad líquida se seguirá el procedimiento previsto en las normas reguladoras del procedimiento de apremio [582].
2. En cualquier caso no podrá imponerse a los administrados una obligación pecuniaria que no estuviese establecida con arreglo a una norma de rango legal [583].

102. *Ejecución subsidiaria.* 1. Habrá lugar a la ejecución subsidiaria cuando se trate de actos que por no ser personalísimos puedan ser realizados por sujeto distinto del obligado.
2. En este caso, las Administraciones Públicas realizarán el acto, por sí o a través de las personas que determinen, a costa del obligado.
3. El importe de los gastos, daños y perjuicios se exigirá conforme a lo dispuesto en el artículo anterior.
4. Dicho importe podrá liquidarse de forma provisional y realizarse antes de la ejecución, a reserva de la liquidación definitiva.

103. *Multa coercitiva.* 1. Cuando así lo autoricen las Leyes, y en la forma y cuantía que éstas determinen, las Administraciones Públicas

---

[581] Véanse arts. 18.2 CE, 8.5 LJCA y 29 LRJSP y 18.3 de la presente Ley
[582] Véase el Cap. II RD 939/2005 y art. 102.3 presente Ley
[583] Véanse arts. 31.3, 33.2 y 133.1 CE y 4 LGT

pueden, para la ejecución de determinados actos, imponer multas coercitivas, reiteradas por lapsos de tiempo que sean suficientes para cumplir lo ordenado, en los siguientes supuestos:

a) Actos personalísimos en que no proceda la compulsión directa sobre la persona del obligado.

b) Actos en que, procediendo la compulsión, la Administración no la estimara conveniente.

c) Actos cuya ejecución pueda el obligado encargar a otra persona.

2. La multa coercitiva es independiente de las sanciones que puedan imponerse con tal carácter y compatible con ellas.

104. *Compulsión sobre las personas.* 1. Los actos administrativos que impongan una obligación personalísima de no hacer o soportar podrán ser ejecutados por compulsión directa sobre las personas en los casos en que la ley expresamente lo autorice, y dentro siempre del respeto debido a su dignidad y a los derechos reconocidos en la Constitución.

2. Si, tratándose de obligaciones personalísimas de hacer, no se realizase la prestación, el obligado deberá resarcir los daños y perjuicios, a cuya liquidación y cobro se procederá en vía administrativa.

105. *Prohibición de acciones posesorias.* No se admitirán a trámite acciones posesorias contra las actuaciones de los órganos administrativos realizadas en materia de su competencia y de acuerdo con el procedimiento legalmente establecido [584].

---

[584] Véanse arts. 125 CE, 41 LPAP, 10.3 LC, 125 LEF, 9.4 LOPJ y 25.2 y 30 LJCA

TÍTULO V
De la revisión de los actos en vía administrativa

CAPÍTULO I
Revisión de oficio

106. *Revisión de disposiciones y actos nulos.* 1. Las Administraciones Públicas, en cualquier momento, por iniciativa propia o a solicitud de interesado, y previo dictamen favorable del Consejo de Estado u órgano consultivo equivalente de la Comunidad Autónoma, si lo hubiere, declararán de oficio la nulidad de los actos administrativos que hayan puesto fin a la vía administrativa o que no hayan sido recurridos en plazo, en los supuestos previstos en el artículo 47.1 [585] .

2. Asimismo, en cualquier momento, las Administraciones Públicas de oficio, y previo dictamen favorable del Consejo de Estado u órgano consultivo equivalente de la Comunidad Autónoma si lo hubiere, podrán declarar la nulidad de las disposiciones administrativas en los supuestos previstos en el artículo 47.2.

3. El órgano competente para la revisión de oficio podrá acordar motivadamente la inadmisión a trámite de las solicitudes formuladas por los interesados, sin necesidad de recabar Dictamen del Consejo de Estado u órgano consultivo de la Comunidad Autónoma, cuando las mismas no se basen en alguna de las causas de nulidad del artículo 47.1 o carezcan manifiestamente de fundamento, así como en el supuesto de que se hubieran desestimado en cuanto al fondo otras solicitudes sustancialmente iguales.

4. Las Administraciones Públicas, al declarar la nulidad de una disposición o acto, podrán establecer, en la misma resolución, las indemnizaciones que proceda reconocer a los interesados, si se dan las circunstancias previstas en los artículos 32.2 y 34.1 de la Ley de Régimen Jurídico del Sector Público sin perjuicio de que, tratándose de una disposición, subsistan los actos firmes dictados en aplicación de la misma.

5. Cuando el procedimiento se hubiera iniciado de oficio, el transcurso del plazo de seis meses desde su inicio sin dictarse resolución

---

[585] Véanse arts. 22.10 LOCE y 108 y 125.3 de la presente Ley

producirá la caducidad del mismo. Si el procedimiento se hubiera iniciado a solicitud de interesado, se podrá entender la misma desestimada por silencio administrativo.

107. *Declaración de lesividad de actos anulables.* 1. Las Administraciones Públicas podrán impugnar ante el orden jurisdiccional contencioso-administrativo los actos favorables para los interesados que sean anulables conforme a lo dispuesto en el artículo 48, previa su declaración de lesividad para el interés público [586].

2. La declaración de lesividad no podrá adoptarse una vez transcurridos cuatro años desde que se dictó el acto administrativo y exigirá la previa audiencia de cuantos aparezcan como interesados en el mismo, en los términos establecidos por el artículo 82.

Sin perjuicio de su examen como presupuesto procesal de admisibilidad de la acción en el proceso judicial correspondiente, la declaración de lesividad no será susceptible de recurso, si bien podrá notificarse a los interesados a los meros efectos informativos.

3. Transcurrido el plazo de seis meses desde la iniciación del procedimiento sin que se hubiera declarado la lesividad, se producirá la caducidad del mismo [587].

4. Si el acto proviniera de la Administración General del Estado o de las Comunidades Autónomas, la declaración de lesividad se adoptará por el órgano de cada Administración competente en la materia.

5. Si el acto proviniera de las entidades que integran la Administración Local, la declaración de lesividad se adoptará por el Pleno de la Corporación o, en defecto de éste, por el órgano colegiado superior de la entidad.

108. *Suspensión.* Iniciado el procedimiento de revisión de oficio al que se refieren los artículos 106 y 107, el órgano competente para declarar la nulidad o lesividad, podrá suspender la ejecución del acto, cuando ésta pudiera causar perjuicios de imposible o difícil reparación [588].

---

[586] Véanse arts. 43 LJCA y 61.ñ) LRJSP
[587] Véanse arts. 19.2, 45.4 y 46.5 LJCA
[588] Véase art. 117 de la presente Ley

109. *Revocación de actos y rectificación de errores.* 1. Las Administraciones Públicas podrán revocar, mientras no haya transcurrido el plazo de prescripción, sus actos de gravamen o desfavorables, siempre que tal revocación no constituya dispensa o exención no permitida por las leyes, ni sea contraria al principio de igualdad, al interés público o al ordenamiento jurídico.

2. Las Administraciones Públicas podrán, asimismo, rectificar en cualquier momento, de oficio o a instancia de los interesados, los errores materiales, de hecho o aritméticos existentes en sus actos [589].

110. *Límites de la revisión.* Las facultades de revisión establecidas en este Capítulo, no podrán ser ejercidas cuando por prescripción de acciones, por el tiempo transcurrido o por otras circunstancias, su ejercicio resulte contrario a la equidad, a la buena fe, al derecho de los particulares o a las leyes [590].

111. *Competencia para la revisión de oficio de las disposiciones y de actos nulos y anulables en la Administración General del Estado.* [591]

En el ámbito estatal, serán competentes para la revisión de oficio de las disposiciones y los actos administrativos nulos y anulables:

a) El Consejo de Ministros, respecto de sus propios actos y disposiciones y de los actos y disposiciones dictados por los Ministros.

b) En la Administración General del Estado:

1.º Los Ministros, respecto de los actos y disposiciones de los Secretarios de Estado y de los dictados por órganos directivos de su Departamento no dependientes de una Secretaría de Estado.

2.º Los Secretarios de Estado, respecto de los actos y disposiciones dictados por los órganos directivos de ellos dependientes.

c) En los Organismos públicos y entidades derecho público vinculados o dependientes de la Administración General del Estado:

1.º Los órganos a los que estén adscritos los Organismos públicos y entidades de derecho público, respecto de los actos y disposiciones dictados por el máximo órgano rector de éstos.

---

[589] Véanse arts. 220 LGT, 13 RD 520/2005 y art.125.3 de la presente Ley

[590] Véase art. 3.1 LRJSP

[591] Véase disp. final 1ª.3 de la presente Ley

2.º Los máximos órganos rectores de los Organismos públicos y entidades de derecho público, respecto de los actos y disposiciones dictados por los órganos de ellos dependientes.

CAPÍTULO II
Recursos administrativos

Sección 1ª
Principios generales

112. *Objeto y clases.* 1. Contra las resoluciones y los actos de trámite, si estos últimos deciden directa o indirectamente el fondo del asunto, determinan la imposibilidad de continuar el procedimiento, producen indefensión o perjuicio irreparable a derechos e intereses legítimos, podrán interponerse por los interesados los recursos de alzada y potestativo de reposición, que cabrá fundar en cualquiera de los motivos de nulidad o anulabilidad previstos en los artículos 47 y 48 de esta Ley.

La oposición a los restantes actos de trámite podrá alegarse por los interesados para su consideración en la resolución que ponga fin al procedimiento [592].

2. Las leyes podrán sustituir el recurso de alzada, en supuestos o ámbitos sectoriales determinados, y cuando la especificidad de la materia así lo justifique, por otros procedimientos de impugnación, reclamación, conciliación, mediación y arbitraje, ante órganos colegiados o Comisiones específicas no sometidas a instrucciones jerárquicas, con respeto a los principios, garantías y plazos que la presente Ley reconoce a las personas y a los interesados en todo procedimiento administrativo.

En las mismas condiciones, el recurso de reposición podrá ser sustituido por los procedimientos a que se refiere el párrafo anterior, respetando su carácter potestativo para el interesado.

---

[592] Véase art.121.1 de la presente Ley

La aplicación de estos procedimientos en el ámbito de la Administración Local no podrá suponer el desconocimiento de las facultades resolutorias reconocidas a los órganos representativos electos establecidos por la Ley [593].

3. Contra las disposiciones administrativas de carácter general no cabrá recurso en vía administrativa.

Los recursos contra un acto administrativo que se funden únicamente en la nulidad de alguna disposición administrativa de carácter general podrán interponerse directamente ante el órgano que dictó dicha disposición [594].

4. Las reclamaciones económico-administrativas se ajustarán a los procedimientos establecidos por su legislación específica [595].

113. *Recurso extraordinario de revisión.* Contra los actos firmes en vía administrativa, sólo procederá el recurso extraordinario de revisión cuando concurra alguna de las circunstancias previstas en el artículo 125.1.

114. *Fin de la vía administrativa.* 1. Ponen fin a la vía administrativa:

a) Las resoluciones de los recursos de alzada.

b) Las resoluciones de los procedimientos a que se refiere el artículo 112.2.

c) Las resoluciones de los órganos administrativos que carezcan de superior jerárquico, salvo que una Ley establezca lo contrario.

d) Los acuerdos, pactos, convenios o contratos que tengan la consideración de finalizadores del procedimiento.

e) La resolución administrativa de los procedimientos de responsabilidad patrimonial, cualquiera que fuese el tipo de relación, pública o privada, de que derive [596].

f) La resolución de los procedimientos complementarios en materia sancionadora a los que se refiere el artículo 90.4.

---

[593] Véase art.114.1.b) de la presente Ley
[594] Véanse arts. 26 y 27 LJCA
[595] Véanse Cap. IV LGT y Tít. IV RGRV
[596] Véanse arts. 112.1 de la presente Ley, 9.4 LOPJ y 2.e) LJCA

g) Las demás resoluciones de órganos administrativos cuando una disposición legal o reglamentaria así lo establezca [597].

2. Además de lo previsto en el apartado anterior, en el ámbito estatal ponen fin a la vía administrativa los actos y resoluciones siguientes [598]:

a) Los actos administrativos de los miembros y órganos del Gobierno.

b) Los emanados de los Ministros y los Secretarios de Estado en el ejercicio de las competencias que tienen atribuidas los órganos de los que son titulares.

c) Los emanados de los órganos directivos con nivel de Director general o superior, en relación con las competencias que tengan atribuidas en materia de personal.

d) En los Organismos públicos y entidades derecho público vinculados o dependientes de la Administración General del Estado, los emanados de los máximos órganos de dirección unipersonales o colegiados, de acuerdo con lo que establezcan sus estatutos, salvo que por ley se establezca otra cosa.

115. *Interposición de recurso.* 1. La interposición del recurso deberá expresar:

a) El nombre y apellidos del recurrente, así como la identificación personal del mismo.

b) El acto que se recurre y la razón de su impugnación.

c) Lugar, fecha, firma del recurrente, identificación del medio y, en su caso, del lugar que se señale a efectos de notificaciones.

d) Órgano, centro o unidad administrativa al que se dirige y su correspondiente código de identificación.

e) Las demás particularidades exigidas, en su caso, por las disposiciones específicas.

2. El error o la ausencia de la calificación del recurso por parte del recurrente no será obstáculo para su tramitación, siempre que se deduzca su verdadero carácter.

3. Los vicios y defectos que hagan anulable un acto no podrán ser alegados por quienes los hubieren causado.

---

[597] Véase art. 36.5 LRJSP
[598] Véase disp. final 1ª.3 de la presente Ley

116. *Causas de inadmisión.* Serán causas de inadmisión las siguientes:

a) Ser incompetente el órgano administrativo, cuando el competente perteneciera a otra Administración Pública. El recurso deberá remitirse al órgano competente, de acuerdo con lo establecido en el artículo 14.1 de la Ley de Régimen Jurídico del Sector Público.

b) Carecer de legitimación el recurrente.

c) Tratarse de un acto no susceptible de recurso.

d) Haber transcurrido el plazo para la interposición del recurso.

e) Carecer el recurso manifiestamente de fundamento.

117. *Suspensión de la ejecución.* 1. La interposición de cualquier recurso, excepto en los casos en que una disposición establezca lo contrario, no suspenderá la ejecución del acto impugnado [599].

2. No obstante lo dispuesto en el apartado anterior, el órgano a quien competa resolver el recurso, previa ponderación, suficientemente razonada, entre el perjuicio que causaría al interés público o a terceros la suspensión y el ocasionado al recurrente como consecuencia de la eficacia inmediata del acto recurrido, podrá suspender, de oficio o a solicitud del recurrente, la ejecución del acto impugnado cuando concurran alguna de las siguientes circunstancias:

a) Que la ejecución pudiera causar perjuicios de imposible o difícil reparación.

b) Que la impugnación se fundamente en alguna de las causas de nulidad de pleno derecho previstas en el artículo 47.1 de esta Ley [600].

3. La ejecución del acto impugnado se entenderá suspendida si transcurrido un mes desde que la solicitud de suspensión haya tenido entrada en el registro electrónico de la Administración u Organismo competente para decidir sobre la misma, el órgano a quien competa resolver el recurso no ha dictado y notificado resolución expresa al respecto. En estos casos, no será de aplicación lo establecido en el artículo 21.4 segundo párrafo, de esta Ley [601].

---

[599] Véase art. 98 de la presente Ley

[600] Véase art. 73.1.d).2 LRJSP

[601] Téngase en cuenta el último párrafo de la disp. final 7ª, en relación con la disp. trans. 4ª, de esta ley

4. Al dictar el acuerdo de suspensión podrán adoptarse las medidas cautelares que sean necesarias para asegurar la protección del interés público o de terceros y la eficacia de la resolución o el acto impugnado.

Cuando de la suspensión puedan derivarse perjuicios de cualquier naturaleza, aquélla sólo producirá efectos previa prestación de caución o garantía suficiente para responder de ellos, en los términos establecidos reglamentariamente.

La suspensión se prolongará después de agotada la vía administrativa cuando, habiéndolo solicitado previamente el interesado, exista medida cautelar y los efectos de ésta se extiendan a la vía contencioso-administrativa. Si el interesado interpusiera recurso contencioso-administrativo, solicitando la suspensión del acto objeto del proceso, se mantendrá la suspensión hasta que se produzca el correspondiente pronunciamiento judicial sobre la solicitud.

5. Cuando el recurso tenga por objeto la impugnación de un acto administrativo que afecte a una pluralidad indeterminada de personas, la suspensión de su eficacia habrá de ser publicada en el periódico oficial en que aquél se insertó [602] .

118. *Audiencia de los interesados.* 1. Cuando hayan de tenerse en cuenta nuevos hechos o documentos no recogidos en el expediente originario, se pondrán de manifiesto a los interesados para que, en un plazo no inferior a diez días ni superior a quince, formulen las alegaciones y presenten los documentos y justificantes que estimen procedentes [603] .

No se tendrán en cuenta en la resolución de los recursos, hechos, documentos o alegaciones del recurrente, cuando habiendo podido aportarlos en el trámite de alegaciones no lo haya hecho. Tampoco podrá solicitarse la práctica de pruebas cuando su falta de realización en el procedimiento en el que se dictó la resolución recurrida fuera imputable al interesado.

2. Si hubiera otros interesados se les dará, en todo caso, traslado del recurso para que en el plazo antes citado, aleguen cuanto estimen procedente.

3. El recurso, los informes y las propuestas no tienen el carácter de documentos nuevos a los efectos de este artículo. Tampoco lo tendrán

[602] Véanse arts. 90.3 de la presente Ley y 129 a 136 LJCA
[603] Véanse arts. 32 y 33 de la presente Ley

los que los interesados hayan aportado al expediente antes de recaer la resolución impugnada.

119. *Resolución.* 1. La resolución del recurso estimará en todo o en parte o desestimará las pretensiones formuladas en el mismo o declarará su inadmisión.

2. Cuando existiendo vicio de forma no se estime procedente resolver sobre el fondo se ordenará la retroacción del procedimiento al momento en el que el vicio fue cometido, sin perjuicio de que eventualmente pueda acordarse la convalidación de actuaciones por el órgano competente para ello, de acuerdo con lo dispuesto en el artículo 52.

3. El órgano que resuelva el recurso decidirá cuantas cuestiones, tanto de forma como de fondo, plantee el procedimiento, hayan sido o no alegadas por los interesados. En este último caso se les oirá previamente. No obstante, la resolución será congruente con las peticiones formuladas por el recurrente, sin que en ningún caso pueda agravarse su situación inicial [604].

120. *Pluralidad de recursos administrativos.* 1. Cuando deban resolverse una pluralidad de recursos administrativos que traigan causa de un mismo acto administrativo y se hubiera interpuesto un recurso judicial contra una resolución administrativa o bien contra el correspondiente acto presunto desestimatorio, el órgano administrativo podrá acordar la suspensión del plazo para resolver hasta que recaiga pronunciamiento judicial.

2. El acuerdo de suspensión deberá ser notificado a los interesados, quienes podrán recurrirlo.

La interposición del correspondiente recurso por un interesado, no afectará a los restantes procedimientos de recurso que se encuentren suspendidos por traer causa del mismo acto administrativo.

3. Recaído el pronunciamiento judicial, será comunicado a los interesados y el órgano administrativo competente para resolver podrá dictar resolución sin necesidad de realizar ningún trámite adicional, salvo el de audiencia, cuando proceda.

---

[604] Véase art. 88 de la presente Ley

Sección 2ª
Recurso de alzada

121. *Objeto.* 1. Las resoluciones y actos a que se refiere el artículo 112.1, cuando no pongan fin a la vía administrativa, podrán ser recurridos en alzada ante el órgano superior jerárquico del que los dictó. A estos efectos, los Tribunales y órganos de selección del personal al servicio de las Administraciones Públicas y cualesquiera otros que, en el seno de éstas, actúen con autonomía funcional, se considerarán dependientes del órgano al que estén adscritos o, en su defecto, del que haya nombrado al presidente de los mismos.

2. El recurso podrá interponerse ante el órgano que dictó el acto que se impugna o ante el competente para resolverlo.

Si el recurso se hubiera interpuesto ante el órgano que dictó el acto impugnado, éste deberá remitirlo al competente en el plazo de diez días, con su informe y con una copia completa y ordenada del expediente.

El titular del órgano que dictó el acto recurrido será responsable directo del cumplimiento de lo previsto en el párrafo anterior.

122. *Plazos.* 1. El plazo para la interposición del recurso de alzada será de un mes, si el acto fuera expreso. Transcurrido dicho plazo sin haberse interpuesto el recurso, la resolución será firme a todos los efectos.

Si el acto no fuera expreso el solicitante y otros posibles interesados podrán interponer recurso de alzada en cualquier momento a partir del día siguiente a aquel en que, de acuerdo con su normativa específica, se produzcan los efectos del silencio administrativo.

2. El plazo máximo para dictar y notificar la resolución será de tres meses. Transcurrido este plazo sin que recaiga resolución, se podrá entender desestimado el recurso, salvo en el supuesto previsto en el artículo 24.1, tercer párrafo.

3. Contra la resolución de un recurso de alzada no cabrá ningún otro recurso administrativo, salvo el recurso extraordinario de revisión, en los casos establecidos en el artículo 125.1.

Sección 3ª
Recurso potestativo de reposición

123. *Objeto y naturaleza.* 1. Los actos administrativos que pongan fin a la vía administrativa podrán ser recurridos potestativamente en reposición ante el mismo órgano que los hubiera dictado o ser impugnados directamente ante el orden jurisdiccional contencioso-administrativo.

2. No se podrá interponer recurso contencioso-administrativo hasta que sea resuelto expresamente o se haya producido la desestimación presunta del recurso de reposición interpuesto [605].

124. *Plazos.* 1. El plazo para la interposición del recurso de reposición será de un mes, si el acto fuera expreso. Transcurrido dicho plazo, únicamente podrá interponerse recurso contencioso-administrativo, sin perjuicio, en su caso, de la procedencia del recurso extraordinario de revisión.

Si el acto no fuera expreso, el solicitante y otros posibles interesados podrán interponer recurso de reposición en cualquier momento a partir del día siguiente a aquel en que, de acuerdo con su normativa específica, se produzca el acto presunto.

2. El plazo máximo para dictar y notificar la resolución del recurso será de un mes.

3. Contra la resolución de un recurso de reposición no podrá interponerse de nuevo dicho recurso.

Sección 4ª
Recurso extraordinario de revisión

125. *Objeto y plazos.* 1. Contra los actos firmes en vía administrativa podrá interponerse el recurso extraordinario de revisión ante el órgano administrativo que los dictó, que también será el competen-

---

[605] Véase art. 46.4 LJCA

te para su resolución, cuando concurra alguna de las circunstancias siguientes [606]:

a) Que al dictarlos se hubiera incurrido en error de hecho, que resulte de los propios documentos incorporados al expediente.

b) Que aparezcan documentos de valor esencial para la resolución del asunto que, aunque sean posteriores, evidencien el error de la resolución recurrida.

c) Que en la resolución hayan influido esencialmente documentos o testimonios declarados falsos por sentencia judicial firme, anterior o posterior a aquella resolución.

d) Que la resolución se hubiese dictado como consecuencia de prevaricación, cohecho, violencia, maquinación fraudulenta u otra conducta punible y se haya declarado así en virtud de sentencia judicial firme.

2. El recurso extraordinario de revisión se interpondrá, cuando se trate de la causa a) del apartado anterior, dentro del plazo de cuatro años siguientes a la fecha de la notificación de la resolución impugnada. En los demás casos, el plazo será de tres meses a contar desde el conocimiento de los documentos o desde que la sentencia judicial quedó firme.

3. Lo establecido en el presente artículo no perjudica el derecho de los interesados a formular la solicitud y la instancia a que se refieren los artículos 106 y 109.2 de la presente Ley ni su derecho a que las mismas se sustancien y resuelvan.

126. *Resolución.* 1. El órgano competente para la resolución del recurso podrá acordar motivadamente la inadmisión a trámite, sin necesidad de recabar dictamen del Consejo de Estado u órgano consultivo de la Comunidad Autónoma, cuando el mismo no se funde en alguna de las causas previstas en el apartado 1 del artículo anterior o en el supuesto de que se hubiesen desestimado en cuanto al fondo otros recursos sustancialmente iguales.

2. El órgano al que corresponde conocer del recurso extraordinario de revisión debe pronunciarse no sólo sobre la procedencia del recurso, sino también, en su caso, sobre el fondo de la cuestión resuelta por el acto recurrido.

---

[606] Véanse arts. 126.1, 113 y 122.3 de la presente Ley

3. Transcurrido el plazo de tres meses desde la interposición del recurso extraordinario de revisión sin haberse dictado y notificado la resolución, se entenderá desestimado, quedando expedita la vía jurisdiccional contencioso-administrativa.

TÍTULO VI
De la iniciativa legislativa y de la potestad para dictar reglamentos y otras disposiciones [607]

127. *Iniciativa legislativa y potestad para dictar normas con rango de ley.* El Gobierno de la Nación ejercerá la iniciativa legislativa prevista en la Constitución mediante la elaboración y aprobación de los anteproyectos de Ley y la ulterior remisión de los proyectos de ley a las Cortes Generales.

La iniciativa legislativa se ejercerá por los órganos de gobierno de las Comunidades Autónomas en los términos establecidos por la Constitución y sus respectivos Estatutos de Autonomía.

Asimismo, el Gobierno de la Nación podrá aprobar reales decretos-leyes y reales decretos legislativos en los términos previstos en la Constitución. Los respectivos órganos de gobierno de las Comunidades Autónomas podrán aprobar normas equivalentes a aquéllas en su ámbito territorial, de conformidad con lo establecido en la Constitución y en sus respectivos Estatutos de Autonomía.

128. *Potestad reglamentaria.* 1. El ejercicio de la potestad reglamentaria corresponde al Gobierno de la Nación, a los órganos de Gobierno de las Comunidades Autónomas, de conformidad con lo establecido en sus respectivos Estatutos, y a los órganos de gobierno locales, de acuerdo con lo previsto en la Constitución, los Estatutos de Autonomía y la Ley 7/1985, de 2 de abril, reguladora de las Bases del Régimen Local.

2. Los reglamentos y disposiciones administrativas no podrán vulnerar la Constitución o las leyes ni regular aquellas materias que la Constitución o los Estatutos de Autonomía reconocen de la competencia de las Cortes Generales o de las Asambleas Legislativas de las

---

[607] Véase disp. final 1ª.2 de la presente Ley

Comunidades Autónomas. Sin perjuicio de su función de desarrollo o colaboración con respecto a la ley, no podrán tipificar delitos, faltas o infracciones administrativas, establecer penas o sanciones, así como tributos, exacciones parafiscales u otras cargas o prestaciones personales o patrimoniales de carácter público.

3. Las disposiciones administrativas se ajustarán al orden de jerarquía que establezcan las leyes. Ninguna disposición administrativa podrá vulnerar los preceptos de otra de rango superior [608] .

129. *Principios de buena regulación.* [609]

1. En el ejercicio de la iniciativa legislativa y la potestad reglamentaria, las Administraciones Públicas actuarán de acuerdo con los principios de necesidad, eficacia, proporcionalidad, seguridad jurídica, transparencia, y eficiencia. En la exposición de motivos o en el preámbulo, según se trate, respectivamente, de anteproyectos de ley o de proyectos de reglamento, quedará suficientemente justificada su adecuación a dichos principios.

2. En virtud de los principios de necesidad y eficacia, la iniciativa normativa debe estar justificada por una razón de interés general, basarse en una identificación clara de los fines perseguidos y ser el instrumento más adecuado para garantizar su consecución.

3. En virtud del principio de proporcionalidad, la iniciativa que se proponga deberá contener la regulación imprescindible para atender la necesidad a cubrir con la norma, tras constatar que no existen otras medidas menos restrictivas de derechos, o que impongan menos obligaciones a los destinatarios.

4. A fin de garantizar el principio de seguridad jurídica, la iniciativa normativa se ejercerá de manera coherente con el resto del ordenamiento jurídico, nacional y de la Unión Europea, para generar un marco normativo estable, predecible, integrado, claro y de certidumbre, que facilite su conocimiento y comprensión y, en consecuencia, la actuación y toma de decisiones de las personas y empresas.

Cuando en materia de procedimiento administrativo la iniciativa normativa establezca trámites adicionales o distintos a los contempla-

---

[608] Véanse arts. 9.3 CE, 1.2 CC, 6 y 8 LOPJ, 47.2 de la presente Ley y 23 y 24.4 L 50/1997

[609] Artículo 129, salvo el apartado cuarto, párrafos segundo y tercero, declarado contrario al orden constitucional de competencias, desde 22 junio 2018, conforme a la STC Pleno de 18 mayo 2018, en los términos de su f.j. 7º. b)

dos en esta Ley, éstos deberán ser justificados atendiendo a la singularidad de la materia o a los fines perseguidos por la propuesta.

Las habilitaciones para el desarrollo reglamentario de una ley serán conferidas, con carácter general, al Gobierno. La atribución directa a los titulares de los departamentos ministeriales o a otros órganos dependientes o subordinados de ellos, tendrá carácter excepcional y deberá justificarse en la ley habilitante. [610]

Las leyes podrán habilitar directamente a Autoridades Independientes u otros organismos que tengan atribuida esta potestad para aprobar normas en desarrollo o aplicación de las mismas, cuando la naturaleza de la materia así lo exija.

5. En aplicación del principio de transparencia, las Administraciones Públicas posibilitarán el acceso sencillo, universal y actualizado a la normativa en vigor y los documentos propios de su proceso de elaboración, en los términos establecidos en el artículo 7 de la Ley 19/2013, de 9 de diciembre, de transparencia, acceso a la información pública y buen gobierno; definirán claramente los objetivos de las iniciativas normativas y su justificación en el preámbulo o exposición de motivos; y posibilitarán que los potenciales destinatarios tengan una participación activa en la elaboración de las normas.

6. En aplicación del principio de eficiencia, la iniciativa normativa debe evitar cargas administrativas innecesarias o accesorias y racionalizar, en su aplicación, la gestión de los recursos públicos.

7. Cuando la iniciativa normativa afecte a los gastos o ingresos públicos presentes o futuros, se deberán cuantificar y valorar sus repercusiones y efectos, y supeditarse al cumplimiento de los principios de estabilidad presupuestaria y sostenibilidad financiera.

130. *Evaluación normativa y adaptación de la normativa vigente a los principios de buena regulación.* [611]

1. Las Administraciones Públicas revisarán periódicamente su normativa vigente para adaptarla a los principios de buena regulación y

---

[610] Dada nueva redacción, anulando los incisos "o Consejo de Gobierno respectivo" y "o de las consejerías del Gobierno" apartado 4 párrafo 3 por sentencia 55/2018 del Tribunal Constitucional de 24 de mayo de 2018, con vigencia desde 22/06/2018

[611] Artículo 130 declarado contrario al orden constitucional de competencias, desde 22 junio 2018, conforme a la STC Pleno de 18 mayo 2018, en los términos de su f.j. 7°. b)

para comprobar la medida en que las normas en vigor han conseguido los objetivos previstos y si estaba justificado y correctamente cuantificado el coste y las cargas impuestas en ellas.

El resultado de la evaluación se plasmará en un informe que se hará público, con el detalle, periodicidad y por el órgano que determine la normativa reguladora de la Administración correspondiente.

2. Las Administraciones Públicas promoverán la aplicación de los principios de buena regulación y cooperarán para promocionar el análisis económico en la elaboración de las normas y, en particular, para evitar la introducción de restricciones injustificadas o desproporcionadas a la actividad económica.

131. *Publicidad de las normas.* Las normas con rango de ley, los reglamentos y disposiciones administrativas habrán de publicarse en el diario oficial correspondiente para que entren en vigor y produzcan efectos jurídicos. Adicionalmente, y de manera facultativa, las Administraciones Públicas podrán establecer otros medios de publicidad complementarios.

La publicación de los diarios o boletines oficiales en las sedes electrónicas de la Administración, Órgano, Organismo público o Entidad competente tendrá, en las condiciones y con las garantías que cada Administración Pública determine, los mismos efectos que los atribuidos a su edición impresa.

La publicación del «Boletín Oficial del Estado» en la sede electrónica del Organismo competente tendrá carácter oficial y auténtico en las condiciones y con las garantías que se determinen reglamentariamente, derivándose de dicha publicación los efectos previstos en el título preliminar del Código Civil y en las restantes normas aplicables.

132. *Planificación normativa.* [612]

1. Anualmente, las Administraciones Públicas harán público un Plan Normativo que contendrá las iniciativas legales o reglamentarias que vayan a ser elevadas para su aprobación en el año siguiente.

---

[612] Artículo 132 declarado contrario al orden constitucional de competencias, desde 22 junio 2018, conforme a la STC Pleno de 18 mayo 2018, en los términos de su f.j. 7º. b) y c)

2. Una vez aprobado, el Plan Anual Normativo se publicará en el Portal de la Transparencia de la Administración Pública correspondiente.

133. *Participación de los ciudadanos en el procedimiento de elaboración de normas con rango de Ley y reglamentos.* [613]

1. Con carácter previo a la elaboración del proyecto o anteproyecto de ley o de reglamento, se sustanciará una consulta pública, a través del portal web de la Administración competente en la que se recabará la opinión de los sujetos y de las organizaciones más representativas potencialmente afectados por la futura norma acerca de:

a) Los problemas que se pretenden solucionar con la iniciativa.

b) La necesidad y oportunidad de su aprobación.

c) Los objetivos de la norma.

d) Las posibles soluciones alternativas regulatorias y no regulatorias.

2. Sin perjuicio de la consulta previa a la redacción del texto de la iniciativa, cuando la norma afecte a los derechos e intereses legítimos de las personas, el centro directivo competente publicará el texto en el portal web correspondiente, con el objeto de dar audiencia a los ciudadanos afectados y recabar cuantas aportaciones adicionales puedan hacerse por otras personas o entidades. Asimismo, podrá también recabarse directamente la opinión de las organizaciones o asociaciones reconocidas por ley que agrupen o representen a las personas cuyos derechos o intereses legítimos se vieren afectados por la norma y cuyos fines guarden relación directa con su objeto.

3. La consulta, audiencia e información públicas reguladas en este artículo deberán realizarse de forma tal que los potenciales destinatarios de la norma y quienes realicen aportaciones sobre ella tengan la posibilidad de emitir su opinión, para lo cual deberán ponerse a su disposición los documentos necesarios, que serán claros, concisos y reunir toda la información precisa para poder pronunciarse sobre la materia.

---

[613] Artículo 133 declarado contrario al orden constitucional de competencias, desde 22 junio 2018, conforme a la STC Pleno de 18 mayo 2018, en los términos de su f.j. 7º. b). Artículo 133, salvo el inciso de su apartado primero «Con carácter previo a la elaboración del proyecto o anteproyecto de ley o de reglamento, se sustanciará una consulta pública» y el primer párrafo de su apartado cuarto, declarado contrario al orden constitucional de competencias, desde 22 junio 2018, conforme a la STC Pleno de 18 mayo 2018, en los términos de su f.j. 7º. c)

4. Podrá prescindirse de los trámites de consulta, audiencia e información públicas previstos en este artículo en el caso de normas presupuestarias u organizativas de la Administración General del Estado, la Administración autonómica, la Administración local o de las organizaciones dependientes o vinculadas a éstas, o cuando concurran razones graves de interés público que lo justifiquen.

Cuando la propuesta normativa no tenga un impacto significativo en la actividad económica, no imponga obligaciones relevantes a los destinatarios o regule aspectos parciales de una materia, podrá omitirse la consulta pública regulada en el apartado primero. Si la normativa reguladora del ejercicio de la iniciativa legislativa o de la potestad reglamentaria por una Administración prevé la tramitación urgente de estos procedimientos, la eventual excepción del trámite por esta circunstancia se ajustará a lo previsto en aquella.

DISPOSICIONES ADICIONALES

Disposición adicional primera. *Especialidades por razón de materia.* 1. Los procedimientos administrativos regulados en leyes especiales por razón de la materia que no exijan alguno de los trámites previstos en esta Ley o regulen trámites adicionales o distintos se regirán, respecto a éstos, por lo dispuesto en dichas leyes especiales.

2. Las siguientes actuaciones y procedimientos se regirán por su normativa específica y supletoriamente por lo dispuesto en esta Ley:

a) Las actuaciones y procedimientos de aplicación de los tributos en materia tributaria y aduanera, así como su revisión en vía administrativa.

b) Las actuaciones y procedimientos de gestión, inspección, liquidación, recaudación, impugnación y revisión en materia de Seguridad Social y Desempleo.

c) Las actuaciones y procedimientos sancionadores en materia tributaria y aduanera, en el orden social, en materia de tráfico y seguridad vial y en materia de extranjería.

d) Las actuaciones y procedimientos en materia de extranjería y asilo.

Disposición adicional segunda. *Adhesión de las Comunidades Autónomas y Entidades Locales a las plataformas y registros de la*

Administración General del Estado. Para cumplir con lo previsto en materia de registro electrónico de apoderamientos, registro electrónico, archivo electrónico único, plataforma de intermediación de datos y punto de acceso general electrónico de la Administración, las Comunidades Autónomas y las Entidades Locales podrán adherirse voluntariamente y a través de medios electrónicos a las plataformas y registros establecidos al efecto por la Administración General del Estado. Su no adhesión, deberá justificarse en términos de eficiencia conforme al artículo 7 de la Ley Orgánica 2/2012, de 27 de abril, de Estabilidad Presupuestaria y Sostenibilidad Financiera.

En el caso que una Comunidad Autónoma o una Entidad Local justifique ante el Ministerio de Hacienda y Administraciones Públicas que puede prestar el servicio de un modo más eficiente, de acuerdo con los criterios previstos en el párrafo anterior, y opte por mantener su propio registro o plataforma, las citadas Administraciones deberán garantizar que éste cumple con los requisitos del Esquema Nacional de Interoperabilidad, el Esquema Nacional de Seguridad, y sus normas técnicas de desarrollo, de modo que se garantice su compatibilidad informática e interconexión, así como la transmisión telemática de las solicitudes, escritos y comunicaciones que se realicen en sus correspondientes registros y plataformas [614] . [615]

Disposición adicional tercera. *Notificación por medio de anuncio publicado en el «Boletín Oficial del Estado».* 1. El «Boletín Oficial del Estado» pondrá a disposición de las diversas Administraciones Públicas, un sistema automatizado de remisión y gestión telemática para la publicación de los anuncios de notificación en el mismo previstos en el artículo 44 de esta Ley y en esta disposición adicional. Dicho sistema, que cumplirá con lo establecido en esta Ley, y su normativa de desarrollo, garantizará la celeridad de la publicación, su correcta y fiel inserción, así como la identificación del órgano remitente.

2. En aquellos procedimientos administrativos que cuenten con normativa específica, de concurrir los supuestos previstos en el artículo 44 de esta Ley, la práctica de la notificación se hará, en todo caso,

---

[614] Véanse RD 4/2010 de 8 enero, Res. de 19 febrero 2013 y RD 311/2022 de 3 mayo

[615] Párrafo segundo declarado constitucional, desde 22 junio 2018, conforme a la STC Pleno de 18 mayo 2018, interpretado en los términos de su f.j. 11. f)

mediante un anuncio publicado en el «Boletín Oficial del Estado», sin perjuicio de que previamente y con carácter facultativo pueda realizarse en la forma prevista por dicha normativa específica.

3. La publicación en el «Boletín Oficial del Estado» de los anuncios a que se refieren los dos párrafos anteriores se efectuará sin contraprestación económica alguna por parte de quienes la hayan solicitado.

Disposición adicional cuarta. *Oficinas de asistencia en materia de registros.* Las Administraciones Públicas deberán mantener permanentemente actualizado en la correspondiente sede electrónica un directorio geográfico que permita al interesado identificar la oficina de asistencia en materia de registros más próxima a su domicilio.

Disposición adicional quinta. *Actuación administrativa de los órganos constitucionales del Estado y de los órganos legislativos y de control autonómicos.* La actuación administrativa de los órganos competentes del Congreso de los Diputados, del Senado, del Consejo General del Poder Judicial, del Tribunal Constitucional, del Tribunal de Cuentas, del Defensor del Pueblo, de las Asambleas Legislativas de las Comunidades Autónomas y de las instituciones autonómicas análogas al Tribunal de Cuentas y al Defensor del Pueblo, se regirá por lo previsto en su normativa específica, en el marco de los principios que inspiran la actuación administrativa de acuerdo con esta Ley.

Disposición adicional sexta. *Sistemas de identificación y firma previstos en los artículos 9.2 c) y 10.2 c).* [616] 1. No obstante lo dispuesto en los artículos 9.2 c) y 10.2 c) de la presente Ley, en las relaciones de los interesados con los sujetos sometidos al ámbito de aplicación de esta Ley, no serán admisibles en ningún caso y, por lo tanto, no podrán ser autorizados, los sistemas de identificación basados en tecnologías de registro distribuido y los sistemas de firma basados en los anteriores, en tanto que no sean objeto de regulación específica por el Estado en el marco del Derecho de la Unión Europea.

2. En todo caso, cualquier sistema de identificación basado en tecnología de registro distribuido que prevea la legislación estatal a que hace referencia el apartado anterior deberá contemplar asimismo

---

[616] Añadida por art. 3 apartado 3 de Real Decreto-Ley 14/2019 de 31 de octubre de 2019, con vigencia desde 06/11/2019

que la Administración General del Estado actuará como autoridad intermedia que ejercerá las funciones que corresponda para garantizar la seguridad pública.

Disposición adicional séptima. [617] La Secretaría General de Administración Digital del Ministerio de Asuntos Económicos y Transformación Digital informará a la Conferencia Sectorial para asuntos de Seguridad Nacional de las resoluciones denegatorias de la autorización prevista en los artículos9.2.c) y10.2.c) de esta ley, que, en su caso, se hayan dictado en el plazo máximo de tres meses desde la adopción de la citada resolución.

Disposición adicional octava. *Resoluciones de Secretaría General de Administración Digital del Ministerio de Asuntos Económicos y Transformación Digital que establezcan las condiciones de uso de sistemas de identificación y/o firma no criptográfica.* [618] Cuando se trate de sistemas establecidos por medio de Resolución de la Secretaría General de Administración Digital del Ministerio de Asuntos Económicos y Transformación Digital para su ámbito competencial con objeto de determinar las circunstancias en las que un sistema de firma electrónica no basado en certificados electrónicos será considerado como válido en las relaciones de los interesados con los órganos administrativos de la Administración General del Estado, sus organismos públicos y entidades de Derecho Público vinculados o dependientes, no será preciso el transcurso del plazo de dos meses para la eficacia jurídica del sistema a que se refiere el artículo 10.2.c) de la presente ley, adquiriendo eficacia jurídica al día siguiente de la publicación de la Resolución, salvo que esta disponga otra cosa.

Disposición Adicional Novena. *Suspensión de plazos administrativos en los acuerdos de declaración de zonas afectadas*

---

[617] Añadida por disposición final 1 apartado 3 de Ley 11/2022 de 28 de junio de 2022, con vigencia desde 30/06/2022

[618] Añadida por disposición final 3 de Real Decreto-Ley 18/2022 de 18 de octubre de 2022, con vigencia desde 20/10/2022

gravemente por emergencias de protección civil. [619] El acuerdo de Consejo de Ministros por el que se declare una zona afectada gravemente por una emergencia de protección civil, previsto en el artículo 23 de la Ley 17/2015, de 9 de julio, del Sistema Nacional de Protección Civil, podrá establecer la suspensión de los plazos para el cumplimiento de los trámites de los procedimientos administrativos del sector público que correspondan a los interesados residentes en los términos municipales incluidos en el ámbito de aplicación del acuerdo y, en su caso, a aquellos otros interesados que acrediten el carácter imposible o gravoso de su cumplimiento en atención a los efectos de la emergencia. La suspensión se mantendrá hasta el momento en que se dicte un nuevo acuerdo de Consejo de Ministros decretando la finalización de esta medida, tras lo cual se reanudarán los plazos suspendidos.

DISPOSICIONES TRANSITORIAS

Disposición transitoria primera. *Archivo de documentos.* 1. El archivo de los documentos correspondientes a procedimientos administrativos ya iniciados antes de la entrada en vigor de la presente Ley, se regirán por lo dispuesto en la normativa anterior.

2. Siempre que sea posible, los documentos en papel asociados a procedimientos administrativos finalizados antes de la entrada en vigor de esta Ley, deberán digitalizarse de acuerdo con los requisitos establecidos en la normativa reguladora aplicable.

Disposición transitoria segunda. *Registro electrónico y archivo electrónico único.* Mientras no entren en vigor las previsiones relativas al registro electrónico y el archivo electrónico único, en el ámbito de la Administración General del Estado se aplicarán las siguientes reglas:

a) Durante el primer año, tras la entrada en vigor de la Ley, podrán mantenerse los registros y archivos existentes en el momento de la entrada en vigor de esta ley.

b) Durante el segundo año, tras la entrada en vigor de la Ley, se dispondrá como máximo, de un registro electrónico y un archivo

---

[619] Añadida por disposición final 1 de Real Decreto-Ley 6/2024 de 5 de noviembre de 2024, con vigencia desde 07/11/2024

electrónico por cada Ministerio, así como de un registro electrónico por cada Organismo público.

Disposición transitoria tercera. *Régimen transitorio de los procedimientos.* a) A los procedimientos ya iniciados antes de la entrada en vigor de la Ley no les será de aplicación la misma, rigiéndose por la normativa anterior.

b) Los procedimientos de revisión de oficio iniciados después de la entrada en vigor de la presente Ley se sustanciarán por las normas establecidas en ésta.

c) Los actos y resoluciones dictados con posterioridad a la entrada en vigor de esta Ley se regirán, en cuanto al régimen de recursos, por las disposiciones de la misma.

d) Los actos y resoluciones pendientes de ejecución a la entrada en vigor de esta Ley se regirán para su ejecución por la normativa vigente cuando se dictaron.

e) A falta de previsiones expresas establecidas en las correspondientes disposiciones legales y reglamentarias, las cuestiones de Derecho transitorio que se susciten en materia de procedimiento administrativo se resolverán de acuerdo con los principios establecidos en los apartados anteriores.

Disposición transitoria cuarta. *Régimen transitorio de los archivos, registros y punto de acceso general.* Mientras no entren en vigor las previsiones relativas al registro electrónico de apoderamientos, registro electrónico, punto de acceso general electrónico de la Administración y archivo único electrónico, las Administraciones Públicas mantendrán los mismos canales, medios o sistemas electrónicos vigentes relativos a dichas materias, que permitan garantizar el derecho de las personas a relacionarse electrónicamente con las Administraciones.

Disposición transitoria quinta. *Procedimientos de responsabilidad patrimonial derivados de la declaración de inconstitucionalidad de una norma o su carácter contrario al Derecho de la Unión Europea.* Los procedimientos administrativos de responsabilidad patrimonial derivados de la declaración de inconstitucionalidad de una norma o su carácter contrario al Derecho de la Unión Europea iniciados con anterioridad a la entrada en vigor de esta Ley, se resolverán de acuerdo con la normativa vigente en el momento de su iniciación.

DISPOSICIÓN DEROGATORIA

Disposición derogatoria única. *Derogación normativa.* 1. Quedan derogadas todas las normas de igual o inferior rango en lo que contradigan o se opongan a lo dispuesto en la presente Ley.

2. Quedan derogadas expresamente las siguientes disposiciones:

a) Ley 30/1992, de 26 de noviembre, de Régimen Jurídico de las Administraciones Públicas y del Procedimiento Administrativo Común.

b) Ley 11/2007, de 22 de junio, de acceso electrónico de los ciudadanos a los Servicios Públicos.

c) Los artículos 4 a 7 de la Ley 2/2011, de 4 de marzo, de Economía Sostenible.

d) Real Decreto 429/1993, de 26 de marzo, por el que se aprueba el Reglamento de los procedimientos de las Administraciones Públicas en materia de responsabilidad patrimonial.

e) Real Decreto 1398/1993, de 4 de agosto, por el que se aprueba el Reglamento del Procedimiento para el Ejercicio de la Potestad Sancionadora.

f) Real Decreto 772/1999, de 7 de mayo, por el que se regula la presentación de solicitudes, escritos y comunicaciones ante la Administración General del Estado, la expedición de copias de documentos y devolución de originales y el régimen de las oficinas de registro.

g) Los artículos 2.3, 10, 13, 14, 15, 16, 26, 27, 28, 29.1.a), 29.1.d), 31, 32, 33, 35, 36, 39, 48, 50, los apartados 1, 2 y 4 de la disposición adicional primera, la disposición adicional tercera, la disposición transitoria primera, la disposición transitoria segunda, la disposición transitoria tercera y la disposición transitoria cuarta del Real Decreto 1671/2009, de 6 de noviembre, por el que se desarrolla parcialmente la Ley 11/2007, de 22 de junio, de acceso electrónico de los ciudadanos a los Servicios Públicos.

Hasta que, de acuerdo con lo dispuesto en la disposición final séptima, produzcan efectos las previsiones relativas al registro electrónico de apoderamientos, registro electrónico, punto de acceso general electrónico de la Administración y archivo único electrónico, se mantendrán en vigor los artículos de las normas previstas en las letras a), b) y g) relativos a las materias mencionadas.

3. Las referencias contenidas en normas vigentes a las disposiciones que se derogan expresamente deberán entenderse efectuadas a las disposiciones de esta Ley que regulan la misma materia que aquéllas.

DISPOSICIONES FINALES

Disposición final primera. *Título competencial.* 1. Esta Ley se aprueba al amparo de lo dispuesto en el artículo 149.1.18.ª de la Constitución Española, que atribuye al Estado la competencia para dictar las bases del régimen jurídico de las Administraciones Públicas y competencia en materia de procedimiento administrativo común y sistema de responsabilidad de todas las Administraciones Públicas.

Apartado 2 (Derogado) [620]

3. Lo previsto en los artículos 92 primer párrafo, 111, 114.2 y disposición transitoria segunda, serán de aplicación únicamente a la Administración General del Estado, así como el resto de apartados de los distintos preceptos que prevén su aplicación exclusiva en el ámbito de la Administración General del Estado.

Disposición final segunda. *Modificación de la Ley 59/2003, de 19 de diciembre, de firma electrónica.* En la Ley 59/2003, de 19 de diciembre, de firma electrónica, se incluye un nuevo apartado 11 en el artículo 3 con la siguiente redacción:

«**11. Todos los sistemas de identificación y firma electrónica previstos en la Ley de Procedimiento Administrativo Común de las Administraciones Públicas y en la Ley de Régimen Jurídico del Sector Público tendrán plenos efectos jurídicos.**»

Disposición final tercera. *Modificación de la Ley 36/2011, de 10 de octubre, reguladora de la jurisdicción social.* La Ley 36/2011, de 10 de octubre, reguladora de la jurisdicción social, queda redactada en los siguientes términos:

---

[620] Anulado apartado 2 por sentencia 55/2018 del Tribunal Constitucional de 24 de mayo de 2018, con vigencia desde 22/06/2018

Uno. El artículo 64 queda redactado como sigue:

«**Artículo 64.** *Excepciones a la conciliación o mediación previas*

1. Se exceptúan del requisito del intento de conciliación o, en su caso, de mediación los procesos que exijan el agotamiento de la vía administrativa, en su caso, los que versen sobre Seguridad Social, los relativos a la impugnación del despido colectivo por los representantes de los trabajadores, disfrute de vacaciones y a materia electoral, movilidad geográfica, modificación sustancial de las condiciones de trabajo, suspensión del contrato y reducción de jornada por causas económicas, técnicas, organizativas o de producción o derivadas de fuerza mayor, derechos de conciliación de la vida personal, familiar y laboral a los que se refiere el artículo 139, los iniciados de oficio, los de impugnación de convenios colectivos, los de impugnación de los estatutos de los sindicatos o de su modificación, los de tutela de los derechos fundamentales y libertades públicas, los procesos de anulación de laudos arbitrales, los de impugnación de acuerdos de conciliaciones, de mediaciones y de transacciones, así como aquellos en que se ejerciten acciones laborales de protección contra la violencia de género.

2. Igualmente, quedan exceptuados:

a) Aquellos procesos en los que siendo parte demandada el Estado u otro ente público también lo fueren personas privadas, siempre que la pretensión hubiera de someterse al agotamiento de la vía administrativa y en ésta pudiera decidirse el asunto litigioso.

b) Los supuestos en que, en cualquier momento del proceso, después de haber dirigido la papeleta o la demanda contra personas determinadas, fuera necesario dirigir o ampliar la misma frente a personas distintas de las inicialmente demandadas.

3. Cuando por la naturaleza de la pretensión ejercitada pudiera tener eficacia jurídica el acuerdo de conciliación o de mediación que pudiera alcanzarse, aun estando exceptuado el proceso del referido requisito del intento previo, si las partes acuden en tiempo oportuno voluntariamente y de común acuerdo a tales vías previas, se suspenderán los plazos de caducidad o se interrumpirán los de prescripción en la forma establecida en el artículo siguiente.»

Dos. El artículo 69 queda redactado como sigue:

«**Artículo 69.** *Agotamiento de la vía administrativa previa a la vía judicial social*

1. Para poder demandar al Estado, Comunidades Autónomas, entidades locales o entidades de Derecho público con personalidad

jurídica propia vinculadas o dependientes de los mismos será requisito necesario haber agotado la vía administrativa, cuando así proceda, de acuerdo con lo establecido en la normativa de procedimiento administrativo aplicable.

En todo caso, la Administración pública deberá notificar a los interesados las resoluciones y actos administrativos que afecten a sus derechos e intereses, conteniendo la notificación el texto íntegro de la resolución, con indicación de si es o no definitivo en la vía administrativa, la expresión de los recursos que procedan, órgano ante el que hubieran de presentarse y plazo para interponerlos, sin perjuicio de que los interesados puedan ejercitar, en su caso, cualquier otro que estimen procedente.

Las notificaciones que conteniendo el texto íntegro del acto omitiesen alguno de los demás requisitos previstos en el párrafo anterior mantendrán suspendidos los plazos de caducidad e interrumpidos los de prescripción y únicamente surtirán efecto a partir de la fecha en que el interesado realice actuaciones que supongan el conocimiento del contenido y alcance de la resolución o acto objeto de la notificación o resolución, o interponga cualquier recurso que proceda.

2. Desde que se deba entender agotada la vía administrativa el interesado podrá formalizar la demanda en el plazo de dos meses ante el juzgado o la Sala competente. A la demanda se acompañará copia de la resolución denegatoria o documento acreditativo de la interposición o resolución del recurso administrativo, según proceda, uniendo copia de todo ello para la entidad demandada.

3. En las acciones derivadas de despido y demás acciones sujetas a plazo de caducidad, el plazo de interposición de la demanda será de veinte días hábiles o el especial que sea aplicable, contados a partir del día siguiente a aquél en que se hubiera producido el acto o la notificación de la resolución impugnada, o desde que se deba entender agotada la vía administrativa en los demás casos.»

Tres. El artículo 70 queda redactado como sigue:

«Artículo 70. *Excepciones al agotamiento de la vía administrativa*

No será necesario agotar la vía administrativa para interponer demanda de tutela de derechos fundamentales y libertades públicas frente a actos de las Administraciones públicas en el ejercicio de sus potestades en materia laboral y sindical, si bien el plazo para la interposición de la demanda será de veinte días desde el día siguiente a la notificación del acto o al transcurso del plazo fijado para la resolución, sin más trámites; cuando la lesión del derecho fundamental tuviera su origen en la inactividad administrativa o en actuación en vías de hecho, o se hubiera interpuesto potestativamente un recurso administrativo, el plazo de veinte días se iniciará transcurridos veinte días desde la reclamación contra la inactividad o vía de hecho, o desde la presentación del recurso, respectivamente.»

Cuatro. El artículo 72 queda redactado como sigue:

«**Artículo 72.** *Vinculación respecto a la reclamación administrativa previa en materia de prestaciones de Seguridad Social o vía administrativa previa*

En el proceso no podrán introducir las partes variaciones sustanciales de tiempo, cantidades o conceptos respecto de los que fueran objeto del procedimiento administrativo y de las actuaciones de los interesados o de la Administración, bien en fase de reclamación previa en materia de prestaciones de Seguridad Social o de recurso que agote la vía administrativa, salvo en cuanto a los hechos nuevos o que no hubieran podido conocerse con anterioridad.»

Cinco. El artículo 73 queda redactado como sigue:

«**Artículo 73.** *Efectos de la reclamación administrativa previa en materia de prestaciones de Seguridad Social*

La reclamación previa en materia de prestaciones de Seguridad Social interrumpirá los plazos de prescripción y suspenderá los de caducidad, reanudándose estos últimos al día siguiente al de la notificación de la resolución o del transcurso del plazo en que deba entenderse desestimada.»

Seis. El artículo 85 queda redactado como sigue:

«**Artículo 85.** *Celebración del juicio*

1. Si no hubiera avenencia en conciliación, se pasará seguidamente a juicio y se dará cuenta de lo actuado.

Con carácter previo se resolverá, motivadamente, en forma oral y oídas las partes, sobre las cuestiones previas que se puedan formular en ese acto, así como sobre los recursos u otras incidencias pendientes de resolución, sin perjuicio de la ulterior sucinta fundamentación en la sentencia, cuando proceda. Igualmente serán oídas las partes y, en su caso, se resolverá, motivadamente y en forma oral, lo procedente sobre las cuestiones que el juez o tribunal pueda plantear en ese momento sobre su competencia, los presupuestos de la demanda o el alcance y límites de la pretensión formulada, respetando las garantías procesales de las partes y sin prejuzgar el fondo del asunto.

A continuación, el demandante ratificará o ampliará su demanda, aunque en ningún caso podrá hacer en ella variación sustancial.

2. El demandado contestará afirmando o negando concretamente los hechos de la demanda, y alegando cuantas excepciones estime procedentes.

3. Únicamente podrá formular reconvención cuando la hubiese anunciado en la conciliación previa al proceso o en la contestación a la reclamación previa en materia de prestaciones de Seguridad Social o resolución que agote la vía administrativa, y hubiese expresado en esencia los hechos en que se funda y la petición en que se concreta. No se admitirá la reconvención, si el órgano judicial no es competente, si la acción que se ejercita ha de ventilarse en modalidad procesal distinta y la acción no fuera acumulable, y cuando no exista conexión entre sus pretensiones y las que sean objeto de la demanda principal.

No será necesaria reconvención para alegar compensación de deudas, siempre que sean vencidas y exigibles y no se formule pretensión de condena reconvencional, y en general cuando el demandado esgrima una pretensión que tienda exclusivamente a ser absuelto de la pretensión o pretensiones objeto de la demanda principal, siendo suficiente que se alegue en la contestación a la demanda. Si la obligación precisa de determinación judicial por no ser líquida con antelación al juicio, será necesario expresar concretamente los hechos que fundamenten la excepción y la forma de liquidación de la deuda, así como haber anunciado la misma en la conciliación o mediación previas, o en la reclamación en materia de prestaciones de Seguridad Social o resolución que agoten la vía administrativa. Formulada la reconvención, se dará traslado a las demás partes para su contestación en los términos establecidos para la demanda. El mismo trámite de traslado se acordará para dar respuesta a las excepciones procesales, caso de ser alegadas.

4. Las partes harán uso de la palabra cuantas veces el juez o tribunal lo estime necesario.

5. Asimismo, en este acto, las partes podrán alegar cuanto estimen conveniente a efectos de lo dispuesto en la letra b) del apartado

3 del artículo 191, ofreciendo, para el momento procesal oportuno, los elementos de juicio necesarios para fundamentar sus alegaciones. No será preciso aportar prueba sobre esta concreta cuestión cuando el hecho de que el proceso afecta a muchos trabajadores o beneficiarios sea notorio por su propia naturaleza.

6. Si no se suscitasen cuestiones procesales o si, suscitadas, se hubieran contestado, las partes o sus defensores con el tribunal fijarán los hechos sobre los que exista conformidad o disconformidad de los litigantes, consignándose en caso necesario en el acta o, en su caso, por diligencia, sucinta referencia a aquellos extremos esenciales conformes, a efectos de ulterior recurso. Igualmente podrán facilitar las partes unas notas breves de cálculo o resumen de datos numéricos.

7. En caso de allanamiento total o parcial será aprobado por el órgano jurisdiccional, oídas las demás partes, de no incurrir en renuncia prohibida de derechos, fraude de ley o perjuicio a terceros, o ser contrario al interés público, mediante resolución que podrá dictarse en forma oral. Si el allanamiento fuese total se dictará sentencia condenatoria de acuerdo con las pretensiones del actor. Cuando el allanamiento sea parcial, podrá dictarse auto aprobatorio, que podrá llevarse a efecto por los trámites de la ejecución definitiva parcial, siempre que por la naturaleza de las pretensiones objeto de allanamiento, sea posible un pronunciamiento separado que no prejuzgue las restantes cuestiones no allanadas, respecto de las cuales continuará el acto de juicio.

8. El juez o tribunal, una vez practicada la prueba y antes de las conclusiones, salvo que exista oposición de alguna de las partes, podrá suscitar la posibilidad de llegar a un acuerdo y de no alcanzarse el mismo en ese momento proseguirá la celebración del juicio.»

Siete. El artículo 103 queda redactado como sigue:

«**Artículo 103.** *Presentación de la demanda por despido*

1. El trabajador podrá reclamar contra el despido, dentro de los veinte días hábiles siguientes a aquél en que se hubiera producido. Dicho plazo será de caducidad a todos los efectos y no se computarán los sábados, domingos y los festivos en la sede del órgano jurisdiccional.

2. Si se promoviese papeleta de conciliación o solicitud de mediación o demanda por despido contra una persona a la que erróneamente se hubiere atribuido la cualidad de empresario, y se acredita-

se con posterioridad, sea en el juicio o en otro momento anterior del proceso, que lo era un tercero, el trabajador podrá promover nueva demanda contra éste, o ampliar la demanda si no se hubiera celebrado el juicio, sin que comience el cómputo del plazo de caducidad hasta el momento en que conste quién sea el empresario.

3. Las normas del presente capítulo serán de aplicación a la impugnación de las decisiones empresariales de extinción de contrato con las especialidades necesarias, sin perjuicio de lo previsto en el artículo 120 y de las consecuencias sustantivas de cada tipo de extinción contractual.»

Ocho. El artículo 117 queda redactado como sigue:

«Artículo 117. *Requisito del agotamiento de la vía administrativa previa a la vía judicial*

1. Para demandar al Estado por los salarios de tramitación, será requisito previo haber reclamado en vía administrativa en la forma y plazos establecidos, contra cuya denegación el empresario o, en su caso, el trabajador, podrá promover la oportuna acción ante el juzgado que conoció en la instancia del proceso de despido.

2. A la demanda habrá de acompañarse copia de la resolución administrativa denegatoria o de la instancia de solicitud de pago.

3. El plazo de prescripción de esta acción es el previsto en el apartado 2 del artículo 59 del texto refundido de la Ley del Estatuto de los Trabajadores, iniciándose el cómputo del mismo, en caso de reclamación efectuada por el empresario, desde el momento en que éste sufre la disminución patrimonial ocasionada por el abono de los salarios de tramitación y, en caso de reclamación por el trabajador, desde la fecha de notificación al mismo del auto judicial que haya declarado la insolvencia del empresario.»

Disposición final cuarta. *Referencias normativas.* Las referencias hechas a la Ley 30/1992, de 26 de noviembre, de Régimen Jurídico de las Administraciones Públicas y del Procedimiento Administrativo Común, se entenderán hechas a la Ley del Procedimiento Administrativo Común de las Administraciones Públicas o a la Ley de Régimen Jurídico del Sector Público, según corresponda.

Disposición final quinta. *Adaptación normativa.* En el plazo de un año a partir de la entrada en vigor de la Ley, se deberán adecuar a la misma las normas reguladoras estatales, autonómicas y locales de los distintos procedimientos normativos que sean incompatibles con lo previsto en esta Ley.

Disposición final sexta. *Desarrollo normativo de la Ley.* Se faculta al Consejo de Ministros y al Ministro de Hacienda y Administraciones Públicas, en el ámbito de sus competencias, para dictar cuantas disposiciones reglamentarias sean necesarias para el desarrollo de la presente Ley, así como para acordar las medidas necesarias para garantizar la efectiva ejecución e implantación de las previsiones de esta Ley.

Disposición final séptima. *Entrada en vigor.* [621] La presente Ley entrará en vigor al año de su publicación en el «Boletín Oficial del Estado».

No obstante, las previsiones relativas al registro electrónico de apoderamientos, registro electrónico, registro de empleados públicos habilitados, punto de acceso general electrónico de la Administración y archivo único electrónico producirán efectos a partir del día 2 de abril de 2021.

---

[621] Dada nueva redacción por disposición final 9 de Ley 10/2021 de 9 de julio de 2021, con vigencia desde 11/07/2021

3. LEY DE RÉGIMEN JURÍDICO DEL SECTOR PÚBLICO

I. Ley 40/2015, de 1 de octubre, de Régimen Jurídico del Sector Público.

Última reforma de la presente disposición realizada por LO 2/2024, de 1 de agosto, de representación paritaria y presencia equilibrada de mujeres y hombres

La presente ley entra en vigor el 2 de octubre de 2016, con las salvedades establecidas en la disp. final 18.ª

PREÁMBULO

I

El 26 de octubre de 2012 el Consejo de Ministros acordó la creación de la Comisión para la Reforma de las Administraciones Públicas con el mandato de realizar un estudio integral dirigido a modernizar el sector público español, dotarle de una mayor eficacia y eliminar las duplicidades que le afectaban y simplificar los procedimientos a través de los cuales los ciudadanos y las empresas se relacionan con la Administración.

El informe, que fue elevado al Consejo de Ministros el 21 de junio de 2013, formuló 218 propuestas basadas en el convencimiento de que una economía competitiva exige unas Administraciones Públicas eficientes, transparentes, ágiles y centradas en el servicio a los ciudadanos y las empresas. En la misma línea, el Programa nacional de reformas de España para 2014 establece la necesidad de impulsar medidas para racionalizar la actuación administrativa, mejorar la eficiencia en el uso de los recursos públicos y aumentar su productividad.

Este convencimiento está inspirado en lo que dispone el propio artículo 31.2 de la Constitución Española, cuando establece que el gasto público realizará una asignación equitativa de los recursos públicos, y su programación y ejecución responderán a los criterios de eficiencia y economía.

Como se señala en el Informe de la Comisión para la Reforma de las Administraciones Públicas (en adelante CORA), la normativa reguladora de las Administraciones Públicas ha pasado por diferentes etapas. Tradicionalmente, las reglas reguladoras de los aspectos orgánicos del poder ejecutivo estaban separadas de las que disciplinaban los procedimientos. Esta separación terminó con la Ley 30/1992, de 26 de noviembre, de Régimen Jurídico de las Administraciones Públicas y del Procedimiento Administrativo Común, que unificó en un solo instrumento estas materias.

La evolución normativa posterior se ha caracterizado por la profusión de leyes, reales decretos y demás disposiciones de inferior rango, que han completado la columna vertebral del derecho administrativo. De este modo, nos encontramos en el momento actual normas que regulan aspectos orgánicos, como la Ley 6/1997, de 14 de abril, de organización y funcionamiento de la Administración General del Estado; la Ley 50/1997, de 27 de noviembre, del Gobierno y la Ley 28/2006, de 18 de julio, de Agencias estatales para la mejora de los servicios públicos; y otras que tratan aspectos tanto orgánicos como procedimentales de la citada Ley 30/1992, de 26 de noviembre; o la Ley 11/2007, de 22 de junio, de acceso electrónico de los ciudadanos a los servicios públicos, por citar las más relevantes.

Resulta, por tanto evidente, la necesidad de dotar a nuestro sistema legal de un derecho administrativo sistemático, coherente y ordenado, de acuerdo con el proyecto general de mejora de la calidad normativa que inspira todo el informe aprobado por la CORA. En él se previó la elaboración de dos leyes: una, reguladora del procedimiento administrativo, que integraría las normas que rigen la relación de los ciudadanos con las Administraciones. Otra, comprensiva del régimen jurídico de las Administraciones Públicas, donde se incluirían las disposiciones que disciplinan el sector público institucional. Con ello, se aborda una reforma integral de la organización y funcionamiento de las Administraciones articulada en dos ejes fundamentales: la ordenación de las relaciones ad extra de las Administraciones con los ciudadanos y empresas, y la regulación ad intra del funcionamiento interno de cada Administración y de las relaciones entre ellas.

La presente Ley responde al segundo de los ejes citados, y abarca, por un lado, la legislación básica sobre régimen jurídico administrativo, aplicable a todas las Administraciones Públicas; y por otro, el régimen jurídico específico de la Administración General del Estado, donde se incluye tanto la llamada Administración institucional, como la Administración periférica del Estado. Esta Ley contiene también la regulación sistemática de las relaciones internas entre las Administraciones, estableciendo los principios generales de actuación y las técnicas de relación entre los distintos sujetos públicos. Queda así sistematizado el ordenamiento de las relaciones ad intra e inter Administraciones, que se complementa con su normativa presupuestaria, destacando especialmente la Ley Orgánica 2/2012, de 27 de abril, de Estabilidad Presupuestaria y Sostenibilidad Financiera, la Ley 47/2003, de 26 de noviembre, General Presupuestaria y las leyes anuales de Presupuestos Generales del Estado.

Se conserva como texto independiente la Ley del Gobierno, que por regular de forma específica la cabeza del poder ejecutivo de la nación, de naturaleza y funciones eminentemente políticas, debe mantenerse separada de la norma reguladora de la Administración Pública, dirigida por aquél. De acuerdo con este criterio, la presente Ley modifica aquella, con el objeto de extraer aquellas materias que, por ser más propias de la organización y funciones de los miembros del gobierno en cuanto que órganos administrativos, deben regularse en este texto legal.

El Informe CORA recomienda reformar el ordenamiento jurídico administrativo no solo por razones de coherencia normativa y política legislativa. Las Administraciones Públicas, lejos de constituir un obstáculo para la vida de los ciudadanos y las empresas, deben facilitar la libertad individual y el desenvolvimiento de la iniciativa personal y empresarial. Para ello es imprescindible establecer un marco normativo que impida la creación de órganos o entidades innecesarios o redundantes, y asegure la eficacia y eficiencia de los entes públicos, ejerciendo sobre ellos una supervisión continua que permita evaluar el cumplimiento de los objetivos que justificaron su creación, y cuestionar su mantenimiento cuando aquellos se hayan agotado o exista otra forma más eficiente de alcanzarlos.

La Organización para la Cooperación y Desarrollo Económico (en adelante OCDE), ha valorado la reforma administrativa emprendida por la CORA de forma muy positiva. En el informe emitido sobre ella, señala que el paquete de reforma es resultado de un riguroso proceso de recolección de datos, diálogo entre profesionales y diagnóstico de las debilidades de la Administraciones Públicas españolas. Considera la OCDE que el conjunto de asuntos políticos incluidos en la reforma (por ejemplo, gobierno electrónico, relaciones de gobernanza multinivel, buena regulación, reformas presupuestarias), junto con las iniciativas paralelas adoptadas en los dos últimos años en áreas como estabilidad presupuestaria, transparencia y regeneración democrática, explica uno de los más ambiciosos procesos de reforma realizados en un país de la OCDE. La presente Ley, por tanto, no representa el único instrumento normativo que materializa la reforma, Pero sí constituye, junto con la que disciplinará el procedimiento administrativo, de tramitación paralela, y las ya aprobadas sobre transparencia y buen gobierno y estabilidad presupuestaria, la piedra angular sobre la que se edificará la Administración Pública española del futuro, al servicio de los ciudadanos.

II

La Ley comienza estableciendo, en sus disposiciones generales, los principios de actuación y de funcionamiento del sector público español.

Entre los principios generales, que deberán respetar todas las Administraciones Públicas en su actuación y en sus relaciones recíprocas, además de encontrarse los ya mencionados en la Constitución Española de eficacia, jerarquía, descentralización, desconcentración, coordinación, y sometimiento pleno a la Ley y al Derecho, destaca la incorporación de los de trasparencia y de planificación y dirección por objetivos, como exponentes de los nuevos criterios que han de guiar la actuación de todas las unidades administrativas.

La Ley recoge, con las adaptaciones necesarias, las normas hasta ahora contenidas en la Ley 11/2007, de 22 de junio, en lo relativo al funcionamiento electrónico del sector público, y algunas de las previstas en el Real Decreto 1671/2009, de 6 de noviembre, por el que se desarrolla parcialmente la anterior. Se integran así materias que demandaban una regulación unitaria, como corresponde con un entorno en el que la utilización de los medios electrónicos ha de ser lo habitual, como la firma y sedes electrónicas, el intercambio electrónico de datos en entornos cerrados de comunicación y la actuación administrativa automatizada. Se establece asimismo la obligación de que las Administraciones Públicas se relacionen entre sí por medios electrónicos, previsión que se desarrolla posteriormente en el título referente a la cooperación interadministrativa mediante una regulación específica de las relaciones electrónicas entre las Administraciones. Para ello, también se contempla como nuevo principio de actuación la interoperabilidad de los medios electrónicos y sistemas y la prestación conjunta de servicios a los ciudadanos.

La enumeración de los principios de funcionamiento y actuación de las Administraciones Públicas se completa con los ya contemplados en la normativa vigente de responsabilidad, calidad, seguridad, accesibilidad, proporcionalidad, neutralidad y servicio a los ciudadanos.

El Título Preliminar regula pormenorizadamente el régimen de los órganos administrativos, tomando como base la normativa hasta ahora vigente contenida en la Ley 30/1992, de 26 de noviembre, en la que se incorporan ciertas novedades. La creación de órganos solo podrá hacerse previa comprobación de que no exista ninguna duplicidad con los existentes. Se completan las previsiones sobre los órganos de la Administración consultiva y se mejora la regulación de los órganos colegiados, en particular, los de la Administración General del Estado, destacando la generalización del uso de medios electrónicos para que éstos puedan constituirse, celebrar sus sesiones, adoptar acuerdos, elaborar y remitir las actas de sus reuniones.

También se incorporan en este Título los principios relativos al ejercicio de la potestad sancionadora y los que rigen la responsabilidad patrimonial de las Administraciones Públicas. Entre las novedades más destacables en este ámbito, merecen especial mención los cambios introducidos en la regulación de la denominada «responsabilidad patrimonial del Estado Legislador» por las lesiones que sufran los particulares en sus bienes y derechos derivadas de leyes declaradas inconstitucionales o contrarias al Derecho de la Unión Europea, concretándose las condiciones que deben darse para que se pueda proceder, en su caso, a la indemnización que corresponda.

Por último, se regulan en el Título Preliminar los convenios administrativos, en la línea prevista en el Dictamen 878 del Tribunal de Cuentas, de 30 de noviembre, de 2010, que recomendaba sistematizar su marco legal y tipología, establecer los requisitos para su validez, e imponer la obligación de remitirlos al propio Tribunal. De este modo, se desarrolla un régimen completo de los convenios, que fija su contenido mínimo, clases, duración, y extinción y asegura su control por el Tribunal de Cuentas.

III

En relación con la Administración del Estado, el Título primero parte de la regulación contenida en la Ley 6/1997, de 14 de abril, aplicando ciertas mejoras que el tiempo ha revelado necesarias. Se establecen los órganos superiores y directivos propios de la estructura ministerial y también en el ámbito de la Administración periférica y en el exterior. En el caso de los organismos públicos, serán sus estatutos los que establezcan sus órganos directivos.

La Ley regula los Ministerios y su organización interna, sobre la base de los siguientes órganos: Ministros, Secretarios de Estado, Subsecretarios, Secretarios Generales, Secretarios Generales Técnicos, Directores Generales y Subdirectores Generales.

Se integran en esta Ley funciones de los Ministros que, hasta ahora, estaban dispersas en otras normas o que eran inherentes al ejercicio de ciertas funciones, como celebrar en el ámbito de su competencia, contratos y convenios; autorizar las modificaciones presupuestarias; decidir la representación del Ministerio en los órganos colegiados o grupos de trabajo; rendir la cuenta del departamento ante el Tribunal de Cuentas; y resolver los recursos administrativos presentados ante los órganos superiores y directivos del Departamento. La Ley reordena parcialmente las competencias entre los órganos superiores, Ministros y Secretarios de Estado, y directivos, Subsecretarios, Secretarios Generales, Secretarios Generales Técnicos y Directores Generales de los Ministerios, atribuyendo a ciertos órganos como propias algunas funciones que hasta ahora habitualmente se delegaban en ellos. Y con el objeto de posibilitar las medidas de mejora de gestión propuestas en el Informe CORA, se atribuye a los Subsecretarios una nueva competencia: la de adoptar e impulsar las medidas tendentes a la gestión centralizada de recursos y medios materiales en el ámbito de su Departamento.

Se atribuyen también expresamente a la Subsecretaría del Ministerio de la Presidencia, en coordinación con la Secretaría General de la Presidencia del Gobierno, las competencias propias de los servicios comunes de los Departamentos en relación con el área de la Presidencia del Gobierno. Debe recordarse que, al tratarse de un ámbito ajeno a la estructura del propio departamento ministerial, esta atribución excede del real decreto en que se fije la estructura orgánica de aquél.

Con el objeto de evitar la proliferación de centros encargados de la prestación de servicios administrativos en cada ente o unidad, y facilitar que los mismos se provean por órganos especializados en el ámbito del Ministerio o de forma centralizada para toda la Administración, se prevé la posibilidad de que la organización y gestión de los servicios comunes de los Ministerios y entidades dependientes pueda ser coordinada por el Ministerio de Hacienda y Administraciones Públicas u otro organismo público; o bien por la Subsecretaría de cada departamento.

IV

Sobre la base de la regulación de la Administración Periférica contenida en la Ley 6/1997, la Ley regula los órganos de la Administración General del Estado de carácter territorial, los Delegados y Subdelegados del Gobierno. Como principales novedades respecto a la regulación hasta ahora vigente, destacan las siguientes cuestiones.

En cuanto a los Delegados del Gobierno, se refuerza su papel político e institucional, se les define como órganos directivos, y se dispone que su nombramiento atenderá a criterios de competencia profesional y experiencia, siendo de aplicación al desempeño de sus funciones lo establecido en el Título II de la Ley 19/2013, de 9 de diciembre, de transparencia, acceso a la información pública y buen gobierno.

Se mejora la regulación de su suplencia, vacante o enfermedad, correspondiendo al Subdelegado del Gobierno que el Delegado designe. En caso de no haber realizado formalmente la designación, y cuando se trate de una Comunidad uniprovincial que carezca de Subdelegado, la suplencia recaerá sobre el Secretario General.

Las competencias de los Delegados del Gobierno, que hasta ahora eran recogidas en diversos preceptos, pasan a estar reguladas en un único artículo, sistematizándolas en cinco categorías: competencias de dirección y coordinación; de información de la acción del Gobierno y a los ciudadanos; de coordinación y colaboración con otras Administraciones Públicas; competencias relativas al control de legalidad; y competencias relacionadas con el desarrollo de las políticas públicas.

Se recoge expresamente en la Ley la competencia atribuida a los Delegados del Gobierno en la Ley 33/2003, de 3 de noviembre, de Patrimonio de las Administraciones Públicas, referente a la coordinación de los usos de los edificios de la Administración General del Estado en su ámbito de actuación, de acuerdo con las directrices establecidas por el Ministerio de Hacienda y Administraciones Públicas y la Dirección General de Patrimonio del Estado.

Respecto de los Subdelegados del Gobierno, se concretan los requisitos de titulación para ser nombrado Subdelegado del Gobierno, de tal manera que ahora se indica el subgrupo funcionarial al que debe pertenecer. En cuanto a las competencias de los Subdelegados del Gobierno, y como novedad más relevante, se le atribuye la de coordinar la utilización de los medios materiales y, en particular, de los edificios administrativos en el ámbito de su provincia.

Se recoge legalmente la existencia de un órgano que se ha revelado como fundamental en la gestión de las Delegaciones y Subdelegaciones, la Secretaría General, encargada de la llevanza de los servicios comunes y de la que dependerán las áreas funcionales. También se establece a nivel legal que la asistencia jurídica y el control financiero de las Delegaciones y Subdelegaciones del Gobierno serán ejercidos por la Abogacía del Estado y por la Intervención General de la Administración del Estado, respectivamente, cuestión anteriormente regulada por normativa reglamentaria.

La Ley también prevé expresamente la existencia de la Comisión Interministerial de Coordinación de la Administración Periférica del Estado, cuyas atribuciones, composición y funcionamiento serán objeto de regulación reglamentaria.

Por lo que se refiere a la Administración General del Estado en el exterior, se efectúa una remisión a la Ley 2/2014, de 25 de marzo, de la Acción y del Servicio Exterior del Estado, y a su normativa de desarrollo, declarándose la aplicación supletoria de la presente Ley.

V

En el ámbito de la denominada Administración institucional, la Ley culmina y hace efectivas las conclusiones alcanzadas en este ámbito por la CORA y que son reflejo de la necesidad de dar cumplimiento a lo previsto en el mencionado artículo 31.2 de la Constitución, que ordena que el gasto público realice una asignación equitativa de los recursos públicos, y que su programación y ejecución respondan a los criterios de eficiencia y economía. De forma congruente con este mandato, el artículo 135 de la Constitución establece que todas las Administraciones Públicas adecuarán sus actuaciones al principio de estabilidad presupuestaria.

La permanente necesidad de adaptación de la Administración Institucional se aprecia con el mero análisis de la regulación jurídica de los entes que la componen. Un panorama en el que se han aprobado de forma sucesiva diferentes leyes que desde distintas perspectivas han diseñado el marco normativo de los entes auxiliares de que el Estado dispone.

En primer lugar, la regulación jurídica fundamental de los diferentes tipos de entes y organismos públicos dependientes del Estado está prevista en la Ley 6/1997, de 14 de abril, que diferencia tres tipos de entidades: Organismos Autónomos, Entidades Públicas Empresariales y Agencias Estatales, categoría que se añadió con posterioridad. Cada uno de estos organismos públicos cuenta con una normativa reguladora específica, que normalmente consta de una referencia en la ley de creación y de un desarrollo reglamentario posterior dictado al aprobar los correspondientes estatutos.

No obstante, el marco aparentemente general es cuestionado por la previsión establecida en la disposición adicional décima de la Ley, 6/1997, de 14 de abril, que excluye de su aplicación a determinados entes que cuentan con previsiones legales propias, por lo que la Ley se les aplica de forma sólo supletoria. Esta excepción pone de relieve el principal obstáculo en la clarificación normativa de estos entes, que no es otro que el desplazamiento del derecho común en beneficio de un derecho especial normalmente vinculado a una percepción propia de un sector de actividad, social o corporativo, que a través de la legislación específica logra dotarse de un marco jurídico más sensible a sus necesidades.

Con posterioridad a la Ley 6/1997, de 14 de abril, la descentralización funcional del Estado recuperó rápidamente su tendencia a la diversidad. En primer lugar, por la aprobación de la Ley 50/2002, de 26 de diciembre, de Fundaciones. En ella se diseña el régimen aplicable a las fundaciones constituidas mayoritariamente por entidades del sector público estatal, aplicando la técnica fundacional al ámbito de la gestión pública.

Desde otra perspectiva, basada en el análisis de la actividad que realizan los diferentes entes, el ordenamiento vigente ha regulado en la Ley 47/2003, de 26 de noviembre, General Presupuestaria, la totalidad del denominado «sector público estatal», que está formado por tres sectores: Primero, el Sector Público administrativo, que está constituido por la Administración General del Estado; los organismos autónomos dependientes de la Administración General del Estado; las entidades gestoras, servicios comunes y las mutuas colaboradoras con la Seguridad Social en su función pública de colaboración en la gestión de la Seguridad Social; los órganos con dotación diferenciada en los

Presupuestos Generales del Estado que, careciendo de personalidad jurídica, no están integrados en la Administración General del Estado pero forman parte del sector público estatal; las entidades estatales de derecho público y los consorcios, cuando sus actos estén sujetos directa o indirectamente al poder de decisión de un órgano del Estado, su actividad principal no consista en la producción en régimen de mercado de bienes y servicios y no se financien mayoritariamente con ingresos comerciales. Segundo, el Sector Público empresarial, que está constituido por las entidades públicas empresariales, dependientes de la Administración General del Estado, o de cualesquiera otros organismos públicos vinculados o dependientes de ella; las sociedades mercantiles estatales, definidas en la Ley 33/2003, de 3 de noviembre, de Patrimonio de las Administraciones Públicas; y las Entidades estatales de derecho público distintas de las comprendidas en el Sector Público administrativo y los consorcios no incluidos en él. Tercero, el Sector Público fundacional, constituido por las fundaciones del sector público estatal, definidas en la Ley 50/2002, de 26 de diciembre.

El siguiente hito normativo fue la Ley 33/2003, de 3 de noviembre, que regula el denominado «patrimonio empresarial de la Administración General del Estado», formado por las entidades públicas empresariales, a las que se refiere el Capítulo III del Título III de la Ley 6/1997, de 14 de abril, las entidades de Derecho público cuyos ingresos provengan, al menos en un 50 por 100, de operaciones realizadas en el mercado; y las sociedades mercantiles estatales.

La preocupación por la idoneidad de los entes públicos y la voluntad de abordar su reforma condujo a la aprobación de la Ley 28/2006, de 18 de julio, de Agencias Estatales para la Mejora de los Servicios Públicos, mediante la que se creó este nuevo tipo de ente. El objetivo prioritario de esta Ley fue establecer mecanismos de responsabilidad en la dirección y gestión de los nuevos organismos públicos, vinculando el sistema retributivo al logro de sus objetivos y reconociendo un mayor margen de discrecionalidad en la gestión presupuestaria.

La Ley autorizó la creación de 12 Agencias, si bien hasta el momento sólo se han constituido 7 de ellas, y la Agencia Española de Medicamentos y Productos Sanitarios, autorizada en otra Ley.

El objetivo de la reforma fue instaurar la Agencia como nuevo modelo de ente público, pero nació ya con una eficacia limitada. La disposición adicional quinta de la Ley autorizaba al Gobierno para transformar en Agencia los Organismos Públicos cuyos objetivos y actividades se ajustasen a su naturaleza, lo que implicaba el reconocimiento de la existencia de entidades que, por no cumplir este requisito, no precisarían transformación, y que permanecerían en su condición de Organismos Autónomos, Entidades Públicas Empresariales o entes con estatuto especial. Y, sin embargo, la disposición adicional séptima ordenaba atribuir el estatuto a todos los organismos públicos de futura creación «con carácter general».

Por todo ello, no puede decirse que los objetivos de la Ley se hayan alcanzado, incluso después de más de seis años de vigencia, porque su desarrollo posterior ha sido muy limitado, y porque las medidas de control de gasto público han neutralizado la pretensión de dotar a las agencias de mayor autonomía financiera.

Otras normas se han referido con mayor o menor amplitud, al ámbito y categoría del sector público. Es el caso de la Ley 30/2007, de 30 de octubre, de Contratos del Sector Público, que diferencia entre el «Sector Público» y las «Administraciones Públicas», introduciendo el concepto de «poderes adjudicadores». Distinción igualmente recogida en el posterior Real Decreto Legislativo 3/2011, de 14 de noviembre, por el que se aprueba el texto refundido de la Ley de Contratos del Sector Público.

La Ley 2/2011, de 4 de marzo, de Economía Sostenible, llevó a cabo una regulación propia y especial para los seis organismos reguladores existentes en esos momentos, con especial atención a garantizar su independencia respecto de los agentes del mercado. Posteriormente la Ley 3/2013, de 4 de junio, de creación de la Comisión Nacional de los Mercados y la Competencia integró en esta supervisión hasta siete preexistentes. Incluso nos encontramos con que la Ley Orgánica 2/2012, de 27 de abril, de Estabilidad Presupuestaria y Sostenibilidad Financiera, para evitar dudas interpretativas, se remite a la definición del «sector público» «en el ámbito comunitario».

El proyecto de reforma administrativa puesto en marcha aborda la situación de los entes instrumentales en dos direcciones: medidas concretas de racionalización del sector público estatal, fundacional y empresarial, que se han materializado en sucesivos Acuerdos de Consejo de Ministros, y en otras disposiciones; y la reforma del ordenamiento aplicable a los mismos, que se materializa en la presente Ley, y de la que ya se habían dado pasos en la reciente Ley 15/2014, de 16 de septiembre, de racionalización del Sector Público y otras medidas de reforma administrativa, que modificó el régimen jurídico de los consorcios.

Teniendo en cuenta todos estos antecedentes, la Ley establece, en primer lugar, dos normas básicas para todas las Administraciones Públicas. Por un lado, la obligatoriedad de inscribir la creación, transformación o extinción de cualquier entidad integrante del sector público institucional en el nuevo Inventario de Entidades del Sector Público Estatal, Autonómico y Local. Esta inscripción será requisito necesario para obtener el número de identificación fiscal definitivo de la Agencia Estatal de Administración Tributaria. Este Registro permitirá contar con información completa, fiable y pública del número y los tipos de organismos públicos y entidades existentes en cada momento. Y por otro lado, se obliga a todas las Administraciones a disponer de un sistema de supervisión continua de sus entidades dependientes, que conlleve la formulación periódica de propuestas de transformación, mantenimiento o extinción.

Ya en el ámbito de la Administración General del Estado, se establece una nueva clasificación del sector público estatal para los organismos y entidades que se creen a partir de la entrada en vigor de la Ley, más clara, ordenada y simple, pues quedan reducidos a los siguientes tipos: organismos públicos, que incluyen los organismos autónomos y las entidades públicas empresariales; autoridades administrativas independientes, sociedades mercantiles estatales, consorcios, fundaciones del sector público y fondos sin personalidad jurídica. La meta es la de sistematizar el régimen hasta ahora vigente en el ámbito estatal y mejorarlo siguiendo las pautas que se explican a continuación.

En primer lugar, preservando los aspectos positivos de la regulación de los distintos tipos de entes, de modo que se favorezca la programación de objetivos, el control de eficacia de los entes públicos y el mantenimiento de los estrictamente necesarios para la realización de las funciones legalmente encomendadas al sector público.

En segundo lugar, suprimiendo las especialidades que, sin mucha justificación, propiciaban la excepción de la aplicación de controles administrativos que deben existir en toda actuación pública, en lo que ha venido en denominarse la «huida del derecho administrativo». La flexibilidad en la gestión ha de ser compatible con los mecanismos de control de la gestión de fondos públicos.

Y, en tercer lugar, dedicando suficiente atención a la supervisión de los entes públicos y a su transformación y extinción, materias éstas que, por poco frecuentes, no habían demandado un régimen detallado en el pasado. Con ello se resuelve una de las principales carencias de la Ley de Agencias: la ausencia de una verdadera evaluación externa a la entidad, que permita juzgar si sigue siendo la forma más eficiente y eficaz posible de cumplir los objetivos que persiguió su creación y que proponga alternativas en caso de que no sea así.

De este modo, se establecen dos tipos de controles de las entidades integrantes del sector público estatal.

Una supervisión continua, desde su creación hasta su extinción, a cargo del Ministerio de Hacienda y Administraciones Públicas que vigilará la concurrencia de los requisitos previstos en esta Ley.

Un control de eficacia, centrado en el cumplimiento de los objetivos propios de la actividad de la entidad, que será ejercido anualmente por el Departamento al que esté adscrita la entidad u organismo público, sin perjuicio del control de la gestión económico financiera que se ejerza por la Intervención General de la Administración del Estado.

Este sistema, que sigue las mejores prácticas del derecho comparado, permitirá evaluar de forma continua la pervivencia de las razones que justificaron la creación de cada entidad y su sostenibilidad futura. Así se evitará tener que reiterar en el futuro el exhaustivo análisis que tuvo que ejecutar la CORA para identificar las entidades innecesarias o redundantes y que están en proceso de extinción.

Se incorpora al contenido de la Ley la regulación de los medios propios y servicios técnicos de la Administración, de acuerdo con lo que en la actualidad se establece en la normativa de contratos del sector público. Como novedad, la creación de un medio propio o su declaración como tal deberá ir precedida de una justificación, por medio de una memoria de la intervención general, de que la entidad resulta sostenible y eficaz, de acuerdo con los criterios de rentabilidad económica, y que resulta una opción más eficiente que la contratación pública para disponer del servicio o suministro cuya provisión le corresponda, o que concurren otras razones excepcionales que justifican su existencia, como la seguridad pública o la urgencia en la necesidad del servicio. Asimismo, estas entidades deberán estar identificadas a través de un acrónimo «MP», para mayor seguridad jurídica. Estos requisitos se aplicarán tanto a los medios propios que se creen en el futuro como a los ya existentes, estableciéndose un plazo de seis meses para su adaptación.

Bajo la denominación de «organismos públicos», la Ley regula los organismos autónomos y las entidades públicas empresariales del sector público estatal.

Los organismos públicos se definen como aquéllos dependientes o vinculados a la Administración General del Estado, bien directamente, bien a través de otro organismo público, cuyas características justifican su organización en régimen de descentralización funcional o de independencia, y que son creados para la realización de actividades administrativas, sean de fomento, prestación, gestión de servicios públicos o producción de bienes de interés público susceptibles de contraprestación, así como actividades de contenido económico reservadas a las Administraciones Públicas. Tienen personalidad jurídica pública diferenciada, patrimonio y tesorería propios, así como autonomía de gestión y les corresponden las potestades administrativas precisas para el cumplimiento de sus fines salvo la potestad expropiatoria.

Se establece una estructura organizativa común en el ámbito del sector público estatal, articulada en órganos de gobierno, ejecutivos y de control de eficacia, correspondiendo al Ministro de Hacienda y Administraciones Públicas la clasificación de las entidades, conforme a su naturaleza y a los criterios previstos en el Real Decreto 451/2012, de 5 de marzo, por el que se regula el régimen retributivo de los máximos responsables y directivos en el sector público empresarial y otras entidades.

En general, se hace más exigente la creación de organismos públicos al someterse a los siguientes requisitos: por un lado, la elaboración de un plan de actuación con un contenido mínimo que incluye un análisis de eficiencia y las razones que fundamentan la creación; justificación de la forma jurídica propuesta; determinación de los objetivos a cumplir y los indicadores para medirlos; acreditación de la inexistencia de duplicidades, etc. Y, por otro lado, un informe preceptivo del Ministerio de Hacienda y Administraciones Públicas.

De acuerdo con el criterio de racionalización anteriormente expuesto para toda la Administración General del Estado, tanto los organismos existentes en el sector público estatal como los de nueva creación aplicarán una gestión compartida de los servicios comunes, salvo que la decisión de no hacerlo se justifique en la memoria que acompañe a la norma de creación por razones de eficiencia, conforme al artículo 7 de la Ley Orgánica 2/2012, de 27 de abril, de Estabilidad Presupuestaria y Sostenibilidad Financiera, seguridad nacional o cuando la organización y gestión compartida afecte a servicios que deban prestarse de forma autónoma en atención a la independencia del organismo.

Por primera vez, se incluye para el sector público estatal un régimen de transformaciones y fusiones de organismos públicos de la misma naturaleza jurídica, bien mediante su extinción e integración en un nuevo organismo público, o bien mediante su absorción por otro ya existente. La fusión se llevará a cabo por una norma reglamentaria, aunque suponga modificación de la ley de creación. Se establece un mayor control para la transformación de organismo autónomo en sociedad mercantil estatal o en fundación del sector público, con el fin de evitar el fenómeno de la huida de los controles del derecho administrativo, para lo que se exige la elaboración de una memoria que lo justifique y un informe preceptivo de la Intervención General de la Administración del Estado. En cambio, se facilita la transformación de sociedades mercantiles estatales en organismos autónomos, que están sometidos a controles más intensos.

Se regula, también en el ámbito estatal, la disolución, liquidación y extinción de organismos públicos. En este sentido, se detallan las causas de disolución, entre las que destaca la situación de desequilibrio financiero durante dos ejercicios presupuestarios consecutivos, circunstancia que no opera de modo automático, al poder corregirse mediante un plan elaborado al efecto.

El proceso de disolución es ágil, al bastar un acuerdo del Consejo de Ministros. Deberá designarse un órgano administrativo o entidad del sector público institucional como liquidador, cuya responsabilidad será directamente asumida por la Administración que le designe, sin perjuicio de la posibilidad de repetir contra aquél cuando hubiera causa legal para ello.

Publicado el acuerdo de disolución, la liquidación se inicia automáticamente, y tendrá lugar por cesión e integración global de todo el activo y pasivo del organismo en la Administración General del Estado, que sucederá a la entidad extinguida en todos sus derechos y obligaciones. Formalizada la liquidación se producirá la extinción automática.

En cuanto a la tipología propia del sector institucional del Estado, la Ley contempla las siguientes categorías de entidades: organismos públicos, que comprende los organismos autónomos y las entidades públicas empresariales; las autoridades administrativas independientes; las sociedades mercantiles estatales; las fundaciones del sector público estatal; los consorcios; y los fondos sin personalidad jurídica. En los capítulos correspondientes a cada tipo se define su régimen jurídico, económico-financiero, presupuestario, de contratación, y de personal. Los organismos autónomos desarrollan actividades derivadas de la propia Administración Pública, en calidad de organizaciones instrumentales diferenciadas y dependientes de ésta, mientras que las entidades públicas empresariales, se cualifican por simultanear el ejercicio de potestades administrativas y de actividades prestacionales, de gestión de servicios o de producción de bienes de interés público, susceptibles de contraprestación. Las autoridades administrativas independientes, tienen atribuidas funciones de regulación o supervisión de carácter externo sobre un determinado sector o actividad económica, para cuyo desempeño deben estar dotadas de independencia funcional o una especial autonomía respecto de la Administración General del Estado, lo que deberá determinarse en una norma con rango de Ley. En atención a esta peculiar idiosincrasia, se rigen en primer término por su normativa especial, y supletoriamente, en cuanto sea compatible con su naturaleza y funciones, por la presente Ley.

Se mantiene el concepto de sociedades mercantiles estatales actualmente vigente en la Ley 33/2003, de 3 de noviembre, respecto de las cuales se incluye como novedad que la responsabilidad aplicable a los miembros de sus consejos de administración designados por la Administración General del Estado será asumida directamente por la Administración designante. Todo ello, sin perjuicio de que pueda exigirse de oficio la responsabilidad del administrador por los daños y perjuicios causados cuando hubiera concurrido dolo, o culpa o negligencia graves.

La Ley establece con carácter básico el régimen jurídico de los consorcios, al tratarse de un régimen que, por definición, afectará a todas las Administraciones Públicas, siguiendo la línea de las modificaciones efectuadas por la Ley 15/2014, de 16 de septiembre, de racionalización del Sector Público y otras medidas de reforma administrativa. La creación de un consorcio en el que participe la Administración General del Estado ha de estar prevista en una ley e ir precedida de la autorización del Consejo de Ministros. El consorcio se constituye mediante el correspondiente convenio, al que habrán de acompañarse los estatutos, un plan de actuación de igual contenido que el de los organismos públicos y el informe preceptivo favorable del departamento competente en la Hacienda Pública o la intervención general que corresponda. Las entidades consorciadas podrán acordar, con la mayoría que se establezca en los estatutos, o a falta de previsión estatutaria, por unanimidad, la cesión global de activos y pasivos a otra entidad jurídicamente adecuada con la finalidad de mantener la continuidad de la actividad y alcanzar los objetivos del consorcio que se liquida. Su disolución es automática mediante acuerdo del máximo órgano de gobierno del consorcio, que nombrará a un órgano o entidad como liquidador. La responsabilidad del empleado público que sea nombrado liquidador será asumida por la entidad o la Administración que lo designó, sin perjuicio de las acciones que esta pueda ejercer para, en su caso, repetir la responsabilidad que corresponda. Finalmente, cabe destacar que se avanza en el rigor presupuestario de los consorcios que estarán sujetos al régimen de presupuestación, contabilidad y control de la Administración Pública a la que estén adscritos y por tanto se integrarán o, en su caso, acompañarán a los presupuestos de la Administración de adscripción en los términos previstos en su normativa.

Se establece el régimen jurídico de las fundaciones del sector público estatal, manteniendo las líneas fundamentales de la Ley 50/2002, de 26 de diciembre, de Fundaciones. La creación de las fundaciones, o la adquisición de forma sobrevenida de esta forma jurídica, se efectuará por ley. Se deberá prever la posibilidad de que en el patrimonio de las fundaciones del sector público estatal pueda existir aportación del sector privado de forma no mayoritaria. Como novedad, se establece con carácter básico el régimen de adscripción pública de las fundaciones y del protectorado.

Se regulan por último en este Título los fondos carentes de personalidad jurídica del sector público estatal, figura cuya frecuente utilización demandaba el establecimiento de un régimen jurídico, y que deberán crearse por ley.

VI

El Título III establece un régimen completo de las relaciones entre las distintas Administraciones Públicas, que deberán sujetarse a nuevos principios rectores cuya última ratio se halla en los artículos 2, 14 y 138 de la Constitución, como la adecuación al sistema de distribución de competencias, la solidaridad interterritorial, la programación y evaluación de resultados y el respeto a la igualdad de derechos de todos los ciudadanos.

Siguiendo la jurisprudencia constitucional, se definen y diferencian dos principios clave de las relaciones entre Administraciones: la cooperación, que es voluntaria y la coordinación, que es obligatoria. Sobre esta base se regulan los diferentes órganos y formas de cooperar y coordinar.

Se desarrollan ampliamente las técnicas de cooperación y en especial, las de naturaleza orgánica, entre las que destaca la Conferencia de Presidentes, que se regula por primera vez, las Conferencias Sectoriales y las Comisiones Bilaterales de Cooperación. Dentro de las funciones de las Conferencias Sectoriales destaca como novedad la de ser informadas sobre anteproyectos de leyes y los proyectos de reglamentos del Gobierno de la Nación o de los Consejos de Gobierno de las Comunidades Autónomas, cuando afecten de manera directa al ámbito competencial de las otras Administraciones Públicas o cuando así esté previsto en la normativa sectorial aplicable. Con ello se pretende potenciar la planificación conjunta y evitar la aparición de duplicidades.

Se aclara que las Conferencias Sectoriales podrán adoptar recomendaciones, que implican el compromiso de quienes hayan votado a favor a orientar sus actuaciones en esa materia en el sentido acordado, con la obligación de motivar su no seguimiento; y acuerdos, que podrán adoptar la forma de planes conjuntos, que serán de obligado cumplimiento para todos los miembros no discrepantes, y que serán exigibles ante el orden jurisdiccional contencioso-administrativo. Cuando la Administración General del Estado ejerza funciones de coordinación, de acuerdo con la jurisprudencia constitucional, el acuerdo será obligatorio para todas las Administraciones de la conferencia sectorial.

Se prevé el posible funcionamiento electrónico de estos órganos, lo que favorecerá las convocatorias de las Conferencias Sectoriales, que podrán ser más frecuentes, ahorrando costes de desplazamiento.

Dentro del deber de colaboración se acotan los supuestos en los que la asistencia y cooperación puede negarse por parte de la Administración requerida, y se concretan las técnicas de colaboración: la creación y mantenimiento de sistemas integrados de información; el deber de asistencia y auxilio para atender las solicitudes formuladas por otras Administraciones para el mejor ejercicio de sus competencias y cualquier otra prevista en la Ley. No obstante, el deber de colaboración al que están sometidas las Administraciones Públicas se ejercerá con sometimiento a lo establecido en la normativa específica aplicable.

Se crea un Registro Electrónico estatal de Órganos e Instrumentos de Cooperación, con efecto constitutivo, de forma que pueda ser de general conocimiento, de forma fiable, la información relativa a los órganos de cooperación y coordinación en los que participa la Administración General del Estado y sus organismos públicos y entidades vinculados o dependientes, y qué convenios hay en vigor en cada momento.

Se da también respuesta legal a las interrelaciones competenciales que se han venido desarrollando durante los últimos años, propiciando la creación voluntaria de servicios integrados o complementarios, en los que cada Administración tenga en cuenta las competencias de otras Administraciones Públicas y conozca sus proyectos de actuación para mejorar la eficacia de todo el sistema administrativo.

También se potencia la disponibilidad de sistemas electrónicos de información mutua, cada vez más integrados, tal como se ha puesto de relieve con la Ley 20/2013, de 9 de diciembre, de garantía de la unidad de mercado.

En las disposiciones adicionales de la Ley se recogen, entre otras materias, la mención a la Administración de los Territorios Históricos del País Vasco, los Delegados del Gobierno en las Ciudades de Ceuta y Melilla, la estructura administrativa en las islas menores, las relaciones con las ciudades de Ceuta y Melilla, la adaptación de organismos públicos y entidades existentes, la gestión compartida de servicios comunes de los organismos públicos existentes, la transformación de los medios propios existentes, el Registro estatal de órganos e instrumentos de cooperación, la adaptación de los convenios vigentes, la Comisión sectorial de administración electrónica, la adaptación a los consorcios en los que participa el Estado, los conflictos de atribuciones intraministeriales, así como el régimen jurídico del Banco de España, las Autoridades Portuarias y Puertos del Estado, las entidades gestoras y servicios comunes de la Seguridad Social, la Agencia Estatal de Administración Tributaria y la organización militar, únicos cuyas peculiaridades justifican un tratamiento separado.

En las disposiciones transitorias se establece el régimen aplicable al sector público institucional existente en la entrada en vigor de la Ley, así como las reglas aplicables a los procedimientos de elaboración de normas en curso.

En la disposición derogatoria única se recoge la normativa y las disposiciones de igual o inferior rango que quedan derogadas.

Entre las disposiciones finales se incluye la modificación de la regulación del Gobierno contenida en la Ley 50/1997, de 27 de noviembre; también se modifica la Ley 33/2003, de 3 de noviembre; se establecen los títulos competenciales en base a los cuales se dicta la Ley, la habilitación para su desarrollo normativo; y la entrada en vigor, prevista para un año después de la publicación de la Ley en el «Boletín Oficial del Estado».

Las modificaciones introducidas en la actual Ley del Gobierno suponen una serie de trascendentes novedades. Así, se adecúa el régimen de los miembros del Gobierno a las previsiones de la Ley 3/2015, de 30 de marzo, reguladora del ejercicio del alto cargo de la Administración General del Estado. En cuanto al Presidente del Gobierno, a los Vicepresidentes y a los Ministros, se introducen mejoras técnicas sobre el procedimiento y formalidades del cese. En el caso de que existan Ministros sin cartera, por Real Decreto se determinará el ámbito de sus competencias, la estructura administrativa, así como los medios materiales y personales que queden adscritos a dichos órganos.

Además de ello, se prevé excepcionalmente la asistencia de otros altos cargos al Consejo de Ministros, cuando sean convocados, posibilidad que hasta ahora solo se contemplaba respecto de los Secretarios de Estado.

Se flexibiliza el régimen de la suplencia de los miembros del Consejo de Ministros, ya que no se considerará ausencia la interrupción transitoria de la asistencia de los Ministros a las reuniones de un órgano colegiado. En tales casos, las funciones que pudieran corresponder al miembro del Gobierno durante esa situación serán ejercidas por la siguiente autoridad en rango presente.

El Real Decreto de creación de cada una de las Comisiones Delegadas del Gobierno deberá regular, además de otras cuestiones, el régimen interno de funcionamiento y, en particular, el de convocatorias y suplencias. De esta manera, se completa el régimen de tales órganos.

Se contempla asimismo una habilitación al Gobierno para que defina determinadas cuestiones, como son la regulación de las precedencias en los actos oficiales de los titulares de los poderes constitucionales y de las instituciones nacionales, autonómicas, los Departamentos ministeriales y los órganos internos de estos, así como el régimen de los expresidentes del Gobierno.

De acuerdo con el propósito de que la tramitación telemática alcance todos los niveles del Gobierno, se prevé que el Ministro de la

Presidencia pueda dictar instrucciones para la tramitación de asuntos ante los órganos colegiados del Gobierno que regulen la posible documentación de propuestas y acuerdos por medios electrónicos.

Los órganos de colaboración y apoyo al Gobierno siguen siendo los mismos que en la normativa actual: Comisión General de Secretarios de Estado y Subsecretarios, Secretariado del Gobierno y Gabinetes del Presidente del Gobierno, de los Vicepresidentes, de los Ministros y de los Secretarios de Estado. La Ley introduce mejoras en el funcionamiento de estos órganos, en particular, atribuyendo a la Comisión General de Secretarios de Estado y Subsecretarios el análisis o discusión de aquellos asuntos que, sin ser competencia del Consejo de Ministros o sus Comisiones Delegadas, afecten a varios Ministerios y sean sometidos a la Comisión por su Presidente.

Se recogen también a nivel legal las funciones del Secretariado del Gobierno como órgano de apoyo del Ministro de la Presidencia, del Consejo de Ministros, de las Comisiones Delegadas del Gobierno y de la Comisión General de Secretarios de Estado y Subsecretarios, y se le encomiendan otras que están relacionadas con la tramitación administrativa de la sanción y promulgación real de las Leyes, la expedición de los Reales Decretos, la tramitación de los actos y disposiciones del Rey cuyo refrendo corresponde al Presidente del Gobierno o al Presidente del Congreso de los Diputados y la tramitación de los actos y disposiciones que el ordenamiento jurídico atribuye a la competencia del Presidente del Gobierno, entre otras.

En cuanto al régimen de funcionamiento del Consejo de Ministros, destaca como novedad la regulación de la posibilidad de avocar, a propuesta del Presidente del Gobierno, las competencias cuya decisión corresponda a las Comisiones Delegadas del Gobierno.

Por último, se modifica el Título V de la Ley del Gobierno, con dos finalidades.

En primer lugar, se reforma el procedimiento a través del cual se ejerce la iniciativa legislativa y la potestad reglamentaria, en línea con los principios establecidos con carácter general para todas las Administraciones en la Ley de Procedimiento Administrativo y que entrañan la elaboración de un Plan Anual Normativo; la realización de una consulta pública con anterioridad a la redacción de las propuestas; el reforzamiento del contenido de la Memoria del Análisis de Impacto Normativo; la atribución de funciones al Ministerio de la Presidencia para asegurar la calidad normativa; y la evaluación ex post de las normas aprobadas.

Estas importantes novedades, tributarias de las iniciativas llevadas a cabo sobre Better Regulation en la Unión Europea, siguen asimismo las recomendaciones que en esta materia ha formulado la Organización para la Cooperación y el Desarrollo Económicos (OCDE) en su informe emitido en 2014 «Spain. From Administrative Reform to Continous Improvement». Es la Comunicación de la Comisión Europea al Consejo de 25 de junio de 2008 (A «Small Bussiness Act» for Europe) la que entre sus recomendaciones incluye la de fijar fechas concretas de entrada en vigor de cualquier norma que afecte a las pequeñas y medianas empresas, propuesta que se incorpora a la normativa estatal y que contribuirá a incrementar la seguridad jurídica en nuestra actividad económica.

En segundo lugar, se extrae el artículo dedicado al control del Gobierno del Título V, en el que impropiamente se encontraba, de modo que pasa a constituir uno específico con este exclusivo contenido, con una redacción mas acorde con la normativa reguladora de la jurisdicción contencioso-administrativa.

TÍTULO PRELIMINAR
Disposiciones generales, principios de actuación y funcionamiento del sector público

CAPÍTULO I
Disposiciones generales

1. *Objeto.* La presente Ley establece y regula las bases del régimen jurídico de las Administraciones Públicas, los principios del sistema de responsabilidad de las Administraciones Públicas y de la potestad sancionadora, así como la organización y funcionamiento de la Administración General del Estado y de su sector público institucional para el desarrollo de sus actividades [622].

---

[622] Véanse arts. 103, 105.c) y 149.1.18 CE

2. *Ámbito Subjetivo.* 1. La presente Ley se aplica al sector público que comprende [623] :

a) La Administración General del Estado.

b) Las Administraciones de las Comunidades Autónomas.

c) Las Entidades que integran la Administración Local.

d) El sector público institucional.

2. El sector público institucional se integra por:

a) Cualesquiera organismos públicos y entidades de derecho público vinculados o dependientes de las Administraciones Públicas.

b) Las entidades de derecho privado vinculadas o dependientes de las Administraciones Públicas que quedarán sujetas a lo dispuesto en las normas de esta Ley que específicamente se refieran a las mismas, en particular a los principios previstos en el artículo 3, y en todo caso, cuando ejerzan potestades administrativas.

c) Las Universidades públicas que se regirán por su normativa específica y supletoriamente por las previsiones de la presente Ley.

3. Tienen la consideración de Administraciones Públicas la Administración General del Estado, las Administraciones de las Comunidades Autónomas, las Entidades que integran la Administración Local, así como los organismos públicos y entidades de derecho público previstos en la letra a) del apartado 2 [624] .

3. *Principios generales.* 1. Las Administraciones Públicas sirven con objetividad los intereses generales y actúan de acuerdo con los principios de eficacia, jerarquía, descentralización, desconcentración y coordinación, con sometimiento pleno a la Constitución, a la Ley y al Derecho [625] .

Deberán respetar en su actuación y relaciones los siguientes principios:

a) Servicio efectivo a los ciudadanos.

b) Simplicidad, claridad y proximidad a los ciudadanos.

c) Participación, objetividad y transparencia de la actuación administrativa.

---

[623] Véase art. 3.4 de la presente Ley

[624] Véanse arts. 3 LBRL y 1.2 LJCA

[625] Véase art. 54.1 de la presente Ley

d) Racionalización y agilidad de los procedimientos administrativos y de las actividades materiales de gestión.

e) Buena fe, confianza legítima y lealtad institucional.

f) Responsabilidad por la gestión pública.

g) Planificación y dirección por objetivos y control de la gestión y evaluación de los resultados de las políticas públicas.

h) Eficacia en el cumplimiento de los objetivos fijados.

i) Economía, suficiencia y adecuación estricta de los medios a los fines institucionales.

j) Eficiencia en la asignación y utilización de los recursos públicos.

k) Cooperación, colaboración y coordinación entre las Administraciones Públicas.

2. Las Administraciones Públicas se relacionarán entre sí y con sus órganos, organismos públicos y entidades vinculados o dependientes a través de medios electrónicos, que aseguren la interoperabilidad y seguridad de los sistemas y soluciones adoptadas por cada una de ellas, garantizarán la protección de los datos de carácter personal, y facilitarán preferentemente la prestación conjunta de servicios a los interesados.

3. Bajo la dirección del Gobierno de la Nación, de los órganos de gobierno de las Comunidades Autónomas y de los correspondientes de las Entidades Locales, la actuación de la Administración Pública respectiva se desarrolla para alcanzar los objetivos que establecen las leyes y el resto del ordenamiento jurídico.

4. Cada una de las Administraciones Públicas del artículo 2 actúa para el cumplimiento de sus fines con personalidad jurídica única.

4. *Principios de intervención de las Administraciones Públicas para el desarrollo de una actividad.* 1. Las Administraciones Públicas que, en el ejercicio de sus respectivas competencias, establezcan medidas que limiten el ejercicio de derechos individuales o colectivos o exijan el cumplimiento de requisitos para el desarrollo de una actividad, deberán aplicar el principio de proporcionalidad y elegir la medida menos restrictiva, motivar su necesidad para la protección del interés público así como justificar su adecuación para lograr los fines que se persiguen, sin que en ningún caso se produzcan diferencias de trato discriminatorias. Asimismo deberán evaluar periódicamente los efectos y resultados obtenidos.

2. Las Administraciones Públicas velarán por el cumplimiento de los requisitos previstos en la legislación que resulte aplicable, para lo cual podrán, en el ámbito de sus respectivas competencias y con los límites establecidos en la legislación de protección de datos de carácter personal, comprobar, verificar, investigar e inspeccionar los hechos, actos, elementos, actividades, estimaciones y demás circunstancias que fueran necesarias.

CAPÍTULO II
De los órganos de las Administraciones Públicas

Sección 1ª
De los órganos administrativos

5. *Órganos administrativos.* 1. Tendrán la consideración de órganos administrativos las unidades administrativas a las que se les atribuyan funciones que tengan efectos jurídicos frente a terceros, o cuya actuación tenga carácter preceptivo.

2. Corresponde a cada Administración Pública delimitar, en su respectivo ámbito competencial, las unidades administrativas que configuran los órganos administrativos propios de las especialidades derivadas de su organización.

3. La creación de cualquier órgano administrativo exigirá, al menos, el cumplimiento de los siguientes requisitos:

a) Determinación de su forma de integración en la Administración Pública de que se trate y su dependencia jerárquica.

b) Delimitación de sus funciones y competencias.

c) Dotación de los créditos necesarios para su puesta en marcha y funcionamiento.

4. No podrán crearse nuevos órganos que supongan duplicación de otros ya existentes si al mismo tiempo no se suprime o restringe debidamente la competencia de estos. A este objeto, la creación de un nuevo órgano sólo tendrá lugar previa comprobación de que no existe otro en la misma Administración Pública que desarrolle igual función sobre el mismo territorio y población.

6. *Instrucciones y órdenes de servicio.* 1. Los órganos administrativos podrán dirigir las actividades de sus órganos jerárquicamente dependientes mediante instrucciones y órdenes de servicio.

Cuando una disposición específica así lo establezca, o se estime conveniente por razón de los destinatarios o de los efectos que puedan producirse, las instrucciones y órdenes de servicio se publicarán en el boletín oficial que corresponda, sin perjuicio de su difusión de acuerdo con lo previsto en la Ley 19/2013, de 9 de diciembre, de transparencia, acceso a la información pública y buen gobierno [626].

2. El incumplimiento de las instrucciones u órdenes de servicio no afecta por sí solo a la validez de los actos dictados por los órganos administrativos, sin perjuicio de la responsabilidad disciplinaria en que se pueda incurrir.

7. *Órganos consultivos.* La Administración consultiva podrá articularse mediante órganos específicos dotados de autonomía orgánica y funcional con respecto a la Administración activa, o a través de los servicios de esta última que prestan asistencia jurídica.

En tal caso, dichos servicios no podrán estar sujetos a dependencia jerárquica, ya sea orgánica o funcional, ni recibir instrucciones, directrices o cualquier clase de indicación de los órganos que hayan elaborado las disposiciones o producido los actos objeto de consulta, actuando para cumplir con tales garantías de forma colegiada.

Sección 2ª
Competencia

8. *Competencia.* 1. La competencia es irrenunciable y se ejercerá por los órganos administrativos que la tengan atribuida como propia,

---

[626] Véase art. 21 L 19/2013

salvo los casos de delegación o avocación, cuando se efectúen en los términos previstos en ésta u otras leyes [627].

La delegación de competencias, las encomiendas de gestión, la delegación de firma y la suplencia no suponen alteración de la titularidad de la competencia, aunque sí de los elementos determinantes de su ejercicio que en cada caso se prevén.

2. La titularidad y el ejercicio de las competencias atribuidas a los órganos administrativos podrán ser desconcentradas en otros jerárquicamente dependientes de aquéllos en los términos y con los requisitos que prevean las propias normas de atribución de competencias.

3. Si alguna disposición atribuye la competencia a una Administración, sin especificar el órgano que debe ejercerla, se entenderá que la facultad de instruir y resolver los expedientes corresponde a los órganos inferiores competentes por razón de la materia y del territorio. Si existiera más de un órgano inferior competente por razón de materia y territorio, la facultad para instruir y resolver los expedientes corresponderá al superior jerárquico común de estos.

9. *Delegación de competencias.* 1. Los órganos de las diferentes Administraciones Públicas podrán delegar el ejercicio de las competencias que tengan atribuidas en otros órganos de la misma Administración, aun cuando no sean jerárquicamente dependientes, o en los Organismos públicos o Entidades de Derecho Público vinculados o dependientes de aquéllas [628].

En el ámbito de la Administración General del Estado, la delegación de competencias deberá ser aprobada previamente por el órgano ministerial de quien dependa el órgano delegante y en el caso de los Organismos públicos o Entidades vinculados o dependientes, por el órgano máximo de dirección, de acuerdo con sus normas de creación.

---

[627] Ténganse en cuenta, sobre la competencia de los órganos de la Administración Central del Estado, los arts. 87, 88, 97 y 98 CE . Ténganse en cuenta, sobre la competencia del Presidente del Gobierno, Ministros, Consejo de Ministros, Comisiones Delegadas, Secretarios de Estado, Comisión General de Secretarios de Estado y Subsecretarios, la Ley 50/1997. Ténganse en cuenta, sobre la competencia de los órganos municipales, los arts. 21 a 23 LBRL. Ténganse en cuenta, sobre la distribución de competencias entre los órganos de las Diputaciones Provinciales, los arts. 33 a 35 LBRL

[628] Véanse arts. 21.3, 23.2.b), 24, 34 y 35 LBRL y 43, 44, 51, 63, 64, 71 y 114 a 118 ROF

Cuando se trate de órganos no relacionados jerárquicamente será necesaria la aprobación previa del superior común si ambos pertenecen al mismo Ministerio, o del órgano superior de quien dependa el órgano delegado, si el delegante y el delegado pertenecen a diferentes Ministerios.

Asimismo, los órganos de la Administración General del Estado podrán delegar el ejercicio de sus competencias propias en sus Organismos públicos y Entidades vinculados o dependientes, cuando resulte conveniente para alcanzar los fines que tengan asignados y mejorar la eficacia de su gestión. La delegación deberá ser previamente aprobada por los órganos de los que dependan el órgano delegante y el órgano delegado, o aceptada por este último cuando sea el órgano máximo de dirección del Organismo público o Entidad vinculado o dependiente.

2. En ningún caso podrán ser objeto de delegación las competencias relativas a:

a) Los asuntos que se refieran a relaciones con la Jefatura del Estado, la Presidencia del Gobierno de la Nación, las Cortes Generales, las Presidencias de los Consejos de Gobierno de las Comunidades Autónomas y las Asambleas Legislativas de las Comunidades Autónomas.

b) La adopción de disposiciones de carácter general.

c) La resolución de recursos en los órganos administrativos que hayan dictado los actos objeto de recurso.

d) Las materias en que así se determine por norma con rango de Ley [629].

3. Las delegaciones de competencias y su revocación deberán publicarse en el «Boletín Oficial del Estado», en el de la Comunidad Autónoma o en el de la Provincia, según la Administración a que pertenezca el órgano delegante, y el ámbito territorial de competencia de éste.

4. Las resoluciones administrativas que se adopten por delegación indicarán expresamente esta circunstancia y se considerarán dictadas por el órgano delegante [630].

---

[629] Téngase en cuenta que los arts. 21.3 y 22.4 LBRL indican las atribuciones del Pleno y del Alcalde que no pueden ser objeto de delegación. Téngase en cuenta que los arts. 33.4 y 35.2 LBRL señalan las competencias indelegables del Pleno y Presidente de la Diputación. Véanse arts. 21.2 LPAC, 12.1 y 25.2 de la presente Ley

[630] Véanse el art. 4 RD 1465/1999, la Orden de 27 septiembre 1999 y la Orden TAP/953/2011

5. Salvo autorización expresa de una Ley, no podrán delegarse las competencias que se ejerzan por delegación.

No constituye impedimento para que pueda delegarse la competencia para resolver un procedimiento la circunstancia de que la norma reguladora del mismo prevea, como trámite preceptivo, la emisión de un dictamen o informe; no obstante, no podrá delegarse la competencia para resolver un procedimiento una vez que en el correspondiente procedimiento se haya emitido un dictamen o informe preceptivo acerca del mismo.

6. La delegación será revocable en cualquier momento por el órgano que la haya conferido.

7. El acuerdo de delegación de aquellas competencias atribuidas a órganos colegiados, para cuyo ejercicio se requiera un quórum o mayoría especial, deberá adoptarse observando, en todo caso, dicho quórum o mayoría [631].

10. *Avocación.* 1. Los órganos superiores podrán avocar para sí el conocimiento de uno o varios asuntos cuya resolución corresponda ordinariamente o por delegación a sus órganos administrativos dependientes, cuando circunstancias de índole técnica, económica, social, jurídica o territorial lo hagan conveniente.

En los supuestos de delegación de competencias en órganos no dependientes jerárquicamente, el conocimiento de un asunto podrá ser avocado únicamente por el órgano delegante.

2. En todo caso, la avocación se realizará mediante acuerdo motivado que deberá ser notificado a los interesados en el procedimiento, si los hubiere, con anterioridad o simultáneamente a la resolución final que se dicte.

Contra el acuerdo de avocación no cabrá recurso, aunque podrá impugnarse en el que, en su caso, se interponga contra la resolución del procedimiento [632].

11. *Encomiendas de gestión.* 1. La realización de actividades de carácter material o técnico de la competencia de los órganos administrativos o de las Entidades de Derecho Público podrá ser encomenda-

---

[631] Véanse art. 20 Ley 50/1997 y art. 27 LBRL
[632] Véanse arts. 35, 40, 42 y 43 LPAC

da a otros órganos o Entidades de Derecho Público de la misma o de distinta Administración, siempre que entre sus competencias estén esas actividades, por razones de eficacia o cuando no se posean los medios técnicos idóneos para su desempeño.

Las encomiendas de gestión no podrán tener por objeto prestaciones propias de los contratos regulados en la legislación de contratos del sector público. En tal caso, su naturaleza y régimen jurídico se ajustará a lo previsto en ésta [633].

2. La encomienda de gestión no supone cesión de la titularidad de la competencia ni de los elementos sustantivos de su ejercicio, siendo responsabilidad del órgano o Entidad encomendante dictar cuantos actos o resoluciones de carácter jurídico den soporte o en los que se integre la concreta actividad material objeto de encomienda.

En todo caso, la Entidad u órgano encomendado tendrá la condición de encargado del tratamiento de los datos de carácter personal a los que pudiera tener acceso en ejecución de la encomienda de gestión, siéndole de aplicación lo dispuesto en la normativa de protección de datos de carácter personal.

3. La formalización de las encomiendas de gestión se ajustará a las siguientes reglas:

a) Cuando la encomienda de gestión se realice entre órganos administrativos o Entidades de Derecho Público pertenecientes a la misma Administración deberá formalizarse en los términos que establezca su normativa propia y, en su defecto, por acuerdo expreso de los órganos o Entidades de Derecho Público intervinientes. En todo caso, el instrumento de formalización de la encomienda de gestión y su resolución deberá ser publicada, para su eficacia, en el Boletín Oficial del Estado, en el Boletín oficial de la Comunidad Autónoma o en el de la Provincia, según la Administración a que pertenezca el órgano encomendante.

Cada Administración podrá regular los requisitos necesarios para la validez de tales acuerdos que incluirán, al menos, expresa mención de la actividad o actividades a las que afecten, el plazo de vigencia y la naturaleza y alcance de la gestión encomendada.

b) Cuando la encomienda de gestión se realice entre órganos y Entidades de Derecho Público de distintas Administraciones se forma-

[633] Véanse arts. 18 a 21 y 275 a 278 RDLeg 3/2011

lizará mediante firma del correspondiente convenio entre ellas, que deberá ser publicado en el «Boletín Oficial del Estado», en el Boletín oficial de la Comunidad Autónoma o en el de la Provincia, según la Administración a que pertenezca el órgano encomendante, salvo en el supuesto de la gestión ordinaria de los servicios de las Comunidades Autónomas por las Diputaciones Provinciales o en su caso Cabildos o Consejos insulares, que se regirá por la legislación de Régimen Local [634].

12. *Delegación de firma.* 1. Los titulares de los órganos administrativos podrán, en materias de su competencia, que ostenten, bien por atribución, bien por delegación de competencias, delegar la firma de sus resoluciones y actos administrativos en los titulares de los órganos o unidades administrativas que de ellos dependan, dentro de los límites señalados en el artículo 9.

2. La delegación de firma no alterará la competencia del órgano delegante y para su validez no será necesaria su publicación.

3. En las resoluciones y actos que se firmen por delegación se hará constar esta circunstancia y la autoridad de procedencia.

13. *Suplencia.* 1. En la forma que disponga cada Administración Pública, los titulares de los órganos administrativos podrán ser suplidos temporalmente en los supuestos de vacante, ausencia o enfermedad, así como en los casos en que haya sido declarada su abstención o recusación.

Si no se designa suplente, la competencia del órgano administrativo se ejercerá por quien designe el órgano administrativo inmediato superior de quien dependa.

2. La suplencia no implicará alteración de la competencia y para su validez no será necesaria su publicación.

3. En el ámbito de la Administración General del Estado, la designación de suplente podrá efectuarse:

a) En los reales decretos de estructura orgánica básica de los Departamentos Ministeriales o en los estatutos de sus Organismos públicos y Entidades vinculados o dependientes según corresponda.

---

[634] Véanse arts. 5 al 8 L 12/1983 y art. 37 LBRL

b) Por el órgano competente para el nombramiento del titular, bien en el propio acto de nombramiento bien en otro posterior cuando se produzca el supuesto que dé lugar a la suplencia.

4. En las resoluciones y actos que se dicten mediante suplencia, se hará constar esta circunstancia y se especificará el titular del órgano en cuya suplencia se adoptan y quien efectivamente está ejerciendo esta suplencia.

14. *Decisiones sobre competencia.* 1. El órgano administrativo que se estime incompetente para la resolución de un asunto remitirá directamente las actuaciones al órgano que considere competente, debiendo notificar esta circunstancia a los interesados.

2. Los interesados que sean parte en el procedimiento podrán dirigirse al órgano que se encuentre conociendo de un asunto para que decline su competencia y remita las actuaciones al órgano competente.

Asimismo, podrán dirigirse al órgano que estimen competente para que requiera de inhibición al que esté conociendo del asunto.

3. Los conflictos de atribuciones sólo podrán suscitarse entre órganos de una misma Administración no relacionados jerárquicamente, y respecto a asuntos sobre los que no haya finalizado el procedimiento administrativo [635].

Sección 3ª
Órganos colegiados de las distintas administraciones públicas

Subsección 1ª
Funcionamiento

15. *Régimen.* 1. El régimen jurídico de los órganos colegiados se ajustará a las normas contenidas en la presente sección, sin perjuicio

---

[635] Véanse art. 50 LBRL y disp.adic 11 de la presente Ley

de las peculiaridades organizativas de las Administraciones Públicas en que se integran [636] .

2. Los órganos colegiados de las distintas Administraciones Públicas en que participen organizaciones representativas de intereses sociales, así como aquellos compuestos por representaciones de distintas Administraciones Públicas, cuenten o no con participación de organizaciones representativas de intereses sociales, podrán establecer o completar sus propias normas de funcionamiento.

Los órganos colegiados a que se refiere este apartado quedarán integrados en la Administración Pública que corresponda, aunque sin participar en la estructura jerárquica de ésta, salvo que así lo establezcan sus normas de creación, se desprenda de sus funciones o de la propia naturaleza del órgano colegiado.

3. El acuerdo de creación y las normas de funcionamiento de los órganos colegiados que dicten resoluciones que tengan efectos jurídicos frente a terceros deberán ser publicados en el Boletín o Diario Oficial de la Administración Pública en que se integran. Adicionalmente, las Administraciones podrán publicarlos en otros medios de difusión que garanticen su conocimiento.

Cuando se trate de un órgano colegiado a los que se refiere el apartado 2 de este artículo la citada publicidad se realizará por la Administración a quien corresponda la Presidencia.

16. *Secretario.* 1. Los órganos colegiados tendrán un Secretario que podrá ser un miembro del propio órgano o una persona al servicio de la Administración Pública correspondiente.

2. Corresponderá al Secretario velar por la legalidad formal y material de las actuaciones del órgano colegiado, certificar las actuaciones del mismo y garantizar que los procedimientos y reglas de constitución y adopción de acuerdos son respetadas.

3. En caso de que el Secretario no miembro sea suplido por un miembro del órgano colegiado, éste conservará todos sus derechos como tal.

17. *Convocatorias y sesiones.* 1. Todos los órganos colegiados se podrán constituir, convocar, celebrar sus sesiones, adoptar acuerdos y

---

[636] Véanse disp.adic. 21 y arts. 19 a 22 de la presente Ley, arts. 17 a 19 L 50/1997 y arts. 46 a 49 LBRL

remitir actas tanto de forma presencial como a distancia, salvo que su reglamento interno recoja expresa y excepcionalmente lo contrario.

En las sesiones que celebren los órganos colegiados a distancia, sus miembros podrán encontrarse en distintos lugares siempre y cuando se asegure por medios electrónicos, considerándose también tales los telefónicos, y audiovisuales, la identidad de los miembros o personas que los suplan, el contenido de sus manifestaciones, el momento en que éstas se producen, así como la interactividad e intercomunicación entre ellos en tiempo real y la disponibilidad de los medios durante la sesión. Entre otros, se considerarán incluidos entre los medios electrónicos válidos, el correo electrónico, las audioconferencias y las videoconferencias.

2. Para la válida constitución del órgano, a efectos de la celebración de sesiones, deliberaciones y toma de acuerdos, se requerirá la asistencia, presencial o a distancia, del Presidente y Secretario o en su caso, de quienes les suplan, y la de la mitad, al menos, de sus miembros.

Cuando se trate de los órganos colegiados a que se refiere el artículo 15.2, el Presidente podrá considerar válidamente constituido el órgano, a efectos de celebración de sesión, si asisten los representantes de las Administraciones Públicas y de las organizaciones representativas de intereses sociales miembros del órgano a los que se haya atribuido la condición de portavoces.

Cuando estuvieran reunidos, de manera presencial o a distancia, el Secretario y todos los miembros del órgano colegiado, o en su caso las personas que les suplan, éstos podrán constituirse válidamente como órgano colegiado para la celebración de sesiones, deliberaciones y adopción de acuerdos sin necesidad de convocatoria previa cuando así lo decidan todos sus miembros.

3. Los órganos colegiados podrán establecer el régimen propio de convocatorias, si éste no está previsto por sus normas de funcionamiento. Tal régimen podrá prever una segunda convocatoria y especificar para ésta el número de miembros necesarios para constituir válidamente el órgano.

Salvo que no resulte posible, las convocatorias serán remitidas a los miembros del órgano colegiado a través de medios electrónicos, haciendo constar en la misma el orden del día junto con la documentación necesaria para su deliberación cuando sea posible, las condiciones en las que se va a celebrar la sesión, el sistema de conexión y, en su caso, los lugares en que estén disponibles los medios técnicos necesarios para asistir y participar en la reunión.

4. No podrá ser objeto de deliberación o acuerdo ningún asunto que no figure incluido en el orden del día, salvo que asistan todos los miembros del órgano colegiado y sea declarada la urgencia del asunto por el voto favorable de la mayoría.

5. Los acuerdos serán adoptados por mayoría de votos. Cuando se asista a distancia, los acuerdos se entenderán adoptados en el lugar donde tenga la sede el órgano colegiado y, en su defecto, donde esté ubicada la presidencia.

6. Cuando los miembros del órgano voten en contra o se abstengan, quedarán exentos de la responsabilidad que, en su caso, pueda derivarse de los acuerdos.

7. Quienes acrediten la titularidad de un interés legítimo podrán dirigirse al Secretario de un órgano colegiado para que les sea expedida certificación de sus acuerdos. La certificación será expedida por medios electrónicos, salvo que el interesado manifieste expresamente lo contrario y no tenga obligación de relacionarse con las Administraciones por esta vía.

18. *Actas.* 1. De cada sesión que celebre el órgano colegiado se levantará acta por el Secretario, que especificará necesariamente los asistentes, el orden del día de la reunión, las circunstancias del lugar y tiempo en que se ha celebrado, los puntos principales de las deliberaciones, así como el contenido de los acuerdos adoptados.

Podrán grabarse las sesiones que celebre el órgano colegiado. El fichero resultante de la grabación, junto con la certificación expedida por el Secretario de la autenticidad e integridad del mismo, y cuantos documentos en soporte electrónico se utilizasen como documentos de la sesión, podrán acompañar al acta de las sesiones, sin necesidad de hacer constar en ella los puntos principales de las deliberaciones.

2. El acta de cada sesión podrá aprobarse en la misma reunión o en la inmediata siguiente. El Secretario elaborará el acta con el visto bueno del Presidente y lo remitirá a través de medios electrónicos, a los miembros del órgano colegiado, quienes podrán manifestar por los mismos medios su conformidad o reparos al texto, a efectos de su aprobación, considerándose, en caso afirmativo, aprobada en la misma reunión.

Cuando se hubiese optado por la grabación de las sesiones celebradas o por la utilización de documentos en soporte electrónico, deberán conservarse de forma que se garantice la integridad y autenticidad de los ficheros electrónicos correspondientes y el acceso a los mismos por parte de los miembros del órgano colegiado.

Subsección 2ª
De los órganos colegiados en la Administración General del Estado

19. *Régimen de los órganos colegiados de la Administración General del Estado y de las Entidades de Derecho Público vinculadas o dependientes de ella.* 1. Los órganos colegiados de la Administración General del Estado y de las Entidades de Derecho Público vinculadas o dependientes de ella, se regirán por las normas establecidas en este artículo, y por las previsiones que sobre ellos se establecen en la Ley de Procedimiento Administrativo Común de las Administraciones Públicas [637].

2. Corresponderá a su Presidente:

a) Ostentar la representación del órgano.

b) Acordar la convocatoria de las sesiones ordinarias y extraordinarias y la fijación del orden del día, teniendo en cuenta, en su caso, las peticiones de los demás miembros, siempre que hayan sido formuladas con la suficiente antelación.

c) Presidir las sesiones, moderar el desarrollo de los debates y suspenderlos por causas justificadas.

d) Dirimir con su voto los empates, a efectos de adoptar acuerdos, excepto si se trata de los órganos colegiados a que se refiere el artículo 15.2, en los que el voto será dirimente si así lo establecen sus propias normas.

e) Asegurar el cumplimiento de las leyes.

f) Visar las actas y certificaciones de los acuerdos del órgano.

g) Ejercer cuantas otras funciones sean inherentes a su condición de Presidente del órgano.

En casos de vacante, ausencia, enfermedad, u otra causa legal, el Presidente será sustituido por el Vicepresidente que corresponda, y en

---

[637] Véase art. 20.3 de la presente Ley

su defecto, por el miembro del órgano colegiado de mayor jerarquía, antigüedad y edad, por este orden.

Esta norma no será de aplicación a los órganos colegiados previstos en el artículo 15.2 en los que el régimen de sustitución del Presidente debe estar específicamente regulado en cada caso, o establecido expresamente por acuerdo del Pleno del órgano colegiado.

3. Los miembros del órgano colegiado deberán:

a) Recibir, con una antelación mínima de dos días, la convocatoria conteniendo el orden del día de las reuniones. La información sobre los temas que figuren en el orden del día estará a disposición de los miembros en igual plazo.

b) Participar en los debates de las sesiones.

c) Ejercer su derecho al voto y formular su voto particular, así como expresar el sentido de su voto y los motivos que lo justifican. No podrán abstenerse en las votaciones quienes por su cualidad de autoridades o personal al servicio de las Administraciones Públicas, tengan la condición de miembros natos de órganos colegiados, en virtud del cargo que desempeñan.

d) Formular ruegos y preguntas.

e) Obtener la información precisa para cumplir las funciones asignadas.

f) Cuantas otras funciones sean inherentes a su condición.

Los miembros de un órgano colegiado no podrán atribuirse las funciones de representación reconocidas a éste, salvo que expresamente se les hayan otorgado por una norma o por acuerdo válidamente adoptado, para cada caso concreto, por el propio órgano.

En casos de ausencia o de enfermedad y, en general, cuando concurra alguna causa justificada, los miembros titulares del órgano colegiado serán sustituidos por sus suplentes, si los hubiera.

Cuando se trate de órganos colegiados a los que se refiere el artículo 15 las organizaciones representativas de intereses sociales podrán sustituir a sus miembros titulares por otros, acreditándolo ante la Secretaría del órgano colegiado, con respeto a las reservas y limitaciones que establezcan sus normas de organización.

Los miembros del órgano colegiado no podrán ejercer estas funciones cuando concurra conflicto de interés.

4. La designación y el cese, así como la sustitución temporal del Secretario en supuestos de vacante, ausencia o enfermedad se realizarán

según lo dispuesto en las normas específicas de cada órgano y, en su defecto, por acuerdo del mismo.

Corresponde al Secretario del órgano colegiado:

a) Asistir a las reuniones con voz pero sin voto, y con voz y voto si la Secretaría del órgano la ostenta un miembro del mismo.

b) Efectuar la convocatoria de las sesiones del órgano por orden del Presidente, así como las citaciones a los miembros del mismo.

c) Recibir los actos de comunicación de los miembros con el órgano, sean notificaciones, peticiones de datos, rectificaciones o cualquiera otra clase de escritos de los que deba tener conocimiento.

d) Preparar el despacho de los asuntos, redactar y autorizar las actas de las sesiones.

e) Expedir certificaciones de las consultas, dictámenes y acuerdos aprobados.

f) Cuantas otras funciones sean inherentes a su condición de Secretario.

5. En el acta figurará, a solicitud de los respectivos miembros del órgano, el voto contrario al acuerdo adoptado, su abstención y los motivos que la justifiquen o el sentido de su voto favorable.

Asimismo, cualquier miembro tiene derecho a solicitar la transcripción íntegra de su intervención o propuesta, siempre que, en ausencia de grabación de la reunión aneja al acta, aporte en el acto, o en el plazo que señale el Presidente, el texto que se corresponda fielmente con su intervención, haciéndose así constar en el acta o uniéndose copia a la misma.

Los miembros que discrepen del acuerdo mayoritario podrán formular voto particular por escrito en el plazo de dos días, que se incorporará al texto aprobado.

Las actas se aprobarán en la misma o en la siguiente sesión, pudiendo no obstante emitir el Secretario certificación sobre los acuerdos que se hayan adoptado, sin perjuicio de la ulterior aprobación del acta. Se considerará aprobada en la misma sesión el acta que, con posterioridad a la reunión, sea distribuida entre los miembros y reciba la conformidad de éstos por cualquier medio del que el Secretario deje expresión y constancia.

En las certificaciones de acuerdos adoptados emitidas con anterioridad a la aprobación del acta se hará constar expresamente tal circunstancia.

20. *Requisitos para constituir órganos colegiados.* 1. Son órganos colegiados aquellos que se creen formalmente y estén integrados por tres o más personas, a los que se atribuyan funciones administrativas de decisión, propuesta, asesoramiento, seguimiento o control, y que actúen integrados en la Administración General del Estado o alguno de sus Organismos públicos.

2. La constitución de un órgano colegiado en la Administración General del Estado y en sus Organismos públicos tiene como presupuesto indispensable la determinación en su norma de creación o en el convenio con otras Administraciones Públicas por el que dicho órgano se cree, de los siguientes extremos:

a) Sus fines u objetivos.

b) Su integración administrativa o dependencia jerárquica.

c) La composición y los criterios para la designación de su Presidente y de los restantes miembros.

d) Las funciones de decisión, propuesta, informe, seguimiento o control, así como cualquier otra que se le atribuya.

e) La dotación de los créditos necesarios, en su caso, para su funcionamiento.

3. El régimen jurídico de los órganos colegiados a que se refiere el apartado 1 de este artículo se ajustará a las normas contenidas en el artículo 19, sin perjuicio de las peculiaridades organizativas contenidas en la presente Ley o en su norma o convenio de creación.

21. *Clasificación y composición de los órganos colegiados.* 1. Los órganos colegiados de la Administración General del Estado y de sus Organismos públicos, por su composición, se clasifican en:

a) Órganos colegiados interministeriales, si sus miembros proceden de diferentes Ministerios.

b) Órganos colegiados ministeriales, si sus componentes proceden de los órganos de un solo Ministerio.

2. En los órganos colegiados a los que se refiere el apartado anterior, podrá haber representantes de otras Administraciones Públicas, cuando éstas lo acepten voluntariamente, cuando un convenio así lo establezca o cuando una norma aplicable a las Administraciones afectadas lo determine.

3. En la composición de los órganos colegiados podrán participar, cuando así se determine, organizaciones representativas de intereses

sociales, así como otros miembros que se designen por las especiales condiciones de experiencia o conocimientos que concurran en ellos, en atención a la naturaleza de las funciones asignadas a tales órganos.

22. *Creación, modificación y supresión de órganos colegiados.* 1. La creación de órganos colegiados de la Administración General del Estado y de sus Organismos públicos sólo requerirá de norma específica, con publicación en el «Boletín Oficial del Estado», en los casos en que se les atribuyan cualquiera de las siguientes competencias:

a) Competencias decisorias.

b) Competencias de propuesta o emisión de informes preceptivos que deban servir de base a decisiones de otros órganos administrativos.

c) Competencias de seguimiento o control de las actuaciones de otros órganos de la Administración General del Estado.

2. En los supuestos enunciados en el apartado anterior, la norma de creación deberá revestir la forma de Real Decreto en el caso de los órganos colegiados interministeriales cuyo Presidente tenga rango superior al de Director general; Orden ministerial conjunta para los restantes órganos colegiados interministeriales, y Orden ministerial para los de este carácter.

3. En todos los supuestos no comprendidos en el apartado 1 de este artículo, los órganos colegiados tendrán el carácter de grupos o comisiones de trabajo y podrán ser creados por Acuerdo del Consejo de Ministros o por los Ministerios interesados. Sus acuerdos no podrán tener efectos directos frente a terceros.

4. La modificación y supresión de los órganos colegiados y de los grupos o comisiones de trabajo de la Administración General del Estado y de los Organismos públicos se llevará a cabo en la misma forma dispuesta para su creación, salvo que ésta hubiera fijado plazo previsto para su extinción, en cuyo caso ésta se producirá automáticamente en la fecha señalada al efecto.

Sección 4ª
Abstención y recusación

23. *Abstención.* 1. Las autoridades y el personal al servicio de las Administraciones en quienes se den algunas de las circunstancias señaladas en el apartado siguiente se abstendrán de intervenir en el procedimiento y lo comunicarán a su superior inmediato, quien resolverá lo procedente.

2. Son motivos de abstención los siguientes [638] :

a) Tener interés personal en el asunto de que se trate o en otro en cuya resolución pudiera influir la de aquél; ser administrador de sociedad o entidad interesada, o tener cuestión litigiosa pendiente con algún interesado.

b) Tener un vínculo matrimonial o situación de hecho asimilable y el parentesco de consanguinidad dentro del cuarto grado o de afinidad dentro del segundo, con cualquiera de los interesados, con los administradores de entidades o sociedades interesadas y también con los asesores, representantes legales o mandatarios que intervengan en el procedimiento, así como compartir despacho profesional o estar asociado con éstos para el asesoramiento, la representación o el mandato.

c) Tener amistad íntima o enemistad manifiesta con alguna de las personas mencionadas en el apartado anterior.

d) Haber intervenido como perito o como testigo en el procedimiento de que se trate.

e) Tener relación de servicio con persona natural o jurídica interesada directamente en el asunto, o haberle prestado en los dos últimos años servicios profesionales de cualquier tipo y en cualquier circunstancia o lugar.

3. Los órganos jerárquicamente superiores a quien se encuentre en alguna de las circunstancias señaladas en el punto anterior podrán ordenarle que se abstengan de toda intervención en el expediente.

4. La actuación de autoridades y personal al servicio de las Administraciones Públicas en los que concurran motivos de abstención no implicará, necesariamente, y en todo caso, la invalidez de los actos en que hayan intervenido.

5. La no abstención en los casos en que concurra alguna de esas circunstancias dará lugar a la responsabilidad que proceda.

24. *Recusación.* 1. En los casos previstos en el artículo anterior, podrá promoverse recusación por los interesados en cualquier momento de la tramitación del procedimiento.

---

[638] Véase art. 24.1 de la presente Ley

2. La recusación se planteará por escrito en el que se expresará la causa o causas en que se funda.

3. En el día siguiente el recusado manifestará a su inmediato superior si se da o no en él la causa alegada. En el primer caso, si el superior aprecia la concurrencia de la causa de recusación, acordará su sustitución acto seguido [639].

4. Si el recusado niega la causa de recusación, el superior resolverá en el plazo de tres días, previos los informes y comprobaciones que considere oportunos.

5. Contra las resoluciones adoptadas en esta materia no cabrá recurso, sin perjuicio de la posibilidad de alegar la recusación al interponer el recurso que proceda contra el acto que ponga fin al procedimiento.

CAPÍTULO III
Principios de la potestad sancionadora

25. *Principio de legalidad.* 1. La potestad sancionadora de las Administraciones Públicas se ejercerá cuando haya sido expresamente reconocida por una norma con rango de Ley, con aplicación del procedimiento previsto para su ejercicio y de acuerdo con lo establecido en esta Ley y en la Ley de Procedimiento Administrativo Común de las Administraciones Públicas y, cuando se trate de Entidades Locales, de conformidad con lo dispuesto en el Título XI de la Ley 7/1985, de 2 de abril [640].

2. El ejercicio de la potestad sancionadora corresponde a los órganos administrativos que la tengan expresamente atribuida, por disposición de rango legal o reglamentario.

3. Las disposiciones de este Capítulo serán extensivas al ejercicio por las Administraciones Públicas de su potestad disciplinaria respecto del personal a su servicio, cualquiera que sea la naturaleza jurídica de la relación de empleo.

4. Las disposiciones de este capítulo no serán de aplicación al ejercicio por las Administraciones Públicas de la potestad sancionadora

---

[639] Veánse los arts. 74 LPAC y 183.2 ROF
[640] Véase art. 25.1 CE

respecto de quienes estén vinculados a ellas por relaciones reguladas por la legislación de contratos del sector público o por la legislación patrimonial de las Administraciones Públicas.

26. *Irretroactividad.* 1. Serán de aplicación las disposiciones sancionadoras vigentes en el momento de producirse los hechos que constituyan infracción administrativa.

2. Las disposiciones sancionadoras producirán efecto retroactivo en cuanto favorezcan al presunto infractor o al infractor, tanto en lo referido a la tipificación de la infracción como a la sanción y a sus plazos de prescripción, incluso respecto de las sanciones pendientes de cumplimiento al entrar en vigor la nueva disposición [641].

27. *Principio de tipicidad.* 1. Sólo constituyen infracciones administrativas las vulneraciones del ordenamiento jurídico previstas como tales infracciones por una Ley, sin perjuicio de lo dispuesto para la Administración Local en el Título XI de la Ley 7/1985, de 2 de abril [642].

Las infracciones administrativas se clasificarán por la Ley en leves, graves y muy graves.

2. Únicamente por la comisión de infracciones administrativas podrán imponerse sanciones que, en todo caso, estarán delimitadas por la Ley.

3. Las disposiciones reglamentarias de desarrollo podrán introducir especificaciones o graduaciones al cuadro de las infracciones o sanciones establecidas legalmente que, sin constituir nuevas infracciones o sanciones, ni alterar la naturaleza o límites de las que la Ley contempla, contribuyan a la más correcta identificación de las conductas o a la más precisa determinación de las sanciones correspondientes.

4. Las normas definidoras de infracciones y sanciones no serán susceptibles de aplicación analógica.

28. *Responsabilidad.* 1. Sólo podrán ser sancionadas por hechos constitutivos de infracción administrativa las personas físicas y jurídicas, así como, cuando una Ley les reconozca capacidad de obrar, los

---

[641] Véanse arts. 9.3 y 25.1 CE
[642] Véase art. 25.1 CE

grupos de afectados, las uniones y entidades sin personalidad jurídica y los patrimonios independientes o autónomos, que resulten responsables de los mismos a título de dolo o culpa.

2. Las responsabilidades administrativas que se deriven de la comisión de una infracción serán compatibles con la exigencia al infractor de la reposición de la situación alterada por el mismo a su estado originario, así como con la indemnización por los daños y perjuicios causados, que será determinada y exigida por el órgano al que corresponda el ejercicio de la potestad sancionadora. De no satisfacerse la indemnización en el plazo que al efecto se determine en función de su cuantía, se procederá en la forma prevista en el artículo 101 de la Ley del Procedimiento Administrativo Común de las Administraciones Públicas.

3. Cuando el cumplimiento de una obligación establecida por una norma con rango de Ley corresponda a varias personas conjuntamente, responderán de forma solidaria de las infracciones que, en su caso, se cometan y de las sanciones que se impongan. No obstante, cuando la sanción sea pecuniaria y sea posible se individualizará en la resolución en función del grado de participación de cada responsable.

4. Las leyes reguladoras de los distintos regímenes sancionadores podrán tipificar como infracción el incumplimiento de la obligación de prevenir la comisión de infracciones administrativas por quienes se hallen sujetos a una relación de dependencia o vinculación. Asimismo, podrán prever los supuestos en que determinadas personas responderán del pago de las sanciones pecuniarias impuestas a quienes de ellas dependan o estén vinculadas.

29. *Principio de proporcionalidad.* 1. Las sanciones administrativas, sean o no de naturaleza pecuniaria, en ningún caso podrán implicar, directa o subsidiariamente, privación de libertad [643].

2. El establecimiento de sanciones pecuniarias deberá prever que la comisión de las infracciones tipificadas no resulte más beneficioso para el infractor que el cumplimiento de las normas infringidas.

3. En la determinación normativa del régimen sancionador, así como en la imposición de sanciones por las Administraciones Públicas se deberá observar la debida idoneidad y necesidad de la sanción a

---

[643] Véase art. 25.3 CE

imponer y su adecuación a la gravedad del hecho constitutivo de la infracción. La graduación de la sanción considerará especialmente los siguientes criterios:

a) El grado de culpabilidad o la existencia de intencionalidad.

b) La continuidad o persistencia en la conducta infractora.

c) La naturaleza de los perjuicios causados.

d) La reincidencia, por comisión en el término de un año de más de una infracción de la misma naturaleza cuando así haya sido declarado por resolución firme en vía administrativa.

4. Cuando lo justifique la debida adecuación entre la sanción que deba aplicarse con la gravedad del hecho constitutivo de la infracción y las circunstancias concurrentes, el órgano competente para resolver podrá imponer la sanción en el grado inferior.

5. Cuando de la comisión de una infracción derive necesariamente la comisión de otra u otras, se deberá imponer únicamente la sanción correspondiente a la infracción más grave cometida.

6. Será sancionable, como infracción continuada, la realización de una pluralidad de acciones u omisiones que infrinjan el mismo o semejantes preceptos administrativos, en ejecución de un plan preconcebido o aprovechando idéntica ocasión.

30. *Prescripción.* 1. Las infracciones y sanciones prescribirán según lo dispuesto en las leyes que las establezcan. Si éstas no fijan plazos de prescripción, las infracciones muy graves prescribirán a los tres años, las graves a los dos años y las leves a los seis meses; las sanciones impuestas por faltas muy graves prescribirán a los tres años, las impuestas por faltas graves a los dos años y las impuestas por faltas leves al año.

2. El plazo de prescripción de las infracciones comenzará a contarse desde el día en que la infracción se hubiera cometido. En el caso de infracciones continuadas o permanentes, el plazo comenzará a correr desde que finalizó la conducta infractora.

Interrumpirá la prescripción la iniciación, con conocimiento del interesado, de un procedimiento administrativo de naturaleza sancionadora, reiniciándose el plazo de prescripción si el expediente sancionador estuviera paralizado durante más de un mes por causa no imputable al presunto responsable.

3. El plazo de prescripción de las sanciones comenzará a contarse desde el día siguiente a aquel en que sea ejecutable la resolución por la que se impone la sanción o haya transcurrido el plazo para recurrirla [644].

Interrumpirá la prescripción la iniciación, con conocimiento del interesado, del procedimiento de ejecución, volviendo a transcurrir el plazo si aquél está paralizado durante más de un mes por causa no imputable al infractor.

En el caso de desestimación presunta del recurso de alzada interpuesto contra la resolución por la que se impone la sanción, el plazo de prescripción de la sanción comenzará a contarse desde el día siguiente a aquel en que finalice el plazo legalmente previsto para la resolución de dicho recurso.

31. *Concurrencia de sanciones.* 1. No podrán sancionarse los hechos que lo hayan sido penal o administrativamente, en los casos en que se aprecie identidad del sujeto, hecho y fundamento.

2. Cuando un órgano de la Unión Europea hubiera impuesto una sanción por los mismos hechos, y siempre que no concurra la identidad de sujeto y fundamento, el órgano competente para resolver deberá tenerla en cuenta a efectos de graduar la que, en su caso, deba imponer, pudiendo minorarla, sin perjuicio de declarar la comisión de la infracción.

CAPÍTULO IV
De la responsabilidad patrimonial de las Administraciones Públicas

Sección 1ª
Responsabilidad patrimonial de las Administraciones Públicas

32. *Principios de la responsabilidad.* [645]

---

[644] Véase art. 25.2 LPAC
[645] Véase art. 35 presente Ley

1. Los particulares tendrán derecho a ser indemnizados por las Administraciones Públicas correspondientes, de toda lesión que sufran en cualquiera de sus bienes y derechos, siempre que la lesión sea consecuencia del funcionamiento normal o anormal de los servicios públicos salvo en los casos de fuerza mayor o de daños que el particular tenga el deber jurídico de soportar de acuerdo con la Ley [646].

La anulación en vía administrativa o por el orden jurisdiccional contencioso administrativo de los actos o disposiciones administrativas no presupone, por sí misma, derecho a la indemnización.

2. En todo caso, el daño alegado habrá de ser efectivo, evaluable económicamente e individualizado con relación a una persona o grupo de personas.

3. Asimismo, los particulares tendrán derecho a ser indemnizados por las Administraciones Públicas de toda lesión que sufran en sus bienes y derechos como consecuencia de la aplicación de actos legislativos de naturaleza no expropiatoria de derechos que no tengan el deber jurídico de soportar cuando así se establezca en los propios actos legislativos y en los términos que en ellos se especifiquen.

La responsabilidad del Estado legislador podrá surgir también en los siguientes supuestos, siempre que concurran los requisitos previstos en los apartados anteriores:

a) Cuando los daños deriven de la aplicación de una norma con rango de ley declarada inconstitucional, siempre que concurran los requisitos del apartado 4.

b) Cuando los daños deriven de la aplicación de una norma contraria al Derecho de la Unión Europea, de acuerdo con lo dispuesto en el apartado 5.

4. Si la lesión es consecuencia de la aplicación de una norma con rango de ley declarada inconstitucional, procederá su indemnización cuando el particular haya obtenido, en cualquier instancia, sentencia firme desestimatoria de un recurso contra la actuación administrativa que ocasionó el daño, siempre que se hubiera alegado la inconstitucionalidad posteriormente declarada [647].

5. Si la lesión es consecuencia de la aplicación de una norma declarada contraria al Derecho de la Unión Europea, procederá su indem-

---

[646] Véase art. 106.2 CE
[647] Véase art. 34.1 presente Ley

nización cuando el particular haya obtenido, en cualquier instancia, sentencia firme desestimatoria de un recurso contra la actuación administrativa que ocasionó el daño, siempre que se hubiera alegado la infracción del Derecho de la Unión Europea posteriormente declarada. Asimismo, deberán cumplirse todos los requisitos siguientes [648] :

a) La norma ha de tener por objeto conferir derechos a los particulares.

b) El incumplimiento ha de estar suficientemente caracterizado.

c) Ha de existir una relación de causalidad directa entre el incumplimiento de la obligación impuesta a la Administración responsable por el Derecho de la Unión Europea y el daño sufrido por los particulares.

6. La sentencia que declare la inconstitucionalidad de la norma con rango de ley o declare el carácter de norma contraria al Derecho de la Unión Europea producirá efectos desde la fecha de su publicación en el «Boletín Oficial del Estado» o en el «Diario Oficial de la Unión Europea», según el caso, salvo que en ella se establezca otra cosa.

7. La responsabilidad patrimonial del Estado por el funcionamiento de la Administración de Justicia se regirá por la Ley Orgánica 6/1985, de 1 de julio, del Poder Judicial [649] .

8. El Consejo de Ministros fijará el importe de las indemnizaciones que proceda abonar cuando el Tribunal Constitucional haya declarado, a instancia de parte interesada, la existencia de un funcionamiento anormal en la tramitación de los recursos de amparo o de las cuestiones de inconstitucionalidad.

El procedimiento para fijar el importe de las indemnizaciones se tramitará por el Ministerio de Justicia, con audiencia al Consejo de Estado.

9. Se seguirá el procedimiento previsto en la Ley de Procedimiento Administrativo Común de las Administraciones Públicas para determinar la responsabilidad de las Administraciones Públicas por los daños y perjuicios causados a terceros durante la ejecución de contratos cuando sean consecuencia de una orden inmediata y directa de la Administración o de los vicios del proyecto elaborado por ella misma sin perjuicio de las especialidades que, en su caso establezca el Real

---

[648] Véase art. 34.1 presente Ley
[649] Véase Tít. V LOPJ

Decreto Legislativo 3/2011, de 14 de noviembre, por el que se aprueba el texto refundido de la Ley de Contratos del Sector Público [650].

33. *Responsabilidad concurrente de las Administraciones Públicas.* [651]

1. Cuando de la gestión dimanante de fórmulas conjuntas de actuación entre varias Administraciones públicas se derive responsabilidad en los términos previstos en la presente Ley, las Administraciones intervinientes responderán frente al particular, en todo caso, de forma solidaria. El instrumento jurídico regulador de la actuación conjunta podrá determinar la distribución de la responsabilidad entre las diferentes Administraciones públicas.

2. En otros supuestos de concurrencia de varias Administraciones en la producción del daño, la responsabilidad se fijará para cada Administración atendiendo a los criterios de competencia, interés público tutelado e intensidad de la intervención. La responsabilidad será solidaria cuando no sea posible dicha determinación.

3. En los casos previstos en el apartado primero, la Administración competente para incoar, instruir y resolver los procedimientos en los que exista una responsabilidad concurrente de varias Administraciones Públicas, será la fijada en los Estatutos o reglas de la organización colegiada. En su defecto, la competencia vendrá atribuida a la Administración Pública con mayor participación en la financiación del servicio.

4. Cuando se trate de procedimientos en materia de responsabilidad patrimonial, la Administración Pública competente a la que se refiere el apartado anterior, deberá consultar a las restantes Administraciones implicadas para que, en el plazo de quince días, éstas puedan exponer cuanto consideren procedente.

34. *Indemnización.* [652]

1. Sólo serán indemnizables las lesiones producidas al particular provenientes de daños que éste no tenga el deber jurídico de soportar

---

[650] Véase Tít. IV LPAC y arts. 100, 102, 123, 230, 236, 241 y 312 y disp. adic. 19ª LCSP

[651] Véase art. 35 presente Ley

[652] Véase art. 35 presente Ley

de acuerdo con la Ley. No serán indemnizables los daños que se deriven de hechos o circunstancias que no se hubiesen podido prever o evitar según el estado de los conocimientos de la ciencia o de la técnica existentes en el momento de producción de aquéllos, todo ello sin perjuicio de las prestaciones asistenciales o económicas que las leyes puedan establecer para estos casos.

En los casos de responsabilidad patrimonial a los que se refiere los apartados 4 y 5 del artículo 32, serán indemnizables los daños producidos en el plazo de los cinco años anteriores a la fecha de la publicación de la sentencia que declare la inconstitucionalidad de la norma con rango de ley o el carácter de norma contraria al Derecho de la Unión Europea, salvo que la sentencia disponga otra cosa.

2. La indemnización se calculará con arreglo a los criterios de valoración establecidos en la legislación fiscal, de expropiación forzosa y demás normas aplicables, ponderándose, en su caso, las valoraciones predominantes en el mercado. En los casos de muerte o lesiones corporales se podrá tomar como referencia la valoración incluida en los baremos de la normativa vigente en materia de Seguros obligatorios y de la Seguridad Social.

3. La cuantía de la indemnización se calculará con referencia al día en que la lesión efectivamente se produjo, sin perjuicio de su actualización a la fecha en que se ponga fin al procedimiento de responsabilidad con arreglo al Índice de Garantía de la Competitividad, fijado por el Instituto Nacional de Estadística, y de los intereses que procedan por demora en el pago de la indemnización fijada, los cuales se exigirán con arreglo a lo establecido en la Ley 47/2003, de 26 de noviembre, General Presupuestaria, o, en su caso, a las normas presupuestarias de las Comunidades Autónomas [653].

4. La indemnización procedente podrá sustituirse por una compensación en especie o ser abonada mediante pagos periódicos, cuando resulte más adecuado para lograr la reparación debida y convenga al interés público, siempre que exista acuerdo con el interesado.

35. *Responsabilidad de Derecho Privado.* Cuando las Administraciones Públicas actúen, directamente o a través de una entidad de derecho privado, en relaciones de esta naturaleza, su responsabilidad

---

[653] Véanse anexo L 2/2015 y arts. 17 y 24 LGP

se exigirá de conformidad con lo previsto en los artículos 32 y siguientes, incluso cuando concurra con sujetos de derecho privado o la responsabilidad se exija directamente a la entidad de derecho privado a través de la cual actúe la Administración o a la entidad que cubra su responsabilidad.

Sección 2ª
Responsabilidad de las autoridades y personal al servicio de las Administraciones Públicas

36. *Exigencia de la responsabilidad patrimonial de las autoridades y personal al servicio de las Administraciones Públicas.* 1. Para hacer efectiva la responsabilidad patrimonial a que se refiere esta Ley, los particulares exigirán directamente a la Administración Pública correspondiente las indemnizaciones por los daños y perjuicios causados por las autoridades y personal a su servicio.

2. La Administración correspondiente, cuando hubiere indemnizado a los lesionados, exigirá de oficio en vía administrativa de sus autoridades y demás personal a su servicio la responsabilidad en que hubieran incurrido por dolo, o culpa o negligencia graves, previa instrucción del correspondiente procedimiento.

Para la exigencia de dicha responsabilidad y, en su caso, para su cuantificación, se ponderarán, entre otros, los siguientes criterios: el resultado dañoso producido, el grado de culpabilidad, la responsabilidad profesional del personal al servicio de las Administraciones públicas y su relación con la producción del resultado dañoso.

3. Asimismo, la Administración instruirá igual procedimiento a las autoridades y demás personal a su servicio por los daños y perjuicios causados en sus bienes o derechos cuando hubiera concurrido dolo, o culpa o negligencia graves.

4. El procedimiento para la exigencia de la responsabilidad al que se refieren los apartados 2 y 3, se sustanciará conforme a lo dispuesto en la Ley de Procedimiento Administrativo Común de las Administraciones Públicas y se iniciará por acuerdo del órgano competente que se notificará a los interesados y que constará, al menos, de los siguientes trámites:

a) Alegaciones durante un plazo de quince días.

b) Práctica de las pruebas admitidas y cualesquiera otras que el órgano competente estime oportunas durante un plazo de quince días.

c) Audiencia durante un plazo de diez días.

d) Formulación de la propuesta de resolución en un plazo de cinco días a contar desde la finalización del trámite de audiencia.

e) Resolución por el órgano competente en el plazo de cinco días.

5. La resolución declaratoria de responsabilidad pondrá fin a la vía administrativa [654].

6. Lo dispuesto en los apartados anteriores, se entenderá sin perjuicio de pasar, si procede, el tanto de culpa a los Tribunales competentes [655].

37. *Responsabilidad penal.* 1. La responsabilidad penal del personal al servicio de las Administraciones Públicas, así como la responsabilidad civil derivada del delito se exigirá de acuerdo con lo previsto en la legislación correspondiente.

2. La exigencia de responsabilidad penal del personal al servicio de las Administraciones Públicas no suspenderá los procedimientos de reconocimiento de responsabilidad patrimonial que se instruyan, salvo que la determinación de los hechos en el orden jurisdiccional penal sea necesaria para la fijación de la responsabilidad patrimonial.

CAPÍTULO V
Funcionamiento electrónico del sector público [656]

38. *La sede electrónica.* 1. La sede electrónica es aquella dirección electrónica, disponible para los ciudadanos a través de redes de telecomunicaciones, cuya titularidad corresponde a una Administración

---

[654] Véanse arts. 112.1, 114.1.g) LPAC

[655] Véase disposición adicional 19 LCSP

[656] Véanse el cap. I y las secciones 1.ª y 2.ª del cap. II del tít. II RD 203/2021 de 30 marzo, por el que se aprueba el Rgto. de actuación y funcionamiento del sector público por medios electrónicos

Pública, o bien a una o varios organismos públicos o entidades de Derecho Público en el ejercicio de sus competencias [657].

2. El establecimiento de una sede electrónica conlleva la responsabilidad del titular respecto de la integridad, veracidad y actualización de la información y los servicios a los que pueda accederse a través de la misma.

3. Cada Administración Pública determinará las condiciones e instrumentos de creación de las sedes electrónicas, con sujeción a los principios de transparencia, publicidad, responsabilidad, calidad, seguridad, disponibilidad, accesibilidad, neutralidad e interoperabilidad. En todo caso deberá garantizarse la identificación del órgano titular de la sede, así como los medios disponibles para la formulación de sugerencias y quejas.

4. Las sedes electrónicas dispondrán de sistemas que permitan el establecimiento de comunicaciones seguras siempre que sean necesarias.

5. La publicación en las sedes electrónicas de informaciones, servicios y transacciones respetará los principios de accesibilidad y uso de acuerdo con las normas establecidas al respecto, estándares abiertos y, en su caso, aquellos otros que sean de uso generalizado por los ciudadanos.

6. Las sedes electrónicas utilizarán, para identificarse y garantizar una comunicación segura con las mismas, certificados reconocidos o cualificados de autenticación de sitio web o medio equivalente.

39. *Portal de internet.* Se entiende por portal de internet el punto de acceso electrónico cuya titularidad corresponda a una Administración Pública, organismo público o entidad de Derecho Público que permite el acceso a través de internet a la información publicada y, en su caso, a la sede electrónica correspondiente.

40. *Sistemas de identificación de las Administraciones Públicas.* 1. Las Administraciones Públicas podrán identificarse mediante el uso de un sello electrónico basado en un certificado electrónico reconocido o cualificado que reúna los requisitos exigidos por la legislación de firma electrónica. Estos certificados electrónicos incluirán el número de identificación fiscal y la denominación correspondiente, así como, en

---

[657] Véase art. 43.1 presente Ley

su caso, la identidad de la persona titular en el caso de los sellos electrónicos de órganos administrativos. La relación de sellos electrónicos utilizados por cada Administración Pública, incluyendo las características de los certificados electrónicos y los prestadores que los expiden, deberá ser pública y accesible por medios electrónicos. Además, cada Administración Pública adoptará las medidas adecuadas para facilitar la verificación de sus sellos electrónicos.

2. Se entenderá identificada la Administración Pública respecto de la información que se publique como propia en su portal de internet.

41. *Actuación administrativa automatizada.* 1. Se entiende por actuación administrativa automatizada, cualquier acto o actuación realizada íntegramente a través de medios electrónicos por una Administración Pública en el marco de un procedimiento administrativo y en la que no haya intervenido de forma directa un empleado público.

2. En caso de actuación administrativa automatizada deberá establecerse previamente el órgano u órganos competentes, según los casos, para la definición de las especificaciones, programación, mantenimiento, supervisión y control de calidad y, en su caso, auditoría del sistema de información y de su código fuente. Asimismo, se indicará el órgano que debe ser considerado responsable a efectos de impugnación [658].

42. *Sistemas de firma para la actuación administrativa automatizada.* En el ejercicio de la competencia en la actuación administrativa automatizada, cada Administración Pública podrá determinar los supuestos de utilización de los siguientes sistemas de firma electrónica [659] :

a) Sello electrónico de Administración Pública, órgano, organismo público o entidad de derecho público, basado en certificado electrónico reconocido o cualificado que reúna los requisitos exigidos por la legislación de firma electrónica.

b) Código seguro de verificación vinculado a la Administración Pública, órgano, organismo público o entidad de Derecho Público, en los términos y condiciones establecidos, permitiéndose en todo caso la

[658] Véase art.43.1 presente Ley
[659] Véase art.43.1 presente Ley

comprobación de la integridad del documento mediante el acceso a la sede electrónica correspondiente.

43. *Firma electrónica del personal al servicio de las Administraciones Públicas.* 1. Sin perjuicio de lo previsto en los artículos 38, 41 y 42, la actuación de una Administración Pública, órgano, organismo público o entidad de derecho público, cuando utilice medios electrónicos, se realizará mediante firma electrónica del titular del órgano o empleado público.

2. Cada Administración Pública determinará los sistemas de firma electrónica que debe utilizar su personal, los cuales podrán identificar de forma conjunta al titular del puesto de trabajo o cargo y a la Administración u órgano en la que presta sus servicios. Por razones de seguridad pública los sistemas de firma electrónica podrán referirse sólo el número de identificación profesional del empleado público.

44. *Intercambio electrónico de datos en entornos cerrados de comunicación.* 1. Los documentos electrónicos transmitidos en entornos cerrados de comunicaciones establecidos entre Administraciones Públicas, órganos, organismos públicos y entidades de derecho público, serán considerados válidos a efectos de autenticación e identificación de los emisores y receptores en las condiciones establecidas en este artículo.

2. Cuando los participantes en las comunicaciones pertenezcan a una misma Administración Pública, ésta determinará las condiciones y garantías por las que se regirá que, al menos, comprenderá la relación de emisores y receptores autorizados y la naturaleza de los datos a intercambiar.

3. Cuando los participantes pertenezcan a distintas Administraciones, las condiciones y garantías citadas en el apartado anterior se establecerán mediante convenio suscrito entre aquellas.

4. En todo caso deberá garantizarse la seguridad del entorno cerrado de comunicaciones y la protección de los datos que se transmitan.

45. *Aseguramiento e interoperabilidad de la firma electrónica.* 1. Las Administraciones Públicas podrán determinar los trámites e informes que incluyan firma electrónica reconocida o cualificada y avanzada basada en certificados electrónicos reconocidos o cualificados de firma electrónica.

2. Con el fin de favorecer la interoperabilidad y posibilitar la verificación automática de la firma electrónica de los documentos electrónicos, cuando una Administración utilice sistemas de firma electrónica distintos de aquellos basados en certificado electrónico reconocido o cualificado, para remitir o poner a disposición de otros órganos, organismos públicos, entidades de Derecho Público o Administraciones la documentación firmada electrónicamente, podrá superponer un sello electrónico basado en un certificado electrónico reconocido o cualificado.

46. *Archivo electrónico de documentos.* 1. Todos los documentos utilizados en las actuaciones administrativas se almacenarán por medios electrónicos, salvo cuando no sea posible.

2. Los documentos electrónicos que contengan actos administrativos que afecten a derechos o intereses de los particulares deberán conservarse en soportes de esta naturaleza, ya sea en el mismo formato a partir del que se originó el documento o en otro cualquiera que asegure la identidad e integridad de la información necesaria para reproducirlo. Se asegurará en todo caso la posibilidad de trasladar los datos a otros formatos y soportes que garanticen el acceso desde diferentes aplicaciones.

3. Los medios o soportes en que se almacenen documentos, deberán contar con medidas de seguridad, de acuerdo con lo previsto en el Esquema Nacional de Seguridad, que garanticen la integridad, autenticidad, confidencialidad, calidad, protección y conservación de los documentos almacenados. En particular, asegurarán la identificación de los usuarios y el control de accesos, el cumplimiento de las garantías previstas en la legislación de protección de datos, así como la recuperación y conservación a largo plazo de los documentos electrónicos producidos por las Administraciones Públicas que así lo requieran, de acuerdo con las especificaciones sobre el ciclo de vida de los servicios y sistemas utilizados [660] .

---

[660] Véanse art. 156.2 de la presente Ley, RD 311/2022 de 3 mayo, O TES/369/2023 y O ESS/775/2014

46 bis. *Ubicación de los sistemas de información y comunicaciones para el registro de datos.* [661] Los sistemas de información y comunicaciones para la recogida, almacenamiento, procesamiento y gestión del censo electoral, los padrones municipales de habitantes y otros registros de población, datos fiscales relacionados con tributos propios o cedidos y datos de los usuarios del sistema nacional de salud, así como los correspondientes tratamientos de datos personales, deberán ubicarse y prestarse dentro del territorio de la Unión Europea.

Los datos a que se refiere el apartado anterior no podrán ser objeto de transferencia a un tercer país u organización internacional, con excepción de los que hayan sido objeto de una decisión de adecuación de la Comisión Europea o cuando así lo exija el cumplimiento de las obligaciones internacionales asumidas por el Reino de España.

CAPÍTULO VI
De los convenios

47. *Definición y tipos de convenios.* 1. Son convenios los acuerdos con efectos jurídicos adoptados por las Administraciones Públicas, los organismos públicos y entidades de derecho público vinculados o dependientes o las Universidades públicas entre sí o con sujetos de derecho privado para un fin común [662].

No tienen la consideración de convenios, los Protocolos Generales de Actuación o instrumentos similares que comporten meras declaraciones de intención de contenido general o que expresen la voluntad de las Administraciones y partes suscriptoras para actuar con un objetivo común, siempre que no supongan la formalización de compromisos jurídicos concretos y exigibles [663].

Los convenios no podrán tener por objeto prestaciones propias de los contratos. En tal caso, su naturaleza y régimen jurídico se ajustará a lo previsto en la legislación de contratos del sector público.

---

[661] Añadido por art. 4 apartado 1 de Real Decreto-Ley 14/2019 de 31 de octubre de 2019, con vigencia desde 06/11/2019

[662] Véanse arts. 145 CE y 4.1.c) LCSP

[663] Véanse Res. de 5 mayo 2011, Res. de 28 julio 2011 y Res. de 15 noviembre 2013

2. Los convenios que suscriban las Administraciones Públicas, los organismos públicos y las entidades de derecho público vinculados o dependientes y las Universidades públicas, deberán corresponder a alguno de los siguientes tipos:

a) Convenios interadministrativos firmados entre dos o más Administraciones Públicas, o bien entre dos o más organismos públicos o entidades de derecho público vinculados o dependientes de distintas Administraciones públicas, y que podrán incluir la utilización de medios, servicios y recursos de otra Administración Pública, organismo público o entidad de derecho público vinculado o dependiente, para el ejercicio de competencias propias o delegadas.

Quedan excluidos los convenios interadministrativos suscritos entre dos o más Comunidades Autónomas para la gestión y prestación de servicios propios de las mismas, que se regirán en cuanto a sus supuestos, requisitos y términos por lo previsto en sus respectivos Estatutos de autonomía.

b) Convenios intradministrativos firmados entre organismos públicos y entidades de derecho público vinculados o dependientes de una misma Administración Pública.

c) Convenios firmados entre una Administración Pública u organismo o entidad de derecho público y un sujeto de Derecho privado.

d) Convenios no constitutivos ni de Tratado internacional, ni de Acuerdo internacional administrativo, ni de Acuerdo internacional no normativo, firmados entre las Administraciones Públicas y los órganos, organismos públicos o entes de un sujeto de Derecho internacional, que estarán sometidos al ordenamiento jurídico interno que determinen las partes.

48. *Requisitos de validez y eficacia de los convenios.* 1. Las Administraciones Públicas, sus organismos públicos y entidades de derecho público vinculados o dependientes y las Universidades públicas, en el ámbito de sus respectivas competencias, podrán suscribir convenios con sujetos de derecho público y privado, sin que ello pueda suponer cesión de la titularidad de la competencia [664].

2. En el ámbito de la Administración General del Estado y sus organismos públicos y entidades de derecho público vinculados o depen-

---

[664] Véanse arts. 8.1 y 49 de la presente Ley

dientes, podrán celebrar convenios los titulares de los Departamentos Ministeriales y los Presidentes o Directores de las dichas entidades y organismos públicos.

3. La suscripción de convenios deberá mejorar la eficiencia de la gestión pública, facilitar la utilización conjunta de medios y servicios públicos, contribuir a la realización de actividades de utilidad pública y cumplir con la legislación de estabilidad presupuestaria y sostenibilidad financiera.

4. La gestión, justificación y resto de actuaciones relacionadas con los gastos derivados de los convenios que incluyan compromisos financieros para la Administración Pública o cualquiera de sus organismos públicos o entidades de derecho público vinculados o dependientes que lo suscriban, así como con los fondos comprometidos en virtud de dichos convenios, se ajustarán a lo dispuesto en la legislación presupuestaria.

5. Los convenios que incluyan compromisos financieros deberán ser financieramente sostenibles, debiendo quienes los suscriban tener capacidad para financiar los asumidos durante la vigencia del convenio.

6. Las aportaciones financieras que se comprometan a realizar los firmantes no podrán ser superiores a los gastos derivados de la ejecución del convenio.

7. Cuando el convenio instrumente una subvención deberá cumplir con lo previsto en la Ley 38/2003, de 17 de noviembre, General de Subvenciones y en la normativa autonómica de desarrollo que, en su caso, resulte aplicable [665].

Asimismo, cuando el convenio tenga por objeto la delegación de competencias en una Entidad Local, deberá cumplir con lo dispuesto en Ley 7/1985, de 2 de abril, Reguladora de las Bases del Régimen Local [666].

8. Los convenios se perfeccionan por la prestación del consentimiento de las partes.

Los convenios suscritos por la Administración General del Estado o alguno de sus organismos públicos o entidades de derecho público vinculados o dependientes resultarán eficaces una vez inscritos, en el plazo de 5 días hábiles desde su formalización, en el Registro Electrónico

---

[665] Véase Tít. I L 38/2003
[666] Véase arts. 7.4 y 57.bis LBRL

estatal de Órganos e Instrumentos de Cooperación del sector público estatal, al que se refiere la disposición adicional séptima. Asimismo, serán publicados en el plazo de 10 días hábiles desde su formalización en el «Boletín Oficial del Estado», sin perjuicio de su publicación facultativa en el boletín oficial de la comunidad autónoma o de la provincia que corresponda a la otra administración firmante. [667]

9. Las normas del presente Capítulo no serán de aplicación a las encomiendas de gestión y los acuerdos de terminación convencional de los procedimientos administrativos.

49. *Contenido de los convenios.* Los convenios a los que se refiere el apartado 1 del artículo anterior deberán incluir, al menos, las siguientes materias:

a) Sujetos que suscriben el convenio y la capacidad jurídica con que actúa cada una de las partes.

b) La competencia en la que se fundamenta la actuación de la Administración Pública, de los organismos públicos y las entidades de derecho público vinculados o dependientes de ella o de las Universidades públicas.

c) Objeto del convenio y actuaciones a realizar por cada sujeto para su cumplimiento, indicando, en su caso, la titularidad de los resultados obtenidos.

d) Obligaciones y compromisos económicos asumidos por cada una de las partes, si los hubiera, indicando su distribución temporal por anualidades y su imputación concreta al presupuesto correspondiente de acuerdo con lo previsto en la legislación presupuestaria.

e) Consecuencias aplicables en caso de incumplimiento de las obligaciones y compromisos asumidos por cada una de las partes y, en su caso, los criterios para determinar la posible indemnización por el incumplimiento.

f) Mecanismos de seguimiento, vigilancia y control de la ejecución del convenio y de los compromisos adquiridos por los firmantes. Este mecanismo resolverá los problemas de interpretación y cumplimiento que puedan plantearse respecto de los convenios [668].

---

[667] Dada nueva redacción apartado 8 por disposición final 2 apartado 1 de Real Decreto-Ley 36/2020 de 30 de diciembre de 2020, con vigencia desde 01/01/2021

[668] Véase art. 52.3 de la presente Ley

g) El régimen de modificación del convenio. A falta de regulación expresa la modificación del contenido delconvenio requerirá acuerdo unánime de los firmantes

h) Plazo de vigencia del convenio teniendo en cuenta las siguientes reglas: [669]

1.º Los convenios deberán tener una duración determinada, que no podrá ser superior a cuatro años, salvo que normativamente se prevea un plazo superior [670].

2.º En cualquier momento antes de la finalización del plazo previsto en el apartado anterior, los firmantes del convenio podrán acordar unánimemente su prórroga por un periodo de hasta cuatro años adicionales o su extinción.

En el caso de convenios suscritos por la Administración General del Estado o alguno de sus organismos públicos y entidades de derecho público vinculados o dependientes, esta prórroga deberá ser comunicada al Registro Electrónico estatal de Órganos e Instrumentos de Cooperación al que se refiere la disposición adicional séptima.

50. *Trámites preceptivos para la suscripción de convenios y sus efectos.* 1. Sin perjuicio de las especialidades que la legislación autonómica pueda prever, será necesario que el convenio se acompañe de una memoria justificativa donde se analice su necesidad y oportunidad, su impacto económico, el carácter no contractual de la actividad en cuestión, así como el cumplimiento de lo previsto en esta Ley.

2. Los convenios que suscriba la Administración General del Estado o sus organismos públicos y entidades de derecho público vinculados o dependientes se acompañarán además de:

a) El informe de su servicio jurídico, que deberá emitirse en un plazo máximo de siete días hábiles desde su solicitud, transcurridos los cuales se continuará la tramitación. En todo/ caso, dicho informe

---

[669] Téngase en cuenta, desde el 21 de diciembre de 2019, la excepción referida al plazo general de vigencia de los convenios que se suscriban con las empresas concesionarias de los servicios de transporte público regular de viajeros de uso general por carretera cuyos itinerarios discurren total o parcialmente por La Rioja, conforme al art. único del D La Rioja 132/2019 de 17 diciembre de 2019. Téngase en cuenta, desde el 6 de marzo de 2019, la particularidad establecida para los convenios cuyo objeto sea la ejecución de infraestructuras de transporte terrestre, aéreo y marítimo, conforme al disp adic. 3.ª RDL 7/2019 de 1 marzo

[670] Véase disp. adic. 8.1 de la presente Ley

deberá emitirse e incorporarse al expediente antes de proceder al perfeccionamiento del convenio. No será necesario solicitar este informe cuando el convenio se ajuste a un modelo normalizado informado previamente por el servicio jurídico que corresponda.

b) Cualquier otro informe preceptivo que establezca la normativa aplicable, que deberá emitirse en un plazo máximo de siete días hábiles desde su solicitud, transcurridos los cuales se continuará la tramitación. En cualquier caso, deberán emitirse e incorporarse al expediente todos los informes preceptivos antes de proceder al perfeccionamiento del convenio.

c) La autorización previa del Ministerio de Hacienda y Función Pública para su firma, modificación, prórroga y resolución por mutuo acuerdo entre las partes, que deberá emitirse en un plazo máximo de siete días hábiles desde la solicitud, transcurridos los cuales se continuará la tramitación. En todo caso dicha autorización deberá emitirse e incorporarse al expediente antes de proceder al perfeccionamiento del convenio.

Cuando el convenio a suscribir esté excepcionado de la autorización a la que se refiere el párrafo anterior, también lo estará del informe del Ministerio de Política Territorial.

No obstante, en todo caso, será preceptivo el informe del Ministerio de Política Territorial, respecto de los convenios que se suscriban entre la Administración General del Estado y sus organismos públicos y entidades de derecho público vinculados o dependientes, con las Comunidades Autónomas o con Entidades Locales o con sus organismos públicos y entidades de derecho público vinculados o dependientes, en los casos siguientes:

1. Convenios cuyo objeto sea la cesión o adquisición de la titularidad de infraestructuras por la Administración General del Estado.

2. Convenios que tengan por objeto la creación de consorcios previstos en el artículo 123 de esta ley.

d) Cuando los convenios plurianuales suscritos entre Administraciones Públicas incluyan aportaciones de fondos por parte del Estado para financiar actuaciones a ejecutar exclusivamente por parte de otra Administración Pública y el Estado asuma, en el ámbito de sus competencias, los compromisos frente a terceros, la aportación del Estado de anualidades futuras estará condicionada a la existencia de crédito en los correspondientes presupuestos.

e) Los convenios interadministrativos suscritos con las Comunidades Autónomas serán remitidos al Senado por el Ministerio de Política Territorial. [671] [672]

51. *Extinción de los convenios.* 1. Los convenios se extinguen por el cumplimiento de las actuaciones que constituyen su objeto o por incurrir en causa de resolución.

2. Son causas de resolución:

a) El transcurso del plazo de vigencia del convenio sin haberse acordado la prórroga del mismo.

b) El acuerdo unánime de todos los firmantes.

c) El incumplimiento de las obligaciones y compromisos asumidos por parte de alguno de los firmantes.

En este caso, cualquiera de las partes podrá notificar a la parte incumplidora un requerimiento para que cumpla en un determinado plazo con las obligaciones o compromisos que se consideran incumplidos. Este requerimiento será comunicado al responsable del mecanismo de seguimiento, vigilancia y control de la ejecución del convenio y a las demás partes firmantes.

Si trascurrido el plazo indicado en el requerimiento persistiera el incumplimiento, la parte que lo dirigió notificará a las partes firmantes la concurrencia de la causa de resolución y se entenderá resuelto el convenio. La resolución del convenio por esta causa podrá conllevar la indemnización de los perjuicios causados si así se hubiera previsto.

d) Por decisión judicial declaratoria de la nulidad del convenio [673].

e) Por cualquier otra causa distinta de las anteriores prevista en el convenio o en otras leyes.

52. *Efectos de la resolución de los convenios.* 1. El cumplimiento y la resolución de los convenios dará lugar a la liquidación de los mismos con el objeto de determinar las obligaciones y compromisos de cada una de las partes.

---

[671] Véase arts. 69.1 y 145 CE

[672] Dada nueva redacción apartado 2 por disposición final 27 apartado 1 de Ley 22/2021 de 28 de diciembre de 2021, con vigencia desde 01/01/2022

[673] Véanse arts. 1.1, 3.a),10.g) y 11.c) LJCA y 2.1 LOTC

2. En el supuesto de convenios de los que deriven compromisos financieros, se entenderán cumplidos cuando su objeto se haya realizado en los términos y a satisfacción de ambas partes, de acuerdo con sus respectivas competencias, teniendo en cuenta las siguientes reglas:

a) Si de la liquidación resultara que el importe de las actuaciones ejecutadas por alguna de las partes fuera inferior a los fondos que la misma hubiera recibido del resto de partes del convenio para financiar dicha ejecución, aquella deberá reintegrar a estas el exceso que corresponda a cada una, *en el plazo máximo de un mes desde que se hubiera aprobado la liquidación.* [674]

Transcurrido el plazo máximo de un mes, mencionado en el párrafo anterior, [675] sin que se haya producido el reintegro, se deberá abonar a dichas partes, *también en el plazo de un mes a contar desde ese momento,* [676] el interés de demora aplicable al citado reintegro, que será en todo caso el que resulte de las disposiciones de carácter general reguladoras del gasto público y de la actividad económico-financiera del sector público.

b) Si fuera superior, el resto de partes del convenio, *en el plazo de un mes desde la aprobación de la liquidación,* [677] deberá abonar a la parte de que se trate la diferencia que corresponda a cada una de ellas, con el límite máximo de las cantidades que cada una de ellas se hubiera comprometido a aportar en virtud del convenio. En ningún caso las partes del convenio tendrán derecho a exigir al resto cuantía alguna que supere los citados límites máximos.

3. No obstante lo anterior, si cuando concurra cualquiera de las causas de resolución del convenio existen actuaciones en curso de ejecución, las partes, a propuesta de la comisión de seguimiento, vigilancia y control del convenio o, en su defecto, del responsable del

---

[674] Inciso «en el plazo máximo de un mes desde que se hubiera aprobado la liquidación» declarado, desde el 15 enero 2019, contrario al orden constitucional de competencias, por STC Pleno de 13 diciembre de 2018, en los términos de su f.j. 8º b)

[675] Inciso «Transcurrido el plazo máximo de un mes, mencionado en el párrafo anterior,» declarado, desde el 15 enero 2019, contrario al orden constitucional de competencias, por STC Pleno de 13 diciembre de 2018, en los términos de su f.j. 8º b)

[676] Inciso «también en el plazo de un mes a contar desde ese momento,» declarado, desde el 15 enero 2019, contrario al orden constitucional de competencias, por STC Pleno de 13 diciembre de 2018, en los términos de su f.j. 8º b)

[677] Inciso «en el plazo de un mes desde la aprobación de la liquidación,» declarado, desde el 15 enero 2019, contrario al orden constitucional de competencias, por STC Pleno de 13 diciembre de 2018, en los términos de su f.j. 8º b)

mecanismo a que hace referencia la letra f) del artículo 49, podrán acordar la continuación y finalización de las actuaciones en curso que consideren oportunas, estableciendo un plazo improrrogable para su finalización, transcurrido el cual deberá realizarse la liquidación de las mismas en los términos establecidos en el apartado anterior.

53. *Remisión de convenios al Tribunal de Cuentas.* 1. Dentro de los tres meses siguientes a la suscripción de cualquier convenio cuyos compromisos económicos asumidos superen los 600.000 euros, estos deberán remitirse electrónicamente al Tribunal de Cuentas u órgano externo de fiscalización de la Comunidad Autónoma, según corresponda.

2. Igualmente se comunicarán al Tribunal de Cuentas u órgano externo de fiscalización de la Comunidad Autónoma, según corresponda, las modificaciones, prórrogas o variaciones de plazos, alteración de los importes de los compromisos económicos asumidos y la extinción de los convenios indicados.

3. Lo dispuesto en los apartados anteriores se entenderá sin perjuicio de las facultades del Tribunal de Cuentas o, en su caso, de los correspondientes órganos de fiscalización externos de las Comunidades Autónomas, para reclamar cuantos datos, documentos y antecedentes estime pertinentes con relación a los contratos de cualquier naturaleza y cuantía.

TÍTULO I
Administración General del Estado

CAPÍTULO I
Organización administrativa

54. *Principios y competencias de organización y funcionamiento de la Administración General del Estado.* 1. La Administración General del Estado actúa y se organiza de acuerdo con los principios establecidos en el artículo 3, así como los de descentralización funcional y desconcentración funcional y territorial.

Asimismo, garantizará el principio de presencia equilibrada de mujeres y hombres en los nombramientos y designaciones de las personas titulares de los órganos superiores y directivos y en el personal de alta dirección de las entidades del sector público institucional estatal, de acuerdo con lo establecido en los artículos 55 bis y 84 bis [678] . [679]

2. Las competencias en materia de organización administrativa, régimen de personal, procedimientos e inspección de servicios, no atribuidas específicamente conforme a una Ley a ningún otro órgano de la Administración General del Estado, ni al Gobierno, corresponderán al Ministerio de Hacienda y Administraciones Públicas.

55. *Estructura de la Administración General del Estado.* 1. La organización de la Administración General del Estado responde a los principios de división funcional en Departamentos ministeriales y de gestión territorial integrada en Delegaciones del Gobierno en las Comunidades Autónomas, salvo las excepciones previstas por esta Ley.

2. La Administración General del Estado comprende:

a) La Organización Central, que integra los Ministerios y los servicios comunes.

b) La Organización Territorial.

c) La Administración General del Estado en el exterior.

3. En la organización central son órganos superiores y órganos directivos:

a) Órganos superiores:

1.º Los Ministros.

2.º Los Secretarios de Estado.

b) Órganos directivos:

1.º Los Subsecretarios y Secretarios generales.

2.º Los Secretarios generales técnicos y Directores generales.

3.º Los Subdirectores generales.

4. En la organización territorial de la Administración General del Estado son órganos directivos tanto los Delegados del Gobierno en las

[678] Téngase en cuenta que el cumplimiento del principio de presencia equilibrada de mujeres y hombres en la totalidad de la Administración General del Estado y del sector público institucional estatal, deberá quedar garantizado en un plazo máximo de cinco años desde el 22 agosto 2024, coforme al apartado 3 disp. trans. 1.ª LO 2/2024 de 1 agosto

[679] Dada nueva redacción apartado 1 por art. 8 apartado 1 de Ley Orgánica 2/2024 de 1 de agosto de 2024, con vigencia desde 22/08/2024

Comunidades Autónomas, que tendrán rango de Subsecretario, como los Subdelegados del Gobierno en las provincias, los cuales tendrán nivel de Subdirector general.

5. En la Administración General del Estado en el exterior son órganos directivos los embajadores y representantes permanentes ante Organizaciones internacionales.

6. Los órganos superiores y directivos tienen además la condición de alto cargo, excepto los Subdirectores generales y asimilados, de acuerdo con lo previsto en la Ley 3/2015, de 30 de marzo, reguladora del ejercicio del alto cargo de la Administración General del Estado [680].

7. Todos los demás órganos de la Administración General del Estado se encuentran bajo la dependencia o dirección de un órgano superior o directivo.

8. Los estatutos de los Organismos públicos determinarán sus respectivos órganos directivos.

9. Corresponde a los órganos superiores establecer los planes de actuación de la organización situada bajo su responsabilidad y a los órganos directivos su desarrollo y ejecución.

10. Los Ministros y Secretarios de Estado son nombrados de acuerdo con lo establecido en la Ley 50/1997, de 27 de noviembre, del Gobierno y en la Ley 3/2015, de 30 de marzo, reguladora del ejercicio del alto cargo de la Administración General del Estado [681].

11. Sin perjuicio de lo previsto en la Ley 3/2015, de 30 de marzo, reguladora del ejercicio del alto cargo de la Administración General del Estado, los titulares de los órganos superiores y directivos son nombrados, atendiendo a criterios de competencia profesional y experiencia, en la forma establecida en esta Ley, siendo de aplicación al desempeño de sus funciones [682]:

a) La responsabilidad profesional, personal y directa por la gestión desarrollada.

---

[680] Véase art. 1.2.f) L 3/2015
[681] Véanse arts. 4, 7 y 11 a 15 L 50/1997 y 1.2.a) y 2 L 3/2015
[682] Véanse arts. 106.2.a) de la presente Ley y 1.2.a) y 2 L 3/2015

b) La sujeción al control y evaluación de la gestión por el órgano superior o directivo competente, sin perjuicio del control establecido por la Ley General Presupuestaria [683].

55 bis. *Presencia equilibrada de mujeres y hombres en los órganos superiores y directivos de la Administración General del Estado.* [684] [685]
Las personas titulares de las Secretarías de Estado y de los órganos directivos de la Administración General del Estado se nombrarán atendiendo al principio de representación equilibrada entre mujeres y hombres, de tal manera que las personas de cada sexo no superen el sesenta por ciento ni sean menos del cuarenta por ciento en el ámbito de cada departamento ministerial.

56. *Elementos organizativos básicos.* 1. Las unidades administrativas son los elementos organizativos básicos de las estructuras orgánicas. Las unidades comprenden puestos de trabajo o dotaciones de plantilla vinculados funcionalmente por razón de sus cometidos y orgánicamente por una jefatura común. Pueden existir unidades administrativas complejas, que agrupen dos o más unidades menores.
2. Los jefes de las unidades administrativas son responsables del correcto funcionamiento de la unidad y de la adecuada ejecución de las tareas asignadas a la misma.
3. Las unidades administrativas se establecen mediante las relaciones de puestos de trabajo, que se aprobarán de acuerdo con su regulación específica, y se integran en un determinado órgano.

CAPÍTULO II
Los Ministerios y su estructura interna

57. *Los Ministerios.* 1. La Administración General del Estado se organiza en Presidencia del Gobierno y en Ministerios, comprendien-

---

[683] Véanse Tít. VI y disp. adic. 9, 11 y 12 y disp. final.3 LGP

[684] Añadido por art. 8 apartado 2 de Ley Orgánica 2/2024 de 1 de agosto de 2024, con vigencia desde 22/08/2024

[685] Téngase en cuenta que la presente redacción de este artículo se aplicará a los nombramientos y designaciones que se produzcan a partir del 22 agosto 2024, conforme al apartado 3 disp. trans. 1.ª LO 2/2024 de 1 agosto

do a cada uno de ellos uno o varios sectores funcionalmente homogéneos de actividad administrativa.

2. La organización en Departamentos ministeriales no obsta a la existencia de órganos superiores o directivos u Organismos públicos no integrados o dependientes, respectivamente, en la estructura general del Ministerio que con carácter excepcional se adscriban directamente al Ministro.

3. La determinación del número, la denominación y el ámbito de competencia respectivo de los Ministerios y las Secretarías de Estado se establecen mediante Real Decreto del Presidente del Gobierno.

58. *Organización interna de los Ministerios.* 1. En los Ministerios pueden existir Secretarías de Estado, y Secretarías Generales, para la gestión de un sector de actividad administrativa. De ellas dependerán jerárquicamente los órganos directivos que se les adscriban.

2. Los Ministerios contarán, en todo caso, con una Subsecretaría, y dependiendo de ella una Secretaría General Técnica, para la gestión de los servicios comunes previstos en este Título.

3. Las Direcciones Generales son los órganos de gestión de una o varias áreas funcionalmente homogéneas.

4. Las Direcciones Generales se organizan en Subdirecciones Generales para la distribución de las competencias encomendadas a aquéllas, la realización de las actividades que les son propias y la asignación de objetivos y responsabilidades. Sin perjuicio de lo anterior, podrán adscribirse directamente Subdirecciones Generales a otros órganos directivos de mayor nivel o a órganos superiores del Ministerio.

59. *Creación, modificación y supresión de órganos y unidades administrativas.* 1. Las Subsecretarías, las Secretarías Generales, las Secretarías Generales Técnicas, las Direcciones Generales, las Subdirecciones Generales, y órganos similares a los anteriores se crean, modifican y suprimen por Real Decreto del Consejo de Ministros, a iniciativa del Ministro interesado y a propuesta del Ministro de Hacienda y Administraciones Públicas.

2. Los órganos de nivel inferior a Subdirección General se crean, modifican y suprimen por orden del Ministro respectivo, previa autorización del Ministro de Hacienda y Administraciones Públicas.

3. Las unidades que no tengan la consideración de órganos se crean, modifican y suprimen a través de las relaciones de puestos de trabajo.

60. *Ordenación jerárquica de los órganos ministeriales.* 1. Los Ministros son los jefes superiores del Departamento y superiores jerárquicos directos de los Secretarios de Estado y Subsecretarios.

2. Los órganos directivos dependen de alguno de los anteriores y se ordenan jerárquicamente entre sí de la siguiente forma: Subsecretario, Director general y Subdirector general.

Los Secretarios generales tienen categoría de Subsecretario y los Secretarios Generales Técnicos tienen categoría de Director general.

61. *Los Ministros.* Los Ministros, como titulares del departamento sobre el que ejercen su competencia, dirigen los sectores de actividad administrativa integrados en su Ministerio, y asumen la responsabilidad inherente a dicha dirección. A tal fin, les corresponden las siguientes funciones:

a) Ejercer la potestad reglamentaria en las materias propias de su Departamento.

b) Fijar los objetivos del Ministerio, aprobar los planes de actuación del mismo y asignar los recursos necesarios para su ejecución, dentro de los límites de las dotaciones presupuestarias correspondientes.

c) Aprobar las propuestas de los estados de gastos del Ministerio, y de los presupuestos de los Organismos públicos dependientes y remitirlas al Ministerio de Hacienda y Administraciones Públicas.

d) Determinar y, en su caso, proponer la organización interna de su Ministerio, de acuerdo con las competencias que le atribuye esta Ley.

e) Evaluar la realización de los planes de actuación del Ministerio por parte de los órganos superiores y órganos directivos y ejercer el control de eficacia respecto de la actuación de dichos órganos y de los Organismos públicos dependientes, sin perjuicio de lo dispuesto en la Ley 47/2003, de 26 de noviembre, General Presupuestaria [686].

f) Nombrar y separar a los titulares de los órganos directivos del Ministerio y de los Organismos públicos o entidades de derecho público dependientes del mismo, cuando la competencia no esté atribuida al Consejo de Ministros a otro órgano o al propio organismo, así

[686] Véanse Tít. VI y disp. adic. 9, 11 y 12 y disp. final.3 LGP

como elevar a aquél las propuestas de nombramientos que le estén reservadas de órganos directivos del Ministerio y de los Organismos Públicos dependientes del mismo.

g) Autorizar las comisiones de servicio con derecho a indemnización por cuantía exacta para altos cargos dependientes del Ministro.

h) Mantener las relaciones con las Comunidades Autónomas y convocar las Conferencias sectoriales y los órganos de cooperación en el ámbito de las competencias atribuidas a su Departamento.

i) Dirigir la actuación de los titulares de los órganos superiores y directivos del Ministerio, impartirles instrucciones concretas y delegarles competencias propias.

j) Revisar de oficio los actos administrativos y resolver los conflictos de atribuciones cuando les corresponda, así como plantear los que procedan con otros Ministerios.

k) Celebrar en el ámbito de su competencia, contratos y convenios, sin perjuicio de la autorización del Consejo de Ministros cuando sea preceptiva.

l) Administrar los créditos para gastos de los presupuestos del Ministerio, aprobar y comprometer los gastos que no sean de la competencia del Consejo de Ministros, aprobar las modificaciones presupuestarias que sean de su competencia, reconocer las obligaciones económicas y proponer su pago en el marco del plan de disposición de fondos del Tesoro Público, así como fijar los límites por debajo de los cuales estas competencias corresponderán, en su ámbito respectivo, a los Secretarios de Estado y Subsecretario del departamento. Corresponderá al Ministro elevar al Consejo de Ministros, para su aprobación, las modificaciones presupuestarias que sean de la competencia de éste.

m) Decidir la representación del Ministerio en los órganos colegiados o grupos de trabajo en los que no esté previamente determinado el titular del órgano superior o directivo que deba representar al Departamento.

n) Remitir la documentación a su Departamento necesaria para la elaboración de la Cuenta General del Estado, en los términos previstos en la Ley 47/2003, 26 de noviembre [687].

ñ) Resolver de los recursos administrativos y declarar la lesividad de los actos administrativos cuando les corresponda.

---

[687] Véanse arts. 130 a 132 y disp. adic. 9, 11 y 12 y disp. final.3 LGP

o) Otorgar premios y recompensas propios del Departamento y proponer las que corresponda según sus normas reguladoras.

p) Conceder subvenciones y ayudas con cargo a los créditos de gasto propios del Departamento, así como fijar los límites por debajo de los cuales podrán ser otorgadas por los Secretarios de Estado o el Subsecretario del Departamento.

q) Proponer y ejecutar, en el ámbito de su competencia, los Planes de Empleo del Departamento y de los organismos públicos de él dependientes.

r) Modificar las Relaciones de Puestos de Trabajo en los casos en que esa competencia esté delegada en el propio departamento o proponer al Ministerio de Hacienda y Administraciones Públicas las que sean de competencia de este último.

s) Imponer la sanción de separación del servicio por faltas muy graves.

t) Ejercer cuantas otras competencias les atribuyan las leyes, las normas de organización y funcionamiento del Gobierno y cualesquiera otras disposiciones.

62. *Los Secretarios de Estado.* 1. Los Secretarios de Estado son directamente responsables de la ejecución de la acción del Gobierno en un sector de actividad específica.

Asimismo, podrán ostentar por delegación expresa de sus respectivos Ministros la representación de estos en materias propias de su competencia, incluidas aquellas con proyección internacional, sin perjuicio, en todo caso, de las normas que rigen las relaciones de España con otros Estados y con las Organizaciones internacionales.

2. Los Secretarios de Estado dirigen y coordinan las Secretarías y las Direcciones Generales situadas bajo su dependencia, y responden ante el Ministro de la ejecución de los objetivos fijados para la Secretaría de Estado. A tal fin les corresponde:

a) Ejercer las competencias sobre el sector de actividad administrativa asignado que les atribuya la norma de creación del órgano o que les delegue el Ministro y desempeñar las relaciones externas de la Secretaría de Estado, salvo en los casos legalmente reservados al Ministro.

b) Ejercer las competencias inherentes a su responsabilidad de dirección y, en particular, impulsar la consecución de los objetivos y la ejecución de los proyectos de su organización, controlando su cumplimiento, supervisando la actividad de los órganos directivos adscritos e impartiendo instrucciones a sus titulares [688].

c) Nombrar y separar a los Subdirectores Generales de la Secretaría de Estado.

d) Mantener las relaciones con los órganos de las Comunidades Autónomas competentes por razón de la materia.

e) La autorización previa para contratar a los Organismos Autónomos adscritos a la Secretaría de Estado, por encima de una cuantía determinada, según lo previsto en la disposición transitoria tercera del Real Decreto Legislativo 3/2011, de 14 de noviembre por el que se aprueba el Texto Refundido de la Ley de Contratos del Sector Público [689].

f) Autorizar las comisiones de servicio con derecho a indemnización por cuantía exacta para los altos cargos dependientes de la Secretaría de Estado.

g) Celebrar contratos relativos a asuntos de su Secretaría de Estado y los convenios no reservados al Ministro del que dependan, sin perjuicio de la correspondiente autorización cuando sea preceptiva.

h) Conceder subvenciones y ayudas con cargo a los créditos de gasto propios de la Secretaría de Estado, con los límites establecidos por el titular del Departamento.

i) Resolver los recursos que se interpongan contra las resoluciones de los órganos directivos que dependan directamente de él y cuyos actos no agoten la vía administrativa, así como los conflictos de atribuciones que se susciten entre dichos órganos.

j) Administrar los créditos para gastos de los presupuestos del Ministerio por su materia propios de la Secretaría de Estado, aprobar las modificaciones presupuestarias de los mismos, aprobar y comprometer los gastos con cargo a aquellos créditos y reconocer las obligaciones económicas y proponer su pago en el marco del plan de disposición de fondos del Tesoro Público. Todo ello dentro de la cuantía que, en su caso, establezca el Ministro al efecto y siempre que los referidos actos no sean competencia del Consejo de Ministros.

---

[688] Véase art. 64.2 de la presente Ley
[689] Véase disp. trans. 3 LCSP

k) Cualesquiera otras competencias que les atribuya la legislación en vigor.

63. *Los Subsecretarios.* 1. Los Subsecretarios ostentan la representación ordinaria del Ministerio, dirigen los servicios comunes, ejercen las competencias correspondientes a dichos servicios comunes y, en todo caso, las siguientes:

a) Apoyar a los órganos superiores en la planificación de la actividad del Ministerio, a través del correspondiente asesoramiento técnico.

b) Asistir al Ministro en el control de eficacia del Ministerio y sus Organismos públicos.

c) Establecer los programas de inspección de los servicios del Ministerio, así como determinar las actuaciones precisas para la mejora de los sistemas de planificación, dirección y organización y para la racionalización y simplificación de los procedimientos y métodos de trabajo, en el marco definido por el Ministerio de Hacienda y Administraciones Públicas.

d) Proponer las medidas de organización del Ministerio y dirigir el funcionamiento de los servicios comunes a través de las correspondientes instrucciones u órdenes de servicio.

e) Asistir a los órganos superiores en materia de relaciones de puestos de trabajo, planes de empleo y política de directivos del Ministerio y sus Organismos públicos, así como en la elaboración, ejecución y seguimiento de los presupuestos y la planificación de los sistemas de información y comunicación.

f) Desempeñar la jefatura superior de todo el personal del Departamento.

g) Responsabilizarse del asesoramiento jurídico al Ministro en el desarrollo de las funciones que a éste le corresponden y, en particular, en el ejercicio de su potestad normativa y en la producción de los actos administrativos de la competencia de aquél, así como a los demás órganos del Ministerio.

En los mismos términos del párrafo anterior, informar las propuestas o proyectos de normas y actos de otros Ministerios, cuando reglamentariamente proceda.

A tales efectos, el Subsecretario será responsable de coordinar las actuaciones correspondientes dentro del Ministerio y en relación con los demás Ministerios que hayan de intervenir en el procedimiento.

h) Ejercer las facultades de dirección, impulso y supervisión de la Secretaría General Técnica y los restantes órganos directivos que dependan directamente de él.

i) Administrar los créditos para gastos de los presupuestos del Ministerio por su materia propios de la Subsecretaría, aprobar las modificaciones presupuestarias de los mismos, aprobar y comprometer los gastos con cargo a aquellos créditos y reconocer las obligaciones económicas y proponer su pago en el marco del plan de disposición de fondos del Tesoro Público. Todo ello dentro de la cuantía que, en su caso, establezca el Ministro al efecto y siempre que los referidos actos no sean competencia del Consejo de Ministros.

j) Conceder subvenciones y ayudas con cargo a los créditos de gasto propios del Ministerio con los límites establecidos por el titular del Departamento.

k) Solicitar del Ministerio de Hacienda y Administraciones Públicas la afectación o el arrendamiento de los inmuebles necesarios para el cumplimiento de los fines de los servicios a cargo del Departamento.

l) Nombrar y cesar a los Subdirectores y asimilados dependientes de la Subsecretaría, al resto de personal de libre designación y al personal eventual del Departamento.

m) Convocar y resolver pruebas selectivas de personal funcionario y laboral.

n) Convocar y resolver los concursos de personal funcionario.

ñ) Ejercer la potestad disciplinaria del personal del Departamento por faltas graves o muy graves, salvo la separación del servicio.

o) Adoptar e impulsar, bajo la dirección del Ministro, las medidas tendentes a la gestión centralizada de recursos humanos y medios materiales en el ámbito de su Departamento Ministerial.

p) Autorizar las comisiones de servicio con derecho a indemnización por cuantía exacta para altos cargos dependientes del Subsecretario.

q) Cualesquiera otras que sean inherentes a los servicios comunes del Ministerio y a la representación ordinaria del mismo y las que les atribuyan la legislación en vigor.

2. La Subsecretaría del Ministerio de la Presidencia, en coordinación con la Secretaría General de la Presidencia del Gobierno, ejercerá las competencias propias de los servicios comunes de los Departamentos en relación con el área de la Presidencia del Gobierno.

3. Los Subsecretarios serán nombrados y separados por Real Decreto del Consejo de Ministros a propuesta del titular del Ministerio.

Los nombramientos habrán de efectuarse entre funcionarios de carrera del Estado, de las Comunidades Autónomas o de las Entidades locales, pertenecientes al Subgrupo A1, a que se refiere el artículo 76 del texto refundido de la Ley del Estatuto Básico del Empleado Público, aprobado por Real Decreto legislativo 5/2015, de 30 de octubre, o entre personas que hubieran perdido tal condición como consecuencia de su jubilación. En todo caso, habrán de reunir los requisitos de idoneidad establecidos en la Ley 3/2015, de 30 de marzo, reguladora del ejercicio del alto cargo de la Administración General del Estado [690] . [691]

64. *Los Secretarios generales.* 1. Cuando las normas que regulan la estructura de un Ministerio prevean la existencia de un Secretario general, deberán determinar las competencias que le correspondan sobre un sector de actividad administrativa determinado.

2. Los Secretarios generales ejercen las competencias inherentes a su responsabilidad de dirección sobre los órganos dependientes, contempladas en el artículo 62.2.b), así como todas aquellas que les asigne expresamente el Real Decreto de estructura del Ministerio.

3. Los Secretarios generales, con categoría de Subsecretario, serán nombrados y separados por Real Decreto del Consejo de Ministros, a propuesta del titular del Ministerio o del Presidente del Gobierno.

Los nombramientos habrán de efectuarse entre personas con cualificación y experiencia en el desempeño de puestos de responsabilidad en la gestión pública o privada. En todo caso, habrán de reunir los requisitos de idoneidad establecidos en la Ley 3/2015, de 30 de marzo, reguladora del ejercicio del alto cargo de la Administración General del Estado.

65. *Los Secretarios generales técnicos.* 1. Los Secretarios generales técnicos, bajo la inmediata dependencia del Subsecretario, tendrán las competencias sobre servicios comunes que les atribuya el Real Decreto

---

[690] Véanse art. 2 L 3/2015 y disp. adic. 15 de la presente Ley

[691] Dada nueva redacción apartado 3 por disposición final 3 apartado 1 de Real Decreto-Ley 6/2023 de 19 de diciembre de 2023, con vigencia desde 21/12/2023

de estructura del Departamento y, en todo caso, las relativas a producción normativa, asistencia jurídica y publicaciones.

2. Los Secretarios generales técnicos tienen a todos los efectos la categoría de Director General y ejercen sobre sus órganos dependientes las facultades atribuidas a dicho órgano por el artículo siguiente.

3. Los Secretarios generales técnicos serán nombrados y separados por Real Decreto del Consejo de Ministros a propuesta del titular del Ministerio.

Los nombramientos habrán de efectuarse entre funcionarios de carrera del Estado, de las Comunidades Autónomas o de las Entidades locales, pertenecientes al Subgrupo A1, a que se refiere el artículo 76 de la Ley 7/2007, de 12 de abril. En todo caso, habrán de reunir los requisitos de idoneidad establecidos en la Ley 3/2015, de 30 de marzo, reguladora del ejercicio de alto cargo de la Administración General del Estado [692].

66. *Los Directores generales.* 1. Los Directores generales son los titulares de los órganos directivos encargados de la gestión de una o varias áreas funcionalmente homogéneas del Ministerio. A tal efecto, les corresponde [693]:

a) Proponer los proyectos de su Dirección general para alcanzar los objetivos establecidos por el Ministro, dirigir su ejecución y controlar su adecuado cumplimiento.

b) Ejercer las competencias atribuidas a la Dirección general y las que le sean desconcentradas o delegadas.

c) Proponer, en los restantes casos, al Ministro o al titular del órgano del que dependa, la resolución que estime procedente sobre los asuntos que afectan al órgano directivo.

d) Impulsar y supervisar las actividades que forman parte de la gestión ordinaria del órgano directivo y velar por el buen funcionamiento de los órganos y unidades dependientes y del personal integrado en los mismos.

e) Las demás atribuciones que le confieran las leyes y reglamentos.

2. Los Directores generales serán nombrados y separados por Real Decreto del Consejo de Ministros, a propuesta del titular del Departamento o del Presidente del Gobierno.

[692] Véase art. 2 L 3/2015 y disp. adic. 15 de la presente Ley
[693] Véase art. 65.2 de la presente Ley

Los nombramientos habrán de efectuarse entre funcionarios de carrera del Estado, de las Comunidades Autónomas o de las Entidades locales, pertenecientes al Subgrupo A1, a que se refiere el artículo 76 del texto refundido de la Ley del Estatuto Básico del Empleado Público, aprobada por Real Decreto legislativo 5/2015, de 30 de octubre, o entre personas que hubieran perdido tal condición como consecuencia de su jubilación, salvo que el Real Decreto de estructura permita que, en atención a las características específicas de las funciones de la Dirección General, su titular no reúna dicha condición de funcionario, debiendo motivarse mediante memoria razonada la concurrencia de las especiales características que justifiquen esa circunstancia excepcional. En todo caso, habrán de reunir los requisitos de idoneidad establecidos en la Ley 3/2015, de 30 de marzo, reguladora del ejercicio del alto cargo de la Administración General del Estado [694] . [695]

67. *Los Subdirectores generales.* 1. Los Subdirectores generales son los responsables inmediatos, bajo la supervisión del Director general o del titular del órgano del que dependan, de la ejecución de aquellos proyectos, objetivos o actividades que les sean asignados, así como de la gestión ordinaria de los asuntos de la competencia de la Subdirección General.

2. Los Subdirectores generales serán nombrados, respetando los principios de igualdad, mérito y capacidad, y cesados por el Ministro, Secretario de Estado o Subsecretario del que dependan.

Los nombramientos habrán de efectuarse entre funcionarios de carrera del Estado, o de otras Administraciones, cuando así lo prevean las normas de aplicación, pertenecientes al Subgrupo A1, a que se refiere el artículo 76 de la Ley 7/2007, de 12 de abril [696] .

68. *Reglas generales sobre los servicios comunes de los Ministerios.* 1. Los órganos directivos encargados de los servicios comunes, prestan a los órganos superiores y directivos del resto del Ministerio la asistencia precisa para el más eficaz cumplimiento de

[694] Véase art. 2 L 3/2015 y disp. adic. 15 de la presente Ley

[695] Dada nueva redacción apartado 2 por disposición final 3 apartado 2 de Real Decreto-Ley 6/2023 de 19 de diciembre de 2023, con vigencia desde 21/12/2023

[696] Véase disp. adic. 15 de la presente Ley

sus cometidos y, en particular, la eficiente utilización de los medios y recursos materiales, económicos y personales que tengan asignados.

Corresponde a los servicios comunes el asesoramiento, el apoyo técnico y, en su caso, la gestión directa en relación con las funciones de planificación, programación y presupuestación, cooperación internacional, acción en el exterior, organización y recursos humanos, sistemas de información y comunicación, producción normativa, asistencia jurídica, gestión financiera, gestión de medios materiales y servicios auxiliares, seguimiento, control e inspección de servicios, estadística para fines estatales y publicaciones.

2. Los servicios comunes funcionan en cada Departamento de acuerdo con las disposiciones y directrices adoptadas por los Ministerios con competencia sobre dichas funciones comunes en la Administración General del Estado. Todo ello, sin perjuicio de que determinados órganos con competencia sobre algunos servicios comunes sigan dependiendo funcional o jerárquicamente de alguno de los referidos Ministerios.

3. Mediante Real Decreto podrá preverse la gestión compartida de algunos de los servicios comunes que podrá realizarse de las formas siguientes:

a) Mediante su coordinación directa por el Ministerio de Hacienda y Administraciones Públicas o por un organismo autónomo vinculado o dependiente del mismo, que prestarán algunos de estos servicios comunes a otros Ministerios.

b) Mediante su coordinación directa por la Subsecretaría de cada Ministerio o por un organismo autónomo vinculado o dependiente de la misma que prestará algunos de estos servicios comunes a todo el Ministerio. El Real Decreto que determine la gestión compartida de algunos de los servicios comunes concretará el régimen de dependencia orgánica y funcional del personal que viniera prestando el servicio respectivo en cada unidad.

CAPÍTULO III
Órganos territoriales

Sección 1ª
La organización territorial de la Administración General del Estado

69. *Las Delegaciones y las Subdelegaciones del Gobierno.* 1. Existirá una Delegación del Gobierno en cada una de las Comunidades Autónomas.

2. Las Delegaciones del Gobierno tendrán su sede en la localidad donde radique el Consejo de Gobierno de la Comunidad Autónoma, salvo que el Consejo de Ministros acuerde ubicarla en otra distinta y sin perjuicio de lo que disponga expresamente el Estatuto de Autonomía.

3. Las Delegaciones del Gobierno están adscritas orgánicamente al Ministerio de Hacienda y Administraciones Públicas.

4. En cada una de las provincias de las Comunidades Autónomas pluriprovinciales, existirá un Subdelegado del Gobierno, que estará bajo la inmediata dependencia del Delegado del Gobierno.

Podrán crearse por Real Decreto Subdelegaciones del Gobierno en las Comunidades Autónomas uniprovinciales, cuando circunstancias tales como la población del territorio, el volumen de gestión o sus singularidades geográficas, sociales o económicas así lo justifiquen.

70. *Los Directores Insulares de la Administración General del Estado.* Reglamentariamente se determinarán las islas en las que existirá un Director Insular de la Administración General del Estado, con el nivel que se determine en la relación de puestos de trabajo. Serán nombrados por el Delegado del Gobierno mediante el procedimiento de libre designación entre funcionarios de carrera del Estado, de las Comunidades Autónomas o de las Entidades Locales, pertenecientes a Cuerpos o Escalas clasificados como Subgrupo A1.

Los Directores Insulares dependen jerárquicamente del Delegado del Gobierno en la Comunidad Autónoma o del Subdelegado del Gobierno en la provincia, cuando este cargo exista, y ejercen, en su

ámbito territorial, las competencias atribuidas por esta Ley a los Subdelegados del Gobierno en las provincias.

71. *Los servicios territoriales.* 1. Los servicios territoriales de la
Administración General del Estado en la Comunidad Autónoma se or-
ganizarán atendiendo al mejor cumplimiento de sus fines, en servicios
integrados y no integrados en las Delegaciones del Gobierno.

2. La organización de los servicios territoriales no integrados en
las Delegaciones del Gobierno se establecerá mediante Real Decreto a
propuesta conjunta del titular del Ministerio del que dependan y del
titular del Ministerio que tenga atribuida la competencia para la racionalización, análisis y evaluación de las estructuras organizativas de la
Administración General del Estado y sus organismos públicos, cuando
contemple unidades con nivel de Subdirección General o equivalentes,
o por Orden conjunta cuando afecte a órganos inferiores.

3. Los servicios territoriales no integrados dependerán del órgano
central competente sobre el sector de actividad en el que aquéllos ope-
ren, el cual les fijará los objetivos concretos de actuación y controlará
su ejecución, así como el funcionamiento de los servicios.

4. Los servicios territoriales integrados dependerán del Delegado
del Gobierno, o en su caso Subdelegado del Gobierno, a través de la
Secretaría General, y actuarán de acuerdo con las instrucciones técnicas y criterios operativos establecidos por el Ministerio competente
por razón de la materia.

Sección 2ª
Los Delegados del Gobierno en las Comunidades Autónomas

72. *Los Delegados del Gobierno en las Comunidades Autónomas.* 1.
Los Delegados del Gobierno representan al Gobierno de la Nación en
el territorio de la respectiva Comunidad Autónoma, sin perjuicio de
la representación ordinaria del Estado en las mismas a través de sus
respectivos Presidentes.

2. Los Delegados del Gobierno dirigirán y supervisarán la Administración General del Estado en el territorio de las respectivas Comunidades Autónomas y la coordinarán, internamente y cuando proceda,

con la administración propia de cada una de ellas y con la de las Entidades Locales radicadas en la Comunidad.

3. Los Delegados del Gobierno son órganos directivos con rango de Subsecretario que dependen orgánicamente del Presidente del Gobierno y funcionalmente del Ministerio competente por razón de la materia.

4. Los Delegados del Gobierno serán nombrados y separados por Real Decreto del Consejo de Ministros, a propuesta del Presidente del Gobierno. Su nombramiento atenderá a criterios de competencia profesional y experiencia. En todo caso, deberá reunir los requisitos de idoneidad establecidos en la Ley 3/2015, de 30 de marzo, reguladora del ejercicio del alto cargo de la Administración General del Estado [697].

5. En caso de ausencia, vacante o enfermedad del titular de la Delegación del Gobierno, será suplido por el Subdelegado del Gobierno que el Delegado designe y, en su defecto, al de la provincia en que tenga su sede. En las Comunidades Autónomas uniprovinciales en las que no exista Subdelegado la suplencia corresponderá al Secretario General.

73. *Competencias de los Delegados del Gobierno en las Comunidades Autónomas.* 1. Los Delegados del Gobierno en las Comunidades Autónomas son los titulares de las correspondientes Delegaciones del Gobierno y tienen, en los términos establecidos en este Capítulo, las siguientes competencias:

a) Dirección y coordinación de la Administración General del Estado y sus Organismos públicos:

1.º Impulsar, coordinar y supervisar con carácter general su actividad en el territorio de la Comunidad Autónoma, y, cuando se trate de servicios integrados, dirigirla, directamente o a través de los subdelegados del gobierno, de acuerdo con los objetivos y, en su caso, instrucciones de los órganos superiores de los respectivos ministerios.

2.º Nombrar a los Subdelegados del Gobierno en las provincias de su ámbito de actuación y, en su caso, a los Directores Insulares, y como superior jerárquico, dirigir y coordinar su actividad.

3.º Informar, con carácter preceptivo, las propuestas de nombramiento de los titulares de órganos territoriales de la Administración

[697] Véase art. 2 L 3/2015

General del Estado y los Organismos públicos estatales de ámbito autonómico y provincial en la Delegación del Gobierno.

b) Información de la acción del Gobierno e información a los ciudadanos:

1.º Coordinar la información sobre los programas y actividades del Gobierno y la Administración General del Estado y sus Organismos públicos en la Comunidad Autónoma.

2.º Promover la colaboración con las restantes Administraciones Públicas en materia de información al ciudadano.

3.º Recibir información de los distintos Ministerios de los planes y programas que hayan de ejecutar sus respectivos servicios territoriales y Organismos públicos en su ámbito territorial.

4.º Elevar al Gobierno, con carácter anual, a través del titular del Ministerio de Hacienda y Administraciones Públicas, un informe sobre el funcionamiento de los servicios públicos estatales en el ámbito autonómico.

c) Coordinación y colaboración con otras Administraciones Públicas:

1.º Comunicar y recibir cuanta información precisen el Gobierno y el órgano de Gobierno de la Comunidad Autónoma. Realizará también estas funciones con las Entidades Locales en su ámbito territorial, a través de sus respectivos Presidentes.

2.º Mantener las necesarias relaciones de coordinación y cooperación de la Administración General del Estado y sus Organismos públicos con la de la Comunidad Autónoma y con las correspondientes Entidades Locales. A tal fin, promoverá la celebración de convenios con la Comunidad Autónoma y con las Entidades Locales, en particular, en relación a los programas de financiación estatal, participando en el seguimiento de la ejecución y cumplimiento de los mismos.

3.º Participar en las Comisiones mixtas de transferencias y en las Comisiones bilaterales de cooperación, así como en otros órganos de cooperación de naturaleza similar cuando se determine.

d) Control de legalidad:

1.º Resolver los recursos en vía administrativa interpuestos contra las resoluciones y actos dictados por los órganos de la Delegación, previo informe, en todo caso, del Ministerio competente por razón de la materia.

Las impugnaciones de resoluciones y actos del Delegado del Gobierno susceptibles de recurso administrativo y que no pongan fin a la vía administrativa, serán resueltas por los órganos correspondientes del Ministerio competente por razón de la materia.

Las reclamaciones por responsabilidad patrimonial de las Administraciones Públicas se tramitarán por el Ministerio competente por razón de la materia y se resolverán por el titular de dicho Departamento.

2.º Suspender la ejecución de los actos impugnados dictados por los órganos de la Delegación del Gobierno, cuando le corresponda resolver el recurso, de acuerdo con el artículo 117.2 de la Ley del Procedimiento Administrativo Común de las Administraciones Públicas, y proponer la suspensión en los restantes casos, así como respecto de los actos impugnados dictados por los servicios no integrados en la Delegación del Gobierno.

3.º Velar por el cumplimiento de las competencias atribuidas constitucionalmente al Estado y por la correcta aplicación de su normativa, promoviendo o interponiendo, según corresponda, conflictos de jurisdicción, conflictos de atribuciones, recursos y demás acciones legalmente procedentes.

e) Políticas públicas:

1.º Formular a los Ministerios competentes, en cada caso, las propuestas que estime convenientes sobre los objetivos contenidos en los planes y programas que hayan de ejecutar los servicios territoriales y los de los Organismos públicos, e informar, regular y periódicamente, a los Ministerios competentes sobre la gestión de sus servicios territoriales.

2.º Proponer ante el Ministro de Hacienda y Administraciones Públicas las medidas precisas para evitar la duplicidad de estructuras administrativas, tanto en la propia Administración General del Estado como con otras Administraciones Públicas, conforme a los principios de eficacia y eficiencia.

3.º Proponer al Ministerio de Hacienda y Administraciones Públicas medidas para incluir en los planes de recursos humanos de la Administración General del Estado.

4.º Informar las medidas de optimización de recursos humanos y materiales en su ámbito territorial, especialmente las que afecten a más de un Departamento. En particular, corresponde a los Delegados del Gobierno, en los términos establecidos en la Ley 33/2003, de 3 de noviembre, del Patrimonio de las Administraciones Públicas, la coordinación de la utilización de los edificios de uso administrativo por la organización territorial de la Administración General del Estado y de los organismos públicos de ella dependientes en su ámbito territorial, de acuerdo con las directrices establecidas por el Ministerio de Hacienda y Administraciones Públicas y la Dirección General del Patrimonio del Estado [698].

2. Asimismo, los Delegados del Gobierno ejercerán la potestad sancionadora, expropiatoria y cualesquiera otras que les confieran las normas o que les sean desconcentradas o delegadas.

3. Corresponde a los Delegados del Gobierno proteger el libre ejercicio de los derechos y libertades y garantizar la seguridad ciudadana, a través de los Subdelegados del Gobierno y de las Fuerzas y Cuerpos de seguridad del Estado, cuya jefatura corresponderá al Delegado del Gobierno, quien ejercerá las competencias del Estado en esta materia bajo la dependencia funcional del Ministerio del Interior.

4. En relación con los servicios territoriales, los Delegados del Gobierno, para el ejercicio de las competencias recogidas en este artículo, podrán recabar de los titulares de dichos servicios toda la información relativa a su actividad, estructuras organizativas, recursos humanos, inventarios de bienes muebles e inmuebles o a cualquier otra materia o asunto que consideren oportuno al objeto de garantizar una gestión coordinada y eficaz de los servicios estatales en el territorio.

Sección 3ª
Los Subdelegados del Gobierno en las provincias

74. *Los Subdelegados del Gobierno en las provincias.* En cada provincia y bajo la inmediata dependencia del Delegado del Gobierno en la respectiva Comunidad Autónoma, existirá un Subdelegado del Gobierno, con nivel de Subdirector General, que será nombrado por aquél mediante el procedimiento de libre designación entre funcionarios de carrera del Estado, de las Comunidades Autónomas o de las Entidades Locales, pertenecientes a Cuerpos o Escalas clasificados como Subgrupo A1.

En las Comunidades Autónomas uniprovinciales en las que no exista Subdelegado, el Delegado del Gobierno asumirá las competencias

---

[698] Véase art. 159 LPAP

que esta Ley atribuye a los Subdelegados del Gobierno en las provincias.

75. *Competencias de los Subdelegados del Gobierno en las provincias.* A los Subdelegados del Gobierno les corresponde:

a) Desempeñar las funciones de comunicación, colaboración y cooperación con la respectiva Comunidad Autónoma y con las Entidades Locales y, en particular, informar sobre la incidencia en el territorio de los programas de financiación estatal. En concreto les corresponde:

1.º Mantener las necesarias relaciones de cooperación y coordinación de la Administración General del Estado y sus Organismos públicos con la de la Comunidad Autónoma y con las correspondientes Entidades locales en el ámbito de la provincia.

2.º Comunicar y recibir cuanta información precisen el Gobierno y el órgano de Gobierno de la Comunidad Autónoma. Realizará también estas funciones con las Entidades locales en su ámbito territorial, a través de sus respectivos Presidentes.

b) Proteger el libre ejercicio de los derechos y libertades, garantizando la seguridad ciudadana, todo ello dentro de las competencias estatales en la materia. A estos efectos, dirigirá las Fuerzas y Cuerpos de Seguridad del Estado en la provincia.

c) Dirigir y coordinar la protección civil en el ámbito de la provincia.

d) Dirigir, en su caso, los servicios integrados de la Administración General del Estado, de acuerdo con las instrucciones del Delegado del Gobierno y de los Ministerios correspondientes; e impulsar, supervisar e inspeccionar los servicios no integrados.

e) Coordinar la utilización de los medios materiales y, en particular, de los edificios administrativos en el ámbito territorial de su competencia.

f) Ejercer la potestad sancionadora y cualquier otra que les confiera las normas o que les sea desconcentrada o delegada.

Sección 4ª
La estructura de las delegaciones del gobierno

76. *Estructura de las Delegaciones y Subdelegaciones del Gobierno.* 1. La estructura de las Delegaciones y Subdelegaciones del

Gobierno se fijará por Real Decreto del Consejo de Ministros a propuesta del Ministerio de Hacienda y Administraciones Públicas, en razón de la dependencia orgánica de las Delegaciones del Gobierno, y contarán, en todo caso, con una Secretaría General, dependiente de los Delegados o, en su caso, de los Subdelegados del Gobierno, como órgano de gestión de los servicios comunes, y de la que dependerán los distintos servicios integrados en la misma, así como aquellos otros servicios y unidades que se determine en la relación de puestos de trabajo.

2. La integración de nuevos servicios territoriales o la desintegración de servicios territoriales ya integrados en las Delegaciones del Gobierno, se llevará a cabo mediante Real Decreto de Consejo de Ministros, a propuesta del Ministerio de Hacienda y Administraciones Públicas, en razón de la dependencia orgánica de las Delegaciones del Gobierno, y del Ministerio competente del área de actividad.

77. *Asistencia jurídica y control económico financiero de las Delegaciones y Subdelegaciones del Gobierno.* La asistencia jurídica y las funciones de intervención y control económico financiero en relación con las Delegaciones y Subdelegaciones del Gobierno se ejercerán por la Abogacía del Estado y la Intervención General de la Administración del Estado respectivamente, de acuerdo con su normativa específica.

Sección 5ª
Órganos colegiados

78. *La Comisión interministerial de coordinación de la Administración periférica del Estado.* 1. La Comisión interministerial de coordinación de la Administración periférica del Estado es un órgano colegiado, adscrito al Ministerio de Hacienda y Administraciones Públicas.

2. La Comisión interministerial de coordinación de la Administración periférica del Estado se encargará de coordinar la actuación de la Administración periférica del Estado con los distintos Departamentos ministeriales.

3. Mediante Real Decreto se regularán sus atribuciones, composición y funcionamiento.

79. *Los órganos colegiados de asistencia al Delegado y al Subdelegado del Gobierno.* 1. En cada una de las Comunidades Autónomas pluriprovinciales existirá una Comisión territorial de asistencia al Delegado del Gobierno, con las siguientes características:

a) Estará presidida por el Delegado del Gobierno en la Comunidad Autónoma e integrada por los Subdelegados del Gobierno en las provincias comprendidas en el territorio de ésta.

b) A sus sesiones deberán asistir los titulares de los órganos y servicios territoriales, tanto integrados como no integrados, que el Delegado del Gobierno considere oportuno.

c) Esta Comisión desarrollará, en todo caso, las siguientes funciones:

1.º Coordinar las actuaciones que hayan de ejecutarse de forma homogénea en el ámbito de la Comunidad Autónoma, para asegurar el cumplimiento de los objetivos generales fijados por el Gobierno a los servicios territoriales.

2.º Homogeneizar el desarrollo de las políticas públicas en su ámbito territorial, a través del establecimiento de criterios comunes de actuación que habrán de ser compatibles con las instrucciones y objetivos de los respectivos departamentos ministeriales.

3.º Asesorar al Delegado del Gobierno en la Comunidad Autónoma en la elaboración de las propuestas de simplificación administrativa y racionalización en la utilización de los recursos.

4.º Cualesquiera otras que a juicio del Delegado del Gobierno en la Comunidad Autónoma resulten adecuadas para que la Comisión territorial cumpla la finalidad de apoyo y asesoramiento en el ejercicio de las competencias que esta Ley le asigna.

2. En las Comunidades Autónomas uniprovinciales existirá una Comisión de asistencia al Delegado del Gobierno, presidida por él mismo e integrada por el Secretario General y los titulares de los órganos y servicios territoriales, tanto integrados como no integrados, que el Delegado del Gobierno considere oportuno, con las funciones señaladas en el apartado anterior.

3. En cada Subdelegación del Gobierno existirá una Comisión de asistencia al Subdelegado del Gobierno presidida por él mismo e integrada por el Secretario General y los titulares de los órganos y servicios

territoriales, tanto integrados como no integrados, que el Subdelegado del Gobierno considere oportuno, con las funciones señaladas en el apartado primero, referidas al ámbito provincial.

CAPÍTULO IV
De la Administración General del Estado en el exterior

80. *El Servicio Exterior del Estado.* El Servicio Exterior del Estado se rige en todo lo concerniente a su composición, organización, funciones, integración y personal por lo dispuesto en la Ley 2/2014, de 25 de marzo, de la Acción y del Servicio Exterior del Estado y en su normativa de desarrollo y, supletoriamente, por lo dispuesto en esta Ley [699].

TÍTULO II
Organización y funcionamiento del sector público institucional

CAPÍTULO I
Del sector público institucional [700]

81. *Principios generales de actuación.* 1. Las entidades que integran el sector público institucional están sometidas en su actuación a los principios de legalidad, eficiencia, estabilidad presupuestaria y sostenibilidad financiera así como al principio de transparencia en su gestión. En particular se sujetarán en materia de personal, incluido el laboral, a las limitaciones previstas en la normativa presupuestaria y en las previsiones anuales de los presupuestos generales.
2. Todas las Administraciones Públicas deberán establecer un sistema de supervisión continua de sus entidades dependientes, con el objeto de comprobar la subsistencia de los motivos que justificaron su creación y su sostenibilidad financiera, y que deberá incluir la

---

[699] Véase Tít. III L 2/2014
[700] Véanse art. 81.3 y disp. trans 2.2.a) de la presente Ley

formulación expresa de propuestas de mantenimiento, transformación o extinción.

3. Los organismos y entidades vinculados o dependientes de la Administración autonómica y local se regirán por las disposiciones básicas de esta ley que les resulten de aplicación, y en particular, por lo dispuesto en los Capítulos I y VI y en los artículos 129 y 134, así como por la normativa propia de la Administración a la que se adscriban.

82. *El Inventario de Entidades del Sector Público Estatal, Autonómico y Local.* 1. El Inventario de Entidades del Sector Público Estatal, Autonómico y Local, se configura como un registro público administrativo que garantiza la información pública y la ordenación de todas las entidades integrantes del sector público institucional cualquiera que sea su naturaleza jurídica.

La integración y gestión de dicho Inventario y su publicación dependerá de la Intervención General de la Administración del Estado. [701]

2. El Inventario de Entidades del Sector Público contendrá, al menos, información actualizada sobre la naturaleza jurídica, finalidad, fuentes de financiación, estructura de dominio, en su caso, la condición de medio propio, regímenes de contabilidad, presupuestario y de control así como la clasificación en términos de contabilidad nacional, de cada una de las entidades integrantes del sector público institucional.

3. Al menos, la creación, transformación, fusión o extinción de cualquier entidad integrante del sector público institucional, cualquiera que sea su naturaleza jurídica, será inscrita en el Inventario de Entidades del Sector Público Estatal, Autonómico y Local.

83. *Inscripción en el Inventario de Entidades del Sector Público Estatal, Autonómico y Local.* 1. El titular del máximo órgano de dirección de la entidad notificará, a través de la intervención general de la Administración correspondiente, la información necesaria para la inscripción definitiva en el Inventario de Entidades del Sector Público Estatal, Autonómico y Local, en los términos previstos reglamentaria-

---

[701] Dada nueva redacción apartado 1 párrafo 2 por disposición final 15 apartado 1 de Ley 9/2017 de 8 de noviembre de 2017, con vigencia desde 09/03/2018

mente, de los actos relativos a su creación, transformación, fusión o extinción, en el plazo de treinta días hábiles a contar desde que ocurra el acto inscribible. En la citada notificación se acompañará la documentación justificativa que determina tal circunstancia.

2. La inscripción definitiva de la creación de cualquier entidad integrante del sector público institucional en el Inventario de Entidades del Sector Público Estatal, Autonómico y Local se realizará de conformidad con las siguientes reglas:

a) El titular del máximo órgano de dirección de la entidad, a través de la intervención general de la Administración correspondiente, notificará, electrónicamente a efectos de su inscripción, al Inventario de Entidades del Sector Público Estatal, Autonómico y Local, la norma o el acto jurídico de creación en el plazo de 30 días hábiles desde la entrada en vigor de la norma o del acto, según corresponda. A la notificación se acompañará la copia o enlace a la publicación electrónica del Boletín Oficial en el que se publicó la norma, o copia del acto jurídico de creación, así como el resto de documentación justificativa que proceda, como los Estatutos o el plan de actuación.

b) La inscripción en el Inventario de Entidades del Sector Público Estatal, Autonómico y Local se practicará dentro del plazo de 15 días hábiles siguientes a la recepción de la solicitud de inscripción.

c) Para la asignación del Número de Identificación Fiscal definitivo y de la letra identificativa que corresponda a la entidad, de acuerdo con su naturaleza jurídica, por parte de la Administración Tributaria será necesaria la aportación de la certificación de la inscripción de la entidad en el Inventario de Entidades del Sector Público Estatal, Autonómico y Local.

CAPÍTULO II
Organización y funcionamiento del sector público institucional estatal

84. *Composición y clasificación del sector público institucional estatal.* [702] [703]

---

[702] Dada nueva redacción por disposición final 34 apartado 1 de Ley 11/2020 de 30 de diciembre de 2020, con vigencia desde 01/01/2021

[703] Véase disp. trans.1.ª de la presente Ley

1. Integran el sector público institucional estatal las siguientes entidades:

a) Los organismos públicos vinculados o dependientes de la Administración General del Estado, los cuales se clasifican en:

1. Organismos autónomos.

2. Entidades públicas empresariales.

3. Agencias estatales.

b) Las autoridades administrativas independientes.

c) Las sociedades mercantiles estatales [704].

d) Los consorcios.

e) Las fundaciones del sector público.

f) Los fondos sin personalidad jurídica.

g) Las universidades públicas no transferidas.

2. La Administración General del Estado o entidad integrante del sector público institucional estatal no podrá, por sí misma ni en colaboración con otras entidades públicas o privadas, crear, ni ejercer el control efectivo, directa ni indirectamente, sobre ningún otro tipo de entidad distinta de las enumeradas en este artículo, con independencia de su naturaleza y régimen jurídico.

Lo dispuesto en este apartado no será de aplicación a la participación del Estado en organismos internacionales o entidades de ámbito supranacional, ni a la participación en los organismos de normalización y acreditación nacionales o en sociedades creadas al amparo de la Ley 27/1984, de 26 de julio, sobre reconversión y reindustrialización.

3. Las universidades públicas no transferidas se regirán por lo dispuesto en la Ley 47/2003, de 26 de noviembre, que les sea de aplicación y por lo dispuesto en esta ley en lo que no esté previsto en su normativa específica.

84 bis. *Presencia equilibrada entre mujeres y hombres en las entidades del sector público institucional estatal.* [705] [706]

1. El principio de representación equilibrada entre mujeres y hombres será de aplicación a las personas titulares de las presidencias, vice-

---

[704] Véase art. 111.1.a) de la presente Ley

[705] Añadido por art. 8 apartado 3 de Ley Orgánica 2/2024 de 1 de agosto de 2024, con vigencia desde 22/08/2024

[706] Téngase en cuenta que la presente redacción de este artículo se aplicará a los nombramientos y designaciones que se produzcan a partir del 22 agosto 2024, conforme al apartado 3 disp. trans. 1.ª LO 2/2024 de 1 agosto

presidencias, direcciones generales, direcciones ejecutivas y asimilados de las entidades del sector público institucional estatal que tengan la condición de máximos responsables, así como a las personas con contratos de alta dirección en las citadas entidades, de tal manera que las personas de cada sexo no superen el sesenta por ciento ni sean menos del cuarenta por ciento en el ámbito de cada entidad.

2. El principio de representación equilibrada se garantizará también en la composición de los órganos colegiados de gobierno de las entidades.

85. *Control de eficacia y supervisión continua.* [707]

1. Las entidades integrantes del sector público institucional estatal estarán sometidas al control de eficacia y supervisión continua, sin perjuicio de lo establecido en el artículo 110.

Para ello, todas las entidades integrantes del sector público institucional estatal contarán, en el momento de su creación, con un plan de actuación, que contendrá las líneas estratégicas en torno a las cuales se desenvolverá la actividad de la entidad, que se revisarán cada tres años, y que se completará con planes anuales que desarrollarán el de creación para el ejercicio siguiente.

2. El control de eficacia será ejercido por el Departamento al que estén adscritos, a través de las inspecciones de servicios, y tendrá por objeto evaluar el cumplimiento de los objetivos propios de la actividad específica de la entidad y la adecuada utilización de los recursos, de acuerdo con lo establecido en su plan de actuación y sus actualizaciones anuales, sin perjuicio del control que de acuerdo con la Ley 47/2003, de 26 de noviembre, se ejerza por la Intervención General de la Administración del Estado [708] .

3. Todas las entidades integrantes del sector público institucional estatal están sujetas desde su creación hasta su extinción a la supervisión continua del Ministerio de Hacienda y Administraciones Públicas, a través de la Intervención General de la Administración del Estado, que vigilará la concurrencia de los requisitos previstos en esta Ley. En particular verificará, al menos, lo siguiente:

a) La subsistencia de las circunstancias que justificaron su creación.

---

[707] Véanse art. 117.1, disp. trans.2.2.a) y disp. final 5 de la presente Ley
[708] Véanse Tít. VI y disp. adic. 9, 11 y 12 y disp. final.3 LGP

b) Su sostenibilidad financiera.

c) La concurrencia de la causa de disolución prevista en esta ley referida al incumplimiento de los fines que justificaron su creación o que su subsistencia no resulte el medio más idóneo para lograrlos.

Las actuaciones de planificación, ejecución y evaluación correspondientes a la supervisión continua se determinarán reglamentariamente.

4. Las actuaciones de control de eficacia y supervisión continua tomarán en consideración:

a) La información económico financiera disponible.

b) El suministro de información por parte de los organismos públicos y entidades sometidas al Sistema de control de eficacia y supervisión continúa.

c) Las propuestas de las inspecciones de los servicios de los departamentos ministeriales.

Los resultados de la evaluación efectuada tanto por el Ministerio de adscripción como por el Ministerio de Hacienda y Administraciones Públicas se plasmarán en un informe sujeto a procedimiento contradictorio que, según las conclusiones que se hayan obtenido, podrá contener recomendaciones de mejora o una propuesta de transformación o supresión del organismo público o entidad.

86. *Medio propio y servicio técnico.* [709] 1. Las entidades integrantes del sector público institucional podrán ser consideradas medios propios y servicios técnicos de los poderes adjudicadores y del resto de entes y sociedades que no tengan la consideración de poder adjudicador cuando cumplan las condiciones y requisitos establecidos en la Ley 9/2017, de 8 de noviembre, de Contratos del Sector Público, por la que se transponen al ordenamiento jurídico español las Directivas del Parlamento Europeo y del Consejo 2014/23/UE y 2014/24/UE, de 26 de febrero de 2014. [710]

2. Tendrán la consideración de medio propio y servicio técnico cuando se acredite que, además de disponer de medios suficientes e idóneos para realizar prestaciones en el sector de actividad que se

---

[709] Dada nueva redacción por disposición final 34 apartado 2 de Ley 11/2020 de 30 de diciembre de 2020, con vigencia desde 01/01/2021

[710] Véanse los arts. 32 y 33 Ley 9/2017 de 8 noviembre, de Contratos del Sector Público

corresponda con su objeto social, de acuerdo con su norma o acuerdo de creación, se dé alguna de las circunstancias siguientes:

a) Sea una opción más eficiente que la contratación pública y resulta sostenible y eficaz, aplicando criterios de rentabilidad económica.

b) Resulte necesario por razones de seguridad pública o de urgencia en la necesidad de disponer de los bienes o servicios suministrados por el medio propio o servicio técnico.

Formará parte del control de eficacia de los medios propios y servicios técnicos la comprobación de la concurrencia de los mencionados requisitos.

En la denominación de las entidades integrantes del sector público institucional que tengan la condición de medio propio deberá figurar necesariamente la indicación «Medio Propio» o su abreviatura «M.P.».

3. En el supuesto de creación de un nuevo medio propio y servicio técnico deberá acompañarse la propuesta de declaración de una memoria justificativa que acredite lo dispuesto en el apartado anterior y que, en este supuesto de nueva creación, deberá ser informada por la Intervención General de la Administración del Estado.

87. *Transformaciones de las entidades integrantes del sector público institucional estatal.* [711] 1. Cualquier organismo autónomo, entidad pública empresarial, agencias estatales, sociedad mercantil estatal o fundación del sector público institucional estatal podrá transformarse y adoptar la naturaleza jurídica de cualquiera de las entidades citadas.

2. La transformación tendrá lugar, conservando su personalidad jurídica, por cesión e integración global, en unidad de acto, de todo el activo y el pasivo de la entidad transformada con sucesión universal de derechos y obligaciones.

La transformación no alterará las condiciones financieras de las obligaciones asumidas ni podrá ser entendida como causa de resolución de las relaciones jurídicas.

3. La transformación se llevará a cabo mediante Real Decreto, aunque suponga modificación de la Ley de creación, salvo en el caso de la transformación en agencias estatales que deberá efectuarse por ley.

4. Cuando un organismo autónomo, entidad pública empresarial o Agencias Estatales se transforme en una entidad pública empresarial,

[711] Dada nueva redacción por disposición final 34 apartado 3 de Ley 11/2020 de 30 de diciembre de 2020, con vigencia desde 01/01/2021

Agencias Estatales, sociedad mercantil estatal o en una fundación del sector público, el Real Decreto o la Ley mediante el que se lleve a cabo la transformación deberá ir acompañado de la siguiente documentación:

a) Una memoria que incluya:

1.º Una justificación de la transformación por no poder asumir sus funciones manteniendo su naturaleza jurídica originaria.

2.º Un análisis de eficiencia que incluirá una previsión del ahorro que generará la transformación y la acreditación de inexistencia de duplicidades con las funciones que ya desarrolle otro órgano, organismo público o entidad preexistente.

3.º Un análisis de la situación en la que quedará el personal, indicando si, en su caso, parte del mismo se integrará, bien en la Administración General del Estado o bien en la entidad pública empresarial, sociedad mercantil estatal o fundación que resulte de la transformación.

b) Un informe preceptivo de la Intervención General de la Administración del Estado en el que se valorará el cumplimiento de lo previsto en este artículo.

5. La aprobación del Real Decreto de transformación conllevará:

a) La adaptación de la organización de los medios personales, materiales y económicos que resulte necesaria por el cambio de naturaleza jurídica.

b) La posibilidad de integrar el personal en la entidad transformada o en la Administración General del Estado. En su caso, esta integración se llevará a cabo de acuerdo con los procedimientos de movilidad establecidos en la legislación de función pública o en la legislación laboral que resulte aplicable.

Los distintos tipos de personal de la entidad transformada tendrán los mismos derechos y obligaciones que les correspondan de acuerdo con la normativa que les sea de aplicación.

La adaptación, en su caso, de personal que conlleve la transformación no supondrá, por sí misma, la atribución de la condición de funcionario público al personal laboral que prestase servicios en la entidad transformada.

La integración de quienes hasta ese momento vinieran ejerciendo funciones reservadas a funcionarios públicos sin serlo podrá realizarse con la condición de «a extinguir», debiéndose valorar previamente las características de los puestos afectados y las necesidades de la entidad donde se integren.

De la ejecución de las medidas de transformación no podrá derivarse incremento alguno de la masa salarial preexistente en la entidad transformada.

CAPÍTULO III
De los organismos públicos estatales

Sección 1ª
Disposiciones generales

88. *Definición y actividades propias.* Son organismos públicos dependientes o vinculados a la Administración General del Estado, bien directamente o bien a través de otro organismo público, los creados para la realización de actividades administrativas, sean de fomento, prestación o de gestión de servicios públicos o de producción de bienes de interés público susceptibles de contraprestación; actividades de contenido económico reservadas a las Administraciones Públicas; así como la supervisión o regulación de sectores económicos, y cuyas características justifiquen su organización en régimen de descentralización funcional o de independencia.

89. *Personalidad jurídica y potestades.* 1. Los organismos públicos tiene personalidad jurídica pública diferenciada, patrimonio y tesorería propios, así como autonomía de gestión, en los términos previstos en esta Ley.

2. Dentro de su esfera de competencia, les corresponden las potestades administrativas precisas para el cumplimiento de sus fines, en los términos que prevean sus estatutos, salvo la potestad expropiatoria.

Los estatutos podrán atribuir a los organismos públicos la potestad de ordenar aspectos secundarios del funcionamiento para cumplir con los fines y el servicio encomendado, en el marco y con el alcance establecido por las disposiciones que fijen el régimen jurídico básico de dicho servicio.

Los actos y resoluciones dictados por los organismos públicos en el ejercicio de potestades administrativas son susceptibles de los recursos administrativos previstos en la Ley del Procedimiento Administrativo Común de las Administraciones Públicas [712] .

90. *Estructura organizativa en el sector público estatal.* 1. Los organismos públicos se estructuran en los órganos de gobierno, y ejecutivos que se determinen en su respectivo Estatuto.

Los máximos órganos de gobierno son el Presidente y el Consejo Rector. El estatuto puede, no obstante, prever otros órganos de gobierno con atribuciones distintas.

La dirección del organismo público debe establecer un modelo de control orientado a conseguir una seguridad razonable en el cumplimiento de sus objetivos.

2. Corresponde al Ministro de Hacienda y Administraciones Públicas la clasificación de las entidades, conforme a su naturaleza y a los criterios previstos en Real Decreto 451/2012, de 5 de marzo, por el que se regula el régimen retributivo de los máximos responsables y directivos en el sector público empresarial y otras entidades. A estos efectos, las entidades serán clasificadas en tres grupos. Esta clasificación determinará el nivel en que la entidad se sitúa a efectos de [713] :

a) Número máximo de miembros de los órganos de gobierno.

b) Estructura organizativa, con fijación del número mínimo y máximo de directivos, así como la cuantía máxima de la retribución total, con determinación del porcentaje máximo del complemento de puesto y variable.

91. *Creación de organismos públicos estatales.* 1. La creación de los organismos públicos se efectuará por Ley [714] .

2. La Ley de creación establecerá [715] :

---

[712] Véanse arts. 112 a 126 LPAC

[713] Véanse arts. 5 y 6 RD 451/2012 y O HAP/1741/2015

[714] Veáse art. 103 CE . Téngase en cuenta que el art. 4.1.a) LBRL atribuye potestad de autoorganización a los municipios, provincias e islas

[715] Véase art. 94.2 de la presente Ley

a) El tipo de organismo público que crea, con indicación de sus fines generales, así como el Departamento de dependencia o vinculación.

b) En su caso, los recursos económicos, así como las peculiaridades de su régimen de personal, de contratación, patrimonial, fiscal y cualesquiera otras que, por su naturaleza, exijan norma con rango de Ley.

3. El anteproyecto de ley de creación del organismo público que se eleve al Consejo de Ministros deberá ser acompañado de una propuesta de estatutos y de un plan inicial de actuación, junto con el informe preceptivo favorable del Ministerio de Hacienda y Administraciones Públicas que valorará el cumplimiento de lo previsto en este artículo.

92. *Contenido y efectos del plan de actuación.* [716]

1. El plan inicial de actuación contendrá, al menos:

a) Las razones que justifican la creación de un nuevo organismo público, por no poder asumir esas funciones otro ya existente, así como la constatación de que la creación no supone duplicidad con la actividad que desarrolle cualquier otro órgano o entidad preexistente.

b) La forma jurídica propuesta y un análisis que justifique que la elegida resulta más eficiente frente a otras alternativas de organización que se hayan descartado.

c) La fundamentación de la estructura organizativa elegida, determinando los órganos directivos y la previsión sobre los recursos humanos necesarios para su funcionamiento.

d) El anteproyecto del presupuesto correspondiente al primer ejercicio junto con un estudio económico-financiero que acredite la suficiencia de la dotación económica prevista inicialmente para el comienzo de su actividad y la sostenibilidad futura del organismo, atendiendo a las fuentes futuras de financiación de los gastos y las inversiones, así como a la incidencia que tendrá sobre los presupuestos generales del Estado.

e) Los objetivos del organismo, justificando su suficiencia o idoneidad, los indicadores para medirlos, y la programación plurianual de carácter estratégico para alcanzarlos, especificando los medios económicos y personales que dedicará, concretando en este último caso la forma de provisión de los puestos de trabajo, su procedencia, coste, retribuciones e indemnizaciones, así como el ámbito temporal en que

---

[716] Véanse arts. 123.2.c) y 133.2 de la presente Ley.

se prevé desarrollar la actividad del organismo. Asimismo, se incluirán las consecuencias asociadas al grado de cumplimiento de los objetivos establecidos y, en particular, su vinculación con la evaluación de la gestión del personal directivo en el caso de incumplimiento. A tal efecto, el reparto del complemento de productividad o concepto equivalente se realizará teniendo en cuenta el grado de cumplimiento de los objetivos establecidos en el plan de creación y en los anuales.

2. Los organismos públicos deberán acomodar su actuación a lo previsto en su plan inicial de actuación. Éste se actualizará anualmente mediante la elaboración del correspondiente plan que permita desarrollar para el ejercicio siguiente las previsiones del plan de creación. El plan anual de actuación deberá ser aprobado en el último trimestre del año natural por el departamento del que dependa o al que esté vinculado el organismo y deberá guardar coherencia con el Programa de actuación plurianual previsto en la normativa presupuestaria. El Plan de actuación incorporará, cada tres años, una revisión de la programación estratégica del organismo.

La falta de aprobación del plan anual de actuación dentro del plazo fijado por causa imputable al organismo, y hasta tanto se subsane la omisión, llevará aparejada la paralización de las transferencias que deban realizarse a favor del organismo con cargo a los Presupuestos Generales del Estado, salvo que el Consejo de Ministros adopte otra decisión [717].

3. El plan de actuación y los anuales, así como sus modificaciones, se hará público en la página web del organismo público al que corresponda.

93. *Contenido de los estatutos.* 1. Los estatutos regularán, al menos, los siguientes extremos:

a) Las funciones y competencias del organismo, con indicación de las potestades administrativas que pueda ostentar.

b) La determinación de su estructura organizativa, con expresión de la composición, funciones, competencias y rango administrativo que corresponda a cada órgano. Asimismo se especificarán aquellos de sus actos y resoluciones que agoten la vía administrativa.

c) El patrimonio que se les asigne y los recursos económicos que hayan de financiarlos.

---

[717] Véase disp. trans. 2.2.a) de la presente Ley

d) El régimen relativo a recursos humanos, patrimonio, presupuesto y contratación.

e) La facultad de participación en sociedades mercantiles cuando ello sea imprescindible para la consecución de los fines asignados.

2. Los estatutos de los organismos públicos se aprobarán por Real Decreto del Consejo de Ministros a propuesta conjunta del Ministerio de Hacienda y Administraciones Públicas y del Ministerio al que el organismo esté vinculado o sea dependiente.

3. Los estatutos deberán ser aprobados y publicados con carácter previo a la entrada en funcionamiento efectivo del organismo público.

94. *Fusión de organismos públicos estatales.* 1. Los organismos públicos estatales de la misma naturaleza jurídica podrán fusionarse bien mediante su extinción e integración en un nuevo organismo público, bien mediante su extinción por ser absorbido por otro organismo público ya existente [718].

2. La fusión se llevará a cabo mediante norma reglamentaria, aunque suponga modificación de la Ley de creación. Cuando la norma reglamentaria cree un nuevo organismo público resultante de la fusión deberá cumplir con lo previsto en el artículo 91.2 sobre requisitos de creación de organismos públicos.

3. A la norma reglamentaria de fusión se acompañará un plan de redimensionamiento para la adecuación de las estructuras organizativas, inmobiliarias, de personal y de recursos resultantes de la nueva situación y en el que debe quedar acreditado el ahorro que generará la fusión.

Si alguno de los organismos públicos estuviese en situación de desequilibrio financiero se podrá prever, como parte del plan de redimensionamiento, que las obligaciones, bienes y derechos patrimoniales que se consideren liquidables y derivados de la actividad que ocasionó el desequilibrio, se integren en un fondo, sin personalidad jurídica y con contabilidad separada, adscrito al nuevo organismo público o al absorbente, según corresponda.

La actividad o actividades que ocasionaron el desequilibrio dejarán de prestarse tras la fusión, salvo que se prevea su realización futura de forma sostenible tras la fusión.

---

[718] Véase art. 136 de la presente Ley

El plan de redimensionamiento, previo informe preceptivo de la Intervención General de la Administración del Estado deberá ser aprobado por cada uno de los organismos públicos fusionados si se integran en uno nuevo o por el organismo público absorbente, según corresponda al tipo de fusión.

4. La aprobación de la norma de fusión conllevará:

a) La integración de las organizaciones de los organismos públicos fusionados, incluyendo los medios personales, materiales y económicos, en los términos previstos en el plan de redimensionamiento.

b) El personal de los organismos públicos extinguidos se podrá integrar bien en la Administración General del Estado o bien en el nuevo organismo público que resulte de la fusión o en el organismo público absorbente, según proceda, de acuerdo con lo previsto en la norma reglamentaria de fusión y de conformidad con los procedimientos de movilidad establecidos en la legislación de función pública o en la legislación laboral que resulte aplicable.

Los distintos tipos de personal de los organismos públicos fusionados tendrán los derechos y obligaciones que les correspondan de acuerdo con la normativa que les sea de aplicación.

La integración de quienes hasta ese momento vinieran ejerciendo funciones reservadas a funcionarios públicos sin serlo podrá realizarse con la condición de «a extinguir», debiéndose valorar previamente las características de los puestos afectados y las necesidades del organismos donde se integren.

Esta integración de personal no supondrá, en ningún caso, la atribución de la condición de funcionario público al personal laboral que prestase servicios en los organismos públicos fusionados.

De la ejecución de las medidas de fusión no podrá derivarse incremento alguno de la masa salarial en los organismos públicos afectados.

c) La cesión e integración global, en unidad de acto, de todo el activo y el pasivo de los organismos públicos extinguidos en el nuevo organismo público resultante de la fusión o en el organismo público absorbente, según proceda, que le sucederá universalmente en todos sus derechos y obligaciones.

La fusión no alterará las condiciones financieras de las obligaciones asumidas ni podrá ser entendida como causa de resolución de las relaciones jurídicas.

d) Si se hubiera previsto en el plan de redimensionamiento, las obligaciones, bienes y derechos patrimoniales que se consideren liquidables se integrarán en un fondo, sin personalidad jurídica y con contabilidad separada, adscrito al nuevo organismo público resultante de la fusión o al organismo público absorbente, según proceda, que designará un liquidador al que le corresponderá la liquidación de este fondo. Esta liquidación se efectuará de conformidad con lo previsto en el artículo 97.

La liquidación deberá llevarse a cabo durante los dos años siguientes a la aprobación de la norma reglamentaria de fusión, salvo que el Consejo de Ministros acuerde su prórroga, sin perjuicio de los posibles derechos que puedan corresponder a los acreedores. La aprobación de las normas a las que tendrá que ajustarse la contabilidad del fondo corresponderá al Ministro de Hacienda y Administraciones Públicas a propuesta de la Intervención General de la Administración del Estado.

95. *Gestión compartida de servicios comunes.* 1. La norma de creación de los organismos públicos del sector público estatal incluirá la gestión compartida de algunos o todos los servicios comunes, salvo que la decisión de no compartirlos se justifique, en la memoria que acompañe a la norma de creación, en términos de eficiencia, conforme al artículo 7 de la Ley Orgánica 2/2012, de 27 de abril, de Estabilidad Presupuestaria y Sostenibilidad Financiera, en razones de seguridad nacional o cuando la organización y gestión compartida afecte a servicios que deban prestarse de forma autónoma en atención a la independencia del organismo.

La organización y gestión de algunos o todos los servicios comunes se coordinará por el Ministerio de adscripción, por el Ministerio de Hacienda y Administraciones Públicas o por un organismo público vinculado o dependiente del mismo.

2. Se consideran servicios comunes de los organismos públicos, al menos, los siguientes [719] :

a) Gestión de bienes inmuebles.
b) Sistemas de información y comunicación.
c) Asistencia jurídica.
d) Contabilidad y gestión financiera.
e) Publicaciones.
f) Contratación pública.

---

[719] Véase disp. trans. 5.2 de la presente Ley

96. *Disolución de organismos públicos estatales.* [720] [721]

1. Los Organismos públicos estatales deberán disolverse:

a) Por el transcurso del tiempo de existencia señalado en la ley de creación.

b) Porque la totalidad de sus fines y objetivos sean asumidos por los servicios de la Administración General del Estado.

c) Porque sus fines hayan sido totalmente cumplidos, de forma que no se justifique la pervivencia del organismo público, y así se haya puesto de manifiesto en el control de eficacia.

d) Cuando del seguimiento del plan de actuación resulte el incumplimiento de los fines que justificaron la creación del organismo o que su subsistencia no es el medio más idóneo para lograrlos y así se concluya en el control de eficacia o de supervisión continua.

e) Por cualquier otra causa establecida en los estatutos.

f) Cuando así lo acuerde el Consejo de Ministros siguiendo el procedimiento determinado al efecto en el acto jurídico que acuerde la disolución.

2. Cuando un organismo público incurra en alguna de las causas de disolución previstas en las letras a), b), c), d) o e) del apartado anterior, el titular del máximo órgano de dirección del organismo lo comunicará al titular del departamento de adscripción en el plazo de dos meses desde que concurra la causa de disolución. Transcurrido dicho plazo sin que se haya producido la comunicación y concurriendo la causa de disolución, el organismo público quedará automáticamente disuelto y no podrá realizar ningún acto jurídico, salvo los estrictamente necesarios para garantizar la eficacia de su liquidación y extinción.

En el plazo de dos meses desde la recepción de la comunicación a la que se refiere el párrafo anterior, el Consejo de Ministros adoptará el correspondiente acuerdo de disolución, en el que designará al órgano administrativo o entidad del sector público institucional estatal que asumirá las funciones de liquidador, y se comunicará al Inventario de Entidades del Sector Público Estatal, Autonómico y Local para su publicación. Transcurrido dicho plazo sin que el acuerdo de disolución haya sido publicado, el organismo público quedará automáticamente

[720] Dada nueva redacción por disposición final 34 apartado 4 de Ley 11/2020 de 30 de diciembre de 2020, con vigencia desde 01/01/2021

[721] Véanse arts. 97.1 y 136 de la presente Ley. Téngas en cuenta que la causa de disolución no será de aplicación durante los ejercicios 2020, 2021 y 2022 conformea la disp. adic. 2.ª RDL 16/2020 de 28 abril

disuelto y no podrá realizar ningún acto jurídico, salvo los estrictamente necesarios para garantizar la eficacia de su liquidación y extinción.

97. *Liquidación y extinción de organismos públicos estatales.* [722]

1. Publicado el acuerdo de disolución al que se refiere el artículo anterior, o transcurridos los plazos en él establecidos sin que éste haya sido publicado, se entenderá automáticamente iniciada la liquidación.

2. La liquidación tendrá lugar por la cesión e integración global, en unidad de acto, de todo el activo y el pasivo del organismo público en la Administración General del Estado que le sucederá universalmente en todos sus derechos y obligaciones. El órgano o entidad designada como liquidador determinará, en cada caso, el órgano o entidad concreta, de la Administración General del Estado, donde se integrarán los elementos que forman parte del activo y del pasivo del organismo público liquidado.

La responsabilidad que le corresponda al empleado público como miembro de la entidad u órgano liquidador será directamente asumida por la entidad o la Administración General del Estado que lo designó. La Administración General del Estado podrá exigir de oficio al empleado público que designó a esos efectos la responsabilidad en que hubiera incurrido por los daños y perjuicios causados en sus bienes o derechos cuando hubiera concurrido dolo, culpa o negligencia graves, conforme a lo previsto en las Leyes administrativas en materia de responsabilidad patrimonial.

3. La Administración General del Estado quedará subrogada automáticamente en todas las relaciones jurídicas que tuviera el organismo público con sus acreedores, tanto de carácter principal como accesorias, a la fecha de adopción del acuerdo de disolución o, en su defecto, a la fecha en que concurriera la causa de disolución, incluyendo los activos y pasivos sobrevenidos. Esta subrogación no alterará las condiciones financieras de las obligaciones asumidas ni podrá ser entendida como causa de resolución de las relaciones jurídicas.

4. Formalizada la liquidación del organismo público se producirá su extinción automática.

---

[722] Véanse arts. 94.4.d), 119.2 y 136 de la presente Ley

Sección 2ª
Organismos autónomos estatales

98. *Definición.* 1. Los organismos autónomos son entidades de derecho público, con personalidad jurídica propia, tesorería y patrimonio propios y autonomía en su gestión, que desarrollan actividades propias de la Administración Pública, tanto actividades de fomento, prestacionales, de gestión de servicios públicos o de producción de bienes de interés público, susceptibles de contraprestación, en calidad de organizaciones instrumentales diferenciadas y dependientes de ésta.

2. Los organismos autónomos dependen de la Administración General del Estado a la que corresponde su dirección estratégica, la evaluación de los resultados de su actividad y el control de eficacia.

3. Con independencia de cuál sea su denominación, cuando un organismo público tenga la naturaleza jurídica de organismo autónomo deberá figurar en su denominación la indicación «organismo autónomo» o su abreviatura «O.A.».

99. *Régimen jurídico.* Los organismos autónomos se regirán por lo dispuesto en esta Ley, en su ley de creación, sus estatutos, la Ley de Procedimiento Administrativo Común de las Administraciones Públicas, el Real Decreto Legislativo 3/2011, de 14 de noviembre, la Ley 33/2003, de 3 de noviembre, y el resto de las normas de derecho administrativo general y especial que le sea de aplicación. En defecto de norma administrativa, se aplicará el derecho común.

100. *Régimen jurídico del personal y de contratación.* 1. El personal al servicio de los organismos autónomos será funcionario o laboral, y se regirá por lo previsto en la Ley 7/2007, de 12 de abril, y demás normativa reguladora de los funcionarios públicos y por la normativa laboral.

El nombramiento de los titulares de los órganos de los organismos autónomos se regirá por las normas aplicables a la Administración General del Estado.

El titular del máximo órgano de dirección del organismo tendrá atribuidas, en materia de gestión de recursos humanos, las facultades que le asigne la legislación específica.

El organismo autónomo estará obligado a aplicar las instrucciones sobre recursos humanos dictadas por el Ministerio de Hacienda y Administraciones Públicas y a comunicarle a este departamento cuantos acuerdos o resoluciones adopte en aplicación del régimen específico de personal establecido en su Ley de creación o en sus estatutos.

2. La contratación de los organismos autónomos se ajustará a lo dispuesto en la legislación sobre contratación del sector público. El titular del máximo órgano de dirección del organismo autónomo será el órgano de contratación.

101. *Régimen económico-financiero y patrimonial.* 1. Los organismos autónomos tendrán, para el cumplimiento de sus fines, un patrimonio propio, distinto del de la Administración Pública, integrado por el conjunto de bienes y derechos de los que sean titulares.

La gestión y administración de sus bienes y derechos propios, así como de aquellos del Patrimonio de la Administración que se les adscriban para el cumplimiento de sus fines, será ejercida de acuerdo a lo establecido para los organismos autónomos en la Ley 33/2003, de 3 de noviembre [723].

2. Los recursos económicos de los organismos autónomos podrán provenir de las siguientes fuentes:

a) Los bienes y valores que constituyen su patrimonio.

b) Los productos y rentas de dicho patrimonio.

c) Las consignaciones específicas que tuvieren asignadas en los presupuestos generales del Estado.

d) Las transferencias corrientes o de capital que procedan de la Administración o entidades públicas.

e) Las donaciones, legados, patrocinios y otras aportaciones de entidades privadas y de particulares.

f) Cualquier otro recurso que estén autorizados a percibir, según las disposiciones por las que se rijan o que pudieran serles atribuidos.

102. *Régimen presupuestario, de contabilidad y control económico-financiero.* Los organismo autónomos aplicarán el régimen presupues-

---

[723] Véanse arts. 36.3, 46.3, 81.3, 112.4 y 120.1 LPAP

tario, económico-financiero, de contabilidad, y de control establecido por la Ley 47/2003, de 26 de noviembre.

Sección 3ª
Las entidades públicas empresariales de ámbito estatal

103. *Definición.* 1. Las entidades públicas empresariales son entidades de Derecho público, con personalidad jurídica propia, patrimonio propio y autonomía en su gestión, que se financian con ingresos de mercado, a excepción de aquellas que tengan la condición o reúnan los requisitos para ser declaradas medio propio personificado de conformidad con la Ley de Contratos del Sector Público, y que junto con el ejercicio de potestades administrativas desarrollan actividades prestacionales, de gestión de servicios o de producción de bienes de interés público, susceptibles de contraprestación. [724]

2. Las entidades públicas empresariales dependen de la Administración General del Estado o de un Organismo autónomo vinculado o dependiente de ésta, al que le corresponde la dirección estratégica, la evaluación de los resultados de su actividad y el control de eficacia.

3. Con independencia de cuál sea su denominación, cuando un organismo público tenga naturaleza jurídica de entidad pública empresarial deberá figurar en su denominación la indicación de «entidad pública empresarial» o su abreviatura «E.P.E».

104. *Régimen jurídico.* Las entidades públicas empresariales se rigen por el Derecho privado, excepto en la formación de la voluntad de sus órganos, en el ejercicio de las potestades administrativas que tengan atribuidas y en los aspectos específicamente regulados para las mismas en esta Ley, en su Ley de creación, sus estatutos, la Ley de Procedimiento Administrativo Común, el Real Decreto Legislativo 3/2011, de 14 de noviembre, la Ley 33/2003, de 3 de noviembre, y el resto de normas de derecho administrativo general y especial que le sean de aplicación.

[724] Dada nueva redacción apartado 1 por disposición final 34 apartado 5 de Ley 11/2020 de 30 de diciembre de 2020, con vigencia desde 01/01/2021

105. *Ejercicio de potestades administrativas.* 1. Las potestades administrativas atribuidas a las entidades públicas empresariales sólo pueden ser ejercidas por aquellos órganos de éstas a los que los estatutos se les asigne expresamente esta facultad.

2. No obstante, a los efectos de esta Ley, los órganos de las entidades públicas empresariales no son asimilables en cuanto a su rango administrativo al de los órganos de la Administración General del Estado, salvo las excepciones que, a determinados efectos se fijen, en cada caso, en sus estatutos.

106. *Régimen jurídico del personal y de contratación.* 1. El personal de las entidades públicas empresariales se rige por el Derecho laboral, con las especificaciones dispuestas en este artículo y las excepciones relativas a los funcionarios públicos de la Administración General del Estado, quienes se regirán por lo previsto en la Ley 7/2007, de 12 de abril y demás normativa reguladora de los funcionarios públicos o por la normativa laboral.

2. La selección del personal laboral de estas entidades se realizará conforme a las siguientes reglas:

a) El personal directivo, que se determinará en los estatutos de la entidad, será nombrado con arreglo a los criterios establecidos en el apartado 11 del artículo 55, atendiendo a la experiencia en el desempeño de puestos de responsabilidad en la gestión pública o privada.

b) El resto del personal será seleccionado mediante convocatoria pública basada en los principios de igualdad, mérito y capacidad.

Apartado 3 (Derogado) [725]

4. El Ministerio de Hacienda y Administraciones Públicas efectuará, con la periodicidad adecuada, controles específicos sobre la evolución de los gastos de personal y de la gestión de sus recursos humanos, conforme a los criterios previamente establecidos por los mismos.

5. La Ley de creación de cada entidad pública empresarial deberá determinar las condiciones conforme a las cuales, los funcionarios de la Administración General del Estado, podrán cubrir destinos en la referida entidad, y establecerá, asimismo, las competencias que a la misma correspondan sobre este personal que, en todo caso, serán las que tengan legalmente atribuidas los Organismos autónomos.

---

[725] Derogado apartado 3 por disposición final 34 apartado 6 de Ley 11/2020 de 30 de diciembre de 2020, con vigencia desde 01/01/2021

6. La contratación de las entidades públicas empresariales se rige por las previsiones contenidas al respecto en la legislación de contratos del sector público.

107. *Régimen económico-financiero y patrimonial.* 1. Las entidades públicas empresariales tendrán, para el cumplimiento de sus fines, un patrimonio propio, distinto del de la Administración Pública, integrado por el conjunto de bienes y derechos de los que sean titulares.

La gestión y administración de sus bienes y derechos propios, así como de aquellos del Patrimonio de la Administración que se les adscriban para el cumplimiento de sus fines, será ejercida de acuerdo con lo previsto en la Ley 33/2003, de 3 de noviembre [726].

2. Las entidades públicas empresariales podrán financiarse con los ingresos que se deriven de sus operaciones, obtenidos como contraprestación de sus actividades comerciales, y con los recursos económicos que provengan de las siguientes fuentes:

a) Los bienes y valores que constituyen su patrimonio.

b) Los productos y rentas de dicho patrimonio y cualquier otro recurso que pudiera serle atribuido.

Excepcionalmente, cuando así lo prevea la Ley de creación, podrá financiarse con los recursos económicos que provengan de las siguientes fuentes:

a) Las consignaciones específicas que tuvieran asignadas en los Presupuestos Generales del Estado.

b) Las transferencias corrientes o de capital que procedan de las Administraciones o entidades públicas.

c) Las donaciones, legados, patrocinios y otras aportaciones de entidades privadas y de particulares.

3. Las entidades público empresariales se financiarán mayoritariamente con ingresos de mercado, a excepción de aquellas que tengan la condición o reúnan los requisitos para ser declaradas medio propio personificado de conformidad con la Ley de Contratos del Sector Público. Se entiende que se financian mayoritariamente con ingresos de mercado cuando tengan la consideración de productor de mercado de conformidad con el Sistema Europeo de Cuentas.

---

[726] Véanse arts. 110 a 154 LPAP

A tales efectos se tomará en consideración la clasificación de las diferentes entidades públicas a los efectos de la contabilidad nacional que efectúe el Comité Técnico de Cuentas Nacionales y que se recogerá en el Inventario de Entidades del sector Público estatal, Autonómico y Local. [727]

108. *Régimen presupuestario, de contabilidad y control económico-financiero.* Las entidades públicas empresariales aplicarán el régimen presupuestario, económico-financiero, de contabilidad y de control establecido en la Ley 47/2003, de 26 de noviembre.

Sección 4.ª
Agencias estatales [728]

108 bis. *Definición.* [729] 1. Las Agencias Estatales son entidades de derecho público, dotadas de personalidad jurídica pública, patrimonio propio y autonomía en su gestión, facultadas para ejercer potestades administrativas, que son creadas por el Gobierno para el cumplimiento de los programas correspondientes a las políticas públicas que desarrolle la Administración General del Estado en el ámbito de sus competencias.

Las agencias estatales están dotadas de los mecanismos de autonomía funcional, responsabilidad por la gestión y control de resultados establecidos en esta ley.

2. Con independencia de cuál sea su denominación, cuando un organismo público tenga naturaleza de Agencia Estatales deberá figurar en su denominación la indicación de «Agencia Estatal».

---

[727] Dada nueva redacción apartado 3 por disposición final 34 apartado 7 de Ley 11/2020 de 30 de diciembre de 2020, con vigencia desde 01/01/2021

[728] Añadida por disposición final 34 apartado 8 de Ley 11/2020 de 30 de diciembre de 2020, con vigencia desde 01/01/2021

[729] Añadido por disposición final 34 apartado 9 de Ley 11/2020 de 30 de diciembre de 2020, con vigencia desde 01/01/2021

108 ter. *Régimen jurídico.* [730] 1. Las agencias estatales se rigen por esta ley y, en su marco, por el estatuto propio de cada una de ellas; y el resto de las normas de derecho administrativo general y especial que le sea de aplicación.

2. La actuación de las agencias estatales se produce, con arreglo al plan de acción anual, bajo la vigencia y con arreglo al pertinente contrato plurianual de gestión que ha de establecer, como mínimo y para el periodo de su vigencia, los siguientes extremos:

a) Los objetivos a perseguir, los resultados a obtener y, en general, la gestión a desarrollar.

b) Los planes necesarios para alcanzar los objetivos, con especificación de los marcos temporales correspondientes y de los proyectos asociados a cada una de las estrategias y sus plazos temporales, así como los indicadores para evaluar los resultados obtenidos.

c) Las previsiones máximas de plantilla de personal y el marco de actuación en materia de gestión de recursos humanos.

d) Los recursos personales, materiales y presupuestarios a aportar para la consecución de los objetivos, si bien serán automáticamente revisados de conformidad con el contenido de la Ley de Presupuestos Generales del Estado del ejercicio correspondiente.

e) Los efectos asociados al grado de cumplimiento de los objetivos establecidos por lo que hace a exigencia de responsabilidad por la gestión de los órganos ejecutivos y el personal directivo, así como el montante de masa salarial destinada al complemento de productividad o concepto equivalente del personal laboral.

f) El procedimiento a seguir para la cobertura de los déficits anuales que, en su caso, se pudieran producir por insuficiencia de los ingresos reales respecto de los estimados y las consecuencias de responsabilidad en la gestión que, en su caso, deban seguirse de tales déficits. Dicho procedimiento deberá ajustarse, en todo caso, a lo que establezca el contenido de la Ley de Presupuestos Generales del Estado del ejercicio correspondiente.

g) El procedimiento para la introducción de las modificaciones o adaptaciones anuales que, en su caso, procedan.

---

[730] Añadido por disposición final 34 apartado 10 de Ley 11/2020 de 30 de diciembre de 2020, con vigencia desde 01/01/2021

3. En el contrato de gestión se determinarán los mecanismos que permitan la exigencia de responsabilidades a que se refiere la letra e) del apartado anterior por incumplimiento de objetivos.

4. El Consejo Rector de cada agencia estatal aprueba la propuesta de contrato inicial de gestión, en el plazo de tres meses desde su constitución.

Los posteriores contratos de gestión se presentarán en el último trimestre de la vigencia del anterior.

La aprobación del contrato de gestión tiene lugar por Orden conjunta de los Ministerios de adscripción, de Política Territorial y Función Pública y de Hacienda, en un plazo máximo de tres meses a contar desde su presentación. En el caso de no ser aprobado en este plazo mantendrá su vigencia el contrato de gestión anterior.

5. En el seno del Consejo Rector se constituirá una Comisión de Control, con la composición que se determine en los estatutos.

Corresponde a la Comisión de Control informar al Consejo Rector sobre la ejecución del contrato de gestión y, en general, sobre todos aquellos aspectos relativos a la gestión económico-financiera que deba conocer el propio Consejo y que se determinen en los Estatutos.

108 quater. *Régimen jurídico de personal.* [731] 1. El personal al servicio de las Agencias Estatales está constituido por:

a) El personal que esté ocupando puestos de trabajo en servicios que se integren en la Agencia Estatal en el momento de su constitución.

b) El personal que se incorpore a la Agencia Estatal desde cualquier administración pública por los correspondientes procedimientos de provisión de puestos de trabajo previstos en esta ley.

c) El personal seleccionado por la Agencia Estatal, mediante pruebas selectivas convocadas al efecto en los términos establecidos en esta Ley.

d) El personal directivo.

2. El personal a que se refieren las letras a) y b) del apartado anterior mantiene la condición de personal funcionario, estatutario o laboral de origen, de acuerdo con la legislación aplicable.

---

[731] Añadido por disposición final 34 apartado 11 de Ley 11/2020 de 30 de diciembre de 2020, con vigencia desde 01/01/2021

3. El personal funcionario y estatutario se rige por la normativa reguladora de la función pública correspondiente, con las especialidades previstas en esta Ley y las que, conforme a ella, se establezcan en el estatuto de cada agencia estatal.

El personal laboral se rige por el Texto refundido de la Ley del Estatuto de los Trabajadores, aprobado por Real Decreto Legislativo 2/2015, de 23 de octubre, y el resto de la normativa laboral.

4. La selección del personal al que se refiere la letra c) se realiza mediante convocatoria pública y de acuerdo con los principios de igualdad, mérito y capacidad, así como de acceso al empleo público de las personas con discapacidad. A tal efecto, y en el período previsto en el contrato de gestión, las agencias estatales determinan sus necesidades de personal a cubrir mediante pruebas selectivas. La determinación de las necesidades de personal a cubrir se realizará con sujeción a la tasa de reposición que, en su caso, se establezca en la Ley de Presupuestos Generales del Estado para el ejercicio correspondiente. La previsión de necesidades de personal se incorpora a la oferta anual de empleo de la correspondiente agencia estatal, que se integra en la oferta de empleo público estatal, de conformidad con lo que establezca la Ley anual de Presupuestos Generales del Estado.

Las agencias estatales seleccionan a través de sus propios órganos de selección, a su personal laboral de acuerdo con los requisitos y principios establecidos en el párrafo anterior.

Las convocatorias de selección de personal funcionario se efectuarán por el Ministerio al que se encuentren adscritos los cuerpos o escalas correspondientes, y, excepcionalmente por la propia agencia estatal mediante convenio suscrito al efecto.

Los órganos de representación del personal de la agencia estatal serán tenidos en cuenta en los procesos de selección que se lleven a cabo.

5. Las agencias estatales elaboran, convocan y, a propuesta de órganos especializados en selección de personal, resuelven las correspondientes convocatorias de provisión de puestos de trabajo de personal funcionario, de conformidad con los principios generales y procedimientos de provisión establecidos en la normativa de función pública.

6. La movilidad de los funcionarios destinados en las agencias estatales podrá estar sometida a la condición de autorización previa en las condiciones y con los plazos que se determinen en sus estatutos y de acuerdo con la normativa de función pública.

7. Las agencias estatales disponen de su relación de puestos de trabajo, elaborada y aprobada por la propia agencia estatal dentro del marco de actuación que, en materia de recursos humanos, se establezca en el contrato de gestión.

8. El personal que preste sus servicios en las agencias estatales verá reconocido su derecho a la promoción dentro de una carrera profesional evaluable, en el marco del Estatuto del Empleado Público. Dicha carrera tendrá elementos que permitan criterios de homogeneidad dentro de agencias estatales del mismo ámbito, facilitando similares retribuciones para niveles profesionales semejantes y posibilitando las medidas de movilidad entre el personal de aquellas, sin perjuicio de lo previsto en el apartado 6.

9. Los conceptos retributivos del personal funcionario y estatutario de las agencias estatales, son los establecidos en la normativa de función pública de la Administración General del Estado y sus cuantías se determinarán de conformidad con lo establecido en las Leyes de Presupuestos Generales del Estado.

Las condiciones retributivas del personal laboral son las determinadas en el convenio colectivo de aplicación y en el respectivo contrato de trabajo y sus cuantías se fijarán de acuerdo con lo indicado en el apartado 1 anterior.

La masa salarial de las agencias estatales se autorizará en las condiciones que establezca la normativa aplicable. La cuantía de la masa salarial destinada al complemento de productividad, o concepto equivalente del personal laboral, está en todo caso vinculada al grado de cumplimiento de los objetivos fijados en el contrato de gestión.

10. El personal directivo de las agencias estatales es el que ocupa los puestos de trabajo determinados como tales en el estatuto de las mismas en atención a la especial responsabilidad, competencia técnica y relevancia de las tareas a ellos asignadas.

El personal directivo de las agencias estatales es nombrado y cesado por su Consejo Rector a propuesta de sus órganos ejecutivos, atendiendo a criterios de competencia profesional y experiencia entre titulados superiores preferentemente funcionarios, y mediante procedimiento que garantice el mérito, la capacidad y la publicidad.

El proceso de provisión podrá ser realizado por los órganos de selección especializados a los que se refiere el apartado 5 de este artículo, que formularán propuesta motivada al director de la agencia estatal, incluyendo tres candidatos para cada puesto a cubrir.

Cuando el personal directivo de las agencias estatales tenga la condición de funcionario permanecerá en la situación de servicio activo en su respectivo cuerpo o escala o en la que corresponda con arreglo a la legislación laboral si se trata de personal de este carácter.

El estatuto de las agencias estatales puede prever puestos directivos de máxima responsabilidad a cubrir, en régimen laboral, mediante contratos de alta dirección.

Al personal directivo de las agencias estatales, en todo caso, le será de aplicación el Real Decreto 451/2012, de 5 de marzo, por el que se regula el régimen retributivo de los máximos responsables y directivos en el sector público empresarial y otras entidades. El personal directivo está sujeto, en el desarrollo de sus cometidos, a evaluación con arreglo a los criterios de eficacia, eficiencia y cumplimiento de la legalidad, responsabilidad por su gestión y control de resultados en relación con los objetivos que le hayan sido fijados.

El personal directivo percibe una parte de su retribución como incentivo de rendimiento, mediante el complemento correspondiente que valore la productividad, de acuerdo con los criterios y porcentajes que se establezcan por el Consejo Rector, a propuesta de los órganos directivos de la Agencia Estatal.

11. El órgano ejecutivo de la agencia estatal es el director. Es nombrado y separado por el Consejo Rector a propuesta del Presidente entre personas que reúnan las cualificaciones necesarias para el cargo, según se determine en el Estatuto.

108 quinquies. *Régimen económico financiero y contratación.* [732] 1. Las Agencias Estatales se financian con los siguientes recursos:

a) Las transferencias consignadas en los Presupuestos Generales del Estado.

b) Los ingresos propios que perciba como contraprestación por las actividades que pueda realizar, en virtud de contratos, convenios o disposición legal, para otras entidades públicas, privadas o personas físicas.

c) La enajenación de los bienes y valores que constituyan su patrimonio.

---

[732] Añadido por disposición final 34 apartado 12 de Ley 11/2020 de 30 de diciembre de 2020, con vigencia desde 01/01/2021

d) El rendimiento procedente de sus bienes y valores.

e) Las aportaciones voluntarias, donaciones, herencias y legados y otras aportaciones a título gratuito de entidades privadas y de particulares.

f) Los ingresos recibidos de personas físicas o jurídicas como consecuencia del patrocinio de actividades o instalaciones.

g) Los demás ingresos de derecho público o privado que estén autorizadas a percibir.

h) Cualquier otro recurso que pudiera serles atribuido.

2. En aquellos supuestos expresamente previstos en los estatutos, y solo en la medida que tengan capacidad para generar recursos propios suficientes, las Agencias Estatales podrán financiarse con cargo a los créditos previstos en el capítulo VIII de los Presupuestos Generales del Estado adjudicados de acuerdo con procedimientos de pública concurrencia y destinados a financiar proyectos de investigación y desarrollo. La Ley de Presupuestos Generales del Estado de cada ejercicio establecerá los límites de esta financiación.

3. Los recursos que se deriven de los apartados b), e), f) y g) del número 1 anterior, y no se contemplen inicialmente en el presupuesto de las Agencias Estatales se podrán destinar a financiar mayores gastos por acuerdo de su Director.

4. El recurso al endeudamiento está prohibido a las agencias estatales, salvo que por Ley se disponga lo contrario. No obstante, y con objeto de atender desfases temporales de tesorería, las agencias estatales pueden recurrir a la contratación de pólizas de crédito o préstamo, siempre que el saldo vivo no supere el 5 % de su presupuesto.

5. La contratación de las agencias estatales se rige por la normativa aplicable al sector público. Las sociedades mercantiles y fundaciones creadas o participadas mayoritariamente por las agencias estatales, deberán ajustar su actividad contractual, en todo caso, a los principios de publicidad y concurrencia.

108 sexies. *Régimen presupuestario, de contabilidad y control económico financiero.* [733] 1. El Consejo Rector elaborará y aprobará el anteproyecto de presupuesto de la agencia estatal, conforme a lo dispuesto en el contrato de gestión. El anteproyecto de presupuesto

---

[733] Añadido por disposición final 34 apartado 13 de Ley 11/2020 de 30 de diciembre de 2020, con vigencia desde 01/01/2021

de la agencia estatal será remitido al Ministerio de adscripción para su examen, que dará posterior traslado del mismo al Ministerio de Hacienda. Una vez analizado por este último departamento ministerial, el anteproyecto se incorpora al de Presupuestos Generales del Estado para su aprobación por el Consejo de Ministros y remisión a las Cortes Generales, consolidándose con el de las restantes entidades que integran el sector público estatal.

2. La persona titular del Ministerio de Hacienda establece la estructura del presupuesto de las agencias estatales, así como la documentación que se debe acompañar al mismo.

El presupuesto de gastos de las agencias estatales, tiene carácter limitativo por su importe global y carácter estimativo para la distribución de los créditos en categorías económicas, con excepción de los correspondientes a gastos de personal que en todo caso tienen carácter limitativo y vinculante por su cuantía total, y de las subvenciones nominativas y las atenciones protocolarias y representativas que tendrán carácter limitativo y vinculante cualquiera que sea el nivel de la clasificación económica al que se establezcan.

3. La autorización de las variaciones presupuestarias corresponde:

a) A la persona titular del Ministerio de Hacienda, las variaciones de la cuantía global del presupuesto y las que afecten a gastos de personal, a iniciativa del director y propuesta del Consejo Rector, salvo las previstas en la letra siguiente.

Así mismo, corresponde a la persona titular del Ministerio de Hacienda acordar o denegar las modificaciones presupuestarias, en los supuestos de competencia de los directores de las agencias estatales, cuando exista informe negativo de la Intervención Delegada y el titular de la competencia lo remita en discrepancia al Ministro Hacienda.

b) A la persona titular de la Dirección de la propia agencia estatal, todas las restantes variaciones, incluso en la cuantía global cuando sean financiadas con recursos derivados de los apartados b), e), f), y g) del artículo 108 quinquies por encima de los inicialmente presupuestados, no afecten a gastos de personal y existan garantías suficientes de su efectividad, dando cuenta inmediata a la Comisión de Control.

4. Los remanentes de tesorería que resulten de la liquidación del ejercicio presupuestario no afectados a la financiación del presupuesto del ejercicio siguiente, podrán aplicarse al presupuesto de ingresos y destinarse a financiar incremento de gastos por acuerdo de la persona titular de la Dirección, dando cuenta a la Comisión de Control. Los

déficits derivados del incumplimiento de la estimación de ingresos anuales se compensarán en la forma que se prevea en el contrato de gestión.

5. Las agencias estatales podrán adquirir compromisos de gasto que hayan de extenderse a ejercicios posteriores a aquel en que se autoricen, siempre que no se superen alguno de los siguientes límites:

a) El número de ejercicios a que pueden aplicarse los gastos no será superior a cuatro.

b) El gasto que se impute a cada uno de los ejercicios posteriores no podrá exceder de la cantidad que resulte de aplicar al importe total de cada programa, excluido el capítulo de gastos de personal y los restantes créditos que tengan carácter vinculante, los siguientes porcentajes: El 70 por 100 en el ejercicio inmediato siguiente, el 60 por ciento en el segundo ejercicio y el 50 por ciento en los ejercicios tercero y cuarto.

En el caso de gastos de personal o de otros que tengan carácter vinculante, podrán adquirirse compromisos de gasto con cargo a ejercicios futuros dentro de los límites señalados anteriormente, tomando como referencia de cálculo su dotación inicial.

El Gobierno podrá acordar la modificación de los límites anteriores en los casos especialmente justificados. A estos efectos, la persona titular del Ministerio de Hacienda, a iniciativa de la agencia estatal correspondiente, elevará al Consejo de Ministros la oportuna propuesta, previo informe de la Dirección General de Presupuestos.

6. La ejecución del presupuesto de las agencias estatales corresponde a sus órganos ejecutivos, que elaboran y remiten a la Comisión de Control, mensualmente, un estado de ejecución presupuestaria.

7. Las agencias estatales deberán aplicar los principios contables que les corresponda de acuerdo con lo establecido en el artículo 121 de la Ley General Presupuestaria, con la finalidad de asegurar el adecuado reflejo de las operaciones, los costes y los resultados de su actividad, así como de facilitar datos e información con trascendencia económica.

Corresponde a la Intervención General de la Administración del Estado establecer los criterios que precise la aplicación de la normativa contable a las agencias estatales, en los términos establecidos por la legislación presupuestaria para las entidades del sector público estatal.

8. Las agencias estatales dispondrán de:

a) Un sistema de información económica que:

i) Muestre, a través de estados e informes, la imagen fiel del patrimonio, de la situación financiera, de los resultados y de la ejecución del presupuesto.

ii) Proporcione información de costes sobre su actividad que sea suficiente para una correcta y eficiente adopción de decisiones.

b) Un sistema de contabilidad de gestión que permita efectuar el seguimiento del cumplimiento de los compromisos asumidos en el contrato de gestión.

La Intervención General de la Administración del Estado establece los requerimientos funcionales y, en su caso, los procedimientos informáticos, que deberán observar las agencias estatales para cumplir lo dispuesto en este artículo, de acuerdo con lo dispuesto en el artículo 125 de la Ley General Presupuestaria.

9. Las cuentas anuales de las agencias estatales se formulan por la persona titular de la Dirección en el plazo de tres meses desde el cierre del ejercicio económico. Una vez auditadas dichas cuentas por la Intervención General de la Administración del Estado son sometidas al Consejo Rector, para su aprobación antes del 30 de junio del año siguiente al que se refieran.

Una vez aprobadas por el Consejo Rector, las cuentas se remitirán a través de la Intervención General de la Administración del Estado al Tribunal de Cuentas para su fiscalización. Dicha remisión a la Intervención General se realizará dentro de los siete meses siguientes a la terminación del ejercicio económico.

10. El control externo de la gestión económico-financiera de las agencias estatales corresponde al Tribunal de Cuentas de acuerdo con su normativa específica.

El control interno de la gestión económico-financiera de las agencias estatales corresponde a la Intervención General de la Administración del Estado, y se realizará bajo las modalidades de control financiero permanente y de auditoría pública, en las condiciones y en los términos establecidos en la Ley General Presupuestaria. El control financiero permanente se realizará por las Intervenciones Delegadas en las Agencias Estatales, bajo la dependencia funcional de la Intervención General de la Administración del Estado.

Sin perjuicio del control establecido en el párrafo anterior, las agencias estatales estarán sometidas a un control de eficacia y de supervisión continua que será ejercido, a través del seguimiento del contrato de gestión y hasta su aprobación a través del plan de actuación en los términos establecidos en el artículo 85.

CAPÍTULO IV
Las autoridades administrativas independientes de ámbito estatal [734]

109. *Definición.* 1. Son autoridades administrativas independientes de ámbito estatal las entidades de derecho público que, vinculadas a la Administración General del Estado y con personalidad jurídica propia, tienen atribuidas funciones de regulación o supervisión de carácter externo sobre sectores económicos o actividades determinadas, por requerir su desempeño de independencia funcional o una especial autonomía respecto de la Administración General del Estado, lo que deberá determinarse en una norma con rango de Ley.

2. Las autoridades administrativas independientes actuarán, en el desarrollo de su actividad y para el cumplimiento de sus fines, con independencia de cualquier interés empresarial o comercial.

3. Con independencia de cuál sea su denominación, cuando una entidad tenga la naturaleza jurídica de autoridad administrativa independiente deberá figurar en su denominación la indicación «autoridad administrativa independiente» o su abreviatura «A.A.I.».

110. *Régimen jurídico.* [735]

1. Las autoridades administrativas independientes se regirán por su Ley de creación, sus estatutos y la legislación especial de los sectores económicos sometidos a su supervisión y, supletoriamente y en cuanto sea compatible con su naturaleza y autonomía, por lo dispuesto en esta Ley, en particular lo dispuesto para organismos autónomos, la Ley del Procedimiento Administrativo Común de las Administraciones Públicas, la Ley 47/2003, de 26 de noviembre, el Real Decreto Legislativo 3/2011, de 14 de noviembre, la Ley 33/2003, de 3 de noviembre, así como el resto de las normas de derecho administrativo general y especial que le sea de aplicación. En defecto de norma administrativa, se aplicará el derecho común.

---

[734] Véase art. 81.3 de la presente Ley
[735] Véase art. 85.1 de la presente Ley

2. Las autoridades administrativas independientes estarán sujetas al principio de sostenibilidad financiera de acuerdo con lo previsto en la Ley Orgánica 2/2012, de 27 de abril.

CAPÍTULO V
De las sociedades mercantiles estatales [736]

111. *Definición.* 1. Se entiende por sociedad mercantil estatal aquella sociedad mercantil sobre la que se ejerce control estatal:

a) Bien porque la participación directa, en su capital social de la Administración General del Estado o alguna de las entidades que, conforme a lo dispuesto en el artículo 84, integran el sector público institucional estatal, incluidas las sociedades mercantiles estatales, sea superior al 50 por 100. Para la determinación de este porcentaje, se sumarán las participaciones correspondientes a la Administración General del Estado y a todas las entidades integradas en el sector público institucional estatal, en el caso de que en el capital social participen varias de ellas.

b) Bien porque la sociedad mercantil se encuentre en el supuesto previsto en el artículo 4 de la Ley 24/1988, de 28 de julio, del Mercado de Valores respecto de la Administración General del Estado o de sus organismos públicos vinculados o dependientes [737].

2. En la denominación de las sociedades mercantiles que tengan la condición de estatales deberá figurar necesariamente la indicación «sociedad mercantil estatal» o su abreviatura «S.M.E.».

112. *Principios rectores.* La Administración General del Estado y las entidades integrantes del sector público institucional, en cuanto titulares del capital social de las sociedades mercantiles estatales, perseguirán la eficiencia, transparencia y buen gobierno en la gestión de dichas sociedades mercantiles, para lo cual promoverán las buenas prácticas y códigos de conducta adecuados a la naturaleza de cada entidad. Todo ello sin perjuicio de la supervisión general que ejercerá

---

[736] Véase disp. trans. 2.2.b) de la presente Ley
[737] Véase art. 42 CCom

el accionista sobre el funcionamiento de la sociedad mercantil estatal, conforme prevé la Ley 33/2003, de 3 de noviembre, del Patrimonio de las Administraciones Públicas [738] .

113. *Régimen jurídico.* Las sociedades mercantiles estatales se regirán por lo previsto en esta Ley, por lo previsto en la Ley 33/2003, de 3 de noviembre, y por el ordenamiento jurídico privado, salvo en las materias en que le sea de aplicación la normativa presupuestaria, contable, de personal, de control económico-financiero y de contratación. En ningún caso podrán disponer de facultades que impliquen el ejercicio de autoridad pública, sin perjuicio de que excepcionalmente la ley pueda atribuirle el ejercicio de potestades administrativas [739] .

114. *Creación y extinción.* 1. La creación de una sociedad mercantil estatal o la adquisición de este carácter de forma sobrevenida será autorizada mediante acuerdo del Consejo de Ministros que deberá ser acompañado de una propuesta de estatutos y de un plan de actuación que contendrá, al menos:

a) Las razones que justifican la creación de la sociedad por no poder asumir esas funciones otra entidad ya existente, así como la inexistencia de duplicidades. A estos efectos, deberá dejarse constancia del análisis realizado sobre la existencia de órganos o entidades que desarrollan actividades análogas sobre el mismo territorio y población y las razones por las que la creación de la nueva sociedad no entraña duplicidad con entidades existentes.

b) Un análisis que justifique que la forma jurídica propuesta resulta más eficiente frente a la creación de un organismo público u otras alternativas de organización que se hayan descartado.

c) Los objetivos anuales y los indicadores para medirlos.

Al acuerdo de creación de la sociedad mercantil estatal se acompañará un informe preceptivo favorable del Ministerio de Hacienda y Administraciones Públicas o la Intervención General de la Administración del Estado, según se determine reglamentariamente, que valorará el cumplimiento de lo previsto en este artículo.

---

[738] Véanse arts. 163, 176 y 177 LPAP
[739] Véase Tít. VII LPAP

El Programa de Actuación Plurianual que conforme a la Ley 47/2003, de 26 de noviembre, deben elaborar las sociedades cada año incluirá un plan de actuación anual que servirá de base para el control de eficacia de la sociedad. La falta de aprobación del plan de actuación dentro del plazo anual fijado, por causa imputable a la sociedad y hasta tanto se subsane la omisión, llevará aparejada la paralización de las aportaciones que deban realizarse a favor de la sociedad con cargo a los presupuestos generales del Estado [740].

2. La liquidación de una sociedad mercantil estatal recaerá en un órgano de la Administración General del Estado o en una entidad integrante del sector público institucional estatal.

La responsabilidad que le corresponda al empleado público como miembro de la entidad u órgano liquidador será directamente asumida por la entidad o la Administración General del Estado que lo designó, quien podrá exigir de oficio al empleado público la responsabilidad que, en su caso, corresponda cuando concurra dolo, culpa o negligencia grave conforme a lo previsto en las leyes administrativas en materia de responsabilidad patrimonial.

115. *Régimen de responsabilidad aplicable a los miembros de los consejos de administración de las sociedades mercantiles estatales designados por la Administración General del Estado.* 1. La responsabilidad que le corresponda al empleado público como miembro del consejo de administración será directamente asumida por la Administración General del Estado que lo designó.

2. La Administración General del Estado podrá exigir de oficio al empleado público que designó como miembro del consejo de administración la responsabilidad en que hubiera incurrido por los daños y perjuicios causados en sus bienes o derechos cuando hubiera concurrido dolo, o culpa o negligencia graves, conforme a lo previsto en las leyes administrativas en materia de responsabilidad patrimonial.

116. *Tutela.* 1. Al autorizar la constitución de una sociedad mercantil estatal con forma de sociedad anónima, de acuerdo con lo previsto en el artículo 166.2 de la Ley 33/2003, de 3 de noviembre, el Consejo de Ministros podrá atribuir a un Ministerio, cuyas competen-

---

[740] Véase art. 65 LGP

cias guarden una relación específica con el objeto social de la sociedad, la tutela funcional de la misma.

2. En ausencia de esta atribución expresa corresponderá íntegramente al Ministerio de Hacienda y Administraciones Públicas el ejercicio de las facultades que esta Ley y la Ley 33/2003, de 3 de noviembre, otorgan para la supervisión de la actividad de la sociedad [741].

3. El Ministerio de tutela ejercerá el control de eficacia e instruirá a la sociedad respecto a las líneas de actuación estratégica y establecerá las prioridades en la ejecución de las mismas, y propondrá su incorporación a los Presupuestos de Explotación y Capital y Programas de Actuación Plurianual, previa conformidad, en cuanto a sus aspectos financieros, de la Dirección General del Patrimonio del Estado si se trata de sociedades cuyo capital corresponda íntegramente a la Administración General del Estado, o del organismo público que sea titular de su capital [742].

4. En casos excepcionales, debidamente justificados, el titular del departamento al que corresponda su tutela podrá dar instrucciones a las sociedades, para que realicen determinadas actividades, cuando resulte de interés público su ejecución.

5. Cuando las instrucciones que imparta el Ministerio de tutela impliquen una variación de los Presupuestos de Explotación y Capital de acuerdo con lo dispuesto en la Ley 47/2003, de 26 de noviembre, el órgano de administración no podrá iniciar la cumplimentación de la instrucción sin contar con la autorización del órgano competente para efectuar la modificación correspondiente [743].

6. En este caso, los administradores de las sociedades a las que se hayan impartido estas instrucciones actuarán diligentemente para su ejecución, y quedarán exonerados de la responsabilidad prevista en el artículo 236 del Real Decreto Legislativo 1/2010, de 2 de julio, por el que se aprueba el texto refundido de la Ley de Sociedades de Capital, si del cumplimiento de dichas instrucciones se derivaren consecuencias lesivas.

117. *Régimen presupuestario, de contabilidad, control económico-financiero y de personal.* 1. Las sociedades mercantiles estatales elabo-

---

[741] Véanse arts. 163, 176 y 177 LPAP

[742] Véanse arts. 64 y 65 LGP

[743] Véanse arts. 64 y 65 LGP

rarán anualmente un presupuesto de explotación y capital y un plan de actuación que forma parte del Programa Plurianual, que se integrarán con el Presupuesto General del Estado. El Programa contendrá la revisión trienal del plan de creación a que se refiere el artículo 85.

2. Las sociedades mercantiles estatales formularán y rendirán sus cuentas de acuerdo con los principios y normas de contabilidad recogidos en el Código de Comercio y el Plan General de Contabilidad y disposiciones que lo desarrollan.

3. Sin perjuicio de las competencias atribuidas al Tribunal de Cuentas, la gestión económico financiera de las sociedades mercantiles estatales estará sometida al control de la Intervención General de la Administración del Estado.

4. El personal de las sociedades mercantiles estatales, incluido el que tenga condición de directivo, se regirá por el Derecho laboral, así como por las normas que le sean de aplicación en función de su adscripción al sector público estatal, incluyendo siempre entre las mismas la normativa presupuestaria, especialmente lo que se establezca en las Leyes de Presupuestos Generales del Estado.

CAPÍTULO VI
De los consorcios [744]

118. *Definición y actividades propias.* 1. Los consorcios son entidades de derecho público, con personalidad jurídica propia y diferenciada, creadas por varias Administraciones Públicas o entidades integrantes del sector público institucional, entre sí o con participación de entidades privadas, para el desarrollo de actividades de interés común a todas ellas dentro del ámbito de sus competencias.

2. Los consorcios podrán realizar actividades de fomento, prestacionales o de gestión común de servicios públicos y cuantas otras estén previstas en las leyes.

3. Los consorcios podrán utilizarse para la gestión de los servicios públicos, en el marco de los convenios de cooperación transfronteriza en que participen las Administraciones españolas, y de acuerdo con las

---

[744] Véase disp. trans. 2.2.b) de la presente Ley

previsiones de los convenios internacionales ratificados por España en la materia.

4. En la denominación de los consorcios deberá figurar necesariamente la indicación «consorcio» o su abreviatura «C».

119. *Régimen jurídico.* 1. Los consorcios se regirán por lo establecido en esta Ley, en la normativa autonómica de desarrollo y sus estatutos.

2. En lo no previsto en esta Ley, en la normativa autonómica aplicable, ni en sus Estatutos sobre el régimen del derecho de separación, disolución, liquidación y extinción, se estará a lo previsto en el Código Civil sobre la sociedad civil, salvo el régimen de liquidación, que se someterá a lo dispuesto en el artículo 97, y en su defecto, el Real Decreto Legislativo 1/2010, de 2 de julio [745].

3. Las normas establecidas en la Ley 7/1985, de 2 de abril, y en la Ley 27/2013, de 21 de diciembre, de racionalización y sostenibilidad de la Administración Local sobre los Consorcios locales tendrán carácter supletorio respecto a lo dispuesto en esta Ley [746].

120. *Régimen de adscripción.* 1. Los estatutos de cada consorcio determinarán la Administración Pública a la que estará adscrito de conformidad con lo previsto en este artículo.

2. De acuerdo con los siguientes criterios, ordenados por prioridad en su aplicación y referidos a la situación en el primer día del ejercicio presupuestario, el consorcio quedará adscrito, en cada ejercicio presupuestario y por todo este periodo, a la Administración Pública que:

a) Disponga de la mayoría de votos en los órganos de gobierno.

b) Tenga facultades para nombrar o destituir a la mayoría de los miembros de los órganos ejecutivos.

c) Tenga facultades para nombrar o destituir a la mayoría de los miembros del personal directivo.

d) Disponga de un mayor control sobre la actividad del consorcio debido a una normativa especial.

e) Tenga facultades para nombrar o destituir a la mayoría de los miembros del órgano de gobierno.

---

[745] Véanse Tít. VIII CC y Cap. II del Tít. X LSC

[746] Véanse arts. 57, 87, 103.bis y disp. adic. 9.3 y 4 LBRL y disp. adic. 13 y 14 L 27/2013

f) Financie en más de un cincuenta por ciento, en su defecto, en mayor medida la actividad desarrollada por el consorcio, teniendo en cuenta tanto la aportación del fondo patrimonial como la financiación concedida cada año.

g) Ostente el mayor porcentaje de participación en el fondo patrimonial.

h) Tenga mayor número de habitantes o extensión territorial dependiendo de si los fines definidos en el estatuto están orientados a la prestación de servicios a las personas, o al desarrollo de actuaciones sobre el territorio.

3. En el supuesto de que participen en el consorcio entidades privadas, el consorcio no tendrá ánimo de lucro y estará adscrito a la Administración Pública que resulte de acuerdo con los criterios establecidos en el apartado anterior.

4. Cualquier cambio de adscripción a una Administración Pública, cualquiera que fuere su causa, conllevará la modificación de los estatutos del consorcio en un plazo no superior a seis meses, contados desde el inicio del ejercicio presupuestario siguiente a aquel en se produjo el cambio de adscripción.

121. *Régimen de personal.* [747] El personal al servicio de los consorcios podrá ser funcionario o laboral y habrá de proceder de las Administraciones participantes, en cuyo caso su régimen jurídico será el de la Administración Pública de adscripción y sus retribuciones en ningún caso podrán superar las establecidas para puestos de trabajo equivalentes en aquella.

Excepcionalmente, cuando no resulte posible contar con personal procedente de las Administraciones participantes en el consorcio en atención a la singularidad de las funciones a desempeñar o cuando, tras un anuncio público de convocatoria para la cobertura de un puesto de trabajo restringida a las administraciones consorciadas, no fuera posible cubrir dicho puesto, el Ministerio de Hacienda y Función Pública, u órgano competente de la Administración a la que se adscriba el consorcio, podrá autorizar la contratación de personal por parte del consorcio para el ejercicio de dichas funciones, en los términos

[747] Dada nueva redacción por disposición final 23 apartado 1 de Ley 31/2022 de 23 de diciembre de 2022, con vigencia desde 01/01/2023

previstos en la correspondiente Ley de Presupuestos Generales del Estado.

122. *Régimen presupuestario, de contabilidad, control económico-financiero y patrimonial.* 1. Los consorcios estarán sujetos al régimen de presupuestación, contabilidad y control de la Administración Pública a la que estén adscritos, sin perjuicio de su sujeción a lo previsto en la Ley Orgánica 2/2012, de 27 de abril.

2. A efectos de determinar la financiación por parte de las Administraciones consorciadas, se tendrán en cuenta tanto los compromisos estatutarios o convencionales existentes como la financiación real, mediante el análisis de los desembolsos efectivos de todas las aportaciones realizadas.

3. El órgano de control interno de la Administración a la que se haya adscrito el consorcio, deberá realizar la auditoría de cuentas anuales de aquellos consorcios en los que, a fecha de cierre del ejercicio, concurran, al menos, dos de las tres circunstancias siguientes:

a) Que el total de las partidas del activo supere 2.400.000 euros.

b) Que el importe total de sus ingresos por gestión ordinaria en el caso de los consorcios del sector público administrativo, o la suma del importe de la cifra de negocios más otros ingresos de gestión, en el caso de los pertenecientes al sector público empresarial, sea superior a 2.400.000 euros.

c) Que el número medio de trabajadores empleados durante el ejercicio sea superior a 50.

Mediante Ley, podrán modificarse los límites anteriores cuando la estructura y composición de los consorcios adscritos a una administración así lo requiera.

Las circunstancias señaladas anteriormente se aplicarán teniendo en cuenta lo siguiente:

a) Cuando un consorcio, en la fecha de cierre del ejercicio, pase a cumplir dos de las citadas circunstancias, o bien cese de cumplirlas, tal situación únicamente producirá efectos en cuanto a lo señalado si se repite durante dos ejercicios consecutivos.

b) En el primer ejercicio económico desde su constitución o su adscripción al sector público correspondiente, los consorcios cumplirán lo dispuesto en los apartados anteriormente mencionados si reúnen, al cierre de dicho ejercicio, al menos dos de las tres circunstancias que se señalan.

c) Aun cuando, según las circunstancias señaladas, no exista obligación de someter las cuentas anuales de un consorcio a auditoría de cuentas, los órganos de control interno podrán, en todo caso, incluir su realización en sus planes anuales de control y auditoría. [748]

4. Los consorcios deberán formar parte de los presupuestos e incluirse en la cuenta general de la Administración Pública de adscripción.

5. Los consorcios se regirán por las normas patrimoniales de la Administración Pública a la que estén adscritos.

123. *Creación.* 1. Los consorcios se crearán mediante convenio suscrito por las Administraciones, organismos públicos o entidades participantes.

2. En los consorcios en los que participe la Administración General del Estado o sus organismos públicos y entidades vinculados o dependientes se requerirá:

a) Que su creación se autorice por ley.

b) El convenio de creación precisará de autorización previa del Consejo de Ministros. La competencia para la suscripción del convenio no podrá ser objeto de delegación, y corresponderá al titular del departamento ministerial participante, y en el ámbito de los organismos autónomos, al titular del máximo órgano de dirección del organismo, previo informe del Ministerio del que dependa o al que esté vinculado.

c) Del convenio formarán parte los estatutos, un plan de actuación, de conformidad con lo previsto en el artículo 92, y una proyección presupuestaria trienal, además del informe preceptivo favorable del Ministerio de Hacienda y Administraciones Públicas. El convenio suscrito junto con los estatutos, así como sus modificaciones, serán objeto de publicación en el «Boletín Oficial del Estado».

124. *Contenido de los estatutos.* Los estatutos de cada consorcio determinarán la Administración Pública a la que estará adscrito, así como su régimen orgánico, funcional y financiero de acuerdo con lo previsto en esta Ley, y, al menos, los siguientes aspectos:

---

[748] Dada nueva redacción apartado 3 por disposición final 23 apartado 2 de Ley 31/2022 de 23 de diciembre de 2022, con vigencia desde 01/01/2023

a) Sede, objeto, fines y funciones.

b) Identificación de participantes en el consorcio así como las aportaciones de sus miembros. A estos efectos, en aplicación del principio de responsabilidad previsto en el artículo 8 de la Ley Orgánica 2/2012, de 27 de abril, los estatutos incluirán cláusulas que limiten las actividades del consorcio si las entidades consorciadas incumplieran los compromisos de financiación o de cualquier otro tipo, así como fórmulas tendentes al aseguramiento de las cantidades comprometidas por las entidades consorciadas con carácter previo a la realización de las actividades presupuestadas.

c) Órganos de gobiernos y administración, así como su composición y funcionamiento, con indicación expresa del régimen de adopción de acuerdos. Podrán incluirse cláusulas que contemplen la suspensión temporal del derecho de voto o a la participación en la formación de los acuerdos cuando las Administraciones o entidades consorciadas incumplan manifiestamente sus obligaciones para con el consorcio, especialmente en lo que se refiere a los compromisos de financiación de las actividades del mismo.

d) Causas de disolución.

125. *Causas y procedimiento para el ejercicio del derecho de separación de un consorcio.* 1. Los miembros de un consorcio, al que le resulte de aplicación lo previsto en esta Ley o en la Ley 7/1985, de 2 de abril, podrán separarse del mismo en cualquier momento siempre que no se haya señalado término para la duración del consorcio [749].

Cuando el consorcio tenga una duración determinada, cualquiera de sus miembros podrá separase antes de la finalización del plazo si alguno de los miembros del consorcio hubiera incumplido alguna de sus obligaciones estatutarias y, en particular, aquellas que impidan cumplir con el fin para el que fue creado el consorcio, como es la obligación de realizar aportaciones al fondo patrimonial.

Cuando un municipio deje de prestar un servicio, de acuerdo con lo previsto en la Ley 7/1985, de 2 de abril, y ese servicio sea uno de los prestados por el Consorcio al que pertenece, el municipio podrá separarse del mismo.

2. El derecho de separación habrá de ejercitarse mediante escrito notificado al máximo órgano de gobierno del consorcio. En el escrito

---

[749] Véanse arts. 7 y 57bis LBRL y disp. trans. 2 L 27/2013

deberá hacerse constar, en su caso, el incumplimiento que motiva la separación si el consorcio tuviera duración determinada, la formulación de requerimiento previo de su cumplimiento y el transcurso del plazo otorgado para cumplir tras el requerimiento.

126. *Efectos del ejercicio del derecho de separación de un consorcio.* 1. El ejercicio del derecho de separación produce la disolución del consorcio salvo que el resto de sus miembros, de conformidad con lo previsto en sus estatutos, acuerden su continuidad y sigan permaneciendo en el consorcio, al menos, dos Administraciones, o entidades u organismos públicos vinculados o dependientes de más de una Administración.

2. Cuando el ejercicio del derecho de separación no conlleve la disolución del consorcio se aplicarán las siguientes reglas:

a) Se calculará la cuota de separación que corresponda a quien ejercite su derecho de separación, de acuerdo con la participación que le hubiera correspondido en el saldo resultante del patrimonio neto, de haber tenido lugar la liquidación, teniendo en cuenta el criterio de reparto dispuesto en los estatutos.

A falta de previsión estatutaria, se considerará cuota de separación la que le hubiera correspondido en la liquidación. En defecto de determinación de la cuota de liquidación se tendrán en cuenta, tanto el porcentaje de las aportaciones al fondo patrimonial del consorcio que haya efectuado quien ejerce el derecho de separación, como la financiación concedida cada año. Si el miembro del consorcio que se separa no hubiere realizado aportaciones por no estar obligado a ello, el criterio de reparto será la participación en los ingresos que, en su caso, hubiera recibido durante el tiempo que ha pertenecido al consorcio.

Se acordará por el consorcio la forma y condiciones en que tendrá lugar el pago de la cuota de separación, en el supuesto en que esta resulte positiva, así como la forma y condiciones del pago de la deuda que corresponda a quien ejerce el derecho de separación si la cuota es negativa.

La efectiva separación del consorcio se producirá una vez determinada la cuota de separación, en el supuesto en que ésta resulte positiva, o una vez se haya pagado la deuda, si la cuota es negativa.

b) Si el consorcio estuviera adscrito, de acuerdo con lo previsto en la Ley, a la Administración que ha ejercido el derecho de separación, tendrá que acordarse por el consorcio a quien se adscribe, de las restantes Administraciones o entidades u organismos públicos vinculados o dependientes de una Administración que permanecen en el consorcio, en aplicación de los criterios establecidos en la Ley.

127. *Disolución del consorcio.* 1. La disolución del consorcio produce su liquidación y extinción. En todo caso será causa de disolución que los fines para los que fue creado el consorcio hayan sido cumplidos.

2. El máximo órgano de gobierno del consorcio al adoptar el acuerdo de disolución nombrará un liquidador que será un órgano o entidad, vinculada o dependiente, de la Administración Pública a la que el consorcio esté adscrito.

La responsabilidad que le corresponda al empleado público como miembro de la entidad u órgano liquidador será directamente asumida por la entidad o la Administración Pública que lo designó, quien podrá exigir de oficio al empleado público la responsabilidad que, en su caso, corresponda cuando haya concurrido dolo, culpa o negligencia graves conforme a lo previsto en las leyes administrativas en materia de responsabilidad patrimonial.

3. El liquidador calculará la cuota de liquidación que corresponda a cada miembro del consorcio de conformidad con lo previsto en los estatutos. Si no estuviera previsto en los estatutos, se calculará la mencionada cuota de acuerdo con la participación que le corresponda en el saldo resultante del patrimonio neto tras la liquidación, teniendo en cuenta que el criterio de reparto será el dispuesto en los estatutos.

A falta de previsión estatutaria, se tendrán en cuenta tanto el porcentaje de las aportaciones que haya efectuado cada miembro del consorcio al fondo patrimonial del mismo como la financiación concedida cada año. Si alguno de los miembros del consorcio no hubiere realizado aportaciones por no estar obligado a ello, el criterio de reparto será la participación en los ingresos que, en su caso, hubiera recibido durante el tiempo que ha pertenecido en el consorcio.

4. Se acordará por el consorcio la forma y condiciones en que tendrá lugar el pago de la cuota de liquidación en el supuesto en que ésta resulte positiva.

5. Las entidades consorciadas podrán acordar, con la mayoría que se establezca en los estatutos, o a falta de previsión estatutaria por unanimidad, la cesión global de activos y pasivos a otra entidad del

sector público jurídicamente adecuada con la finalidad de mantener la continuidad de la actividad y alcanzar los objetivos del consorcio que se extingue. La cesión global de activos y pasivos implicará la extinción sin liquidación del consorcio cedente.

CAPÍTULO VII
De las fundaciones del sector público estatal [750]

128. *Definición y actividades propias.* 1. Son fundaciones del sector público estatal aquellas que reúnan alguno de los requisitos siguientes:

a) Que se constituyan de forma inicial, con una aportación mayoritaria, directa o indirecta, de la Administración General del Estado o cualquiera de los sujetos integrantes del sector público institucional estatal, o bien reciban dicha aportación con posterioridad a su constitución.

b) Que el patrimonio de la fundación esté integrado en más de un 50 por ciento por bienes o derechos aportados o cedidos por la Administración General del Estado o cualquiera de los sujetos integrantes del sector público institucional estatal con carácter permanente.

c) La mayoría de derechos de voto en su patronato corresponda a representantes de la Administración General del Estado o del sector público institucional estatal. [751]

2. Son actividades propias de las fundaciones del sector público estatal las realizadas, sin ánimo de lucro, para el cumplimiento de fines de interés general, con independencia de que el servicio se preste de forma gratuita o mediante contraprestación.

Únicamente podrán realizar actividades relacionadas con el ámbito competencial de las entidades del sector público fundadoras, debiendo coadyuvar a la consecución de los fines de las mismas, sin que ello suponga la asunción de sus competencias propias, salvo previsión legal expresa. Las fundaciones no podrán ejercer potestades públicas.

---

[750] Véase disp. trans. 2.2.b) de la presente Ley

[751] Dada nueva redacción apartado 1 por disposición final 27 apartado 3 de Ley 22/2021 de 28 de diciembre de 2021, con vigencia desde 01/01/2022

En la denominación de las fundaciones del sector público estatal deberá figurar necesariamente la indicación «fundación del sector público» o su abreviatura «F.S.P.».

3. Para la financiación de las actividades y el mantenimiento de la fundación, debe haberse previsto la posibilidad de que en el patrimonio de las fundaciones del sector público pueda existir aportación del sector privado de forma no mayoritaria.

129. *Régimen de adscripción de las fundaciones.* [752]

1. Los estatutos de cada fundación determinarán la Administración Pública a la que estará adscrita de conformidad con lo previsto en este artículo.

2. De acuerdo con los siguientes criterios, ordenados por prioridad en su aplicación, referidos a la situación en el primer día del ejercicio presupuestario, la fundación del sector público quedará adscrita, en cada ejercicio presupuestario y por todo este periodo, a la Administración Pública que:

a) Disponga de mayoría de patronos.

b) Tenga facultades para nombrar o destituir a la mayoría de los miembros de los órganos ejecutivos.

c) Tenga facultades para nombrar o destituir a la mayoría de los miembros del personal directivo.

d) Tenga facultades para nombrar o destituir a la mayoría de los miembros del patronato.

e) Financie en más de un cincuenta por ciento, en su defecto, en mayor medida la actividad desarrollada por la fundación, teniendo en cuenta tanto la aportación del fondo patrimonial como la financiación concedida cada año.

f) Ostente el mayor porcentaje de participación en el fondo patrimonial.

g) Si la aplicación de los anteriores no resultara determinante, se adscribirá a la Administración General del Estado, y, en el caso de que ésta no participe, se adscribirá a la administración que decida su patronato. [753]

---

[752] Véase art. 81.3 de la presente Ley

[753] Añadido apartado 2 apartado g por disposición final 27 apartado 4 letra a de Ley 22/2021 de 28 de diciembre de 2021, con vigencia desde 01/01/2022

3. En el supuesto de que participen en la fundación entidades privadas sin ánimo de lucro, la fundación del sector público estará adscrita a la Administración que resulte de acuerdo con los criterios establecidos en el apartado anterior.

4. El cambio de adscripción a una Administración Pública, cualquiera que fuere su causa, conllevará la modificación de los estatutos que deberá realizarse en un plazo no superior a tres meses, contados desde el inicio del ejercicio presupuestario siguiente a aquél en se produjo el cambio de adscripción.

5. Las fundaciones estarán sujetas al régimen presupuestario, económico financiero y de control de la Administración Pública a la que estén adscritas. [754]

130. *Régimen jurídico.* Las fundaciones del sector público estatal se rigen por lo previsto en esta Ley, por la Ley 50/2002, de 26 de diciembre, de Fundaciones, la legislación autonómica que resulte aplicable en materia de fundaciones, y por el ordenamiento jurídico privado, salvo en las materias en que le sea de aplicación la normativa presupuestaria, contable, de control económico-financiero y de contratación del sector público [755].

131. *Régimen de contratación.* La contratación de las fundaciones del sector público estatal se ajustará a lo dispuesto en la legislación sobre contratación del sector público.

132. *Régimen presupuestario, de contabilidad, de control económico-financiero y de personal.* 1. Las fundaciones del sector público estatal elaborarán anualmente un presupuesto de explotación y capital, que se integrarán con el Presupuesto General del Estado y formularán y presentarán sus cuentas de acuerdo con los principios y normas de contabilidad recogidos en la adaptación del Plan General de Contabilidad a las entidades sin fines lucrativos y disposiciones que lo desarrollan, así como la normativa vigente sobre fundaciones.

---

[754] Añadido apartado 5 por disposición final 27 apartado 4 letra b de Ley 22/2021 de 28 de diciembre de 2021, con vigencia desde 01/01/2022

[755] Véanse arts. 44 a 46 L 50/2002

2. Las fundaciones del sector público estatal aplicarán el régimen presupuestario, económico financiero, de contabilidad, y de control establecido por la Ley 47/2003, de 26 de noviembre, y sin perjuicio de las competencias atribuidas al Tribunal de Cuentas, estarán sometidas al control de la Intervención General de la Administración del Estado.

3. El personal de las fundaciones del sector público estatal, incluido el que tenga condición de directivo, se regirá por el Derecho laboral, así como por las normas que le sean de aplicación en función de su adscripción al sector público estatal, incluyendo entre las mismas la normativa presupuestaria así como lo que se establezca en las Leyes de Presupuestos Generales del Estado.

133. *Creación de fundaciones del sector público estatal.* 1. La creación de las fundaciones del sector público estatal o la adquisición de este carácter de forma sobrevenida se realizará por ley que establecerá los fines de la fundación y, en su caso, los recursos económicos con los que se le dota.

2. El anteproyecto de ley de creación de una fundación del sector público estatal que se eleve al Consejo de Ministros deberá ser acompañado de una propuesta de estatutos y del plan de actuación, de conformidad con lo previsto en el artículo 92, junto con el informe preceptivo favorable del Ministerio de Hacienda y Administraciones Públicas o la Intervención General de la Administración del Estado, según se determine reglamentariamente.

3. Los estatutos de las fundaciones del sector público estatal se aprobarán por Real Decreto de Consejo de Ministros, a propuesta conjunta del titular del Ministerio de Hacienda y Administraciones Públicas y del Ministerio que ejerza el protectorado, que estará determinado en sus Estatutos. No obstante, por Acuerdo del Consejo de Ministros podrá modificarse el Ministerio al que se adscriba inicialmente la fundación.

134. *Protectorado.* El Protectorado de las fundaciones del sector público será ejercido por el órgano de la Administración de adscripción que tenga atribuida tal competencia, que velará por el cumplimiento de las obligaciones establecidas en la normativa sobre fundaciones, sin perjuicio del control de eficacia y la supervisión continua al que están sometidas de acuerdo con lo previsto en esta Ley [756].

135. *Estructura organizativa.* En las fundaciones del sector público estatal la mayoría de miembros del patronato serán designados por los sujetos del sector público estatal.

La responsabilidad que le corresponda al empleado público como miembro del patronato será directamente asumida por la entidad o la Administración General del Estado que lo designó. La Administración General del Estado podrá exigir de oficio al empleado público que designó a esos efectos la responsabilidad en que hubiera incurrido por los daños y perjuicios causados en sus bienes o derechos cuando hubiera concurrido dolo, o culpa o negligencia graves, conforme a lo previsto en las leyes administrativas en materia de responsabilidad patrimonial.

136. *Fusión, disolución, liquidación y extinción.* A las fundaciones del sector público estatal le resultará de aplicación el régimen de fusión, disolución, liquidación y extinción previsto en los artículos 94, 96 y 97.

CAPÍTULO VIII
De los fondos carentes de personalidad jurídica del sector público estatal [757]

137. *Creación y extinción.* 1. La creación de fondos carentes de personalidad jurídica en el sector público estatal se efectuará por Ley. La norma de creación determinará expresamente su adscripción a la Administración General del Estado.

2. Con independencia de su creación por Ley se extinguirán por norma de rango reglamentario.

---

[756] Véase art. 81.3 de la presente Ley
[757] Véase disp. trans. 2.2.b) de la presente Ley

3. En la denominación de los fondos carentes de personalidad jurídica deberá figurar necesariamente la indicación «fondo carente de personalidad jurídica» o su abreviatura «F.C.P.J».

138. *Régimen jurídico.* Los fondos carentes de personalidad jurídica se regirán por lo dispuesto en esta Ley, en su norma de creación, y el resto de las normas de derecho administrativo general y especial que le sea de aplicación.

139. *Régimen presupuestario, de contabilidad y de control económico-financiero.* Los fondos carentes de personalidad jurídica estarán sujetos al régimen de presupuestación, contabilidad y control previsto en la Ley 47/2003, de 26 de noviembre.

TÍTULO III
Relaciones interadministrativas [758]

CAPÍTULO I
Principios generales de las relaciones interadministrativas

140. *Principios de las relaciones interadministrativas.* 1. Las diferentes Administraciones Públicas actúan y se relacionan con otras Administraciones y entidades u organismos vinculados o dependientes de éstas de acuerdo con los siguientes principios [759] :
a) Lealtad institucional.
b) Adecuación al orden de distribución de competencias establecido en la Constitución y en los Estatutos de Autonomía y en la normativa del régimen local.
c) Colaboración, entendido como el deber de actuar con el resto de Administraciones Públicas para el logro de fines comunes.

---

[758] Véase art. 140.2 de la presente Ley
[759] Véanse arts.2 Ley 12/1983 , 11 y 21 LO 15/1999 y 10 LBRL

d) Cooperación, cuando dos o más Administraciones Publicas, de manera voluntaria y en ejercicio de sus competencias, asumen compromisos específicos en aras de una acción común.

e) Coordinación, en virtud del cual una Administración Pública y, singularmente, la Administración General del Estado, tiene la obligación de garantizar la coherencia de las actuaciones de las diferentes Administraciones Públicas afectadas por una misma materia para la consecución de un resultado común, cuando así lo prevé la Constitución y el resto del ordenamiento jurídico.

f) Eficiencia en la gestión de los recursos públicos, compartiendo el uso de recursos comunes, salvo que no resulte posible o se justifique en términos de su mejor aprovechamiento.

g) Responsabilidad de cada Administración Pública en el cumplimiento de sus obligaciones y compromisos.

h) Garantía e igualdad en el ejercicio de los derechos de todos los ciudadanos en sus relaciones con las diferentes Administraciones.

i) Solidaridad interterritorial de acuerdo con la Constitución.

2. En lo no previsto en el presente Título, las relaciones entre la Administración General del Estado o las Administraciones de las Comunidades Autónomas con las Entidades que integran la Administración Local se regirán por la legislación básica en materia de régimen local [760] .

CAPÍTULO II
Deber de colaboración

141. *Deber de colaboración entre las Administraciones Públicas.* 1. Las Administraciones Públicas deberán:

a) Respetar el ejercicio legítimo por las otras Administraciones de sus competencias.

b) Ponderar, en el ejercicio de las competencias propias, la totalidad de los intereses públicos implicados y, en concreto, aquellos cuya gestión esté encomendada a las otras Administraciones.

c) Facilitar a las otras Administraciones la información que precisen sobre la actividad que desarrollen en el ejercicio de sus propias compe-

---

[760] Véanse arts. 55 a 62 LBRL y 61 a 71 RDLeg 781/1986

tencias o que sea necesaria para que los ciudadanos puedan acceder de forma integral a la información relativa a una materia.

d) Prestar, en el ámbito propio, la asistencia que las otras Administraciones pudieran solicitar para el eficaz ejercicio de sus competencias.

e) Cumplir con las obligaciones concretas derivadas del deber de colaboración y las restantes que se establezcan normativamente.

2. La asistencia y colaboración requerida sólo podrá negarse cuando el organismo público o la entidad del que se solicita no esté facultado para prestarla de acuerdo con lo previsto en su normativa específica, no disponga de medios suficientes para ello o cuando, de hacerlo, causara un perjuicio grave a los intereses cuya tutela tiene encomendada o al cumplimiento de sus propias funciones o cuando la información solicitada tenga carácter confidencial o reservado. La negativa a prestar la asistencia se comunicará motivadamente a la Administración solicitante.

3. La Administración General del Estado, las de las Comunidades Autónomas y las de las Entidades Locales deberán colaborar y auxiliarse para la ejecución de sus actos que hayan de realizarse o tengan efectos fuera de sus respectivos ámbitos territoriales. Los posibles costes que pueda generar el deber de colaboración podrán ser repercutidos cuando así se acuerde.

142. *Técnicas de colaboración.* [761] Las obligaciones que se derivan del deber de colaboración se harán efectivas a través de las siguientes técnicas:

a) El suministro de información, datos, documentos o medios probatorios que se hallen a disposición del organismo público o la entidad al que se dirige la solicitud y que la Administración solicitante precise disponer para el ejercicio de sus competencias.

b) La colaboración a fin de proporcionar la inclusión en un sistema integrado de información de las respectivas áreas personalizadas o carpetas ciudadanas, o determinadas funcionalidades de las mismas, de forma que el interesado pueda acceder a sus contenidos, notificaciones o funcionalidades mediante procedimientos seguros que garanticen

---

[761] Dada nueva redacción por disposición final 22 apartado 1 de Real Decreto-Ley 6/2022 de 29 de marzo de 2022, con vigencia desde 31/03/2022

la integridad y confidencialidad de los datos de carácter personal, independientemente de cuál haya sido el punto de acceso.

c) El desarrollo de la Plataforma Digital de Colaboración entre las Administraciones Públicas como instrumento destinado a facilitar las relaciones y el soporte electrónico de los órganos integrantes del sistema de Conferencias Sectoriales y en general de los órganos de cooperación, así como de otras de plataformas comunes para el intercambio de datos en el ámbito de todas las administraciones públicas.

d) La creación y mantenimiento de sistemas integrados de información administrativa con el fin de disponer de datos actualizados, completos y permanentes referentes a los diferentes ámbitos de actividad administrativa en todo el territorio nacional.

e) El deber de asistencia y auxilio, para atender las solicitudes formuladas por otras Administraciones para el mejor ejercicio de sus competencias, en especial cuando los efectos de su actividad administrativa se extiendan fuera de su ámbito territorial.

f) Cualquier otra prevista en una Ley.

CAPÍTULO III
Relaciones de cooperación

Sección 1ª
Técnicas de cooperación

143. *Cooperación entre Administraciones Públicas.* 1. Las Administraciones cooperarán al servicio del interés general y podrán acordar de manera voluntaria la forma de ejercer sus respectivas competencias que mejor sirva a este principio.

2. La formalización de relaciones de cooperación requerirá la aceptación expresa de las partes, formulada en acuerdos de órganos de cooperación o en convenios.

144. *Técnicas de Cooperación.* 1. Se podrá dar cumplimiento al principio de cooperación de acuerdo con las técnicas que las Administraciones interesadas estimen más adecuadas, como pueden ser:

a) La participación en órganos de cooperación, con el fin de deliberar y, en su caso, acordar medidas en materias sobre las que tengan competencias diferentes Administraciones Públicas.

b) La participación en órganos consultivos de otras Administraciones Públicas.

c) La participación de una Administración Pública en organismos públicos o entidades dependientes o vinculados a otra Administración diferente.

d) La prestación de medios materiales, económicos o personales a otras Administraciones Públicas.

e) La cooperación interadministrativa para la aplicación coordinada de la normativa reguladora de una determinada materia.

f) La emisión de informes no preceptivos con el fin de que las diferentes Administraciones expresen su criterio sobre propuestas o actuaciones que incidan en sus competencias.

g) Las actuaciones de cooperación en materia patrimonial, incluidos los cambios de titularidad y la cesión de bienes, previstas en la legislación patrimonial.

h) Cualquier otra prevista en la Ley.

2. En los convenios y acuerdos en los que se formalice la cooperación se preverán las condiciones y compromisos que asumen las partes que los suscriben.

3. Cada Administración Pública mantendrá actualizado un registro electrónico de los órganos de cooperación en los que participe y de convenios que haya suscrito.

Sección 2ª
Técnicas orgánicas de cooperación

145. *Órganos de cooperación.* 1. Los órganos de cooperación son órganos de composición multilateral o bilateral, de ámbito general o especial, constituidos por representantes de la Administración General del Estado, de las Administraciones de las Comunidades o Ciudades de Ceuta y Melilla o, en su caso, de las Entidades Locales, para acordar voluntariamente actuaciones que mejoren el ejercicio de las competencias que cada Administración Pública tiene.

2. Los órganos de cooperación se regirán por lo dispuesto en esta Ley y por las disposiciones específicas que les sean de aplicación.

3. Los órganos de cooperación entre distintas Administraciones Públicas en los que participe la Administración General del Estado, deberán inscribirse en el Registro estatal de Órganos e Instrumentos de Cooperación para que resulte válida su sesión constitutiva.

4. Los órganos de cooperación, salvo oposición por alguna de las partes, podrán adoptar acuerdos a través de un procedimiento simplificado y por suscripción sucesiva de las partes, por cualquiera de las formas admitidas en Derecho, en los términos que se establezcan de común acuerdo.

146. *Conferencia de Presidentes.* 1. La Conferencia de Presidentes es un órgano de cooperación multilateral entre el Gobierno de la Nación y los respectivos Gobiernos de las Comunidades Autónomas y está formada por el Presidente del Gobierno, que la preside, y por los Presidentes de las Comunidades Autónomas y de las Ciudades de Ceuta y Melilla.

2. La Conferencia de Presidentes tiene por objeto la deliberación de asuntos y la adopción de acuerdos de interés para el Estado y las Comunidades Autónomas, estando asistida para la preparación de sus reuniones por un Comité preparatorio del que forman parte un Ministro del Gobierno, que lo preside, y un Consejero de cada Comunidad Autónoma.

147. *Conferencias Sectoriales.* 1. La Conferencia Sectorial es un órgano de cooperación, de composición multilateral y ámbito sectorial determinado, que reúne, como Presidente, al miembro del Gobierno que, en representación de la Administración General del Estado, resulte competente por razón de la materia, y a los correspondientes miembros de los Consejos de Gobierno, en representación de las Comunidades Autónomas y de las Ciudades de Ceuta y Melilla.

2. Las Conferencias Sectoriales, u órganos sometidos a su régimen jurídico con otra denominación, habrán de inscribirse en el Registro Electrónico estatal de Órganos e Instrumentos de Cooperación para su válida constitución.

3. Cada Conferencia Sectorial dispondrá de un reglamento de organización y funcionamiento interno aprobado por sus miembros.

148. *Funciones de las Conferencias Sectoriales.* 1. Las Conferencias Sectoriales pueden ejercer funciones consultivas, decisorias o de coordinación orientadas a alcanzar acuerdos sobre materias comunes.

2. En particular, las Conferencias Sectoriales ejercerán, entre otras, las siguientes funciones:

a) Ser informadas sobre los anteproyectos de leyes y los proyectos de reglamentos del Gobierno de la Nación o de los Consejos de Gobierno de las Comunidades Autónomas cuando afecten de manera directa al ámbito competencial de las otras Administraciones Públicas o cuando así esté previsto en la normativa sectorial aplicable, bien a través de su pleno o bien a través de la comisión o el grupo de trabajo mandatado al efecto.

b) Establecer planes específicos de cooperación entre Comunidades Autónomas en la materia sectorial correspondiente, procurando la supresión de duplicidades, y la consecución de una mejor eficiencia de los servicios públicos.

c) Intercambiar información sobre las actuaciones programadas por las distintas Administraciones Públicas, en ejercicio de sus competencias, y que puedan afectar a las otras Administraciones.

d) Establecer mecanismos de intercambio de información, especialmente de contenido estadístico.

e) Acordar la organización interna de la Conferencia Sectorial y de su método de trabajo.

f) Fijar los criterios objetivos que sirvan de base para la distribución territorial de los créditos presupuestarios, así como su distribución al comienzo del ejercicio económico, de acuerdo con lo previsto en la Ley 47/2003, de 26 de noviembre [762].

149. *Convocatoria de las reuniones de las Conferencias Sectoriales.* 1. Corresponde al Ministro que presida la Conferencia Sectorial acordar la convocatoria de las reuniones por iniciativa propia, al menos una vez al año, o cuando lo soliciten, al menos, la tercera parte de sus miembros. En este último caso, la solicitud deberá incluir la propuesta de orden del día [763].

---

[762] Véase art. 86 LGP
[763] Véanse arts. 4 Ley 12/1983 y 154.3 presente Ley

2. La convocatoria, que deberá acompañarse de los documentos necesarios con la suficiente antelación, deberá contener el orden del día previsto para cada sesión, sin que puedan examinarse asuntos que no figuren en el mismo, salvo que todos los miembros de la Conferencia Sectorial manifiesten su conformidad. El orden del día de cada reunión será propuesto por el Presidente y deberá especificar el carácter consultivo, decisorio o de coordinación de cada uno de los asuntos a tratar.

3. Cuando la conferencia sectorial hubiera de reunirse con el objeto exclusivo de informar un proyecto normativo, la convocatoria, la constitución y adopción de acuerdos podrá efectuarse por medios electrónicos, telefónicos o audiovisuales, que garanticen la intercomunicación entre ellos y la unidad de acto, tales como la videoconferencia o el correo electrónico, entendiéndose los acuerdos adoptados en el lugar donde esté la presidencia, de acuerdo con el procedimiento que se establezca en el reglamento de funcionamiento interno de la conferencia sectorial.

De conformidad con lo previsto en este apartado la elaboración y remisión de actas podrá realizarse a través de medios electrónicos.

150. *Secretaría de las Conferencias Sectoriales.* [764]

1. Cada Conferencia Sectorial tendrá un secretario que será designado por el Presidente de la Conferencia Sectorial.

2. Corresponde al secretario de la Conferencia Sectorial, al menos, las siguientes funciones:

a) Preparar las reuniones y asistir a ellas con voz pero sin voto.

b) Efectuar la convocatoria de las sesiones de la Conferencia Sectorial por orden del Presidente.

c) Recibir los actos de comunicación de los miembros de la Conferencia Sectorial y, por tanto, las notificaciones, peticiones de datos, rectificaciones o cualquiera otra clase de escritos de los que deba tener conocimiento.

d) Redactar y autorizar las actas de las sesiones.

e) Expedir certificaciones de las consultas, recomendaciones y acuerdos aprobados y custodiar la documentación generada con motivo de la celebración de sus reuniones.

---

[764] Véase art.154.3 presente Ley

f) Cuantas otras funciones sean inherentes a su condición de secretario.

151. *Clases de decisiones de la Conferencia Sectorial.* 1. La adopción de decisiones requerirá la previa votación de los miembros de la Conferencia Sectorial. Esta votación se producirá por la representación que cada Administración Pública tenga y no por los distintos miembros de cada una de ellas.

2. Las decisiones que adopte la Conferencia Sectorial podrán revestir la forma de:

a) Acuerdo: supone un compromiso de actuación en el ejercicio de las respectivas competencias. Son de obligado cumplimiento y directamente exigibles de acuerdo con lo previsto en la Ley 29/1998, de 13 de julio, reguladora de la Jurisdicción Contencioso-administrativa, salvo para quienes hayan votado en contra mientras no decidan suscribirlos con posterioridad. El acuerdo será certificado en acta [765].

Cuando la Administración General del Estado ejerza funciones de coordinación, de acuerdo con el orden constitucional de distribución de competencias del ámbito material respectivo, el Acuerdo que se adopte en la Conferencia Sectorial, y en el que se incluirán los votos particulares que se hayan formulado, será de obligado cumplimiento para todas las Administraciones Públicas integrantes de la Conferencia Sectorial, con independencia del sentido de su voto, siendo exigibles conforme a lo establecido en la Ley 29/1998, de 13 de julio. El acuerdo será certificado en acta.

Las Conferencias Sectoriales podrán adoptar planes conjuntos, de carácter multilateral, entre la Administración General del Estado y la de las Comunidades Autónomas, para comprometer actuaciones conjuntas para la consecución de los objetivos comunes, que tendrán la naturaleza de Acuerdo de la conferencia sectorial y se publicarán en el «Boletín Oficial del Estado».

El acuerdo aprobatorio de los planes deberá especificar, según su naturaleza, los siguientes elementos, de acuerdo con lo previsto en la legislación presupuestaria:

1.º Los objetivos de interés común a cumplir.

2.º Las actuaciones a desarrollar por cada Administración.

---

[765] Véase art. 127 LJCA

3.º Las aportaciones de medios personales y materiales de cada Administración.

4.º Los compromisos de aportación de recursos financieros.

5.º La duración, así como los mecanismos de seguimiento, evaluación y modificación.

b) Recomendación: tiene como finalidad expresar la opinión de la Conferencia Sectorial sobre un asunto que se somete a su consulta. Los miembros de la Conferencia Sectorial se comprometen a orientar su actuación en esa materia de conformidad con lo previsto en la Recomendación salvo quienes hayan votado en contra mientras no decidan suscribirla con posterioridad. Si algún miembro se aparta de la Recomendación, deberá motivarlo e incorporar dicha justificación en el correspondiente expediente.

152. *Comisiones Sectoriales y Grupos de trabajo.* 1. La Comisión Sectorial es el órgano de trabajo y apoyo de carácter general de la Conferencia Sectorial, estando constituida por el Secretario de Estado u órgano superior de la Administración General del Estado designado al efecto por el Ministro correspondiente, que la presidirá, y un representante de cada Comunidad Autónoma, así como un representante de la Ciudad de Ceuta y de la Ciudad Melilla. El ejercicio de las funciones propias de la secretaría de la Comisión Sectorial corresponderá a un funcionario del Ministerio correspondiente.

Si así se prevé en el reglamento interno de funcionamiento de la Conferencia Sectorial, las comisiones sectoriales y grupos de trabajo podrán funcionar de forma electrónica o por medios telefónicos o audiovisuales, que garanticen la intercomunicación entre ellos y la unidad de acto, tales como la videoconferencia o el correo electrónico, entendiendo los acuerdos adoptados en el lugar donde esté la presidencia, de acuerdo con el procedimiento que se establezca en el reglamento de funcionamiento interno de la Conferencia Sectorial.

2. La Comisión Sectorial ejercerá las siguientes funciones:

a) La preparación de las reuniones de la Conferencia Sectorial, para lo que tratará los asuntos incluidos en el orden del día de la convocatoria.

b) El seguimiento de los acuerdos adoptados por la Conferencia Sectorial.

c) El seguimiento y evaluación de los Grupos de trabajo constituidos.

d) Cualquier otra que le encomiende la Conferencia Sectorial.

3. Las Conferencias Sectoriales podrán crear Grupos de trabajo, de carácter permanente o temporal, formados por Directores Generales, Subdirectores Generales o equivalentes de las diferentes Administraciones Públicas que formen parte de dicha Conferencia, para llevar a cabo las tareas técnicas que les asigne la Conferencia Sectorial o la Comisión Sectorial. A estos grupos de trabajo podrán ser invitados expertos de reconocido prestigio en la materia a tratar.

El director del Grupo de trabajo, que será un representante de la Administración General del Estado, podrá solicitar con el voto favorable de la mayoría de sus miembros, la participación en el mismo de las organizaciones representativas de intereses afectados, con el fin de recabar propuestas o formular consultas.

153. *Comisiones Bilaterales de Cooperación.* 1. Las Comisiones Bilaterales de Cooperación son órganos de cooperación de composición bilateral que reúnen, por un número igual de representantes, a miembros del Gobierno, en representación de la Administración General del Estado, y miembros del Consejo de Gobierno de la Comunidad Autónoma o representantes de la Ciudad de Ceuta o de la Ciudad de Melilla.

2. Las Comisiones Bilaterales de Cooperación ejercen funciones de consulta y adopción de acuerdos que tengan por objeto la mejora de la coordinación entre las respectivas Administraciones en asuntos que afecten de forma singular a la Comunidad Autónoma, a la Ciudad de Ceuta o a la Ciudad de Melilla.

3. Para el desarrollo de su actividad, las Comisiones Bilaterales de Cooperación podrán crear Grupos de trabajo y podrán convocarse y adoptar acuerdos por videoconferencia o por medios electrónicos.

4. Las decisiones adoptadas por las Comisiones Bilaterales de Cooperación revestirán la forma de Acuerdos y serán de obligado cumplimiento, cuando así se prevea expresamente, para las dos Administraciones que lo suscriban y en ese caso serán exigibles conforme a lo establecido en la Ley 29/1998, de 13 de julio. El acuerdo será certificado en acta [766].

5. Lo previsto en este artículo será de aplicación sin perjuicio de las peculiaridades que, de acuerdo con las finalidades básicas previstas, se

---

[766] Véase art. 127 LJCA

establezcan en los Estatutos de Autonomía en materia de organización y funciones de las comisiones bilaterales.

154. *Comisiones Territoriales de Coordinación.* 1. Cuando la proximidad territorial o la concurrencia de funciones administrativas así lo requiera, podrán crearse Comisiones Territoriales de Coordinación, de composición multilateral, entre Administraciones cuyos territorios sean coincidentes o limítrofes, para mejorar la coordinación de la prestación de servicios, prevenir duplicidades y mejorar la eficiencia y calidad de los servicios. En función de las Administraciones afectadas por razón de la materia, estas Comisiones podrán estar formadas por:

a) Representantes de la Administración General del Estado y representantes de las Entidades Locales.

b) Representantes de las Comunidades Autónomas y representantes de las Entidades locales.

c) Representantes de la Administración General del Estado, representantes de las Comunidades Autónomas y representantes de las Entidades Locales.

2. La decisiones adoptadas por las Comisiones Territoriales de Cooperación revestirán la forma de Acuerdos, que serán certificados en acta y serán de obligado cumplimiento para las Administraciones que lo suscriban y exigibles conforme a lo establecido en la Ley 29/1998, de 13 de julio [767].

3. El régimen de las convocatorias y la secretaría será el mismo que el establecido para las Conferencias Sectoriales en los artículos 149 y 150, salvo la regla prevista sobre quién debe ejercer las funciones de secretario, que se designará según su reglamento interno de funcionamiento.

---

[767] Véase art. 127 LJCA

CAPÍTULO IV
Relaciones electrónicas entre las Administraciones [768]

155. *Transmisiones de datos entre Administraciones Públicas.* [769]
1. De conformidad con lo dispuesto en el Reglamento (UE) 2016/679 del Parlamento Europeo y del Consejo, de 27 de abril de 2016, relativo a la protección de las personas físicas en lo que respecta al tratamiento de datos personales y a la libre circulación de estos datos y por el que se deroga la Directiva 95/46/CE y en la Ley Orgánica 3/2018, de 5 de diciembre, de Protección de Datos Personales y garantía de los derechos digitales y su normativa de desarrollo, cada Administración deberá facilitar el acceso de las restantes Administraciones Públicas a los datos relativos a los interesados que obren en su poder, especificando las condiciones, protocolos y criterios funcionales o técnicos necesarios para acceder a dichos datos con las máximas garantías de seguridad, integridad y disponibilidad.

2. En ningún caso podrá procederse a un tratamiento ulterior de los datos para fines incompatibles con el fin para el cual se recogieron inicialmente los datos personales. De acuerdo con lo previsto en el artículo 5.1.b) del Reglamento (UE) 2016/679, no se considerará incompatible con los fines iniciales el tratamiento ulterior de los datos personales con fines de archivo en interés público, fines de investigación científica e histórica o fines estadísticos.

3. Fuera del caso previsto en el apartado anterior y siempre que las leyes especiales aplicables a los respectivos tratamientos no prohíban expresamente el tratamiento ulterior de los datos para una finalidad distinta, cuando la Administración Pública cesionaria de los datos pretenda el tratamiento ulterior de los mismos para una finalidad que estime compatible con el fin inicial, deberá comunicarlo previamente a la Administración Pública cedente a los efectos de que esta pueda comprobar dicha compatibilidad. La Administración Pública cedente podrá, en el plazo de diez días oponerse motivadamente. Cuando la Administración cedente sea la Administración General del Estado podrá en este supuesto, excepcionalmente y de forma motivada, sus-

[768] Véase el tít. IV RD 203/2021 de 30 marzo, por el que se aprueba el Rgto. de actuación y funcionamiento del sector público por medios electrónicos

[769] Dada nueva redacción por art. 4 apartado 2 de Real Decreto-Ley 14/2019 de 31 de octubre de 2019, con vigencia desde 06/11/2019

pender la transmisión de datos por razones de seguridad nacional de forma cautelar por el tiempo estrictamente indispensable para su preservación. En tanto que la Administración Pública cedente no comunique su decisión a la cesionaria esta no podrá emplear los datos para la nueva finalidad pretendida.

Se exceptúan de lo dispuesto en el párrafo anterior los supuestos en que el tratamiento para otro fin distinto de aquel para el que se recogieron los datos personales esté previsto en una norma con rango de ley de conformidad con lo previsto en el artículo 23.1 del Reglamento (UE) 2016/679.

156. *Esquema Nacional de Interoperabilidad y Esquema Nacional de Seguridad.* 1. El Esquema Nacional de Interoperabilidad comprende el conjunto de criterios y recomendaciones en materia de seguridad, conservación y normalización de la información, de los formatos y de las aplicaciones que deberán ser tenidos en cuenta por las Administraciones Públicas para la toma de decisiones tecnológicas que garanticen la interoperabilidad.

2. El Esquema Nacional de Seguridad tiene por objeto establecer la política de seguridad en la utilización de medios electrónicos en el ámbito de la presente Ley, y está constituido por los principios básicos y requisitos mínimos que garanticen adecuadamente la seguridad de la información tratada.

157. *Reutilización de sistemas y aplicaciones de propiedad de la Administración.* 1. Las Administraciones pondrán a disposición de cualquiera de ellas que lo solicite las aplicaciones, desarrolladas por sus servicios o que hayan sido objeto de contratación y de cuyos derechos de propiedad intelectual sean titulares, salvo que la información a la que estén asociadas sea objeto de especial protección por una norma. Las Administraciones cedentes y cesionarias podrán acordar la repercusión del coste de adquisición o fabricación de las aplicaciones cedidas.

2. Las aplicaciones a las que se refiere el apartado anterior podrán ser declaradas como de fuentes abiertas, cuando de ello se derive una mayor transparencia en el funcionamiento de la Administración Pública o se fomente con ello la incorporación de los ciudadanos a la Sociedad de la información.

3. Las Administraciones Públicas, con carácter previo a la adquisición, desarrollo o al mantenimiento a lo largo de todo el ciclo de vida de una aplicación, tanto si se realiza con medios propios o por la contratación de los servicios correspondientes, deberán consultar en el directorio general de aplicaciones, dependiente de la Administración General del Estado, si existen soluciones disponibles para su reutilización, que puedan satisfacer total o parcialmente las necesidades, mejoras o actualizaciones que se pretenden cubrir, y siempre que los requisitos tecnológicos de interoperabilidad y seguridad así lo permitan.

En este directorio constarán tanto las aplicaciones disponibles de la Administración General del Estado como las disponibles en los directorios integrados de aplicaciones del resto de Administraciones.

En el caso de existir una solución disponible para su reutilización total o parcial, las Administraciones Públicas estarán obligadas a su uso, salvo que la decisión de no reutilizarla se justifique en términos de eficiencia conforme al artículo 7 de la Ley Orgánica 2/2012, de 27 de abril, de Estabilidad Presupuestaria y Sostenibilidad Financiera.

158. *Transferencia de tecnología entre Administraciones.* 1. Las Administraciones Públicas mantendrán directorios actualizados de aplicaciones para su libre reutilización, de conformidad con lo dispuesto en el Esquema Nacional de Interoperabilidad. Estos directorios deberán ser plenamente interoperables con el directorio general de la Administración General del Estado, de modo que se garantice su compatibilidad informática e interconexión.

2. La Administración General del Estado, mantendrá un directorio general de aplicaciones para su reutilización, prestará apoyo para la libre reutilización de aplicaciones e impulsará el desarrollo de aplicaciones, formatos y estándares comunes en el marco de los esquemas nacionales de interoperabilidad y seguridad.

DISPOSICIONES ADICIONALES

Disposición adicional primera. *Administración de los Territorios Históricos del País Vasco.* En la Comunidad Autónoma del País Vasco, a efectos de lo dispuesto en el artículo segundo, se entenderá por

Administraciones Públicas las Diputaciones Forales y las Administraciones institucionales de ellas dependientes o vinculadas.

Disposición adicional segunda. *Delegados del Gobierno en las Ciudades de Ceuta y Melilla.* 1. En las Ciudades de Ceuta y Melilla existirá un Delegado del Gobierno que representará al Gobierno de la Nación en su territorio.

2. Las disposiciones contenidas en la presente Ley que hagan referencia a los Delegados del Gobierno en las Comunidades Autónomas se deberán entender también referidas a los Delegados del Gobierno en las Ciudades de Ceuta y Melilla.

3. En las Ciudades de Ceuta y Melilla existirá una Comisión de asistencia al Delegado del Gobierno, presidida por él mismo e integrada por el Secretario General y los responsables de los servicios territoriales. A sus sesiones deberán asistir los titulares de los órganos y servicios territoriales, tanto integrados como no integrados que el Delegado del Gobierno considere oportuno.

Disposición adicional tercera. *Relaciones con las ciudades de Ceuta y Melilla.* Lo dispuesto en esta Ley sobre las relaciones entre la Administración General del Estado y las Administraciones de las Comunidades Autónomas será de aplicación a las relaciones con las Ciudades de Ceuta y Melilla en la medida en que afecte al ejercicio de las competencias estatutariamente asumidas.

Disposición adicional cuarta. *Adaptación de entidades y organismos públicos existentes en el ámbito estatal.* [770] [771]

Las entidades con régimen jurídico específico a la entrada en vigor de esta ley se seguirán rigiendo por su legislación específica, manteniendo su naturaleza jurídica, y únicamente de forma supletoria, y en tanto resulte compatible con su legislación específica por lo previsto en esta ley.

Los demás organismos y entidades, a los que se refiere el artículo 84.1 de esta ley, existentes en el momento de la entrada en vigor de

---

[770] Dada nueva redacción por disposición final 27 apartado 5 de Ley 22/2021 de 28 de diciembre de 2021, con vigencia desde 01/01/2022

[771] Véanse disp. trans. 1 y 2.1 y disp. derog. única prf. último de la presente Ley

la misma, deberán adaptarse a su contenido antes del 1 de octubre de 2024, rigiéndose hasta que se realice la adaptación por su normativa específica.

La adaptación se realizará preservando las actuales especialidades de los organismos y entidades en materia de personal, patrimonio, régimen presupuestario, contabilidad, control económico-financiero y de operaciones como agente de financiación, incluyendo, respecto a estas últimas, el sometimiento, en su caso, al ordenamiento jurídico privado. Las especialidades se preservarán siempre que no hubieran generado deficiencias importantes en el control de ingresos y gastos causantes de una situación de desequilibrio financiero en el momento de su adaptación.

Las entidades que no tuvieran la consideración de poder adjudicador, preservarán esta especialidad en tanto no se oponga a la normativa comunitaria.

Disposición adicional quinta. *Gestión compartida de servicios comunes de los organismos públicos estatales existentes.* 1. Los organismos públicos integrantes del sector público estatal a la entrada en vigor de esta ley compartirán la organización y gestión de sus servicios comunes salvo que la decisión de no compartirlos se justifique, en una memoria elaborada al efecto y que se dirigirá al Ministerio de Hacienda y Administraciones Públicas, en términos de eficiencia, conforme al artículo 7 de la Ley Orgánica 2/2012, de 27 de abril, en razones de seguridad nacional, o cuando la organización y gestión compartida afecte a servicios que deban prestarse de forma autónoma en atención a la independencia del organismo público.

2. La organización y gestión compartida de los servicios comunes a los que se refiere el artículo 95 podrá realizarse de las formas siguientes:

a) Mediante su coordinación por el departamento con competencias en materia de Hacienda pública o por un organismo autónomo vinculado o dependiente del mismo.

b) Mediante su coordinación por el departamento al que esté vinculado o del que dependa el organismo público.

c) Mediante su coordinación por el organismo público al que esté vinculado o del que dependa a su vez el organismo público.

Disposición adicional sexta. *Transformación de los medios propios estatales existentes.* Todas las entidades y organismos públicos que en el momento de la entrada en vigor de esta Ley tengan la condición de medio propio en el ámbito estatal deberán adaptarse a lo previsto en esta Ley en el plazo de seis meses a contar desde su entrada en vigor.

Disposición adicional séptima. *Registro Electrónico estatal de Órganos e Instrumentos de Cooperación.* [772]

1. La Administración General del Estado mantendrá actualizado un registro electrónico de los órganos de cooperación en los que participa ella o alguno de sus organismos públicos o entidades vinculados o dependientes y de convenios celebrados con el resto de Administraciones Públicas. Este registro será dependiente de la Secretaría de Estado de Administraciones Públicas.

2. La creación, modificación o extinción de los órganos de cooperación, así como la suscripción, extinción, prórroga o modificación de cualquier convenio celebrado por la Administración General del Estado o alguno de sus organismos públicos o entidades vinculados o dependientes deberá ser comunicada por el órgano de ésta que lo haya suscrito, en el plazo de cinco días desde que ocurra el hecho inscribible, al Registro Electrónico estatal de Órganos e Instrumentos de Cooperación. [773]

3. Los Departamentos Ministeriales que ejerzan la Secretaría de los órganos de cooperación deberán comunicar al registro antes del 30 de enero de cada año los órganos de cooperación que hayan extinguido.

4. El Ministro de Hacienda y Administraciones Públicas elevará anualmente al Consejo de Ministros un informe sobre la actividad de los órganos de cooperación existentes, así como sobre los convenios vigentes a partir de los datos y análisis proporcionados por el Registro Electrónico estatal de Órganos e Instrumentos de Cooperación.

5. Los órganos de cooperación y los convenios vigentes disponen del plazo de seis meses, a contar desde la entrada en vigor de la Ley, para solicitar su inscripción en este Registro.

6. Los órganos de cooperación que no se hayan reunido en un plazo de cinco años desde su creación o en un plazo de cinco años desde la entrada en vigor de esta ley quedarán extinguidos.

[772] Véase arts. 48.8 y 49 de la presente Ley

[773] Dada nueva redacción apartado 2 por disposición final 2 apartado 3 de Real Decreto-Ley 36/2020 de 30 de diciembre de 2020, con vigencia desde 01/01/2021

Disposición adicional octava. *Adaptación de los convenios vigentes suscritos por cualquier Administración Pública e inscripción de organismos y entidades en el Inventario de Entidades del Sector Público Estatal, Autonómico y Local.* 1. Todos los convenios vigentes suscritos por cualquier Administración Pública o cualquiera de sus organismos o entidades vinculados o dependientes deberán adaptarse a lo aquí previsto en el plazo de tres años a contar desde la entrada en vigor de esta Ley.

No obstante, esta adaptación será automática, en lo que se refiere al plazo de vigencia del convenio, por aplicación directa de las reglas previstas en el artículo 49.h).1.º para los convenios que no tuvieran determinado un plazo de vigencia o, existiendo, tuvieran establecida una prórroga tácita por tiempo indefinido en el momento de la entrada en vigor de esta Ley. En estos casos el plazo de vigencia del convenio será de cuatro años a contar desde la entrada en vigor de la presente Ley.

2. Todos los organismos y entidades, vinculados o dependientes de cualquier Administración Pública y cualquiera que sea su naturaleza jurídica, existentes en el momento de la entrada en vigor de esta Ley deberán estar inscritos en el Inventario de Entidades del Sector Público Estatal, Autonómico y Local en el plazo de tres meses a contar desde dicha entrada en vigor.

Disposición adicional novena. *Comisión Sectorial de administración electrónica.* 1. La Comisión Sectorial de administración electrónica, dependiente de la Conferencia Sectorial de Administración Pública, es el órgano técnico de cooperación de la Administración General del Estado, de las Administraciones de las Comunidades Autónomas y de las Entidades Locales en materia de administración electrónica.

2. El Comisión Sectorial de la administración electrónica desarrollará, al menos, las siguientes funciones:

a) Asegurar la compatibilidad e interoperabilidad de los sistemas y aplicaciones empleados por las Administraciones Públicas.

b) Impulsar el desarrollo de la administración electrónica en España.

c) Asegurar la cooperación entre las Administraciones Públicas para proporcionar información administrativa clara, actualizada e inequívoca.

3. Cuando por razón de las materias tratadas resulte de interés, podrá invitarse a las organizaciones, corporaciones o agentes sociales que se estime conveniente en cada caso a participar en las deliberaciones de la Comisión Sectorial.

Disposición adicional décima. *Aportaciones a los consorcios.* Cuando las Administraciones Públicas o cualquiera de sus organismos públicos o entidades vinculados o dependientes sean miembros de un consorcio, no estarán obligados a efectuar la aportación al fondo patrimonial o la financiación a la que se hayan comprometido para el ejercicio corriente si alguno de los demás miembros del consorcio no hubiera realizado la totalidad de sus aportaciones dinerarias correspondientes a ejercicios anteriores a las que estén obligados.

Disposición adicional undécima. *Conflictos de atribuciones intraministeriales.* 1. Los conflictos positivos o negativos de atribuciones entre órganos de un mismo Ministerio serán resueltos por el superior jerárquico común en el plazo de diez días, sin que quepa recurso alguno.

2. En los conflictos positivos, el órgano que se considere competente requerirá de inhibición al que conozca del asunto, quien suspenderá el procedimiento por un plazo de diez días. Si dentro de dicho plazo acepta el requerimiento, remitirá el expediente al órgano requirente. En caso de considerarse competente, remitirá acto seguido las actuaciones al superior jerárquico común.

3. En los conflictos negativos, el órgano que se estime incompetente remitirá directamente las actuaciones al órgano que considere competente, quien decidirá en el plazo de diez días y, en su caso, de considerarse, asimismo, incompetente, remitirá acto seguido el expediente con su informe al superior jerárquico común.

4. Los interesados en el procedimiento plantearán estos conflictos de acuerdo a lo establecido en el artículo 14.

Disposición adicional duodécima. *Régimen Jurídico de las Autoridades Portuarias y Puertos del Estado.* Las Autoridades Portuarias y Puertos del Estado se regirán por su legislación específica, por las disposiciones de la Ley 47/2003, de 26 de noviembre, que les sean de aplicación y, supletoriamente, por lo establecido en esta Ley.

Disposición adicional decimotercera. *Régimen jurídico de las Entidades gestoras y servicios comunes de la Seguridad Social.* 1. A las Entidades gestoras, servicios comunes y otros organismos o entidades que conforme a la Ley integran la Administración de la Seguridad Social, les será de aplicación las previsiones de esta Ley relativas a los organismos autónomos, salvo lo dispuesto en el párrafo siguiente.

2. El régimen de personal, económico-financiero, patrimonial, presupuestario y contable, de participación en la gestión, así como la asistencia jurídica, será el establecido por su legislación específica, por la Ley 47/2003, de 26 de noviembre, General Presupuestaria, en las materias que sea de aplicación, y supletoriamente por esta Ley.

Disposición adicional decimocuarta. *La organización militar y las Delegaciones de Defensa.* 1. La organización militar se rige por su legislación específica y por las bases establecidas en la Ley Orgánica 5/2005, de 17 de noviembre, de la Defensa Nacional.

2. Las Delegaciones de Defensa permanecerán integradas en el Ministerio de Defensa y se regirán por su normativa específica.

Disposición adicional decimoquinta. *Personal militar de las Fuerzas Armadas y del Centro Nacional de Inteligencia.* Las referencias que en los artículos 63, 65, 66 y 67 de esta ley se realizan a los funcionarios de carrera pertenecientes al Subgrupo A1 comprenderán al personal militar de las Fuerzas Armadas perteneciente a cuerpos y escalas con una categoría equivalente a aquélla.

Dichas previsiones normativas serán igualmente aplicables al personal del Centro Nacional de Inteligencia perteneciente al Subgrupo A1, según su normativa estatutaria.

Disposición adicional decimosexta. *Servicios territoriales integrados en las Delegaciones del Gobierno.* Los servicios territoriales que, a la entrada en vigor de esta Ley, estuviesen integrados en las Delegaciones del Gobierno continuarán en esta situación, siendo aplicable a los mismos lo previsto en la presente Ley.

Disposición adicional decimoséptima. *Régimen jurídico de la Agencia Estatal de Administración Tributaria.* La Agencia Estatal de Administración Tributaria se regirá por su legislación específica y únicamente de forma supletoria y en tanto resulte compatible con su legislación específica por lo previsto en esta Ley.

El acceso, la cesión o la comunicación de información de naturaleza tributaria se regirán en todo caso por su legislación específica.

Disposición adicional decimoctava. *Régimen jurídico del Centro Nacional de Inteligencia.* La actuación administrativa de los órganos competentes del Centro Nacional de Inteligencia se regirá por lo previsto en su normativa específica y en lo no previsto en ella, en cuanto sea compatible con su naturaleza y funciones propias, por lo dispuesto en la presente Ley.

Disposición adicional decimonovena. *Régimen jurídico del Banco de España.* El Banco de España en su condición de banco central nacional se regirá, en primer término, por lo dispuesto en el Tratado de Funcionamiento de la Unión Europea, los Estatutos del Sistema Europeo de Bancos Centrales y del Banco Central Europeo, el Reglamento (UE) n.º 1024/2013 del Consejo, de 15 de octubre de 2013 y la Ley 13/1994, de 1 de junio, de Autonomía del Banco de España.

En lo no previsto en las referidas normas y en cuanto sea compatible con su naturaleza y funciones será de aplicación lo previsto en la presente Ley.

Disposición adicional vigésima. *Régimen jurídico del Fondo de Reestructuración Ordenada Bancaria.* El Fondo de Reestructuración Ordenada Bancaria tendrá la consideración de autoridad administrativa independiente de conformidad con lo previsto en esta Ley [774].

Disposición adicional vigesimoprimera. *Órganos Colegiados de Gobierno.* Las disposiciones previstas en esta Ley relativas a los órganos colegiados no serán de aplicación a los órganos Colegiados del Gobierno de la Nación, los órganos colegiados de Gobierno de las Comunidades Autónomas y los órganos colegiados de gobierno de las Entidades Locales.

Disposición adicional vigesimosegunda. *Actuación administrativa de los órganos constitucionales del Estado y de los*

---

[774] Véase Cap. VII L 11/2015

órganos legislativos y de control autonómicos. La actuación administrativa de los órganos competentes del Congreso de los Diputados, del Senado, del Consejo General del Poder Judicial, del Tribunal Constitucional, del Tribunal de Cuentas, del Defensor del Pueblo, de las Asambleas Legislativas de las Comunidades Autónomas y de las instituciones autonómicas análogas al Tribunal de Cuentas y al Defensor del Pueblo, se regirá por lo previsto en su normativa específica, en el marco de los principios que inspiran la actuación administrativa de acuerdo con esta Ley.

Disposición adicional vigesimotercera. *Régimen jurídico aplicable a la entidad pública empresarial Sociedad de Salvamento y Seguridad Marítima.* [775] La Sociedad de Salvamento y Seguridad Marítima (SASEMAR) preservará su naturaleza de entidad pública empresarial y, con las especialidades contenidas en su legislación específica, se regirá por las disposiciones aplicables a dichas entidades en la Ley 40/2015, de 1 de octubre, de Régimen Jurídico del Sector Público, a excepción de lo dispuesto en los artículos 103.1 y 107.3 de la Ley, exclusivamente en lo que se refiere a la financiación mayoritaria con ingresos de mercado.

Disposición adicional vigesimocuarta. *Régimen jurídico aplicable a la entidad pública empresarial Centro para el Desarrollo Tecnológico e Industrial.* [776] El Centro para el Desarrollo Tecnológico e Industrial (CDTI) preservará su naturaleza de entidad pública empresarial y, con las especialidades contenidas en su legislación específica, se regirá por las disposiciones aplicables a dichas entidades en la Ley 40/2015, de 1 de octubre, de Régimen Jurídico del Sector Público, a excepción de lo dispuesto en los artículos 103.1 y 107.3 de la Ley, exclusivamente en lo que se refiere a la financiación mayoritaria con ingresos de mercado.

---

[775] Añadida por disposición final 34 apartado 15 de Ley 11/2020 de 30 de diciembre de 2020, con vigencia desde 01/01/2021

[776] Añadida por disposición final 34 apartado 16 de Ley 11/2020 de 30 de diciembre de 2020, con vigencia desde 01/01/2021

Disposición adicional vigesimoquinta. *Régimen jurídico aplicable a los administradores generales de infraestructuras ferroviarias.* [777] Los administradores generales de infraestructuras ferroviarias preservarán su naturaleza de entidades públicas empresariales y, con las especialidades contenidas en su legislación propia, se regirán por la Ley 40/2015, de 1 de octubre, de Régimen Jurídico del Sector del Sector Público a excepción de lo dispuesto en los artículos 103.1 y 107.3 de dicha Ley, exclusivamente en lo que se refiere a la financiación mayoritaria con ingresos de mercado.

Disposición adicional vigesimosexta. *Régimen jurídico aplicable a SEPES, Entidad Pública Empresarial del Suelo.* [778] SEPES, Entidad Pública Empresarial de Suelo, preservará su naturaleza de entidad pública empresarial y, con las especialidades contenidas en su legislación específica, se regirá por las disposiciones aplicables a dichas entidades en la Ley 40/2015, de 1 de octubre, de Régimen Jurídico del Sector Público, a excepción de lo dispuesto en los artículos 103.1 y 107.3 de la Ley, exclusivamente en lo que se refiere a la financiación mayoritaria con ingresos de mercado.

Disposición adicional vigesimoséptima. *Régimen jurídico aplicable a la Entidad Pública Empresarial Red.es.* [779] La Entidad Pública Empresarial Red.es preservará su naturaleza de entidad pública empresarial y, con las especialidades contenidas en su legislación específica, se regirá por las disposiciones aplicables a dichas entidades en la Ley 40/2015, de 1 de octubre, de Régimen Jurídico del Sector Público, a excepción de lo dispuesto en los artículos 103.1 y 107.3 de la Ley, exclusivamente en lo que se refiere a la financiación mayoritaria con ingresos de mercado.

---

[777] Añadida por disposición final 34 apartado 17 de Ley 11/2020 de 30 de diciembre de 2020, con vigencia desde 01/01/2021

[778] Añadida por disposición final 34 apartado 18 de Ley 11/2020 de 30 de diciembre de 2020, con vigencia desde 01/01/2021

[779] Añadida por disposición final 34 apartado 19 de Ley 11/2020 de 30 de diciembre de 2020, con vigencia desde 01/01/2021

Disposición adicional vigesimoctava. *Régimen jurídico aplicable a la entidad pública empresarial Instituto para la Diversificación y Ahorro de la Energía.* [780] El Instituto para la Diversificación y Ahorro de la Energía (IDAE) preservará su naturaleza de entidad pública empresarial y, con las especialidades contenidas en su legislación específica, se regirá por las disposiciones aplicables a dichas entidades en la Ley 40/2015, de 1 de octubre, de Régimen Jurídico del Sector Público, a excepción de lo dispuesto en los artículos 103.1 y 107.3 de la Ley, exclusivamente en lo que se refiere a la financiación mayoritaria con ingresos de mercado.

Disposición adicional vigesimonovena. *Régimen jurídico aplicable a la Entidad Pública Empresarial ICEX España Exportación e Inversiones.* [781] La Entidad Pública Empresarial ICEX España Exportación e Inversiones preservará su naturaleza de entidad pública empresarial y, con las especialidades contenidas en su legislación específica, se regirá por las disposiciones aplicables a dichas entidades en la Ley 40/2015, de 1 de octubre, de Régimen Jurídico del Sector Público, a excepción de lo dispuesto en los artículos 103.1 y 107.3 de la Ley, exclusivamente en lo que se refiere a la financiación mayoritaria con ingresos de mercado.

Disposición adicional trigésima. *Plataforma Digital de Colaboración entre las Administraciones Públicas.* [782] 1. El Ministerio de Asuntos Económicos y Transformación Digital y el Ministerio de Política Territorial impulsarán mediante orden ministerial conjunta las medidas necesarias para la creación y el funcionamiento de la Plataforma Digital de Colaboración entre las Administraciones Públicas como instrumento destinado a facilitar las relaciones y el soporte electrónico de los órganos integrantes del sistema de Conferencias Sectoriales y en general de los órganos de cooperación.

---

[780] Añadida por disposición final 2 apartado 4 de Real Decreto-Ley 36/2020 de 30 de diciembre de 2020, con vigencia desde 01/01/2021

[781] Añadida por disposición final 2 apartado 5 de Real Decreto-Ley 36/2020 de 30 de diciembre de 2020, con vigencia desde 01/01/2021

[782] Añadida por disposición final 22 apartado 2 de Real Decreto-Ley 6/2022 de 29 de marzo de 2022, con vigencia desde 31/03/2022

2. En aplicación del principio de colaboración, las Administraciones Públicas designarán los Puntos de Contacto correspondientes para atender las diversas funcionalidades de la Plataforma.

3. Reglamentariamente se regulará la configuración y régimen de funcionamiento de la Plataforma que, en cualquier caso, se adaptará a los criterios y directrices que sucesivamente establezca la Conferencia Sectorial de Administración Pública o, en su caso, la Comisión Sectorial de Administración Electrónica como órgano dependiente de aquélla.

DISPOSICIONES TRANSITORIAS

Disposición transitoria primera. *Composición y clasificación del sector público institucional.* La composición y clasificación del sector público institucional estatal prevista en el artículo 84 se aplicará únicamente a los organismos públicos y las entidades integrantes del sector público institucional estatal que se creen tras la entrada en vigor de la Ley y a los que se hayan adaptado de acuerdo con lo previsto en la disposición adicional cuarta.

Disposición transitoria segunda. *Entidades y organismos públicos existentes.* 1. Todos los organismos y entidades integrantes del sector público estatal en el momento de la entrada en vigor de esta Ley continuarán rigiéndose por su normativa específica, incluida la normativa presupuestaria que les resultaba de aplicación, hasta su adaptación a lo dispuesto en la Ley de acuerdo con lo previsto en la disposición adicional cuarta.

2. No obstante, en tanto no resulte contrario a su normativa específica:

a) Los organismos públicos existentes en el momento de la entrada en vigor de esta Ley y desde ese momento aplicarán los principios establecidos en el Capítulo I del Título II, el régimen de control previsto en el artículo 85 y 92.2, y lo dispuesto en los artículos 87, 94, 96, 97 si se transformaran fusionaran, disolvieran o liquidaran tras la entrada en vigor de esta Ley.

b) Las sociedades mercantiles estatales, los consorcios, fundaciones y fondos sin personalidad jurídica existentes en el momento de la entrada en vigor de esta Ley aplicarán desde ese momento, respectivamente, lo previsto en el Capítulo V, Capítulo VI, Capítulo VII y Capítulo VIII del Título II.

Disposición transitoria tercera. *Procedimientos de elaboración de normas en la Administración General del Estado.* Los procedimientos de elaboración de normas que se hallaren en tramitación en la Administración General del Estado a la entrada en vigor de esta Ley se sustanciarán de acuerdo con lo establecido en la normativa vigente en el momento en que se iniciaron.

Disposición transitoria cuarta. *Régimen transitorio de las modificaciones introducidas en la disposición final novena.* Lo dispuesto en la disposición final novena será de aplicación a los expedientes de contratación iniciados con posterioridad a la entrada en vigor de dicha disposición. A estos efectos se entenderá que los expedientes de contratación han sido iniciados si se hubiera publicado la correspondiente convocatoria del procedimiento de adjudicación del contrato. En el caso de procedimientos negociados, para determinar el momento de iniciación se tomará en cuenta la fecha de aprobación de los pliegos.

DISPOSICIÓN DEROGATORIA

Disposición derogatoria única. *Derogación normativa.* Quedan derogadas cuantas disposiciones de igual o inferior rango se opongan, contradigan o resulten incompatibles con lo dispuesto en la presente Ley y, en especial:

a) El artículo 87 de la Ley 7/1985, de 2 de abril, Reguladora de las Bases del Régimen Local.

b) El artículo 110 del texto refundido de las disposiciones legales vigentes en materia de Régimen Local aprobado por el Real Decreto Legislativo 781/1986, de 18 de abril.

c) Ley 6/1997, de 14 de abril, de Organización y Funcionamiento de la Administración General del Estado.

d) Los artículos 44, 45 y 46 de la Ley 50/2002, de 26 de diciembre, de Fundaciones.

e) Ley 28/2006, de 18 de julio, de Agencias estatales para la mejora de los servicios públicos.

f) Los artículos 12, 13, 14 y 15 y disposición adicional sexta de la Ley 15/2014, de 16 de septiembre, de racionalización del Sector Público y otras medidas de reforma administrativa.

g) El artículo 6.1.f), la disposición adicional tercera, la disposición transitoria segunda y la disposición transitoria cuarta del Real Decreto 1671/2009, de 6 de noviembre, por el que se desarrolla parcialmente la Ley 11/2007, de 22 de junio, de acceso electrónico de los ciudadanos a los servicios públicos.

h) Los artículos 37, 38, 39 y 40 del Decreto de 17 de junio de 1955 por el que se aprueba el Reglamento de Servicios de las Corporaciones locales.

Hasta que, de acuerdo con lo previsto en la disposición adicional cuarta, concluya el plazo de adaptación de las agencias existentes en el sector público estatal, se mantendrá en vigor la Ley 28/2006, de 18 de julio.

DISPOSICIONES FINALES

Disposición final primera. *Modificación de la Ley 23/1982, de 16 de junio, reguladora del Patrimonio Nacional.* El apartado uno del artículo octavo de la Ley 23/1982, de 16 de junio, reguladora del Patrimonio Nacional, quedará redactado en la forma siguiente:

«**Uno. El Consejo de Administración del Patrimonio Nacional estará constituido por su Presidente, el Gerente y por un número de Vocales no superior a trece, todos los cuales deberán ser profesionales de reconocido prestigio. Al Presidente y al Gerente les será de aplicación lo establecido en el artículo 2 de la Ley 3/2015, de 30 de marzo, reguladora del ejercicio del Alto Cargo de la Administración General del Estado, debiendo realizarse su nombramiento entre funcionarios de carrera del Estado, de las Comunidades Autónomas o de las Entidades Locales, pertenecientes a cuerpos clasificados en el Subgrupo A1.**

Dos de los Vocales, al menos, deberán de provenir de instituciones museísticas y culturales de reconocido prestigio y proyección internacional. Igualmente, en dos de los Vocales, al menos, habrá de concurrir la condición de Alcaldes de Ayuntamientos en cuyo término municipal radiquen bienes inmuebles históricos del Patrimonio Nacional.

El Presidente, el Gerente y los demás miembros del Consejo de Administración serán nombrados mediante Real Decreto, previa deliberación del Consejo de Ministros a propuesta del Presidente del Gobierno.»

Disposición final segunda. *Modificación del Real DecretoLey 12/1995, de 28 de diciembre, sobre medidas urgentes en materia presupuestaria, tributaria y financiera.* Uno. Se añade un nuevo apartado tres a la disposición adicional sexta, renumerándose los apartados tres a seis como cuatro a siete. El apartado tres tendrá la siguiente redacción:

«**Tres. Consejo General.**

1. El Instituto de Crédito Oficial estará regido por un Consejo General, que tendrá a su cargo la superior dirección de su administración y gestión.

2. El Consejo General estará formado por el Presidente de la entidad, que lo será también del Consejo, y diez Vocales, y estará asistido por el Secretario y, en su caso, el Vicesecretario del mismo.

Todos los integrantes del Consejo General actuarán siempre en interés del Instituto de Crédito Oficial en el ejercicio de sus funciones como miembros del Consejo General.

3. El nombramiento y cese de los Vocales del Consejo General corresponde al Consejo de Ministros, a propuesta del Ministro de Economía y Competitividad, que los designará entre personas de reconocido prestigio y competencia profesional en el ámbito de actividad del Instituto de Crédito Oficial.

4. Cuatro de los diez Vocales del Consejo serán independientes. A tal efecto, se entenderá independiente aquél que no sea personal al servicio del Sector Público.

5. El mandato de los vocales independientes será de tres años, tras el cual cabrá una sola reelección.

Reglamentariamente se establecerán las causas de cese de dichos Vocales, así como el régimen jurídico al que quedan sometidos los integrantes del Consejo General.

6. Cada uno de los Vocales independientes dispondrá de dos votos exclusivamente para la adopción de acuerdos relativos a operaciones financieras de activo y pasivo propias del negocio del Instituto.»

Dos. Se añade una nueva disposición transitoria, que tendrá la siguiente redacción:

«**Disposición transitoria quinta.** *Operaciones y atribuciones vigentes*

La modificación de la disposición adicional sexta del Real Decreto-Ley 12/1995, de 28 de diciembre, introducida por la disposición final segunda de la Ley 40/2015, de 1 de octubre, de Régimen Jurídico del Sector Público, no afectará al régimen de las operaciones del Instituto de Crédito Oficial actualmente en vigor, sin que por ello se modifiquen los términos y condiciones de los contratos y convenios suscritos.

Adicionalmente, se mantendrán las atribuciones, poderes y delegaciones conferidas por el Consejo General en otras autoridades y órganos del Instituto de Crédito Oficial hasta que el Consejo General decida, en su caso, su revisión.

Los Consejeros que, a la entrada en vigor de la disposición final segunda de la Ley 40/2015, de 1 de octubre, de Régimen Jurídico del Sector Público, formasen parte del Consejo General del Instituto de Crédito Oficial continuarán en el ejercicio de sus funciones hasta que se nombre a quienes hubieran de sucederles.»

Disposición final tercera. *Modificación de la Ley 50/1997, de 27 de noviembre, del Gobierno.* La Ley 50/1997, de 27 de noviembre, del Gobierno, queda modificada en los siguientes términos:

Uno. El apartado segundo del artículo 4 queda redactado en los siguientes términos:

«**2. Además de los Ministros titulares de un Departamento, podrán existir Ministros sin cartera, a los que se les atribuirá la responsabilidad de determinadas funciones gubernamentales. En caso de que existan Ministros sin cartera, por Real Decreto se determinará el ámbito de sus competencias, la estructura administrativa, así como los medios materiales y personales que queden adscritos al mismo.**»

Dos. Se modifica el artículo 5 que queda redactado en los siguientes términos:

«**Artículo 5.** *Del Consejo de Ministros*

1. Al Consejo de Ministros, como órgano colegiado del Gobierno, le corresponde el ejercicio de las siguientes funciones:

a) Aprobar los proyectos de ley y su remisión al Congreso de los Diputados o, en su caso, al Senado.

b) Aprobar el Proyecto de Ley de Presupuestos Generales del Estado.

c) Aprobar los Reales Decretos-leyes y los Reales Decretos Legislativos.

d) Acordar la negociación y firma de Tratados internacionales, así como su aplicación provisional.

e) Remitir los Tratados internacionales a las Cortes Generales en los términos previstos en los artículos 94 y 96.2 de la Constitución.

f) Declarar los estados de alarma y de excepción y proponer al Congreso de los Diputados la declaración del estado de sitio.

g) Disponer la emisión de Deuda Pública o contraer crédito, cuando haya sido autorizado por una Ley.

h) Aprobar los reglamentos para el desarrollo y la ejecución de las leyes, previo dictamen del Consejo de Estado, así como las demás disposiciones reglamentarias que procedan.

i) Crear, modificar y suprimir los órganos directivos de los Departamentos Ministeriales.

j) Adoptar programas, planes y directrices vinculantes para todos los órganos de la Administración General del Estado.

k) Ejercer cuantas otras atribuciones le confieran la Constitución, las leyes y cualquier otra disposición.

2. A las reuniones del Consejo de Ministros podrán asistir los Secretarios de Estado y excepcionalmente otros altos cargos, cuando sean convocados para ello.

3. Las deliberaciones del Consejo de Ministros serán secretas.»

Tres. El apartado segundo del artículo 6 queda redactado en los siguientes términos:

«2. El Real Decreto de creación de una Comisión Delegada deberá especificar, en todo caso:

a) El miembro del Gobierno que asume la presidencia de la Comisión.

b) Los miembros del Gobierno y, en su caso, Secretarios de Estado que la integran.

c) Las funciones que se atribuyen a la Comisión.

d) El miembro de la Comisión al que corresponde la Secretaría de la misma.

e) El régimen interno de funcionamiento y en particular el de convocatorias y suplencias.»

Cuatro. El apartado segundo del artículo 7 queda redactado en los siguientes términos:

«2. Actúan bajo la dirección del titular del Departamento al que pertenezcan. Cuando estén adscritos a la Presidencia del Gobierno, actúan bajo la dirección del Presidente.»

Cinco. El artículo 8 queda redactado en los siguientes términos:

«Artículo 8. *De la Comisión General de Secretarios de Estado y Subsecretarios*

1. La Comisión General de Secretarios de Estado y Subsecretarios estará integrada por los titulares de las Secretarías de Estado y por los Subsecretarios de los distintos Departamentos Ministeriales.

Asistirá igualmente el Abogado General del Estado y aquellos altos cargos con rango de Secretario de Estado o Subsecretario que sean convocados por el Presidente por razón de la materia de que se trate.

2. La Presidencia de la Comisión General de Secretarios de Estado y Subsecretarios corresponde a un Vicepresidente del Gobierno o, en su defecto, al Ministro de la Presidencia. En caso de ausencia del Presidente de la Comisión, la presidencia recaerá en el Ministro que corresponda según el orden de precedencia de los Departamentos ministeriales. No se entenderá por ausencia la interrupción transitoria en la asistencia a la reunión de la Comisión. En ese caso, las funciones que pudieran corresponder al Presidente serán ejercidas por la siguiente autoridad en rango presente, de conformidad con el orden de precedencia de los distintos Departamentos ministeriales.

3. La Secretaría de la Comisión General de Secretarios de Estado y Subsecretarios será ejercida por el Subsecretario de la Presidencia. En caso de ausencia, vacante o enfermedad, actuará como Secretario el Director del Secretariado del Gobierno.

4. Las deliberaciones de la Comisión General de Secretarios de Estado y Subsecretarios serán reservadas. En ningún caso la Comisión podrá adoptar decisiones o acuerdos por delegación del Gobierno.

5. Corresponde a la Comisión General de Secretarios de Estado y Subsecretarios:

a) El examen de todos los asuntos que vayan a someterse a aprobación del Consejo de Ministros, excepto los nombramientos, ceses, ascensos a cualquiera de los empleos de la categoría de oficiales generales y aquéllos que, excepcionalmente y por razones de urgencia, deban ser sometidos directamente al Consejo de Ministros.

b) El análisis o discusión de aquellos asuntos que, sin ser competencia del Consejo de Ministros o sus Comisiones Delegadas, afecten a varios Ministerios y sean sometidos a la Comisión por su presidente.»

Seis. Se modifica el artículo 9 que queda redactado en los siguientes términos:

«Artículo 9.   *Del Secretariado del Gobierno*

1. El Secretariado del Gobierno, como órgano de apoyo del Consejo de Ministros, de las Comisiones Delegadas del Gobierno y de la Comisión General de Secretarios de Estado y Subsecretarios, ejercerá las siguientes funciones:

a) La asistencia al Ministro-Secretario del Consejo de Ministros.

b) La remisión de las convocatorias a los diferentes miembros de los órganos colegiados anteriormente enumerados.

c) La colaboración con las Secretarías Técnicas de las Comisiones Delegadas del Gobierno.

d) El archivo y custodia de las convocatorias, órdenes del día y actas de las reuniones.

e) Velar por el cumplimiento de los principios de buena regulación aplicables a las iniciativas normativas y contribuir a la mejora de la calidad técnica de las disposiciones aprobadas por el Gobierno.

f) Velar por la correcta y fiel publicación de las disposiciones y normas emanadas del Gobierno que deban insertarse en el «Boletín Oficial del Estado».

2. Asimismo, el Secretariado del Gobierno, como órgano de asistencia al Ministro de la Presidencia, ejercerá las siguientes funciones:

a) Los trámites relativos a la sanción y promulgación real de las leyes aprobadas por las Cortes Generales y la expedición de los Reales Decretos.

b) La tramitación de los actos y disposiciones del Rey cuyo refrendo corresponde al Presidente del Gobierno.

c) La tramitación de los actos y disposiciones que el ordenamiento jurídico atribuye a la competencia del Presidente del Gobierno.

3. El Secretariado del Gobierno se integra en la estructura orgánica del Ministerio de la Presidencia, tal como se prevea en el

Real Decreto de estructura de ese Ministerio. El Director del Secretariado del Gobierno ejercerá la secretaría adjunta de la Comisión General de Secretarios de Estado y Subsecretarios.

4. De conformidad con las funciones que tiene atribuidas y de acuerdo con las normas que rigen la elaboración de las disposiciones de carácter general, el Secretariado del Gobierno propondrá al Ministro de la Presidencia la aprobación de las instrucciones que han de seguirse para la tramitación de asuntos ante los órganos colegiados del Gobierno y los demás previstos en el apartado segundo de este artículo. Las instrucciones preverán expresamente la forma de documentar las propuestas y acuerdos adoptados por medios electrónicos, que deberán asegurar la identidad de los órganos intervinientes y la fehaciencia del contenido.»

Siete. El artículo 10 queda redactado en los siguientes términos:

«Artículo 10. *De los Gabinetes.*

1. Los Gabinetes son órganos de apoyo político y técnico del Presidente del Gobierno, de los Vicepresidentes, de los Ministros y de los Secretarios de Estado. Los miembros de los Gabinetes realizan tareas de confianza y asesoramiento especial sin que en ningún caso puedan adoptar actos o resoluciones que correspondan legalmente a los órganos de la Administración General del Estado o de las organizaciones adscritas a ella, sin perjuicio de su asistencia o pertenencia a órganos colegiados que adopten decisiones administrativas. Asimismo, los directores de los gabinetes podrán dictar los actos administrativos propios de la jefatura de la unidad que dirigen.

Particularmente, los Gabinetes prestan su apoyo a los miembros del Gobierno y Secretarios de Estado en el desarrollo de su labor política, en el cumplimiento de las tareas de carácter parlamentario y en sus relaciones con las instituciones y la organización administrativa.

El Gabinete de la Presidencia del Gobierno se regulará por Real Decreto del Presidente en el que se determinará, entre otros aspectos, su estructura y funciones. El resto de Gabinetes se regulará por lo dispuesto en esta Ley.

2. Los Directores de Gabinete tendrán el nivel orgánico que se determine reglamentariamente. El resto de miembros del Gabinete tendrán la situación y grado administrativo que les corresponda en virtud de la legislación correspondiente.

3. Las retribuciones de los miembros de los Gabinetes se determinan por el Consejo de Ministros dentro de las consignaciones presupuestarias establecidas al efecto adecuándose, en todo caso, a las retribuciones de la Administración General del Estado.»

Ocho. Se modifica el artículo 11 con la siguiente redacción:

«**Artículo 11.** *De los requisitos de acceso al cargo*
Para ser miembro del Gobierno se requiere ser español, mayor de edad, disfrutar de los derechos de sufragio activo y pasivo, así como no estar inhabilitado para ejercer empleo o cargo público por sentencia judicial firme y reunir el resto de requisitos de idoneidad previstos en la Ley 3/2015, de 30 de marzo, reguladora del ejercicio del alto cargo de la Administración General del Estado.»

Nueve. El artículo 12 queda redactado en los siguientes términos:

«**Artículo 12.** *Del nombramiento y cese*
1. El nombramiento y cese del Presidente del Gobierno se producirá en los términos previstos en la Constitución.

2. Los Vicepresidentes y Ministros serán nombrados y separados por el Rey, a propuesta del Presidente del Gobierno. El nombramiento conllevará el cese en el puesto que, en su caso, se estuviera desempeñando, salvo cuando en el caso de los Vicepresidentes, se designe como tal a un Ministro que conserve la titularidad del Departamento. Cuando el cese en el anterior cargo correspondiera al Consejo de Ministros, se dejará constancia de esta circunstancia en el nombramiento del nuevo titular. La separación de los Ministros sin cartera llevará aparejada la extinción de dichos órganos.

3. La separación de los Vicepresidentes del Gobierno llevará aparejada la extinción de dichos órganos, salvo el caso en que simultáneamente se designe otro vicepresidente en sustitución del separado.

4. Por Real Decreto se regulará el estatuto que fuera aplicable a los Presidentes del Gobierno tras su cese.»

Diez. El artículo 13 queda redactado en los siguientes términos:

«**Artículo 13.** *De la suplencia*
1. En los casos de vacante, ausencia o enfermedad, las funciones del Presidente del Gobierno serán asumidas por los Vicepresidentes, de acuerdo con el correspondiente orden de prelación, y, en defecto de ellos, por los Ministros, según el orden de precedencia de los Departamentos.

2. La suplencia de los Ministros, para el despacho ordinario de los asuntos de su competencia, será determinada por Real Decreto

del Presidente del Gobierno, debiendo recaer, en todo caso, en otro miembro del Gobierno. El Real Decreto expresará entre otras cuestiones la causa y el carácter de la suplencia.

3. No se entenderá por ausencia la interrupción transitoria de la asistencia a la reunión de un órgano colegiado. En tales casos, las funciones que pudieran corresponder al miembro del gobierno durante esa situación serán ejercidas por la siguiente autoridad en rango presente.»

Once. El artículo 20 queda redactado en los siguientes términos:

«**Artículo 20.** *Delegación y avocación de competencias*

1. Pueden delegar el ejercicio de competencias propias:

a) El Presidente del Gobierno en favor del Vicepresidente o Vicepresidentes y de los Ministros.

b) Los Ministros en favor de los Secretarios de Estado y de los Subsecretarios dependientes de ellos, de los Delegados del Gobierno en las Comunidades Autónomas y de los demás órganos directivos del Ministerio.

2. Asimismo, son delegables a propuesta del Presidente del Gobierno las funciones administrativas del Consejo de Ministros en las Comisiones Delegadas del Gobierno.

3. No son en ningún caso delegables las siguientes competencias:

a) Las atribuidas directamente por la Constitución.

b) Las relativas al nombramiento y separación de los altos cargos atribuidas al Consejo de Ministros.

c) Las atribuidas a los órganos colegiados del Gobierno, con la excepción prevista en el apartado 2 de este artículo.

d) Las atribuidas por una ley que prohíba expresamente la delegación.

4. El Consejo de Ministros podrá avocar para sí, a propuesta del Presidente del Gobierno, el conocimiento de un asunto cuya decisión corresponda a las Comisiones Delegadas del Gobierno.

La avocación se realizará mediante acuerdo motivado al efecto, del que se hará mención expresa en la decisión que se adopte en el ejercicio de la avocación. Contra el acuerdo de avocación no cabrá recurso, aunque podrá impugnarse en el que, en su caso, se interponga contra la decisión adoptada.»

Doce. El Título V queda redactado del siguiente modo:

«**TÍTULO V.** *De la iniciativa legislativa y la potestad reglamentaria del Gobierno*

Artículo 22.

Del ejercicio de la iniciativa legislativa y la potestad reglamentaria del Gobierno

El Gobierno ejercerá la iniciativa y la potestad reglamentaria de conformidad con los principios y reglas establecidos en el Título VI de la Ley 39/2015, de 1 de octubre, del Procedimiento Administrativo Común de las Administraciones Públicas y en el presente Título.

Artículo 23.

Disposiciones de entrada en vigor

Sin perjuicio de lo establecido en el artículo 2.1 del Código Civil, las disposiciones de entrada en vigor de las leyes o reglamentos, cuya aprobación o propuesta corresponda al Gobierno o a sus miembros, y que impongan nuevas obligaciones a las personas físicas o jurídicas que desempeñen una actividad económica o profesional como consecuencia del ejercicio de ésta, preverán el comienzo de su vigencia el 2 de enero o el 1 de julio siguientes a su aprobación.

Lo previsto en este artículo no será de aplicación a los reales decretos-leyes, ni cuando el cumplimiento del plazo de transposición de directivas europeas u otras razones justificadas así lo aconsejen, debiendo quedar este hecho debidamente acreditado en la respectiva Memoria.

Artículo 24.

De la forma y jerarquía de las disposiciones y resoluciones del Gobierno de la Nación y de sus miembros

1. Las decisiones del Gobierno de la Nación y de sus miembros revisten las formas siguientes:

a) Reales Decretos Legislativos y Reales Decretos-leyes, las decisiones que aprueban, respectivamente, las normas previstas en los artículos 82 y 86 de la Constitución.

b) Reales Decretos del Presidente del Gobierno, las disposiciones y actos cuya adopción venga atribuida al Presidente.

c) Reales Decretos acordados en Consejo de Ministros, las decisiones que aprueben normas reglamentarias de la competencia de éste y las resoluciones que deban adoptar dicha forma jurídica.

d) Acuerdos del Consejo de Ministros, las decisiones de dicho órgano colegiado que no deban adoptar la forma de Real Decreto.

e) Acuerdos adoptados en Comisiones Delegadas del Gobierno, las disposiciones y resoluciones de tales órganos colegiados. Tales acuerdos revestirán la forma de Orden del Ministro competente o del Ministro de la Presidencia, cuando la competencia corresponda a distintos Ministros.

f) Órdenes Ministeriales, las disposiciones y resoluciones de los Ministros. Cuando la disposición o resolución afecte a varios Departamentos revestirá la forma de Orden del Ministro de la Presidencia, dictada a propuesta de los Ministros interesados.

2. Los reglamentos se ordenarán según la siguiente jerarquía:

1.º Disposiciones aprobadas por Real Decreto del Presidente del Gobierno o acordado en el Consejo de Ministros.

2.º Disposiciones aprobadas por Orden Ministerial.

Artículo 25.

Plan Anual Normativo

1. El Gobierno aprobará anualmente un Plan Normativo que contendrá las iniciativas legislativas o reglamentarias que vayan a ser elevadas para su aprobación en el año siguiente.

2. El Plan Anual Normativo identificará, con arreglo a los criterios que se establezcan reglamentariamente, las normas que habrán de someterse a un análisis sobre los resultados de su aplicación, atendiendo fundamentalmente al coste que suponen para la Administración o los destinatarios y las cargas administrativas impuestas a estos últimos.

3. Cuando se eleve para su aprobación por el órgano competente una propuesta normativa que no figurara en el Plan Anual Normativo al que se refiere el presente artículo será necesario justificar este hecho en la correspondiente Memoria del Análisis de Impacto Normativo.

4. El Plan Anual Normativo estará coordinado por el Ministerio de la Presidencia, con el objeto de asegurar la congruencia de todas las iniciativas que se tramiten y de evitar sucesivas modificaciones del régimen legal aplicable a un determinado sector o área de actividad en un corto espacio de tiempo. El Ministro de la Presidencia elevará el Plan al Consejo de Ministros para su aprobación antes del 30 de abril.

Por orden del Ministerio de la Presidencia se aprobarán los modelos que contengan la información a remitir sobre cada iniciativa normativa para su inclusión en el Plan.

Artículo 26.

Procedimiento de elaboración de normas con rango de Ley y reglamentos

La elaboración de los anteproyectos de ley, de los proyectos de real decreto legislativo y de normas reglamentarias se ajustará al siguiente procedimiento:

1. Su redacción estará precedida de cuantos estudios y consultas se estimen convenientes para garantizar el acierto y la legalidad de la norma.

2. Se sustanciará una consulta pública, a través del portal web del departamento competente, con carácter previo a la elaboración del texto, en la que se recabará opinión de los sujetos potencialmente afectados por la futura norma y de las organizaciones más representativas acerca de:

a) Los problemas que se pretenden solucionar con la nueva norma.

b) La necesidad y oportunidad de su aprobación.

c) Los objetivos de la norma.

d) Las posibles soluciones alternativas regulatorias y no regulatorias.

Podrá prescindirse del trámite de consulta pública previsto en este apartado en el caso de la elaboración de normas presupuestarias u organizativas de la Administración General del Estado o de las organizaciones dependientes o vinculadas a éstas, cuando concurran razones graves de interés público que lo justifiquen, o cuando la propuesta normativa no tenga un impacto significativo en la actividad económica, no imponga obligaciones relevantes a los destinatarios o regule aspectos parciales de una materia. También podrá prescindirse de este trámite de consulta en el caso de tramitación urgente de iniciativas normativas, tal y como se establece en el artículo 27.2. La concurrencia de alguna o varias de estas razones, debidamente motivadas, se justificarán en la Memoria del Análisis de Impacto Normativo.

La consulta pública deberá realizarse de tal forma que todos los potenciales destinatarios de la norma tengan la posibilidad de emitir su opinión, para lo cual deberá proporcionarse un tiempo suficiente, que en ningún caso será inferior a quince días naturales.

3. El centro directivo competente elaborará con carácter preceptivo una Memoria del Análisis de Impacto Normativo, que deberá contener los siguientes apartados:

a) Oportunidad de la propuesta y alternativas de regulación estudiadas, lo que deberá incluir una justificación de la necesidad de la nueva norma frente a la alternativa de no aprobar ninguna regulación.

b) Contenido y análisis jurídico, con referencia al Derecho nacional y de la Unión Europea, que incluirá el listado pormenorizado de las normas que quedarán derogadas como consecuencia de la entrada en vigor de la norma.

c) Análisis sobre la adecuación de la norma propuesta al orden de distribución de competencias.

d) Impacto económico y presupuestario, que evaluará las consecuencias de su aplicación sobre los sectores, colectivos o agentes afectados por la norma, incluido el efecto sobre la competencia, la unidad de mercado y la competitividad y su encaje con la legislación vigente en cada momento sobre estas materias. Este análisis incluirá la realización del test Pyme de acuerdo con la práctica de la Comisión Europea.

e) Asimismo, se identificarán las cargas administrativas que conlleva la propuesta, se cuantificará el coste de su cumplimiento para la Administración y para los obligados a soportarlas con especial referencia al impacto sobre las pequeñas y medianas empresas.

f) Impacto por razón de género, que analizará y valorará los resultados que se puedan seguir de la aprobación de la norma desde la perspectiva de la eliminación de desigualdades y de su contribución a la consecución de los objetivos de igualdad de oportunidades y de trato entre mujeres y hombres, a partir de los indicadores de situación de partida, de previsión de resultados y de previsión de impacto.

g) Un resumen de las principales aportaciones recibidas en el trámite de consulta pública regulado en el apartado 2.

La Memoria del Análisis de Impacto Normativo incluirá cualquier otro extremo que pudiera ser relevante a criterio del órgano proponente.

4. Cuando la disposición normativa sea un anteproyecto de ley o un proyecto de real decreto legislativo, cumplidos los trámites anteriores, el titular o titulares de los Departamentos proponentes lo elevarán, previo sometimiento a la Comisión General de Secretarios de Estado y Subsecretarios, al Consejo de Ministros, a fin de que éste decida sobre los ulteriores trámites y, en particular, sobre las consultas, dictámenes e informes que resulten convenientes, así

como sobre los términos de su realización, sin perjuicio de los legalmente preceptivos.

Cuando razones de urgencia así lo aconsejen, y siempre que se hayan cumplimentado los trámites de carácter preceptivo, el Consejo de Ministros podrá prescindir de este y acordar la aprobación del anteproyecto de ley o proyecto de real decreto legislativo y su remisión, en su caso, al Congreso de los Diputados o al Senado, según corresponda.

5. A lo largo del procedimiento de elaboración de la norma, el centro directivo competente recabará, además de los informes y dictámenes que resulten preceptivos, cuantos estudios y consultas se estimen convenientes para garantizar el acierto y la legalidad del texto.

Salvo que normativamente se establezca otra cosa, los informes preceptivos se emitirán en un plazo de diez días, o de un mes cuando el informe se solicite a otra Administración o a un órgano u Organismo dotado de espacial independencia o autonomía.

El centro directivo competente podrá solicitar motivadamente la emisión urgente de los informes, estudios y consultas solicitados, debiendo éstos ser emitidos en un plazo no superior a la mitad de la duración de los indicados en el párrafo anterior.

En todo caso, los anteproyectos de ley, los proyectos de real decreto legislativo y los proyectos de disposiciones reglamentarias, deberán ser informados por la Secretaría General Técnica del Ministerio o Ministerios proponentes.

Asimismo, cuando la propuesta normativa afectara a la organización administrativa de la Administración General del Estado, a su régimen de personal, a los procedimientos y a la inspección de los servicios, será necesario recabar la aprobación previa del Ministerio de Hacienda y Administraciones Públicas antes de ser sometidas al órgano competente para promulgarlos. Si transcurridos 15 días desde la recepción de la solicitud de aprobación por parte del citado Ministerio no se hubiera formulado ninguna objeción, se entenderá concedida la aprobación.

Será además necesario informe previo del Ministerio de Hacienda y Administraciones Públicas cuando la norma pudiera afectar a la distribución de las competencias entre el Estado y las Comunidades Autónomas.

6. Sin perjuicio de la consulta previa a la redacción del texto de la iniciativa, cuando la norma afecte a los derechos e intereses

legítimos de las personas, el centro directivo competente publicará el texto en el portal web correspondiente, con el objeto de dar audiencia a los ciudadanos afectados y obtener cuantas aportaciones adicionales puedan hacerse por otras personas o entidades. Asimismo, podrá recabarse directamente la opinión de las organizaciones o asociaciones reconocidas por ley que agrupen o representen a las personas cuyos derechos o intereses legítimos se vieren afectados por la norma y cuyos fines guarden relación directa con su objeto.

El plazo mínimo de esta audiencia e información públicas será de 15 días hábiles, y podrá ser reducido hasta un mínimo de siete días hábiles cuando razones debidamente motivadas así lo justifiquen; así como cuando se aplique la tramitación urgente de iniciativas normativas, tal y como se establece en el artículo 27.2. De ello deberá dejarse constancia en la Memoria del Análisis de Impacto Normativo.

El trámite de audiencia e información pública sólo podrá omitirse cuando existan graves razones de interés público, que deberán justificarse en la Memoria del Análisis de Impacto Normativo. Asimismo, no será de aplicación a las disposiciones presupuestarias o que regulen los órganos, cargos y autoridades del Gobierno o de las organizaciones dependientes o vinculadas a éstas.

7. Se recabará el dictamen del Consejo de Estado u órgano consultivo equivalente cuando fuera preceptivo o se considere conveniente.

8. Cumplidos los trámites anteriores, la propuesta se someterá a la Comisión General de Secretarios de Estado y Subsecretarios y se elevará al Consejo de Ministros para su aprobación y, en caso de proyectos de ley, su remisión al Congreso de los Diputados o, en su caso, al Senado, acompañándolo de una Exposición de Motivos y de la documentación propia del procedimiento de elaboración a que se refieren las letras b) y d) del artículo 7 de la Ley 19/2013, de 9 de diciembre, de transparencia, acceso a la información pública y buen gobierno y su normativa de desarrollo.

9. El Ministerio de la Presidencia, con el objeto de asegurar la coordinación y la calidad de la actividad normativa del Gobierno analizará los siguientes aspectos:

a) La calidad técnica y el rango de la propuesta normativa.

b) La congruencia de la iniciativa con el resto del ordenamiento jurídico, nacional y de la Unión Europea, con otras que se estén elaborando en los distintos Ministerios o que vayan a hacerlo de acuerdo con el Plan Anual Normativo, así como con las que se estén tramitando en las Cortes Generales.

c) La necesidad de incluir la derogación expresa de otras normas, así como de refundir en la nueva otras existentes en el mismo ámbito.

d) El contenido preceptivo de la Memoria del Análisis de Impacto Normativo y, en particular, la inclusión de una sistemática de evaluación posterior de la aplicación de la norma cuando fuere preceptivo.

e) El cumplimiento de los principios y reglas establecidos en este Título.

f) El cumplimiento o congruencia de la iniciativa con los proyectos de reducción de cargas administrativas o buena regulación que se hayan aprobado en disposiciones o acuerdos de carácter general para la Administración General del Estado.

g) La posible extralimitación de la iniciativa normativa respecto del contenido de la norma comunitaria que se trasponga al derecho interno.

Reglamentariamente se determinará la composición del órgano encargado de la realización de esta función así como su modo de intervención en el procedimiento.

10. Se conservarán en el correspondiente expediente administrativo, en formato electrónico, la Memoria del Análisis de Impacto Normativo, los informes y dictámenes recabados para su tramitación, así como todos los estudios y consultas emitidas y demás actuaciones practicadas.

11. Lo dispuesto en este artículo y en el siguiente no será de aplicación para la tramitación y aprobación de decretos-leyes, a excepción de la elaboración de la memoria prevista en el apartado 3, con carácter abreviado, y lo establecido en los números 1, 8, 9 y 10.

Artículo 27.
Tramitación urgente de iniciativas normativas en el ámbito de la Administración General del Estado

1. El Consejo de Ministros, a propuesta del titular del departamento al que corresponda la iniciativa normativa, podrá acordar la tramitación urgente del procedimiento de elaboración y aprobación de anteproyectos de ley, reales decretos legislativos y de reales decretos, en alguno de los siguientes casos:

a) Cuando fuere necesario para que la norma entre en vigor en el plazo exigido para la transposición de directivas comunitarias o el establecido en otras leyes o normas de Derecho de la Unión Europea.

b) Cuando concurran otras circunstancias extraordinarias que, no habiendo podido preverse con anterioridad, exijan la aprobación urgente de la norma.

La Memoria del Análisis de Impacto Normativo que acompañe al proyecto mencionará la existencia del acuerdo de tramitación urgente, así como las circunstancias que le sirven de fundamento.

2. La tramitación por vía de urgencia implicará que:

a) Los plazos previstos para la realización de los trámites del procedimiento de elaboración, establecidos en ésta o en otra norma, se reducirán a la mitad de su duración. Si, en aplicación de la normativa reguladora de los órganos consultivos que hubieran de emitir dictamen, fuera necesario un acuerdo para requerirlo en dicho plazo, se adoptará por el órgano competente; y si fuera el Consejo de Ministros, se recogerá en el acuerdo previsto en el apartado 1 de este artículo.

b) No será preciso el trámite de consulta pública previsto en el artículo 26.2, sin perjuicio de la realización de los trámites de audiencia pública o de información pública sobre el texto a los que se refiere el artículo 26.6, cuyo plazo de realización será de siete días.

c) La falta de emisión de un dictamen o informe preceptivo en plazo no impedirá la continuación del procedimiento, sin perjuicio de su eventual incorporación y consideración cuando se reciba.

Artículo 28. *Informe anual de evaluación*

1. El Consejo de Ministros, a propuesta del Ministerio de la Presidencia, aprobará, antes del 30 de abril de cada año, un informe anual en el que se refleje el grado de cumplimiento del Plan Anual Normativo del año anterior, las iniciativas adoptadas que no estaban inicialmente incluidas en el citado Plan, así como las incluidas en anteriores informes de evaluación con objetivos plurianuales que hayan producido al menos parte de sus efectos en el año que se evalúa.

2. En el informe se incluirán las conclusiones del análisis de la aplicación de las normas a que se refiere el artículo 25.2, que, de acuerdo con lo previsto en su respectiva Memoria, hayan tenido

que ser evaluadas en el ejercicio anterior. La evaluación se realizará en los términos y plazos previstos en la Memoria del Análisis de Impacto Normativo y deberá comprender, en todo caso:

a) La eficacia de la norma, entendiendo por tal la medida en que ha conseguido los fines pretendidos con su aprobación.

b) La eficiencia de la norma, identificando las cargas administrativas que podrían no haber sido necesarias.

c) La sostenibilidad de la disposición.

El informe podrá contener recomendaciones específicas de modificación y, en su caso, derogación de las normas evaluadas, cuando así lo aconsejase el resultado del análisis.»

Trece. Se añade un Título VI en el que se incluye el artículo 26 actual, que se renumera como artículo 29, y que queda redactado del siguiente modo:

«TÍTULO VI. *Del control del Gobierno*

Artículo 29. *Del control de los actos del Gobierno*

1. El Gobierno está sujeto a la Constitución y al resto del ordenamiento jurídico en toda su actuación.

2. Todos los actos y omisiones del Gobierno están sometidos al control político de las Cortes Generales.

3. Los actos, la inactividad y las actuaciones materiales que constituyan una vía de hecho del Gobierno y de los órganos y autoridades regulados en la presente Ley son impugnables ante la jurisdicción contencioso-administrativa, de conformidad con lo dispuesto en su Ley reguladora.

4. La actuación del Gobierno es impugnable ante el Tribunal Constitucional en los términos de la Ley Orgánica reguladora del mismo.»

Disposición final cuarta. *Modificación de la Ley 50/2002, de 26 de diciembre, de Fundaciones.* El apartado 2 del artículo 34 de la Ley 50/2002, de 26 de diciembre, de Fundaciones, queda redactado en los siguientes términos:

«2. Las funciones de Protectorado respecto de las fundaciones de competencia estatal serán ejercidas por la Administración General del Estado a través de un único órgano administrativo, en la forma que reglamentariamente se determine.»

Disposición final quinta. *Modificación de la Ley 22/2003, de 9 de julio, Concursal.* [783] *(Derogada)*

Disposición final sexta. *Modificación de la Ley 33/2003, de 3 de noviembre, del Patrimonio de las Administraciones Públicas.* La Ley 33/2003, de 3 de noviembre, del Patrimonio de las Administraciones Públicas queda modificada en los siguientes términos:

Uno. El apartado 1 del artículo 166, queda redactado como sigue:

«**1. Las disposiciones de este título serán de aplicación a las siguientes entidades:**

a) Las entidades públicas empresariales, a las que se refiere la Sección 3.ª del capítulo III del Título II de la Ley de Régimen Jurídico del Sector Público.

b) Las entidades de Derecho público vinculadas a la Administración General del Estado o a sus organismos públicos cuyos ingresos provengan, al menos en un 50 por ciento, de operaciones realizadas en el mercado.

c) Las sociedades mercantiles estatales, entendiendo por tales aquellas sobre la que se ejerce control estatal:

1.º Bien porque la participación directa en su capital social de la Administración General del Estado o algunas de las entidades que, conforme a lo dispuesto en el artículo 84 de la Ley de Régimen Jurídico del Sector Público integran el sector público institucional estatal, incluidas las sociedades mercantiles estatales, sea superior al 50 por 100. Para la determinación de este porcentaje, se sumarán las participaciones correspondientes a la Administración General del Estado y a todas las entidades integradas en el sector público institucional estatal, en el caso de que en el capital social participen varias de ellas.

2.º Bien porque la sociedad mercantil se encuentre en el supuesto previsto en el artículo 4 de la Ley 24/1988, de 28 de julio, del Mercado de Valores respecto de la Administración General del Estado o de sus organismos públicos vinculados o dependientes.»

Dos. El apartado segundo del artículo 167 queda redactado en los siguientes términos:

---

[783] Derogada por disposición derogatoria única apartado 2 letra v de Real Decreto Legislativo 1/2020 de 5 de mayo de 2020, con vigencia desde 01/09/2020

«2. Las entidades a que se refiere el párrafo c) del apartado 1 del artículo anterior ajustarán la gestión de su patrimonio al Derecho privado, sin perjuicio de las disposiciones de esta ley que les resulten expresamente de aplicación.»

Disposición final séptima. *Modificación de la Ley 38/2003, de 17 de noviembre, General de Subvenciones.* Se introducen las siguientes modificaciones en la Ley 38/2003, de 17 de noviembre, General de Subvenciones:

Uno. Se modifica el artículo 10, que queda redactado como sigue:

«**Artículo 10.** *Órganos competentes para la concesión de subvenciones*

1. Los Ministros y los Secretarios de Estado en la Administración General del Estado y los presidentes o directores de los organismos y las entidades públicas vinculados o dependientes de la Administración General del Estado, cualquiera que sea el régimen jurídico a que hayan de sujetar su actuación, son los órganos competentes para conceder subvenciones, en sus respectivos ámbitos, previa consignación presupuestaria para este fin.

2. No obstante lo dispuesto en el apartado anterior, para autorizar la concesión de subvenciones de cuantía superior a 12 millones de euros será necesario acuerdo del Consejo de Ministros o, en el caso de que así lo establezca la normativa reguladora de la subvención, de la Comisión Delegada del Gobierno para Asuntos Económicos.

En el caso de subvenciones concedidas en régimen de concurrencia competitiva, la autorización del Consejo de Ministros a que se refiere el párrafo anterior deberá obtenerse antes de la aprobación de la convocatoria cuya cuantía supere el citado límite.

La autorización a que se refiere el párrafo anterior no implicará la aprobación del gasto, que, en todo caso, corresponderá al órgano competente.

3. Las facultades para conceder subvenciones, a que se refiere este artículo, podrán ser objeto de desconcentración mediante real decreto acordado en Consejo de Ministros.

4. La competencia para conceder subvenciones en las corporaciones locales corresponde a los órganos que tengan atribuidas tales funciones en la legislación de régimen local.»

Dos. Se modifica el apartado 1 de la disposición adicional decimosexta con el siguiente contenido:

«**1. Las fundaciones del sector público únicamente podrán conceder subvenciones cuando así se autorice a la correspondiente fundación de forma expresa mediante acuerdo del Ministerio de adscripción u órgano equivalente de la Administración a la que la fundación esté adscrita y sin perjuicio de lo dispuesto en el artículo 10.2.**

La aprobación de las bases reguladoras, la autorización previa de la concesión, las funciones derivadas de la exigencia del reintegro y de la imposición de sanciones, así como las funciones de control y demás que comporten el ejercicio de potestades administrativas, serán ejercidas por los órganos de la Administración que financien en mayor proporción la subvención correspondiente; en caso de que no sea posible identificar tal Administración, las funciones serán ejercidas por los órganos de la Administración que ejerza el Protectorado de la fundación.»

Tres. Se introduce una nueva disposición transitoria tercera con el siguiente contenido:

«**Disposición transitoria tercera.** *Convocatorias iniciadas y subvenciones concedidas con anterioridad a la entrada en vigor de la modificación de la Ley 38/2003, de 17 de noviembre, General de Subvenciones incluida en la disposición final séptima de la Ley 40/2015, de 1 de octubre, de Régimen Jurídico del Sector Público*

Las subvenciones públicas que se concedan en régimen de concurrencia competitiva cuya convocatoria se hubiera aprobado con anterioridad a la entrada en vigor de la modificación del artículo 10 de la Ley General de Subvenciones, se regirán por la normativa anterior.»

Cuatro. Se introduce una nueva disposición adicional vigésima quinta con el siguiente contenido:

«**Disposición adicional vigésima quinta.** *Servicio Nacional de Coordinación Antifraude para la protección de los intereses financieros de la Unión Europea*

1. El Servicio Nacional de Coordinación Antifraude, integrado en la Intervención General de la Administración del Estado, coordinará las acciones encaminadas a proteger los intereses financieros de la Unión Europea contra el fraude y dar cumplimiento al artículo 325 del Tratado de Funcionamiento de la Unión Europea y al artícu-

lo 3.4 del Reglamento (UE, Euratom) n.° 883/2013, del Parlamento Europeo y del Consejo relativo a las investigaciones efectuadas por la Oficina Europea de Lucha contra el Fraude (OLAF).

2. Corresponde al Servicio Nacional de Coordinación Antifraude:

a) Dirigir la creación y puesta en marcha de las estrategias nacionales y promover los cambios legislativos y administrativos necesarios para proteger los intereses financieros de la Unión Europea.

b) Identificar las posibles deficiencias de los sistemas nacionales para la gestión de fondos de la Unión Europea.

c) Establecer los cauces de coordinación e información sobre irregularidades y sospechas de fraude entre las diferentes instituciones nacionales y la OLAF.

d) Promover la formación para la prevención y lucha contra el fraude.

3. El Servicio Nacional de Coordinación Antifraude ejercerá sus competencias con plena independencia y deberá ser dotado con los medios adecuados para atender los contenidos y requerimientos establecidos por la OLAF.

4. El Servicio Nacional de Coordinación Antifraude estará asistido por un Consejo Asesor presidido por el Interventor General de la Administración del Estado e integrado por representantes de los ministerios, organismos y demás instituciones nacionales que tengan competencias en la gestión, control, prevención y lucha contra el fraude en relación con los intereses financieros de la Unión Europea. Su composición y funcionamiento se determinarán por Real Decreto.

5. Las autoridades, los titulares de los órganos del Estado, de las Comunidades Autónomas y de las Entidades Locales, así como los jefes o directores de oficinas públicas, organismos y otros entes públicos y quienes, en general, ejerzan funciones públicas o desarrollen su trabajo en dichas entidades deberán prestar la debida colaboración y apoyo al Servicio. El Servicio tendrá las mismas facultades que la OLAF para acceder a la información pertinente en relación con los hechos que se estén investigando.

6. El Servicio podrá concertar convenios con la OLAF para la transmisión de la información y para la realización de investigaciones.»

Disposición final octava. *Modificación de la Ley 47/2003, de 26 de noviembre, General Presupuestaria.* Se modifica la Ley 47/2003, de

26 de noviembre, General Presupuestaria, que queda redactada como sigue:

Uno. Se modifica el artículo 2 que queda redactado en los siguientes términos:

«**Artículo 2.** *Sector público estatal*

1. A los efectos de esta Ley forman parte del sector público estatal:

a) La Administración General del Estado.

b) El sector público institucional estatal.

2. Integran el sector público institucional estatal las siguientes entidades:

a) Los organismos públicos vinculados o dependientes de la Administración General del Estado, los cuales se clasifican en:

1.° Organismos autónomos.

2.° Entidades Públicas Empresariales.

b) Las autoridades administrativas independientes.

c) Las sociedades mercantiles estatales.

d) Los consorcios adscritos a la Administración General del Estado.

e) Las fundaciones del sector público adscritas a la Administración General del Estado.

f) Los fondos sin personalidad jurídica.

g) Las universidades públicas no transferidas.

h) Las entidades gestoras, servicios comunes y las mutuas colaboradoras con la Seguridad Social en su función pública de colaboración en la gestión de la Seguridad Social, así como sus centros mancomunados.

i) Cualesquiera organismos y entidades de derecho público vinculados o dependientes de la Administración General del Estado.

3. Los órganos con dotación diferenciada en los Presupuestos Generales del Estado que, careciendo de personalidad jurídica, no están integrados en la Administración General del Estado, forman parte del sector público estatal, regulándose su régimen económico-financiero por esta Ley, sin perjuicio de las especialidades que se establezcan en sus normas de creación, organización y funcionamiento. No obstante, su régimen de contabilidad y de control quedará sometido en todo caso a lo establecido en dichas normas, sin que les sea aplicable en dichas materias lo establecido en esta Ley.

Sin perjuicio de lo anterior, esta Ley no será de aplicación a las Cortes Generales, que gozan de autonomía presupuestaria de acuerdo con lo establecido en el artículo 72 de la Constitución; no obstante, se mantendrá la coordinación necesaria para la elaboración del Proyecto de Ley de Presupuestos Generales del Estado.»

Dos. Se modifica el artículo 3 que queda redactado como sigue:

«**Artículo 3.** *Sector público administrativo, empresarial y fundacional*

A los efectos de esta Ley, el sector público estatal se divide en los siguientes:

1. El sector público administrativo, integrado por:

a) La Administración General del Estado, los organismos autónomos, las autoridades administrativas independientes, las universidades públicas no transferidas y las entidades gestoras, servicios comunes y las mutuas colaboradoras con la Seguridad Social, así como sus centros mancomunados, así como las entidades del apartado 3 del artículo anterior.

b) Cualesquiera organismos y entidades de derecho público vinculados o dependientes de la Administración General del Estado, los consorcios y los fondos sin personalidad jurídica, que cumplan alguna de las dos características siguientes:

1.ª Que su actividad principal no consista en la producción en régimen de mercado de bienes y servicios destinados al consumo individual o colectivo, o que efectúen operaciones de redistribución de la renta y de la riqueza nacional, en todo caso sin ánimo de lucro.

2.ª Que no se financien mayoritariamente con ingresos comerciales, entendiéndose como tales a los efectos de esta Ley, los ingresos, cualquiera que sea su naturaleza, obtenidos como contrapartida de las entregas de bienes o prestaciones de servicios.

2. El sector público empresarial, integrado por:

a) Las entidades públicas empresariales.

b) Las sociedades mercantiles estatales.

c) Cualesquiera organismos y entidades de derecho público vinculados o dependientes de la Administración General del Estado, los consorcios y los fondos sin personalidad jurídica no incluidos en el sector público administrativo.

3. El sector público fundacional, integrado por las fundaciones del sector público estatal.»

Disposición final novena. *Modificación del Texto Refundido de la Ley de Contratos del Sector Público, aprobado por Real Decreto Legislativo 3/2011, de 14 de noviembre.* El Texto Refundido de la Ley de Contratos del Sector Público, aprobado por Real Decreto Legislativo 3/2011, de 14 de noviembre, queda modificado como sigue:

Uno. El artículo 60 queda redactado del siguiente modo:

«**Artículo 60.** *Prohibiciones de contratar*

1. No podrán contratar con las entidades previstas en el artículo 3 de la presente Ley con los efectos establecidos en el artículo 61 bis, las personas en quienes concurra alguna de las siguientes circunstancias:

a) Haber sido condenadas mediante sentencia firme por delitos de terrorismo, constitución o integración de una organización o grupo criminal, asociación ilícita, financiación ilegal de los partidos políticos, trata de seres humanos, corrupción en los negocios, tráfico de influencias, cohecho, prevaricación, fraudes, negociaciones y actividades prohibidas a los funcionarios, delitos contra la Hacienda Pública y la Seguridad Social, delitos contra los derechos de los trabajadores, malversación, blanqueo de capitales, delitos relativos a la ordenación del territorio y el urbanismo, la protección del patrimonio histórico y el medio ambiente, o a la pena de inhabilitación especial para el ejercicio de profesión, oficio, industria o comercio.

La prohibición de contratar alcanzará a las personas jurídicas que sean declaradas penalmente responsables, y a aquéllas cuyos administradores o representantes, lo sean de hecho o de derecho, vigente su cargo o representación y hasta su cese, se encontraran en la situación mencionada en este apartado.

b) Haber sido sancionadas con carácter firme por infracción grave en materia profesional, de falseamiento de la competencia, de integración laboral y de igualdad de oportunidades y no discriminación de las personas con discapacidad, o de extranjería, de conformidad con lo establecido en la normativa vigente; por infracción muy grave en materia medioambiental, de acuerdo con lo establecido en la Ley 21/2013, de 9 de diciembre, de evaluación ambiental; en la Ley 22/1988, de 28 de julio, de Costas; en la Ley 4/1989, de 27 de marzo, de Conservación de los Espacios Naturales y de la Flora y Fauna Silvestres; en la Ley 11/1997, de 24 de abril, de Envases y Residuos de Envases; en la Ley 10/1998, de 21 de abril, de Residuos; en el Texto Refundido de la Ley de Aguas, aprobado por Real Decreto Legislativo 1/2001, de 20 de julio, y en la Ley 16/2002, de 1 de julio, de Prevención y Control Integrados de la Contaminación; o por infracción muy grave en materia laboral o social, de acuerdo con lo dispuesto en el Texto Refundido de la Ley sobre Infracciones y Sanciones en el Orden Social, aprobado por el Real Decreto Legislativo 5/2000, de 4 de agosto, así como por la infracción grave prevista en el artículo 22.2 del citado texto.

c) Haber solicitado la declaración de concurso voluntario, haber sido declaradas insolventes en cualquier procedimiento, hallarse declaradas en concurso, salvo que en éste haya adquirido la eficacia un convenio, estar sujetos a intervención judicial o haber sido inhabilitados conforme a la Ley 22/2003, de 9 de julio, Concursal, sin que haya concluido el período de inhabilitación fijado en la sentencia de calificación del concurso.

d) No hallarse al corriente en el cumplimiento de las obligaciones tributarias o de Seguridad Social impuestas por las disposiciones vigentes, en los términos que reglamentariamente se determinen; o en el caso de empresas de 50 o más trabajadores, no cumplir el requisito de que al menos el 2 por ciento de sus empleados sean trabajadores con discapacidad, de conformidad con el artículo 42 del Real Decreto Legislativo 1/2013, de 29 de noviembre, por el que se aprueba el Texto Refundido de la Ley General de derechos de las personas con discapacidad y de su inclusión social, en las condiciones que reglamentariamente se determinen.

En relación con el cumplimiento de sus obligaciones tributarias o con la Seguridad Social, se considerará que las empresas se encuentran al corriente en el mismo cuando las deudas estén aplazadas, fraccionadas o se hubiera acordado su suspensión con ocasión de la impugnación de tales deudas.

e) Haber incurrido en falsedad al efectuar la declaración responsable a que se refiere el artículo 146 o al facilitar cualesquiera otros datos relativos a su capacidad y solvencia, o haber incumplido, por causa que le sea imputable, la obligación de comunicar la información que corresponda en materia de clasificación y la relativa a los registros de licitadores y empresas clasificadas.

f) Estar afectado por una prohibición de contratar impuesta en virtud de sanción administrativa firme, con arreglo a lo previsto en la Ley 38/2003, de 17 de noviembre, General de Subvenciones, o en la Ley 58/2003, de 17 de diciembre, General Tributaria.

g) Estar incursa la persona física o los administradores de la persona jurídica en alguno de los supuestos de la Ley 5/2006, de 10 de abril, de Regulación de los Conflictos de Intereses de los Miembros del Gobierno y de los Altos Cargos de la Administración General del Estado o las respectivas normas de las Comunidades Autónomas, de la Ley 53/1984, de 26 de diciembre, de Incompatibilidades del Personal al Servicio de las Administraciones Públicas o tratarse de cualquiera de los cargos electivos regulados en la Ley Orgánica 5/1985, de 19 de junio, del Régimen Electoral General, en los términos establecidos en la misma.

La prohibición alcanzará a las personas jurídicas en cuyo capital participen, en los términos y cuantías establecidas en la legislación citada, el personal y los altos cargos a que se refiere el párrafo anterior, así como los cargos electos al servicio de las mismas.

La prohibición se extiende igualmente, en ambos casos, a los cónyuges, personas vinculadas con análoga relación de convivencia afectiva, ascendientes y descendientes, así como a parientes en segundo grado por consanguinidad o afinidad de las personas a que se refieren los párrafos anteriores, cuando se produzca conflicto de intereses con el titular del órgano de contratación o los titulares de los órganos en que se hubiere delegado la facultad para contratar o los que ejerzan la sustitución del primero.

h) Haber contratado a personas respecto de las que se haya publicado en el "Boletín Oficial del Estado" el incumplimiento a que se refiere el artículo 18.6 de la Ley 5/2006, de 10 de abril, de Regulación de los Conflictos de Intereses de los Miembros del Gobierno y de los Altos Cargos de la Administración General del Estado o en las respectivas normas de las Comunidades Autónomas, por haber pasado a prestar servicios en empresas o sociedades privadas directamente relacionadas con las competencias del cargo desempeñado durante los dos años siguientes a la fecha de cese en el mismo. La prohibición de contratar se mantendrá durante el tiempo que permanezca dentro de la organización de la empresa la persona contratada con el límite máximo de dos años a contar desde el cese como alto cargo.

2. Además de las previstas en el apartado anterior, son circunstancias que impedirán a los empresarios contratar con las entidades

comprendidas en el artículo 3 de la presente Ley, en las condiciones establecidas en el artículo 61 bis las siguientes:

a) Haber retirado indebidamente su proposición o candidatura en un procedimiento de adjudicación, o haber imposibilitado la adjudicación del contrato a su favor por no cumplimentar lo establecido en el apartado 2 del artículo 151 dentro del plazo señalado mediando dolo, culpa o negligencia.

b) Haber dejado de formalizar el contrato, que ha sido adjudicado a su favor, en los plazos previstos en el artículo 156.3 por causa imputable al adjudicatario.

c) Haber incumplido las cláusulas que son esenciales en el contrato, incluyendo las condiciones especiales de ejecución establecidas de acuerdo con lo señalado en el artículo 118, cuando dicho incumplimiento hubiese sido definido en los pliegos o en el contrato como infracción grave, concurriendo dolo, culpa o negligencia en el empresario, y siempre que haya dado lugar a la imposición de penalidades o a la indemnización de daños y perjuicios.

d) Haber dado lugar, por causa de la que hubiesen sido declarados culpables, a la resolución firme de cualquier contrato celebrado con una entidad de las comprendidas en el artículo 3 de la presente Ley.

3. Las prohibiciones de contratar afectarán también a aquellas empresas de las que, por razón de las personas que las rigen o de otras circunstancias, pueda presumirse que son continuación o que derivan, por transformación, fusión o sucesión, de otras empresas en las que hubiesen concurrido aquéllas.»

Dos. El artículo 61 queda redactado del siguiente modo:

«Artículo 61. *Apreciación de la prohibición de contratar. Competencia y procedimiento*

1. Las prohibiciones de contratar relativas a las circunstancias contenidas en las letras c), d), f), g) y h) del apartado 1 del artículo anterior, se apreciarán directamente por los órganos de contratación, subsistiendo mientras concurran las circunstancias que en cada caso las determinan.

2. La prohibición de contratar por las causas previstas en las letras a) y b) del apartado 1 del artículo anterior se apreciará directamente por los órganos de contratación, cuando la sentencia o la resolución administrativa se hubiera pronunciado expresamente

sobre su alcance y duración, subsistiendo durante el plazo señalado en las mismas.

En el caso de que la sentencia o la resolución administrativa no contengan pronunciamiento sobre el alcance o duración de la prohibición de contratar; en los casos de la letra e) del apartado primero del artículo anterior; y en los supuestos contemplados en el apartado segundo, también del artículo anterior, el alcance y duración de la prohibición deberá determinarse mediante procedimiento instruido al efecto, de conformidad con lo dispuesto en este artículo.

3. La competencia para fijar la duración y alcance de la prohibición de contratar en el caso de las letras a) y b) del apartado 1 del artículo anterior, en los casos en que no figure en la correspondiente sentencia o resolución, y la competencia para la declaración de la prohibición de contratar en el caso de la letra e) del apartado primero del artículo anterior respecto de la obligación de comunicar la información prevista en materia de clasificación y respecto del registro de licitadores y empresas clasificadas, corresponderá al Ministro de Hacienda y Administraciones Públicas previa propuesta de la Junta Consultiva de Contratación Administrativa del Estado, o a los órganos que resulten competentes en el ámbito de las Comunidades Autónomas en el caso de la letra e) citada.

A efectos de poder dar cumplimiento a lo establecido en el párrafo anterior, el órgano judicial o administrativo del que emane la sentencia o resolución administrativa deberá remitir de oficio testimonio de aquélla o copia de ésta a la Junta Consultiva de Contratación Administrativa del Estado, sin perjuicio de que por parte de éste órgano, de tener conocimiento de su existencia y no habiendo recibido el citado testimonio de la sentencia o copia de la resolución administrativa, pueda solicitarlos al órgano del que emanaron.

En los supuestos previstos en la letra e) del apartado 1 del artículo anterior referido a casos en que se hubiera incurrido en falsedad al efectuar la declaración responsable a que se refiere el artículo 146, y en los supuestos previstos en el apartado segundo del artículo 60, la declaración de la prohibición de contratar corresponderá al órgano de contratación.

4. La competencia para la declaración de la prohibición de contratar en los casos en que la entidad contratante no tenga el carác-

ter de Administración Pública corresponderá al titular del departamento, presidente o director del organismo al que esté adscrita o del que dependa la entidad contratante o al que corresponda su tutela o control. Si la entidad contratante estuviera vinculada a más de una Administración, será competente el órgano correspondiente de la que ostente el control o participación mayoritaria.

5. Cuando conforme a lo señalado en este artículo, sea necesaria una declaración previa sobre la concurrencia de la prohibición, el alcance y duración de ésta se determinarán siguiendo el procedimiento que en las normas de desarrollo de esta Ley se establezca.

6. En los casos en que por sentencia penal firme así se prevea, la duración de la prohibición de contratar será la prevista en la misma. En los casos en los que ésta no haya establecido plazo, esa duración no podrá exceder de cinco años desde la fecha de la condena por sentencia firme.

En el resto de los supuestos, el plazo de duración no podrá exceder de tres años, para cuyo cómputo se estará a lo establecido en el apartado tercero del artículo 61 bis.

7. En el caso de la letra a) del apartado 1 del artículo anterior, el procedimiento, de ser necesario, no podrá iniciarse una vez transcurrido el plazo previsto para la prescripción de la correspondiente pena, y en el caso de la letra b) del apartado 2 del mismo artículo, si hubiesen transcurrido más de tres meses desde que se produjo la adjudicación.

En los restantes supuestos previstos en dicho artículo, el procedimiento para la declaración de la prohibición de contratar no podrá iniciarse si hubiesen transcurrido más de tres años contados a partir de las siguientes fechas:

a) Desde la firmeza de la resolución sancionadora, en el caso de la causa prevista en la letra b) del apartado 1 del artículo anterior;

b) Desde la fecha en que se hubieran facilitado los datos falsos o desde aquella en que hubiera debido comunicarse la correspondiente información, en los casos previstos en la letra e) del apartado 1 del artículo anterior;

c) Desde la fecha en que fuese firme la resolución del contrato, en el caso previsto en la letra d) del apartado 2 del artículo anterior;

d) En los casos previstos en la letra a) del apartado 2 del artículo anterior, desde la fecha en que se hubiese procedido a la adjudicación del contrato, si la causa es la retirada indebida de proposiciones o candidaturas; o desde la fecha en que hubiese debido procederse a la adjudicación, si la prohibición se fundamenta en el incumplimiento de lo establecido en el apartado segundo del artículo 151.

e) Desde que la entidad contratante tuvo conocimiento del incumplimiento de las condiciones especiales de ejecución del contrato en los casos previstos en la letra c) del apartado segundo del artículo 61 bis.»

Tres. Se introduce un artículo 61 bis, con la siguiente redacción:

«**Artículo 61 bis.** *Efectos de la declaración de la prohibición de contratar*

1. En los supuestos en que se den las circunstancias establecidas en el apartado segundo del artículo 60 y en la letra e) del apartado primero del mismo artículo en lo referente a haber incurrido en falsedad al efectuar la declaración responsable del artículo 146 o al facilitar otros datos relativos a su capacidad y solvencia, la prohibición de contratar afectará al ámbito del órgano de contratación competente para su declaración.

Dicha prohibición se podrá extender al correspondiente sector público en el que se integre el órgano de contratación. En el caso del sector público estatal, la extensión de efectos corresponderá al Ministro de Hacienda y Administraciones Públicas, previa propuesta de la Junta Consultiva de Contratación Administrativa del Estado.

En los supuestos en que, de conformidad con lo establecido en el primer párrafo del apartado tercero del artículo anterior respecto a la letra e) del apartado primero del artículo 60, la competencia para la declaración de la prohibición de contratar corresponda a los órganos que resulten competentes en el ámbito de las Comunidades Autónomas, la citada prohibición de contratar afectará a todos los órganos de contratación del correspondiente sector público.

Excepcionalmente, y siempre que previamente se hayan extendido al correspondiente sector público territorial, los efectos de las prohibiciones de contratar a las que se refieren los párrafos anteriores se podrán extender al conjunto del sector público. Dicha extensión de efectos a todo el sector público se realizará por el Ministro de Hacienda y Administraciones Públicas, previa propuesta de la Junta Consultiva de Contratación Administrativa del Estado, y a solicitud de la Comunidad Autónoma o Entidad Local correspondiente en los casos en que la prohibición de contratar provenga de tales ámbitos.

En los casos en que la competencia para declarar la prohibición de contratar corresponda al Ministro de Hacienda y Administraciones Públicas, la misma producirá efectos en todo el sector público.

2. Todas las prohibiciones de contratar, salvo aquellas en que se den alguna de las circunstancias previstas en las letras c), d), g) y h) del apartado primero del artículo 60, se inscribirán en el Registro Oficial de Licitadores y Empresas Clasificadas del Sector Público o el equivalente en el ámbito de las Comunidades Autónomas, en función del ámbito de la prohibición de contratar y del órgano que la haya declarado.

Los órganos de contratación del ámbito de las Comunidades Autónomas o de las entidades locales situadas en su territorio notificarán la prohibición de contratar a los Registros de Licitadores de las Comunidades Autónomas correspondientes, o si no existieran, al Registro Oficial de Licitadores y Empresas Clasificadas del Sector Público.

La inscripción de la prohibición de contratar en el Registro de Licitadores correspondiente caducará pasados 3 meses desde que termine su duración, debiendo procederse de oficio a su cancelación en dicho Registro tras el citado plazo.

3. Las prohibiciones de contratar contempladas en las letras a) y b) del apartado primero del artículo 60 producirán efectos desde la fecha en que devinieron firmes la sentencia o la resolución administrativa en los casos en que aquélla o ésta se hubieran pronunciado sobre el alcance y la duración de la prohibición.

En el resto de supuestos, los efectos se producirán desde la fecha de inscripción en el registro correspondiente.

No obstante lo anterior, en los supuestos previstos en las letras a) y b) del apartado primero del artículo 60 en los casos en que los efectos de la prohibición de contratar se produzcan desde la inscripción en el correspondiente registro, podrán adoptarse, en su caso, por parte del órgano competente para resolver el procedimiento de determinación del alcance y duración de la prohibición, de oficio, o a instancia de parte, las medidas provisionales que estime oportunas para asegurar la eficacia de la resolución que pudiera adoptarse.

4. Las prohibiciones de contratar cuya causa fuera la prevista en la letra f) del apartado primero del artículo 60, producirán efectos

respecto de las Administraciones Públicas que se establezcan en la resolución sancionadora que las impuso, desde la fecha en que ésta devino firme.»

Cuatro. El apartado 2 del artículo 150 queda redactado de la siguiente manera:

«2. Los criterios que han de servir de base para la adjudicación del contrato se determinarán por el órgano de contratación y se detallarán en el anuncio, en los pliegos de cláusulas administrativas particulares o en el documento descriptivo.

En la determinación de los criterios de adjudicación se dará preponderancia a aquellos que hagan referencia a características del objeto del contrato que puedan valorarse mediante cifras o porcentajes obtenidos a través de la mera aplicación de las fórmulas establecidas en los pliegos. Cuando en una licitación que se siga por un procedimiento abierto o restringido se atribuya a los criterios evaluables de forma automática por aplicación de fórmulas una ponderación inferior a la correspondiente a los criterios cuya cuantificación dependa de un juicio de valor, deberá constituirse un comité que cuente con un mínimo de tres miembros, formado por expertos no integrados en el órgano proponente del contrato y con cualificación apropiada, al que corresponderá realizar la evaluación de las ofertas conforme a estos últimos criterios, o encomendar esta evaluación a un organismo técnico especializado, debidamente identificado en los pliegos.

La evaluación de las ofertas conforme a los criterios cuantificables mediante la mera aplicación de fórmulas se realizará tras efectuar previamente la de aquellos otros criterios en que no concurra esta circunstancia, dejándose constancia documental de ello. Las normas de desarrollo de esta Ley determinarán los supuestos y condiciones en que deba hacerse pública tal evaluación previa, así como la forma en que deberán presentarse las proposiciones para hacer posible esta valoración separada.

Cuando en los contratos de concesión de obra pública o gestión de servicios públicos se prevea la posibilidad de que se efectúen aportaciones públicas a la construcción o explotación así como cualquier tipo de garantías, avales u otro tipo de ayudas a la empresa, en todo caso figurará como un criterio de adjudicación evaluable de forma automática la cuantía de la reducción que oferten los licitadores sobre las aportaciones previstas en el expediente de contratación.»

Cinco. El artículo 254 queda redactado de la siguiente manera:

«**Artículo 254.** *Aportaciones públicas a la construcción y garantías a la financiación*

1. Las Administraciones Públicas podrán contribuir a la financiación de la obra mediante aportaciones que serán realizadas durante la fase de ejecución de las obras, tal como dispone el artículo 240 de esta Ley, o una vez concluidas éstas, y cuyo importe será fijado por los licitadores en sus ofertas dentro de la cuantía máxima que establezcan los pliegos de condiciones.

2. Las aportaciones públicas a que se refiere el apartado anterior podrán consistir en aportaciones no dinerarias del órgano de contratación o de cualquier otra Administración con la que exista convenio al efecto, de acuerdo con la valoración de las mismas que se contenga en el pliego de cláusulas administrativas particulares.

Los bienes inmuebles que se entreguen al concesionario se integrarán en el patrimonio afecto a la concesión, destinándose al uso previsto en el proyecto de la obra, y revertirán a la Administración en el momento de su extinción, debiendo respetarse, en todo caso, lo dispuesto en los planes de ordenación urbanística o sectorial que les afecten.

3. Todas las aportaciones públicas han de estar previstas en el pliego de condiciones determinándose su cuantía en el procedimiento de adjudicación y no podrán incrementarse con posterioridad a la adjudicación del contrato.

4. El mismo régimen establecido para las aportaciones será aplicable a cualquier tipo de garantía, avales y otras medidas de apoyo a la financiación del concesionario que, en todo caso, tendrán que estar previstas en los pliegos.»

Seis. El artículo 256 queda redactado de la siguiente manera:

«**Artículo 256.** *Aportaciones públicas a la explotación*

Las Administraciones Públicas podrán otorgar al concesionario las siguientes aportaciones a fin de garantizar la viabilidad económica de la explotación de la obra, que, en todo caso, tendrán que estar previstas en el pliego de condiciones y no podrán incrementarse con posterioridad a la adjudicación del contrato, sin perjuicio del reequilibrio previsto en el artículo 258:

a) Subvenciones, anticipos reintegrables, préstamos participativos, subordinados o de otra naturaleza, para ser aportados desde el inicio de la explotación de la obra o en el transcurso de la misma. La devolución de los préstamos y el pago de los intereses devengados en su caso por los mismos se ajustarán a los términos previstos en la concesión.

b) Ayudas, incluyendo todo tipo de garantías, en los casos excepcionales en que, por razones de interés público, resulte aconsejable la promoción de la utilización de la obra pública antes de que su explotación alcance el umbral mínimo de rentabilidad.»

Siete. El artículo 261 queda redactado de la siguiente manera:

«**Artículo 261.** *Objeto de la hipoteca de la concesión y pignoración de derechos*

1. Las concesiones de obras públicas con los bienes y derechos que lleven incorporados serán hipotecables conforme a lo dispuesto en la legislación hipotecaria, previa autorización del órgano de contratación.

No se admitirá la hipoteca de concesiones de obras públicas en garantía de deudas que no guarden relación con la concesión correspondiente.

2. Las solicitudes referentes a las autorizaciones administrativas previstas en este artículo y en el siguiente se resolverán por el órgano competente en el plazo de un mes, debiendo entenderse desestimadas si no resuelve y notifica en ese plazo.

3. Los derechos derivados de la resolución de un contrato de concesión de obra o de gestión de servicio público, a que se refieren los primeros apartados de los artículos 271 y 288, así como los derivados de las aportaciones públicas y de la ejecución de garantías establecidos en los artículos 254 y 256, sólo podrán pignorarse en garantía de deudas que guarden relación con la concesión o el contrato, previa autorización del órgano de contratación, que deberá publicarse en el "Boletín Oficial del Estado" o en los diarios oficiales autonómicos o provinciales.»

Ocho. Los apartados 1 y 3 del artículo 271 quedan redactados de la siguiente manera:

«1. En los supuestos de resolución por causa imputable a la Administración, esta abonará en todo caso al concesionario el importe de las inversiones realizadas por razón de la expropiación de terrenos, ejecución de obras de construcción y adquisición de bienes que sean necesarios para la explotación de la obra objeto de la concesión, atendiendo a su grado de amortización. Al efecto, se aplicará un criterio de amortización lineal. La cantidad resultante se fijará dentro del plazo de seis meses, salvo que se estableciera otro en el pliego de cláusulas administrativas particulares.

En los casos en que la resolución se produzca por causas no imputables a la Administración, el importe a abonar a éste por razón de la expropiación de terrenos, ejecución de obras y adquisición de bienes que deban revertir a la Administración será el que resulte de la valoración de la concesión, determinado conforme a lo dispuesto en el artículo 271 bis.

En todo caso, se entenderá que la resolución de la concesión no es imputable a la Administración cuando obedezca a alguna de las causas previstas en las letras a), b), c), e) y j) del artículo 269 de esta Ley.»

«3. En los supuestos de los párrafos g), h) e i) del artículo 269, y sin perjuicio de lo dispuesto en el apartado 1 de este artículo, la Administración concedente indemnizará al concesionario por los daños y perjuicios que se le irroguen. Para determinar la cuantía de la indemnización se tendrán en cuenta:

a) los beneficios futuros que el concesionario dejará de percibir, cuantificándolos en la media aritmética de los beneficios antes de impuestos obtenidos durante un período de tiempo equivalente a los años que restan hasta la terminación de la concesión. En caso de que el tiempo restante fuese superior al transcurrido, se tomará como referencia este último.

La tasa de descuento aplicable será la que resulte del coste de capital medio ponderado correspondiente a las últimas cuentas anuales del concesionario.

b) la pérdida del valor de las obras e instalaciones que no hayan de ser entregadas a aquélla, considerando su grado de amortización.»

Nueve. Se añade un nuevo artículo 271 bis con la siguiente redacción:

«**Artículo 271 bis.** *Nuevo proceso de adjudicación en concesión de obras en los casos en los que la resolución obedezca a causas no imputables a la Administración*

1. En el supuesto de resolución por causas no imputables a la Administración, el órgano de contratación deberá licitar nuevamente la concesión, siendo el tipo de licitación el que resulte del artículo

siguiente. La licitación se realizará mediante subasta al alza siendo el único criterio de adjudicación el precio.

En el caso que quedara desierta la primera licitación, se convocará una nueva licitación en el plazo máximo de un mes, siendo el tipo de licitación el 50 % de la primera.

El adjudicatario de la licitación deberá abonar el importe de ésta en el plazo de dos meses desde que se haya adjudicado la concesión. En el supuesto de que no se abone el citado importe en el indicado plazo, la adjudicación quedará sin efecto, adjudicándose al siguiente licitador por orden o, en el caso de no haber más licitadores, declarando la licitación desierta.

La convocatoria de la licitación podrá realizarse siempre que se haya incoado el expediente de resolución, si bien no podrá adjudicarse hasta que éste no haya concluido. En todo caso, desde la resolución de la concesión a la apertura de las ofertas de la primera licitación no podrá transcurrir un plazo superior a tres meses.

Podrá participar en la licitación todo empresario que haya obtenido la oportuna autorización administrativa en los términos previstos en el apartado 2 del artículo 263.

2. El valor de la concesión, en el supuesto de que la resolución obedezca a causas no imputables a la Administración, será el que resulte de la adjudicación de las licitaciones a las que se refiere el apartado anterior.

En el caso de que la segunda licitación quedara desierta, el valor de la concesión será el tipo de ésta, sin perjuicio de la posibilidad de presentar por el concesionario originario o acreedores titulares al menos de un 5 % del pasivo exigible de la concesionaria, en el plazo máximo de tres meses a contar desde que quedó desierta, un nuevo comprador que abone al menos el citado tipo de licitación, en cuyo caso el valor de la concesión será el importe abonado por el nuevo comprador.

La Administración abonará al primitivo concesionario el valor de la concesión en un plazo de tres meses desde que se haya realizado la adjudicación de la licitación a la que se refiere el apartado anterior o desde que la segunda licitación haya quedado desierta.

En todo caso, el nuevo concesionario se subrogará en la posición del primitivo concesionario quedando obligado a la realización de las actuaciones vinculadas a las subvenciones de capital percibidas cuando no se haya cumplido la finalidad para la que se concedió la subvención.

3. El contrato resultante de la licitación referida en el apartado 1 tendrá en todo caso la naturaleza de contrato de concesión de obra pública, siendo las condiciones del mismo las establecidas en el contrato primitivo que se ha resuelto, incluyendo el plazo de duración.»

Diez. Se añade un nuevo artículo 271 ter con la siguiente redacción:

«*Artículo 271 ter. Determinación del tipo de licitación de la concesión de obras en los casos en los que la resolución obedezca a causas no imputables a la Administración*

Para la fijación del tipo de la primera licitación, al que se refiere el artículo 271 bis se seguirán las siguientes reglas:

a) El tipo se determinará en función de los flujos futuros de caja que se prevea obtener por la sociedad concesionaria, por la explotación de la concesión, en el periodo que resta desde la resolución del contrato hasta su reversión, actualizados al tipo de descuento del interés de las obligaciones del Tesoro a diez años incrementado en 300 puntos básicos.

Se tomará como referencia para el cálculo de dicho rendimiento medio los últimos datos disponibles publicados por el Banco de España en el Boletín del Mercado de Deuda Pública.

b) El instrumento de deuda que sirve de base al cálculo de la rentabilidad razonable y el diferencial citados podrán ser modificados por la Comisión Delegada del Gobierno para Asuntos Económicos, previo informe de la Oficina Nacional de Evaluación, para adaptarlo a las condiciones de riesgo y rentabilidad observadas en los contratos del sector público.

c) Los flujos netos de caja futuros se cuantificarán en la media aritmética de los flujos de caja obtenidos por la entidad durante un período de tiempo equivalente a los años que restan hasta la terminación. En caso de que el tiempo restante fuese superior al transcurrido, se tomará como referencia este último. No se incorporará ninguna actualización de precios en función de la inflación futura estimada.

d) El valor de los flujos de caja será el que el Plan General de Contabilidad establece en el Estado de Flujos de Efectivo como Flujos de Efectivo de las Actividades de Explotación sin computar en ningún caso los pagos y cobros de intereses, los cobros de dividendos y los cobros o pagos por impuesto sobre beneficios.

e) Si la resolución del contrato se produjera antes de la terminación de la construcción de la infraestructura, el tipo de la licitación será el 70 % del importe equivalente a la inversión ejecutada. A estos efectos se entenderá por inversión ejecutada el importe que figure en las últimas cuentas anuales aprobadas incrementadas en la cantidad resultante de las certificaciones cursadas desde el cierre del ejercicio de las últimas cuentas aprobadas hasta el momento de la resolución. De dicho importe se deducirá el correspondiente a las subvenciones de capital percibidas por el beneficiario, cuya finalidad no se haya cumplido.»

Once. El apartado 1 del artículo 288 queda redactado de la siguiente manera:

«1. En los supuestos de resolución por causa imputable a la Administración, esta abonará al concesionario en todo caso el importe de las inversiones realizadas por razón de la expropiación de terrenos, ejecución de obras de construcción y adquisición de bienes que sean necesarios para la explotación de la obra objeto de la concesión, atendiendo a su grado de amortización. Al efecto, se aplicará un criterio de amortización lineal de la inversión.

Cuando la resolución obedezca a causas no imputables a la Administración, el importe a abonar a éste por razón de la expropiación de terrenos, ejecución de obras y adquisición de bienes que deban revertir a la Administración será el que resulte de la valoración de la concesión, determinado conforme a lo dispuesto en el artículo 271 bis.

En todo caso, se entenderá que no es imputable a la Administración la resolución del contrato cuando ésta obedezca a alguna de las causas establecidas en las letras a) y b) del artículo 223 de esta Ley.»

Doce. Se incorpora una nueva disposición adicional con el siguiente contenido:

«Disposición adicional trigésimo sexta. *La Oficina Nacional de Evaluación*

1. Se crea la Oficina Nacional de Evaluación que tiene como finalidad analizar la sostenibilidad financiera de los contratos de concesiones de obras y contratos de concesión de servicios públicos.

2. Mediante Orden del Ministro de Hacienda y Administraciones Públicas, previo informe de la Comisión Delegada del Gobierno

para Asuntos Económicos, se determinará la composición, organización y funcionamiento de la misma.

3. La Oficina Nacional de Evaluación, con carácter previo a la licitación de los contratos de concesión de obras y de gestión de servicios públicos a celebrar por los poderes adjudicadores dependientes de la Administración General del Estado y de las Corporaciones Locales, evacuará informe preceptivo en los siguientes casos:

a) Cuando se realicen aportaciones públicas a la construcción o a la explotación de la concesión, así como cualquier medida de apoyo a la financiación del concesionario.

b) Las concesiones de obra pública y los contratos de gestión de servicios en las que la tarifa sea asumida total o parcialmente por el poder adjudicador concedente, cuando el importe de las obras o los gastos de primer establecimiento superen un millón de euros.

Asimismo informará de los acuerdos de restablecimiento del equilibrio del contrato, en los casos previstos en los artículos 258.2 y 282.4 del Texto Refundido de la Ley de Contratos del Sector Público, respecto de las concesiones de obras y servicios públicos que hayan sido informadas previamente de conformidad con las letras a) y b) anteriores o que, sin haber sido informadas, supongan la incorporación en el contrato de alguno de los elementos previstos en éstas. Cada Comunidad Autónoma podrá adherirse a la Oficina Nacional de Evaluación para que realice dichos informes o si hubiera creado un órgano u organismo equivalente solicitará estos informes preceptivos al mismo cuando afecte a sus contratos de concesión.

Reglamentariamente se fijarán las directrices apropiadas para asegurar que la elaboración de los informes se realiza con criterios suficientemente homogéneos.

4. Los informes previstos en el apartado anterior evaluarán si la rentabilidad del proyecto obtenida en función del valor de la inversión, las ayudas otorgadas, los flujos de caja esperados y la tasa de descuento establecida es razonable en atención al riesgo de demanda que asuma el concesionario. En dicha evaluación se tendrá en cuenta la mitigación que las ayudas otorgadas puedan suponer sobre otros riesgos distintos del de demanda, que habitualmente deban ser soportados por los operadores económicos.

En los contratos de concesión de obra en los que el abono de la tarifa concesional se realice por el poder adjudicador la oficina evaluará previamente la transferencia del riesgo de demanda al concesionario. Si éste no asume completamente dicho riesgo, el informe evaluará la razonabilidad de la rentabilidad en los términos previstos en el párrafo anterior.

En los acuerdos de restablecimiento del equilibrio del contrato, el informe evaluará si las compensaciones financieras establecidas mantienen una rentabilidad razonable según lo dispuesto en el primer párrafo de este apartado.

5. Los informes serán evacuados, a solicitud del poder adjudicador contratante, en el plazo de treinta días desde la petición o nueva aportación de información al que se refiere el párrafo siguiente. Este plazo podrá reducirse a la mitad siempre que se justifique en la solicitud las razones de urgencia. Estos informes serán publicados a través de la central de información económico-financiera de las Administraciones Públicas dependiente del Ministerio de Hacienda y Administraciones Públicas y estarán disponibles para su consulta por el público a través de medios electrónicos.

El poder adjudicador que formule la petición remitirá la información necesaria a la Oficina, quien evacuará su informe sobre la base de la información recibida. Si dicha Oficina considera que la información remitida no es suficiente, no es completa o requiriere alguna aclaración se dirigirá al poder adjudicador peticionario para que le facilite la información requerida dentro del plazo que ésta señale al efecto. La información que reciba la Oficina deberá ser tratada respetando los límites que rigen el acceso a la información confidencial.

6. Si la Administración o la entidad destinataria del informe se apartara de las recomendaciones contenidas en un informe preceptivo de la Oficina, deberá motivarlo en un informe que se incorporará al expediente del correspondiente contrato y que será objeto de publicación. En el caso de la Administración General del Estado esta publicación se hará a través de la central de información económico-financiera de las Administraciones Públicas.

7. La Oficina publicará anualmente una memoria de actividad.»

Trece. Se incorpora una nueva disposición transitoria con el siguiente contenido:

«*Disposición transitoria décima. Prohibición de contratar por incumplimiento de la cuota de reserva de puestos de trabajo para personas con discapacidad*

1. La prohibición de contratar establecida en el artículo 60.1.d) relativa al incumplimiento de la cuota de reserva de puestos de trabajo del 2 por ciento para personas con discapacidad no será efectiva en tanto no se desarrolle reglamentariamente y se establezca qué ha de entenderse por el cumplimiento de dicho requisito a efectos de la prohibición de contratar y cómo se acreditará el mismo, que, en todo caso, será bien mediante certificación del órgano administrativo correspondiente, con vigencia mínima de seis meses, o bien mediante certificación del correspondiente Registro de Licitadores, en los casos en que dicha circunstancia figure inscrita en el mismo.

2. Hasta el momento en que se produzca la aprobación del desarrollo reglamentario a que se refiere el apartado anterior, los órganos de contratación ponderarán en los supuestos que ello sea obligatorio, que los licitadores cumplen lo dispuesto en el Real Decreto Legislativo 1/2013, de 29 de noviembre, por el que se aprueba el Texto Refundido de la Ley General de derechos de las personas con discapacidad y de su inclusión social, en relación con la obligación de contar con un dos por ciento de trabajadores con discapacidad o adoptar las medidas alternativas correspondientes, de conformidad con lo dispuesto en la disposición adicional cuarta.»

Disposición final décima. *Modificación de la Ley 17/2012, de 27 de diciembre, de Presupuestos Generales del Estado para el año 2013.* [784] Se modifica la disposición adicional décima tercera de la Ley 17/2012, de 27 de diciembre, de Presupuestos Generales del Estado para el año 2013, que queda redactada en los siguientes términos:

«**Disposición décima tercera.** *Subvenciones al transporte marítimo y aéreo para residentes en Canarias, Baleares, Ceuta y Melilla.*

Uno. Con vigencia indefinida tendrán derecho a obtener bonificaciones en las tarifas de los servicios regulares de transporte marítimo y aéreo de pasajeros, los ciudadanos españoles, así como los de los demás Estados miembros de la Unión Europea o de otros Estados firmantes del Acuerdo sobre el Espacio Económico Europeo o de Suiza, sus familiares nacionales de terceros países beneficiarios del derecho de residencia o del derecho de residencia permanente y

---

[784] Dada nueva redacción por disposición final 37 de Ley 6/2018 de 3 de julio de 2018 al primer inciso del párrafo 2º de la letra a) del apartado Ocho de la disp. adic. 13ª de la Ley 17/2012, con vigencia desde 05/07/2018

los ciudadanos nacionales de terceros países residentes de larga duración, que acrediten su condición de residente en las Comunidades Autónomas de Canarias e Illes Balears y en las Ciudades de Ceuta y Melilla.

El derecho de residencia de los familiares de ciudadanos de Estados miembros de la Unión Europea o de otro Estado parte en el Acuerdo del Espacio Económico Europeo se acreditará conforme al Real Decreto 240/2007, de 16 de febrero, sobre entrada, libre circulación y residencia en España de ciudadanos de los Estados miembros de la Unión Europea o de otro Estado parte en el Acuerdo del Espacio Económico Europeo. El derecho de residencia de larga duración de los nacionales de terceros países a que se refiere el párrafo anterior se acreditará conforme a lo previsto en la Ley Orgánica 4/2000, de 11 de enero, de derechos y libertades de los extranjeros en España y su integración social y su normativa de desarrollo.

Para ciudadanos españoles, de los Estados miembros de la Unión Europea o de los demás Estados firmantes del Acuerdo sobre el Espacio Económico Europeo o Suiza, el documento acreditativo de su identidad será el documento nacional de identidad o pasaporte en vigor. En el caso de los familiares de ciudadanos de Estados miembros de la Unión Europea o de otro Estado parte en el Acuerdo del Espacio Económico Europeo y los ciudadanos nacionales de terceros países residentes de larga duración, su identidad se acreditará mediante la tarjeta española de residencia de familiar de ciudadano de la Unión o de identidad de extranjero en la que debe constar su condición de residente de larga duración, respectivamente. Dichos documentos deben encontrarse en vigor.

En el caso de que telemáticamente se haya constatado que el pasajero cumple las condiciones para ser beneficiario de la subvención, éste podrá acreditar su identidad en el modo aéreo a través de los mismos medios que los pasajeros sin derecho a bonificación. En este caso, el pasajero no tendrá que acreditar su condición de residente ni en facturación ni en embarque.

Dos. El porcentaje de bonificación aplicable en los billetes de transporte marítimo, con vigencia indefinida, para los trayectos directos, ya sean de ida o de ida y vuelta, entre las Comunidades Autónomas de Canarias y las Illes Balears y las Ciudades de Ceuta y Melilla, respectivamente, y el resto del territorio nacional será del

50 por ciento de la tarifa bonificable y en los viajes interinsulares será del 25 por ciento de dicha cuantía.

Tres. El porcentaje de bonificación en las tarifas de los servicios regulares de transporte aéreo de pasajeros, entre las Comunidades Autónomas de Canarias e Illes Balears y las Ciudades de Ceuta y Melilla, respectivamente, y el resto del territorio nacional, así como en los viajes interinsulares será, con vigencia indefinida, del 50 por ciento de la tarifa bonificable por cada trayecto directo de ida o de ida y vuelta.

A estos efectos, se considera trayecto directo de ida aquél que se realiza desde el aeropuerto o helipuerto del punto de origen en los archipiélagos, Ceuta o Melilla, al de destino final, distinto del anterior, en el territorio nacional y viceversa, sin escalas intermedias o con escalas, siempre que estas no superen las 12 horas de duración, salvo aquéllas que vinieran impuestas por las necesidades técnicas del servicio o por razones de fuerza mayor.

A los efectos de esta bonificación, del importe de la tarifa bonificable se deducirá el importe correspondiente a las prestaciones patrimoniales públicas a que se refieren las letras d), e) y f) del artículo 68.2 de la Ley 21/2003, de 7 de julio, de Seguridad Aérea, con independencia de que hayan sido repercutidas o no al pasajero. A tal efecto, dichas prestaciones patrimoniales aparecerán desglosadas en la documentación justificativa de los cupones de vuelo.

Cuatro. La condición de residente en las Comunidades Autónomas de Canarias y las Illes Balears y en las Ciudades de Ceuta y Melilla a los efectos de las bonificaciones reguladas en esta disposición se acreditará mediante el certificado de empadronamiento en vigor.

Reglamentariamente podrán establecerse otros medios para la acreditación de la condición de residente, en sustitución del previsto en este apartado o como adicionales de éste.

Cinco. En relación con la verificación del cumplimiento de los requisitos exigidos en esta disposición:

a) Los órganos gestores de las bonificaciones del Ministerio de Fomento podrán acceder a los servicios de verificación y consulta de datos de identidad, domicilio, residencia, nacionalidad y régimen de extranjería de la Plataforma de Intermediación del Ministerio de Hacienda y Administraciones Públicas con el fin de comprobar el cumplimiento de los requisitos para ser beneficiarios de la subvención y realizar las funciones de control encomendadas a dichos órganos, con las garantías previstas en la Ley Orgánica 15/1999, de 13 de diciembre, de Protección de Datos de Carácter Personal y en la Ley 58/2003, de 17 de diciembre, General Tributaria.

b) Los órganos gestores podrán facilitar por vía telemática a las agencias, las compañías aéreas o marítimas o sus delegaciones, que comercialicen los títulos de transporte bonificados y lo soliciten, la confirmación del cumplimiento de los requisitos para ser beneficiario de la subvención.

La cesión de datos prevista en los párrafos precedentes y su tratamiento, no requerirá el consentimiento de los interesados ni requerirá informarles sobre dicho tratamiento, de conformidad con lo previsto, respectivamente, en los artículos 11.2, letra a), y 5.5 de la Ley Orgánica 15/1999, de Protección de Datos de Carácter Personal.

La integración en el sistema telemático de acreditación de la residencia de los sistemas de emisión de billetes y su utilización al emitir billetes subvencionados será obligatoria para todas las compañías, aéreas o marítimas, que emitan billetes aéreos o marítimos subvencionados por razones de residencia en territorios no peninsulares, en todos sus canales de venta.

En el caso de la incorporación a un mercado subvencionado de una nueva compañía de transporte regular aéreo o marítimo, ésta podrá emitir billetes aéreos o marítimos con derecho a subvención, sin necesidad de hacer uso del sistema telemático, durante un máximo de tres meses hasta la implantación efectiva de dicho sistema en todos sus canales de venta.

Seis. Cuando el cumplimiento de los requisitos exigidos para ser beneficiario de estas subvenciones no pueda acreditarse a través de la Plataforma de Intermediación conforme a lo previsto en el apartado Cinco, dichos requisitos se acreditarán por cualquiera de los medios previstos en la normativa de aplicación. A estos efectos, el certificado de empadronamiento se ajustará a lo previsto reglamentariamente en la normativa de desarrollo de estas bonificaciones.

Siete. Sin perjuicio de lo dispuesto en el apartado Uno de esta disposición, las bonificaciones previstas en él para familiares nacionales de terceros países beneficiarios del derecho de residencia o del derecho de residencia permanente y los ciudadanos nacionales de terceros países residentes de larga duración, que acrediten su condición de residente en las Comunidades Autónomas de Canarias e Illes Balears y en las Ciudades de Ceuta y Melilla, surten efectos a partir del 1 de abril de 2013.

Ocho. Además de las obligaciones impuestas por la normativa reguladora de las subvenciones al transporte marítimo y aéreo para residentes en Canarias, Illes Balears, Ceuta y Melilla y para familias numerosas y por la Ley 38/2003, de 17 de noviembre, las compañías aéreas y marítimas, como entidades colaboradoras, deben cumplir lo siguiente:

a) En el caso de las compañías aéreas, presentarán las liquidaciones mensuales de los cupones bonificados volados durante un mes en el transcurso de los dos meses siguientes, salvo autorización expresa de la Dirección General de Aviación Civil por razones excepcionales. Estas liquidaciones podrán contener aquellos cupones volados en los seis meses anteriores que no hayan podido ser incluidos, por causas justificadas, en los ficheros de meses pasados.

En el caso de las compañías marítimas, presentarán las liquidaciones en el transcurso de los dos meses siguientes al periodo reglamentario de liquidación, salvo autorización expresa de la Dirección General de la Marina Mercante por razones excepcionales. Estas liquidaciones podrán contener aquellos embarques bonificados en los seis meses anteriores que no hayan podido ser incluidos, por causas justificadas, en los ficheros de liquidaciones pasadas.

b) En la documentación justificativa de la subvención desglosarán el precio y la identificación de todos los conceptos incluidos en el billete aéreo y marítimo, así como cualquier servicio adicional contratado por el pasajero incluido en el billete.

c) Levantarán un parte de incidente cuando un pasajero que posea un billete subvencionado no acredite su identidad y residencia de conformidad con la normativa aplicable. Los partes correspondientes a cada periodo de liquidación o, en otro caso, un certificado de inexistencia de incidentes en dicho período serán enviados al órgano gestor durante el periodo siguiente.

d) Cumplir con las obligaciones de registro establecidas reglamentariamente, así como registrar ante el órgano gestor, con anterioridad a su comercialización, las tarifas aéreas que incluyan servicios ajenos al transporte aéreo especificándolo en sus condiciones, así como los convenios, contratos o acuerdos de cualquier tipo, con sus anexos, adendas o modificaciones, susceptibles de generar la emisión de billetes subvencionados, con al menos un mes de antelación a la emisión del primer billete bonificado.

Nueve. Asimismo, las compañías marítimas y aéreas y sus agentes, incluidos los sistemas de reserva, habrán de conservar toda la información y documentación relativa a billetes bonificados tanto por razón de residencia no peninsular como por familias numerosas, cualquiera que sea su forma de almacenamiento, que acredite el importe de la subvención y el cumplimento de los procedimientos recogidos reglamentariamente para la concesión de la subvención, a disposición del Ministerio de Fomento, durante el plazo de prescripción previsto en el artículo 39 de la Ley 38/2003, de 17 de noviembre.

A efectos de la liquidación de las bonificaciones aplicadas, las compañías marítimas, aéreas, y sus agentes, lo que incluye a los sistemas de reserva y a cualquier tercero que haya intervenido en la determinación de la tarifa bonificada, en el pago realizado por el pasajero o en la gestión o aplicación de la bonificación, estarán obligadas a prestar colaboración y facilitar cuanta documentación les sea requerida en relación con las tarifas comercializadas objeto de bonificación, las bonificaciones aplicadas, los pagos realizados por el pasajero y las liquidaciones efectuadas.

La negativa al cumplimiento de esta obligación se considerará resistencia, excusa, obstrucción o negativa a los efectos previstos en el artículo 37 de la Ley 38/2003, de 17 de noviembre, sin perjuicio de las sanciones que, en su caso, pudieran corresponder.

Diez. Se autoriza al órgano gestor a modificar mediante resolución, tras dar trámite de audiencia a las compañías aéreas que exploten los mercados sujetos a subvención y a las principales asociaciones de aerolíneas, el contenido de los modelos de los anexos, en lo que afecta a las bonificaciones al transporte aéreo, del Real Decreto 1316/2001, de 30 de noviembre, por el que se regula la bonificación en las tarifas de los servicios regulares de transporte aéreo y marítimo para los residentes en las Comunidades Autónomas de Canarias y las Illes Balears y en las Ciudades de Ceuta y Melilla.

Once. No serán objeto de liquidación por las compañías marítimas y aéreas, ni de reembolso a éstas:

a) Los billetes subvencionados con tarifas marítimas y aéreas que incluyan respectivamente servicios ajenos al transporte marítimo y aéreo, sean o no repercutidos al pasajero.

b) Los billetes aéreos subvencionados emitidos bajo contratos, convenios o acuerdos de cualquier tipo que no hayan sido registrados y expresamente aprobados por la Dirección General de Aviación Civil.

c) Los conceptos excluidos de bonificación por la normativa de aplicación, entre otros, las ofertas, descuentos, promociones o prácticas comerciales equivalentes, que deben ser aplicados de forma previa al cálculo de la subvención, así como los servicios opcionales del transporte comercializados por la compañía marítima y aérea.

Doce. Verificación de fichero informático de las liquidaciones solicitadas por las compañías marítimas con la relación de los embarques realmente producidos en puertos.

El procedimiento de inspección y control de las bonificaciones al transporte marítimo ha de incluir la comprobación de si los datos de los embarques contenidos en el fichero informático se corresponden con embarques reales producidos en los puertos. Para ello, las autoridades portuarias remitirán mensualmente a la Dirección General de la Marina Mercante la relación de todos los embarques reales producidos en los puertos correspondientes a los trayectos bonificables.

La relación mensual de todos los embarques reales producidos en cada puerto incluirá las relaciones de embarques de todas y cada una de las escalas que hayan tenido lugar durante ese período. Estas relaciones de embarques de cada trayecto serán recabadas directamente por las autoridades portuarias u organismos competentes en cada caso o, en su defecto, remitidas electrónicamente a éstas por las compañías marítimas. La remisión se realizará en el tiempo y forma que determine la Dirección General de la Marina Mercante, pero en todo caso, deberán haber sido recibidas por el órgano competente antes de que la nave llegue a su destino.

No podrá bonificarse ningún embarque contenido en el fichero informático que no esté incluido en la relación de embarques reales, salvo que se demuestre error u omisión.

Trece. El Gobierno dictará las normas de aplicación y desarrollo de las bonificaciones al transporte, marítimo y aéreo, regular de pasajeros.»

Disposición final undécima. *Modificación de la Ley 20/2015, de 14 de julio, de ordenación, supervisión y solvencia de las entidades aseguradoras y reaseguradoras.* Se modifica el apartado 2 de la disposición final vigésima primera de la ley 20/2015, de 14 de julio, de ordenación, supervisión y solvencia de las entidades aseguradoras y reaseguradoras, que queda redactado en los siguientes términos:

«**2. No obstante, la disposición transitoria decimotercera y la disposición adicional decimosexta entrarán en vigor el día siguiente al de su publicación. Las disposiciones transitorias cuarta y décima entrarán en vigor el 1 de septiembre de 2015. La disposición final novena entrará en vigor el 1 de julio de 2016. La disposición final duodécima entrará en vigor al día siguiente de la publicación de la Ley 40/2015, de 1 de octubre, de Régimen Jurídico del Sector Público.**»

Disposición final duodécima. *Restitución o compensación a los partidos políticos de bienes y derechos incautados en aplicación de la normativa sobre responsabilidades políticas.* El reconocimiento de los derechos previstos en la Ley 50/2007, de 26 de diciembre, de modificación de la Ley 43/1998, de 15 de diciembre, de restitución o compensación a los partidos políticos de bienes y derechos incautados en aplicación de la normativa sobre responsabilidades políticas del periodo 1936-1939, así como la tramitación y resolución de los procedimientos iniciados al amparo de dicha Ley, seguirán suspendidos hasta que se verifiquen las condiciones que permitan atender las prestaciones que la Ley reconoce sin menoscabo de la financiación de otras actuaciones públicas prioritarias.

Una vez se constate la concurrencia de las expresadas condiciones, el Gobierno aprobará el Reglamento de desarrollo de la Ley, el cual fijará un nuevo plazo para la presentación de las solicitudes de restitución o compensación.

Disposición final decimotercera. *Referencias normativas.* Las referencias hechas a Ley 30/1992, de 26 de noviembre, de Régimen Jurídico de las Administraciones Públicas y del Procedimiento Administrativo Común se entenderán hechas a la Ley del Procedimiento

Administrativo Común de las Administraciones Públicas o a la Ley de Régimen Jurídico del Sector Público, según corresponda.

Disposición final decimocuarta. *Título competencial.* 1. Esta Ley se dicta al amparo de lo dispuesto en el artículo 149.1.18.ª de la Constitución Española que atribuye al Estado competencia exclusiva sobre las bases régimen jurídico de las Administraciones Públicas, así como al amparo de lo previsto en el artículo 149.1.13.ª, relativo a las bases y coordinación de la planificación general de la actividad económica, y del artículo 149.1.14.ª, relativo a la Hacienda Pública general.

2. No tiene carácter básico y se aplica exclusivamente a la Administración General del Estado y al sector público estatal lo previsto en:

a) La subsección 2.ª referida a los órganos colegiados de la Administración General del Estado de la sección 3.ª del capítulo II del Título preliminar.

b) El Título I relativo a la Administración General del Estado.

c) Lo dispuesto en el Capítulo II relativo a la organización y funcionamiento del sector público institucional estatal, el Capítulo III de los organismos públicos estatales, el Capítulo IV de las Autoridades administrativas independientes, el Capítulo V de las sociedades mercantiles estatales, en el artículo 123.2 del Capítulo VI relativo a los Consorcios, los artículos 128, 130, 131, 132, 133, 135 y 136 del Capítulo VII de las fundaciones del sector público estatal y el Capítulo VIII de los fondos carentes de personalidad jurídica, todos ellos del Título II relativo a la organización y funcionamiento del sector público institucional.

d) Lo previsto en las disposiciones adicionales: cuarta, sobre adaptación de entidades y organismos estatales, quinta, sobre gestión compartida de servicios comunes en organismos públicos estatales, sexta, sobre medios propios, séptima, sobre el registro electrónico estatal de órganos e instrumentos de cooperación, undécima, sobre conflictos de atribuciones intraministeriales, duodécima, sobre Autoridades Portuarias y Puertos del Estado, decimotercera, relativa a las entidades de la Seguridad Social, decimocuarta, sobre la organización militar, decimoquinta, relativa al personal militar, la decimosexta, sobre Servicios territoriales integrados en las Delegaciones del Gobierno, decimoséptima, relativa a la Agencia Estatal de la Administración Tributaria, la decimoctava relativa al Centro Nacional de Inteligencia, la decimonovena relativa al Banco de España y la vigésima relativa al Fondo de Reestructuración Ordenada Bancaria.

Disposición final decimoquinta. *Desarrollo normativo de la Ley.* Se faculta al Consejo de Ministros y a los Ministros de Presidencia y de Hacienda y Administraciones Públicas, en el ámbito de sus competencias, para dictar cuantas disposiciones reglamentarias sean necesarias para el desarrollo de la presente Ley, así como para acordar las medidas necesarias para garantizar la efectiva ejecución e implantación de las previsiones de esta Ley.

En el plazo de tres meses desde la entrada en vigor de esta Ley, mediante Orden del Ministro de Hacienda y Administraciones Públicas, se desarrollará lo previsto en el artículo 85 sobre la supervisión continua.

Disposición final decimosexta. *Precedencias en actos oficiales.* Por Real Decreto del Consejo de Ministros, a propuesta del Presidente del Gobierno, se determinarán las precedencias de los titulares de los poderes constitucionales y de las instituciones nacionales, así como las de los titulares de los departamentos ministeriales y de los órganos internos de estos en relación con los actos oficiales.

Disposición final decimoséptima. *Adaptación normativa.* 1. En el plazo de un año a partir de la entrada en vigor de la Ley, se deberán adecuar a la misma las normas estatales o autonómicas que sean incompatibles con lo previsto en esta Ley.

2. Los consorcios creados por una ley singular aprobada por las Cortes Generales con anterioridad a la aprobación de esta Ley seguirán rigiéndose por su legislación especial hasta que se produzca la citada adaptación normativa.

Disposición final decimoctava. *Entrada en vigor.* 1. La presente Ley entrará en vigor al año de su publicación en el «Boletín Oficial del Estado», a excepción del punto cuatro de la disposición final quinta, de modificación de la Ley 22/2003, de 9 de julio, Concursal, de los puntos uno a once de la disposición final novena, de modificación del Texto Refundido de la Ley de Contratos del Sector Público, aprobado por Real Decreto Legislativo 3/2011, de 14 de noviembre y la disposición final decimosegunda, de restitución o compensación a los partidos políticos de bienes y derechos incautados en aplicación de la normativa sobre responsabilidades políticas que entrarán en vigor a los veinte días de su publicación en el «Boletín Oficial del Estado», y el punto doce de la misma disposición final novena, que lo hará a los seis meses de la citada publicación en el «Boletín Oficial del Estado».

2. No obstante, entrarán en vigor el día siguiente al de su publicación en el «Boletín Oficial del Estado» la disposición final primera, de modificación de la Ley 23/1982, de 16 de junio, reguladora del Patrimonio Nacional, la disposición final segunda, de modificación del Real Decreto-Ley 12/1995, de 28 de diciembre, sobre medidas urgentes en materia presupuestaria, tributaria y financiera, los puntos uno a tres de la disposición final quinta, de modificación de la Ley 22/2003, de 9 de julio, Concursal, la disposición final séptima, de modificación de la Ley 38/2003, de 17 de noviembre, General de Subvenciones y la disposición final undécima, de modificación de la Ley 20/2015, de 14 de julio, de ordenación, supervisión y solvencia de las entidades aseguradoras y reaseguradoras.

3. La disposición final décima de modificación de la disposición adicional décima tercera de la Ley 17/2012, de 27 de diciembre, de Presupuestos Generales del Estado para el año 2013, entrará en vigor el día siguiente al de su publicación en el «Boletín Oficial del Estado», sin perjuicio de que los apartados Uno, primer y segundo párrafo; Dos; Tres, párrafos primero y segundo; Cuatro; Cinco, párrafos primero a cuarto y, Seis, surtirán efectos a partir del 1 de enero de 2013, y de lo dispuesto en el apartado Siete.

4. REGLAMENTO DE ACTUACIÓN Y FUNCIONAMIENTO DEL SECTOR PÚBLICO POR MEDIOS ELECTRÓNICOS

I. Real Decreto 203/2021, de 30 de marzo, por el que se aprueba el Reglamento de actuación y funcionamiento del sector público por medios electrónicos.

Última reforma de la presente disposición realizada por RD 255/2025, de 1 de abril, por el que se regula el Documento Nacional de Identidad

La Ley 39/2015, de 1 de octubre, del Procedimiento Administrativo Común de las Administraciones Públicas, y la Ley 40/2015, de 1 de octubre, de Régimen Jurídico del Sector Público, consagran el derecho de las personas a relacionarse por medios electrónicos con las administraciones públicas, simplificando el acceso a los mismos, y refuerzan el empleo de las tecnologías de la información y las comunicaciones (TIC) en las administraciones públicas, tanto para mejorar la eficiencia de su gestión como para potenciar y favorecer las relaciones de colaboración y cooperación entre ellas.

Ambas leyes recogen los elementos que conforman el marco jurídico para el funcionamiento electrónico de las Administraciones Públicas introduciendo un nuevo paradigma que supera la concepción que inspiró la Ley 11/2007, de 22 de junio, de acceso electrónico de los ciudadanos a los Servicios Públicos y su desarrollo reglamentario parcial en la Administración General del Estado y sus organismos públicos vinculados o dependientes a través del Real Decreto 1671/2009, de 6 de noviembre, según la cual la tramitación electrónica no era sino una forma de gestión de los procedimientos.

En este sentido, la Ley 11/2007, de 22 de junio, respondiendo a las nuevas realidades, exigencias y experiencias que se habían puesto de manifiesto, al propio desarrollo de la sociedad de la información y al cambio de circunstancias tecnológicas y sociales, entre otros factores, reconocía el derecho de la ciudadanía a relacionarse electrónicamente con las Administraciones Públicas, y no solo la posibilidad como se preveía en la Ley 30/1992, de 26 de noviembre, de Régimen Jurídico de las Administraciones Públicas y del Procedimiento Administrativo Común. La Ley 11/2007, de 22 de junio admitía incluso que, por vía reglamentaria, se estableciese la obligatoriedad de comunicarse con las Administraciones Públicas por medios electrónicos cuando las personas interesadas fuesen personas jurídicas o colectivos de personas físicas que por razón de su capacidad económica o técnica, dedicación profesional u otros motivos acreditados tuviesen garantizado el acceso y disponibilidad de los medios tecnológicos precisos.

En este contexto, la Ley 39/2015, de 1 de octubre, y la Ley 40/2015, de 1 de octubre, han dado respuesta a la demanda actual en el sentido de que la tramitación electrónica de los procedimientos debe constituir la actuación habitual de las Administraciones Públicas, y no solamente ser una forma especial de gestión de los mismos. En consecuencia, se prevé que las relaciones de las Administraciones entre sí y con sus órganos, organismos públicos y entidades vinculados o dependientes se realizará a través de medios electrónicos, y se establece la obligatoriedad de relacionarse electrónicamente con la Administración para las personas jurídicas, entes sin personalidad y, en algunos supuestos, para las personas físicas, y ello sin perjuicio de la posibilidad de extender esta obligación a otros colectivos, por vía reglamentaria.

Con estos antecedentes, era necesario desarrollar y concretar las previsiones legales con el fin, entre otros aspectos, de facilitar a los agentes involucrados en el uso de medios tecnológicos su utilización efectiva, aclarando y precisando, al mismo tiempo, aquellas materias reguladas en estas leyes que permiten un margen de actuación reglamentaria.

La satisfacción del interesado, por tanto, en el uso de los servicios públicos digitales es fundamental para garantizar adecuadamente sus derechos y el cumplimiento de sus obligaciones en su relación con las Administraciones Públicas. Por ello, es prioritario disponer de servicios digitales fácilmente utilizables y accesibles, de modo que se pueda conseguir que la relación del interesado con la Administración a través del canal electrónico sea fácil, intuitiva, efectiva, eficiente y no discriminatoria.

Por otra parte, a lo largo de las dos últimas décadas, los sucesivos Gobiernos de España han ido adoptando programas para el avance digital alineados con las agendas digitales europeas, en todos los cuales ha estado presente el eje de mejora de la Administración electrónica.

Fruto de estos programas, España cuenta con una posición muy favorable para abordar la siguiente fase del proceso de Transformación digital de nuestro país y, en lo que concierne a la Administración electrónica, está situada entre los países más avanzados de la Unión Europea, lo que se ha logrado gracias al esfuerzo continuado de las Administraciones Públicas en la adaptación de sus servicios electrónicos para ofrecer cada vez mejores servicios, más adaptados a las demandas de la ciudadanía y las empresas, y más eficientes. En este esfuerzo, la estrategia de España se ha basado en el impulso de los fundamentos que permiten una tramitación electrónica completa, y en el desarrollo de servicios que pueden ser utilizados libremente por todas las Administraciones Públicas, y que están alineados con los esquemas de interoperabilidad europeos.

Los cambios que se están produciendo con la maduración de tecnologías disruptivas y su aplicación a la gestión de la información y la ejecución de políticas públicas, los nuevos modelos de relación de la ciudadanía y empresas con las Administraciones y la reutilización eficiente de la información son grandes desafíos que para ser afrontados con éxito y para que coadyuven a la Transformación digital exigen como presupuesto contar con un marco regulatorio adecuado, tanto con rango de ley como con rango reglamentario, que garantizando la seguridad jurídica para todos los intervinientes sirva a los objetivos de mejorar la eficiencia administrativa para hacer efectiva una Administración totalmente electrónica e interconectada, incrementar la transparencia de la actuación administrativa y la participación de las personas en la Administración Electrónica y garantizar servicios digitales fácilmente utilizables.

En este sentido, la Agenda España Digital 2025 contiene un eje estratégico específico sobre la Transformación Digital del Sector Público, cuya plasmación se concreta en el cumplimiento de un conjunto de medidas entre las que se encuentra la mejora del marco regulatorio de la Administración digital y específicamente en la aprobación de este real decreto. Por su parte, el Plan de Recuperación, Transformación y Resiliencia (España Puede) incluye entre sus diez políticas palanca de reforma estructural para un crecimiento sostenible e inclusivo, lograr una Administración modernizada a través de su digitalización, tanto a nivel transversal como en ámbitos estratégicos, que actúe como tractor de los cambios tecnológicos. El último hito en estrategia transformadora lo constituye el Plan de Digitalización de las Administraciones

Públicas 2021-2025, que supone un salto decisivo en la mejora de la eficacia y eficiencia de la Administración Pública, en la transparencia y eliminación de trabas administrativas a través de la automatización de la gestión, en una mayor orientación a la personalización de servicios y a la experiencia de usuario, actuando todo ello de elemento catalizador de la innovación tecnológica de nuestro país desde el ámbito público.

En definitiva, el Reglamento que aprueba este real decreto persigue los cuatro grandes objetivos mencionados: mejorar la eficiencia administrativa, incrementar la transparencia y la participación, garantizar servicios digitales fácilmente utilizables y mejorar la seguridad jurídica.

En primer lugar, persigue mejorar la eficiencia administrativa para hacer efectiva una Administración totalmente electrónica e interconectada. Así, se desarrolla y concreta el empleo de los medios electrónicos establecidos en las leyes 39/2015, de 1 de octubre, y 40/2015, de 1 de octubre, para garantizar, por una parte, que los procedimientos administrativos se tramiten electrónicamente por la Administración y, por otra, que la ciudadanía se relacione con ella por estos medios en los supuestos en que sea establecido con carácter obligatorio o aquellos lo decidan voluntariamente.

Un segundo objetivo consiste en incrementar la transparencia de la actuación administrativa y la participación de las personas en la Administración Electrónica. Así, se desarrolla el funcionamiento del Punto de Acceso General electrónico (PAGe) y la Carpeta ciudadana en el Sector Público Estatal. Se regula el contenido y los servicios mínimos a prestar por las sedes electrónicas y sedes electrónicas asociadas y el funcionamiento de los registros electrónicos.

En tercer lugar, el Reglamento persigue garantizar servicios digitales fácilmente utilizables de modo que se pueda conseguir que la relación del interesado con la Administración sea fácil, intuitiva y efectiva cuando use el canal electrónico.

Por último, busca mejorar la seguridad jurídica. Así, se elimina la superposición de regímenes jurídicos distintos, se adapta e integra en el Reglamento que aprueba este real decreto la regulación que aún permanecía vigente del Real Decreto 1671/2009, de 6 de noviembre, procediendo, por ello, a su derogación definitiva y se adecua la regulación al nuevo marco de la Ley 39/2015, de 1 de octubre y la Ley 40/2015, de 1 de octubre.

El real decreto consta de un artículo único que aprueba el Reglamento de actuación y funcionamiento del Sector Público por medios electrónicos, dos disposiciones transitorias, una disposición derogatoria y cinco disposiciones finales.

Entre las cinco disposiciones finales hay dos que modifican normas vigentes y las tres restantes regulan el título competencial, la habilitación reglamentaria para el desarrollo y ejecución del real decreto y la entrada en vigor. Respecto de las disposiciones modificativas, estas afectan al Real Decreto 4/2010, de 8 de enero, por el que se regula el Esquema Nacional de Interoperabilidad en el ámbito de la Administración Electrónica y al Real Decreto 931/2017, de 27 de octubre, por el que se regula la Memoria del Análisis de Impacto Normativo. Así, en primer lugar, con relación al Real Decreto 4/2010, de 8 de enero, su artículo 29 establece que el Esquema Nacional de Interoperabilidad se desarrollará y perfeccionará a lo largo del tiempo en paralelo al progreso de los servicios de Administración electrónica, la evolución tecnológica y a medida que vayan consolidándose las infraestructuras que lo apoyan. Por ello, la rápida evolución de las tecnologías, la experiencia derivada de la aplicación del Esquema Nacional de Interoperabilidad desde su aprobación hace 10 años, las previsiones de la Ley 39/2015, de 1 de octubre, y de la Ley 40/2015, de 1 de octubre, relativas a la interoperabilidad entre las Administraciones Públicas y sus órganos, organismos públicos y entidades de derecho público vinculados o dependientes, más la necesidad de adecuarse a lo previsto en el Reglamento n.º 1025/2012 del Parlamento Europeo y del Consejo, de 25 de octubre de 2012, sobre la normalización europea, por el que se modifican las Directivas 89/686/CEE y 93/15/CEE del Consejo y las Directivas 94/9/CE, 94/25/CE, 95/16/CE, 97/23/CE, 98/34/CE, 2004/22/CE, 2007/23/CE, 2009/23/CE y 2009/105/CE del Parlamento Europeo y del Consejo y por el que se deroga la Decisión 87/95/CEE del Consejo y la Decisión n.º 1673/2006/CE del Parlamento Europeo y del Consejo, determinan la necesidad de proceder a modificar ciertos aspectos de su redacción actual. En consecuencia, se modifican los artículos, 9, 11, 14, 16, 17, y 18, así como la disposición adicional primera y el anexo de glosario, a la vez que se suprimen el artículo 19 y las disposiciones adicionales tercera y cuarta.

En segundo lugar, se modifica el Real Decreto 931/2017, de 27 de octubre, para incorporar en la Memoria del Análisis de Impacto Normativo el análisis de la incidencia en los gastos en medios o servicios de la Administración digital dentro del impacto presupuestario de los proyectos y, por otra parte, para incluir dentro del apartado de

«Otros impactos» el que tendrá para las personas destinatarias de la norma y para la organización y funcionamiento de la Administración el desarrollo o uso de los medios y servicios de la Administración digital que conlleve la aplicación de la normativa proyectada.

Por su parte, el Reglamento de actuación y funcionamiento del Sector Público por medios electrónicos que aprueba el real decreto consta de 65 artículos distribuidos en cuatro títulos, diez disposiciones adicionales y un anexo de definiciones.

El título preliminar del Reglamento comprende las disposiciones generales regulando el objeto y ámbito de aplicación de la norma (que se remite al ámbito del artículo 2 tanto de la Ley 39/2015, de 1 de octubre, como de la Ley 40/2015, de 1 de octubre) y los principios generales que debe respetar el sector público en sus actuaciones y relaciones electrónicas. Entre estos principios se incluyen el de neutralidad tecnológica y de adaptabilidad al progreso de las tecnologías y sistemas de comunicaciones electrónicas, para garantizar tanto la independencia en la elección de las alternativas tecnológicas necesarias para relacionarse con las Administraciones Públicas por parte de las personas interesadas y por el propio sector público, como la libertad para desarrollar e implantar los avances tecnológicos en un ámbito de libre mercado; el principio de accesibilidad, para promover que el diseño de los servicios electrónicos garantice la igualdad y no discriminación en el acceso de las personas usuarias, en particular, de las personas discapacitadas y de las personas mayores; el principio de facilidad de uso, que determina que el diseño de los servicios electrónicos esté centrado en las personas usuarias para minimizar el grado de conocimiento tecnológico necesario para el uso del servicio, el principio de interoperabilidad, entendido como la capacidad de los sistemas de información y, por ende, de los procedimientos a los que estos dan soporte, de compartir datos y posibilitar el intercambio de información entre ellos; el principio de proporcionalidad, para que las medidas de seguridad y garantías que se exijan sean adecuadas a la naturaleza y circunstancias de los distintos trámites y actuaciones electrónicos y, por último, el principio de personalización y proactividad, entendido como la capacidad de las Administraciones Públicas para que, partiendo del conocimiento adquirido del usuario final del servicio, proporcione servicios precumplimentados y se anticipe a las posibles necesidades de los mismos.

Asimismo el título preliminar regula el derecho y obligación de relacionarse electrónicamente con las Administraciones Públicas, en aplicación del artículo 14 de la Ley 39/2015, de 1 de octubre, y los canales a través de los cuales las Administraciones Públicas prestarán la asistencia necesaria para facilitar el acceso de las personas interesadas a los servicios electrónicos proporcionados en su ámbito.

El título I regula los portales de internet, el PAGe, las sedes electrónicas y sedes electrónicas asociadas (características, creación y supresión, contenido y servicios, y responsabilidad) y el área personalizada a través de la cual cada interesado podrá acceder a su información, al seguimiento de los trámites administrativos que le afecten y a las notificaciones y comunicaciones en el ámbito de la Administración Pública competente, que en el ámbito estatal se denomina «Carpeta Ciudadana».

El título II se subdivide en tres capítulos y regula el procedimiento administrativo por medios electrónicos. Así, el capítulo I, sobre «Disposiciones generales» aborda la tramitación administrativa automatizada y el régimen de subsanaciones. Por su parte el capítulo II regula la identificación y autenticación de las Administraciones Públicas y de las personas interesadas y se subdivide en cuatro Secciones: la 1ª aborda las disposiciones comunes a la identificación y autenticación y condiciones de interoperabilidad (incluyendo la plataforma de verificación de certificados electrónicos y otros sistemas de identificación), la 2.ª regula la «Identificación electrónica de las Administraciones Públicas y la autenticación del ejercicio de su competencia», que comprende la identificación de las sedes electrónicas y sedes asociadas, la identificación mediante sello electrónico basado en certificado electrónico cualificado, los sistemas de firma electrónica para la actuación administrativa automatizada, la identificación y firma del personal al servicio de las Administraciones Públicas (incluidos los certificados de empleado público con número de identificación profesional) y la autenticación e identificación de las Administraciones emisoras y receptoras en intercambio de datos a través de entornos cerrados de comunicación. La sección 3ª desarrolla la regulación de la identificación y firma de las personas interesadas y, por último, la sección 4ª regula la acreditación de la representación de las personas interesadas (regulando, entre otros extremos, el registro electrónico de apoderamientos).

El título II se cierra con el capítulo III, que en sus dos secciones regula los Registros electrónicos, las notificaciones electrónicas y los otros actos de comunicación electrónicos. Así, la sección 1ª regula los registros electrónicos (entre otros aspectos, el Registro Electrónico

General de cada Administración y la presentación y tratamiento de documentos en registro o las competencias de las Oficinas de asistencia en materia de registros de la Administración General del Estado) y la sección 2ª regula las comunicaciones administrativas a las personas interesadas por medios electrónicos (actos de comunicación electrónica a las personas interesadas distintos de las notificaciones o publicaciones) y las notificaciones electrónicas (incluyendo las reglas generales de la práctica de las notificaciones electrónicas, el aviso de puesta a disposición de la notificación, la notificación a través de la Dirección Electrónica Habilitada única (DEHu) y la notificación electrónica en sede electrónica o sede electrónica asociada).

El título III regula el expediente electrónico y se divide en dos capítulos. El capítulo I regula el documento administrativo electrónico y los requisitos y la emisión de copias auténticas de documentos públicos administrativos o documentos privados, que sean originales o copias auténticas de originales; la formación del expediente administrativo electrónico y el ejercicio de acceso al mismo y a la obtención de copias y la destrucción de documentos. Por su parte, el capítulo II regula la conservación de documentos electrónicos y la definición de archivo electrónico único.

Por último, el título IV se divide en dos capítulos y regula las relaciones y colaboración entre Administraciones Públicas para el funcionamiento electrónico del sector público. Así, el capítulo I aborda la colaboración entre las Administraciones Públicas para la actuación administrativa por medios electrónicos e incluye las obligadas relaciones interadministrativas e interorgánicas por medios electrónicos en el ejercicio de sus competencias, las comunicaciones en la Administración General del Estado, la posibilidad de adhesión a sedes electrónicas y sedes electrónicas asociadas y la regulación del Sistema de Interconexión de Registros (SIR), a través del cual deberán realizarse las interconexiones entre Registros de las Administraciones Públicas, que deberán ser interoperables entre sí y, en el caso de la Administración General del Estado, lo que supone una novedad, también con los sistemas de gestión de expedientes.

El capítulo I del título IV regula también las transmisiones de datos a las que se refiere el artículo 155 de la Ley 40/2015 de 1 de octubre, las plataformas de intermediación de datos (con mención especial a la de ámbito estatal), la remisión electrónica de expedientes administrativos en el ámbito de las Administraciones públicas mediante puesta a disposición, a través de un nodo de interoperabilidad, de la dirección electrónica o localizador que dé acceso al expediente electrónico completo y, por último, las previsiones el intercambio automático de datos o documentos a nivel europeo previstos en el Reglamento (UE) n.º 2018/1724 del Parlamento Europeo y del Consejo, de 2 de octubre de 2018, relativo a la creación de una pasarela digital única de acceso a información, procedimientos y servicios de asistencia y resolución de problemas y por el que se modifica el Reglamento (UE) n.º 1024/2012.

El título IV finaliza con el capítulo II, que regula la transferencia y uso compartido de tecnologías entre Administraciones Públicas, abordando, por una parte, la reutilización de sistemas y aplicaciones de las Administraciones Públicas y, por otra, la adhesión a las plataformas, registros o servicios electrónicos de la Administración General del Estado

La parte final del Reglamento consta de diez disposiciones adicionales y un anexo de definiciones. Las primeras regulan la obligatoriedad de uso de medios electrónicos en los procesos selectivos para el acceso al empleo público en el ámbito de la Administración General del Estado; la promoción de la formación del personal al servicio de la Administración General del Estado para garantizar el derecho de las personas interesadas a ser asistidas en el uso de medios electrónicos en sus relaciones con la Administración Pública; la creación del nodo de interoperabilidad para la identificación electrónica del Reino de España para el reconocimiento mutuo de identidades electrónicas entre Estados miembros de la Unión Europea; la adhesión de las entidades de derecho privado vinculadas o dependientes de la Administración General del Estado, en el ejercicio de potestades administrativas, a las sedes electrónicas y sedes electrónicas asociadas y sistema de firma y notificaciones electrónicas aplicables; la adhesión de los órganos constitucionales al uso de las plataformas, registros o servicios electrónicos de la Administración General del Estado; la situación de las sedes electrónicas y subsedes electrónicas en el ámbito estatal existentes a la entrada en vigor de este real decreto; la interoperabilidad de los registros electrónicos de apoderamientos; supletoriedad en Registro Civil; la autorización de los sistemas de identificación previstos en el artículo 9.2.c) y de los sistemas de firma previstos en el artículo 10.2.c) de la Ley 39/2015, de 1 de octubre y, por último, las especialidades por razón de materia.

El Reglamento concluye con un Anexo terminológico que retoma la buena praxis que incluía la Ley 11/2007, de 22 de junio, de acceso electrónico de los ciudadanos a los Servicios Públicos, en una materia de especial complejidad por la imbricación de categorías jurídicas y conceptos tecnológicos en permanente evolución.

El real decreto se ajusta a los principios de buena regulación contenidos en el artículo 129 de la Ley 39/2015, de 1 de octubre (principios de necesidad, eficacia, proporcionalidad, seguridad jurídica, transparencia y eficiencia), en tanto que persigue un interés general al concretar determinados aspectos de la Ley 39/2015, de 1 de octubre y de la Ley 40/2015, de 1 de octubre, que van a facilitar el uso efectivo de los medios electrónicos de la Administración, y el desarrollo necesario de las citadas leyes. La norma es acorde con el principio de proporcionalidad al contener la regulación imprescindible para la consecución de los objetivos previamente mencionados. Igualmente, se ajusta al principio de seguridad jurídica, siendo coherente con el resto del ordenamiento jurídico, estableciéndose un marco normativo estable, integrado y claro. Asimismo, durante el procedimiento de elaboración de la norma, se han formalizado los trámites de consulta pública previa e información pública, que establece la Ley en cumplimiento del principio de transparencia, quedando además justificados en el preámbulo los objetivos que persigue este real decreto. Por último, en virtud del principio de eficiencia la norma no introduce ninguna variación, en materia de cargas administrativas, respecto de las leyes que con esta norma se desarrollan.

Asimismo, el proyecto ha sido informado por la Agencia Española de Protección de Datos y se ha sometido a consulta a las comunidades autónomas y a la Federación Española de Municipios y Provincias a través de la Comisión Sectorial de Administración Electrónica y a informe de los diferentes ministerios.

El real decreto se dicta en ejercicio de la habilitación normativa contenida en la disposición final sexta de la Ley 39/2015, de 1 de octubre, y en la disposición final decimoquinta de la Ley 40/2015, de 1 de octubre, para llevar a cabo su desarrollo reglamentario en lo referido a la gestión electrónica de los procedimientos y el funcionamiento electrónico del sector público y garantizar, así, la efectiva aplicación e implantación de las previsiones que ambas leyes establecen, todo ello al amparo de lo dispuesto en el artículo 149.1.18.ª de la Constitución. Los artículos 15,16, 23, 26, 28.2, 28.3 y 29.4 y la disposición adicional tercera del Reglamento, en cuanto a su relación con la ciberseguridad y su impacto en la seguridad de las redes y sistemas de información se dictan, además, de acuerdo con lo dispuesto en los artículos 149.1.21.ª y 149.1.29.ª de la Constitución, que atribuyen al Estado la competencia exclusiva en materia de telecomunicaciones y en materia de seguridad pública, respectivamente.

En su virtud, a propuesta de la Ministra de Asuntos Económicos y Transformación Digital y del Ministro de Política Territorial y Función Pública, de acuerdo con el Consejo de Estado y previa deliberación del Consejo de Ministros en su reunión del día 30 de marzo de 2021,

DISPONGO:

Único. *Aprobación del Reglamento de actuación y funcionamiento del sector público por medios electrónicos.* Se aprueba el Reglamento de actuación y funcionamiento del sector público por medios electrónicos, cuyo texto se incluye a continuación.

DISPOSICIONES TRANSITORIAS

Disposición transitoria primera. *Destrucción de documentos en soporte no electrónico.* [785] *(Derogada)*

Disposición transitoria segunda. *Portales de internet existentes y aplicaciones específicas en el ámbito estatal.* 1. La supresión de los portales de internet creados en el ámbito estatal antes de la entrada en vigor de este real decreto se regirá por las reglas aplicables en el momento de su creación.

2. En el plazo de seis meses desde la entrada en vigor de este real decreto, en el ámbito de cada ministerio se analizará la oportunidad del mantenimiento de sus portales de internet existentes y los de sus organismos públicos o entidades de derecho público vinculados o dependientes respectivos, así como de las páginas web promocionales («microsites»). Para ese análisis se aplicarán los mismos criterios previstos en el artículo 6 para la creación de nuevos portales y se decidirá acerca de su mantenimiento o su supresión.

---

[785] Anulada por sentencia 638/2022 del Tribunal Supremo de 30 de mayo de 2022, con vigencia desde 12/07/2022

En caso de que se decida la supresión, se valorará si es pertinente o no incorporar en el PAGe de la Administración General del Estado la información que se ha contenido en dichos portales hasta la supresión.

3. Realizado el proceso previsto en el apartado anterior, en el plazo máximo de un año desde la entrada en vigor de este real decreto se publicará en el PAGe de la Administración General del Estado una Resolución del Secretario General de Función Pública, en la que figurará el listado de portales de internet activos de la Administración General del Estado y de los organismos públicos o entidades de derecho público vinculados o dependientes de esta.

4. En el plazo máximo de un año desde la entrada en vigor de este real decreto, y a partir de la información facilitada por los ministerios, la Secretaría General de Administración Digital realizará el censo de aplicaciones específicas diseñadas para dispositivos móviles («app») para su utilización en los procedimientos de la Administración General del Estado.

5. En el ámbito de la Administración General del Estado, los portales de internet muy reconocidos e identificables por los usuarios, creados antes de la entrada en vigor de este real decreto se regirán por las reglas aplicables en el momento de su creación en cuanto a nomenclatura, sin necesidad de que modifiquen el nombre del dominio de segundo nivel.

DISPOSICIÓN DEROGATORIA

Disposición derogatoria única. *Derogación normativa.* Quedan derogadas las disposiciones de igual o inferior rango que se opongan a lo dispuesto en este real decreto y, en concreto, el Real Decreto 1671/2009, de 6 de noviembre, por el que se desarrolla parcialmente la Ley 11/2007, de 22 de junio, de acceso electrónico de los ciudadanos a los servicios públicos.

DISPOSICIONES FINALES

Disposición final primera. *Títulos competenciales.* 1. Este real decreto se dicta al amparo de lo dispuesto en el artículo 149.1.18.ª de la

Constitución Española, que atribuye al Estado la competencia exclusiva en materia de procedimiento administrativo común y para dictar las bases del régimen jurídico de las Administraciones Públicas.

2. Los artículos 15, 16, 23, 26, 28.2, 28.3 y 29.4 y la disposición adicional tercera del Reglamento que aprueba este real decreto, en cuanto a su relación con la ciberseguridad y su impacto en la seguridad de las redes y sistemas de información se dictan, además, de acuerdo con lo dispuesto en los artículos 149.1.21.ª y 149.1.29.ª de la Constitución, que atribuyen al Estado la competencia exclusiva en materia de telecomunicaciones y en materia de seguridad pública, respectivamente.

3. No tiene carácter básico y será de aplicación únicamente en el ámbito estatal lo dispuesto en:

a) La disposición transitoria segunda y la disposición final tercera de este real decreto.

b) El segundo párrafo del apartado 3 del artículo 3, los artículos 6, 7.4, 8, 10.3, 10.4, 13.2, 17, 18.2, 19.3, 19.4, 21.4, 23.2, 24, 25.4, 28.3, 30.2, 31, 33, 36, 38.1, el segundo párrafo del apartado 4 del artículo 39, los artículos 40, 42.5, 48, 53.5, 55.2, 57, 60.3, 62.2 y las disposiciones adicionales primera, segunda, cuarta, quinta, sexta, el segundo apartado de la disposición adicional séptima del Reglamento que aprueba este real decreto.

Disposición final segunda. *Modificación del Real Decreto 4/2010, de 8 de enero, por el que se regula el Esquema Nacional de Interoperabilidad en el ámbito de la Administración Electrónica.* El Real Decreto 4/2010, de 8 de enero, por el que se regula el Esquema Nacional de Interoperabilidad en el ámbito de la Administración Electrónica queda modificado como sigue:

Uno. El artículo 9 queda redactado del siguiente modo:

«**Artículo 9. *Inventarios de información administrativa.***

1. Cada Administración Pública mantendrá actualizado el conjunto de sus inventarios de información administrativa que incluirá, al menos:

a) La relación de los procedimientos administrativos y servicios prestados de forma clasificada y estructurada. Las Administraciones Públicas conectarán electrónicamente sus inventarios con el Sistema de Información Administrativa gestionado por el Ministerio de Política Territorial y Función Pública en colaboración con el Ministerio de Asuntos Económicos y Transformación Digital.

b) La relación de sus órganos administrativos y oficinas orientadas al público y sus relaciones entre ellos. Dicho inventario se conectará electrónicamente con el Directorio Común de Unidades Orgánicas y Oficinas, gestionado por el Ministerio de Asuntos Económicos y Transformación Digital, en colaboración con el Ministerio de Política Territorial y Función Pública, que proveerá una codificación unívoca.

2. Cada Administración Pública regulará la creación y mantenimiento de estos dos inventarios, en las condiciones que se determinen, con carácter general, por las normas técnicas de interoperabilidad correspondientes; en su caso, las Administraciones Públicas podrán hacer uso de los citados Sistema de Información Administrativa y Directorio Común de Unidades Orgánicas y Oficinas para la creación y mantenimiento de sus propios inventarios. Para la descripción y modelización de los procedimientos administrativos y de los procesos que los soportan será de aplicación lo previsto sobre estándares en el artículo 11.»

Dos. El párrafo a) del artículo 11.3, queda redactado como sigue:

«a) El uso de las especificaciones técnicas de las TIC en la contratación pública junto con las definiciones de norma y especificación técnica establecidos en el Reglamento n.º 1025/2012, del Parlamento Europeo y del Consejo, de 25 de octubre de 2012, sobre normalización europea.»

Tres. Se modifica el artículo 14, que queda redactado como sigue:

«**Artículo 14.** *Plan de direccionamiento de la Administración.*

Las Administraciones Públicas aplicarán el Plan de direccionamiento e interconexión de redes en la Administración, desarrollado en la norma técnica de interoperabilidad correspondiente, para su interconexión a través de las redes de comunicaciones.»

Cuatro. Se modifica el artículo 16, que queda redactado como sigue:

«**Artículo 16.** *Condiciones de licenciamiento aplicables.*

1. Las condiciones de licenciamiento de las aplicaciones informáticas, documentación asociada, y cualquier otro objeto de información cuya titularidad de los derechos de la propiedad intelectual sea de una Administración Pública y permita su puesta a disposición de otra Administración y de los ciudadanos tendrán en cuenta los siguientes aspectos:

a) El fin perseguido es el aprovechamiento y la reutilización de recursos públicos.

b) La completa protección contra su apropiación exclusiva o parcial por parte de terceros.

c) La exención de responsabilidad del cedente por el posible mal uso por parte del cesionario.

d) La no obligación de asistencia técnica o de mantenimiento por parte del cedente.

e) La ausencia total de responsabilidad por parte del cedente con respecto al cesionario en caso de errores o mal funcionamiento de la aplicación.

f) El licenciamiento se realizará por defecto sin contraprestación y sin necesidad de establecer convenio alguno. Sólo se podrá acordar la repercusión parcial del coste de adquisición o desarrollo de las aplicaciones cedidas en aquellos casos en los que este pago repercuta directamente en el incremento de funcionalidades del activo cedido, incluya adaptaciones concretas para su uso en el organismo cesionario, o impliquen el suministro de servicios de asistencia o soporte para su reutilización en el organismo cesionario.

2. Las Administraciones Públicas utilizarán para las aplicaciones informáticas, documentación asociada, y cualquier otro objeto de información declarados como de fuentes abiertas aquellas licencias que aseguren que los programas, datos o información cumplen los siguientes requisitos:

a) Pueden ejecutarse para cualquier propósito.

b) Permiten conocer su código fuente.

c) Pueden modificarse o mejorarse.

d) Pueden redistribuirse a otros usuarios con o sin cambios siempre que la obra derivada mantenga estas cuatro garantías.

3. Para este fin se procurará la aplicación de la Licencia Pública de la Unión Europea, sin perjuicio de otras licencias que garanticen los mismos derechos expuestos en los apartados 1 y 2.

4. A efectos de facilitar el establecimiento de las condiciones de licenciamiento, las Administraciones Públicas incluirán en los pliegos de cláusulas técnicas de aquellos contratos que tengan por finalidad el desarrollo de nuevas aplicaciones informáticas, los siguientes aspectos:

a) Que la Administración contratante adquiera los derechos completos de propiedad intelectual de las aplicaciones y cualquier otro objeto de información que se desarrollen como objeto de ese contrato.

b) Que en el caso de reutilizar activos previamente existentes, la Administración contratante reciba un producto que pueda ofrecer para su reutilización posterior a otras Administraciones Públicas. Además, en el caso de partir de productos de fuentes abiertas, que sea posible declarar como de fuentes abiertas la futura aplicación desarrollada.»

Cinco. Se modifica el artículo 17, que queda redactado como sigue:

«**Artículo 17.** *Directorios de aplicaciones reutilizables.*

1. La Administración General del Estado mantendrá el Directorio general de aplicaciones para su libre reutilización, de acuerdo al artículo 158 de la Ley 40/2015, de 1 octubre, a través del Centro de Transferencia de Tecnología. Este directorio podrá ser utilizado por otras Administraciones Públicas. En el caso de disponer de un directorio propio, deberá garantizar que las aplicaciones disponibles en ese directorio propio se pueden consultar también a través del Centro de Transferencia de Tecnología.

2. Las Administraciones Públicas conectarán los directorios de aplicaciones para su libre reutilización entre sí; y con instrumentos equivalentes del ámbito de la Unión Europea.

3. Las Administraciones Públicas publicarán las aplicaciones reutilizables, en modo producto o en modo servicio, en los directorios de aplicaciones para su libre reutilización, con al menos el siguiente contenido:

a) Código fuente de las aplicaciones finalizadas, en el caso de ser reutilizables en modo producto y haber sido declaradas de fuentes abiertas.

b) Documentación asociada.

c) Condiciones de licenciamiento de todos los activos, en el caso de ser reutilizables en modo producto, o nivel de servicio ofrecido, en el caso de ser reutilizables en modo servicio.

d) Los costes asociados a su reutilización, en el caso de que existieran.

4. Las Administraciones procurarán la incorporación a la aplicación original de aquellas modificaciones o adaptaciones realizadas sobre cualquier aplicación que se haya obtenido desde un directorio de aplicaciones reutilizables.»

Seis. Se modifica el artículo 18, que queda redactado como sigue:

«**Artículo 18.** *Interoperabilidad en la política de firma electrónica y de certificados.*

1. La Administración General del Estado definirá una política de firma electrónica y de certificados que servirá de marco general de interoperabilidad para el reconocimiento mutuo de las firmas electrónicas basadas en certificados de documentos administrativos en las Administraciones Públicas.

Todos los organismos y entidades de derecho público de la Administración General del Estado aplicarán la política de firma electrónica y de certificados a que se refiere el párrafo anterior. La no aplicación de dicha política deberá ser justificada por el órgano u organismo competente y autorizada por la Secretaría General de Administración Digital.

2. Las restantes Administraciones Públicas podrán acogerse a la política de firma electrónica y de certificados a que hace referencia el apartado anterior.

3. Sin perjuicio de lo expuesto en el apartado anterior, las Administraciones Públicas podrán aprobar otras políticas de firma electrónica dentro de sus respectivos ámbitos competenciales.

Las políticas de firma electrónica que aprueben las Administraciones Públicas partirán de la norma técnica establecida a tal efecto en la disposición adicional primera, de los estándares técnicos existentes, y deberán ser interoperables con la política marco de firma electrónica mencionada en el apartado 1, en particular, con sus ficheros de implementación. La Administración Pública proponente de una política de firma electrónica particular garantizará su interoperabilidad con la citada política marco de firma electrónica y con sus correspondientes ficheros de implementación según las condiciones establecidas en la norma técnica de interoperabilidad recogida a tal efecto en la disposición adicional primera.

4. Al objeto de garantizar la interoperabilidad de las firmas electrónicas emitidas conforme a las políticas establecidas, las políticas de firma electrónica que las Administraciones Públicas aprueben deberán ser comunicadas, junto con sus correspondientes ficheros de implementación, a la Secretaría General de Administración Digital del Ministerio de Asuntos Económicos y Transformación Digital.

5. Las Administraciones Públicas receptoras de documentos electrónicos firmados, siempre que hayan admitido con anterioridad la política de firma del emisor, permitirán la validación de las firmas

electrónicas según la política de firma indicada en la firma del documento electrónico.

6. Los perfiles comunes de los campos de los certificados definidos por la política de firma electrónica y de certificados posibilitarán la interoperabilidad entre las aplicaciones usuarias, de manera que tanto la identificación como la firma electrónica generada a partir de estos perfiles comunes puedan ser reconocidos por las aplicaciones de las distintas Administraciones Públicas sin ningún tipo de restricción técnica, semántica u organizativa.

7. Los procedimientos en los que se utilicen certificados de firma electrónica deberán atenerse a la política de firma electrónica y de certificados aplicable en su ámbito, particularmente en la aplicación de los datos obligatorios y opcionales, las reglas de creación y validación de firma electrónica, los algoritmos a utilizar y longitudes de clave mínimas aplicables.»

Siete. Se elimina el artículo 19.

Ocho. Se modifica la disposición adicional primera, que queda redactada como sigue:

«**Disposición adicional primera.** *Desarrollo del Esquema Nacional de Interoperabilidad.*

1. Se desarrollarán las siguientes normas técnicas de interoperabilidad que serán de obligado cumplimiento por parte de las Administraciones Públicas:

a) Norma Técnica de Catálogo de estándares: establecerá un conjunto de estándares que satisfagan lo previsto en el artículo 11 de forma estructurada y con indicación de los criterios de selección y ciclo de vida aplicados.

b) Norma Técnica de Documento electrónico: tratará los metadatos mínimos obligatorios, la asociación de los datos y metadatos de firma o de sellado de tiempo, así como otros metadatos complementarios asociados; y los formatos de documento.

c) Norma Técnica de Digitalización de documentos: tratará los formatos y estándares aplicables, los niveles de calidad, las condiciones técnicas y los metadatos asociados al proceso de digitalización.

d) Norma Técnica de Expediente electrónico: tratará de su estructura y formato, así como de las especificaciones de los servicios de remisión y puesta a disposición.

e) Norma Técnica de Política de firma electrónica y de certificados de la Administración: Tratará, entre otras cuestiones recogidas en su definición en el anexo, aquellas que afectan a la interoperabilidad incluyendo los formatos de firma, los algoritmos a utilizar y longitudes mínimas de las claves, las reglas de creación y validación de la firma electrónica, la gestión de las políticas de firma, el uso de las referencias temporales y de sello de tiempo, así como la normalización de la representación de la firma electrónica en pantalla y en papel para el ciudadano y en las relaciones entre las Administraciones Públicas.

f) Norma Técnica de Protocolos de intermediación de datos: tratará las especificaciones de los protocolos de intermediación de datos que faciliten la integración y reutilización de servicios en las Administraciones Públicas y que serán de aplicación para los prestadores y consumidores de tales servicios.

g) Norma Técnica de Relación de modelos de datos que tengan el carácter de comunes en la Administración y aquellos que se refieran a materias sujetas a intercambio de información con los ciudadanos y otras Administraciones.

h) Norma Técnica de Política de gestión de documentos electrónicos: incluirá directrices para la asignación de responsabilidades, tanto directivas como profesionales, y la definición de los programas, procesos y controles de gestión de documentos y administración de los repositorios electrónicos, y la documentación de los mismos, a desarrollar por las Administraciones Públicas y por los organismos públicos y entidades de derecho público vinculados o dependientes de aquéllas.

i) Norma Técnica de Requisitos de conexión a la Red de comunicaciones de las Administraciones Públicas españolas.

j) Norma Técnica de Procedimientos de copiado auténtico y conversión entre documentos electrónicos, así como desde papel u otros medios físicos a formatos electrónicos.

k) Norma Técnica de Modelo de Datos para el intercambio de asientos entre las Entidades Registrales: tratará de aspectos funcionales y técnicos para el intercambio de asientos registrales, gestión de errores y excepciones, gestión de anexos, requerimientos tecnológicos y transformaciones de formatos.

l) Norma Técnica de Reutilización de recursos de información: tratará de las normas comunes sobre la localización, descripción e identificación unívoca de los recursos de información puestos a disposición del público por medios electrónicos para su reutilización.

m) Norma Técnica de interoperabilidad de inventario y codificación de objetos administrativos: tratará las reglas relativas a la codificación de objetos administrativos, así como la conexión entre los inventarios correspondientes, incluyendo, por un lado, las unidades orgánicas y oficinas de la Administración, y, por otro lado, la información administrativa de procedimientos y servicios.

n) Norma Técnica de Interoperabilidad de Transferencia e Ingreso de documentos y expedientes electrónicos: tratará los requisitos y condiciones relativos a la transferencia de agrupaciones documentales en formato electrónico, documentos y expedientes electrónicos, junto con los metadatos asociados, entre sistemas de gestión de documentos electrónicos y sistemas de archivo electrónico.

ñ) Norma Técnica de Interoperabilidad de Valoración y Eliminación de documentos y expedientes electrónicos: tratará las condiciones y requisitos relativos a la valoración de los documentos y expedientes electrónicos para establecimiento de plazos de conservación, transferencia y acceso o, en su caso, eliminación total o parcial.

o) Norma Técnica de Interoperabilidad de preservación de documentación electrónica: tratará las condiciones y requisitos relativos a la conservación de los documentos electrónicos para garantizar su autenticidad, integridad, confidencialidad, disponibilidad y trazabilidad, así como la protección, recuperación y conservación física y lógica de los documentos y su contexto.

p) Norma Técnica de Interoperabilidad de tratamiento y preservación de bases de datos: tratará las condiciones y requisitos relativos a la conservación de las bases de datos para garantizar su autenticidad, integridad, confidencialidad, disponibilidad y trazabilidad, y permitiendo la protección, recuperación y conservación física y lógica de los datos y su contexto.

q) Norma Técnica de Interoperabilidad de Plan de Direccionamiento: tratará reglas aplicables a la asignación y requisitos de direccionamiento IP para garantizar la correcta administración de la Red de comunicaciones de las Administraciones Públicas españolas y evitar el uso de direcciones duplicadas.

r) Norma Técnica de Interoperabilidad de reutilización de activos en modo producto y en modo servicio: tratará los requisitos y condiciones para facilitar la reutilización de activos tanto en modo producto como en modo servicio por las Administraciones Públicas españolas.

s) Norma Técnica de Interoperabilidad del modelo de datos y condiciones de interoperabilidad de los registros de funcionarios habilitados: tratará los aspectos funcionales y técnicos para la plena interoperabilidad de los registros electrónicos de funcionarios habilitados pertenecientes a las Administraciones, así como la interconexión de estos a las sedes electrónicas.

t) Norma Técnica de Interoperabilidad del modelo de datos y condiciones de interoperabilidad de los registros electrónicos de apoderamientos: tratará los aspectos funcionales y técnicos para la plena interoperabilidad de los registros electrónicos de apoderamientos pertenecientes a las Administraciones, así como la interconexión de estos a las sedes electrónicas, A los registros mercantiles, de la propiedad, y a los protocolos notariales.

u) Norma Técnica de Interoperabilidad de Sistema de Referencia de documentos y repositorios de confianza: tratará los requisitos técnicos que deberán cumplir las referencias a documentos al ser intercambiadas, de forma que se evite trasladar documentación de forma innecesaria.

v) Norma Técnica de Política de firma electrónica y de certificados en el ámbito estatal: tratará las directrices y normas técnicas aplicables a la utilización de certificados y firma electrónica dentro de su ámbito de aplicación, organizadas alrededor de los conceptos de generación y validación de firma e incluirá los perfiles interoperables de los medios de identificación de las Administraciones Públicas previstos en Ley 40/2015, de 1 de octubre.

2. El Ministerio de Asuntos Económicos y Transformación Digital, a propuesta de la Comisión Sectorial de Administración Electrónica prevista en la disposición adicional novena de la Ley 40/2015, de 1 de octubre, de Régimen Jurídico del Sector Público, aprobará las normas técnicas de interoperabilidad y las publicará mediante Resolución de la Secretaria de Estado de Digitalización e Inteligencia Artificial.

3. Para la redacción y actualización de las normas técnicas de interoperabilidad indicadas en el apartado 1 y las futuras que pueda aprobar el Ministerio de Asuntos Económicos y Transformación Digital que sean necesarias para garantizar el adecuado nivel de interoperabilidad como consecuencia del nivel de desarrollo tecno-

lógico, los compromisos internacionales o el marco normativo aplicable, se constituirán los correspondientes grupos de trabajo en los órganos colegiados con competencias en materia de Administración electrónica.

Para garantizar la debida interoperabilidad en materia de ciberseguridad y criptografía, en relación con la aplicación del Real Decreto 4/2010, de 8 de enero, por el que se regula el Esquema Nacional de Interoperabilidad en el ámbito de la administración electrónica, el órgano competente será el Centro Criptológico Nacional, adscrito al Centro Nacional de Inteligencia.

4. Se desarrollarán los siguientes instrumentos para la interoperabilidad:

a) Sistema de Información Administrativa: Inventario de procedimientos administrativos, servicios prestados y otras actuaciones administrativas que generen documentación pública, conteniendo información de los mismos clasificada por funciones y con indicación de su nivel de informatización, así como información acerca de las interfaces al objeto de favorecer la interacción o en su caso la integración de los procesos.

b) Centro de interoperabilidad semántica de la Administración: Almacenará, publicará y difundirá los modelos de datos de los servicios de interoperabilidad entre Administraciones Públicas y de estas con los ciudadanos, tanto comunes como sectoriales, así como los relativos a infraestructuras y servicios comunes, además de las especificaciones semánticas y codificaciones relacionadas. Su propósito es facilitar la comprensión semántica de los servicios de intercambio de datos de las Administraciones y maximizar la reutilización de activos semánticos en la construcción de éstos. Se conectará con otros instrumentos equivalentes de las Administraciones Públicas y del ámbito de la Unión Europea.

c) Centro de Transferencia de Tecnología: Directorio de aplicaciones para su libre reutilización que contendrá la relación de aplicaciones para su libre reutilización, incluyendo, al menos, los datos descriptivos relativos a nombre de la aplicación, breve descripción de sus funcionalidades, uso y características, licencia, principales estándares abiertos aplicados, y estado de desarrollo.

d) Directorio Común de Unidades Orgánicas y Oficinas de las Administraciones Públicas: Instrumento que permitirá la sincronización de los sistemas que traten la información de inventariado, codificación y evolución de unidades orgánicas y oficinas en diferentes modalidades de integración para garantizar la flexibilidad tanto en el consumo como en la provisión de información relacionada.»

Nueve. Se suprime la disposición adicional tercera.

Diez. Se suprime la disposición adicional cuarta.

Once. Se modifica el anexo de la forma siguiente:

1. Se suprime el término « Familia».

2. A continuación del término «Índice electrónico» se sustituye el vigente término «Infraestructuras y servicios comunes» por el término «Infraestructura o servicio común» con la siguiente redacción:

«Infraestructura o servicio común: capacidad organizativa y técnica que satisface necesidades comunes de los usuarios en diversos ámbitos de la Administración, junto con su gobernanza operativa de apoyo, que pueden tener carácter horizontal o sectorial, con diversos modos de provisión, como servicio o como producto, o integración a modo de plataforma, que facilitan la interoperabilidad, la seguridad, las economías de escala, la racionalización y la simplificación de la actuación administrativa.»

3. A continuación del término «Estándar abierto» se introduce el término «Ficheros de implementación de las políticas de firma« con la siguiente redacción:

«Ficheros de implementación de las políticas de firma: Son la representación en lenguaje formal (XML o ASN.1) de las condiciones establecidas en la política de firma, acorde a las normas técnicas establecidas por los organismos de estandarización.»

Disposición final tercera. *Modificación del Real Decreto 931/2017, de 27 de octubre, por el que se regula la Memoria del Análisis de Impacto Normativo.* Se modifican el párrafo segundo de la letra d) y la letra g) del apartado 1 del artículo 2 del Real Decreto 931/2017, de 27 de octubre, por el que se regula la Memoria del Análisis de Impacto Normativo, que quedan redactados como sigue:

«2.º El Impacto presupuestario comprenderá, al menos, una referencia a los efectos en los ingresos y gastos públicos e incluirá la incidencia en los gastos de personal, dotaciones o retribuciones, gastos en medios o servicios de la Administración digital o cualesquiera otros gastos al servicio del sector público.»

«g) Otros impactos: La memoria del análisis de impacto normativo incluirá cualquier otro extremo que pudiera ser relevante a criterio del órgano proponente, prestando especial atención a los impactos de carácter social y medioambiental, al impacto en materia de igualdad de oportunidades, no discriminación y accesibilidad universal de las personas con discapacidad y al impacto que tendrá para la ciudadanía y para la Administración el desarrollo o uso de los medios y servicios de la Administración digital que conlleve la norma.»

Disposición final cuarta. *Habilitación normativa.* Se faculta a la persona titular del Ministerio de Política Territorial y Función Pública y a la persona titular del Ministerio de Asuntos Económicos y Transformación Digital en el ámbito de sus competencias, para dictar las disposiciones y adoptar las medidas necesarias para el desarrollo y ejecución de este real decreto y del Reglamento que aprueba, así como para modificar el anexo del mismo.

Disposición final quinta. *Entrada en vigor.* Este real decreto entrará en vigor el día 2 de abril de 2021.

Dado en Madrid, el 30 de marzo de 2021.
FELIPE R.
La Vicepresidenta Primera del Gobierno y Ministra de la Presidencia, Relaciones con las Cortes y Memoria Democrática,
CARMEN CALVO POYATO

REGLAMENTO DE ACTUACIÓN Y FUNCIONAMIENTO DEL SECTOR PÚBLICO POR MEDIOS ELECTRÓNICOS

TÍTULO PRELIMINAR
Disposiciones generales

1. *Objeto y ámbito de aplicación.* 1. Este Reglamento tiene por objeto el desarrollo de la Ley 39/2015, de 1 de octubre, del Procedimiento Administrativo Común de las Administraciones Públicas, y de la Ley 40/2015, de 1 de octubre, de Régimen Jurídico del Sector Público, en lo referido a la actuación y el funcionamiento electrónico del sector público.

2. El ámbito subjetivo de aplicación es el establecido en el artículo 2 de la Ley 39/2015, de 1 de octubre, y el artículo 2 de la Ley 40/2015, de 1 de octubre.

2. *Principios generales.* El sector público deberá respetar los siguientes principios en sus actuaciones y relaciones electrónicas:

a) Los principios de neutralidad tecnológica y de adaptabilidad al progreso de las tecnologías y sistemas de comunicaciones electrónicas, para garantizar tanto la independencia en la elección de las alternativas tecnológicas necesarias para relacionarse con las Administraciones Públicas por parte de las personas interesadas y por el propio sector público, como la libertad para desarrollar e implantar los avances tecnológicos en un ámbito de libre mercado. A estos efectos, el sector público utilizará estándares abiertos, así como, en su caso y de forma complementaria, estándares que sean de uso generalizado.

Las herramientas y dispositivos que deban utilizarse para la comunicación por medios electrónicos, así como sus características técnicas, serán no discriminatorios, estarán disponibles de forma general y serán compatibles con los productos informáticos de uso general.

b) El principio de accesibilidad, entendido como el conjunto de principios y técnicas que se deben respetar al diseñar, construir, mantener y actualizar los servicios electrónicos para garantizar la igualdad y la no discriminación en el acceso de las personas usuarias, en particular de las personas con discapacidad y de las personas mayores.

c) El principio de facilidad de uso, que determina que el diseño de los servicios electrónicos esté centrado en las personas usuarias, de forma que se minimice el grado de conocimiento necesario para el uso del servicio.

d) El principio de interoperabilidad, entendido como la capacidad de los sistemas de información y, por ende, de los procedimientos a los que éstos dan soporte, de compartir datos y posibilitar el intercambio de información entre ellos.

e) El principio de proporcionalidad, en cuya virtud sólo se exigirán las garantías y medidas de seguridad adecuadas a la naturaleza y circunstancias de los distintos trámites y actuaciones electrónicos.

f) El principio de personalización y proactividad, entendido como la capacidad de las Administraciones Públicas para que, partiendo del conocimiento adquirido del usuario final del servicio, proporcione servicios precumplimentados y se anticipe a las posibles necesidades de los mismos.

3. *Derecho y obligación de relacionarse electrónicamente con las Administraciones Públicas.* 1. Estarán obligados a relacionarse a través de medios electrónicos con las Administraciones Públicas para la realización de cualquier trámite de un procedimiento administrativo, al menos, los sujetos a los que se refiere el artículo 14.2 de la Ley 39/2015, de 1 de octubre.

2. Las personas físicas no obligadas a relacionarse a través de medios electrónicos con las Administraciones Públicas podrán ejercitar su derecho a relacionarse electrónicamente con la Administración Pública de que se trate al inicio del procedimiento y, a tal efecto, lo comunicarán al órgano competente para la tramitación del mismo de forma que este pueda tener constancia de dicha decisión. La voluntad de relacionarse electrónicamente o, en su caso, de dejar de hacerlo cuando ya se había optado anteriormente por ello, podrá realizarse en una fase posterior del procedimiento, si bien deberá comunicarse a dicho órgano de forma que quede constancia de la misma. En ambos casos, los efectos de la comunicación se producirán a partir del quinto día hábil siguiente a aquel en que el órgano competente para tramitar el procedimiento haya tenido constancia de la misma.

3. De acuerdo con lo previsto en el apartado 3 del artículo 14 de la Ley 39/2015, de 1 de octubre, la obligatoriedad de relacionarse electrónicamente podrá establecerse reglamentariamente por las Administraciones Públicas para determinados procedimientos y para ciertos colectivos de personas físicas que, por razón de su capacidad económica, técnica, dedicación profesional u otros motivos, quede acreditado que tienen acceso y disponibilidad de los medios electrónicos necesarios.

A tal efecto, en el ámbito estatal la mencionada obligatoriedad de relacionarse por medios electrónicos con sus órganos, organismos y entidades de derecho público podrá ser establecida por real decreto acordado en Consejo de Ministros o por orden de la persona titular del Departamento competente respecto de los procedimientos de que se trate que afecten al ámbito competencial de uno o varios Ministerios cuya regulación no requiera de norma con rango de real decreto. Asimismo, se publicará en el Punto de Acceso General electrónico (PAGe) de la Administración General del Estado y en la sede electrónica o sede asociada que corresponda.

4. *Canales de asistencia para el acceso a los servicios electrónicos.* Las Administraciones Públicas prestarán la asistencia necesaria para facilitar el acceso de las personas interesadas a los servicios electrónicos proporcionados en su ámbito competencial a través de alguno o algunos de los siguientes canales:

a) Presencial, a través de las oficinas de asistencia que se determinen.

b) Portales de internet y sedes electrónicas.

c) Redes sociales.

d) Telefónico.

e) Correo electrónico.

f) Cualquier otro canal que pueda establecerse de acuerdo con lo previsto en el artículo 12 de la Ley 39/2015, de 1 de octubre.

TÍTULO I
Portales de internet, Punto de Acceso General electrónico y sedes electrónicas

5. *Portales de internet de las Administraciones Públicas.* 1. De acuerdo con lo previsto en el artículo 39 de la Ley 40/2015, de 1 de octubre, se entiende por portal de internet el punto de acceso electrónico cuya titularidad corresponda a una Administración Pública, organismo público o entidad de derecho público que permite el acceso a través de internet a la información y, en su caso, a la sede electrónica o sede electrónica asociada correspondiente.

2. Cada Administración podrá determinar los contenidos y canales mínimos de atención a las personas interesadas y de difusión y prestación de servicios que deban tener sus portales, así como criterios obligatorios de imagen institucional. En cualquier caso, deberán tenerse en cuenta los contenidos, formatos y funcionalidades que en la normativa de reutilización, accesibilidad y transparencia se establezcan como obligatorios para los sitios web.

3. Los portales de internet dispondrán de sistemas que permitan el establecimiento de medidas de seguridad de acuerdo con lo estable-

cido en Real Decreto 3/2010, de 8 de enero, por el que se regula el Esquema Nacional de Seguridad en el ámbito de la Administración Electrónica.

6. *Creación y supresión de portales de internet en el ámbito estatal.* 1. En el ámbito estatal, la creación o supresión de portales se llevará a cabo por orden de la persona titular del ministerio correspondiente o por resolución de la persona titular del órgano superior, en el caso de la Administración General del Estado, y por resolución de la persona titular de la Presidencia o de la Dirección en el caso de sus organismos públicos y entidades de derecho público vinculados o dependientes.

La creación requerirá informe favorable de la Comisión Ministerial de Administración Digital respectiva y posterior comunicación al Ministerio de Política Territorial y Función Pública y al Ministerio de Asuntos Económicos y Transformación Digital. Para obtener dicho informe favorable, la propuesta de creación del nuevo portal se deberá justificar en términos de eficiencia en la asignación y utilización de los recursos públicos e interés prioritario para la implantación de una política pública o la aplicación de la normativa de la Unión Europea o nacional y a tal efecto el órgano promotor de la creación del nuevo portal remitirá una memoria justificativa y económica.

La supresión de portales requerirá la previa comunicación al Ministerio de Política Territorial y Función Pública y al Ministerio de Asuntos Económicos y Transformación Digital.

2. El acto o resolución de creación de un nuevo portal previsto en el apartado anterior contendrá, al menos, la identificación de su dirección electrónica, que deberá incluir el nombre de dominio de segundo nivel «.gob.es», su ámbito funcional y, en su caso, orgánico y la finalidad para la que se crea. Para facilitar su identificación, seguirán las disposiciones generales que se establezcan para la imagen institucional de la Administración General del Estado.

3. En el ámbito estatal los portales de internet a los que se refiere este artículo deberán estar referenciados en el PAGe de la Administración General del Estado.

7. *Punto de Acceso General electrónico.* 1. Las Administraciones Públicas contarán con un Punto de Acceso General electrónico (PAGe).

2. El PAGe de cada Administración Pública facilitará el acceso a los servicios, trámites e información de los órganos, organismos públicos y entidades vinculados o dependientes de la Administración Pública correspondiente.

3. El PAGe dispondrá de una sede electrónica, a través de la cual se podrá acceder a todas las sedes electrónicas y sedes asociadas de la Administración Pública correspondiente.

Además, esta sede podrá incluir un área personalizada a través de la cual cada interesado, mediante procedimientos seguros que garanticen la integridad y confidencialidad de sus datos personales, podrá acceder a su información, al seguimiento de los trámites administrativos que le afecten y a las notificaciones y comunicaciones en el ámbito de la Administración Pública competente.

4. El PAGe de la Administración General del Estado y su sede electrónica serán gestionados por el Ministerio de Política Territorial y Función Pública en colaboración con la Secretaría General de Administración Digital del Ministerio de Asuntos Económicos y Transformación Digital.

En dicha sede electrónica está alojada la Dirección Electrónica Habilitada única a la que se refiere el artículo 43 de la Ley 39/2015, de 1 de octubre.

El PAGe de la Administración General del Estado, a través de su sede, permitirá la comprobación de la autenticidad e integridad de los documentos facilitados por el sector público estatal a través del Código Seguro de Verificación o de cualquier otro sistema de firma o sello basado en certificado electrónico cualificado que se haya utilizado en su generación. También permitirá, en su caso, su recuperación.

5. El PAGe de la Administración General del Estado podrá interoperar con portales web oficiales de la Unión Europea.

8. *Carpeta Ciudadana del sector público estatal.* 1. La Carpeta Ciudadana es el área personalizada de las personas interesadas a que se refiere el artículo 7.3 en su relación con el sector público estatal. Además del interesado podrán acceder a la Carpeta Ciudadana:

a) Sus representantes legales.

b) Quien ostente un poder general previsto en el artículo 6.4.a) de la Ley 39/2015, de 1 de octubre, otorgado por el interesado e inscrito en el Registro Electrónico de Apoderamientos.

2. La Carpeta Ciudadana será accesible a través de la sede electrónica del PAGe de la Administración General del Estado y podrá ofrecer, entre otras, las funcionalidades siguientes para el interesado o sus representantes:

a) Permitir el seguimiento del estado de tramitación de los procedimientos en que sea interesado, de acuerdo con lo previsto en el artículo 53.1.a) de la Ley 39/ 2015, de 1 de octubre.

b) Permitir el acceso a sus comunicaciones y notificaciones.

c) Conocer qué datos suyos obran en poder del sector público estatal, sin perjuicio de las limitaciones que establezca la normativa vigente.

d) Facilitar la obtención de certificaciones administrativas exigidas por la normativa correspondiente.

3. El interesado accederá a la Carpeta Ciudadana mediante los sistemas de identificación a los que se refiere el artículo 9.2 de la Ley 39/2015, de 1 de octubre.

4. El interesado deberá asegurar el buen uso de los sistemas de identificación y velar por que el acceso a su carpeta Ciudadana solo se haga por sí mismo o por tercero autorizado.

9. *Sedes electrónicas de las Administraciones Públicas.* 1. De acuerdo con lo previsto en el artículo 38 de la Ley 40/2015, de 1 de octubre, una sede electrónica es aquella dirección electrónica disponible para la ciudadanía por medio de redes de telecomunicaciones. Mediante dicha sede electrónica se realizarán todas las actuaciones y trámites referidos a procedimientos o a servicios que requieran la identificación de la Administración Pública y, en su caso, la identificación o firma electrónica de las personas interesadas.

2. La titularidad de la sede electrónica corresponde a una Administración Pública, o bien a uno o varios organismos públicos o entidades de derecho público en el ámbito de sus competencias.

10. *Creación y supresión de las sedes electrónicas y sedes electrónicas asociadas.* 1. Se podrán crear una o varias sedes electrónicas asociadas a una sede electrónica atendiendo a razones técnicas y organizativas. La sede electrónica asociada tendrá consideración de sede electrónica a todos los efectos.

2. El acto o resolución de creación o supresión de una sede electrónica o sede electrónica asociada será publicado en el boletín oficial que

corresponda en función de cuál sea la Administración Pública titular de la sede o sede asociada y también en el directorio del Punto de Acceso General Electrónico que corresponda. En el caso de las entidades locales, el boletín oficial será el de la provincia al que pertenezca la entidad.

El acto o resolución de creación determinará, al menos:

a) El ámbito de aplicación de la sede electrónica o sede electrónica asociada.

b) La identificación de la dirección electrónica de referencia de la sede electrónica o sede electrónica asociada que se cree, así como de las direcciones electrónicas de las sedes electrónicas que desde el momento de la creación ya sean asociadas de aquella. Las sedes electrónicas asociadas con posterioridad a la publicación del instrumento de creación se referenciarán en la mencionada dirección electrónica.

c) La identificación de su titular.

d) La identificación del órgano u órganos encargados de la gestión y de los servicios puestos a disposición en la misma.

3. En el ámbito estatal, tanto la creación o supresión de una sede electrónica asociada a la sede electrónica del PAGe de la Administración General del Estado como la creación o supresión de sedes electrónicas o sedes electrónicas asociadas de los organismos públicos y entidades de derecho público vinculados o dependientes se hará mediante orden de la persona titular del Departamento competente o por resolución de la persona titular de la Presidencia o de la Dirección del organismo o entidad de derecho público competente, con el informe previo favorable del Ministerio de Política Territorial y Función Pública y del Ministerio de Asuntos Económicos y Transformación Digital.

4. Para obtener los informes previos favorables a que se refiere el apartado anterior, la propuesta de creación de la nueva sede electrónica o, en su caso, sede electrónica asociada se tendrá que justificar, en términos de eficiencia en la asignación y utilización de recursos públicos. A tal efecto, el órgano promotor de la creación de la sede electrónica remitirá una memoria justificativa y económica en que se explicite el volumen de trámites que está previsto gestionar a través de la misma, los efectos presupuestarios y económicos de su establecimiento, su incidencia en la reducción del tiempo de resolución de los

procedimientos y de cargas administrativas para las personas interesadas y cualquier otra razón de interés general que justifique su creación.

11. *Contenido y servicios de las sedes electrónicas y sedes asociadas.* 1. Toda sede electrónica o sede electrónica asociada dispondrá del siguiente contenido mínimo a disposición de las personas interesadas:

a) La identificación de la sede electrónica o sede electrónica asociada, así como del órgano u organismo titular de la misma y los órganos competentes para la gestión de la información, servicios, procedimientos y trámites puestos a disposición en ella.

b) La identificación del acto o disposición de creación y el acceso al mismo, directamente o mediante enlace a su publicación en el Boletín Oficial correspondiente.

c) La información necesaria para la correcta utilización de la sede electrónica, incluyendo su mapa o información equivalente, con especificación de la estructura de navegación y las distintas secciones disponibles, así como la relativa a propiedad intelectual, protección de datos personales y accesibilidad.

d) La relación de sistemas de identificación y firma electrónica que sean admitidos o utilizados en la misma.

e) La normativa reguladora del Registro al que se acceda a través de la sede electrónica.

f) La fecha y hora oficial, así como el calendario de días inhábiles a efectos del cómputo de plazos aplicable a la Administración en que se integre el órgano, organismo público o entidad de derecho público vinculado o dependiente que sea titular de la sede electrónica o sede electrónica asociada.

g) Información acerca de cualquier incidencia técnica que acontezca e imposibilite el funcionamiento ordinario del sistema o aplicación que corresponda, así como de la ampliación del plazo no vencido que, en su caso, haya acordado el órgano competente debido a dicha circunstancia.

h) Relación actualizada de los servicios, procedimientos y trámites disponibles

i) Relación actualizada de las actuaciones administrativas automatizadas vinculadas a los servicios, procedimientos y trámites descritos en la letra anterior. Cada una se acompañará de la descripción de su diseño y funcionamiento, los mecanismos de rendición de cuentas y transparencia, así como los datos utilizados en su configuración y aprendizaje.

2. Las sedes electrónicas y sedes electrónicas asociadas dispondrán, al menos, de los siguientes servicios a disposición de las personas interesadas:

a) Un acceso a los servicios y trámites disponibles en la sede electrónica o sede electrónica asociada, con indicación de los plazos máximos de duración de los procedimientos, excluyendo las posibles ampliaciones o suspensiones que en su caso, pudiera acordar el órgano competente.

b) Un enlace para la formulación de sugerencias y quejas ante los órganos que en cada caso resulten competentes.

c) Los mecanismos de comunicación y procedimiento de reclamación establecidos al respecto de los requisitos de accesibilidad de los sitios web y aplicaciones móviles del sector público.

d) Un sistema de verificación de los certificados de la sede electrónica.

e) Un sistema de verificación de los sellos electrónicos de los órganos, organismos públicos o entidades de derecho público que abarque la sede electrónica o sede electrónica asociada.

f) Un servicio de comprobación de la autenticidad e integridad de los documentos emitidos por los órganos, organismos públicos o entidades de derecho público comprendidos en el ámbito de la sede electrónica, que hayan sido firmados por cualquiera de los sistemas de firma conformes a la Ley 40/2015, 1 de octubre, y para los cuales se haya generado un código seguro de verificación.

g) Un acceso a los modelos, y sistemas de presentación masiva, de uso voluntario, que permitan a las personas interesadas presentar simultáneamente varias solicitudes en la forma que establezca, en su caso, cada Administración, organismo público o entidad de derecho público titular de la sede electrónica o sede electrónica asociada.

h) El acceso a los modelos normalizados de presentación de solicitudes que establezca, en su caso, cada Administración u organismo público o entidad de derecho público titular de la sede electrónica o sede electrónica asociada.

i) Un servicio de consulta del directorio geográfico de oficinas de asistencia en materia de registros, que permita al interesado identificar la más próxima a su dirección de consulta.

3. De acuerdo con lo previsto en el artículo 66.1 de la Ley 39/2015, de 1 de octubre, las Administraciones Públicas deberán mantener y

actualizar en la sede electrónica correspondiente un listado con los códigos de identificación vigentes de sus órganos, centros o unidades administrativas.

12. *Responsabilidad sobre la sede electrónica o sede electrónica asociada.* 1. El titular de la sede electrónica y, en su caso, de la sede electrónica asociada, será responsable de la integridad, veracidad y actualización de la información y los servicios de su competencia a los que pueda accederse a través de la misma.

2. En caso de que la sede electrónica o sede electrónica asociada contenga un enlace o vínculo a otra sede o sede asociada, será el titular de esta última el responsable de la integridad, veracidad y actualización de la información o procedimientos que figuren en la misma, sin perjuicio de la debida diligencia del titular de la primera respecto de la incorporación de los contenidos en la misma.

3. En caso de que una sede electrónica o sede electrónica asociada contenga procedimientos, servicios o ambos, cuya competencia corresponda a otro órgano administrativo, organismo público o entidad de derecho público vinculado o dependiente, sea de la misma o de diferente Administración, el titular de la competencia será responsable de la integridad, veracidad y actualización de lo relativo a dichos procedimientos, servicios o ambos sin perjuicio de la debida diligencia del titular de la sede electrónica o sede electrónica asociada respecto de la incorporación de los contenidos en la misma.

TÍTULO II
Procedimiento administrativo por medios electrónicos

CAPÍTULO I
Disposiciones generales

13. *Actuación administrativa automatizada.* 1. La tramitación electrónica de una actuación administrativa podrá llevarse a cabo, entre otras formas, de manera automatizada de acuerdo con lo previsto en el artículo 41 de la Ley 40/2015, de 1 de octubre.

2. En el ámbito estatal la determinación de una actuación administrativa como automatizada se autorizará por resolución del titular del órgano administrativo competente por razón de la materia o del órgano ejecutivo competente del organismo o entidad de derecho público, según corresponda, y se publicará en la sede electrónica o sede electrónica asociada. La resolución expresará los recursos que procedan contra la actuación, el órgano administrativo o judicial, en su caso, ante el que hubieran de presentarse y plazo para interponerlos, sin perjuicio de que las personas interesadas puedan ejercitar cualquier otro que estimen oportuno y establecerá medidas adecuadas para salvaguardar los derechos y libertades y los intereses legítimos de las personas interesadas.

3. En el ámbito de las Entidades Locales, en caso de actuación administrativa automatizada se estará a lo dispuesto en la disposición adicional octava del Real Decreto 128/2018, de 16 de marzo, por el que se regula el régimen jurídico de los funcionarios de Administración Local con habilitación de carácter nacional.

14. *Régimen de subsanación.* 1. Si existe la obligación del interesado de relacionarse a través de medios electrónicos y aquel no los hubiese utilizado, el órgano administrativo competente en el ámbito de actuación requerirá la correspondiente subsanación, advirtiendo al interesado, o en su caso su representante, que, de no ser atendido el requerimiento en el plazo de diez días, se le tendrá por desistido de su solicitud o se le podrá declarar decaído en su derecho al trámite correspondiente, previa resolución que deberá ser dictada en los términos previstos en el artículo 21 de la Ley 39/2015, de 1 de octubre.

Este régimen de subsanación será asimismo aplicable a las personas físicas no obligadas a relacionarse a través de medios electrónicos con las Administraciones Públicas que, de acuerdo con lo dispuesto en el artículo 3.2, hayan ejercitado su derecho a relacionarse electrónicamente con la Administración Pública de que se trate.

Cuando se trate de una solicitud de iniciación del interesado, la fecha de la subsanación se considerará a estos efectos como fecha de presentación de la solicitud de acuerdo con el artículo 68.4 de dicha ley.

2. De acuerdo con lo establecido en el artículo 39.1 de este Reglamento, en el caso de que las Administraciones Públicas hayan determinado los formatos y estándares a los que deberán ajustarse los docu-

mentos presentados por el interesado, si este incumple dicho requisito se le requerirá para que, en el plazo de diez días, subsane el defecto advertido en los términos establecidos en los artículos 68.1, cuando se trate de una solicitud de iniciación, y 73.2, cuando se trate de otro acto, ambos de la Ley 39/2015, de 1 de octubre, con la indicación de que, si así no lo hiciera y previa resolución que deberá ser dictada en los términos previstos en el artículo 21 de dicha ley, se le tendrá por desistido de su solicitud o se le podrá declarar decaído en su derecho al trámite correspondiente, respectivamente.

3. En el caso de que el escrito o solicitud presentada adolezca de cualquier otro defecto subsanable, por la falta de cumplimiento de los requisitos exigidos en los artículos 66, 67 y 73 de la Ley 39/2015, de 1 de octubre, o por la falta de otros requisitos exigidos por la legislación específica aplicable, se requerirá su subsanación en el plazo de diez días, en los términos de los artículos 68.1 y 73.1 de la citada ley. Este plazo podrá ser ampliado hasta cinco días, a petición del interesado o a iniciativa del órgano, cuando la aportación de los documentos requeridos, en su caso, presente dificultades especiales, siempre que no se trate de procedimientos selectivos o de concurrencia competitiva.

CAPÍTULO II
De la identificación y autenticación de las Administraciones Públicas y las personas interesadas

Sección 1.ª
Disposiciones comunes a la identificación y autenticación y condiciones de interoperabilidad

15. *Sistemas de identificación, firma y verificación.* 1. Las Administraciones Públicas admitirán, en sus relaciones por medios electrónicos, sistemas de firma electrónica que sean conformes a lo establecido en la normativa vigente sobre firma electrónica y resulten adecuados para garantizar la identificación de las personas interesadas y, en su caso, la autenticidad e integridad de los documentos electrónicos.

2. Las Administraciones Públicas podrán utilizar los siguientes sistemas para su identificación electrónica y para garantizar el origen e integridad de los documentos electrónicos:

a) Sistemas de identificación de las sedes electrónicas y sedes electrónicas asociadas.

b) Sello electrónico basado en un certificado electrónico cualificado y que reúna los requisitos exigidos por la legislación de firma electrónica.

c) Sistemas de firma electrónica para la actuación administrativa automatizada.

d) Firma electrónica del personal al servicio de las Administraciones Públicas.

e) Intercambio electrónico de datos en entornos cerrados de comunicación, conforme a lo específicamente acordado entre las partes.

3. Las personas interesadas podrán utilizar los siguientes sistemas de identificación y firma en sus relaciones electrónicas con las Administraciones Públicas:

a) De acuerdo con lo previsto en el artículo 9.2 de la Ley 39/2015, de 1 de octubre, los interesados podrán identificarse electrónicamente ante las Administraciones Públicas a través de los sistemas descritos en las letras a), b) y c) de dicho artículo. En este último supuesto los sistemas deberán ser autorizados previamente por la Secretaría General de Administración Digital del Ministerio de Asuntos Económicos y Transformación Digital, que solo podrá ser denegada por motivos de seguridad pública, previo informe vinculante de la Secretaría de Estado de Seguridad del Ministerio del Interior [786].

b) Asimismo, se considerarán válidos a efectos de firma electrónica ante las Administraciones Públicas los sistemas previstos en las letras a), b) y c) del artículo 10.2 de la Ley 39/2015, de 1 de octubre.

c) De acuerdo con lo previsto en el artículo 10.4 de la Ley 39/2015, de 1 de octubre, cuando así lo disponga expresamente la normativa reguladora aplicable, las Administraciones Públicas podrán admitir los sistemas de identificación previstos en dicha ley como sistema de firma cuando permitan acreditar la autenticidad de la expresión de la voluntad y consentimiento de los interesados.

---

[786] Téngase en cuenta que, desde el 30 junio 2022, la presente redacción del inciso final de esta letra a) resulta incompatible con la nueva redacción de los arts. 9.2 c) y 10.2 c) de la Ley 39/2015, por lo que debe entenderse implícitamente derogado conforme señala el último párrafo del f.j. 2 º STC (Pleno) 18/2023, de 21 de marzo

4. La Administración no será responsable de la utilización por terceras personas de los medios de identificación personal y firma electrónica del interesado, salvo que concurran los requisitos establecidos en el artículo 32 de la Ley 40/2015, de 1 de octubre, para la exigencia de responsabilidad patrimonial.

16. *Plataformas de verificación de certificados electrónicos y de otros sistemas de identificación.* 1. La Administración General del Estado dispondrá de una plataforma para la verificación de la vigencia y del contenido de los certificados cualificados admitidos en el sector público. El sistema deberá permitir que tal verificación se pueda llevar a cabo de forma libre y gratuita, para el sector público.

La Secretaría General de Administración Digital será el órgano responsable de esta plataforma, que estará disponible para todo el sector público previa formalización del correspondiente instrumento de adhesión.

2. Esta plataforma dispondrá de una declaración de prácticas de validación en la que se detallarán las obligaciones que se comprometen a cumplir tanto la plataforma como las personas usuarias de la misma en relación con los servicios de verificación. Esta declaración estará disponible al público por vía electrónica y con carácter gratuito.

3. Los prestadores cualificados de servicios de confianza deberán facilitar a esta plataforma el acceso electrónico y gratuito para la verificación de la vigencia de los certificados electrónicos emitidos por aquellos en virtud de su cualificación de acuerdo con la legislación aplicable en materia de servicios electrónicos de confianza.

17. *Política de firma electrónica y de certificados en el ámbito estatal.* 1. La política de firma electrónica y de certificados en el ámbito estatal, está constituida por las directrices y normas técnicas aplicables a la utilización de certificados y firma electrónica.

2. Sin perjuicio de las obligaciones de los prestadores de servicios de confianza previstas en la Ley 6/2020, de 11 de noviembre, reguladora de determinados aspectos de los servicios electrónicos de confianza y resto de normativa vigente, la política de firma electrónica y certificados deberá contener en todo caso:

a) La definición de su ámbito de aplicación.

b) Los requisitos de las firmas electrónicas presentadas ante los órganos de la Administración General del Estado y de sus organismos públicos y entidades de derecho público vinculados o dependientes.

c) Las especificaciones técnicas y operativas para la definición y prestación de los servicios de confianza asociados a las nuevas formas de identificación y autenticación de la Administración General del Estado y de sus organismos públicos y entidades vinculados o dependientes recogidas en este Reglamento.

3. La política de firma electrónica y certificados en el ámbito estatal será aprobada por Resolución de la persona titular de la Secretaría de Estado de Digitalización e Inteligencia Artificial y se publicará en el «Boletín Oficial del Estado» y en la sede electrónica del PAGe de la Administración General del Estado.

Sección 2.ª
Identificación electrónica de las administraciones públicas y autenticación del ejercicio de su competencia

18. *Identificación de las sedes electrónicas y de las sedes electrónicas asociadas.* 1. De acuerdo con lo previsto en el artículo 38 de la Ley 40/2015, de 1 de octubre, las sedes electrónicas y sedes electrónicas asociadas utilizarán, para identificarse y garantizar una comunicación segura con las mismas, certificados cualificados de autenticación de sitio web o medio equivalente. Dichos certificados electrónicos se ajustarán a lo señalado en el Real Decreto 4/2010, de 8 de enero, por el que se regula el Esquema Nacional de Interoperabilidad, y la normativa vigente en materia de identidad y firma electrónica.

2. En el ámbito estatal las sedes electrónicas y sedes electrónicas asociadas se identificarán mediante certificados cualificados de autenticación de sitio web.

Con carácter adicional y para su identificación inmediata, los ciudadanos y ciudadanas dispondrán de la información general obligatoria que debe constar en las mismas de acuerdo con lo establecido en este Reglamento. Las direcciones electrónicas que tengan la condición de sede electrónica o sede electrónica asociada deberán hacerlo constar de forma visible e inequívoca. Para facilitar su identificación, seguirán las disposiciones generales que se establezcan para la imagen institucional de la Administración General del Estado y su dirección electrónica incluirá el nombre de dominio «.gob.es».

19. *Identificación mediante sello electrónico basado en certificado electrónico cualificado que reúna los requisitos exigidos por la legislación de firma electrónica.* 1. De acuerdo con lo previsto en el artículo 40 de la Ley 40/2015, de 1 de octubre, las Administraciones Públicas podrán identificarse mediante el uso de un sello electrónico basado en un certificado electrónico cualificado que reúna los requisitos exigidos por la legislación de firma electrónica. Estos certificados electrónicos incluirán el número de identificación fiscal y la denominación correspondiente, así como, en su caso, la identidad de la persona titular en el caso de los sellos electrónicos de órganos administrativos.

2. La relación de sellos electrónicos utilizados por cada Administración Pública, incluyendo las características de los certificados electrónicos y los prestadores que los expiden, deberá ser pública y accesible por medios electrónicos, publicándose en la sede electrónica o sede asociada o en el portal de internet correspondiente. Además, cada Administración Pública adoptará las medidas adecuadas para facilitar la verificación de sus sellos electrónicos.

3. En el ámbito estatal, la creación de sellos electrónicos se realizará mediante resolución de la persona titular de la Subsecretaría del Ministerio o de la persona titular de la Presidencia o de la Dirección del organismo público o entidad de derecho público vinculado o dependiente, que se publicará en la sede electrónica o sede electrónica asociada correspondiente. En dicha resolución deberá constar:

a) El órgano, organismo público o entidad de derecho público vinculado o dependiente titular del sello, que será el responsable de su utilización, con indicación de su Ministerio de adscripción, vinculación o dependencia.

b) Características técnicas generales del sistema de firma y certificado aplicable.

c) Servicio de validación para la verificación del certificado.

d) Actuaciones y procedimientos en los que podrá ser utilizado.

4. Los certificados de sello electrónico en el ámbito estatal tendrán, al menos, los siguientes contenidos:

a) Descripción del tipo de certificado, con la denominación «sello electrónico».

b) Nombre del suscriptor.

c) Número de identificación fiscal del suscriptor.

20. *Sistemas de firma electrónica para la actuación administrativa automatizada.* 1. De acuerdo con lo previsto en el artículo 42 de la Ley 40/2015, de 1 de octubre, en la tramitación administrativa automatizada de los procedimientos, cada Administración Pública podrá determinar los supuestos de utilización de los siguientes sistemas de firma electrónica:

a) Sello electrónico de Administración Pública, órgano, organismo público o entidad de derecho público, a que se refiere el artículo 19 de este Reglamento, basado en certificado electrónico cualificado que reúna los requisitos exigidos por la legislación de firma electrónica.

b) Código seguro de verificación vinculado a la Administración Pública, órgano, organismo público o entidad de derecho público, en los términos y condiciones establecidos, permitiéndose en todo caso la comprobación de la integridad del documento mediante el acceso a la sede electrónica correspondiente.

2. Cada Administración determinará los medios admitidos para la firma electrónica en las entidades de derecho privado vinculadas o dependientes cuando estas tramiten procedimientos de forma automatizada en el ejercicio de potestades administrativas.

21. *Sistemas de firma basados en código seguro de verificación para la actuación administrativa automatizada.* 1. De acuerdo con lo previsto en el artículo 42.b) de la Ley 40/2015, de 1 de octubre, las Administraciones Públicas podrán utilizar sistemas de código seguro de verificación de documentos en el desarrollo de actuaciones automatizadas.

Dicho código vinculará al órgano, organismo público o entidad de derecho público y, en su caso, a la persona firmante del documento, permitiéndose en todo caso la comprobación de la integridad del documento en la sede electrónica o sede electrónica asociada correspondiente mediante un procedimiento de verificación directo y gratuito para las personas interesadas.

2. El sistema de código seguro de verificación deberá garantizar, en todo caso:

a) El origen e integridad de los documentos mediante el acceso a la sede electrónica o sede electrónica asociada correspondiente.

b) El carácter único del código generado para cada documento.

c) Su vinculación con el documento generado y, en su caso, con el firmante. El código seguro de verificación y la dirección electrónica de acceso a la sede electrónica o sede electrónica asociada deberán integrarse preferentemente en todas las páginas del documento firmado con dicho código. Cualquier modificación del documento generado dará lugar a un nuevo documento con un código seguro de verificación diferente.

d) La posibilidad de verificar el documento en la sede electrónica o sede electrónica asociada, como mínimo, por el tiempo que se establezca en la resolución que autorice la utilización de este procedimiento. Una vez que el documento deje de estar disponible en la sede electrónica o sede electrónica asociada, su disponibilidad por otros cauces se regirá por lo dispuesto en la estrategia de conservación implantada por cada Administración Pública a través de su política de gestión documental.

e) Un acceso restringido al documento a quien disponga del código seguro de verificación, sin perjuicio de las garantías adicionales que se puedan establecer.

3. En las comunicaciones de documentos electrónicos a otros órganos, organismos o entidades y cuando así lo determinen las partes implicadas, la interoperabilidad se garantizará mediante la superposición al código seguro de verificación de un sello electrónico de los previstos en el artículo 42 de la Ley 40/2015, de 1 de octubre, como mecanismo de verificación automática del origen e integridad de los documentos electrónicos en los términos que establezca la Norma Técnica de Interoperabilidad de Documento Electrónico.

4. En el ámbito estatal, la utilización de este sistema requerirá resolución de la persona titular de la Subsecretaría del Ministerio o de la persona titular de la Presidencia o de la Dirección del organismo público o entidad de derecho público vinculado o dependiente, previo informe del Centro Criptológico Nacional y de la Secretaría General de Administración Digital.

La orden o resolución de creación deberá incluir:

a) Actuaciones a las que es de aplicación el sistema.

b) Órganos responsables de la aplicación del sistema.

c) Disposiciones que resultan de aplicación a la actuación.

d) Sede electrónica o sede electrónica asociada a la que pueden acceder las personas interesadas para la verificación del contenido de la actuación o documento.

e) Plazo de disponibilidad para la verificación en la sede electrónica o sede electrónica asociada del código seguro de verificación aplicado a un documento. Este plazo será al menos de cinco años, salvo que en la normativa especial por razón de la materia se prevea un plazo superior. Transcurrido este tiempo, será necesario solicitarlo al órgano de la Administración Pública, organismo público o entidad de derecho público que emitió el documento. En este caso, cuando utilice medios electrónicos, la certificación de la verificación se realizará mediante firma electrónica del titular del órgano competente o del empleado o empleada público que tenga atribuida la actuación por aquel órgano.

22. *Sistemas de firma electrónica del personal al servicio de las Administraciones Públicas.* 1. De acuerdo con lo previsto en el artículo 43 de la Ley 40/2015, de 1 de octubre, sin perjuicio de lo previsto en los artículos 18, 19 y 20 de este Reglamento, la actuación de una Administración Pública, organismo público o entidad de derecho público, cuando utilice medios electrónicos, se realizará mediante firma electrónica del titular del órgano competente o del empleado o empleada público a través del que se ejerza la competencia.

2. Cada Administración Pública determinará los sistemas de firma electrónica que debe utilizar su personal. Estos sistemas podrán identificar de forma conjunta al titular del puesto de trabajo o cargo y a la Administración u órgano en la que presta sus servicios.

3. Los certificados electrónicos de empleado público serán cualificados y se ajustarán a lo señalado en el Esquema Nacional de Interoperabilidad y la legislación vigente en materia de identidad y firma electrónica.

4. Cada Administración determinará los medios admitidos para la firma electrónica en las entidades de derecho privado vinculadas o dependientes de esta cuando tramiten procedimientos en el ejercicio de potestades administrativas.

23. *Certificados electrónicos de empleado público con número de identificación profesional.* 1. Sin perjuicio de lo previsto en el artículo 22.3 de este Reglamento, de acuerdo con lo previsto en el artículo

43.2 de la Ley 40/2015, de 1 de octubre, los prestadores cualificados de servicios de confianza podrán consignar un número de identificación profesional en el certificado electrónico de empleado público, a petición de la Administración en la que presta servicios el empleado o empleada de que se trate, si dicho certificado se va a utilizar en actuaciones que afecten a información clasificada, a la seguridad pública, a la defensa nacional o a otras actuaciones para cuya realización esté legalmente justificado el anonimato. Estos certificados se denominarán «certificados electrónicos de empleado público con número de identificación profesional».

2. En el ámbito estatal corresponderá solicitar la consignación de un número de identificación profesional del empleado o empleada público a la persona titular de la Subsecretaría del ministerio o a la persona titular de la Presidencia o de la Dirección del organismo público o entidad de derecho público en el que preste servicios el empleado o empleada público.

3. La Administración solicitante del certificado conservará la documentación acreditativa de la identidad del titular.

4. Los certificados electrónicos de empleado público con número de identificación profesional serán cualificados y se ajustarán a lo previsto en el Esquema Nacional de Interoperabilidad y la legislación vigente en materia de identidad y firma electrónica y tendrán idéntico uso, capacidad y funcionalidad que el certificado electrónico de empleado público, aunque limitados a las actuaciones que justificaron su emisión.

5. Las autoridades públicas competentes y los órganos judiciales, en el ejercicio de sus funciones y de acuerdo con la normativa vigente, podrán solicitar la revelación de la identidad del titular de un certificado de empleado público con número de identificación profesional mediante petición oficial dirigida a la Administración responsable de su custodia.

24. *Sistemas de identificación y firma electrónica del personal al servicio de la Administración General del Estado y sus organismos públicos y entidades de derecho público vinculados o dependientes.* 1. El personal al servicio de la Administración General del Estado y sus organismos públicos y entidades de derecho público vinculados o dependientes, podrá identificarse con aquellos sistemas que, entre los previstos en la Ley 39/2015, de 1 de octubre, se establezcan en función del nivel de seguridad que corresponda al trámite de que se trate de acuerdo al Esquema Nacional de Seguridad.

2. Dicho personal podrá firmar mediante sistemas de firma electrónica basados en certificados electrónicos cualificados facilitados específicamente a sus empleados y empleadas. Estos sistemas podrán ser utilizados por estos en el desempeño efectivo de su puesto de trabajo, para los trámites y actuaciones que realicen por razón del mismo, o para relacionarse con las Administraciones públicas cuando estas lo admitan.

3. Se podrá disponer de sistemas de identificación de personal basados en repositorios de empleados públicos que permitan la relación de los empleados y empleadas públicos con servicios y aplicaciones necesarios para el ejercicio de sus funciones que en todo caso garanticen lo previsto en el Esquema Nacional de Seguridad.

4. Los registros de personal de la Administración General del Estado podrán recoger los datos para la identificación electrónica de los empleados y empleadas públicos, así como su cesión a sistemas de identificación de personal basados en repositorios de identidades de empleados públicos.

25. *Intercambio electrónico de datos en entornos cerrados de comunicación.* 1. De acuerdo con lo previsto en el artículo 44 de la Ley 40/2015, de 1 de octubre, los documentos electrónicos transmitidos en entornos cerrados de comunicaciones establecidos entre Administraciones Públicas, órganos, organismos públicos y entidades de derecho público, serán considerados válidos a efectos de autenticación e identificación de los emisores y receptores en las condiciones establecidas en este artículo.

2. Cuando los participantes en las comunicaciones pertenezcan a una misma Administración Pública, esta establecerá las condiciones y garantías por las que se regirá, que comprenderán, al menos, la relación de emisores y receptores autorizados y la naturaleza de los datos a intercambiar.

3. Cuando los participantes pertenezcan a distintas Administraciones Públicas, las condiciones y garantías citadas en el apartado anterior se establecerán mediante convenio suscrito entre aquellas.

4. En el ámbito estatal, las condiciones y garantías a que se refiere el apartado 2 serán establecidas por la Secretaría General de Administración Digital.

5. En todo caso deberá garantizarse la seguridad del entorno cerrado de comunicaciones y la protección de los datos que se transmitan conforme a los requisitos establecidos en el Esquema Nacional de Seguridad

Sección 3.ª
Identificación y firma de las personas interesadas

26. *Sistemas de identificación de las personas interesadas en el procedimiento.* 1. De acuerdo con lo previsto en la Ley 39/2015, de 1 de octubre, los interesados podrán identificarse electrónicamente ante las Administraciones Públicas a través de cualquier sistema que cuente con un registro previo como usuario que permita garantizar su identidad.

2. En particular, de acuerdo con lo previsto en el artículo 9.2 de la Ley 39/2015, de 1 de octubre, serán admitidos los siguientes sistemas de identificación electrónica:

a) Sistemas basados en certificados electrónicos cualificados de firma electrónica expedidos por prestadores incluidos en la «Lista de confianza de prestadores cualificados de servicios de confianza».

b) Sistemas basados en certificados electrónicos cualificados de sello electrónico expedidos por prestadores incluidos en la «Lista de confianza de prestadores cualificados de servicios de confianza».

c) Sistemas de clave concertada y cualquier otro sistema que las Administraciones Públicas consideren válido, en los términos y condiciones que se establezca, siempre que cuenten con un registro previo como usuario que permita garantizar su identidad, previa autorización por parte de la Secretaría General de Administración Digital del Ministerio de Asuntos Económicos y Transformación Digital, que solo podrá ser denegada por motivos de seguridad pública, previo informe vinculante de la Secretaría de Estado de Seguridad del Ministerio del Interior [787].

---

[787] Tngase en cuenta que, desde el 30 junio 2022, la presente redacción de esta letra c) resulta incompatible con la nueva redacción de los arts. 9.2 c) y 10.2 c) de la Ley 39/2015, por lo que debe entenderse implícitamente derogado conforme señala el último párrafo del f.j. 2.º STC (Pleno) 18/2023, de 21 de marzo

Las Administraciones Públicas deberán garantizar que la utilización de uno de los sistemas previstos en las letras a) y b) sea posible para todo procedimiento, aun cuando se admita para ese mismo procedimiento alguno de los previstos en la letra c).

27. *Atributos mínimos de los certificados electrónicos cuando se utilizan para la identificación de las personas interesadas ante las Administraciones Públicas.* 1. Los sistemas basados en certificados cualificados de firma electrónica admitidos por las Administraciones Públicas para la identificación electrónica de persona física a que se refiere el artículo 9.2.a) de la Ley 39/2015, de 1 de octubre, emitidos al amparo de la Ley 6/2020, de 11 de noviembre, deberán contener como atributos, al menos, su nombre y apellidos y su número de Documento Nacional de Identidad, Número de Identificación de Extranjero, Número de Identificación Consular Central o Número de Identificación Fiscal que conste como tal de manera inequívoca. La comprobación de la identidad y otras circunstancias de los solicitantes del certificado se realizará de conformidad con lo previsto en el artículo 7 de la Ley 6/2020, de 11 de noviembre. [788]

2. Los certificados electrónicos cualificados de representante de persona jurídica deberán contener, como mínimo, la denominación y el Número de Identificación Fiscal de la persona jurídica y el nombre y apellidos y número de Documento Nacional de Identidad, o Número de Identificación de Extranjero o Número de Identificación Fiscal de la persona que actúa como representante.

3. Los sistemas basados en certificados cualificados de sello electrónico admitidos por las Administraciones Públicas para la identificación electrónica de persona jurídica a que se refiere el artículo 9.2.b) de la Ley 39/2015, de 1 de octubre, emitidos al amparo de la Ley 6/2020, de 11 de noviembre, deberán contener, como mínimo, su denominación y su Número de Identificación Fiscal.

28. *Sistemas de clave concertada y otros sistemas de identificación de las personas interesadas.* 1. Los sistemas de clave concertada o cualquier otro sistema que las Administraciones Públicas consideren

---

[788] Dada nueva redacción apartado 1 por disposición final 2 apartado 1 de Real Decreto 255/2025 de 1 de abril de 2025, con vigencia desde 02/04/2025

válidos, admitidos para la identificación electrónica de persona física de conformidad con el artículo 9.2.c) de la Ley 39/2015, de 1 de octubre, deberán ajustarse a lo previsto en el Esquema Nacional de Seguridad y contener, como mínimo, el nombre y apellidos y el número de Documento Nacional de Identidad, Número de Identificación de Extranjero, Número de Identificación Consular Central o Número de Identificación Fiscal y, para los casos en que así se establezca en la definición del sistema, el número de pasaporte. [789]

2. Los sistemas de identificación a que se refiere el apartado anterior deberán ser autorizados previamente por la Secretaría General de Administración Digital del Ministerio de Asuntos Económicos y Transformación Digital, que solo podrá ser denegada por motivos de seguridad pública, previo informe vinculante de la Secretaría de Estado de Seguridad del Ministerio del Interior [790].

3. En el ámbito estatal, la creación de los nuevos sistemas de identificación será aprobada por orden de la persona titular del Ministerio o, en su caso, resolución de la persona titular de la Presidencia o de la Dirección del organismo público o entidad de derecho público vinculado o dependiente por razón del ámbito material en que se vaya a utilizar, previa autorización de la Secretaría General de Administración Digital a que se refiere el apartado anterior.

Cuando el nuevo sistema se refiera a la totalidad de la Administración General del Estado se requerirá Acuerdo del Consejo de Ministros a propuesta de la persona titular del Ministerio de Asuntos Económicos y Transformación Digital. En este caso, este sistema deberá estar accesible a través de la Plataforma común del Sector Público Administrativo Estatal para la identificación, autenticación y firma electrónica mediante el uso de claves concertadas.

29. *Sistemas de firma electrónica de las personas interesadas admitidos por las Administraciones Públicas y régimen de uso.* 1. De acuerdo con lo previsto en el artículo 10.2 de la Ley 39/2015, de 1

---

[789] Dada nueva redacción apartado 1 por disposición final 2 apartado 2 de Real Decreto 255/2025 de 1 de abril de 2025, con vigencia desde 02/04/2025

[790] Tngase en cuenta que, desde el 30 junio 2022, la presente redacción de este apartado resulta incompatible con la nueva redacción de los arts. 9.2 c) y 10.2 c) de la Ley 39/2015, por lo que debe entenderse implícitamente derogado conforme señala el último párrafo del f.j. 2 º STC (Pleno) 18/2023, de 21 de marzo

de octubre, en el caso de que los interesados optaran por relacionarse con las Administraciones Públicas a través de medios electrónicos, se considerarán válidos a efectos de firma:

a) Sistemas de firma electrónica reconocida o cualificada y avanzada basados en certificados electrónicos cualificados de firma electrónica expedidos por prestadores incluidos en la «Lista de confianza de prestadores cualificados de servicios de confianza».

b) Sistemas de sello electrónico cualificado y de sello electrónico avanzado basados en certificados electrónicos cualificados de sello electrónico incluidos en la «Lista de confianza de prestadores cualificados de servicios de confianza».

c) Cualquier otro sistema que las Administraciones Públicas consideren válido, en los términos y condiciones que se establezca, siempre que cuente con un registro previo como usuario que permita garantizar su identidad.

Las Administraciones Públicas deberán garantizar que la utilización de uno de los sistemas previstos en las letras a) y b) sea posible para todos los procedimientos en todos sus trámites, aun cuando adicionalmente se permita alguno de los previstos al amparo de lo dispuesto en la letra c).

2. El uso de la firma electrónica no excluye la obligación de incluir en el documento o comunicación electrónica los datos de identificación del interesado y, en su caso, del representante o la representante, que sean necesarios de acuerdo con la legislación que le sea aplicable.

3. Los sistemas de firma electrónica que usen las personas interesadas permitirán que las Administraciones Públicas puedan verificar los datos consignados de la firma, de manera que se pueda vincular su identidad con el acto de firma.

4. Los sistemas de firma electrónica previstos en la letra c) del apartado 1 deberán contar con la previa autorización de la Secretaría General de Administración Digital del Ministerio de Asuntos Económicos y Transformación Digital, que solo podrá ser denegada por motivos de seguridad pública, previo informe vinculante de la Secretaría de Estado de Seguridad del Ministerio del Interior. Asimismo, deberán cumplir con lo previsto en el Real Decreto 3/2010, de 8 de enero [791].

5. De acuerdo con lo previsto en el artículo 10.4 de la Ley 39/2015, de 1 de octubre, cuando así lo disponga expresamente la normativa

[791] Tngase en cuenta que, desde el 30 junio 2022, la presente redacción de este apartado resulta incompatible con la nueva redacción de los arts. 9.2 c) y 10.2 c) de la

reguladora aplicable, las Administraciones Públicas podrán admitir los sistemas de identificación previstos en dicha ley como sistema de firma cuando permitan acreditar la autenticidad de la expresión de la voluntad y consentimiento de las personas interesadas.

30. *Identificación o firma electrónica de las personas interesadas mediante personal funcionario público habilitado.* 1. De acuerdo con lo previsto en el segundo párrafo del artículo 12.2 de la Ley 39/2015 de 1 de octubre, si algún interesado no incluido en los apartados 2 y 3 del artículo 14 de la ley no dispusiera de los medios electrónicos necesarios para su identificación o firma electrónica en el procedimiento administrativo, estas podrán ser válidamente realizadas por personal funcionario público habilitado mediante el uso del sistema de firma electrónica del que esté dotado para ello. En este caso, será necesario que el interesado se identifique ante el funcionario o funcionaria y preste su consentimiento expreso para esta actuación, de lo que deberá quedar constancia por escrito para los casos de discrepancia o litigio.

El funcionario habilitado entregará al interesado toda la documentación acreditativa del trámite realizado, así como una copia del documento de consentimiento expreso cumplimentado y firmado, cuyo formulario estará disponible en el Punto de Acceso General Electrónico de la respectiva Administración

2. En el ámbito estatal la identificación y firma electrónica del interesado conforme al procedimiento descrito en el apartado anterior se realizará necesariamente por un funcionario público inscrito a tal efecto en el Registro de Funcionarios Habilitados de la Administración General del Estado.

La identificación o firma electrónica en el procedimiento por personal funcionario público habilitado sólo será válida para los trámites y actuaciones que haya determinado con carácter previo cada ministerio, organismo público o entidad de derecho público vinculado o dependiente y en los términos que se especifiquen mediante orden conjunta de la persona titular del Ministerio de Política Territorial y Función Pública y de la persona titular del Ministerio de Asuntos Económicos y Transformación Digital. En el PAGe de la Administración General del Estado y en las sedes electrónicas asociadas de cada

---

Ley 39/2015, por lo que debe entenderse implícitamente derogado conforme señala el último párrafo del f.j. 2.º STC (Pleno) 18/2023, de 21 de marzo

ministerio o en la sede electrónica o sede asociada del organismo público o entidad de derecho público en su ámbito de competencia, se mantendrá una relación pública, permanentemente actualizada, de dichos trámites y actuaciones.

31. *Registro de Funcionarios Habilitados de la Administración General del Estado.* 1. Se crea el Registro de Funcionarios Habilitados en el ámbito de la Administración General del Estado y sus organismos públicos y entidades de derecho público vinculados o dependientes, en el que constarán inscritos:

a) El personal funcionario habilitado para la identificación y firma electrónica de las personas interesadas en aquellos trámites y procedimientos que se determinen por el ministerio, organismo o entidad competente para su tramitación.

b) El personal funcionario habilitado para la expedición de copias auténticas. Esta habilitación será conferida por los órganos a los que corresponda la emisión de los documentos originales, su custodia, el archivo de documentos o que en sus normas de competencia así se haya previsto.

c) El personal funcionario habilitado que presta servicio en las oficinas de asistencia en materia de registros de la Administración General del Estado, que estará habilitados para la identificación y firma electrónica de las personas interesadas en aquellos trámites y procedimientos que se determinen y para la expedición de copias auténticas electrónicas de cualquier documento que estas presenten para que se remita desde la Oficina a la unidad competente para su incorporación a un expediente administrativo.

2. El Registro de Funcionarios Habilitados será gestionado por la Secretaría de Estado de Política Territorial y Función Pública del Ministerio de Política Territorial y Función Pública, en colaboración con la Secretaría General de Administración Digital del Ministerio de Asuntos Económicos y Transformación Digital. Este Registro será interoperable con los sistemas equivalentes que ya existan en el ámbito de la Administración General del Estado y sus organismos públicos y entidades de derecho público vinculados o dependientes.

3. Este Registro deberá ser plenamente interoperable con los registros u otros sistemas equivalentes que se creen por las comunidades autónomas y las entidades locales a los efectos de comprobar la validez de las citadas habilitaciones.

4. Mediante orden conjunta de la persona titular del Ministerio de Política Territorial y Función Pública y de la persona titular del Ministerio de Asuntos Económicos y Transformación Digital se regulará el funcionamiento del Registro de Funcionarios Habilitados [792].

Sección 4.ª
Acreditación de la representación de las personas interesadas

32. *Acreditación en la actuación por medio de representante.* 1. De acuerdo con lo previsto en el artículo 5 de la Ley 39/2015, de 1 de octubre, las personas interesadas con capacidad de obrar podrán actuar ante las Administraciones Públicas por medio de representante, bien sea una persona física con capacidad de obrar bien sea una persona jurídica cuando así esté previsto en sus Estatutos.

2. Los representantes de las personas interesadas obligadas a relacionarse electrónicamente con las Administraciones Públicas están obligados a relacionarse electrónicamente en el ejercicio de dicha representación, de acuerdo con el artículo 14.2 de la Ley 39/2015, de 1 de octubre.

3. La representación puede acreditarse mediante cualquier medio válido en Derecho que deje constancia fidedigna de su existencia, entre otros:

a) Mediante apoderamiento apud acta efectuado por comparecencia personal en las oficinas de asistencia en materia de registros o comparecencia electrónica en la correspondiente sede electrónica o sede electrónica asociada.

b) Mediante acreditación de su inscripción en el registro electrónico de apoderamientos de la Administración Pública competente o en sus registros particulares de apoderamientos.

c) Mediante un certificado electrónico cualificado de representante.

d) Mediante documento público cuya matriz conste en un archivo notarial o de una inscripción practicada en un registro mercantil.

4. En el caso de actuaciones en nombre de persona jurídica, la capacidad de representación podrá acreditarse también mediante cer-

[792] Véase la O PCM/1383/2021 de 9 diciembre, por la que se regula el Registro de Funcionarios Habilitados en el ámbito de la Administración General del Estado, sus Organismos Públicos y Entidades de Derecho Público

tificado electrónico cualificado de representante, entendiéndose en tal caso que el poder de representación abarca cualquier actuación ante cualquier Administración Pública.

5. Asimismo, de acuerdo con lo previsto en el artículo 5.7 de la Ley 39/2015, de 1 de octubre, las Administraciones Públicas podrán habilitar con carácter general o específico a personas físicas o jurídicas autorizadas para la realización de determinadas transacciones por medios electrónicos en representación de las personas interesadas. En la sede electrónica o sede electrónica asociada de cada una de las Administraciones Públicas se publicarán los trámites electrónicos que podrán realizarse con esta representación.

33. *Registro Electrónico de Apoderamientos de la Administración General del Estado.* 1. A los efectos previstos en el artículo anterior y de acuerdo con el artículo 6 de la Ley 39/2015, de 1 de octubre, en el Registro Electrónico de Apoderamientos de la Administración General del Estado se inscribirán los apoderamientos de carácter general previstos en el artículo 6.4.a) de dicha ley otorgados «apud acta» a favor de representante, presencial o electrónicamente, por quien ostente la condición de interesado en un procedimiento administrativo para actuar en su nombre ante las Administraciones Públicas.

Asimismo, podrán inscribirse los poderes previstos en el artículo 6.4.b) de la ley para actuar ante la Administración General del Estado o ante un organismo público o entidad de Derecho Público vinculado o dependiente de la misma que no cuente con un registro electrónico de apoderamientos particular. Por último, podrán inscribirse los poderes previstos en el artículo 6.4.c) de la ley otorgados para realizar determinados trámites y actuaciones especificados en el poder ante los órganos de la Administración General del Estado o ante un organismo público o entidad de derecho público vinculado o dependiente de dicha Administración que no cuente con el citado registro particular.

Constará en el Registro el bastanteo del poder realizado por los servicios jurídicos correspondientes, sin perjuicio de la apreciación concreta de su suficiencia en la actuación, trámite o procedimiento en que se emplee.

2. El Registro Electrónico de Apoderamientos de la Administración General del Estado será gestionado por el Ministerio de Política Territorial y Función Pública con la colaboración del Ministerio de Asuntos Económicos y Transformación Digital, y será accesible desde la sede

electrónica del PAGe de la Administración General del Estado así como desde las sedes y sedes electrónicas asociadas de la Administración General del Estado y de los organismos públicos o entidades de derecho público vinculados o dependientes.

3. Sin perjuicio de este registro general de apoderamientos, cada organismo público o entidad de derecho público vinculado o dependiente de la Administración General del Estado podrá disponer de un registro particular de apoderamientos en el que se inscriban los poderes otorgados por quien ostente la condición de interesado para realizar los trámites específicos de su competencia y cuya gestión corresponderá al propio organismo o entidad.

En estos registros particulares no podrán inscribirse los poderes previstos en el artículo 6.4.a) de la Ley 39/2015, de 1 de octubre.

4. El Registro Electrónico de Apoderamientos y los registros particulares deberán ser interoperables y no tienen carácter público, por lo que el interesado sólo podrá acceder a la información de los apoderamientos de los que sea poderdante o apoderado.

5. Mediante orden conjunta de la persona titular del Ministerio de Política Territorial y Función Pública y de la persona titular del Ministerio de Asuntos Económicos y Transformación Digital se regularán los requisitos y condiciones de funcionamiento del Registro Electrónico de Apoderamientos de la Administración General del Estado [793].

34. *Acreditación de la representación mediante certificado electrónico cualificado de representante.* 1. La representación podrá acreditarse ante la Administración con un certificado electrónico cualificado de representante de persona jurídica que sea acorde a lo previsto en el artículo 28 y el Anexo I del al Reglamento (UE) 910/2014 del Parlamento Europeo y del Consejo, de 23 de julio de 2014, relativo a la identificación electrónica y los servicios de confianza para las transacciones, electrónicas en el mercado interior y por la que se deroga la Directiva 1999/93/CE (en adelante, Reglamento eIDAS) y a la Política marco de Firma Electrónica y de certificados a que hace referencia el Esquema Nacional de Interoperabilidad y, además, haya sido expedido

---

[793] Véase la O PCM/1384/2021 de 9 diciembre, por la que se regula el Registro Electrónico de apoderamientos en el ámbito de la Administración General del Estado

a quien tenga un poder general para llevar a cabo cualquier actuación administrativa y ante cualquier Administración.

2. La aceptación de certificados electrónicos cualificados de representante de persona jurídica de alcance no general estará sujeta al Reglamento eIDAS, a la Política Marco de Firma Electrónica y de Certificados a que hace referencia el Esquema Nacional de Interoperabilidad y además, a los requisitos que disponga cada Administración.

35. *Acreditación y verificación de las representaciones que resulten de un documento público notarial o certificación de un Registro Mercantil.* 1. Cuando la representación alegada resulte de un documento público notarial, o de una certificación expedida por un registro mercantil, el interesado deberá aportar la certificación registral electrónica correspondiente o al menos expresar el código seguro u otro sistema de acceso y verificación del documento electrónico.

2. Las Administraciones Públicas efectuarán la verificación de la autenticidad e integridad del traslado a papel y el acceso a los metadatos necesarios para la tramitación automatizada de la certificación registral electrónica, mediante el acceso electrónico y gratuito a la dirección electrónica que el Consejo General del Notariado o el Colegio de Registradores, respectivamente, habrán de tener habilitada a tales efectos.

3. Asimismo, las Administraciones Públicas, cuando necesiten comprobar la vigencia, revocación o cese de representaciones inscritas en el Registro Mercantil, consultarán electrónicamente y de modo gratuito el Registro Mercantil.

36. *Autorización de representantes de terceros por la Administración General del Estado y sus organismos públicos y entidades de derecho público vinculados o dependientes.* 1. La Administración General del Estado y sus organismos públicos y entidades de derecho público vinculados o dependientes, de acuerdo con lo previsto en el artículo 5.7 de la Ley 39/2015, de 1 de octubre, podrán habilitar con carácter general o específico a personas físicas o jurídicas autorizadas para la realización de determinadas transacciones electrónicas en representación de las personas interesadas.

2. La habilitación requerirá la firma previa de un convenio entre el Ministerio, organismo público o entidad de derecho público vinculado

o dependiente competente y la organización o corporación de que se trate, de acuerdo de lo previsto en el capítulo VI del título Preliminar de la Ley 40/2015, de 1 de octubre. El convenio deberá especificar, al menos, los procedimientos y trámites objeto de la habilitación, y las condiciones y obligaciones aplicables tanto a la entidad firmante del convenio, como a las personas físicas o jurídicas habilitadas y determinará la presunción de validez de la representación.

A estos efectos, podrá acordarse un modelo normalizado de convenio que permita dar soporte a esta habilitación en los términos y condiciones que las partes acuerden, conforme a lo dispuesto en la Ley 40/2015, de 1 de octubre, y que incluya como anexo el modelo individualizado de adhesión al convenio que, previendo expresamente la aceptación de su contenido íntegro, deben suscribir las personas físicas o jurídicas miembros de las organizaciones o corporaciones firmantes que se adhieran al mismo.

3. De acuerdo con lo previsto en el artículo 32.5, en el ámbito de la Administración General del Estado y sus organismos públicos y entidades de derecho público vinculados o dependientes, los trámites electrónicos que podrán realizarse con esta representación se publicarán en la sede electrónica del PAGe de la Administración General del Estado y en las respectivas sedes electrónicas o sedes electrónicas asociadas.

CAPÍTULO III
Registros, comunicaciones y notificaciones electrónicas

Sección 1.ª
Registros electrónicos

37. *Registro electrónico.* 1. Las Administraciones Públicas dispondrán de registros electrónicos para la recepción y remisión de solicitudes, escritos y comunicaciones, que deberán ser plenamente interoperables de manera que se garantice su compatibilidad informática e interconexión en los términos previstos en el artículo 16 de la Ley 39/2015, de 1 de octubre y en el artículo 60 de este Reglamento.

2. Cada Administración dispondrá de un Registro Electrónico General en el que hará el asiento de todo documento que sea presentado o que se reciba en cualquier órgano administrativo, organismo público o entidad de derecho público vinculado o dependiente. Los organismos públicos y entidades de derecho público vinculados o dependientes de cada Administración podrán disponer de su propio registro electrónico plenamente interoperable e interconectado con el Registro Electrónico General de la Administración a la que estén vinculados o de la que dependan.

3. Los registros electrónicos admitirán:

a) Documentos electrónicos normalizados correspondientes a los servicios, procedimientos y trámites que se especifiquen conforme a lo dispuesto en la norma de creación del registro, cumplimentados de acuerdo con formatos preestablecidos.

b) Cualquier solicitud, escrito o comunicación distinta de los mencionados en el párrafo anterior dirigido a cualquier Administración Pública.

4. De acuerdo con el artículo 16.8 de la Ley 39/2015, de 1 de octubre, no se tendrán por presentados en el registro aquellos documentos e información cuyo régimen especial establezca otra forma de presentación. En estos supuestos, el órgano administrativo competente para la tramitación del procedimiento comunicará esta circunstancia al interesado e informará de los requisitos exigidos por la legislación específica aplicable

38. *Registro Electrónico General de la Administración General del Estado.* [794]

1. El Registro Electrónico General de la Administración General del Estado será gestionado por el Ministerio de Política Territorial y Función Pública en colaboración con el Ministerio de Asuntos Económicos y Transformación Digital y se configura como el conjunto agregado de:

a) Los asientos practicados a través de las aplicaciones de que dispongan las unidades que realicen anotaciones en registro.

b) Las anotaciones que se realicen en cualquier aplicación que proporcione soporte a procedimientos específicos.

---

[794] Véase la O PCM/1382/2021 de 9 diciembre, por la que se regula el Registro Electrónico General en el ámbito de la Administración General del Estado

c) Las anotaciones que se practiquen por medio del servicio electrónico para la presentación de solicitudes, escritos y comunicaciones que no dispongan de modelos normalizados de presentación, independientemente de las Administraciones Públicas u organismos públicos o entidades de derecho público vinculados o dependientes a las que vayan dirigidos. Dicho servicio electrónico será accesible desde la sede electrónica del PAGe de la Administración General del Estado.

2. Las anotaciones en el Registro General de la Administración General del Estado tendrán plena eficacia y validez para todas las Administraciones Públicas.

39. *Presentación y tratamiento de documentos en registro.* 1. Las Administraciones Públicas podrán determinar los formatos y estándares a los que deberán ajustarse los documentos presentados por las personas interesadas en el registro siempre que cumplan con lo previsto en el Esquema Nacional de Interoperabilidad y normativa correspondiente.

2. En el caso de que se detecte código malicioso susceptible de afectar a la integridad o seguridad del sistema en documentos que ya hayan sido registrados, se requerirá su subsanación al interesado que los haya aportado de acuerdo con lo previsto en el artículo 14.3 de este Reglamento.

3. Los documentos en soporte no electrónico se presentarán a través de las oficinas de asistencia en materia de registros. Cuando se presenten documentos originales o copias auténticas en soporte no electrónico, desde el momento en que sean digitalizados conforme a lo dispuesto en las correspondientes normas técnicas de interoperabilidad, tendrán la consideración de copia electrónica auténtica de documento en soporte papel con la misma validez para su tramitación que los documentos aportados en soporte papel, conforme a las previsiones del artículo 27 de la Ley 39/2015, de 1 de octubre.

4. Cuando el tamaño de los documentos registrados exceda la capacidad que se determine para el Sistema de Interconexión de Registros (SIR), su remisión a la Administración y órgano al que van dirigidos podrá sustituirse por la puesta a disposición de los documentos, previamente depositados en un repositorio de intercambio de ficheros.

En ámbito de la Administración General del Estado dicho repositorio de intercambio de ficheros será de titularidad pública y tanto los documentos depositados como los datos que estos contengan no podrán ser utilizados para fines distintos a los previstos en la normativa que regule el procedimiento para el que han sido objeto de registro.

5. Los documentos presentados en las oficinas de asistencia en materia de registro serán devueltos a las personas interesadas inmediatamente tras su digitalización o, en caso contrario, se les aplicará lo previsto en el artículo 53 de este Reglamento.

6. El archivo de los documentos intercambiados por registro corresponderá al órgano competente para la tramitación del procedimiento, de acuerdo al plazo que determine su normativa.

40. *Oficinas de asistencia en materia de registros en el ámbito de la Administración General del Estado.* 1. Las Oficinas de asistencia en materia de registros tienen naturaleza de órgano administrativo de acuerdo con lo dispuesto en el artículo 5 de la Ley 40/2015, de 1 de octubre.

La creación de nuevas Oficinas, así como la modificación o supresión de las existentes se realizará conforme a lo previsto en el artículo 59.2 de la Ley 40/2015, de 1 de octubre.

2. La Administración General del Estado contará con un directorio geográfico de las Oficinas de asistencia en materia de registros que será gestionado por el Ministerio de Política Territorial y Función Pública. A tal efecto, el órgano del que dependa la correspondiente Oficina de asistencia deberá comunicar de forma inmediata al citado Ministerio la aprobación de la norma por la que se cree, modifique o suprima dicha oficina, de acuerdo con lo establecido en el Esquema Nacional de Interoperabilidad, garantizando su actualización permanente.

3. Las Oficinas de asistencia en materia de registros desarrollarán las siguientes funciones:

a) La digitalización de las solicitudes, escritos y comunicaciones en papel que se presenten o sean recibidos en la Oficina y se dirijan a cualquier órgano, organismo público o entidad de derecho público de cualquier Administración Pública, así como su anotación en el Registro Electrónico General o Registro electrónico de cada organismo o entidad según corresponda.

b) La anotación, en su caso, de los asientos de salida que se realicen de acuerdo con lo dispuesto en el artículo 16 de la Ley 39/2015, de 1 de octubre.

c) La emisión del correspondiente recibo que acredite la fecha y hora de presentación de solicitudes, comunicaciones y documentos que presenten las personas interesadas.

d) La expedición de copias electrónicas auténticas tras la digitalización de cualquier documento original o copia auténtica que presenten las personas interesadas y que se vaya a incorporar a un expediente administrativo a través de dicha oficina en el registro electrónico correspondiente.

e) La información en materia de identificación y firma electrónica, para la presentación de solicitudes, escritos y comunicaciones a través de medios electrónicos en los trámites y procedimientos para los que se haya conferido habilitación.

f) La identificación o firma electrónica del interesado, cuando se trate de una persona no obligada a la relación electrónica con la Administración, en los procedimientos administrativos para los que se haya previsto habilitación.

g) La práctica de notificaciones, en el ámbito de actuación de esa Oficina, cuando el interesado o su representante comparezcan de forma espontánea en la Oficina y solicite la comunicación o notificación personal en ese momento.

h) La comunicación a las personas interesadas del código de identificación del órgano, organismo público o entidad a la que se dirige la solicitud, escrito o comunicación.

i) La iniciación de la tramitación del apoderamiento presencial apud acta en los términos previstos en el artículo 6 de la Ley 39/2015, de 1 de octubre.

j) Cualesquiera otras funciones que se les atribuyan legal o reglamentariamente.

Sección 2.ª
Comunicaciones y notificaciones electrónicas

41. *Comunicaciones administrativas a las personas interesadas por medios electrónicos.* Cuando de acuerdo con lo previsto en el artículo 14 de la Ley 39/2015, de 1 de octubre, la relación de las personas interesadas con las Administraciones Públicas deba realizarse por medios electrónicos, serán objeto de comunicación al interesado por medios electrónicos, al menos:

a) La fecha y, en su caso, hora efectiva de inicio del cómputo de plazos que haya de cumplir la Administración tras la presentación del documento o documentos en el registro electrónico, de acuerdo con lo previsto en el artículo 31.2.c) de la Ley 39/2015, de 1 de octubre.

b) La fecha en que la solicitud ha sido recibida en el órgano competente, el plazo máximo para resolver el procedimiento y para la práctica de la notificación de los actos que le pongan término, así como de los efectos del silencio administrativo, de acuerdo con lo previsto en el artículo 21.4 de la Ley 39/2015, de 1 de octubre.

c) La solicitud de pronunciamiento previo y preceptivo a un órgano de la Unión Europea y la notificación del pronunciamiento de ese órgano de la Unión Europea a la Administración instructora de acuerdo con lo previsto en el artículo 22.1.b) de la Ley 39/2015, de 1 de octubre.

d) La existencia, desde que se tenga constancia de la misma, de un procedimiento no finalizado en el ámbito de la Unión Europea que condicione directamente el contenido de la resolución, así como la finalización de dicho procedimiento de acuerdo con lo previsto en el artículo 22.1.c) de la Ley 39/2015, de 1 de octubre.

e) La solicitud de un informe preceptivo a un órgano de la misma o distinta Administración y la recepción, en su caso, de dicho informe, de acuerdo con lo previsto en el artículo 22.1.d) de la Ley 39/2015, de 1 de octubre.

f) La solicitud de previo pronunciamiento de un órgano jurisdiccional, cuando este sea indispensable para la resolución del procedimiento, así como el contenido del pronunciamiento cuando la Administración actuante tenga la constancia del mismo de acuerdo con lo previsto en el artículo 22.1.g) de la Ley 39/2015, de 1 de octubre.

g) La realización del requerimiento de anulación o revisión de actos entre administraciones previsto en el artículo 22.2.a) de la Ley 39/2015, de 1 de octubre, así como su cumplimiento o, en su caso, la resolución del correspondiente recurso contencioso-administrativo.

42. *Práctica de las notificaciones a través de medios electrónicos.* 1. De acuerdo con lo previsto en el artículo 43.1 de la Ley 39/2015, de 1 de octubre, las notificaciones por medios electrónicos se practicarán mediante comparecencia en la sede electrónica o sede electrónica asociada de la Administración, organismo público o entidad de derecho público vinculado o dependiente actuante, a través de la Dirección Electrónica Habilitada única o mediante ambos sistemas, según disponga cada Administración, organismo público o entidad de derecho público vinculado o dependiente, debiendo quedar constancia de la fecha y hora del acceso al contenido de la misma, o del rechazo de la notificación.

En caso de que la Administración, organismo o entidad actuante lleve a cabo la puesta a disposición de las notificaciones por ambos sistemas, para el cómputo de plazos y el resto de efectos jurídicos se tomará la fecha y hora de acceso al contenido o el rechazo de la notificación por el interesado o su representante en el sistema en el que haya ocurrido en primer lugar. A tal efecto se habrá de disponer de los medios electrónicos necesarios para sincronizar de forma automatizada en uno y otro sistema la información sobre el estado de la notificación con objeto de garantizar la eficacia y seguridad jurídica en la tramitación del procedimiento.

2. Con independencia de que un interesado no esté obligado a relacionarse electrónicamente con las Administraciones Públicas o de que no haya comunicado que se le practiquen notificaciones por medios electrónicos, su comparecencia voluntaria o la de su representante en la sede electrónica o sede asociada de una Administración, organismo público o entidad de derecho público vinculado o dependiente o a través de la Dirección Electrónica Habilitada única, y el posterior acceso al contenido de la notificación o el rechazo expreso de esta tendrá plenos efectos jurídicos.

3. La notificación por comparecencia en la sede electrónica o sede electrónica asociada y a través de la Dirección Electrónica Habilitada única conlleva la puesta a disposición del interesado de un acuse de recibo que permita justificar bien el acceso al contenido de la notificación, bien el rechazo del interesado a recibirla.

El acuse contendrá, como mínimo, la identificación del acto notificado y la persona destinataria, la fecha y hora en la que se produjo la puesta a disposición y la fecha y hora del acceso a su contenido o del rechazo.

4. En los supuestos de sucesión de personas físicas o jurídicas, inter vivos o mortis causa, la persona o entidad que sucede al interesado comunicará la sucesión al órgano competente de la tramitación del procedimiento de cuya existencia tenga conocimiento. Dicha comunicación deberá efectuarse tras la efectividad de la sucesión o desde la inscripción de la defunción en el Registro Civil, en el caso de fallecimiento de persona física.

El órgano responsable de la tramitación procederá, en su caso, en procedimientos no finalizados, a autorizar a la persona o entidad sucesora el acceso a las notificaciones electrónicas ya practicadas desde la fecha del hecho causante de la sucesión y a practicar a dicha persona o entidad sucesora las notificaciones electrónicas que se produzcan en lo sucesivo. En el caso en el que la persona física sucesora no estuviera obligada a relacionarse electrónicamente con la Administración y no opte por este cauce de relación, las notificaciones que se produzcan en lo sucesivo deberán practicarse en papel, sin perjuicio de la garantía de acceso al expediente completo.

La persona o entidad que suceda al interesado en un procedimiento del que conozca su existencia debe comunicar, conforme a lo expuesto en los párrafos anteriores, la sucesión a la Administración Pública a la que corresponda la tramitación de aquel, en el plazo de 15 días hábiles, desde el día siguiente al de la efectividad de la sucesión o desde la inscripción de la defunción en el Registro Civil, en el caso de fallecimiento de persona física. Si la persona o entidad sucesora efectúa la comunicación después de dicho plazo, los defectos en la práctica de notificaciones que se deriven de este incumplimiento, que hubieran acaecido con anterioridad a dicha comunicación, le serán imputables al interesado; dándose por cumplida por la Administración, a todos los efectos, la obligación de puesta a disposición de la notificación electrónica en la sede electrónica o sede electrónica asociada, a través de la Dirección Electrónica Habilitada única o ambas, según proceda, a la persona jurídica o persona física cuya sucesión el interesado no ha hecho valer.

5. Toda notificación cuyo emisor pertenezca al ámbito estatal a que se refiere el artículo 1.2 de este Reglamento se pondrá a disposición del interesado a través de la Dirección Electrónica Habilitada única, incluyendo el supuesto previsto en el artículo 42.1 de la Ley 39/2015, de 1 de octubre. Asimismo, los emisores de ámbito estatal podrán notificar en su sede electrónica o sede electrónica asociada de forma complementaria a la puesta a disposición en la Dirección Electrónica Habilitada única.

43. *Aviso de puesta a disposición de la notificación.* 1. De acuerdo con lo previsto en el artículo 41.6 de la Ley 39/2015, de 1 de octubre, con independencia de que la notificación se realice en papel o por medios electrónicos, las Administraciones Públicas, organismos públicos o entidades de derecho público vinculados o dependientes enviarán al interesado o, en su caso, a su representante, aviso informándole de la puesta a disposición de la notificación bien en la Dirección Electrónica Habilitada única, bien en la sede electrónica o sede electrónica asociada de la Administración, u Organismo o Entidad o, en su caso, en ambas.

La falta de práctica de este aviso, de carácter meramente informativo, no impedirá que la notificación sea considerada plenamente válida.

El aviso se remitirá al dispositivo electrónico o la dirección de correo electrónico que el interesado haya comunicado voluntariamente al efecto, o a ambos, de acuerdo con lo previsto en el artículo 41.1 de la Ley 39/2015, de 1 de octubre.

El interesado se hace responsable, por la comunicación a la Administración, organismo público o entidad de derecho público vinculado o dependiente, de que dispone de acceso al dispositivo o dirección de correo electrónico designados. En caso de que dejen de estar operativos o pierda la posibilidad de acceso, el interesado está obligado a comunicar a la Administración que no se realice el aviso en tales medios. El incumplimiento de esta obligación por parte del interesado no conllevará responsabilidad alguna para la Administración por los avisos efectuados a dichos medios no operativos.

El aviso regulado en este apartado sólo se practicará en caso de que el interesado o su representante hayan comunicado a la Administración un dispositivo electrónico o dirección de correo electrónico al efecto.

2. Cuando el interesado sea un sujeto obligado a relacionarse por medios electrónicos y la Administración emisora de la notificación no disponga de datos de contacto electrónicos para practicar el aviso de su puesta a disposición, en los procedimientos iniciados de oficio la primera notificación que efectúe la Administración, organismo o entidad se realizará en papel en la forma determinada por el artículo 42.2 de la Ley 39/2015, de 1 de octubre, advirtiendo al interesado en esa primera notificación que las sucesivas se practicarán en forma electrónica por comparecencia en la sede electrónica o sede electrónica asociada que corresponda o, en su caso, a través de la Dirección Electrónica Habilitada única según haya dispuesto para sus notificaciones la Administración, organismo o entidad respectivo, y dándole a conocer que, de acuerdo con lo previsto en el artículo 41.1 de la Ley 39/2015, de 1 de octubre, puede identificar un dispositivo electrónico,

una dirección de correo electrónico o ambos para el aviso de la puesta a disposición de las notificaciones electrónicas posteriores.

3. Las Administraciones podrán crear bases de datos de contacto electrónico para la práctica de los avisos de puesta a disposición de notificaciones en su respectivo ámbito.

44. *Notificación a través de la Dirección Electrónica Habilitada única.* 1. La Dirección Electrónica Habilitada única es el sistema de información para la notificación electrónica cuya gestión corresponde al Ministerio de Asuntos Económicos y Transformación Digital en colaboración con el Ministerio de Política Territorial y Función Pública.

2. De acuerdo con lo previsto en el artículo 7.4, la Dirección Electrónica Habilitada única se aloja en la sede electrónica del PAGe de la Administración General del Estado.

3. La adhesión a la Dirección Electrónica Habilitada única se realizará en los términos previstos en el artículo 65.

Todas las Administraciones Públicas y sus organismos públicos y entidades de derecho público vinculados o dependientes colaborarán para establecer sistemas interoperables que permitan que las personas físicas y jurídicas puedan acceder a todas sus notificaciones a través de la Dirección Electrónica Habilitada única, tal como establece el artículo 43 de la Ley 39/2015, de 1 de octubre.

Esta previsión será aplicable con independencia de cuál sea la Administración que practica la notificación y si las notificaciones se han practicado en papel o por medios electrónicos.

4. Cuando una incidencia técnica imposibilite el funcionamiento ordinario de la Dirección Electrónica Habilitada única, una vez comunicada dicha incidencia a los órganos, organismos o entidades emisores que la utilicen como medio de notificación, estos podrán determinar una ampliación del plazo no vencido para comparecer y acceder a las notificaciones emitidas. En caso de que también pongan a disposición las notificaciones en su sede electrónica o sede electrónica asociada, deberán publicar también en esta tanto la incidencia técnica acontecida en la Dirección Electrónica Habilitada única como la ampliación concreta, en su caso, del plazo no vencido.

5. Con carácter previo al acceso al contenido de la notificación puesta a disposición del interesado en la Dirección Electrónica Habilitada única, este será informado de que de acuerdo con lo previsto en los artículos 41 y 43 de la Ley 39/2015, de 1 de octubre, dicho acceso

al contenido, el rechazo expreso de la notificación o bien la presunción de rechazo por haber transcurrido el plazo de diez días naturales desde la puesta a disposición de la notificación sin acceder al contenido de la misma, dará por efectuado el trámite de notificación y se continuará el procedimiento.

6. Para dar por efectuado el trámite de notificación a efectos jurídicos, en la Dirección Electrónica Habilitada única deberá quedar constancia, con indicación de fecha y hora, del momento del acceso al contenido de la notificación, del rechazo expreso de la misma o del vencimiento del plazo previsto en el artículo 43.2 de la Ley 39/2015, de 1 de octubre.

El estado del trámite de notificación en la Dirección Electrónica Habilitada única se sincronizará automáticamente con la sede electrónica o sede electrónica asociada en la que, en su caso, la notificación también se hubiera puesto a disposición del interesado.

45. *Notificación electrónica en sede electrónica o sede electrónica asociada.* 1. Con carácter previo al acceso al contenido de la notificación puesta a disposición del interesado en la sede electrónica o sede electrónica asociada del emisor de la misma, este será informado de que de acuerdo con lo previsto en los artículos 41 y 43 de la Ley 39/2015, de 1 de octubre, la comparecencia y acceso al contenido, el rechazo expreso de la notificación o bien la presunción de rechazo por haber transcurrido el plazo de diez días naturales desde la puesta a disposición de la notificación sin acceder al contenido de la misma dará por efectuado el trámite de notificación y se continuará el procedimiento.

2. Para dar por efectuado el trámite de notificación a efectos jurídicos, en la sede electrónica o sede electrónica asociada deberá quedar constancia, con indicación de fecha y hora, del momento del acceso al contenido de la notificación, del rechazo expreso de la misma o del vencimiento del plazo previsto en el artículo 43.2 de la Ley 39/2015, de 1 de octubre.

El estado del trámite de notificación en la sede electrónica o sede electrónica asociada se sincronizará automáticamente con la Dirección Electrónica Habilitada única si la notificación también se hubiera puesto a disposición del interesado en aquella.

3. De conformidad con el artículo 43.3 de la Ley 39/2015, de 1 de octubre, se entenderá cumplida la obligación de notificar en plazo por

parte de la Administración, a que se refiere el artículo 40.4 de dicha ley, con la puesta a disposición de la notificación en la sede o en la dirección electrónica habilitada única.

TÍTULO III
Expediente administrativo electrónico

CAPÍTULO I
Documento administrativo electrónico y copias

46. *Documento administrativo electrónico.* 1. Se entiende por documento administrativo electrónico la información de cualquier naturaleza en forma electrónica, archivada en un soporte electrónico, según un formato determinado y susceptible de identificación y tratamiento diferenciado admitido en el Esquema Nacional de Interoperabilidad y normativa correspondiente, y que haya sido generada, recibida o incorporada por las Administraciones Públicas en el ejercicio de sus funciones sujetas a Derecho administrativo.

2. Cuando en el marco de un procedimiento administrativo tramitado por medios electrónicos el órgano actuante esté obligado a facilitar al interesado un ejemplar de un documento administrativo electrónico, dicho documento se podrá sustituir por la entrega de los datos necesarios para su acceso por medios electrónicos adecuados.

47. *Requisitos de validez y eficacia de las copias auténticas de documentos.* 1. De acuerdo con lo previsto en el artículo 27.2 de la Ley 39/2015, de 1 de octubre, tendrá la consideración de copia auténtica de un documento público administrativo o privado original o de otra copia auténtica, la realizada, cualquiera que sea su soporte, por los órganos competentes de las Administraciones Públicas en las que quede garantizada la identidad del órgano que ha realizado la copia y su contenido.

2. Las copias auténticas se expedirán siempre a partir de un original o de otra copia auténtica y tendrán la misma validez y eficacia que los documentos originales.

48. *Órganos competentes para la emisión de copias auténticas de documentos en el ámbito estatal.* 1. En el ámbito estatal, serán competentes para la expedición de copias auténticas de documentos públicos administrativos o documentos privados, que sean documentos originales o copias auténticas de documento original los siguientes órganos:

a) Los órganos a los que corresponda la emisión de los documentos originales.

b) Los órganos a los que corresponda la custodia y archivo de documentos.

c) Los órganos que hayan previsto sus normas de competencia.

d) Las oficinas de asistencia en materia de registros, respecto de los documentos originales o copias auténticas presentados por las personas interesadas para que se remitan desde la Oficina a la unidad competente para su incorporación a un expediente administrativo.

2. La expedición de copias auténticas de documentos públicos administrativos o documentos privados, que sean documentos originales o copias auténticas de documento original, podrá llevarse a cabo mediante actuación administrativa automatizada o por personal funcionario habilitado inscrito en el Registro de Funcionarios Habilitados de la Administración General del Estado al que se refiere el artículo 31 de este Reglamento.

3. Los titulares de los órganos que se relacionan en los párrafos a), b) c) y d) del apartado 1 de este artículo designarán a los funcionarios y funcionarias habilitados para la emisión de las copias electrónicas auténticas, que se llevará a cabo mediante el correspondiente proceso de digitalización.

49. *Emisión de copias de documentos aportados en papel por el interesado.* Cuando el interesado presente en papel una copia de un documento público administrativo o de un documento privado para incorporarlo a un expediente administrativo, el proceso de digitalización por la Administración Pública generará una copia electrónica que tendrá el mismo valor que la copia presentada en papel.

50. *Referencia temporal de los documentos administrativos electrónicos.* 1. Todos los documentos administrativos electrónicos deberán llevar asociadas una de las siguientes modalidades de referencia temporal, de acuerdo con lo que determinen las normas reguladoras de los respectivos procedimientos:

a) Marca de tiempo, entendiendo por tal la asignación por medios electrónicos de la fecha y, en su caso, la hora a un documento electrónico.

b) Sello electrónico cualificado de tiempo, entendiendo por tal la asignación por medios electrónicos de una fecha y hora a un documento electrónico con la intervención de un prestador cualificado de servicios de confianza que asegure la exactitud e integridad de la marca de tiempo del documento. Los sellos electrónicos de tiempo no cualificados serán asimilables a todos los efectos a las marcas de tiempo.

2. La marca de tiempo será utilizada en todos aquellos casos en los que las normas reguladoras no establezcan la utilización de un sello electrónico cualificado de tiempo

La información relativa a las marcas y sellos electrónicos cualificados de tiempo se asociará a los documentos electrónicos en la forma que determine el Esquema Nacional de Interoperabilidad y normativa correspondiente.

3. La relación de prestadores cualificados de servicios de confianza que prestan servicios de sellado de tiempo en el sector público deberá estar incluida en la «Lista de confianza de prestadores cualificados de servicios de confianza».

51. *Configuración del expediente administrativo electrónico.* 1. El foliado de los expedientes administrativos electrónicos se llevará a cabo mediante un índice electrónico autenticado que garantizará la integridad del expediente y permitirá su recuperación siempre que sea preciso.

2. Un mismo documento electrónico podrá formar parte de distintos expedientes administrativos.

3. El índice electrónico autenticado será firmado por el titular del órgano que conforme el expediente para su tramitación o bien podrá ser sellado electrónicamente en el caso de expedientes electrónicos que se formen de manera automática, a través de un sistema que garantice su integridad.

52. *Ejercicio del derecho de acceso al expediente electrónico y obtención de copias de los documentos electrónicos.* De acuerdo con lo previsto en el artículo 53.1.a) de la Ley 39/2015, de 1 de octubre, el derecho de acceso de las personas interesadas que se relacionen electrónicamente con las Administraciones Públicas al expediente electrónico y, en su caso, a la obtención de copia total o parcial del mismo, se entenderá satisfecho mediante la puesta a disposición de dicho expediente en el Punto de Acceso General electrónico de la Administración competente o en la sede electrónica o sede electrónica asociada que corresponda.

A tal efecto, la Administración destinataria de la solicitud remitirá al interesado o, en su caso a su representante, la dirección electrónica o localizador que dé acceso al expediente electrónico puesto a disposición, garantizando aquella el acceso durante el tiempo que determine la correspondiente política de gestión de documentos electrónicos siempre de acuerdo con el dictamen de valoración emitido por la autoridad calificadora correspondiente, y el cumplimiento de la normativa aplicable en materia de protección de datos de carácter personal y de transparencia y acceso a la información pública y de patrimonio documental, histórico y cultural.

53. *Tiempo de conservación y destrucción de documentos.* 1. Los documentos presentados por el interesado en soporte papel que por cualquier circunstancia no le puedan ser devueltos en el momento de su presentación, una vez digitalizados serán conservados a su disposición durante seis meses para que pueda recogerlos, independientemente del procedimiento administrativo al que se incorporen o de la Administración Pública a que vayan dirigidos, salvo que reglamentariamente la Administración correspondiente establezca un plazo mayor.

2. Los documentos presentados por el interesado en formato electrónico dentro de un dispositivo, que por cualquier circunstancia no le puedan ser devueltos en el momento de su presentación, una vez incorporados al expediente serán conservados a su disposición durante seis meses para que pueda recogerlos, independientemente del procedimiento administrativo al que se incorporen o de la Administración Pública a que vayan dirigidos, salvo que reglamentariamente la Administración correspondiente establezca un plazo mayor.

3. Transcurrido el plazo previsto en los apartados anteriores, la destrucción de los documentos se realizará de acuerdo con las competencias del Ministerio de Cultura y Deporte o del órgano competente

de la comunidad autónoma, y siempre que no se trate de documentos con valor histórico, artístico u otro relevante o de documentos en los que la firma u otras expresiones manuscritas o mecánicas confieran al documento un valor especial.

4. Cuando la generación de copias electrónicas auténticas se realice a partir de documentos originales o copias auténticas de documentos en soporte no electrónico que se conserven formando parte de sus correspondientes expedientes y series documentales en cualesquiera de las oficinas, archivos o dependencias de cualquier organismo de las Administraciones públicas, dichos documentos originales o copias auténticas de documentos en soporte no electrónico se restituirán a sus oficinas, archivos o dependencias de origen, donde les será de aplicación la normativa específica en materia de archivos y conservación del patrimonio documental en su respectivo ámbito y siguiendo lo establecido por las autoridades calificadoras que correspondan.

5. En el ámbito estatal, se estará a lo preceptuado en el Real Decreto 1164/2002, de 8 de noviembre, por el que se regula la conservación del patrimonio documental con valor histórico, el control de la eliminación de otros documentos de la Administración General del Estado y sus organismos públicos y entidades de derecho público y la conservación de documentos administrativos en soporte distinto al original.

CAPÍTULO II
Archivo electrónico de documentos

54. *Conservación de documentos electrónicos.* 1. De acuerdo con lo previsto en el artículo 46 de la Ley 40/2015, de 1 de octubre, las Administraciones Públicas, así como sus organismos públicos y entidades de derecho público vinculados o dependientes, deberán conservar en soporte electrónico todos los documentos que formen parte de un expediente administrativo y todos aquellos documentos con valor probatorio creados al margen de un procedimiento administrativo.

La copia electrónica auténtica generada conforme a lo dispuesto en el artículo 27 de la Ley 39/2015, de 1 de octubre, tiene la consideración de patrimonio documental a efectos de aplicación de la Ley 16/1985, de 25 de junio, del Patrimonio Histórico Español o la normativa autonómica correspondiente, siendo el periodo de conservación de los documentos el establecido por las autoridades calificadoras que correspondan.

2. Cada Administración Pública, regulará los períodos mínimos de conservación de los documentos electrónicos, que formen parte del expediente de un procedimiento cuya tramitación haya concluido, conforme a su normativa específica de archivos y patrimonio documental.

Cuando se tenga conocimiento por la Administración Pública, organismo o entidad de la existencia de procedimientos judiciales que afecten o puedan afectar a documentos electrónicos, estos deberán conservarse a disposición de los órganos jurisdiccionales, hasta tanto exista constancia de la terminación del procedimiento judicial correspondiente en las sucesivas instancias, por haber recaído resolución no susceptible de recurso o procedimiento alguno ante órganos jurisdiccionales nacionales o internacionales.

3. La conservación de los documentos electrónicos deberá realizarse de forma que permita su acceso y comprenda, como mínimo, su identificación, contenido, metadatos, firma, estructura y formato.

También será posible la inclusión de su información en bases de datos siempre que, en este último caso, consten los criterios para la reconstrucción de los formularios o modelos electrónicos origen de los documentos, así como para la comprobación de la identificación o firma electrónica de dichos datos.

Los plazos de conservación de esta información están sujetos a los mismos plazos establecidos para los correspondientes documentos electrónicos.

4. Para asegurar la conservación, acceso y consulta de los documentos electrónicos archivados con independencia del tiempo transcurrido desde su emisión, se podrán trasladar los datos a otros formatos y soportes que garanticen el acceso desde diferentes aplicaciones, de acuerdo con lo previsto en el artículo 27 de la Ley 39/2015, de 1 de octubre y en la normativa específica de archivos y patrimonio documental, histórico y cultural.

Asimismo, se planificarán las actuaciones de preservación digital que garanticen la conservación a largo plazo de los documentos digitales y permitan de esta forma dar cumplimiento a lo establecido en el párrafo anterior

5. En todo caso, bajo la supervisión de los responsables de la seguridad y de los responsables de la custodia y gestión del archivo

electrónico y de los responsables de las unidades productoras de la documentación se establecerán los planes y se habilitarán los medios tecnológicos para la migración de los datos a otros formatos y soportes que permitan garantizar la autenticidad, integridad, disponibilidad, conservación y acceso al documento cuando el formato de los mismos deje de figurar entre los admitidos por el Esquema Nacional de Interoperabilidad y normativa correspondiente.

55. *Archivo electrónico único.* 1. El archivo electrónico único de cada Administración es el conjunto de sistemas y servicios que sustenta la gestión, custodia y recuperación de los documentos y expedientes electrónicos así como de otras agrupaciones documentales o de información una vez finalizados los procedimientos administrativos o actuaciones correspondientes.

2. En el archivo electrónico único de la Administración General del Estado serán accesibles todos los documentos y expedientes electrónicos del sector público estatal una vez finalizados los procedimientos y en los plazos determinados por la Comisión Superior Calificadora de Documentos Administrativos de acuerdo con lo que se desarrolle reglamentariamente.

La gestión del archivo electrónico único garantizará la autenticidad, conservación, integridad, confidencialidad, disponibilidad y cadena de custodia de los expedientes y documentos almacenados, así como su acceso, en las condiciones exigidas por el Esquema Nacional de Interoperabilidad y el Esquema Nacional de Seguridad, por la normativa de transparencia, acceso a la información pública y buen gobierno, por la legislación de archivos y patrimonio histórico y cultural y por la normativa específica que sea de aplicación, de acuerdo con lo que se desarrolle reglamentariamente.

TÍTULO IV
De las relaciones y colaboración entre las Administraciones Públicas
para el funcionamiento del sector público por medios electrónicos

CAPÍTULO I
Colaboración entre las Administraciones Públicas para la actuación
administrativa por medios electrónicos

56. *Relaciones interadministrativas e interorgánicas por medios electrónicos.* De acuerdo con lo previsto en el artículo 3.2 de la Ley 40/2015, de 1 de octubre, las Administraciones Públicas, en el ejercicio de sus competencias, estarán obligadas a relacionarse a través de medios electrónicos entre sí y con sus órganos, organismos públicos y entidades vinculados o dependientes.

Esta misma obligación será de aplicación a las entidades de derecho privado vinculadas o dependientes de las Administraciones públicas cuando actúen en el ejercicio de potestades administrativas.

57. *Comunicaciones en la Administración General del Estado.* Los órganos de la Administración General del Estado y los organismos públicos y entidades de derecho público vinculados o dependientes de esta deberán utilizar medios electrónicos para comunicarse entre sí.

Las comunicaciones se efectuarán a través del Registro Electrónico General de la Administración General del Estado o registro del organismo público o entidad de derecho público de que se trate, o por cualquier otro medio electrónico que permita dejar constancia de su recepción.

Esta misma obligación será de aplicación a las entidades de derecho privado vinculadas o dependientes de las Administraciones públicas cuando actúen en el ejercicio de potestades administrativas.

58. *Adhesión a sedes electrónicas y sedes electrónicas asociadas.* Las Administraciones Públicas y los organismos públicos y entidades de derecho público vinculados o dependientes podrán adherirse voluntariamente, mediante la formalización del correspondiente instrumento de adhesión, a las sedes electrónicas o sedes asociadas disponibles de titularidad de la misma Administración u otra Administración Pública, sin que se constituya como sede electrónica asociada.

59. *Adhesión a la Carpeta Ciudadana del sector público estatal.* Las Administraciones Públicas podrán integrar sus respectivas áreas personalizadas o carpetas ciudadanas a que se refiere el segundo párrafo del artículo 7.3 de este Reglamento, si las hubiere, o determinadas funcionalidades de las mismas, con la Carpeta Ciudadana prevista en el artículo 8 de este Reglamento, de forma que el interesado pueda acceder a sus contenidos o funcionalidades mediante procedimientos seguros que garanticen la integridad y confidencialidad de sus datos de carácter personal, independientemente de cuál haya sido su punto de acceso.

60. *Sistema de interconexión de Registros.* 1. Las aplicaciones o sistemas de información para el tratamiento del Registro Electrónico General de cada Administración, así como del registro electrónico de cada organismo público o entidad de derecho público vinculado o dependiente, deberán ser interoperables.

2. Las interconexiones entre Registros de las Administraciones Públicas deberán realizarse a través del Sistema de Interconexión de Registros (SIR) gestionado por el Ministerio de Asuntos Económicos y Transformación Digital en colaboración con el Ministerio de Política Territorial y Función Pública de acuerdo con lo previsto en el Esquema Nacional de Interoperabilidad y en la correspondiente Norma Técnica.

3. En el ámbito de la Administración General del Estado y sus organismos públicos y entidades de derecho público vinculados o dependientes las aplicaciones o sistemas de información para el tratamiento del Registro Electrónico General de la Administración General del Estado, así como del registro electrónico de cada organismo público o entidad de derecho público vinculado o dependiente, deberán permitir la interoperabilidad con los sistemas de gestión de expedientes de las unidades de tramitación correspondientes.

61. *Transmisiones de datos.* 1. Las transmisiones de datos a las que se refiere el artículo 155 de la Ley 40/2015, de 1 de octubre, realizadas a través de redes corporativas de las Administraciones Públicas para el envío de documentos elaborados por cualquier Administración, mediante consulta a las plataformas de intermediación de datos u otros sistemas electrónicos habilitados al efecto, tienen la consideración de certificados administrativos necesarios para el procedimiento o actuación administrativa.

2. Cuando las personas interesadas no aporten datos y/o documentos que ya obren en poder de las Administraciones Públicas, de conformidad con lo establecido en la Ley 39/2015, de 1 de octubre, se seguirán las siguientes reglas:

a) Si el órgano administrativo encargado de la tramitación del procedimiento, puede acceder electrónicamente a los datos, documentos o certificados necesarios mediante consulta a las plataformas de intermediación de datos u otros sistemas electrónicos habilitados al efecto, los incorporará al procedimiento administrativo correspondiente. Quedará constancia en los ficheros del órgano, organismo público o entidad de derecho público cedente del acceso a los datos o documentos efectuado por el órgano u organismo cesionario.

b) Excepcionalmente, en caso de que no se pueda realizar el acceso electrónico a los datos mediante la consulta a que se refiere la letra anterior, se podrá solicitar por otros medios habilitados al efecto y se conservará la documentación acreditativa de la circunstancia que imposibilitó dicho acceso electrónico, incorporándola al expediente.

3. Toda transmisión de datos se efectuará a solicitud del órgano o entidad tramitadora en la que se identificarán los datos requeridos y sus titulares, así como la finalidad para la que se requieren. Además, si en la petición de datos interviene un empleado o empleada público se incluirá la identificación de este en la petición.

4. El órgano, organismo público o entidad de derecho público cesionario será responsable del correcto acceso electrónico a los datos cuya titularidad corresponda a otro órgano, organismo público o entidad de derecho público, así como de su utilización, en particular, cuando los datos a los que se accede tengan un régimen de especial protección. Asimismo, cuando para dicho acceso se requiera el consentimiento del interesado, el cesionario será responsable del requerimiento de dicho consentimiento.

5. La cesión de datos dentro de una actuación administrativa podrá llevarse a cabo, entre otras formas, de manera automatizada, entendiéndose por tal la consulta realizada íntegramente a través de medios telemáticos en la que no haya intervenido de forma directa un empleado o empleada público.

6. Las transmisiones de datos que se realicen en virtud del artículo 14 del Reglamento (UE) n.º 2018/1724 del Parlamento Europeo y del Consejo, de 2 de octubre de 2018, relativo a la creación de una pasarela digital única de acceso a información, procedimientos y servicios de asistencia y resolución de problemas y por el que se modifica el Reglamento (UE) n.º 1024/2012 no requerirán previsualización de los datos por parte del usuario o usuaria solicitante para proceder a su uso por parte del órgano o entidad tramitadora.

62. *Plataformas de intermediación de datos.* 1. Las plataformas de intermediación de datos dejarán constancia de la fecha y hora en que se produjo la transmisión, así como del procedimiento administrativo, trámite o actuación al que se refiere la consulta. Las plataformas de intermediación, o sistema electrónico equivalente, existentes en el sector público deberán ser interoperables con la Plataforma de Intermediación de la Administración General del Estado y sus organismos públicos y entidades de derecho público vinculados o dependientes y entre ellas.

La adhesión a las plataformas de intermediación de datos requerirá que se garantice el cumplimiento de las condiciones de seguridad exigidas por los cedentes de la información para el tratamiento de datos por parte de la plataforma encargada del tratamiento de dichos datos y de los cesionarios de los mismos.

2. En el ámbito estatal, se dispondrá de la Plataforma de Intermediación de Administración General del Estado y sus organismos públicos y entidades de derecho público vinculados o dependientes a que se refiere la Ley 39/2015, de 1 de octubre. Dicha Plataforma será gestionada la Secretaría General de Administración Digital y actuará como un punto a través del cual cualquier órgano, organismo público o entidad de derecho público podrá consultar los datos o documentos asociados al procedimiento de que se trate, con independencia de que la presentación de los citados datos o documentos tenga carácter preceptivo o facultativo en el procedimiento de que se trate.

3. La Plataforma de Intermediación de la Administración General del Estado actuará como punto de conexión con el sistema técnico regulado por el Reglamento (UE) n.º 2018/1724 del Parlamento Europeo y del Consejo, de 2 de octubre de 2018, para el intercambio automático de datos o documentos a nivel europeo.

63. *Remisión electrónica de expedientes administrativos en el ámbito de las Administraciones públicas mediante puesta a disposición.* 1. Cuando desde una Administración Pública se solicite a otra un expediente electrónico, la remisión por esta, a través de un nodo de interoperabilidad, de la dirección electrónica o localizador que dé acceso al expediente electrónico puesto a disposición de la primera equivaldrá a la remisión del mismo, siempre que se garantice la integridad del acceso a lo largo del tiempo que determine la correspondiente política de gestión de documentos electrónicos y el cumplimiento de la normativa de interoperabilidad aplicable al tipo de expediente.

2. El mismo procedimiento previsto en el apartado anterior se podrá utilizar cuando la solicitud se produzca dentro del ámbito de una misma Administración Pública.

CAPÍTULO II
Transferencia y uso compartido de tecnologías entre Administraciones Públicas

64. *Reutilización de sistemas y aplicaciones de las Administraciones Públicas.* 1. De acuerdo con lo previsto en el artículo 157 de la Ley 40/2015, de 1 de octubre, las Administraciones Públicas pondrán a disposición de cualquiera de ellas que lo solicite las aplicaciones, desarrolladas por sus servicios o que hayan sido objeto de contratación y de cuyos derechos de propiedad intelectual sean titulares, salvo que la información a la que estén asociadas sea objeto de especial protección por estar previsto en una norma. Las Administraciones cedentes y cesionarias podrán acordar la repercusión del coste de adquisición o fabricación de las aplicaciones cedidas.

2. A tal efecto, de acuerdo con lo previsto en el artículo 158 de la Ley 40/2015, de 1 de octubre, las Administraciones Públicas mantendrán directorios actualizados de aplicaciones para su libre reutilización en modo producto o en modo servicio, de conformidad con lo dispuesto en el Esquema Nacional de Interoperabilidad.

Estos directorios deberán ser plenamente interoperables, de modo que se garantice su compatibilidad informática e interconexión, con el Directorio general de aplicaciones de la Administración General del

Estado para su libre reutilización previsto en el artículo 17 del Real Decreto 4/2010, de 8 de enero.

3. Las condiciones de licenciamiento de los sistemas y aplicaciones de las Administraciones públicas y el uso y funcionamiento de los directorios de aplicaciones reutilizables deberán ajustarse a lo previsto en el Real Decreto 4/2010, de 8 de enero.

4. Las Administraciones públicas procurarán la construcción de aplicaciones reutilizables, bien en modo producto o en modo servicio, con el fin de favorecer las actuaciones de compartir, reutilizar y colaborar, en beneficio de una mejor eficiencia y para atender de forma efectiva las solicitudes recibidas en virtud del artículo 157 de la Ley 40/2015, de 1 de octubre.

5. Las Administraciones Públicas, con carácter previo a la adquisición, desarrollo o al mantenimiento a lo largo de todo el ciclo de vida de una aplicación, tanto si se realiza con medios propios o por la contratación de los servicios correspondientes, deberán consultar en el Directorio general de aplicaciones de la Administración General del Estado para su libre reutilización, si existen soluciones disponibles para su reutilización, que puedan satisfacer total o parcialmente las necesidades, mejoras o actualizaciones que se pretenden cubrir, y siempre que los requisitos tecnológicos de interoperabilidad y seguridad así lo permitan.

Las conclusiones con respecto al resultado de dicha consulta al directorio general se incorporarán en el expediente de contratación y reflejarán, en su caso, que no existen soluciones disponibles para su reutilización que puedan satisfacer total o parcialmente las necesidades, mejoras o actualizaciones que se pretenden cubrir.

En el caso de existir una solución disponible para su reutilización total o parcial, la justificación de la no reutilización se realizará en términos de eficiencia conforme a lo establecido en el artículo 7 de la Ley Orgánica 2/2012, de 27 de abril, de Estabilidad Presupuestaria y Sostenibilidad Financiera.

65. *Adhesión a las plataformas de la Administración General del Estado.* 1. La adhesión al uso de las plataformas, registros o servicios electrónicos de la Administración General del Estado prevista en la Ley 39/2015, de 1 de octubre, en la Ley 40/2015, de 1 de octubre, y en este Reglamento, así como a aquellos otros que puedan facilitar el cumplimiento de lo dispuesto en estas normas se realizará mediante adhesión por el órgano competente de la Administración Pública que corresponda, en el que se dejará constancia de la voluntad de este de adherirse a las plataformas, registros o servicios electrónicos y de aceptar en su integridad las condiciones de uso determinadas por el órgano titular de la plataforma o servicio, incluyendo el comienzo efectivo del mismo.

A tal efecto, los modelos de adhesión a las plataformas, registros o servicios, que incluirán los términos de prestación del servicio y de la contribución al sostenimiento del mismo, se aprobarán mediante Resolución de la Secretaría General de Administración Digital del Ministerio de Asuntos Económicos y Transformación Digital o, en su caso, del órgano directivo, organismo público o entidad de derecho público que sea competente de las plataformas, registros o servicios de que se trate.

2. La adhesión a una plataforma, registro o servicio electrónico de la Administración General del Estado no supondrá un cambio de la titularidad sobre las actuaciones administrativas realizadas en el procedimiento administrativo de que se trate, que corresponderá a la Administración competente para su tramitación. Si la plataforma provee un servicio que requiere el intercambio de información entre dos entidades usuarias de la misma o de distinta plataforma, la autenticación de la entidad solicitante puede acreditarse, ante la entidad cedente, mediante un sello electrónico cualificado del órgano, organismo público o entidad de derecho público que gestiona la plataforma en cuestión de la que es usuaria la entidad solicitante, que actuará en nombre de los órganos y organismos o entidades adheridos que actúan como solicitantes.

La adhesión a una plataforma de la Administración General del Estado requerirá que se cumplan las condiciones de seguridad exigidas por los cedentes de la información.

3. Los órganos competentes para la gestión del procedimiento administrativo de las Administraciones que se adhieran a estas plataformas, registros o servicios electrónicos se responsabilizarán del uso que hagan de las mismas en el ejercicio de sus competencias, correspondiendo al órgano responsable de la plataforma su gestión y mantenimiento. En el supuesto de que una incidencia técnica imposibilite el funcionamiento ordinario del sistema o aplicación que corresponda, y sin perjuicio de la ampliación de plazos a que se refiere el artículo 32.4 de la Ley 39/2015, de 1 de octubre, cada Administración pública será

responsable de la continuación de la tramitación de sus procedimientos administrativos y servicios a la ciudadanía.

4. La adhesión de las comunidades autónomas o entidades locales a las plataformas estatales o registros previstos en la disposición adicional segunda de la Ley 39/2015, de 1 de octubre, es voluntaria, si bien la no adhesión deberá justificarse en términos de eficiencia conforme al artículo 7 de la Ley Orgánica 2/2012, de 27 de abril, de Estabilidad Presupuestaria y Sostenibilidad Financiera, para lo que se enviará el correspondiente informe al Ministerio de Asuntos Económicos y Transformación Digital, en el que deberá incluirse la justificación del cumplimiento de los requisitos del Esquema Nacional de Interoperabilidad, el Esquema Nacional de Seguridad y sus normas técnicas de desarrollo, de plataformas, registros o servicios electrónicos que se utilicen, de modo que se garantice su compatibilidad informática e interconexión, así como la transmisión telemática de las solicitudes, escritos y comunicaciones que se realicen en sus correspondientes plataformas.

DISPOSICIONES ADICIONALES

Disposición adicional primera. *Obligatoriedad de uso de medios electrónicos en los procesos selectivos para el acceso al empleo público en el ámbito de la Administración General del Estado.* Las personas participantes en procesos selectivos convocados por la Administración General del Estado, sus organismos públicos o entidades de derecho público vinculados o dependientes a la misma, deberán realizar la presentación de las solicitudes y documentación y, en su caso, la subsanación y los procedimientos de impugnación de las actuaciones de estos procesos selectivos a través de medios electrónicos.

Disposición adicional segunda. *Formación de empleados y empleadas públicos de la Administración General del Estado.* La Administración General del Estado promoverá la formación del personal a su servicio para garantizar el derecho de las personas interesadas a ser asistidas en el uso de medios electrónicos en sus relaciones con la Administración Pública, establecido en la Ley 39/2015, de 1 de octubre.

Disposición adicional tercera. *Nodo de interoperabilidad de identificación electrónica del Reino de España.* 1. Se crea el nodo de interoperabilidad de identificación electrónica del Reino de España para el reconocimiento mutuo de identidades electrónicas entre los Estados miembros, de acuerdo con lo previsto en el Reglamento (UE) n.º 910/2014, de 23 de julio de 2014, relativo a la identificación electrónica y los servicios de confianza para las transacciones electrónicas en el mercado interior.

2. El nodo de interoperabilidad de identificación electrónica del Reino de España se gestionará por el Ministerio de Asuntos Económicos y Transformación Digital.

3. Las entidades pertenecientes al sector público deberán definir y publicar en su sede electrónica el nivel de seguridad en la identificación electrónica exigido en los procedimientos y servicios que gestionan, de acuerdo con el Reglamento (UE) n.º 910/2014, de 23 de julio de 2014. Este nivel de seguridad en la identificación electrónica del sistema de información que soporta el procedimiento o servicio se determinará sobre la base del análisis de riesgos, de acuerdo con el Esquema Nacional de Seguridad y normativa correspondiente.

4. Las entidades pertenecientes al sector público deberán admitir en todo caso, en el acceso electrónico a sus procedimientos y servicios los esquemas de identificación notificados por otros Estados Miembros al amparo del Reglamento (UE) n.º 910/2014, de 23 de julio de 2014, siempre que se den estas dos condiciones:

a) El esquema de identificación utilizado tenga un nivel de seguridad en la identificación electrónica sustancial o alto.

b) El nivel de seguridad de dicho esquema sea igual o superior al nivel de seguridad exigido por el procedimiento o servicio de acuerdo con el apartado 3.

Disposición adicional cuarta. *Adhesión de las entidades de derecho privado vinculadas o dependientes de la Administración General del Estado en el ejercicio de potestades administrativas a las sedes electrónicas y sedes electrónicas asociadas y sistema de firma y notificaciones electrónicas aplicables.* De acuerdo con lo previsto en el artículo 2.2.b) de la Ley 39/2015, de 1 de octubre, y el artículo 2.2.b) de la Ley 40/2015, de 1 de octubre, cuando las entidades de derecho privado vinculadas o dependientes de la Administración General del Estado ejerzan potestades administrativas y, en consecuencia, les sea de aplicación este Reglamento, se observarán las siguientes disposiciones:

a) De acuerdo con lo previsto en el artículo 58, las entidades de derecho privado tendrán que adherirse a la sede electrónica asociada del ministerio con el que mantengan la vinculación o dependencia o, en su caso, a la sede electrónica o sede electrónica asociada del organismo de derecho público con el que mantengan la misma, en ambos casos mediante la formalización del correspondiente instrumento de adhesión.

Las personas interesadas obligadas a relacionarse electrónicamente con las entidades de derecho privado en el ejercicio de dichas potestades realizarán los trámites del procedimiento mediante los modelos normalizados que estarán disponibles en la sede electrónica asociada o, en su caso, sede electrónica a la que se haya adherido la entidad. El mismo régimen se aplicará a los sujetos no obligados que hayan optado por medios electrónicos de acuerdo con lo previsto en el artículo 3 de este Reglamento.

b) Según lo previsto en los artículos 20.2 y 22.4, mediante orden de la persona titular del Ministerio de Asuntos Económicos y Transformación Digital se determinarán reglamentariamente los medios admitidos para la firma electrónica en los procedimientos tramitados en el ejercicio de potestades administrativas por parte de las entidades de derecho privado vinculadas o dependientes de la Administración General del Estado.

c) De conformidad con lo previsto en el artículo 42, las notificaciones electrónicas que las entidades de derecho privado tengan que practicar se llevarán a cabo en la misma forma que el responsable de la sede electrónica asociada o sede electrónica a la que esté adherida la entidad haya dispuesto para sus propias notificaciones.

Disposición adicional quinta. *Adhesión de los órganos constitucionales al uso de las plataformas, registros o servicios electrónicos de la Administración General del Estado.* 1. Sin perjuicio de lo previsto en el artículo 65 de este Reglamento, los órganos constitucionales podrán adherirse al uso de las plataformas, registros o servicios electrónicos de la Administración General del Estado y aquellos otros que puedan facilitar el cumplimiento de lo dispuesto en la Ley 39/2015, de 1 de octubre, en la Ley 40/2015, de 1 de octubre, y en este Reglamento.

2. La adhesión se realizará mediante un acuerdo o acto de adhesión en el que la autoridad competente de las instituciones u órganos anteriores dejará constancia de la voluntad de este de adherirse a las plataformas, registros o servicios electrónicos y de aceptar en su integridad las condiciones de uso determinadas por el órgano titular de la plataforma o servicio, incluyendo el comienzo efectivo del mismo.

Para el estudio de su viabilidad, remitirá con carácter previo al Ministerio al que pertenezca el órgano titular de la plataforma o servicio una memoria justificativa y económica en que se explicite el volumen de trámites que estaría previsto realizar a través de la plataforma, el registro o servicio electrónico de que se trate, los efectos presupuestarios y económicos y cualquier otra razón de interés general que justifique su adhesión.

3. La adhesión a una plataforma, registro o servicio electrónico de la Administración General del Estado no supondrá un cambio de la titularidad sobre las actuaciones administrativas realizadas en el procedimiento administrativo de que se trate, que corresponderá a la Administración competente para su tramitación.

Si la plataforma, registro o servicio electrónico provee un servicio que requiere el intercambio de información entre dos entidades usuarias de la misma o distinta plataforma, la autenticación de la entidad solicitante puede acreditarse ante la entidad cedente mediante un sello electrónico cualificado del órgano, organismo público o entidad de derecho público que gestiona la plataforma.

4. La adhesión a una plataforma de la Administración General del Estado requerirá que se cumplan las condiciones de seguridad exigidas por los cedentes de la información.

5. Los órganos competentes en las instituciones u órganos adheridos se responsabilizarán del uso que hagan de las plataformas en el ejercicio de sus competencias, correspondiendo al órgano responsable de la plataforma su gestión y mantenimiento. En el supuesto de una incidencia técnica imposibilite el funcionamiento ordinario del sistema o aplicación que corresponda, los órganos competentes en las instituciones u órganos adheridos serán responsables de la continuación de la tramitación de sus procedimientos administrativos.

Disposición adicional sexta. *Situación de las sedes electrónicas y subsedes electrónicas en el ámbito estatal existentes a la entrada en vigor de este real decreto.* 1. En aplicación de lo previsto en el artículo 38 de la Ley 40/2015, de 1 de octubre, las sedes electrónicas existentes en la Administración General del Estado en la fecha de entrada en vigor de este real decreto pasan a tener naturaleza de sedes electrónicas asociadas de la sede electrónica de la Administración General del Estado, que es la sede del Punto de Acceso General electrónico (PAGe) de la Administración General del Estado, sin necesidad de modificar su instrumento de creación. Las subsedes electrónicas existentes en la fecha de entrada en vigor de este real decreto pasarán también a tener naturaleza de sedes electrónicas asociadas.

2. Las sedes electrónicas de los organismos públicos o entidades de derecho público vinculados o dependientes existentes en la fecha de entrada en vigor de este real decreto mantendrán su naturaleza de sede electrónica. Las subsedes electrónicas de estos pasarán a tener naturaleza de sedes electrónicas asociadas.

Disposición adicional séptima. *Interoperabilidad de los registros electrónicos de apoderamientos.* 1. En aplicación de lo previsto en el artículo 6 de la Ley 39/2015, de 1 de octubre, y el Real Decreto 4/2010, de 8 de enero, por el que se regula el Esquema Nacional de Interoperabilidad en el ámbito de la Administración Electrónica, la Norma Técnica de Interoperabilidad establecerá el modelo de datos y las condiciones de interoperabilidad de los registros electrónicos de apoderamientos, abordando los aspectos funcionales y técnicos para la plena interoperabilidad de los registros electrónicos de apoderamientos pertenecientes a las Administraciones, así como la interconexión de estos a las sedes electrónicas, a los registros mercantiles, de la propiedad y a los protocolos notariales.

2. En el ámbito de la Administración General del Estado, el cumplimiento de las previsiones del artículo 33.2 del Reglamento sobre el acceso al Registro Electrónico de Apoderamientos de la Administración General del Estado está vinculado a la aprobación y aplicación de la Norma Técnica a que se refiere el apartado 1 anterior.

Disposición adicional octava. *Supletoriedad en Registro Civil.* De conformidad con lo dispuesto en el artículo 88 y en la Disposición final primera de la Ley 20/2011, de 21 de julio, del Registro Civil, este Reglamento será de aplicación supletoria en lo no previsto en dicha Ley y su normativa de desarrollo específica, en cuanto a todo lo relacionado con la tramitación administrativa de los procedimientos específicos de Registro Civil.

Disposición adicional novena. *Autorización de los sistemas de identificación previstos en el artículo 9.2.c) y de los sistemas de firma previstos en el artículo 10.2.c) de la Ley 39/2015, de 1 de octubre.* [795]

1. Los sistemas de identificación a que se refiere el artículo 9.2.c) y los sistemas de firma a que se refiere el artículo 10.2.c) de la ley 39/2015, de 1 de octubre, que, en ambos casos, se hubieran puesto en servicio hasta el 6 de noviembre de 2019, fecha de entrada en vigor de la modificación de dichos artículos en virtud del Real Decreto-ley 14/2019, de 31 de octubre, por el que se adoptan medidas urgentes por razones de seguridad pública en materia de administración digital, contratación del sector público y telecomunicaciones, no requerirán la autorización de la Secretaría General de Administración Digital del Ministerio de Asuntos Económicos y Transformación Digital, previo informe vinculante de la Secretaría de Estado de Seguridad del Ministerio del Interior, siempre y cuando no hayan sido modificados tras dicha fecha.

2. Los sistemas que, tras el 6 de noviembre de 2019, hayan sido autorizados en aplicación de las previsiones de los artículos 9.2.c) y 10.2.c) de la Ley 39/2015, de 1 de octubre, y sean modificados posteriormente, deberán ser objeto de una nueva autorización previa a su puesta en servicio.

Disposición adicional décima. *Especialidades por razón de materia.* 1. De acuerdo con la disposición adicional primera de la Ley 39/2015, de 1 de octubre, los procedimientos administrativos regulados en leyes especiales por razón de la materia que no exijan alguno de los trámites previstos en la citada ley o regulen trámites adicionales o distintos se regirán, respecto a estos, por lo dispuesto en dichas leyes especiales.

2. Las siguientes actuaciones y procedimientos se regirán por su normativa específica y supletoriamente por lo dispuesto en la Ley 39/2015, de 1 de octubre:

---

[795] Téngase en cuenta que, desde el 30 junio 2022, la presente redacción de esta disposición resulta incompatible con la nueva redacción de los arts. 9.2 c) y 10.2 c) de la Ley 39/2015, por lo que debe entenderse implícitamente derogada conforme señala el último párrafo del f.j. 2.º STC (Pleno) 18/2023, de 21 de marzo

a) Las actuaciones y procedimientos de aplicación de los tributos en materia tributaria y aduanera, así como su revisión en vía administrativa.

b) Las actuaciones y procedimientos de gestión, inspección, liquidación, recaudación, impugnación y revisión en materia de Seguridad Social y desempleo.

c) Las actuaciones y procedimientos sancionadores en materia tributaria y aduanera, en el orden social, en materia de tráfico y seguridad vial y en materia de extranjería.

d) Las actuaciones y procedimientos en materia de extranjería y asilo.

3. De acuerdo con lo previsto en la Disposición adicional decimoséptima de la Ley 40/2015, de 1 de octubre, la Agencia Estatal de Administración Tributaria se regirá por su legislación específica y únicamente de forma supletoria y en tanto resulte compatible con su legislación específica por lo previsto en dicha Ley. El acceso, la cesión o la comunicación de información de naturaleza tributaria se regirán en todo caso por su legislación específica.

ANEXO. *Definiciones* – Aplicación de fuentes abiertas: Aquella que se distribuye con una licencia que permite la libertad de ejecutarla, de conocer el código fuente, de modificarla o mejorarla y de redistribuir copias a otras personas usuarias.

– Archivo electrónico único de cada Administración: Conjunto de sistemas y servicios que sustente la gestión, custodia y recuperación de los documentos y expedientes electrónicos así como de otras agrupaciones documentales o de información una vez finalizados los procedimientos o actuaciones correspondientes.

– Autenticación: Procedimiento de verificación de la identidad digital de un sujeto en sus interacciones en el ámbito digital, típicamente mediante factores tales como «algo que se sabe»(contraseñas o claves concertadas), «algo que se tiene» sean componentes lógicos (como certificados software) o dispositivos físicos (en expresión inglesa, tokens), o «algo que se es» (elementos biométricos), factores utilizados de manera aislada o combinados.

– Autenticidad: Propiedad o característica consistente en que una entidad es quien dice ser o bien que garantiza la fuente de la que proceden los datos.

– Canal: Estructura o medio de difusión de los contenidos y servicios; incluyendo el canal presencial, el telefónico y el electrónico, así como otros que existan en la actualidad o puedan existir en el futuro (dispositivos móviles, etc.).

– Certificado electrónico: Documento emitido y firmado por la Autoridad de Certificación que identifica una clave pública con su propietario. Cada certificado está identificado por un número de serie único y tiene un periodo de validez que está incluido en el certificado.

– Certificado cualificado: Un certificado de firma electrónica que ha sido expedido por un prestador cualificado de servicios de confianza y que cumple los requisitos establecidos en el anexo I del Reglamento UE 910/2014 del Parlamento Europeo y del Consejo de 23 de julio de 2014 relativo a la identificación electrónica y los servicios de confianza para las transacciones, electrónicas en el mercado interior y por la que se deroga la Directiva 1999/93/CE.

– Certificado cualificado de sello electrónico: Certificado de sello electrónico que ha sido expedido por un prestador cualificado de servicios de confianza y que cumple los requisitos establecidos en el anexo III del Reglamento UE 910/2014 del Parlamento Europeo y del Consejo de 23 de julio de 2014 relativo a la identificación electrónica y los servicios de confianza para las transacciones, electrónicas en el mercado interior y por la que se deroga la Directiva 1999/93/CE

– Código malicioso: Tipo de software de carácter dañino que crea o aprovecha vulnerabilidades en dispositivos, sistemas y archivos informáticos que permiten el acceso remoto no autorizado, la generación de puertas traseras, el robo o exfiltración de datos, la destrucción de información, u otras acciones perjudiciales.

– Código Seguro de Verificación (CSV): Código que identifica a un documento electrónico y cuya finalidad es garantizar el origen e integridad de los documentos mediante el acceso a la sede electrónica correspondiente; el carácter único del código generado para cada documento; su vinculación con el documento generado, de forma que cualquier modificación del documento generado dará lugar a un nuevo documento con un código seguro de verificación diferente; la posibilidad de verificar el documento en la sede electrónica como mínimo por el tiempo que se establezca en la resolución que autorice la aplicación de este procedimiento; así como un acceso al documento restringido a quien disponga del código seguro de verificación.

– Confidencialidad: Propiedad o característica consistente en que la información ni se pone a disposición, ni se revela a individuos, entidades o procesos no autorizados.

– Copia auténtica: Tendrá la consideración de copia auténtica de un documento público administrativo o privado original o de otra copia auténtica, la realizada, cualquiera que sea su soporte, por los órganos competentes de las Administraciones Públicas en las que quede garantizada la identidad del órgano que ha realizado la copia y su contenido

– Copia autorizada electrónica: documento notarial electrónico generado por el notario que autorizó la escritura, con el mismo valor y efectos que la copia en papel y al cual se le atribuye también valor de documento público.

– Digitalización: Proceso tecnológico que permite convertir un documento en soporte papel o en otro soporte no electrónico en uno o varios ficheros electrónicos que contienen la imagen codificada, fiel e íntegra del documento.

– Dirección electrónica: Identificador de un equipo o sistema electrónico desde el que se provee de información o servicios en una red de comunicaciones

– Directorio de aplicaciones reutilizables: instrumento que contiene la relación de aplicaciones para su libre reutilización, incluyendo, al menos, los datos descriptivos relativos a nombre de la aplicación, breve descripción de sus funcionalidades, uso y características, licencia, principales estándares abiertos aplicados, y estado de desarrollo.

– Disponibilidad: Propiedad o característica de los activos consistente en que las entidades o procesos autorizados tienen acceso a los mismos cuando lo requieren.

– Documento electrónico: Información de cualquier naturaleza en forma electrónica, archivada en un soporte electrónico según un formato determinado y susceptible de identificación y tratamiento diferenciado.

– Entorno cerrado de comunicación: escenario de comunicaciones delimitado, controlado y protegido en el que los participantes se relacionan a través de medios electrónicos, según unas garantías y condiciones determinadas que incluyen la relación de emisores y receptores autorizados, la naturaleza de los datos a intercambiar y las medidas de seguridad y protección de datos.

– Especificación técnica: Según el Reglamento n.º 1025/2012, del Parlamento Europeo y del Consejo, de 25 de octubre de 2012, sobre normalización europea, documento en el que se prescriben los requisitos técnicos que debe reunir un producto, proceso, servicio o sistema y que establece uno o más de los aspectos siguientes:

• Las características que debe tener un producto, como los niveles de calidad, rendimiento, interoperabilidad, protección del medio ambiente, salud y seguridad y sus dimensiones, así como los requisitos aplicables al producto en lo que respecta a la denominación con la que se vende, la terminología, los símbolos, los ensayos y los métodos de ensayo, el embalaje, el marcado o el etiquetado y los procedimientos de evaluación de la conformidad;

• los métodos y procedimientos de producción de los productos agrícolas, definidos en el artículo 38, apartado 1, del TFUE, de los productos destinados a la alimentación humana y animal y de los medicamentos, así como los métodos y procedimientos de producción relacionados con los demás productos, en caso de que estos influyan en sus características;

• las características que debe tener un servicio, como los niveles de calidad, rendimiento, interoperabilidad, protección del medio ambiente, salud o seguridad, así como los requisitos aplicables al proveedor en lo que respecta a la información que debe facilitarse a la persona destinataria, tal como se especifica en el artículo 22, apartados 1 a 3, de la Directiva 2006/123/CE del Parlamento Europeo y del Consejo de 12 de diciembre de 2006 relativa a los servicios en el mercado interior.

• los métodos y los criterios para evaluar el rendimiento de los productos de construcción, tal como se definen en el artículo 2, punto 1, del Reglamento (UE) n.º 305/2011 del Parlamento Europeo y del Consejo, de 9 de marzo de 2011, por el que se establecen condiciones armonizadas para la comercialización de productos de construcción, en relación con sus características esenciales.

– Esquema Nacional de Interoperabilidad: Instrumento que comprende el conjunto de criterios y recomendaciones en materia de seguridad, conservación y normalización de la información, de los formatos y de las aplicaciones que deberán ser tenidos en cuenta por las Administraciones Públicas para la toma de decisiones tecnológicas que garanticen la interoperabilidad.

– Esquema Nacional de Seguridad: Instrumento que tiene por objeto establecer la política de seguridad en la utilización de medios electrónicos en el ámbito de la Ley 40/2015, de 1 de octubre, de Régimen Jurídico del Sector Público y está constituido por los principios básicos y requisitos mínimos que garanticen adecuadamente la seguridad de la información tratada.

– Expediente administrativo: Conjunto ordenado de documentos y actuaciones relativos a la resolución administrativa, así como las diligencias encaminadas a ejecutarla.

– Firma electrónica: Los datos en formato electrónico anejos a otros datos electrónicos o asociados de manera lógica con ellos que utiliza el firmante para firmar.

– Firma electrónica avanzada: La firma electrónica que cumple los requisitos contemplados en el artículo 26 del Reglamento eIDAS.

– Firma electrónica cualificada: Una firma electrónica avanzada que se crea mediante un dispositivo cualificado de creación de firmas electrónicas y que se basa en un certificado cualificado de firma electrónica.

– Formato de documento: Conjunto de reglas (algoritmo) que define la manera correcta de intercambiar o almacenar datos en memoria. Se corresponde habitualmente con una especificación técnica.

– Identificación: Procedimiento para reconocer de forma única la identidad de un sujeto que culmina tras un registro previo con la asignación de un elemento identificador singular en formato electrónico que representa de forma única a una persona física o jurídica o a una persona física que representa a una persona jurídica para interacción en el entorno digital.

– Infraestructura o servicio común: Capacidad organizativa y técnica que satisface necesidades comunes de las personas usuarias en diversos ámbitos de la Administración, junto con su gobernanza operativa de apoyo, que pueden tener carácter horizontal o sectorial, con diversos modos de provisión, como servicio o como producto, o integración a modo de plataforma, que facilitan la interoperabilidad, la seguridad, las economías de escala, la racionalización y la simplificación de la actuación administrativa.

– Integridad: Propiedad o característica consistente en que el activo de información no ha sido alterado de manera no autorizada.

– Interoperabilidad: Capacidad de los sistemas de información, y por ende de los procedimientos a los que estos dan soporte, de compartir datos y posibilitar el intercambio de información entre ellos.

– Licenciamiento: Condiciones aplicables a la reutilización de cualquier tipo de material en formato electrónico que pueda ser empleado de forma recurrente.

– Marca de tiempo: La asignación por medios electrónicos de la fecha y, en su caso, la hora a un documento electrónico.

– Metadato: Dato que define y describe otros datos. Existen diferentes tipos de metadatos según su aplicación.

– Metadato de gestión de documentos: Información estructurada o semiestructurada que hace posible la creación, gestión y uso de documentos a lo largo del tiempo en el contexto de su creación. Los metadatos de gestión de documentos sirven para identificar, autenticar y contextualizar documentos, y del mismo modo a las personas, los procesos y los sistemas que los crean, gestionan, mantienen y utilizan.

– Nodo de interoperabilidad: Entidad que presta servicios de interconexión técnica, organizativa y jurídica entre sistemas de información para un conjunto de Administraciones Públicas bajo las condiciones que estas fijen.

– Política de firma electrónica: Conjunto de directrices y normas técnicas aplicables a la utilización de certificados y firma electrónica dentro de su ámbito de aplicación.

– Política de gestión de documentos electrónicos: Orientaciones o directrices que define una organización para la creación y gestión de documentos auténticos, fiables y disponibles a lo largo del tiempo, de acuerdo con las funciones y actividades que le son propias. La política se aprueba al más alto nivel dentro de la organización, y asigna responsabilidades en cuanto a la coordinación, aplicación, supervisión y gestión del programa de tratamiento de los documentos a través de su ciclo de vida.

– Portal de internet de una Administración Pública: Se entiende por portal de internet el punto de acceso electrónico cuya titularidad corresponda a una Administración Pública, organismo público o entidad de derecho público que permite el acceso a través de internet a la información publicada y, en su caso, a la sede electrónica correspondiente.

– Prestador de Servicios de Confianza: Persona física o jurídica que presta uno o más servicios de confianza, bien como prestador cualificado o como prestador no cualificado de servicios de confianza, según lo previsto en el Reglamento eIDAS.

– Punto de Acceso General: Portal de internet que facilita el acceso a los servicios, trámites e información de los órganos, organismos públicos y entidades vinculados o dependientes de la Administración Pública correspondiente y aglutina o conduce a las sedes electrónicas asociadas de sus órganos y las sedes electrónicas de sus organismos públicos y entidades de derecho público.

– Sello electrónico: Datos en formato electrónico anejos a otros datos en formato electrónico, o asociados de manera lógica con ellos, para garantizar el origen y la integridad de estos últimos.

– Sello electrónico avanzado: Sello electrónico que cumple los siguientes requisitos: 1) estar vinculado al creador del sello de manera única; 2) permitir la identificación del creador del sello; 3) haber sido creado utilizando datos de creación del sello electrónico que el creador del sello puede utilizar para la creación de un sello electrónico, con un alto nivel de confianza, bajo su control, y 4) estar vinculado con los datos a que se refiere de modo tal que cualquier modificación ulterior de los mismos sea detectable.

– Sello electrónico cualificado: Sello electrónico avanzado que se crea mediante un dispositivo cualificado de creación de sellos electrónicos y que se basa en un certificado cualificado de sello electrónico.

– Sede electrónica: Dirección electrónica, disponible para la ciudadanía a través de redes de telecomunicaciones, cuya titularidad corresponde a una Administración Pública, o bien a uno o varios organismos públicos o entidades de derecho público en el ejercicio de sus competencias.

– Sede electrónica asociada: Sede electrónica disponible para la ciudadanía a través de redes de telecomunicaciones que se crea por razones organizativas o técnicas vinculada a la sede electrónica de una Administración Pública o a la sede electrónica de un organismo público o entidad de derecho público.

– Sello de tiempo: Asignación por medios electrónicos de una fecha y hora a un documento electrónico con la intervención de un prestador de servicios de certificación que asegure la exactitud e integridad de la marca de tiempo del documento

– Sistema de Interconexión de Registros: Infraestructura básica que permite el intercambio de asientos electrónicos de registro entre las Administraciones Públicas.

– Trazabilidad: Posibilidad de identificar el origen de un documento en las distintas fases de su producción, pudiendo determinar en qué fase y por quién se han producido, en su caso, las modificaciones del documento original.

ÍNDICE ANALÍTICO

Resuelve rápidamente tus dudas

CÓDIGOS BÁSICOS

s Códigos Básicos de Lefebvre recopilan **las claves fundamentales** bre las diferentes leyes vigentes en el sistema jurídico español. enciales para todos los profesionales del derecho, otorgan acceso información legislativa fundamental, actualizada y verificada por xpertos, agilizando tus procesos de consulta legal.

TITULOS DE LA COLECCIÓN

· Código Administrativo
· Código Civil
· Código Extranjería
· Código Penal
· Código Penal y Legislación Complementaria
· Constitución Española y Ley Orgánica del Tribunal Constitucional
· Estatuto de los Trabajadores
· Ley Concursal
· Ley de Enjuiciamiento Civil

· Ley de Enjuiciamiento Criminal
· Ley de la Jurisdicción Voluntaria
· Ley de Propiedad Horizontal y Ley de Arrendamientos Urbanos
· Ley de Sociedades de Capital
· Ley General de la Seguridad Social
· Ley Orgánica del Poder Judicial
· Ley Reguladora de la Jurisdicción Social
· Ley y Reglamento Hipotecario

 Lefebvre

Realiza tu pedido en tu proveedor habitual.